『개정 증보판』

한문독해법
漢文讀解法

崔完植·金榮九·李永朱 共著

明文堂

머리말

우리나라 사람들은 다른 나라 사람들에 비해 한문을 공부하기가 유리하다. 한문이 지식인들의 공적公的 언어로 채택되어 널리 쓰이게 된 지 천 년이 훨씬 넘었고 또 중국 주변의 여러 나라들 가운데서 중국 문화를 가장 적극적으로 수용한 역사를 가지고 있기 때문이다.

그러나 한편으로는 한문 공부가 점점 어렵게 느껴질 수밖에 없는 언어적·문화적 환경이 조성되고 있는 것 또한 사실이다. 20세기 이후 한문은 공적 언어의 지위뿐 아니라 제1외국어의 지위도 함께 상실하였고, 또 광복 이후 한글 전용론이 꾸준히 확산됨에 따라 한문이 우리의 일상적인 언어생활과 점차 멀어졌기 때문이다.

이 책은 이러한 환경을 극복하고 어떻게 하면 한문을 쉽고 효율적으로 학생들에게 가르쳐 볼 수 있을까 하고 노력해 왔던 필자들의 경험과 고심의 산물이다. 옛날처럼 서당식 교육을 통해 장기간에 걸쳐 한문을 읽고 외움으로써 문리를 터득하는 방식은 현실 상황에 맞지 않고 비효율적인 학습 방법이다. 따라서 현실상황에 맞는 과학적이고 체계적인 학습 방식을 개발하여 오늘날의 젊은이들에게 동아시아의 문화적 전통을 직접 접할 수 있는 한문 독해 능력을 갖추게 해 주어야 한다. 이 책은 바로 이러한 필요성에 의해서 집필되었다.

높은 수준의 한문 독해 능력을 배양하는 것은 문법이라고 부르는 한문의 언어 체계에 대한 분석적인 지식, 역사적으로 의미가 누적되어 오면서 언어의 내적 구조와는 별도로 하나의 지식체계를 형성하고 있는 방대한 용례에 대한 합리적인 접근, 세밀하고 정확한 의미 해석을 뒷받침하는 동아시아 고전 문화 전반에 대한 폭넓은 이해라는 세 요소가 유기적으로 결합됨으로써 가능해진다고 본다. 이 책에서 제시하고 있는 한문 학습의 과정은 필자들의 이러한 관점에 따른 것으로, 한문 독해 능력의 향상을 위한 길잡이가 될 수 있을 것으로 믿는다.

이 책은 필자들의 한문에 대한 개인적 이론 체계를 알리기 위해 집필된 것이 아니다. 따라서 이 책 속에 제시된 문법 사항이나 용어 중에는 필자들의 견해와 다른 것도 있다. 예를 들면 개사 및 개사구조, 쌍빈어, 겸어식 등은 필자들이 인정하지 않는 것이다. 그럼에도 불구하고 이들을 설정하여 구문을 설명한 것은 그것이 초보자의 한문 학습에 유리한 점이 있다고 보기 때문이다.

부족한 점도 많겠지만 이 책은 그동안 한문 교육에 열성을 다해 온 필자들이 나름대로 최선을 다해 엮은 것이다. 우리의 고전 문화, 나아가 동아시아의 전통 문화에 대한 깊고 넓은 지식을 추구하고 또 우리에 앞서 이 땅에서 살았던 우리 조상들의 정신세계로 깊숙이 들어가 보고자 하는 사람들에게 조금이나마 도움이 될 수 있기를 기대한다.

끝으로 어려운 출판 여건 속에서도 이 책의 출판을 흔쾌히 승낙해 준 명문당 김동구 사장님과 편집 교정을 담당한 여러분들에게 심심한 사의를 표한다.

1999년 새해 아침에

편저자 삼가 씀

목 차

머리말 ······ 3

I.
기본 구조와 문장 형태의 이해 13

一. 서설序說 15

二. 한문 어휘語彙의 결합 구조 18

1. 연합聯合구조 ······ 19
2. 편정偏正구조 ······ 23
3. 동빈動賓구조 ······ 29
4. 개사介詞구조 ······ 33
5. 주위主謂구조 ······ 37

三. 한문의 문장 형태 41

1. 문장의 구성 방식에 따른 분류 ······ 41
   (1) 단문單文 ······ 41
   (2) 복문複文 ······ 43

2. 위어謂語의 성격에 따른 분류 ⋯⋯ 46

    (1) 판단문判斷文 ⋯⋯ 46

    (2) 묘사문描寫文 ⋯⋯ 47

    (3) 서술문敍述文 ⋯⋯ 49

3. 표현 양식에 따른 분류 ⋯⋯ 51

    (1) 부정형否定形 ⋯⋯ 52

    (2) 의문형疑問形과 반어형反語形 ⋯⋯ 57

    (3) 사역형使役形 ⋯⋯ 64

    (4) 피동형被動形 ⋯⋯ 67

    (5) 가정형假定形 ⋯⋯ 71

    (6) 억양형抑揚形 ⋯⋯ 74

    (7) 비교형比較形 ⋯⋯ 77

    (8) 선택형選擇形 ⋯⋯ 80

    (9) 한정형限定形 ⋯⋯ 82

    (10) 누가형累加形 ⋯⋯ 85

    (11) 감탄형感嘆形 ⋯⋯ 86

II.
기초 한문 독해 연습 91

一. 단문短文 독해　93

1. 명심보감明心寶鑑 ······ 94
2. 소학小學 ······ 100
3. 몽구蒙求 ······ 106
4. 설원說苑 ······ 111
5. 한비자韓非子 ······ 117
6. 전국책戰國策 ······ 122

二. 장문長文 독해　129

1. 관포지교管鮑之交 ······ 130
2. 문경지교刎頸之交 ······ 136
3. 예양보주豫讓報主 ······ 142
4. 예문지藝文志 서序 ······ 149
5. 사설師說 ······ 157
6. 붕당론朋黨論 ······ 163
7. 출사표出師表 ······ 168
8. 적벽부赤壁賦 ······ 176

9. 검군劍君 ······ 185

10. 연오랑세오녀延烏郎細烏女 ······ 191

11. 사가재기四可齋記 ······ 197

12. 허생전許生傳 ······ 203

Ⅲ.
주요 허사虛詞 해설 211

一. 서설序說 213

二. 대사류代詞類 215

1. 其 ······ 215

2. 是 ······ 218

3. 之 ······ 220

4. 者 ······ 222

5. 所 ······ 224

6. 諸 ······ 227

三. 부사류副詞類 229

1. 惟·維·唯 ······ 229

2. 乃 ⋯⋯ 231

3. 何 ⋯⋯ 233

4. 可·得·能 ⋯⋯ 235

5. 日 ⋯⋯ 238

6. 無 ⋯⋯ 239

四. 개사류介詞類 242

1. 以 ⋯⋯ 242

2. 於 ⋯⋯ 245

3. 與 ⋯⋯ 247

4. 及 ⋯⋯ 249

5. 爲 ⋯⋯ 251

6. 因 ⋯⋯ 254

7. 由 ⋯⋯ 255

五. 연사류連詞類 258

1. 而 ⋯⋯ 258

2. 且 ⋯⋯ 261

3. 則 ⋯⋯ 263

4. 雖 ⋯⋯ 265

5. 然 ⋯⋯ 266

六. 어기사류語氣詞類 269

1. 也 …… 269
2. 矣 …… 272
3. 乎 …… 274
4. 與 …… 276
5. 耳 …… 279
6. 哉 …… 280
7. 焉 …… 282
8. 耶 …… 285
9. 夫 …… 287

七. 탄사류嘆詞類 289

1. 吁·嘻 …… 289
2. 嗟·噫 …… 290
3. 惡 …… 291

八. 사두사미류詞頭詞尾類 293

1. 爾 …… 293
2. 有·其·言·于 …… 295

IV.
장르별 원문 독해의 실제 299

一. 서설序說 301

二. 경서류經書類 304

1. 논어論語 …… 304
2. 맹자孟子(一) …… 316
3. 맹자孟子(二) …… 325
4. 대학大學·중용中庸 …… 334

三. 제자류諸子類 345

1. 노자老子 …… 345
2. 장자莊子 …… 355
3. 순자荀子 …… 362
4. 묵자墨子 …… 370

四. 사서류史書類 377

1. 자어론전子魚論戰 …… 377
2. 소공간여왕지방召公諫厲王止謗 …… 385
3. 해하지전垓下之戰 …… 393

4. 장보고張保皐 ······ 409

五. 문장류文章類 416

1. 어부사漁父辭 ······ 416
2. 이인위미里仁爲美 ······ 423
3. 시득서산연유기始得西山宴遊記 ······ 432
4. 도산십이곡발陶山十二曲跋 ······ 441

六. 시가류詩歌類 450

1. 고시古詩 ······ 450
2. 절구絶句 ······ 460
3. 오언율시五言律詩 ······ 468
4. 칠언율시七言律詩 ······ 474

▌부 록 481

부록 1 보충 독해 번역 ······ 483
부록 2 교육용 한자 1,800자 ······ 507
부록 3 고사성어故事成語 ······ 540

▌색 인 566

I.

기본 구조와

문장 형태의 이해

一. 서 설序說

이 장에서는 한문 문장의 골격을 설명하고자 한다. 한문 문법에 대한 아카데믹한 접근보다는 실제 독해讀解에 도움이 되는 핵심적인 사항을 자세히 소개하는 데 주안점을 두었다. 우선 서술의 체제에 대해 간단히 언급하고자 한다. 먼저 문법 개념에 대해 설명하고, 대표적인 예문으로써 **본문**란을 구성하였으며, 초보자에게 적합하도록 상세한 **해설**을 덧붙였다. 아울러 보다 철저한 이해를 위해 **보충**란을 두어 예문과 설명을 첨가하였다. 이 책의 기본 목적은 한문 독해력의 배양이다. 이를 위해 특히 강조하고 싶은 점은 한문을 먼저 그 자체로서 보려는 노력을 기울이라는 것이다. 앞으로 이 책의 모든 한문 문장을 대할 때 반드시 자전字典을 참고하면서 자기 나름대로 번역해 보려는 마음가짐을 가지고 임하기 바란다. 흔히 해설부터 보거나 본문을 보면서 바로 번역에 맞추어 보고 이해했다고 생각하기 쉽다. 물론 그것도 하나의 방법은 되지만 그렇게 해서는 결코 높은 수준의 한문 독해 능력을 배양하기는 어렵다.

기본 구조와 문장 형태에 대한 설명에 들어가기 전에 먼저 품사와 문장 성분의 분류에 대해 간단히 설명하겠다. 이러한 분류는 전통적인 관점에서의 이야기가 아니고 서구의 언어학 내지 문법학의 관점에서 비롯된 것이어서 한문의 분석에 그대로 적용하기에는 적합하지 않은 점도 있다. 그러나 아직 한문 문법의 설명에 이보다 더 효과적인 방법이 개발되지 못한 것도 사실이다. 이해의 편의를 위해 가급적 기존의 익숙한 문법 용어를 사용하겠지만 이와 다른 용어를 쓰는 경우도 있다. 이는 한문의 특수성으로 인한 것이며 그런 경우에 그 용어의 개념을 정확히 숙지하기 바란다.

이 책에서는 한문의 품사를 명사名詞·대사代詞·수사數詞·동사動詞·형용사形容詞·부사副詞·개사介詞·연사連詞·탄사嘆詞·조사助詞 등 열 가지로 나누는 것을 원칙으로 한다. 대체적으로 기존의 품사 개념과 같지만 몇몇의 경우는 약간의 주의가 필요하다. 먼저 대명사代名詞라는 명칭 대신에 대사라는 명칭을 쓰고 있는데, 이는 한문에서 대사가 명사적 범주의 개념들만 대신하는 것이 아니라 형용사·수사·부사 등도 대신할 수 있기 때문이다. 개사란 영어의 전치사前置詞와 비슷하나 전치사처럼 수식어구를 이끌기 위해서만 쓰이는 것이 아니라 대상의 지시, 목적과 지향의 표시 등 보다 광범위한 기능을 하기 때문에 다른 용어를 쓰고 있다. 연사 또한 접속사接續詞라는 개념과 비슷하지만 부사적이거나 동사적 성격도 강하여 문법적으로 다른 측면이 많기 때문에 이와 같은 용어를 쓰고 있다. 또한 조사라는 개념도 주의를 요한다. 조사는 결구結構조사와 어기語氣조사로 나누어진다. 결구조사는 성분의 결합관계를 나타내며, 어기조사(어기사)는 문장의 끝이나 머리 또는 성분의 끝에 놓여서 말의 환경과 화자의 주관적 태도를 암시하는 말이다. 그리고 품사에는 다시 여러 가지 하위 개념으로의 분류가 가능하다. 예를 들어 명사는 보통명사와 고유명사 등으로 나뉘고, 대사는 인칭대사·지시대사·의문대사 등으로 나뉜다. 이 외에도 여러 가지 하위 개념을 사용하고 있지만 서설에서 일일이 열거하는 것은 번거로우므로 필요한 경우 본문에서 설명하기로 한다. 여기서는 한문의 품사 설정에 있어서 가장 어려운 품사의 가변성可變性에 대해 이야기하고자 한다.

가변성이란 한자가 고정된 품사성을 갖고 있지 않다는 뜻이다. 한자는 대부분 문장 안에 놓인 위치와 전후의 문맥에 따라 품사성을 부여받기 때문에 우리말이나 영어처럼 자전에 미리 품사를 지시해 놓기가 곤란하다. 극단적으로 말해서 개개의 한자 어휘들은 거의 모든 문법적인 기능을 수행할 수 있기 때문에 거꾸로 어떤 문법적인 기능도 고유한 것으로 말하기 어렵다. 예를 들어 '高(고)'라는 글자의 개념이 '높음'과 연관되어 있다는 것은 이야기할 수 있지만, 구체적인 문장에 쓰일 때 '高'는 '높이'·'높임'·'높아짐'·'높이다'·'높게'·'높으면'·'높지만' 등 여러 가지 뜻으로 번역될 수 있다. 이러한 가변성은 한문을 어렵게 만드는 중요한 요인의 하나이기도 하다. 가장 기초적인 한문으로부터 고급 한문에 이르기까지 이러한 현상은 공통되며 수준이 올라갈수록 복잡하게 나타난다. 결국 개개의 한자에서 품사는 고정되어 있지 않으며, 한문의 경우 품사라는 개념은 구체적인 문장을 설명하기 위해 쓰이는 방식일 뿐이라는 점을 염두에 두기 바란다.

다음으로 문장의 성분에 대해 간단히 언급하겠다. 이 책에서는 문장의 기본적인 성분을 주어主語·위어謂語·빈어賓語·보어補語·정어定語·상어狀語 등으로 나누고 있다. 이에 대한 자세한 설명은 본문에서 할 것이며, 개념에 있어 약간 차이가 있지만 위어는 술어述語에, 빈어는 목적어目的語에, 정어는 형용사어形容詞語 또는 관형어冠形語에, 상어는 부사어副詞語에 해당한다고 생각하면 이해가 빠를 것이다. 이밖에 필요에 따라 연결어·독립어 등과 같은 용어도 쓸 것이다. 또한 주로 하나의 한자로 이루어지는 문장 구성의 최소단위 즉 낱말을 사詞라고 하며, 여러 개의 사들이 모여 하나의 문장성분을 이룬 것을 구句라 하고, 구가 주어와 위어를 갖추어 하나의 문장 형태를 이룬 것을 절節이라고 하며, 하나의 완결된 센텐스(sentence)를 문장[文]이라 부르기로 하겠다.

二. 한문 어휘語彙의 결합 구조

　　　　한문 문장을 구성하는 데 있어서 최소 표현단위는 사詞이며, 이 사가 결합하여 구句를 이루고, 다시 사나 구가 결합하여 절節이나 문장을 이룬다.

　사나 구가 결합하여 문장을 이룰 때, 그들은 문장 속에서 하나의 성분이 되어 일정한 기능을 가지며, 상호간에 일정한 문법적 관계를 맺게 된다. 문장의 성분에는 주어主語 · 위어謂語 · 빈어賓語 · 보어補語 · 정어定語 · 상어狀語 등 여섯 가지가 있다.

　주어란 이미 알고 있듯이 문장의 주체가 되는 성분이다. 이에 대해서는 별도의 설명이 필요 없을 것이다.

　위어는 술어述語라는 말과 비슷하다. 그러나 우리말이나 영어의 문법을 설명할 때 나오는 술어라는 말과는 약간 다른 점이 있다. 가령 '彼, 丈夫也(피, 장부야)'라는 문장을 보기로 하자. '그는 사나이이다'라는 번역이 될 텐데 이 문장의 경우에는 우리말의 '…이다'라든가 영어의 'be 동사'와 같은 말이 없다. 이런 경우 한문 문법에서는 일반적으로 '장부'를 술어로 보며 이런 성격 때문에 술어라는 말을 쓰지 않고 위어라는 말을 쓰는 것이다.

　목적어와 비슷한 뜻으로 쓰이는 빈어라는 말도 그런 면을 가지고 있다. 가령 '얼굴이 꽃과 같다'라는 뜻의 '顔如花(안여화)'라는 문장을 놓고 볼 때, '花'는 언뜻 보았을 때 부사어 같지만 한문 문법에서는 목적어처럼 취급한다. 그 이유를 설명하는 것은 너무 번거로우니 그냥 넘어가기로 한다.

어느 정도 한문 실력이 쌓이면 저절로 이해될 것이다. 이런 성격 때문에 목적어라는 말을 쓰지 않고 빈어라는 말을 쓴다는 점을 이해해야 할 것이다.

보어는 동사나 형용사 또는 동사의 빈어 뒤에 위치하는 보충 성분으로 흔히 개사介詞구조를 이루어 시간, 장소, 비교 대상, 행위의 주동자나 대상 등을 표시하는 말이다.

정어와 상어 또한 한문 문법의 특성을 고려하여 붙여진 이름이다. 정어는 명사적 범주에 해당하는 말들을 꾸미는 성분이다. 형용사어 내지 관형어와 비슷한 기능을 한다. 상어는 동사, 부사, 형용사적 범주에 해당하는 말들을 꾸미는 성분으로서 부사어와 비슷한 기능을 한다. 한문을 공부하다 보면 자연히 이해되겠지만 한문의 경우 정어와 상어는 해당되는 어휘의 범주가 매우 넓을 뿐만 아니라 해석의 가능성도 매우 넓다.

우리가 한문을 바르게 이해하기 위해서는, 먼저 사나 구 및 문장의 결합관계와 성분의 문법관계에 기초가 되는 기본 결합구조의 형태에 대하여 철저히 이해해야 한다. 결합구조는 다음과 같은 다섯 가지로 구분할 수 있다.

1️⃣ 연합聯合구조　　2️⃣ 편정偏正구조　　3️⃣ 동빈動賓구조
4️⃣ 개사介詞구조　　5️⃣ 주위主謂구조

1. 연합聯合구조

연합구조는 사詞나 구句의 종류나 성분에 관계없이, 2개 이상의 서로 대등한 관계를 이루는 사나 구가 결합한 구조의 형태를 말한다.

연합구조에는 의미상 동류인 사나 구가 결합하는 경우도 있고, 대비적인 것들이 결합하는 경우도 있다.

연합구조에는 연사連詞 '與'·'及'·'且'·'而' 등이 쓰이기도 하는데, 일반적으로 '與'와 '及'은 명사·대사·명사성 구의 결합에, '且'와 '而'는 형용사·동사·동사성 구의 결합에 쓰인다.

● 上智與下愚.
  상 지 여 하 우
  아주 총명한 사람과 가장 어리석은 사람.

● 左氏春秋及孫吳兵法.
  좌 씨 춘 추 급 손 오 병 법
  좌씨춘추전과 손자·오자의 병법.

● 驕且侈.
  교 차 치
  교만하고 사치하다.

● 貴五穀而賤金玉.
  귀 오 곡 이 천 금 옥
  오곡을 귀하게 여기고, 금옥을 천하게 여기다.

본 문

天地人.

鰥寡孤獨.　規矩準繩.

輾轉反側.　切磋琢磨.

本末.　高低.

仁與義.　兄弟及姉妹.

驚且喜.　長而大.

1. 天地人.
천 지 인

하늘과 땅과 사람.

삼재三才, 삼원三元, 삼극三極이라고 함. 명사로서 동류어인 '천'·'지'·'인'이 대등한 관계로 결합된 연합구조.

2. 鰥寡孤獨.
환 과 고 독

홀아비와 홀어미와 고아와 자식이 없는 사람.

'鰥'은 처가 없는 늙은이. '寡'는 지아비가 없는 늙은이. '孤'는 부모가 없는 어린이. '獨'은 자식이 없는 늙은이. 모두 불우한 사람들을 가리킴.

3. 規矩準繩.
규 구 준 승

컴퍼스와 곡척曲尺과 수평기水平器와 먹줄.

'規'는 원을 그리는 기구인 그림쇠, 즉 컴퍼스. '矩'는 직각을 그리는 기구인 곡척, 즉 곱자. '準'은 수평을 재는 기구인 수평기. '繩'은 직선을 그리는 기구인 먹줄. 이것들은 모두 사물의 준칙이란 뜻으로 쓰이기도 한다.

4. 輾轉反側.
전 전 반 측

누워서 이리저리 뒤척거리며 잠을 못 이루다.

'輾'은 '몸을 반쯤 돌아 눕다'. '轉'은 '구르다'. '反'은 '뒤치다'. '側'은 '모로 눕다'. 시경詩經 관저편關雎篇에 나오는 말로, 마음에 품은 임을 그리워하며 잠을 못 이룬다는 표현.

5. 切磋琢磨.
절 차 탁 마

뼈나 뿔 따위를 자르고 갈고, 옥돌을 쪼고 갈다.

시경 기욱편淇奧篇에 나오는 말로, 학문이나 덕행을 갈고 닦는 일을 비유한다.

6. 本末.
본 말

근본과 말단.

'本'의 원뜻은 '뿌리'. '末'은 '가지'. 대비어의 병렬구조임.

7. **高低.**

  고 저

  높고 낮다.

8. **仁與義.**

  인 여 의

  인과 의.

  與 : …와, …과. 연사連詞.

9. **兄弟及姉妹.**

  형제 급 자 매

  형제 및 자매.

  及 : 및. …와. 연사.

10. **驚且喜.**

  경 차 희

  놀라고 또 기뻐하다.

  且 : 또. 게다가. 연사.

11. **長而大.**

  장 이 대

  길고 크다.

  而 : 여기서는 연합관계에 쓰인 연사.

■ 보 충 ■

聰明.

총 명

  '聰'의 원뜻은 '귀가 밝다'. '明'의 원뜻은 '눈이 밝다'.

興亡盛衰.

흥 망 성 쇠

  흥하고 망함과 성하고 쇠함.

年年歲歲.

년 년 세 세

  해마다. '年'과 '歲'는 모두 '해'라는 뜻.

喜怒哀樂愛惡慾.

희 노 애 락 애 오 욕

인간의 칠정七情.

吾與汝.

오 여 여

나와 너.

父母及身.

부 모 급 신

부모와 자신.

重且大.

중 차 대

무겁고 또 크다. 즉 중대하다.

好逸而惡勞.

호 일 이 오 로

好逸 : 안일함을 좋아하다. 惡勞 : 노고를 싫어하다. '싫어하다'는 뜻으로 사용될 때 '惡'의 음은 '오'.

2. 편정偏正구조

편정구조는 그 구조를 이루는 2개의 사나 구 등이 대등한 관계인 연합 구조와는 달리, 하나는 중심어가 되고, 다른 하나는 부가어附加語가 되어 부가적인 관계나 수식적·주종적인 관계를 이루는 구조의 형태를 말한다.

부가어에는 정어定語와 상어狀語 두 가지가 있는데, 정어는 일반적으로 명사나 대사를 수식하고, 상어는 일반적으로 동사나 형용사, 부사를 수식한다. 그리고 어순에 있어서는 일반적으로 부가어(편)가 앞에 위치하고, 중심어(정)가 뒤에 위치한다. 그래서 편정구조라고 한다.

白 　 眉 　 　 　 必 　 勝
(정어) (중심어) 　 (상어) (중심어)

정어로는 형용사·동사·명사·대사·수사 및 여러 형태의 구가 쓰인다.

● 紅葉.
　홍 엽
　붉은 나뭇잎

● 大韓國人.
　대 한 국 인
　대한민국의 사람

● 我師.
　아 사
　나의 스승

정어와 중심어 사이에는 조사 '之'가 쓰이는 경우도 많다.

● 仲尼之徒.
　중 니 지 도
　공자孔子의 제자들

상어로는 부사·형용사·동사·명사·수사 및 여러 형태의 구가 쓰인다.

● 不足.
　부 족
　충분하지 않다.

● 立觀.
　립 관
　서서 보다.

● 蠶食.
　잠 식
　누에가 뽕잎을 먹듯이 먹다.

연사 '而'는 간혹 상어와 그 중심어 사이에 쓰이기도 한다.

● 北面而事之.
　북 면 이 사 지

북면하고서 그를 섬기다.

白眉.　朱欄.　嚆矢.

落花流水.　文房四友.　武陵桃源.

金蘭之交.

必勝.　疾走.

三旬九食.　神出鬼沒.

終日而思.

▨ 해 설 ▨

1. **白眉.**
   백 미

   여럿 가운데 가장 뛰어난 사람이나 사물.

   원뜻은 '하얀 눈썹'. 정어인 형용사 '白'이 중심어인 명사 '眉'를 수식한 형태의 편정구조.

2. **朱欄.**
   주 란

   붉은 칠을 한 난간.

3. **嚆矢.**
   효 시

   사물의 시초始初.

   원뜻은 '우는 화살'. 중국에서 옛날에 개전開戰의 신호로 '소리 나는 살'을 쏘았다는 고사에서 유래된 성어.

4. **落花流水.**
   락 화 류 수

떨어지는 꽃과 흐르는 물.

정어인 동사 '落'·'流'가 각각 중심어인 명사 '花'·'水'를 수식하여 편정구조인 '落花'와 '流水'로 되고, 다시 '落花'와 '流水'가 연합구조를 이룬 형태. '낙화유수'는 원래 봄 경치가 시들어 가는 것을 뜻하는데, 정이 있어 서로 보고 싶어 하는 애틋한 남녀 간의 애정을 비유하는 데 쓰이기도 한다.

5. **文房四友.**
문 방 사 우

문방의 네 벗.

문방 도구의 네 가지, 즉 지紙·필筆·연硯·묵墨. '文'과 '四'는 각각 '房'과 '友'를 수식하며, 다시 '文房'이 '四友'를 수식한 형태.

6. **武陵桃源.**
무 릉 도 원

이 세상과 따로 떨어진 별천지別天地.

武陵 : 지명. 호남성湖南省 동정호洞庭湖 서남방에 있는 무릉산 기슭 완강沅江의 강변 일대. / 桃源 : 원뜻은 도화桃花가 만발한 수원지水源地.

7. **金蘭之交.**
금 란 지 교

지극히 친한 교분.

두 사람이 마음을 합하면 그 날카로움은 쇠붙이도 자를 수 있고, 마음을 함께한 말은 그 향기가 난초와 같다는 뜻에서 유래한 성어. '之'는 정어와 중심어 사이에 놓여서 정어를 중심어에 연결하는 역할을 하는 조사助詞.

8. **必勝.**
필 승

반드시 이기다.

상어인 부사 '必'이 중심어인 동사 '勝'을 수식하여 이루어진 편정구조.

9. **疾走.**
질 주

빨리 달리다.

상어인 부사 '疾'이 중심어 '走'를 수식하여 이루어진 편정구조. '疾'은 '빠르다'는 뜻.

10. 三旬九食.
삼 순 구 식

삼십 일에 아홉 끼니를 먹다.

매우 곤궁한 생활을 뜻하는 말. '旬'은 열흘. 도잠陶潛의 의고시擬古詩에 '30일에 아홉 번 밥을 먹었고, 10년 동안 갓 하나만을 썼다(三旬九遇食, 十年著一冠)'라는 구절이 있다.

11. 神出鬼沒.
신 출 귀 몰

귀신처럼 나타나고 귀신처럼 사라지다.

마음대로 출몰하여 변화가 무궁무진한 것을 뜻하는 말.

12. 終日而思.
종 일 이 사

종일토록 생각하다.

연사 '而'의 앞에 있는 '終日'이 상어로서, '而'의 뒤에 있는 중심어인 동사 '思'를 수식한 형태. '而'의 쓰임새는 상당히 넓어서 반드시 연합구조를 이룰 때만 쓰이는 것은 아니다.

■ 참 고 ■

백미白眉

삼국시대 촉한蜀漢의 마량馬良은 형제가 다섯 명이었는데, 다섯 형제가 모두 자字에 '常(상)'자가 있었으므로, 세상 사람들은 그들 형제를 가리켜 '마씨오상馬氏五常'이라 불렀다. 다섯 사람이 다 재주로 이름이 높았으나, 그 중에서도 마량이 가장 뛰어났으므로 사람들은 '마씨오상 중에, 흰 눈썹이 가장 훌륭하다(馬氏五常, 白眉最良)'라고 말했다. 마량은 어릴 적부터 눈썹 속에 흰 털이 섞여 있었기 때문에 백미라고 불려졌다. 이로 말미암아 사람이나 사물 중에, 가장 뛰어난 것을 백미라고 하게 되었다.

무릉도원武陵桃源

무릉도원 또는 도원경桃源境은 평화롭고 살기 좋은 이상향이란 뜻으로 쓰이는 말인데, 이는 원래 도잠陶潛의 도화원기桃花源記에서 유래하였다.

진晉나라 태원太元 연간에 무릉의 한 어부가 배를 저어 도화가 만발한 수원

지水源地에 올라갔다가 한 동굴을 발견하고 들어가게 되었다. 그는 그곳에서 진秦나라 때 난을 피해 온 사람들을 만났는데, 그들은 하도 살기가 좋아서 그동안 외계의 변천과 많은 세월이 지난 줄을 모르고 있었다. 며칠 머문 뒤, 집으로 돌아온 어부는 태수에게 그 사실을 알리고, 다시 찾아 나섰지만 끝내 찾지 못하였다고 한다.

■ 보 충 ■

畫閣.
화 각

화려하게 꾸민 누각.

不毛地.
불 모 지

나무나 풀이 자라지 않는 황무지. '毛'의 원뜻은 '털'이나, 여기서는 초목이 자라는 것을 뜻한다.

蝴蝶夢.
호 접 몽

나비의 꿈. 장자莊子에서 유래한 성어. 장주莊周가 어느 날 꿈속에서 나비가 되어 훨훨 날다가 깨어난 뒤, 인간인 자신이 꿈에 나비로 변한 것인지, 아니면 원래 나비였던 자신이 지금 인간으로 변해 있는 것인지 알 수 없다고 하였다. 꿈과 현실, 죽음과 삶의 구별이 없음을 뜻하는 이 말은 인생의 덧없음을 비유하여 쓰인다.

三五夜中新月色.
삼 오 야 중 신 월 색

三五夜 : 십오야＝五夜. 보름 밤.

累卵之危.
루 란 지 위

계란鷄卵을 높이 쌓아 올려놓은 듯이 매우 위험한 상태.

蔓延.
만 연

덩굴이 뻗듯이 널리 퍼지다. '蔓'의 원뜻은 '덩굴'.

青眼視.
청 안 시

반겨 기뻐하는 눈초리로 보다. 남북조시대 진晉나라의 완적阮籍은 예속禮俗을 중시하는 인사가 찾아오면 백안시白眼視, 즉 미워하여 흘겨보는 눈초리로 보았고, 자신의 동호인이 찾아오면 청안시, 즉 기뻐하는 눈초리로 보면서 대했다는 고사에서 유래한 성어.

中道而廢.
중 도 이 폐

중도에서 그만두다.

3. 동빈動賓구조

동빈구조는 동사와 그 빈어賓語가 결합된 구조의 형태를 말한다.

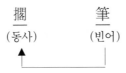

빈어로는 명사·대사·수사·형용사·동사 및 여러 형태의 사나 구가 쓰인다.

- **讀論語.**
  독 논 어
  논어를 읽다.

- **滕文公問爲國.**
  등 문 공 문 위 국
  등문공이 나라 다스리는 방법을 물었다.

하나의 동사가 두 개의 빈어를 취하는 경우도 있다.

- **賜之彘肩.**
  사 지 체 견
  그에게 돼지다리를 주어라.('之'는 간접 빈어, '彘肩'은 직접 빈어)

동빈구조에서 빈어는 원칙적으로 동사 뒤에 위치하나, '不'·'未'·'毋'·'莫' 등의 부정사를 사용한 부정문에서 대사代詞가 빈어로 쓰이거나, 의문문에서 의문사가 빈어로 쓰인 경우엔 일반적으로 동사의 앞에 위치한다.

- 我未之見也.
  아 미 지 견 야
  나는 그것을 아직 보지 못했다.

- 欲告我而不我告.
  욕 고 아 이 불 아 고
  나에게 알리고 싶었지만, 나에게 알리지 않았다.

- 沛公安在?
  패 공 안 재
  패공은 어디에 있는가?

- 卿欲何言?
  경 욕 하 언
  경은 무엇을 말하려 하는가?

본 문

擱筆. 破天荒.

滅私奉公. 得天下英才.

有終身之憂, 無一朝之患.

敎民耕種.

命臣修高麗史.

■ 해 설 ■

1. 擱筆.
   각 필

붓을 놓다.

　　쓰던 글을 멈추고 붓을 놓다. 동사 '擱'과 명사로서 빈어인 '筆'이 결합된 동빈구조.

2. **破天荒.**
　　파 천 황

　천황을 깨뜨려 열다.

　　天荒 : 천지가 아직 열리지 않은 혼돈된 상태.

3. **滅私奉公.**
　　멸 사 봉 공

　사사로움을 없애고 공公을 받들다.

　　사사로운 자기 이익은 버리고, 공공의 이익을 위하여 힘써 일하다. 동빈구조인
　　'滅私'와 '奉公'이 다시 연합구조를 이룬 형태.

4. **得天下英才.**
　　득 천 하 영 재

　천하의 영재를 얻다.

　　'得'의 빈어인 '天下英才'는 정어 '天下'와 중심어 '英才'가 결합된 편정구조.

5. **有終身之憂, 無一朝之患.**
　　유 종 신 지 우　　무 일 조 지 환

　평생을 통한 걱정은 있어도, 하루아침에 뜻밖에 일어나는 근심은 없다.

　　맹자孟子 이루하편離婁下篇에 나오는 맹자의 말. 군자는 자기 수양이 부족하여 성
　　인의 경지에 이르지 못하는 것을 평생 걱정하나, 그밖에 외부로부터 오는 뜻밖의
　　걱정에 대해서는 근심하지 않는다는 뜻으로서, 자기 수양에만 힘쓸 뿐, 그밖의 일
　　은 천명天命에 내맡기는 군자의 달관達觀한 모습을 표현한 말.

6. **敎民耕種.**
　　교 민 경 종

　백성들에게 논밭을 갈아 씨 뿌리는 것을 가르치다.

　　'民'과 '耕種'은 모두 동사 '敎'의 빈어. 이런 것들을 쌍빈어雙賓語라고 함. 이 경우
　　빈어는 간접빈어와 직접빈어로 나뉨.

7. **命臣修高麗史.**
　　명 신 수 고 려 사

　신에게 고려사를 편수編修하도록 명하다.

　　'臣'은 동사 '命'에 대해서는 그것의 빈어이지만, '修高麗史'라는 동빈구조에 대해

서는 주어 역할을 함. 따라서 '臣'은 빈어와 주어의 역할을 겸한다 하여 겸어兼語라고 하고, 이러한 구조를 겸어식兼語式이라고도 함.

▌ 참 고 ▌

파천황破天荒

천지가 아직 열리지 않은 혼돈된 상태인 천황을 깨뜨리고 새로운 세상을 만든다는 뜻으로, 인재가 나지 아니한 땅에 처음으로 인재가 나거나 아무도 한 적이 없는 큰일을 제일 먼저 한 것을 비유하여 쓰는 말이다. 북몽쇄언北夢瑣言에 의하면 당唐나라 때, 형주荊州라는 지방에 선비가 많이 있어서, 해마다 많은 선비가 과거를 보러 갔지만, 크게 이름을 드날린 사람이 없었다. 그래서 그곳을 '천황'이라고 불렀는데, 그 지방 사람인 유세劉蛻가 처음으로 급제하게 되자, 사람들이 '파천황'이라고 했다 한다.

▌ 보 충 ▌

刪蔓.
산 만

여러 가지 인사를 빼고 바로 할 말로 들어가겠다는 뜻으로, 편지 첫머리에 쓰는 말. 제번除煩과 같은 뜻.

破邪顯正.
파 사 현 정

사도邪道를 쳐부수고, 정법正法을 나타내어 널리 펴다. 불가어佛家語.

有備無患.
유 비 무 환

미리 준비가 되어 있으면 걱정할 것이 없음. 서경書經 열명편說命篇에 나옴.

不語怪力亂神.
불 어 괴 력 란 신

'怪'는 괴이한 일. '力'은 용력勇力 또는 폭력. '亂'은 반란, 무질서. '神'은 귀신. 논어論語 술이편述而篇에 '공자는 괴력란신에 대해서 말하지 않았다(子不語怪力亂神)'라고 한 말이 있음.

4. 개사介詞구조

개사구조는 개사와 개사빈어가 결합된 구조의 형태를 말한다.

개사와 개사빈어로 결합되어 있는 개사구조는 동사 앞에 위치하여 상어狀語가 되기도 하고, 동사·형용사 또는 동사의 빈어 뒤에 위치하여 보어補語가 되기도 한다.

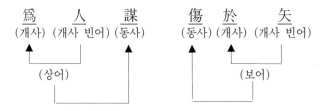

개사구조가 보어로 쓰일 경우에는, 주로 장소·시간 또는 행위의 대상자·행위의 주동자·비교의 대상 등을 표시해 준다.

● 坐於堂上.
　좌 어 당 상
대청에 앉다.

● 問於桀溺.
　문 어 걸 닉
걸닉에게 묻다.

● 受制於人.
　수 제 어 인
남에게 제압을 받다.

● 靑於藍.
　청 어 람

남초藍草보다 푸르다.

'於'·'以' 등의 개사는 문중文中에서 간혹 생략된다.

- 朝發(於)白帝, 暮到江陵.
  조 발 (어) 백 제   모 도 강 릉
  아침에 백제성에서 출발하여 저녁에 강릉에 도달했다.

- 死馬且買之(以)五百金.
  사 마 차 매 지 (이) 오 백 금
  죽은 말도 또한 오백 금을 주고 샀다.

개사구조에서 개사빈어는 원칙적으로 개사 뒤에 위치하나, 의문사가 개사빈어로 쓰일 경우에는, 개사 앞에 위치하게 된다. 그리고 '以'의 개사빈어가 개사 앞에 위치하는 경우도 있다.

- 何爲其然也?
  하 위 기 연 야
  어째서 그것이 그러한가?

- 楚戰士無不一以當十.
  초 전 사 무 불 일 이 당 십
  초나라의 전사는 한 사람으로써 열 사람을 당해내지 않는 자가 없다.

본 문

止於至善.

傷於矢. 猛於虎.

生於今而志乎古.

以心傳心. 事君以忠.

自古至今. 與朋友交.

爲人謀而不忠.

▇ 해 설 ▇

1. 止於至善.
지 어 지 선

지선에서 머물다.

止於至善 : 대학大學의 첫머리에 나오는 말. '명명덕明明德'·'친민親民'과 함께 삼
강령三綱領이라고 함. '至善'은 최고의 선, 지극한 선이란 뜻. '於'는 장소를 나타
낼 때 쓰이는 개사이고, '至善'은 행위의 장소로서, 개사구조 '於至善'이 동사 '止'
의 보어로 쓰인 형태.

2. 傷於矢.
상 어 시

화살에 의해서 다치다.

於矢 : 동사 '傷'의 보어로서, 다치게 한 행위의 주동자가 '矢'임을 나타낸다.

3. 猛於虎.
맹 어 호

호랑이보다 사납다.

於虎 : 비교의 대상을 나타내는 개사구조. 예기禮記 단궁하편檀弓下篇에서 공자는
'가혹한 정치는 호랑이보다 사납다(苛政猛於虎)'라고 하였다.

4. 生於今而志乎古.
생 어 금 이 지 호 고

금세今世에 나서 옛 법을 지향하다.

而 : '生於今'과 '志乎古'를 결합한 연사. / 乎 : 개사 '乎'는 '於'와 같은 기능으로 쓰
이는 경우가 많다.

5. 以心傳心.
이 심 전 심

마음으로 마음을 전하다.

6. 事君以忠.
사 군 이 충

충성으로써 임금을 섬기다.

事君以忠 : 개사구조 '以忠'은 임금을 섬기는 행위가 '忠'을 그 방법이나 수단으로
삼고 있음을 나타내 준다.

7. **自古至今.**

　　자 고 지 금

　예로부터 지금까지.

　　自 : …로부터. 개사. / 至 : …까지. 개사.

8. **與朋友交.**

　　여 붕 우 교

　친구와 사귀다.

　　與 : …과 함께. 개사.

9. **爲人謀而不忠.**

　　위 인 모 이 불 충

　남을 위해 일을 도모하면서 성실하지 않다.

　　爲 : …을 위하여. 개사. / 人 : 다른 사람. / 謀 : 일을 꾸미다. / 忠 : 자신의 정성과 노력을 다 바치다. 성실하다.

▮▮ 참 고 ▮

이심전심以心傳心

　　말이나 글로써가 아니라, 남이 보지도 듣지도 못하는 마음과 마음으로 서로 통한다는 뜻으로, 원래는 불교의 법통法統 계승에서 유래된 말이다. 전등록 傳燈錄은 송宋나라의 사문沙門인 도언道彦이 석가세존 이래의 조사祖師들에 대한 법맥法脈의 계통을 세우고 많은 법어들을 기록한 책인데, 거기에 '부처 님이 가신 뒤, 불법을 가섭에게 전했는데, 마음으로써 마음에 전했다(佛滅 後, 附法於迦葉, 以心傳心)'라는 말이 있다. 즉 석가세존께서 가섭존자迦葉 尊者에게 불교의 진리를 전했는데, 그것을 이심전심으로 행하였다는 것이다.

▮▮ 보 충 ▮

寄身於翰墨.

　기 신 어 한 묵

　　寄身 : 몸을 기탁하다. 몸을 붙이다. / 翰墨 : 붓과 먹. 전의轉義하여 글을 뜻한다.

賢於弟子.

　현 어 제 자

제자보다 현명하다. 개사 '於'는 여기서는 '…보다'라는 비교의 뜻을 나타낸다.

以先王之政, 治當世之民
이 선 왕 지 정　　치 당 세 지 민

先王之政 : 선왕들의 정치. 선왕들의 정치 방법. / 當世之民 : 지금 세상의 백성.

5. 주위主謂구조

주위구조는 주어主語와 위어謂語로 결합된 구조의 형태를 말한다. 주위구조에서 위어는 원칙적으로 주어 뒤에 위치한다.

위어로는 일반적으로 명사·형용사·동사·수사·부사 등이 쓰인다.

● 李舜臣聖雄.
　리 순 신 성 웅
　이순신은 성웅이다.

● 山靑.
　산 청
　산이 푸르다.

● 我歌.
　아 가
　나는 노래한다.

주위구조는 그 자체가 문장의 여러 성분으로 쓰일 수 있다.

● 見兩小兒辯鬪.
　견 량 소 아 변 투
　두 아이가 말다툼하는 것을 보았다.

● 居巢人范增年七十.
  거 소 인 범 증 년 칠 십
  거소현居巢縣 사람 범증은 나이가 70이었다.

본 문

杜甫詩聖.

生我者父母.

表裏不同.

君子之言, 寡而實.

新沐者必彈冠.

國與國不相攻.

▮▮ 해 설 ▮

1. 杜甫詩聖.
   두 보 시 성
   두보는 시성이다.

   杜甫 : 성당盛唐 때의 대시인大詩人. 자字는 자미子美. 시선詩仙 이백李白과 함께
   그 이름을 나란히 하여 이두李杜라고 불린다. 그의 시는 웅혼雄渾·침통沈痛하며 충
   후忠厚한 정이 충일하다.

2. 生我者父母.
   생 아 자 부 모
   나를 낳아주신 사람은 부모이시다.

   生我者 : 동빈動賓구조로 되어 있는 '生我'가, 다시 정어定語로서 대사 '者'를 수식
   하는 형태인 편정偏正구조.

3. 表裏不同.
   표 리 부 동

겉과 속이 다르다.

表裏不同 : 마음이 음충맞아 겉과 속이 다르다. '表裏'는 대비어의 연합구조로서
주어이고, '不同'은 상어 '不'이 중심어인 형용사 '同'을 수식한 편정구조로서 위어임.

4. 君子之言, 寡而實.
군 자 지 언　과 이 실

군자의 말은 적으나 참되다.

君子 : 심성이 어질고 덕행이 높은 인격자. / 寡而實 : 과묵하지만 진실하다. 주어
'君子之言'의 위어.

5. 新沐者必彈冠.
신 목 자 필 탄 관

금방 머리를 감은 사람은 반드시 관을 턴다.

新沐 : 금방 머리를 감다. 머리를 감는 것은 '沐'이라 하고, 몸을 씻는 것은 '浴'이
라 함. / 彈冠 : 관을 퉁겨 먼지를 떨어내다.

6. 國與國不相攻.
국 여 국 불 상 공

나라와 나라가 서로 치지 않는다.

與 : …와. 연사連詞. / 國 : 여기서는 제후국을 가리킴. / 相 : 서로.

■ 보 충 ■

荀卿趙人.
순 경 조 인

荀卿 : 전국시대 조趙나라의 유학자. 특히 예학禮學을 역설하였으며, 맹자의 성선
설性善說을 부정하고, 성악설性惡說을 제창하였다. / 趙 : 전국시대의 나라 이름.
하북성河北省 남부 및 산서성山西省 북부를 그 영역으로 하였다.

月白雪白天地白.
월 백 설 백 천 지 백

天地白 : 달빛과 눈빛으로 온 세상이 하얗다는 뜻이다.

群山糾紛.
군 산 규 분

糾紛 : 어지럽게 얽히다.

月徘徊.

월 배 회

　　徘徊 : 배회하다. 달이 하늘에서 이동하는 것을 뜻한다.

清風徐來.

청 풍 서 래

　　清風 : 맑은 바람. / 徐來 : 천천히 불어오다.

三. 한문의 문장 형태

1. 문장의 구성 방식에 따른 분류

(1) 단문單文

단문은 쉽게 말하여 전체적으로 하나의 주위主謂구조로 이루어진 문장이다. 문장 속에 두 개 이상의 주위구조가 있다 하더라도, 그 중의 한 구조가 다른 것들을 자신의 주어·위어·빈어 등의 성분으로 삼고 있으면, 이도 역시 단문이다. 따라서 단문이라고 해서 반드시 문장의 길이가 짧은 것은 아니다. 단문이라든가 복문이라든가 하는 말들은 문장의 길이가 아니라 문장의 내부 구성을 놓고 하는 말인 것이다.

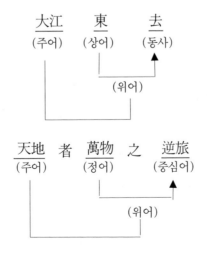

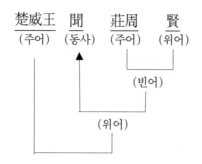

楚威王 (주어)　聞 (동사)　莊周 (주어)　賢 (위어)

(빈어)

(위어)

● 子路宿於石門. – 논어論語 헌문憲問
　자 로 숙 어 석 문
　자로가 석문에서 묵었다.

● 都城過百雉, 國之害也. – 좌전左傳 은공원년隱公元年
　도 성 과 백 치　국 지 해 야
　도읍의 성벽이 1백 치를 넘는 것은 나라의 해이다.

본 문

大江東去. – 소식蘇軾 염노교念奴嬌

天地者, 萬物之逆旅. – 이백李白 춘야연도리원서春夜宴桃李園序

楚威王聞莊周賢. – 사기史記 노장신한열전老莊申韓列傳

▓ 해 설 ▓

1. 大江東去.
　대 강 동 거
　큰 강이 동쪽으로 흘러간다.

　　大江 : 장강長江을 말함. 동사는 '去'이며 빈어는 없음.

2. 天地者, 萬物之逆旅.
　천 지 자　만 물 지 역 려
　천지는 만물의 여관이다.

天地 : 대비어가 결합된 연합구조로서 이 문장의 주어. / 者 : 여기의 '者'는 판단문의 주어 뒤에 쓰여서 제시를 위한 어기語氣의 정지를 표시하는 어기사. / 逆旅 : 여관. 객사. '逆'은 '迎(영)', 즉 맞아들이다의 뜻. 따라서 '逆旅'는 나그네를 맞아들이는 집. 동빈구조로 이루어진 복사複詞.

3. 楚威王聞莊周賢.
초 위 왕 문 장 주 현

초위왕은 장주가 어질다는 애기를 들었다.

楚威王 : 전국시대 초나라의 왕. / 莊周 : 전국시대 초나라 몽蒙 사람. 일설에는 자가 자휴子休. 보통 장자莊子라고 존칭됨. 그의 주장은 노자老子에 근본을 두고 있으며, 노자와 함께 도가의 조종祖宗으로 받들어짐. 당唐 천보天寶 초에 남화진인南華眞人으로 추호追號되어 그의 책 장자를 남화진경南華眞經이라고도 칭함.

(2) 복문複文

복문은 문장 속에 두 개 이상의 주위구조가 있으면서, 그것들 중에 어느 것이 다른 것의 주어·위어·빈어 등의 성분이 되지 않는 형태의 문장이다. 그리고 복문은 다시 절들이 서로 대등한 관계를 맺고 있는 연합복문과 절 간에 주종 관계를 맺고 있는 편정偏正복문으로 대별할 수 있다.

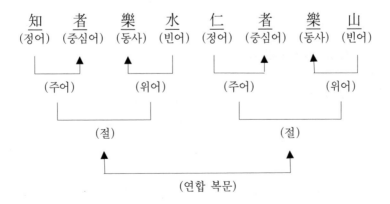

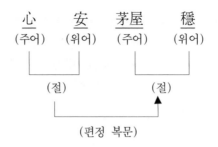

	心	安	茅屋	穩
	(주어)	(위어)	(주어)	(위어)

(절)　　　　(절)

(편정 복문)

● 天時不如地利, 地利不如人和. – 맹자孟子 공손추하公孫丑下
　　천 시 불 여 지 리　　지 리 불 여 인 화

　천시는 지리만 못하고, 지리는 인화만 못하다.

● 林木茂而斧斤至焉. – 순자荀子 권학勸學
　　림 목 무 이 부 근 지 언

　나무 숲이 무성해지면, 도끼가 거기에 쓰여지게 된다.

본 문

知者樂水, 仁者樂山. – 논어論語 옹야雍也

心安, 茅屋穩. – 명심보감明心寶鑑 존심存心

松下問童子, 言師採藥去. – 가도賈島 심은자불우尋隱者不遇

▌해 설 ▌

1. 知者樂水, 仁者樂山.
　　지 자 요 수　　인 자 요 산

　지혜로운 사람은 물을 좋아하고, 어진 사람은 산을 좋아한다.

　　知者 : 지혜로운 사람. '知'는 '智(지)'와 같음. / 樂 : 좋아하다. 음은 '요'.

2. 心安, 茅屋穩.
　　심 안　　모 옥 온

　마음이 편안하면, 띠집이라도 편안하다.

　　茅屋 : 띠집. 빈곤한 사람의 집을 뜻함. / 穩 : 편안하다. 안온하다.

3. 松下問童子, 言師採藥去.
   송 하 문 동 자　언 사 채 약 거

소나무 아래서 동자에게 물었더니, 스승이 약 캐러 갔다고 한다.

松下 : 상어이며 앞 절의 경우에 주어가 생략되어 있음. 의미상 주어는 '我(아)'임. 뒤 절도 주어가 생략되어 있으며 의미상 주어는 동자童子임. / 師採藥去 : 자체로서 절이며 전체가 '言'의 빈어임.

■■ 보 충 ■

父母俱存, 兄弟無故, 一樂也. - 맹자孟子 진심상盡心上
부 모 구 존　형 제 무 고　일 락 야

俱存 : 모두 생존하다. / 無故 : 탈이 없다. / 一樂 : 여기서는 '첫번째 즐거움'이란 뜻으로 쓰였다.

千里馬常有, 而伯樂不常有. - 한유韓愈 잡설雜說
천 리 마 상 유　이 백 락 불 상 유

千里馬 : 하루에 천리를 달릴 수 있는 준마駿馬. / 伯樂 : 주周나라 때 말을 잘 감정한 사람. 본명은 손양孫陽. 백락은 원래 천마天馬를 맡은 별이름이었는데, 당시 사람들이 손양이 말을 잘 감정하였기에 그를 백락이라고 불렀다. / 不常有 : 언제나 있는 것은 아니다. 부분부정형.

居廟堂之高, 則憂其民 ; 處江湖之遠, 則憂其君.
거 묘 당 지 고　즉 우 기 민　처 강 호 지 원　즉 우 기 군

- 범중엄范仲淹 악양루기岳陽樓記

廟堂之高 : 높은 묘당. 묘당의 높은 곳. 일반적인 어순으로는 정어인 '高'가 중심어인 '廟堂'의 앞에 위치해야 하나, 정어의 의미를 강조하기 위해서는 이와 같이 조사 '之'를 써서 중심어 뒤에 놓을 수가 있음. '廟'는 종묘, 즉 조상의 신주를 모신 곳. '堂'은 명당, 즉 정사를 의논하는 곳. 옛날에는 정치의 대사大事는 먼저 종묘에 고하고, 명당에서 의논했기 때문에, 묘당은 바로 '조정'의 뜻으로 쓰이게 되었음 / 江湖 : 여기서는 관직을 떠나 재야에 있는 사람이 머무는 곳을 뜻함.

2. 위어謂語의 성격에 따른 분류

(1) 판단문判斷文

판단문은 명사, 또는 명사성 구를 위어로 하여 사물의 함의涵義를 해석하거나 사물의 이동異同을 판단하는 문장을 말한다. 우리말로 하자면 '…이 …이다' 혹은 그 부정 형태인 '…이 …이 아니다' 등과 같이 번역되는 경우이다. 우리말에서는 이런 경우 '이다'라는 서술격 어미를 쓰게 되어 있다. 그리고 영어에서는 이런 경우 'be 동사'와 같은 특수한 동사를 반드시 쓰게 되어 있다. 그러나 한문의 경우에는 별도의 동사를 쓰지 않고 '…이다'에 해당하는 명사성 어휘를 주어 다음에 바로 갖다놓는다. 따라서 위어는 동사나 형용사가 아니라 명사나 대사代詞 등이 되는 것이다. 그리고 이 경우 문미文尾에 '也'라는 어기사語氣詞를 놓는 수가 많다.

- 惻隱之心, 仁之端也. – 맹자 공손추상公孫丑上
  측 은 지 심   인 지 단 야
  가엾게 여기는 마음은 인의 실마리이다.

- 滅六國者, 六國也. – 두목杜牧 아방궁부阿房宮賦
  멸 륙 국 자   륙 국 야
  육국을 멸망시킨 것은 육국이다.

본 문
董狐, 古之良史也. – 좌전左傳 선공宣公2년
彼, 丈夫也 ; 我, 丈夫也. – 맹자 등문공상滕文公上

■ 해 설 ■

1. 董狐, 古之良史也.
   동 호 고 지 량 사 야

   동호는 옛날의 좋은 사관史官이었다.

   董狐 : 춘추시대 진晉나라의 사관. 그는 역사 기록을 담당한 태사太史로서 권세에
   아부하거나 굴하지 않고 직필直筆을 잘하였다고 한다. / 良史 : 훌륭한 사관. / 也 :
   판단문의 문미文尾에 쓰이는 어기사.

2. 彼, 丈夫也 ; 我, 丈夫也.
   피 장 부 야   아 장 부 야

   그도 사나이이고, 나도 사나이이다.

   彼 : 삼인칭대사代詞. / 丈夫 : 사나이. 대장부.

3. 文章, 經國之大業, 不朽之盛事.
   문 장 경 국 지 대 업   불 후 지 성 사

   문장은 나라를 다스리는 큰일이고, 불후의 훌륭한 일이다.

   文章 : 여기서는 글 일반을 가리킨다. / 經國 : 나라를 경영하다. 나라를 다스리다.
   '치국治國'과 같은 뜻. / 不朽 : 썩지 아니하다. 영구히 전하다. 춘추시대 노魯나라
   의 숙손표叔孫豹는 '고인삼불후지사古人三不朽之事'로 입덕立德·입공立功·입언
   立言을 들었다. / 盛事 : 성대한 사업. 훌륭한 일. 앞의 '대업大業'과 같은 뜻.

(2) 묘사문描寫文

묘사문은 형용사를 위어로 하여 사물의 성질이나 상태를 묘사하는 문
장을 말한다. 이 경우 우리말에서는 형용사에 서술격 어미를 쓰고, 영어
의 경우에는 주어와 보어補語·형용사 사이에 'be 동사'를 쓰게 되어 있지

만, 한문의 경우에는 판단문의 경우처럼 별도의 동사가 필요 없다. 묘사문은 위어 형용사로서 주어에 대한 설명을 마무리 짓는 표현이기 때문에 위어의 뒤에 빈어가 오지 않는다.

- **擧世皆濁.** - 굴원屈原 어부사漁父辭
  거 세 개 탁
  온 세상이 모두 탁하다.

- **山氣日夕佳.** - 도잠陶潛 음주飮酒
  산 기 일 석 가
  산 기운이 해가 저물면서 아름답다.

본 문

溪深, 而魚肥. - 구양수歐陽修 취옹정기醉翁亭記

少年易老, 學難成. - 주희朱熹 우성偶成

山深, 夜深, 客愁深. - 김립시집金笠詩集

▓ 해 설 ▓

1. **溪深, 而魚肥.**
   계 심 이 어 비
   시내가 깊으니, 고기가 살지다.

2. **少年易老, 學難成.**
   소 년 이 로   학 난 성
   소년은 늙기가 쉽고, 학문은 이루기가 어렵다.

3. **山深, 夜深, 客愁深.**
   산 심   야 심   객 수 심
   산도 깊고, 밤도 깊고, 나그네의 시름도 깊다.

(3) 서술문敍述文

서술문은 동사를 위어로 하여 사람, 또는 사물의 행동 변화를 서술하는 문장을 말한다. 동사의 성격에 따라 빈어나 보어를 취하지 않기도 하고 취하기도 한다. 그리고 빈어를 주로 하나만 취하지만 두 개 취하기도 한다. 이 경우 빈어들은 간접빈어와 직접빈어로 나누어 설명될 것이다. 아울러 한문에는 시제時制나 법法을 나타내는 별도의 문법적 표지가 없기 때문에 이 점을 특히 염두에 두고 번역해야 할 것이다.

- **君子憂道**. - 논어 위령공衛靈公
  군 자 우 도
  군자는 도를 체득하지 못함을 근심한다.

- **氣蓋世**. - 항우項羽 해하가垓下歌
  기 개 세
  기세가 세상을 덮었다.

본 문

鳶飛, 魚躍. - 중용中庸

愛人者, 人恒愛之 ; 敬人者, 人恒敬之. - 맹자 이루하離婁下

羈鳥戀舊林, 池魚思故淵. - 도잠陶潛 귀원전거歸園田居

▌해 설 ▌

1. **鳶飛, 魚躍**.
   연 비   어 약
   소리개는 날고, 물고기는 뛰다.

   鳶飛魚躍 : 자연스럽게 하늘에 소리개가 날고, 물속에 고기가 뛰노는 것과 같이 천

지조화의 작용이 오묘함을 뜻하는 말. 시경詩經 대아大雅 한록편旱麓篇에 '소리 개는 날아 하늘에 이르고, 물고기는 못에서 뛴다(鳶飛戾天, 魚躍于淵)'의 시구가 있다.

2. **愛人者, 人恒愛之 ; 敬人者, 人恒敬之.**
   애 인 자　　인 항 애 지　　경 인 자　　인 항 경 지

   남을 사랑하는 사람은, 남도 항상 그를 사랑하고, 남을 공경하는 사람은, 남도 항상 그를 공경한다.

   恒 : 항상.

3. **羈鳥戀舊林, 池魚思故淵.**
   기 조 련 구 림　　지 어 사 고 연

   새장에 갇힌 새는 옛 숲을 그리워하고, 못에 갇힌 물고기는 옛 못을 생각한다.

   羈鳥 : 새장에 갇힌 새. 또는 멀리 떠도는 새로 해석하기도 함. '羈'는 '묶이다, 갇히다'의 뜻. / 舊林 : 예전에 살던 숲. / 池魚 : 연못에 갇힌 물고기. 여기의 '池'는 인공으로 만든 연못을 뜻함. / 思 : 그리워하다. '戀(련)'과 같은 뜻. / 故淵 : 예전에 살던 못. '淵'은 자연의 못을 뜻함.

▌ 보 충 ▌

起予者, 商也. - 논어 팔일八佾
기 여 자　　상 야

   起予者 : 내 뜻을 나타내 준 사람. / 商 : 공자의 제자 자하子夏의 이름. 성은 복卜.

菊, 華之隱逸者也. - 주돈이周敦頤 애련설愛蓮說
국　　화 지 은 일 자 야

   華 : 꽃. '花'와 같음. / 隱逸者 : 은자隱者. 세상일을 피하여 자연 속에 숨어 사는 사람.

天長地久. - 노자老子 7장
천 장 지 구

   天長地久 : 천지는 장구하다. 하늘과 땅은 영구히 변하지 아니하다.

顏色憔悴, 形容枯槁. - 굴원屈原 어부사漁父辭
안 색 초 췌　　형 용 고 고

   顏色 : 얼굴빛. / 憔悴 : 초췌하다. 고생이나 병에 시달려 파리하다. / 形容 : 모습. 꼴.

용모. / 枯槁 : 마르다. 말라서 생기가 없다.

其馬將胡駿馬而歸. – 회남자淮南子 인간훈人間訓
기 마 장 호 준 마 이 귀

將胡駿馬而歸 : 호 지방의 천리마를 데리고 돌아오다. '將'은 거느리다 뜻의 동사.

秋風起兮, 白雲飛. – 한무제漢武帝 추풍사秋風辭
추 풍 기 혜   백 운 비

兮 : 어기사語氣詞로 문중文中에 위치하여 어기의 일시적 정지를 나타내기도 하고, 문미文尾에 쓰여서 가창할 때 음조를 늦추어 주는 작용을 함. 주로 사부辭賦에 쓰임.

3. 표현 양식에 따른 분류

이제 한문의 기본적인 구성 원리에 대해서는 어느 정도 이해가 되었을 것이다. 지금까지는 사詞와 사의 결합관계, 사들이 모여 구句를 이루고 문장을 이루는 방식, 기본적인 문장의 종류들과 구성상의 특징 등에 대해서 이야기하였다. 이제부터는 한문을 관습으로 굳어져 있는 표현 양식에 따라 나누어 설명하기로 하겠다.

앞에서 이야기한 것처럼 한문에는 문법적 기능을 나타내는 표지가 매우 제한되어 있다. 따라서 한문에 대한 설명은 어휘에 대한 설명이라든가 관습적인 표현 방식에 대한 설명에 대폭 의존하지 않을 수 없게 된다. 즉 어떠어떠한 뜻은 대체로 어떠어떠한 방식으로 표현된다는 개괄적인 형태를 취할 수밖에 없는 것이다. 물론 서구언어학의 방법론을 도입하여 기술적으로 체계화 내지 논리화를 시킬 수도 있겠지만 지나친 논리화의 시도는 오히려 여러 가지 무리를 초래하여 일반인들이 이해하기 어렵게 하고, 이 책이 지향하는 독해 능력의 배양이라는 목표와도 맞지 않기 때문에 피하기로 한다. 일사불란한 문법적 설명을 가하지 못하는 것은 한문 자체의 속성 때문이기도 하거니와 오늘날의 한문문법의 한계 때문이기도 하다.

여기서 표현 양식이라는 말을 쓰고 있는데 그것은 한문의 표현 형태가 엄밀한 논리에 의해 분석, 기술되지는 못하지만 나름대로 어떤 틀을 가지고 있다는 뜻에서이다. 말하자면 오랜 세월 동안 어떠어떠한 류의 말을 할 때는 대개 이러이러한 모양으로 한다는 한문의 관습들을 귀납하여 문장을 설명하기 위해서 '양식'이라는 말을 쓰고 있는 것이다. 이런 포괄적 성격 때문에 양식의 분류는 엄밀하지 못한 면을 가지지 않을 수가 없다. 이 책에서는 열한 가지로 나누었지만 이보다 많을 수도 있고 적을 수도 있다. 이 점을 염두에 두고 공부해 나가기 바란다.

(1) 부정형否定形

부정형이란 동작·상태 혹은 사물을 부정하는 뜻을 나타내는 문장 형태이다. 부정형 속에는 반드시 부정사가 있으며, 부정사에는 '不'·'弗'·'毋'·'勿'·'未'·'非' 등이 있다.

'不'·'弗'은 의미상 일반적인 부정을 나타내며, '不'은 동사와 형용사를, '弗'은 주로 동사를 부정한다.

● 回也不愚. - 논어 학이學而
　회 야 불 우
안회顏回는 어리석지 않다.

● 公弗許. - 좌전 은공원년隱公元年
　공 불 허
공이 허락하지 않았다.

'毋'·'勿'은 통상 금지명령형에 쓰여 금지나 동의하지 않는다는 뜻을 나타낸다. 그리고 고서古書에서는 '毋' 대신 '無'자를 쓰는 경우도 많다. 우리말로는 '…하지 말라'의 뜻을 가진다.

- 毋友不如己者. - 논어 학이學而
  무 우 불 여 기 자

  자기만 못한 사람을 친구로 사귀지 말라.

- 左右皆曰可殺, 勿聽. - 맹자 양혜왕하梁惠王下
  좌 우 개 왈 가 살   물 청

  좌우의 사람들이 모두 죽여야 한다고 말해도, 듣지 마십시오.

- 不及黃泉, 無相見也. - 좌전 은공원년隱公元年
  불 급 황 천   무 상 견 야

  저승에 이르기 전에는 서로 만나지 맙시다.

- 我無爾詐. - 좌전 선공宣公15년
  아 무 이 사

  나는 너를 속이지 않겠다.

  ※부정문에서 빈어가 대사이면 그 대사는 동사 앞으로 도치된다. 즉 '我無詐爾→我無爾詐'로 바뀜.

'未'는 주로 일이 아직 실현되지 않았음을 나타낸다. 우리말로는 '아직 …하지 않다'의 뜻을 가진다.

- 未聞好學者也. - 논어 옹야雍也
  미 문 호 학 자 야

  배우기를 좋아한다는 사람을 아직 들어 보지 못했다.

- 子食於有喪者之側, 未嘗飽也. - 논어 술이述而
  자 식 어 유 상 자 지 측   미 상 포 야

  선생님께서는 상 당한 사람 곁에서 식사를 하시면, 배불리 먹은 적이 없으셨다.

'非'는 주로 판단문에 사용되어 주어와 위어의 관계를 부정하거나, 행위나 성질을 부정하는 데 사용되어 어떤 사실에 대한 부인을 표시한다. 우리말로는 '…이 아니다'의 뜻을 가진다.

- 子非魚, 安知魚之樂? - 장자莊子 추수秋水
  자 비 어   안 지 어 지 락

  그대는 물고기가 아니면서, 어떻게 물고기의 즐거움을 아는가?

- 城非不高也. - 맹자 공손추하公孫丑下
  성 비 불 고 야

성이 높지 않은 것이 아니다.

'無'는 대체로 '…이 없다'의 뜻을 가진다.

- **縕袍無表.** – 설원說苑 입절立節
  온 포 무 표
  솜옷에 거죽이 없다.

'莫'은 무정無定대사의 성격을 포함한 부정사로서, 우리말로는 '…하는 사람이 아무도 없다'·'어떤 것으로도 …할 수 없다'의 뜻을 가진다. 그러나 때로는 금지명령형에 사용되어 '勿'과 같이 금지의 뜻을 나타낸다.

- **吾楯之堅, 莫能陷也.** – 한비자韓非子 난일難一
  오 순 지 견 막 능 함 야
  나의 방패는 견고하여 어떤 것으로도 뚫을 수가 없다.

- **莫爲殺人.** – 장자 칙양則陽
  막 위 살 인
  살인을 하지 말라. '莫'은 '勿(물)'의 뜻.

본 문

玉不琢, 不成器 ; 人不學, 不知道. – 예기禮記 악기樂記

己所不欲, 勿施於人. – 논어 위령공衛靈公

未覺池塘春草夢, 階前梧葉已秋聲. – 주희朱熹 우성偶成

非人不忍, 不忍非人. – 명심보감明心寶鑑 계성戒性

人無遠慮, 必有近憂. – 논어 위령공

群臣莫對. – 전국책戰國策 조책趙策

1. **玉不琢, 不成器 ; 人不學, 不知道.**

옥 불 탁　불 성 기　인 불 학　부 지 도

   옥은 다듬지 않으면 그릇을 이루지 못하고, 사람은 배우지 않으면 도를 알지 못한다.

   > 琢 : 쪼다. 다듬다. 탁마琢磨하다. / 道 : 도리.

2. **己所不欲, 勿施於人.**

기 소 불 욕　물 시 어 인

   자기가 하고자 하지 않는 것을, 남에게 시행하지 말라.

   > 所 : …하는 바. …하는 것. / 不欲 : 하고자 하지 않다. / 勿 : …하지 말라. 금지명령. / 於 : …에게. 행위의 대상을 표시하는 개사.

3. **未覺池塘春草夢, 階前梧葉已秋聲.**

미 교 지 당 춘 초 몽　계 전 오 엽 이 추 성

   못 가 봄풀의 꿈을 아직 깨지도 않았는데, 섬돌 앞의 오동잎은 이미 가을의 소리로다.

   > 未覺池塘春草夢 : 못 가 봄풀의 꿈을 아직 깨지 못했다. 아직 못가에 돋아난 봄풀의 꿈속에 잠겨 깨지 못하고 있다. 아직 한창 젊은 줄 알고 있었다는 뜻을 비유함. '覺'가 깨어나다의 뜻일 때는 음이 '교'이다. '池塘'은 못. '春草夢'은 봄철의 꿈 같은 즐거움을 뜻함. / 階前梧葉已秋聲 : 섬돌 앞의 오동나무에서 떨어지는 오동잎은 이미 가을의 소리이다. 세월이 흘러 벌써 늙어 버렸음을 비유한 말.

4. **非人不忍, 不忍非人.**

비 인 불 인　불 인 비 인

   사람이 아니면 참지 못하고, 참지 못한다면 사람이 아니다.

   > 非 : …이 아니다. '非'는 가정의 뜻으로 쓰여, '만약 …이 아니라면'의 뜻을 갖는 경우가 많다.

5. **人無遠慮, 必有近憂.**

인 무 원 려　필 유 근 우

   사람이 원려가 없으면, 반드시 근우가 있다.

   > 遠慮 : 먼 앞날의 일에 대한 사려. 먼 앞날의 일을 헤아리는 깊은 생각. / 近憂 : 가까운 근심. 눈앞의 우환.

6. 群臣莫對.
  군 신 막 대

군신들은 아무도 대답하지 않았다.

  莫 : …하는 사람이 없다. 아무도 …하지 않다. / 對 : 대답하다.

■■■ 보 충 ■

待客不得不豊, 治家不得不儉. - 명심보감 치가治家
대 객 부 득 불 풍   치 가 부 득 불 검

  待客 : 손을 접대하다. / 不得不豊 : 풍족하게 하지 않을 수 없다. 이중부정형. /
  儉 : 검약하다. 검소하다.

非禮勿視, 非禮勿聽, 非禮勿言, 非禮勿動. - 논어 안연顏淵
비 례 물 시   비 례 물 청   비 례 물 언   비 례 물 동

  非禮勿視 : 예가 아니면 보지 말라. '禮'는 여기서 '예에 맞는 일'의 뜻. / 勿動 : 행
  동하지 말라.

我無爾詐, 爾無我虞. - 좌전 선공宣公15년
아 무 이 사   이 무 아 우

  我無爾詐 : 나는 당신을 속이지 않겠다. '無'는 '毋'와 같음. 대사 '爾'는 동사 '詐'
  의 빈어이나, '不'·'毋'·'未'·'莫' 등의 부정사를 사용한 부정문에서는, 빈어가 대
  사이면 그 대사는 동사 앞으로 도치됨. / 爾無我虞 : 당신도 나를 걱정시키지 말라.
  '虞'는 '속이다', '걱정시키다', '침략하다'의 뜻.

未有仁而遺其親者也, 未有義而後其君者也. - 맹자 양혜왕상梁惠王上
미 유 인 이 유 기 친 자 야   미 유 의 이 후 기 군 자 야

  未有 : 아직 …이 있지 아니하다. 없다. / 仁而遺其親者 : 어질면서 그의 어버이를
  버린 사람. / 義而後其君者 : 의로우면서 그의 임금을 가볍게 여기는 사람. '後'는
  '가볍게 여기다'·'우선으로 삼지 않다'의 뜻.

取之無禁, 用之不竭. - 소식蘇軾 적벽부赤壁賦
취 지 무 금   용 지 불 갈

  取之無禁 : 그것을 가져도 금하는 자가 없다. '無'도 때로는 '莫(막)'과 같이 '…하는
  사람이 없다'·'…하는 것이 없다'의 뜻을 가짐. / 用之不竭 : 그것을 써도 다 없어지
  지 않는다. '竭'은 '다하다'·'다 없어지다'의 뜻.

東西南北, 莫可奔走. - 염철론鹽鐵論 비앙非鞅
동 서 남 북   막 가 분 주

莫可奔走 : 어떤 곳도 달아날 수 있는 곳이 없다. '莫'은 여기서는 '어디도 …할 곳이 없다'의 뜻. '奔走'는 '달아나다'·'도주하다'.

(2) 의문형疑問形과 반어형反語形

의문형이란 의문의 뜻을 나타내는 문장 형태이다.

의문형에는 의문사를 쓰며, 의문사로는 '誰'·'孰'·'何'·'安'·'惡'·'焉'·'胡'·'奚'·'曷' 등이 있다.

'誰'는 사람을 가리키는 의문사로서 주어나 빈어 또는 정어로 사용된다.

- **子行三軍則誰與?** - 논어 술이述而
  자 행 삼 군 즉 수 여

  선생님께서 삼군을 통솔하신다면, 누구와 함께하시겠습니까?

  ※의문사가 빈어일 경우 부정형의 경우처럼 그 의문사는 동사 앞으로 도치된다. 즉 '子行三軍則與誰→子行三軍則誰與'로 바뀐다.

'孰'은 일반적으로 선택을 표시하며, 사람이나 사물을 가리키나, 때로는 선택을 표시하지 않는 '誰'와 꼭 같은 뜻으로 쓰이는 경우도 있다. 그리고 '孰'은 일반적으로 주어로 쓰인다. 우리말로는 '누구'·'어느 것'의 뜻을 가진다.

- **禮與食孰重?** - 맹자 고자하告子下
  례 여 식 숙 중

  예와 먹는 것과는 어느 것이 중요한가?

- **孰爲夫子?** - 논어 미자微子
  숙 위 부 자

  누가 선생이란 말인가?

'何'는 사물을 가리키는 의문사로 주로 빈어·정어·상어로 쓰이고, 우리말로는 '무엇'·'어느'·'무슨'·'무엇 때문에'·'어찌하여' 등의 매우 다

양한 뜻을 갖게 된다. 의문사 가운데 쓰임새가 가장 넓으므로 유의해야
할 것이다.

- **客何好?** - 전국책戰國策 조책趙策
  객 하 호

  손님께서는 무엇을 좋아하십니까?

- **是何人也?** - 장자莊子 양생주養生主
  시 하 인 야

  이 사람은 어떤 사람인가?

- **先生坐, 何至於此?** - 전국책 위책魏策
  선 생 좌   하 지 어 차

  선생께서는 앉으십시오, 어찌하여 이 지경에 이르렀습니까?

'安'·'惡'·'焉'·'胡'·'奚'·'曷' 등의 의문사는 주로 빈어와 상어로 사
용된다. 빈어로 쓰일 때에 '安'·'惡'는 장소를 가리키며, 우리말로 '어디'
의 뜻을 가지고, '胡'·'奚'·'曷'은 '何'와 같이 '무엇'의 뜻을 가진다. 그
리고 상어로 쓰일 때 '安'·'惡'·'焉'·'胡'·'奚'·'曷'은 대개 '어찌'·'어찌
하여'·'어떻게'의 뜻을 가진다.

- **沛公安在?** - 사기史記 항우본기項羽本紀
  패 공 안 재

  패공은 어디에 있소?

- **天曷不降威?** - 상서尙書 상서商書
  천 갈 불 강 위

  하늘이 어찌하여 위엄을 내리시지 않을까?

의문의 어기를 나타내는 어기사를 써도 의문형이 되는데, '乎'가 그 대
표적인 것이다. '乎'는 긍정·부정을 묻는 의문형뿐만 아니라, 선택식 의
문형에도 쓰인다. 일반적으로 어기사들은 쓰임새가 매우 넓어 의미해석
에 세심한 주의를 요한다.

- **能復飮乎?** - 사기 항우본기
  능 부 음 호

  더 마실 수 있는가?

- 事齊乎? 事楚乎? - 맹자 양혜왕하梁惠王下
  사 제 호   사 초 호
  제나라를 섬길까요? 초나라를 섬길까요?

'與'·'歟'·'邪'·'耶'도 의문의 어기를 나타낸다.

- 管仲非仁者與? - 논어 헌문憲問
  관 중 비 인 자 여
  관중은 어진 사람이 아니겠지요?

- 王亦無恙耶? - 전국책 제책齊策
  왕 역 무 양 야
  왕께서도 역시 안녕하시겠지요?

의문사를 쓴 의문형에 어기사가 함께 쓰일 수도 있다.

- 是誰之過與? - 논어 계씨季氏
  시 수 지 과 여
  이것이 누구의 잘못이냐?

반어형이란 말하는 사람이 어떤 사실에 대해 이미 확실하게 알고 있으면서도, 어세語勢를 강조하기 위하여 의문형을 빌어 반문하는 뜻을 나타내는 문장 형태이다. 즉 형태만 의문형이지 의미상으로는 긍정문이다.

반어형에도 의문사와 어기사 '乎'·'與'·'歟'·'邪'·'耶'·'哉' 등이 쓰여 외형상 의문형과 차이가 없다. 즉 형태로 볼 때는 의문형과 반어형은 거의 구별되지 않는다. 구별은 문맥 내지 의미의 차원에서만 되는 것이다. 따라서 표현양식에 있어서는 하나로 묶어 이야기할 수 있다.

- 百姓足, 君孰與不足? - 논어 안연顔淵
  백 성 족   군 숙 여 부 족
  백성들이 풍족하면, 임금이 누구와 부족하게 지내겠습니까? (풍족하게 지낸다)

- 吾何愛一牛? - 맹자 양혜왕상梁惠王上
  오 하 애 일 우
  내가 어찌 한 마리의 소를 아끼겠는가? (안 아낀다)

- 安能以皓皓之白, 而蒙世俗之塵埃乎? - 굴원屈原 어부사漁父辭
  안 능 이 호 호 지 백   이 몽 세 속 지 진 애 호
  어찌 깨끗한 몸으로서, 세속의 티끌을 덮어쓰겠는가? (덮어쓰지 않겠다)

반어형에는 종종 부정사나 반문부사 '豈'·'獨'·'寧'·'庸' 등이 쓰인다.

- 人不知而不慍, 不亦君子乎? - 논어 학이學而
  인 부 지 이 불 온   불 역 군 자 호
  남이 알아주지 않아도 화내지 않으면, 또한 군자답지 않은가?

- 此非以賤爲本邪? - 노자老子 29장
  차 비 이 천 위 본 야
  이것이 천한 것으로 근본을 삼는 것이 아니겠는가?

- 公豈敢入乎? - 사기 항우본기項羽本紀
  공 기 감 입 호
  공께서 어찌 감히 들어왔겠습니까?

- 相如雖駑, 獨畏廉將軍哉? - 사기 염파인상여열전廉頗藺相如列傳
  상 여 수 노   독 외 렴 장 군 재
  나 상여가 비록 노둔駑鈍하나, 유독 염파廉頗 장군만 두려워하겠느냐?

본 문

飛來飛去, 落誰家? - 유정지劉廷之 대비백두옹代悲白頭翁

獨樂樂, 與人樂樂, 孰樂? - 맹자 양혜왕하梁惠王下

不有佳作, 何伸雅懷? - 이백李白 춘야연도리원서春夜宴桃李園序

今蛇安在? - 몽구蒙求 권지상卷之上

子奚不爲政? - 논어 위정爲政

子見夫子乎? - 논어 미자微子

有朋自遠方來, 不亦樂乎? - 논어 학이學而

晉, 吾宗也, 豈害我哉? - 좌전 희공僖公5년

事不目見耳聞, 而臆斷其有無, 可乎? - 소식蘇軾 석종산기石鐘山記

▊ 해 설 ▊

1. **飛來飛去, 落誰家?**
   비 래 비 거　　락 수 가

   날아오고 날아가서, 누구의 집에 떨어지나?

   飛來飛去 : 이리저리 흩날리다. / 誰家 : 누구의 집. 의문대사 '誰'가 정어로 쓰일
   때는 조사 '之'를 취하지 않는다. 즉 '誰之家'라고는 하지 않는다.

2. **獨樂樂, 與人樂樂, 孰樂?**
   독 악 락　　여 인 악 락　　숙 락

   혼자서 음악을 듣고 즐기는 것과, 사람들과 함께 음악을 듣고 즐기는
   것 중, 어느 쪽이 더 즐겁겠는가?

   獨樂樂 : 혼자서 음악을 들으면서 즐기다. 앞의 '樂'은 '음악'의 뜻으로 명사이며
   음은 '악', 뒤의 '樂'은 '즐기다'의 뜻으로 동사이며, 음은 '락'. / 與人樂樂 : '與人
   樂'은 사람들과 함께 듣는 음악. '與'는 개사. 앞의 '樂'은 음악, 뒤의 '樂'은 즐기
   다. / 孰 : 어느 것. 선택을 표시하는 의문사.

3. **不有佳作, 何伸雅懷?**
   불 유 가 작　　하 신 아 회

   좋은 작품이 없으면, 어떻게 고아高雅한 정회情懷를 펼 수 있겠는가?

   佳作 : 좋은 작품. 훌륭한 시작詩作. / 何 : 어떻게. 여기서는 상어로 쓰였다. / 伸 :
   펴다. 표현하다. / 雅懷 : 고아한 정회. 아취雅趣 있는 심회心懷.

4. **今蛇安在?**
   금 사 안 재

   지금 뱀은 어디에 있느냐?

   安 : 어디. 장소를 가리키는 의문사로, 여기서는 동사 '在'의 빈어이나, 의문사이기
   때문에 동사 앞으로 도치되었다.

5. **子奚不爲政?**

   자 혜 불 위 정

   선생님께서는 어찌하여 정치를 하지 않습니까?

   子 : 어르신네. 선생. 덕행이 있는 사람에 대한 존칭어로, 옛날에는 선생을 칭할 때도 쓰임. / 奚 : 어찌하여. 여기서는 상어로 쓰였음.

6. **子見夫子乎?**

   자 견 부 자 호

   당신께서는 선생님을 보셨는지요?

   子 : 이인칭 존칭어. 당신. / 夫子 : 선생. 스승. 나이가 많고 덕행이 있는 사람들에 대한 존칭어로서, 스승을 칭할 때 주로 쓰임.

7. **有朋自遠方來, 不亦樂乎?**

   유 붕 자 원 방 래   불 역 락 호

   벗이 있어 먼 곳으로부터 오면, 또한 즐겁지 아니한가?

   自 : …로부터. 개사. / 遠方 : 먼 곳. 먼 지방. / 不亦 ~乎 : 또한 ~하지 않는가. 고대에 관용적으로 쓰이던 비교적 완곡한 반어형.

8. **晉, 吾宗也, 豈害我哉?**

   진   오 종 야   기 해 아 재

   진晉은 나의 동종同宗 국가인데, 어찌 나를 해치겠는가?

   晉 : 춘추시대 제후국의 하나. 산서山西·하북河北 두 성省의 남쪽 경계와 하남성河南省의 북쪽 경계를 영유하였음. / 宗 : 겨레. 일가. / 豈 : 어찌. 반어형에 쓰이는 반문사. / 哉 : 반어형에 쓰이는 어기사. '哉'는 순수한 의문을 표시하는 의문형에는 잘 쓰이지 않음.

9. **事不目見耳聞, 而臆斷其有無, 可乎?**

   사 불 목 견 이 문   이 억 단 기 유 무   가 호

   사물에 대하여 눈으로 보거나 귀로 듣지 않고서, 그것이 있는지 없는지를 마음대로 단정하는 것이 옳은가?

   目見耳聞 : 눈으로 직접 보고, 귀로 직접 듣다. '目'과 '耳'는 각각 동사 '見'과 '聞'의 도구를 표시하는 상어로 쓰였음. / 而 : 연사連詞. / 臆斷 : 억측하다. 주관적으로 판단하다. / 可 : 되다. 옳다. 가하다.

太守謂誰? - 구양수歐陽修 취옹정기醉翁亭記
태 수 위 수

　　太守 : 주州의 장관. / 謂誰 : 누구라고 하느냐. 누구이냐.

父與夫, 孰親? - 좌전 환공桓公15년
부 여 부　숙 친

　　父與夫 : 아버지와 남편. / 親 : 가깝다. 친근하다.

牛何之? - 맹자 양혜왕상梁惠王上
우 하 지

　　何之 : 어디로 가느냐. 의문사 '何'가 동사 '之'의 빈어이나, 의문사가 동사의 빈어
로 쓰일 때는 동사 앞으로 도치됨.

今之從政者何如? - 논어 자로子路
금 지 종 정 자 하 여

　　今之從政者 : 지금 정치에 종사하고 있는 사람들. / 何如 : 대개 '어떤'이나 '어떠하
냐'의 뜻으로 쓰임.

虞兮虞兮奈若何? - 사기 항우본기項羽本紀
우 혜 우 혜 내 약 하

　　虞兮 : 우미인虞美人아. '虞'는 초楚나라 항우項羽의 총희寵姬. '兮'는 사부辭賦의
문중文中에 쓰여 어기의 일시적 정지를 나타내는 어기사. / 奈若何 : 너를 어찌할
까. '奈…何'는 '…에 대해 어찌할까'·'…를 어떻게 할까'의 뜻. 같은 것으로, '如…
何'·'若…何'도 있음. '若'은 '너', 이인칭대사로 奈何의 빈어.

子來幾日矣? - 맹자 이루상離婁上
자 래 기 일 의

　　子來幾日矣 : 자네가 온 지 며칠이 되었나. '幾'는 '몇'.

田園將蕪, 胡不歸? - 도잠陶潛 귀거래사歸去來辭
전 원 장 무　호 불 귀

　　將蕪 : 장차 황폐하려 하다. / 胡不歸 : 어찌 돌아가지 않겠는가.

不仁者, 可與言哉? - 맹자 이루상
불 인 자　가 여 언 재

　　可與言哉 : 함께 말할 수 있겠는가. 개사 '與'의 빈어는 앞의 '不仁者'.

固一世之雄也, 而今安在哉? - 소식蘇軾 적벽부赤壁賦
고 일 세 지 웅 야   이 금 안 재 재

> 固 : 진실로. / 而 : 그러나. 그런데. 전절轉折 관계를 표시하는 연사連詞. / 今安在
> 哉 : 지금은 어디에 있는가. 지금은 죽고 어디에도 없다는 뜻.

浮生若夢, 爲歡幾何? - 이백李白 춘야연도리원서春夜宴桃李園序
부 생 약 몽   위 환 기 하

> 浮生若夢 : 정처 없는 인생은 꿈과 같다. / 爲歡幾何 : 즐거움이 얼마나 되는가. 환
> 락을 즐기는 것이 얼마만한 시간이나 되겠느냐는 뜻. '幾何'는 '얼마', 같은 의미로
> '기다幾多'·'기소幾所'·'기허幾許'도 있다.

(3) 사역형使役形

사역형이란 주동자가 객체客體로 하여금 어떤 동작을 하게 하는 뜻을
나타내는 문장 형태이다.

사역의 뜻을 가진 동사 '使'·'令'·'遣'·'敎'·'俾' 등이 사역형을 만든다.

● 使人視之. - 소학小學 계고稽古
　사 인 시 지

　사람을 시켜서 그것을 살펴보게 하였다.

● 五色令人目盲, 五音令人耳聾. - 노자老子 12장
　오 색 령 인 목 맹   오 음 령 인 이 롱

　오색은 사람으로 하여금 눈이 멀게 하고, 오음은 사람으로 하여금 귀가
　멀게 한다.

● 遣從者懷璧間行先歸. - 십팔사략十八史略
　견 종 자 회 벽 간 행 선 귀

　종자로 하여금 구슬을 품고서 사잇길로 걸어서 먼저 돌아가게 했다.

'命'·'勸'·'召'·'助'·'屬' 등의 동사도 의미상 사역의 뜻을 가지게 한다.

● 孫權將呂蒙, 初不學, 權勸蒙讀書. - 십팔사략
　손 권 장 려 몽   초 불 학   권 권 몽 독 서

손권의 장수 여몽은 처음에는 학문을 하지 않았는데, 손권이 여몽에게
권하여 글을 읽게 했다.

● 予助苗長. - 맹자 공손추상公孫丑上
　여 조 묘 장

나는 싹이 자라도록 도왔다.

사역의 뜻을 갖는 동사를 사용하지 않으면서 문맥상 혹은 내용상 사역
의 뜻을 나타내는 경우도 있다.

● 管仲相桓公, 霸諸侯. - 십팔사략
　관 중 상 환 공　　패 제 후

관중은 제환공을 보좌하여 제후들을 제패하게 했다.

본 문

天帝使我長百獸. - 전국책 초책楚策

何故深思高擧, 自令放爲? - 굴원屈原 어부사漁父辭

不敎胡馬度陰山. - 왕창령王昌齡 출새出塞

命故人書之. - 도잠陶潛 음주서飮酒序

■ 해 설 ■

1. 天帝使我長百獸.
　 천 제 사 아 장 백 수

천제가 나로 하여금 백수의 우두머리가 되게 했다.

　天帝 : 하늘의 제왕帝王. / 使 : …로 하여금 ~하게 하다. / 長 : 우두머리가 되다.
　거느리다. 여기서는 동사화 되어 쓰였음. / 百獸 : 모든 짐승.

2. 何故深思高擧, 自令放爲?
　 하 고 심 사 고 거　 자 령 방 위

무슨 까닭으로 깊이 생각하고 고상하게 행동하여, 스스로를 추방되게
하였소?

何故 : 무슨 까닭으로. / 深思高擧 : 깊이 생각하고 고상하게 행동하다. 시속을 따
르지 않고 혼자 고상한 체 행동했다는 뜻을 내포하고 있음. / 自令放 : 스스로를 추
방되게 하다. '自'가 대사代詞로서 빈어로 쓰일 경우에는 일반적으로 도치됨. '令'
은 '…로 하여금 ~하게 하다'. / 爲 : 의문어기사로 '乎(호)'와 같음.

3. 不敎胡馬度陰山.
불 교 호 마 도 음 산

오랑캐의 병마兵馬로 하여금 음산을 넘지 못하게 하다.

敎 : …로 하여금 ~하게 하다. / 胡馬 : 오랑캐의 병마. 오랑캐 군대를 뜻함. / 陰
山 : 지금의 내몽고자치구內蒙古自治區 남쪽의 음산陰山산맥, 흉노匈奴와의 접경.

4. 命故人書之.
명 고 인 서 지

친구에게 그것을 쓰게 했다.

命 : 원뜻은 '명하여 …하게 하다'. 여기서는 '명령하다'의 뜻이 약화되고, '…에게
~하게 하다'의 뜻으로 쓰였음. / 故人 : 친구.

■ 보 충 ■

遣蘇武使匈奴. - 십팔사략
견 소 무 시 흉 노

遣(견) : …로 하여금 ~하게 하다. / 蘇武 : 전한前漢 사람. 무제武帝 때 중랑장中郎
將으로 흉노에게 사신으로 갔다가 억류된 지 19년 만에 돌아왔다. / 使 : 사신으로
가다. 음은 '시'. / 匈奴 : 중국의 북방 민족의 하나. 고대에 몽고 일대에서 유목하
였고, 그 추장을 선우單于라고 함.

打起黃鶯兒, 莫敎枝上啼. - 김창서金昌緒 춘원春怨
타 기 황 앵 아   막 교 지 상 제

打起 : 쳐서 날려 보내다. / 黃鶯兒 : 꾀꼬리. / 莫 : …하지 말라. / 敎 : …로 하여금
~하게 하다. / 啼 : 울다.

俾予從欲以治. - 상서尙書 대우모大禹謨
비 여 종 욕 이 치

俾 : …로 하여금 ~하게 하다. / 予 : 나. 일인칭대사. / 從欲以治 : 하고자 하는 바

에 따라서 다스리다.

(4) 피동형被動形

피동형이란 문장의 주어가 다른 주동자에 의해서 어떤 동작을 당하게 되는 뜻을 나타내는 문장 형태이다.

피동의 뜻을 나타내는 '見'·'爲'·'被'를 사용하여 피동형을 만든다.

● 言而見用, 終身無難. - 설원說苑 신술臣術
　言 而 見 用　終 身 無 難

충언忠言을 하여 받아들여지면, 종신토록 환난이 없다.

● 卒爲天下笑. - 전국책 조책趙策
　卒 爲 천 하 소

마침내 천하의 웃음거리가 되었다.

● 父母宗族, 皆爲戮沒. - 전국책 연책燕策
　父 母 宗 族　皆 爲 戮 沒

부모와 친족들이 모두 죽음을 당했다.

● 國一日被攻, 雖欲事秦, 不可得也. - 전국책 제책齊策
　國 일 일 被 攻　雖 欲 事 秦　不 可 得 也

나라가 어느 날 침공당하면, 진秦나라를 섬기고자 해도 할 수가 없다.

동사 뒤에 행위의 주동자를 나타내는 개사구조를 사용하여 피동형을 만들기도 한다. 이 개사구조에 사용되는 개사로는 '於'·'乎'·'于' 등이 있다. 그러나 다른 뜻으로 쓰이는 경우가 많으므로 주의를 요한다. '於'·'乎'·'于' 등의 뜻은 매우 다양하다.

● 東敗於齊, 長子死焉 ; 西喪地於秦七百里 ; 南辱於楚.
　東 敗 於 齊　長 子 死 焉　西 喪 地 於 秦 칠 백 리　南 辱 於 楚

- 맹자 양혜왕상梁惠王上

동쪽으로는 제齊나라에 패하여 거기에서 맏아들이 죽었고, 서쪽으로는 진秦나라에게 땅을 7백 리나 잃었으며, 남쪽으로는 초楚나라에게 곤욕을 당했다.

- **不信乎朋友, 不獲於上矣.** - 중용中庸
  불 신 호 붕 우   불 획 어 상 의
  친구에게 믿음을 사지 못하면, 윗사람에게도 신임을 얻지 못할 것이다.

'見'·'爲'와 '於'·'乎'·'于'가 함께 사용되는 경우도 있다.

- **今西面而事之, 見臣於秦.** - 사기 소진열전蘇秦列傳
  금 서 면 이 사 지   견 신 어 진
  이제 서면하여 그를 섬기면, 진秦나라에게 신하 대우를 받게 될 것이다.

- **彼伍胥父兄爲戮於楚.** - 사기 오자서열전伍子胥列傳
  피 오 서 부 형 위 륙 어 초
  저 오자서의 아버지와 형이 초나라에게 살육되었다.

'爲…所~'의 형태도 피동을 나타낸다. 이때 '爲'자 다음의 주동자가 생략되는 경우도 있다.

- **太祖爲流矢所中.** - 삼국지三國志 위지魏志 태조기太祖紀
  태 조 위 류 시 소 중
  태조가 흐르는 화살에 맞았다.

- **若屬皆且爲所虜.** - 사기 항우본기項羽本紀
  약 속 개 차 위 소 로
  너희 무리들은 모두 장차 포로로 잡힐 것이다.

피동의 형태를 취하지 않아도, 의미상 문맥에 의해 피동의 뜻을 갖는 경우가 있다.

- **木受繩則直, 金就礪則利.** - 순자荀子 권학勸學
  목 수 승 즉 직   금 취 려 즉 리
  나무는 먹줄이 쳐지면 곧게 되고, 쇠는 숫돌에 갈면 날카로워진다.

匹夫見辱, 拔劍而起. - 소식蘇軾 유후론留侯論

多多益善, 何爲爲我禽? - 사기 회음후열전淮陰侯列傳

勞心者治人, 勞力者治於人. - 맹자 등문공상滕文公上

先卽制人, 後則爲人所制. - 사기 항우본기項羽本紀

■ 해 설 ■

1. 匹夫見辱, 拔劍而起.

필부견욕   발검이기

필부는 굴욕을 당하면, 칼을 뽑아들고 일어난다.

匹夫 : 평범한 남자. 신분이 낮은 평민. / 見辱 : 욕을 당하다. 굴욕을 당하다. '見'
은 피동의 뜻을 나타내 줌. / 拔劍而起 : 분을 참지 못하고 싸우기 위해 칼을 빼고
일어난다는 뜻.

2. 多多益善, 何爲爲我禽?

다 다 익 선   하 위 위 아 금

많으면 많을수록 더욱 좋다면서, 어째서 나에게 잡히게 되었소?

多多益善 : 많으면 많을수록 더욱 좋다. / 何爲 : 어째서. 무엇 때문에. '何'는 개사
介詞 '爲'의 빈어나 의문대사이므로 도치되었음. / 爲我禽 : 나에게 잡힌 바가 되
다. 나에게 잡히다. '爲我'의 '爲'가 피동의 뜻을 지님. '禽'은 '擒(금)'과 같음. '사
로잡다'.

3. 勞心者治人, 勞力者治於人.

로 심 자 치 인   로 력 자 치 어 인

마음을 쓰는 사람은 남을 다스리고, 힘을 쓰는 사람은 남에게 다스려진다.

勞 : 수고롭게 하다. 쓰다. / 治於人 : 남에게 다스림을 받다. 지배를 당하다. 개사
'於'는 피동형에서 행위의 주동자를 나타내 줌.

4. 先卽制人, 後則爲人所制.

선 즉 제 인   후 즉 위 인 소 제

앞서서 하면 남을 제압하고, 뒤에 하면 남에게 제압을 당한다.

先 : 앞서다. 선수를 쓰다. / 卽 : 연사連詞. '…하면, 곧'의 뜻. 뒤의 '則'과 같은 기
능을 지님. / 爲人所制 : 남에게 제압되다. '爲…所~'는 '…에 의해서 ~당하다'. 피
동형.

▍▍ 참 고 ▍

다다익선多多益善

다다익선은 사기 회음후열전淮陰侯列傳에 나오는 한신韓信의 말이다.

한고조漢高祖 유방劉邦의 명장이었던 한신이 초왕楚王에 봉해졌다가 회음후
로 강등된 뒤 어느 날, 고조는 한신에게 제장諸將 개개인과 자신 및 한신의
군대 지휘 능력에 대해서 물었다. 한신은 고조의 지휘력을 10만 명이라고
평가한 반면, 자신은 군대가 많으면 많을수록 좋다고 답했다. 고조가 웃으
면서 다시 '다다익선 하위위아금(多多益善, 何爲爲我禽)?'이라고 묻자 한신은
대답하기를, 고조는 사병士兵을 지휘하는 데는 능하지 못해도 장수를 잘 거
느리고, 게다가 재능을 하늘로부터 받았기 때문이라고 그 이유를 말했다.

▍▍ 보 충 ▍

信而見疑, 忠而被謗, 能無怨乎? - 사기 굴원가생열전屈原賈生列傳
신 이 견 의   충 이 피 방   능 무 원 호

信而見疑 : 신의를 다하고도 의심을 받다. / 忠而被謗 : 충성을 다하고도 비방을 받
다. / 能無怨乎 : 원통함이 없을 수 있겠는가. 반어형反語形.

不爲酒困, 何有於我哉? - 논어 자한子罕
불 위 주 곤   하 유 어 아 재

不爲酒困 : 술에 의해 난잡해지지 않다. / 何有於我哉 : 나에게 무슨 어려움이 있겠
는가. 나에게는 어려운 일이 아니라는 뜻. 반어형. '何有'는 '何難有'의 뜻.

有備則制人, 無備則制於人. - 염철론鹽鐵論 험고險固
유 비 즉 제 인   무 비 즉 제 어 인

制於人 : 남에게 제압받다. '於'는 행위의 주동자를 나타내는 개사.

(5) 가정형假定形

가정형이란 어떤 조건을 가정하여 예상되는 결과를 서술하는 문장 형태이다.

가정형에서 앞의 절에 가정의 뜻을 나타내는, '若'·'如'·'苟'·'使'·'儻'·'卽'·'若使'·'如使'·'假使'·'假令' 등의 연사連詞가 쓰이면, '만약에 …한다면'·'가령 …한다면'이라고 해석된다. 이때 뒤 절에 연사 '則'이 호응하여 쓰이는 경우가 많다.

- **王若隱其無罪而就死地, 則牛羊何擇焉?** - 맹자 양혜왕상梁惠王上
  왕 약 은 기 무 죄 이 취 사 지　즉 우 양 하 택 언

  왕께서 만약에 그 소가 죄없이 사지死地에 가는 것을 측은하게 여기신다면, 소와 양에 무슨 구별이 있겠습니까?

- **使我有洛陽負郭田二頃, 豈能佩六國相印乎?** - 십팔사략十八史略
  사 아 유 락 양 부 곽 전 이 경　기 능 패 륙 국 상 인 호

  만약에 내가 낙양 교외의 밭 2경頃만 있었다고 한다면, 어찌 육국의 재상의 인印을 찰 수가 있었겠느냐?

- **儻急難有用, 願效微軀.** - 이백李白 여한형주서與韓荊州書
  당 급 난 유 용　원 효 미 구

  만약에 위급한 환난을 만나 내가 필요한 일이 있게 되면, 나는 미천한 몸을 바치기를 원한다.

- **若使湯武不遇桀紂, 未必王也.** - 여씨춘추呂氏春秋 장공長攻
  약 사 탕 무 불 우 걸 주　미 필 왕 야

  만약에 탕왕湯王과 무왕武王이 걸왕桀王과 주왕紂王을 만나지 않았더라면, 반드시 왕도정치를 하지는 못했을 것이다.

'雖'·'縱' 등의 연사는 '비록 …일지라도'·'설령 …한다 하더라도'의 뜻을 가진다.

- **雖丞郞, 亦須下馬.** - 심괄沈括 몽계필담夢溪筆談
  수 승 랑　역 수 하 마

비록 승랑일지라도 또한 말에서 내려야 한다.

● 縱江東父兄憐而王我, 我何面目見之? - 사기 항우본기項羽本紀
　　종 강 동 부 형 련 이 왕 아　　아 하 면 목 견 지

설령 강동의 부형들이 나를 불쌍히 여겨 왕으로 삼는다 하더라도, 내가 무슨 면목으로 그들을 보겠는가?

'微'는 '만약 …이 없다면'·'만약 …이 아니면', 또는 '설령 …이 없다 하더라도'·'설령 …이 아니라 하더라도'의 뜻을 갖는 연사이다.

● 微太子言, 臣願謁之. - 사기 자객열전刺客列傳
　　미 태 자 언　　신 원 알 지

만약 태자의 말씀이 없었다면, 신이 그것을 말씀드리려고 했습니다.

가정의 뜻을 나타내는 연사가 없더라도, 의미상 가정의 뜻을 갖는 경우가 있다.

● 不入虎穴, 不得虎子. - 후한서後漢書 반초전班超傳
　　불 입 호 혈　　부 득 호 자

호랑이 굴에 들어가지 않으면, 호랑이 새끼를 얻을 수 없다.

● 農夫餓死, 枕厥種子. - 이담속찬耳談續纂
　　농 부 아 사　　침 궐 종 자

농부는 굶어 죽는다 하더라도, 그 씨앗을 베고 죽는다.

본 문

王如知此, 則無望民之多於隣國也. - 맹자 양혜왕상梁惠王上

苟非吾之所有, 雖一毫而莫取. - 소식蘇軾 적벽부赤壁賦

縱彼不言, 我獨不愧於心乎? - 십팔사략十八史略

微子之言, 吾亦疑之. - 사기 오자서열전伍子胥列傳

1. **王如知此, 則無望民之多於隣國也.**
   왕 여 지 차   즉 무 망 민 지 다 어 린 국 야

   왕께서 만약 이 점을 아신다면, 백성들이 이웃 나라보다 많기를 바라지 마십시오.

   > 如…則~ : 만약 …한다면 ~하다. / 無 : …하지 말라. '毋(무)'의 뜻. / 望民之多於隣國 : 백성이 이웃 나라보다 많기를 바라다. 여기의 '之'는 주어와 위어 사이에 놓여 문장을 형식상 구화句化함으로써 문장의 독립성을 없애 주는 기능을 함. 즉 '民多於隣國'이라는 주위主謂구조가 독립된 문장이 아니고 동사 '望'의 빈어임을 분명히 해 줌. '於'는 비교 대상을 표시해 주는 개사. '…보다'의 뜻.

2. **苟非吾之所有, 雖一毫而莫取.**
   구 비 오 지 소 유   수 일 호 이 막 취

   만약에 나의 소유가 아니라면, 터럭 하나라 할지라도 가지지 않겠다.

   > 苟 : 만약에. / 非 : …이 아니다. 판단문에 쓰이는 부정사. / 吾之所有 : 내가 가진 것. 나의 소유. / 雖 : 비록 …라 할지라도. / 毫 : 터럭. / 莫 : 하지 않겠다는 뜻을 나타내는 부정사.

3. **縱彼不言, 我獨不愧於心乎?**
   종 피 불 언   아 독 불 괴 어 심 호

   설령 그들이 말하지 않는다 하더라도, 나는 홀로 마음에 부끄럽지 않겠는가?

   > 縱 : 설령 …라 할지라도. 가령 …라 할지라도. 가정형에서 양보의 뜻을 가지는 연사. / 彼 : 그들. 삼인칭대사. / 愧 : 부끄럽다. / 乎 : 반어형에서 반문의 어기를 나타냄.

4. **微子之言, 吾亦疑之.**
   미 자 지 언   오 역 의 지

   설령 그대의 말이 없었다 하더라도, 나 역시 그를 의심하고 있었소.

   > 微 : 여기서는 '설령 …이 없었다 하더라도'의 뜻을 가짐. / 子 : 그대. 이인칭대사. / 吾 : 나. 일인칭대사. / 亦 : 역시. / 之 : 그. 삼인칭대사.

苟無恒心, 放辟邪侈, 無不爲已. - 맹자 양혜왕상梁惠王上
구 무 항 심　　방 벽 사 치　　무 불 위 이

　苟 : 만약에. / 恒心 : 일정불변의 마음. 사람이 언제나 지니고 있는 변하지 않는 떳
　떳한 마음. / 放辟邪侈 : 방탕放蕩한 짓·편벽偏辟된 짓·사악邪惡한 짓·사치奢侈한
　짓. / 無不爲 : 하지 않는 것이 없다. 이중부정형. 긍정을 더욱 강하게 나타내는 표
　현. / 已 : 단정적인 어기를 나타내는 어기사. /

雖有嘉肴, 弗食不知其旨也. - 예기禮記 학기學記
수 유 가 효　　불 식 부 지 기 지 야

　雖 : 비록 …할지라도. / 嘉肴 : 좋은 음식. 맛있는 반찬. / 弗食不知 : 먹지 않으면
　모른다. / 旨 : 맛.

若使天下兼相愛, 愛人若愛其身, 猶有不孝者乎? - 묵자墨子 겸애상兼愛上
약 사 천 하 겸 상 애　　애 인 약 애 기 신　　유 유 불 효 자 호

　若使 : 만약 …한다면. / 天下 : 천하의 모든 사람들. / 兼相愛 : 널리 서로 사랑하다.
　/ 愛人若愛其身 : 남을 사랑하기를 그 자신을 사랑하듯이 하다. / 猶有不孝者乎 :
　그래도 불효하는 사람이 있겠는가. 반어형反語形.

(6) 억양형抑揚形

　억양형이란 서술하고자 하는 것을 잠시 놓아두었다가, 먼저 정도가 낮
은 것부터 서술한 다음, 나중에 그것을 강조하는 형태이다.
　억양형에서는 대개 '況'·'矧'·'況乎'·'況於'·'而況'·'何況' 등의 연사
가 뒤의 절에 쓰인다. 그리고 앞의 절에는 '尚'·'且'·'猶' 등의 부사가 호
응하는 경우가 많고, 문미에는 대개 어기사 '乎'가 쓰인다.

- 布衣之交, 尚不相欺, 況大國乎? - 사기 염파인상여열전廉頗藺相如列傳
　　포 의 지 교　　상 불 상 기　　황 대 국 호
　평민들이 사귈 때도, 오히려 서로 속이지 않는데, 하물며 대국에 있어서랴?

- 蔓草猶不可除, 況君之寵弟乎? - 좌전 은공원년隱公元年
　　만 초 유 불 가 제　　황 군 지 총 제 호

뻗어 나간 풀도 오히려 제거할 수가 없는 법인데, 하물며 임금의 총애 받는 동생이야 더할 나위가 있겠는가?

본 문

死馬且買之五百金, 況生馬乎? - 전국책 연책燕策

庸人尚羞之, 況於將相乎? - 사기 염파인상여열전廉頗藺相如列傳

天子不召師, 而況諸侯乎? - 맹자 만장하萬章下

■■ 해 설 ■

1. 死馬且買之五百金, 況生馬乎?
사 마 차 매 지 오 백 금　　황 생 마 호

죽은 말도 또한 오백 금으로 사는데, 하물며 산 말이야 더할 나위가 있 겠는가?

且 : 또한. 오히려. / 之 : 사마死馬를 가리키는 대사. / 五百金 : 오백 금으로. 오백 금을 써서. 개사 '以'가 생략된 형태로, 동사 '買'의 보어. / 況⋯乎 : 하물며 ⋯에 있어서랴? 하물며 ⋯이야 더할 나위가 있겠는가?

2. 庸人尚羞之, 況於將相乎?
용 인 상 수 지　　황 어 장 상 호

범용凡庸한 사람도 오히려 그것을 부끄럽게 여기는데, 하물며 장상이야 더할 나위가 있겠는가?

庸人 : 범용한 사람. 평범한 사람. / 尙 : 오히려. / 羞 : 부끄러워하다. / 之 : 그것. 여기 서는 지시대사. / 況於⋯乎 : '況⋯乎'와 같음. / 將相 : 장수와 재상. 문무고관文武 高官.

3. 天子不召師, 而況諸侯乎?
천 자 불 소 사　　이 황 제 후 호

천자도 스승은 부르지 않는데, 하물며 제후야 더할 나위가 있겠는가?

不召師 : 천자도 스승만은 어려워하여 볼 일이 있으면 자기가 스승에게 찾아가지,

자기가 천자라고 스승을 오라고 부르지는 않는다. '김'는 '부르다', '오라고 하다'의 뜻. / 而況 : 그런데 하물며. '而'는 '況'을 더욱 강조함.

■ 참 고 ■

사마차매지오백금死馬且買之五百金

전국책 연책燕策에 의하면, 연燕나라 소왕昭王이 곽외郭隗에게 인재를 구하는 방법을 묻자, 곽외는 다음과 같은 이야기를 들려주었다.

옛날 한 임금이 천리마를 얻으려고 애를 썼는데, 그때 어떤 사람이 자기가 구해 오겠다고 나섰다. 그는 얼마 후, 죽은 말의 뼈를 오백 금이나 주고 사 가지고 돌아왔다. 그것을 보고 왕이 화를 내자, 그는 '죽은 말도 또한 오백 금으로 사는데, 하물며 산 말이야 더할 나위가 있겠는가?(死馬且買之五百金, 況生馬乎?)'라고 말하고서, 조만간 살아 있는 천리마를 가진 사람들이 모여들 것이라고 자신했다. 그런데 얼마 후 과연 그의 말처럼 천리마를 가진 이가 몰려왔다고 한다.

곽외는 이 고사를 연 소왕에게 들려주고 나서, 우선 죽은 천리마에 해당하는 자신을 잘 대우하기만 하면, 산 천리마 같은 인재들이 모여들 것이라고 말했다고 한다.

■ 보 충 ■

富貴則親戚懼之, 貧賤則輕易之, 況衆人乎? - 십팔사략十八史略
부 귀 즉 친 척 구 지　 빈 천 즉 경 이 지　 황 중 인 호

懼之 : 그를 두려워하다. / 輕易 : 가볍게 여기다. 대수롭지 않게 여기다. / 況…乎 : 하물며 …에 있어서랴. / 衆人 : 일반 사람들.

臣以爲布衣之交尙不相欺, 況大國乎?
신 이 위 포 의 지 교 상 불 상 기　 황 대 국 호

- 사기 염파인상여열전廉頗藺相如列傳

以爲 : 생각하다. / 布衣 : 베옷 입은 백성들. / 布衣之交 : 서민들 사이의 교제. / 相欺 : 서로 속이다. / 大國 : '布衣'와 대비되는 큰 나라들. 주어는 '臣', 위어는 '以爲', 이하는 모두 '以爲'의 빈어.

(7) 비교형比較形

비교형이란 어느 하나를 다른 것과 비교하여, 그 상태나 성질의 정도나 우열을 나타내는 형태이다.

일반적으로 묘사문에 개사 '於'·'乎'·'于' 등을 써서 비교의 대상을 나타내면 비교형이 된다.

- 季氏富於周公. - 논어 선진先進
  계 씨 부 어 주 공
  계씨가 주공보다 부유하다.

- 人固有一死, 或重於泰山, 或輕於鴻毛. - 사마천司馬遷 보임안서報任安書
  인 고 유 일 사   혹 중 어 태 산   혹 경 어 홍 모
  사람은 원래 한 번의 죽음이 있게 마련인데, 어떤 경우는 태산泰山보다 무겁고, 어떤 경우는 기러기 털보다 가볍다.

- 生乎吾前, 其聞道也固先乎吾, 吾從而師之. - 한유韓愈 사설師說
  생 호 오 전   기 문 도 야 고 선 호 오   오 종 이 사 지
  나의 앞에 나서, 그가 도를 들은 것이 진실로 나보다 먼저라면, 나는 그를 좇아 스승으로 삼을 것이다.

'不如'·'不若'도 비교형을 만들며, 우리말로는 '…만 못하다'의 뜻을 가진다. '不似'·'不象'·'不類' 등과 같은 말은 '…과 비슷하지 않다', '…과 닮지 않다'라는 사실에 관한 서술이어서 비교와는 다르다.

- 妄與不如遺棄物於溝壑. - 설원說苑 입절立節
  망 여 불 여 유 기 물 어 구 학
  함부로 주는 것은 물건을 도랑에 버리는 것만 못하다.

- 不若投諸江而忘之. - 동국여지승람東國輿地勝覽
  불 약 투 저 강 이 망 지
  강에다 그것을 던지고 잊어버리는 것만 못하다.

무정대사의 성격을 포함한 부정사인 '莫'이, '於'·'乎' 등의 개사나 '如'·'若'과 함께 쓰이면 비교형이 된다. 이 경우 우리말로는 각각 '…보다 ~한 것

이 없다'·'…만한 것이 없다'의 뜻을 가진다.

- 行莫醜於辱先, 詬莫大於宮刑. - 사마천 보임안서
  행 막 추 어 욕 선   후 막 대 어 궁 형

  행위 중에는 조상을 욕되게 하는 것보다 더 추한 것이 없고, 치욕 중에는 궁형보다 더 큰 것이 없다.

- 知子莫若父. - 관자管子
  지 자 막 약 부

  자식을 아는 데는 아버지만한 사람이 없다.

본 문

師不必賢於弟子. - 한유韓愈 사설師說

知之者, 不如好之者 ; 好之者, 不如樂之者. - 논어 옹야雍也

天下之水, 莫大於海. - 장자莊子 추수秋水

刻削之道, 鼻莫如大, 目莫如小. - 한비자韓非子 설림하說林下

해 설

1. 師不必賢於弟子.
   사 불 필 현 어 제 자

   스승이 반드시 제자보다 현명하지는 않다.

   不必 : 반드시 …하지는 않다. 부분부정형. / 於 : 비교 대상을 나타내는 개사. …보다.

2. 知之者, 不如好之者 ; 好之者, 不如樂之者.
   지 지 자   불 여 호 지 자   호 지 자   불 여 락 지 자

   아는 것은 좋아하는 것만 못하고, 좋아하는 것은 즐기는 것만 못하다.

   知之 : 이를 알다. 여기의 '之'는 '진리'·'도'를 가리키는 대사. / 者 : …하는 것. / 不如 : …만 못하다.

3. 天下之水, 莫大於海.
   　천 하 지 수　　막 대 어 해

천하에 있는 물 중에서, 어느 것도 바다보다 큰 것은 없다.

　　天下 : 온 세상. / 水 : 하천·호수 등의 총칭. / 莫 : 무정대사의 성격을 포함한 부정
　　사. '아무것도 …한 것은 없다'의 뜻을 가짐. / 大於海 : 바다보다 크다. '於'는 비교
　　대상을 나타내는 개사.

4. 刻削之道, 鼻莫如大, 目莫如小.
   　각 삭 지 도　　비 막 여 대　　목 막 여 소

조각하는 기술은, 코는 크게 해 두는 것 만한 것이 없고, 눈은 작게 해
두는 것 만한 것이 없다.

　　刻削 : 인형 등을 만들 때, 새기고 깎고 하는 일. / 道 : 여기서는 '방법'·'기술'이란
　　뜻. / 鼻莫如大 : 직역하면 '코에는 어느 것도 크게 하는 것 만한 것이 없다'. 즉 '코
　　는 크게 만드는 것이 제일 좋다'의 뜻. 코는 처음에는 일단 크게 깎아 두어야 다듬
　　는 데 유리하다. '莫如'는 대개 '…만한 것이 없다'로 해석됨.

▉ 보 충 ▉

青, 取之於藍, 而青於藍 ; 冰, 水爲之, 而寒於水. - 순자荀子 권학勸學
청　취 지 어 람　이 청 어 람　빙　수 위 지　이 한 어 수

　　青取之於藍 : 푸른 물감은 남초藍草에서 그것을 취하다. '青'은 여기서는 '푸른 물
　　감'이란 뜻. '藍'은 풀이름으로, 이 풀의 잎으로 푸른 물감을 만들었다. '於'는 '…
　　에서'의 뜻. / 青於藍 : 남초보다 푸르다. '於'는 '…보다'의 뜻. / 冰水爲之 : 얼음은
　　물이 그것이 되다.

弟子不必不如師. - 한유韓愈 사설師說
제 자 불 필 불 여 사

　　不必不如 : 반드시 …만 못하지는 않다.

過而能改, 善莫大焉. - 좌전 선공宣公2년
과 이 능 개　　선 막 대 언

　　過而能改 : 잘못을 저지르고 능히 고칠 수 있다. / 善莫大焉 : 어느 선도 이보다 큰
　　것이 없다. '焉'은 '於之'의 준말로서 '이보다'의 뜻.

莫見乎隱, 莫顯乎微. - 중용中庸
막 현 호 은　　막 현 호 미

　　莫見乎隱 : 숨겨져 있는 것보다 더 잘 드러나는 것은 없다. '見'은 '드러나다'·'나

타나다'의 뜻, 음은 '현'. '乎'는 '於(어)'와 같음. '隱'은 '숨겨져 있는 것'·'은암隱暗한 곳'이란 뜻. / 莫顯乎微 : 미세한 것보다 더 뚜렷한 것은 없다.

(8) 선택형選擇形

선택형이란 두 가지를 비교해서, 그 중 나은 것을 선택하겠다는 뜻을 나타내는 형태이다. 따라서 일종의 비교형이라고 할 수도 있다.

선택형은 대개 '與…寧~'이나 '與…不如~'의 형태를 취하며, 우리말로는 '…하는 것보다, 차라리 ~하는 것이 낫다'·'…하는 것이 ~하는 것만 못하다'의 뜻을 가진다. 그리고 '與' 대신 '與其', '寧' 대신 '無寧', '不如' 대신 '不若·豈若·孰若' 등이 쓰이기도 하는데, 의미상 차이는 거의 없다.

* **與其害其民, 寧我獨死.** - 좌전 정공定公13년
  여 기 해 기 민　 녕 아 독 사

  백성들을 해치는 것보다, 차라리 나 혼자 죽는 것이 낫다.

* **與其生而無義, 固不如烹..** - 사기 전단열전田單列傳
  여 기 생 이 무 의　 고 불 여 팽

  살아서 절의節義가 없는 것은, 진실로 삶겨서 죽임을 당하는 것만 못하다.

* **與其有樂於身, 孰若無憂於其心?**
  여 기 유 락 어 신　 숙 약 무 우 어 기 심

  - 한유韓愈 송이원귀반곡서送李愿歸盤谷序

  육체에 즐거움이 있는 것이, 그 마음에 근심이 없는 것만 하겠는가?

'孰與'·'孰若'·'寧'은 단독으로 쓰여도 비교 선택의 뜻을 나타낸다.

* **不伐賊, 王業亦亡；惟坐而待亡, 孰與伐之?**
  불 벌 적　 왕 업 역 망　 유 좌 이 대 망　 숙 여 벌 지

  - 제갈량諸葛亮 후출사표後出師表

  적을 정벌하지 않으면 왕업이 또한 멸망한 터이니, 단지 앉아서 멸망하기를 기다리는 것이 그를 정벌하는 것만 하겠는가?

* **吾寧鬪智, 不能鬪力.** - 사기 항우본기項羽本紀
  오 녕 투 지　 불 능 투 력

나는 차라리 지능을 다투지, 용력을 다툴 수는 없다.

'寧… 寧…'도 비교 선택의 뜻을 나타낸다.

● 此龜者, 寧其死爲留骨而貴乎? 寧其生而曳尾於塗中乎? - 장자 추수秋水
　　차 귀 자　 녕 기 사 위 류 골 이 귀 호　　녕 기 생 이 예 미 어 도 중 호
이 거북은 차라리 죽어서 뼈를 남기고 귀하게 되는 것이 낫겠는가? 차
라리 살아서 진흙 속에서 꼬리를 끌고 다니는 것이 낫겠는가?

본 문

禮與其奢也, 寧儉. - 논어 팔일八佾

與其富而畏人, 不若貧而無屈. - 공자가어孔子家語

寧爲鷄口, 無爲牛後. - 전국책 한책韓策

■ 해 설 ■

1. 禮與其奢也, 寧儉.
　 례 여 기 사 야　 녕 검
　 예는 사치하는 것보다 차라리 검소함이 낫다.

　　　與其… 寧~ : …하는 것보다는 차라리 ~하는 것이 낫다. / 奢 : 사치하다. / 也 : 어
　　　기사. 문중文中의 '也'는 어기를 잠시 멈추어 주는 기능이 있음. / 儉 : 검소하다.
　　　검약하다.

2. 與其富而畏人, 不若貧而無屈.
　 여 기 부 이 외 인　 불 약 빈 이 무 굴
　 부유하면서 남을 두려워하는 것이, 가난하면서 굴함이 없는 것만 못하다.

　　　與其… 不若~ : …하는 것이 ~함만 못하다. / 畏人 : 남을 두려워하다. / 無屈 : 굴함
　　　이 없다. 굽히는 일이 없다.

3. 寧爲鷄口, 無爲牛後.
　 녕 위 계 구　 무 위 우 후

차라리 닭의 입이 되지, 소의 항문이 되지 말라.

> 寧 : 차라리. 비교 선택을 표시함. / 鷄口 : 닭의 입. / 無 : …하지 말라. '毋(무)'와 같음. 금지명령형에서 금지 또는 동의하지 않는 뜻을 나타냄. / 牛後 : 소의 항문을 뜻함.

■ 보충 ■

與爲人妻, 寧爲夫子妾. – 장자 덕충부德充符
여 위 인 처　녕 위 부 자 첩

> 與…寧~ : …하는 것보다 차라리 ~하는 것이 낫다. / 夫子 : 저 사람. '夫'는 지시대 사代詞.

與其從辟人之士也, 豈若從辟世之士哉? – 논어 미자微子
여 기 종 피 인 지 사 야　기 약 종 피 세 지 사 재

> 與其…豈若~ : …하는 것이 어찌 ~함만 하겠느냐. / 從 : 따르다. 좇다. 추종하다. / 辟人之士 : 사람을 피해 다니는 선비. '辟'는 '避(피)'와 같음. 음은 '피'. / 辟世 : 세속을 피하다. / 哉 : 반문의 어기를 가지는 어기사.

從天而頌之, 孰與制天命而用之? – 순자荀子 천론天論
종 천 이 송 지　숙 여 제 천 명 이 용 지

> 從天而頌之 : 하늘에 순종하며 그것을 노래하다. / …孰與~ : …하는 것과 ~하는 것 중 어느 것이 낫겠는가. 즉 '…하는 것보다 ~하는 것이 낫다'의 뜻. 비교 선택을 나타냄. / 制天命而用之 : 천명天命을 제어하여 그것을 이용하다. '制'는 '제어하다'·'장악하다'. '天命'은 '자연의 규율'·'자연계의 변화 법칙'이란 의미.

(9) 한정형限定形

한정형이란 사물이나 행위의 범위나 정도를 한정하는 뜻을 나타내는 형태이다.

한정형에는 '唯'·'惟'·'但'·'獨'·'特'·'徒'·'只'·'直' 등 한정의 뜻을 가지는 부사를 사용하는 경우와 '耳'·'已'·'爾'·'而已'·'也已'·'耳矣'·'而已矣' 등의 문미어기사를 쓰는 경우 및 두 가지를 겸용하는 경우가

있다.

- 無恒産而有恒心者, 惟士爲能. - 맹자 양혜왕상梁惠王上
  무 항 산 이 유 항 심 자   유 사 위 능
  일정한 살림이 없어도 변함이 없는 마음을 가지는 것은, 오직 선비만이
  가능한 일이다.

- 夫子之道, 忠恕而已. - 논어 이인里仁
  부 자 지 도   충 서 이 이
  선생님의 도는 충과 서일 뿐이다.

- 寡人之於國也, 盡心焉耳矣. - 맹자 양혜왕상
  과 인 지 어 국 야   진 심 언 이 의
  과인은 나라에 대해서 마음을 다할 뿐이다.

- 直不百步耳, 是亦走也. - 맹자 양혜왕상
  직 불 백 보 이   시 역 주 야
  다만 백 보를 달아나지 않았을 뿐이지, 이도 역시 달아난 것이다.

- 孟嘗君, 特鷄鳴狗盜之雄耳. - 왕안석王安石 독맹상군전讀孟嘗君傳
  맹 상 군   특 계 명 구 도 지 웅 이
  맹상군은 다만 계명구도의 영웅일 뿐이다.

본 문

今獨臣有船. - 사기 항우본기項羽本紀

欲使人人易習, 便於日用耳. - 세종대왕世宗大王 훈민정음서訓民正音序

亦有仁義而已矣. - 맹자 양혜왕상梁惠王上

■ 해 설 ■

1. 今獨臣有船.
   금 독 신 유 선
   지금 유독 신만이 배가 있습니다.

獨 : 유독. …만. 한정의 뜻을 갖는 부사.

2. **欲使人人易習, 便於日用耳.**

　　　욕 사 인 인 이 습　　편 어 일 용 이

　사람들로 하여금 쉽게 익혀, 일용에 편하게 하고자 할 따름이다.

　　欲 : …하고자 하다. / 使 : …로 하여금 ~하게 하다. / 人人 : 사람 사람마다. 사람
　　들. 한문에서는 같은 자를 반복 사용하면 복수의 의미를 갖게 됨. / 易習 : 쉽게 배
　　우다. 배우기에 쉽다. / 便 : 편리하다. / 於 : …에. / 日用 : 매일 사용함. 날마다 씀.
　　/ 耳 : 한정의 어기를 나타내는 문미어기사.

3. **亦有仁義而已矣.**

　　　역 유 인 의 이 이 의

　역시 인의가 있을 따름이다.

　　而已矣 : 한정의 어기를 나타내는 문미어기사. '而已矣'에서 '而'는 원래 연사이고,
　　'已'는 '그치다'·'말다'의 뜻이며, '矣'만이 원래 어기사였으나, '而已'도 점차 어기
　　사로 변한 것임.

■ 보 충 ■

空山不見人, 但聞人語響. - 왕유王維 녹채鹿柴

공 산 불 견 인　　단 문 인 어 향

　　但聞人語響 : 단지 사람의 말소리만 들리다. '但'은 '단지'.

口耳之間, 則四寸耳. - 순자荀子 권학勸學

구 이 지 간　　즉 사 촌 이

　　口耳之間 : 입과 귀의 사이. / 寸 : 길이의 단위. 마디. / 耳 : 한정의 어기를 나타내
　　는 어기사. …일 뿐이다.

昭帝立時, 年五歲爾. - 사기 외척세가外戚世家

소 제 립 시　　년 오 세 이

　　昭帝 : 전한前漢의 황제. / 立 : 즉위하다. / 年五歲爾 : 나이가 다섯 살일 뿐이었다.
　　'爾'는 한정의 뜻을 나타내는 어기사.

(10) 누가형累加形

누가형이란 '…할 뿐만 아니라 ～하기도 하다'의 뜻을 나타내는 형태이다. '不'·'非' 등의 부정사가 한정의 뜻을 갖는 부사와 함께 쓰이면 누가형이 된다.

● **非徒危己也, 又且危父矣.** - 한비자韓非子 외저설좌하外儲說左下
　비 도 위 기 야　 우 차 위 부 의

　자기를 위험하게 할 뿐만 아니라, 부친을 위험하게 하기도 한다.

'豈'·'安' 등의 의문사가 한정의 뜻을 갖는 부사와 함께 쓰이면 누가형이 된다.

● **所盜者, 豈獨其國耶?** - 장자莊子 거협胠篋
　소 도 자　 기 독 기 국 야

　탈취한 것이 어찌 그 나라뿐이겠는가?

● **豈止夸一時榮一鄕哉?** - 구양수歐陽修 주금당기晝錦堂記
　기 지 과 일 시 영 일 향 재

　어찌 한때의 자랑거리가 되고, 한 마을을 영광되게 할 뿐이겠는가?

본 문

非獨賢者有是心也, 人皆有之. - 맹자 고자상告子上

王如用予, 豈徒齊民安? 天下之民擧安. - 맹자 공손추하公孫丑下

■ 해 설 ■

1. **非獨賢者有是心也, 人皆有之.**
　　비 독 현 자 유 시 심 야　 인 개 유 지

　유독 현자만이 이 마음을 가지고 있는 것이 아니라, 사람은 모두 이것을 가지고 있다.

非獨 : …만이 ~한 것이 아니다. 누가형. / 也 : 문중에서 어기를 일시 멈추게 하는
어기사. / 之 : 이것. '是心'을 가리키는 지시대사.

2. **王如用予, 豈徒齊民安? 天下之民擧安.**
   왕 여 용 여   기 도 제 민 안   천 하 지 민 거 안

왕이 만약에 나를 등용한다면, 어찌 단지 제齊나라의 백성들만이 편안
해질 뿐이겠는가? 천하의 백성들이 다 편안해질 것이다.

如 : 만약 …하면. 가정의 뜻을 나타내는 데 쓰이는 연사. / 用 : 쓰다. 등용하다. /
予 : 나. 일인칭대사. / 豈徒… : 어찌 단지 …할 뿐이겠는가. 누가형. / 齊 : 전국시
대의 나라 이름. 지금의 산동성山東省 일대를 영역으로 했음. / 天下 : 온 세상. /
擧 : 모두. 다.

■ 보 충 ■

助之長者, 揠苗者也 ; 非徒無益, 而又害之. - 맹자 공손추상
조 지 장 자   알 묘 자 야   비 도 무 익   이 우 해 지

助之長者 : 무리하게 잘 되게 하려는 것. 또는 그 사람. / 揠 : 뽑는다는 뜻. 송宋나
라 사람 중에 자기 곡식이 빨리 자라지 않는 것을 안타깝게 여겨 그 싹을 뽑아올
린 자가 있었다는 이야기로, '알묘조장揠苗助長'의 고사가 여기에서 나왔다. / 非
徒 : …뿐만 아니라. 비단非但과 같음.

今之君子, 豈徒順之, 又從爲之辭. - 맹자 공손추하
금 지 군 자   기 도 순 지   우 종 위 지 사

豈徒 : 어찌 …뿐이겠는가? …뿐만 아니라. / 順之 : 과오임을 알면서도 그것을 고
치지 않고 그대로 밀고 나감. / 從爲之辭 : 어떤 판본에는 '從而爲之辭'로 되어 있
음. '從'은 '과오를 그대로 따르며 밀고 나가다', '爲之辭'는 '그것을 위해 변명하
다'의 뜻.

(11) 감탄형感嘆形

감탄형이란 찬미 · 증오 · 환희 · 비애 등의 감정을 표현하는 형태이다.
감탄형에는 '嗚呼' · '嗟' · '嗟乎' · '嗟哉' · '嗟夫' · '噫' · '惡' 등의 감탄사를

쓰거나, 어기사 '哉'·'與'·'乎'·'夫'·'矣'·'兮'·'耶' 등을 써서 감탄의 어기를 나타낸다.

●嗚呼! 老矣! 是誰之愆? - 주희朱熹 권학문勸學文
　오 호　　로 의　　시 수 지 건

　아아! 늙었구나! 이 누구의 허물인고?

●嗟呼! 燕雀安知鴻鵠之志哉? - 사기 진섭세가陳涉世家
　차 호　　연 작 안 지 홍 혹 지 지 재

　아아! 연작이 어찌 홍혹의 뜻을 알리오?

●嗟夫! 使六國各愛其人, 則足以拒秦. - 두목杜牧 아방궁부阿房宮賦
　차 부　　사 륙 국 각 애 기 인　　즉 족 이 거 진

　아아! 만약 육국이 각기 그 백성들을 사랑했다면, 족히 진나라에 항거할 수 있었으리라.

●噫! 菊之愛, 陶後鮮有聞. - 주돈이周敦頤 애련설愛蓮說
　희　　국 지 애　　도 후 선 유 문

　아! 국화를 사랑하는 것은, 도연명陶淵明 이후에는 거의 들은 적이 없도다.

●甚矣! 吾衰也. 久矣! 吾不復夢見周公. - 논어 술이述而
　심 의　　오 쇠 야　　구 의　　오 불 부 몽 견 주 공

　심하도다! 나의 노쇠함이여. 오래도다! 내가 꿈속에서 다시 주공을 뵙지 못한 것이.

본 문

噫! 天喪予, 天喪予. - 논어 선진先進

直哉! 史魚. 邦有道如矢, 邦無道如矢. - 논어 위령공衛靈公

日光寒兮草短, 月色苦兮霜白! 傷心慘目, 有如是耶!
- 이화李華 조고전장문弔古戰場文

1. 噫! 天喪予, 天喪予.
   희 천 상 여 천 상 여

   아아! 하늘이 나를 망쳤구나, 하늘이 나를 망쳤구나.

   噫 : 탄식하는 뜻을 나타내는 감탄사. / 喪 : 죽이다. 망치다. / 予 : 나. 일인칭대사.

2. 直哉! 史魚. 邦有道如矢, 邦無道如矢.
   직 재 사 어 방 유 도 여 시 방 무 도 여 시

   곧도다! 사어여. 나라에 도의가 있을 때도 곧기가 화살과 같고, 나라에
   도의가 없을 때도 화살 같도다.

   哉 : 감탄의 어기를 가지는 어기사. / 史魚 : '史'는 관직 이름, 사관史官. '魚'는 자
   字. 위衛나라의 대부로, 이름은 추鰌. / 邦 : 나라. / 如矢 : 화살과 같다. 화살과 같
   이 곧다는 뜻.

3. 日光寒兮草短, 月色苦兮霜白! 傷心慘目, 有如是耶!
   일 광 한 혜 초 단 월 색 고 혜 상 백 상 심 참 목 유 여 시 야

   햇빛 차가워 풀은 짧고, 달빛 쌀쌀한데 서리는 희다! 마음 에이고 눈
   참혹하니, 이와 같은 일이 있으랴!

   兮 : 감탄을 나타내는 어기사. / 草短 : 풀이 날씨가 추워 잘 자라지 못함. / 傷心慘
   目 : '傷'과 '慘'은 동사로 쓰였음. / 如是 : 이와 같은 일. / 耶 : 감탄을 나타내는 어
   기사.

■■ 보 충 ■

惡! 是何言也! - 맹자 공손추상公孫丑上
오 시 하 언 야

   惡 : 감탄사. / 是 : 이것. / 何言也 : 의문문 형태를 하고 있으나 실은 반어적 감탄문
   임.

巍巍乎! 舜禹之有天下也, 而不與焉. - 논어 태백泰伯
외 외 호 순 우 지 유 천 하 야 이 불 여 언

   巍巍 : 산이 우뚝 높이 솟은 모양. / 乎 : 감탄을 나타내는 어기사. / 舜禹 : 중국 고
   대의 순舜임금과 우禹임금. / 之 : 절 안의 주위主謂관계를 나타내 주는 조사. / 不

與 : 관여하지 않다. 누리지 않다. / 有天下也, 而不與焉 : 천하를 가졌으나 관여하지 않았다.

三年之喪, 亦已久矣夫! - 예기禮記 단궁檀弓
삼 년 지 상 역 이 구 의 부

已 : 강조를 나타내는 부사. / 久矣夫 : 오래되었음을 뜻하는 '久'에 감탄을 나타내는 어기사 '矣'와 '夫'가 겹쳐짐.

II.

기초 한문 독해 연습

一. 단문短文 독해

　　이제부터는 앞에서 배운 한문 문법에 대한 지식들을 응용하여 기초적인 한문 문장들을 독해하는 연습을 할 것이다. 따라서 이제까지와는 설명 방식을 달리하도록 하겠다.

　각 단원들은 난이도를 고려하여 배치되어 있으며 단계적인 학습을 위하여 **본문**은 적당한 길이로 나누었다. 번거롭더라도 I장을 수시로 참고해 가면서 본문을 나름대로 분석해 보는 과정이 필요하다. 본문 바로 다음에는 **자변**字辨이 있다. 자변에는 본문에 나오는 한자 가운데 비교적 어려운 한자나 교육용한자 1,800자를 벗어나는 것들을 가려 음과 훈을 달고 관련된 말들을 소개하였다. 그리고 **보충**은 본문과 관계된 글을 수록하여 보다 깊은 독해 학습을 위해 마련한 것이다. 밑에 실린 **주**註와 자전의 도움으로 최대한 스스로 해석해 본 후에 필요하다면 부록에 있는 번역과 비교하기 바란다. 또한 본문 앞에 실린 **해제**도 반드시 읽어 두기 바란다. 한문 독해 능력은 문법이나 한자에 대한 지식만으로 이루어지지 않으며 중국문화권의 고전문화 전반에 걸친 폭넓은 이해가 필요하기 때문이다.

1. 명심보감明心寶鑑 - 범입본范立本

해 제

　명심보감의 원본은 중국 명明나라 범입본의 편저로 최근 밝혀졌으나, 종래 우리나라에서는 고려의 추적秋適이 엮은 것으로 알려진 초략본이 널리 읽혀졌다. 초략본에는 존신存信편이 없는 반면, 원본에 없는 증보增補·팔반가八反歌·효행孝行·염결廉潔 등 4편이 권말에 추가되어 있는데, 이것은 아마 초략자가 보충한 것으로 보여진다.

　내용은 선현先賢들의 교훈이 담긴 단문短文들로서 계선繼善·천명天命·순명順命·효행孝行·정기正己·안분安分·존심存心·계성戒性·근학勤學·훈자訓子·성심省心·입교立教·치정治政·치가治家·안의安義·준례遵禮·존신存信·언어言語·교우交友·부행婦行 등 20편으로 나뉘어 엮어져 있다. 조선시대 후기에는 동몽선습童蒙先習과 함께 각 지방의 서당에서 초보자의 교육용으로 널리 읽혔다.

본 문 1

一日行善, 福雖未至, 禍自遠矣 ; 一日行惡, 禍雖未至, 福自遠矣. 行善之人, 如春園之草, 不見其長, 日有所增 ; 行惡之人, 如磨刀之石, 不見其損, 日有所虧.

- 계선繼善

磨 〔마〕 갈다. ▶ 연마練磨. 탁마琢磨.
虧 〔휴〕 이지러지다. ▶ 휴손虧損. 영휴盈虧.

■■ 해 설 ■

1. 一日行善, 福雖未至, 禍自遠矣.
   　일 일 행 선 　 복 수 미 지 　 화 자 원 의
   하루라도 선을 행하면, 복이 비록 이르지 않을지라도, 화는 저절로 멀어질
   것이다.

   行善 : 선을 행하다. 착한 일을 하다. / 福雖未至 : 복이 비록 이르지는 않을지라도.
   '雖'는 '비록 …할지라도', '未'는 '아직 …하지 않다'의 뜻. / 自 : 자연히. 저절로. /
   矣 : 동태動態를 표시하는 어기사로 사물이나 상황의 변화나 발전을 나타냄.

2. 一日行惡, 禍雖未至, 福自遠矣.
   　일 일 행 악 　 화 수 미 지 　 복 자 원 의
   하루라도 악을 행하면, 화가 비록 이르지 않을지라도, 복은 저절로 멀어질
   것이다.

3. 行善之人, 如春園之草, 不見其長, 日有所增.
   　행 선 지 인 　 여 춘 원 지 초 　 불 견 기 장 　 일 유 소 증
   선을 행하는 사람은 봄 동산의 풀과 같아서, 그것이 자라는 것은 보이지
   않아도 날로 더해지는 것이 있다.

   之 : 조사. '之'는 정어와 명사 사이에 놓여서 정어와 명사를 연결하는 기능이 있음.
   '…의'·'…하는'의 뜻을 가짐. / 如 : …와 같다. / 其長 : 그것의 자람. 그것이 자라는
   것. 여기서 '長'은 눈에 표가 나도록 쑥쑥 커지는 것을 의미함. '其'는 '春園之草'를
   가리키는 대사代詞. / 日 : 날로. 날마다. / 所增 : 더해지는 바. 증가하는 것. 여기서
   '增'은 눈에 보이지 않는 가운데 조금씩 자라는 것을 의미함. '所'는 동사 앞에 놓여
   동사를 명사화시키는 역할을 함.

4. 行惡之人, 如磨刀之石, 不見其損, 日有所虧.
   　행 악 지 인 　 여 마 도 지 석 　 불 견 기 손 　 일 유 소 휴
   악을 행하는 사람은 칼을 가는 돌과 같아서, 그것이 마모되는 것은 보이
   지 않아도 날마다 닳아지는 것이 있다.

磨刀之石 : 칼 가는 돌, 즉 숫돌. / 損 : 덜어지다. 마모되다. 여기서는 눈에 표가 날 정도로 단숨에 닳는 것을 의미함. / 虧 : 이지러지다. 여기서는 눈에 보이지 않는 가운데 조금씩 마모되는 것을 의미함.

▒ 참 고 ▒

대우법對偶法

一日行善, 福雖未至, 禍自遠矣 ; 一日行惡, 禍雖未至, 福自遠矣.

한문에 있어서 가장 잘 쓰이는 수사법은 대구를 사용한 대우법이다. 대구에는 대어對語가 있기 마련이므로, 먼저 이 대어에 착안하여 그 대응관계를 살피고 문맥을 파악하면 독해에 큰 도움이 된다. 우선 구句를 이루고 있는 사詞와 성분들을 서로 대응시켜 봄으로써 대구를 파악할 수 있다.

一日行善, 福雖未至, 禍自遠矣.

↕

一日行惡, 禍雖未至, 福自遠矣.

- 子孝雙親樂, 家和萬事成. - 명심보감 치가治家
  자 효 쌍 친 락　　가 화 만 사 성
  자식이 효도하여야 양친이 즐거워하고, 집안이 화목하여야 모든 일이 이루어진다.

- 不登高山, 不知天之高也 ; 不臨深溪, 不知地之厚也.
  부 등 고 산　　부 지 천 지 고 야　　불 림 심 계　　부 지 지 지 후 야
  　　　　　　　　　　　　　　　　　　　　- 순자荀子 권학勸學
  높은 산에 오르지 않으면, 하늘이 높은 줄을 알지 못하고 ; 깊은 계곡에 임하지 않으면, 땅이 두터운 줄을 알지 못한다.

遠非道之財, 戒過度之酒; 居必擇隣, 交必擇友; 嫉妬
勿起於心, 讒言勿宣於口; 骨肉貧者莫疎, 他人富者莫
厚; 克己以勤儉爲先, 愛衆以謙和爲首; 常思已往之非,
每念未來之咎. 若依朕之斯言, 治家國而可久. — 성심省心

■ **자변**字辨 ■

嫉〔질〕 투기하다. 시새움하다. 미워하다. ▶질투嫉妬. 질시嫉視.

妬〔투〕 투기妬忌하다. 시새움하다.

讒〔참〕 헐뜯다. ▶참소讒訴. 참녕讒佞.

疎〔소〕 = 疏. 성기다. 나누다. 멀다. 드물다. ▶소략疏略. 소밀疏密. 소야疎
野. 소홀疎忽.

咎〔구〕 허물. 재앙. 미움. 미워하다. 나무라다. ▶구앙咎殃. 원구怨咎.

朕〔짐〕 나. ▶조짐兆朕.

■ **해 설** ■

1. **遠非道之財, 戒過度之酒.**
   원 비 도 지 재　　계 과 도 지 주

   도리가 아닌 재물을 멀리하고, 도에 지나친 술을 경계하라.

   遠 : 멀리하다. / 非道 : 도리가 아니다. 바른 길이 아니다. / 戒 : 경계하다. 삼가다.
   / 過度 : 도에 지나치다. 정도를 넘다.

2. **居必擇隣, 交必擇友.**
   거 필 택 린　　교 필 택 우

   거처함에 있어서는 반드시 이웃을 가리고, 사귐에 있어서는 반드시 벗을
   가려라.

居 : 주거의 경우에 있어서는. / 擇隣 : 이웃을 가려서 좋은 사람들과 함께 살다. /
交 : 벗을 사귀는 경우에 있어서는.

3. 嫉妬勿起於心, 讒言勿宣於口.
질 투 물 기 어 심　　참 언 물 선 어 구

질투심을 마음에서 일으키지 말고, 참언을 입에서 퍼뜨리지 말라.

嫉妬 : 질투. 질투심. / 勿 : …하지 말라. 금지명령형에 쓰임. / 讒言 : 남을 헐뜯는
말. / 宣 : 널리 알리다. 입 밖으로 내어 퍼뜨리다.

4. 骨肉貧者莫疎, 他人富者莫厚.
골 육 빈 자 막 소　　타 인 부 자 막 후

골육 중의 가난한 자를 소홀히 하지 말고, 남들 중 부유한 사람을 후대하
지 말라.

骨肉 : 골육지친骨肉之親. 부모형제. 일가. / 莫 : …하지 말라. 금지명령형에 쓰임.
/ 疎 : 소원하게 하다. 푸대접하고 멀리하다. / 厚 : 후대하다. 잘 대해 주다.

5. 克己以勤儉爲先, 愛衆以謙和爲首.
극 기 이 근 검 위 선　　애 중 이 겸 화 위 수

자기 사욕을 극복하는 데 있어서는 부지런하고 검소함으로써 우선을 삼
고, 뭇사람들을 사랑하는 데 있어서는 겸손하고 온화함으로써 으뜸을 삼
아야 한다.

克己 : 자기 사욕私慾을 극복하다. 사욕을 눌러 이기다. / 以…爲~ : …로써 ~을 삼
다. / 勤儉 : 근면하고 검소함. / 先 : 우선. 제일. / 衆 : 중인衆人. 대중. / 謙和 : 겸손
하고 온화함. / 首 : 으뜸. 첫째.

6. 常思已往之非, 每念未來之咎.
상 사 이 왕 지 비　　매 념 미 래 지 구

언제나 과거의 잘못을 생각하고, 늘 미래의 허물을 생각하라.

常 : 항상. 언제나. / 思 : 생각하다. / 已往之非 : 지난날 저질렀던 잘못. ‘已往’은 이
미 지나간 날. 과거. / 每念 : ‘常思’와 의미상 차이가 없음. 한문에서는 대구를 쓸
때, 가능한 한 같은 글자가 중복되는 것을 기피하여 같은 뜻의 다른 글자를 사용
하는 경우가 많음. / 未來之咎 : 미래에 저지를 수 있는 허물.

7. 若依朕之斯言, 治家國而可久.
약 의 짐 지 사 언　　치 가 국 이 가 구

만약 짐의 이 말을 좇으면, 집과 나라를 다스리어 오래 갈 수 있을 것이다.

若 : 만약. / 依 : 의거하다. 따르다. 좇다. / 朕 : 황제가 자기를 지칭할 때 쓰는 일
인칭대사. 북송北宋 제6대 임금인 신종神宗황제가 한 말임. / 斯 : 이. 지시대사. /
治家國 : 집안과 나라를 다스리다. / 而 : 사詞·구句·절節 등을 연결하는 연사連詞.
/ 可久 : 오래 갈 수 있다. '可'는 '…할 수 있다'의 뜻.

■ 보 충 ■

順天者存 ; 逆天者亡. - 천명天命
순 천 자 존　　역 천 자 망

　　順天者 : 하늘의 뜻을 따르는 자. / 存 : 생존하다.

知足者, 貧賤亦樂 ; 不知足者, 富貴亦憂. - 안분安分
지 족 자　 빈 천 역 락　　부 지 족 자　 부 귀 역 우

　　知足者 : 만족함을 아는 자. / 貧賤亦樂 : 가난하고 신분이 낮아도 또한 즐겁다.

人性如水. 水一傾, 則不可復 ; 性一縱, 則不可反. 制水者, 必以隄
인 성 여 수　 수 일 경　 즉 불 가 복　　성 일 종　 즉 불 가 반　 제 수 자　 필 이 제

防 ; 制性者, 必以禮法. - 계성戒性
방　 제 성 자　 필 이 례 법

　　人性 : 사람의 본성. / 一傾 : 한 번 엎질러지다. / 復 : 원상태로 회복하다. / 縱 : 방
종하다. / 反 : 원상태로 돌이키다. / 制水者 : 물을 막으려는 사람. / 必以隄防 : 반드
시 제방으로써 하다.

事雖小, 不作不成 ; 子雖賢, 不敎不明. - 훈자訓子
사 수 소　 부 작 불 성　　자 수 현　 불 교 불 명

　　事雖小 : 일이 비록 작아도. / 不作不成 : 하지 않으면 이루지 못하다. / 不敎不明 :
가르치지 않으면 명석해지지 않는다.

父不言子之德 ; 子不談父之過. - 준례遵禮
부 불 언 자 지 덕　 자 부 담 부 지 과

　　父之過 : 아버지의 허물.

與善人居, 如入芝蘭之室, 久而不聞其香, 卽與之化矣 ; 與不善人
여 선 인 거　 여 입 지 란 지 실　 구 이 불 문 기 향　 즉 여 지 화 의　 여 불 선 인

居, 如入鮑魚之肆, 久而不聞其臭, 亦與之化矣. - 교우交友
거　 여 입 포 어 지 사　 구 이 불 문 기 취　 역 여 지 화 의

　　與 : …와 함께. / 如入芝蘭之室 : 영지靈芝와 난초蘭草가 있는 방에 들어간 것과
같다. / 久而不聞其香 : 오래 있다 보면 그 향기를 맡지 못하다. / 聞 : 냄새를 맡다.

/ 卽 : 곧. / 與之化矣 : 그것과 동화되어 버릴 것이다. / 鮑魚之肆 : 절인 어물 가게.
/ 臭 : 썩은 냄새.

2. 소학小學 - 유청지劉淸之

■■ 해 제 ■

　소학은 남송南宋 때, 주희朱熹의 가르침을 받아 그의 문인인 유청지가
편찬한 책이다. 모두 6권인 이 책은 내외內外 2편으로 나뉘어져 있는데,
내편은 입교立敎·명륜明倫·경신敬身·계고稽古의 4목目으로 되어 있고,
외편은 가언嘉言·선행善行 2목目으로 되어 있다. 내용은 어린 사람들이
행해야 할 쇄소灑掃·응대應對·진퇴進退의 절차 및 수기修己·치인治人의
언행과 수범垂範이 될 만한 사적 등을 위주로 엮어져 있다. 여덟 살이면
이 책을 읽는 것으로 되어 있어, 우리나라에서도 조선시대 각 지방의
서당에서 필독의 교재로 삼았다.

　유청지(1134~1190)는 자가 자징子澄이며 남송 임안臨安 사람이다. 고종
高宗 때 진사에 급제하여 악주통판鄂州通判 등을 역임하였고, 주희에게서
의리지학義理之學을 배웠다. 저서로 증자내외잡편曾子內外雜篇·훈몽신서訓
蒙新書 등이 있다.

본 문 1

孟子幼時, 問 : '東家殺猪, 何爲?' 母曰 : '欲啖汝.' 旣而悔
曰 : '吾聞古有胎敎, 今適有知而欺之, 是敎之不信.' 乃買猪
肉, 以食之. - 계고稽古

▌ 자변字辨 ▌

猪 〔저〕 돼지. ▶저육猪肉. 저돌猪突.

啖 〔담〕 먹다. 먹이다. 삼키다. 싱겁다. ▶담상啖嘗.

胎 〔태〕 아이 배다. 태아. 태. ▶태기胎氣. 태몽胎夢. 잉태孕胎.

▌ 해 설 ▌

1. 孟子幼時, 問 : 東家殺猪, 何爲?
맹 자 유 시　문　동 가 살 저　　하 위

맹자가 어릴 때, "동쪽 집에서 돼지를 잡는데 무엇 때문입니까?"라고 물었다.

孟子 : 전국시대의 철인哲人. 이름은 가軻. 자는 자여子輿. 맹자 7편을 저술하여 왕도정치王道政治와 인의仁義의 가치를 설파하였고, 성선설性善說을 주창하였음. / 東家 : 동쪽 집. / 殺猪 : 돼지를 죽이다. 돼지를 잡다. / 何爲 : 무엇 때문이냐. 무엇을 하느냐. '爲何'가 도치된 것임.

2. 欲啖汝.
욕 담 여

너에게 먹이려고 한다.

欲 : …하고자 하다. / 啖 : 먹이다. 여기서는 그 돼지를 잡아 너에게 먹이겠다는 뜻. / 汝 : 너. 이인칭대사.

3. 旣而悔.
기 이 회

조금 있다가 뉘우쳤다.

旣而 : 조금 있다가. 얼마 안 있어. / 悔 : 후회하다. 뉘우치다. 돼지고기를 먹이겠다고 거짓말 한 것을 후회한다는 말임.

4. 吾聞古有胎敎.
오 문 고 유 태 교

나는 옛날에 태교가 있었다는 말을 들었다.

聞 : 듣다. / 古 : 예전. 옛날. / 胎敎 : 임산부가 언행을 삼가서 태아에게 좋은 감화를 주는 일. 태회胎誨.

5. **今適有知而欺之.**
   금 적 유 지 이 기 지

   이제 때마침 지각知覺이 나려고 하는데, 그를 속였다.

   適有知 : 때마침 지각이 있다. 때마침 지각이 생겨나다. '適'은 '때마침'. '知'는 '지각', 여기서는 어린애가 사리를 이해하게 되는 것을 가리킴. / 欺之 : 그를 속이다.

6. **是教之不信.**
   시 교 지 불 신

   이는 그에게 불신을 가르치는 것이다.

   是 : 이. 이것. / 敎之不信 : 그에게 불신을 가르치다.

7. **乃買猪肉, 以食之.**
   내 매 저 육   이 사 지

   그래서 돼지고기를 사서, 그것을 그에게 먹였다.

   乃 : 그래서. 이에. / 以 : …으로써. …을. '以' 뒤에 빈어가 생략되었음. / 食之 : 그에게 먹이다. '食'이 '먹이다'의 뜻으로 쓰일 경우에는 음은 '사'. '之'는 맹자를 가리키는 대사代詞.

본 문 2

范忠宣公戒子弟曰:'人雖至愚, 責人則明;雖有聰明, 恕己則昏. 爾曹但常以責人之心, 責己;恕己之心, 恕人, 不患不到聖賢地位也.' - 가언嘉言

■■ **자변字辨** ■

范 〔범〕 벌. 법.

爾 〔이〕 너. ▶이여爾汝. 이조爾祖. 이조爾曹.

曹 〔조〕 무리. 짝. 마을. 관청. 방. 나라 이름. ▶육조六曹.

1. 范忠宣公戒子弟.
범 충 선 공 계 자 제

범충선공이 자제들을 훈계하였다.

范忠宣公 : 북송의 명신. 문정공文正公 범중엄范仲淹의 차자次子. 이름은 순인純仁. 자는 요부堯夫. 충선은 시호. / 戒 : 훈계하다. 타이르다. 주의시키다.

2. 人雖至愚, 責人則明 ; 雖有聰明, 恕己則昏.
인 수 지 우   책 인 즉 명   수 유 총 명   서 기 즉 혼

사람이 비록 지극히 어리석어도 남을 꾸짖는 데는 밝고, 비록 총명함이 있어도 자신을 용서하는 데는 어둡다.

雖 : 비록 …하더라도. / 至愚 : 지극히 어리석다. / 責人則明 : 남의 잘못이나 결점을 꾸짖는 일은 분명하게 잘한다. '人'은 '사람'이란 뜻으로 쓰일 경우도 있고, '남'이란 뜻으로 쓰일 경우도 있음. '則'은 의미가 서로 대응하는 병렬형에 사용되어 대비를 나타내는 기능이 있음. 여기서는 '責人'과 '恕己'의 경우를 대비하고 있음. / 恕己則昏 : 자기를 용서하는 데는 어둡다. 자신의 잘못이나 결점에는 관대하여, 꾸짖고 반성해야 될 일까지도 적당히 넘어가는 것을 의미함.

3. 爾曹但常以責人之心, 責己 ; 恕己之心, 恕人, 不患不到聖賢地位也.
이 조 단 상 이 책 인 지 심   책 기   서 기 지 심   서 인   불 환 부 도 성 현 지 위 야

너희들이 단지 언제나 남을 꾸짖는 마음으로 자기를 꾸짖고, 자기를 용서하는 마음으로 남을 용서한다면, 성현의 지위에 도달하지 못할 것을 근심하지 않게 되리라.

爾曹 : 너희 무리. 너희들. '爾'는 이인칭대사. '曹'는 '무리'란 뜻으로 복수를 나타냄. / 但 : 단지. 다만. / 以責人之心責己 : 남을 꾸짖는 마음으로 자기를 꾸짖다. / 恕己之心恕人 : 자기를 용서하는 마음으로 남을 용서하다. '恕己之心' 앞에 '以'가 생략되어 있음. / 不患 : 근심하지 않다. 걱정하지 않다. / 不到聖賢地位 : 성현의 경지에 이르지 못하다. '성현'은 성인과 현인.

陶侃爲廣州刺史, 在州無事, 輒朝運百甓於齋外, 莫運
於齋內. 人問其故, 答曰 : '吾方致力中原, 過爾優逸,
恐不堪事.' 其勵志勤力, 皆此類也. - 선행善行

자변字辨

侃〔간〕 굳세다. 강직하다. ▶ 간간侃侃.

輒〔첩〕 문득. 번번이.

甓〔벽〕 벽돌. 기와. ▶ 도간운벽陶侃運甓. 와벽瓦甓.

齋〔재〕 재계하다. 집. 방. ▶ 재계齋戒. 재일齋日. 서재書齋.

爾〔이〕 너. 같이. 그러하다. 그. 이. 가깝다. 뿐. ▶ 이금爾今. 이래爾來. 솔이率爾.

堪〔감〕 견디다. 맡다. ▶ 감당堪當. 난감難堪.

해 설

1. 陶侃爲廣州刺史.
도 간 위 광 주 자 사

도간이 광주자사가 되었다.

陶侃 : 동진東晉의 명신. 자는 사행士行. 시호는 환桓. 파양鄱陽 출신. 벼슬은 시
중태위侍中太尉를 역임했음. / 廣州刺史 : '廣州'는 지명, 지금의 광동廣東 일대.
'刺史'는 관명官名. 주州의 장관. 태수.

2. 在州無事, 輒朝運百甓於齋外, 莫運於齋內.
재 주 무 사   첩 조 운 백 벽 어 재 외   모 운 어 재 내

고을에 있을 때 일이 없으면, 그때마다 아침에 백 장의 벽돌을 집 밖으로
옮기고, 저녁에 집 안으로 옮겼다.

在州 : 고을에 있을 때, 즉 자사로 재직 중에. / 輒 : 번번이. 그때마다. / 朝 : 아침
에. / 於 : …에. / 莫 : 저녁. =暮(모) '莫'가 '暮'와 같은 뜻으로 쓰일 때는 음이 '모'
임.

3. 人問其故.
   인 문 기 고

   사람이 그 까닭을 물었다.

   人 : 여기서는 불특정한 사람을 의미함. 어떤 사람.

4. 吾方致力中原.
   오 방 치 력 중 원

   나는 지금 한창 중원에 힘을 쏟고 있다.

   方 : 이제 한창. 바야흐로. '方'은 시간부사로 현재진행, 가까운 미래, 또는 조금 전인 시점을 다 나타낼 수 있지만, 여기서는 현재진행을 나타냄. / 致力中原 : 중원을 수복하는 일에 힘을 기울이다. 동진은 당시 중국의 남쪽 지방만 통치하고, 북쪽은 이족異族이 통치하였기 때문에, 그것을 수복하려는 것을 말함. '致力'은 '힘을 다하다.' '中原'은 황하 유역을 뜻하나, 여기서는 이족異族이 지배하는 중국 북방을 가리킴.

5. 過爾優逸, 恐不堪事.
   과 이 우 일   공 불 감 사

   지나치게 편안하면 일을 감당하지 못할까 두렵다.

   過爾 : 지나치게. / 優逸 : 편안하다. 안일하다. / 恐 : 두렵다. 걱정되다. / 不堪 : 감당하지 못하다. / 事 : 여기서는 고토故土를 수복하는 일을 가리킴.

6. 其勵志勤力, 皆此類也.
   기 려 지 근 력   개 차 류 야

   그가 뜻을 가다듬고 부지런히 힘쓰는 것이 모두 이와 같은 식이었다.

   其 : 도간을 가리키는 대사. / 勵志 : 뜻을 독려하다. 마음을 가다듬다. / 勤力 : 부지런히 힘쓰다. 근면하다. / 皆此類也 : 모두 이러한 종류였다. 모두 이와 같은 식이었다.

▊ 보 충 ▊

伯兪有過, 其母笞之, 泣. 母曰: '他日笞, 子未嘗泣. 今泣, 何也?'
백 유 유 과   기 모 태 지   읍   모 왈   타 일 태   자 미 상 읍   금 읍   하 야

對曰: '他日兪得罪, 笞常痛. 今母之力不能使痛. 是以泣.' - 계고稽古
대 왈   타 일 유 득 죄   태 상 통   금 모 지 력 불 능 사 통   시 이 읍

伯兪 : 전한前漢 사람인 한백유韓伯兪. 효성이 지극하기로 유명하였음. / 有過 :

잘못이 있다. 잘못을 저지르다. / 笞之 : 그를 태장치다. 그에게 매질을 하다. 어릴 때 회초리로 때리는 것을 뜻함. / 泣 : 소리 내지 않고 눈물만 흘리면서 우는 것을 말함. / 他日 : 다른 날. 옛날. / 子未嘗泣 : 아들이 여태껏 운 적이 없다. '子'는 여기서는 '아들'의 뜻으로 보아야 함. '未嘗'은 '아직 …한 적이 없다'의 뜻. / 今泣何也 : 지금 우는 것은 무슨 까닭이냐? / 兪得罪 : 유兪가 죄를 얻다. 제가 죄를 짓다. 자신이 자신의 이름자를 말하면 겸칭謙稱이 됨. / 笞常痛 : 매를 맞을 때에 항상 아프다. / 不能使痛 : 아프게 할 수가 없다. '使'는 '…로 하여금 ~하게 하다'의 뜻이며, '使' 다음에 '我'가 생략되어 있음. / 是以泣 : 이 때문에 울다. '以是泣'의 도치.

3. 몽구蒙求 - 이한李瀚

■▨ 해 제 ▨■

몽구는 당唐나라 이한이 편찬한 책으로 3권 75장으로 되어 있다. 중국 고인古人의 사적 중에서 비슷한 사례 두 가지씩을 가려 대비하면서, 4자구의 운어韻語로 제題를 붙여 통독하기 좋도록 하였으며, 초학자의 교양서로 널리 읽혔다. 책명인 몽구라는 말은 주역周易의 몽괘蒙卦에서 유래된 것으로, 교육의 방법은 스승이 동몽童蒙에게 배우기를 강요해서는 안 되며, 어디까지나 '동몽이 스스로 배우기를 추구해야 한다'는 뜻에서 붙여진 것이다.

이한은 당나라 고종高宗 때 사람으로 정주定州 안평현安平縣 출신이다. 학문이 해박하고 고금사적에 정통하였다고 한다. 그러나 그의 생애에 대해서는 아직 이설이 있고, 사적도 불분명한 편이다.

宋人得玉, 獻諸司城子罕, 子罕不受. 獻玉者曰：‘以示玉
人, 玉人以爲寶, 故獻之.’ 子罕曰：‘我以不貪爲寶, 爾
以玉爲寶. 若以與我, 皆喪寶也, 不若人有其寶.’

　　　　　　　　　　　　　　　　　　　　－ 권지상卷之上

■ **자변**字辨 ■

宋 〔송〕 나라 이름. ▶송양지인宋襄之仁. 송학宋學.
罕 〔한〕 드물다. ▶한견罕見. 희한稀罕.
爾 〔이〕 너. 같이. 그러하다. 그. 이. 가깝다. 뿐. ▶이금爾今. 이래爾來. 솔이率爾.

■ **해 설** ■

1. **宋人得玉, 獻諸司城子罕, 子罕不受.**
　　송 인 득 옥　　헌 저 사 성 자 한　　자 한 불 수

　송나라 사람이 옥을 얻어서, 그것을 사성 자한에게 바쳤는데, 자한이 받지
　않았다.

　　宋 : 춘추시대 12열국列國의 하나. 미자微子가 세운 나라로 지금의 하남성河南省
　　상구현商邱縣 일대에 자리잡았음. 제齊·위魏·초楚 3국에게 멸망되었음. / 諸 : ‘之
　　於’의 뜻. 이 경우 우리나라에서는 음을 흔히 ‘저’라고 함./ 司城 : 벼슬 이름. 삼공
　　三公의 하나. 원래의 관명官名은 ‘사공司空’. 송나라에서는 무공武公의 이름이 사
　　공이었기 때문에, 그것을 피하여 사성으로 고쳐 썼음. / 子罕 : 이름은 악희樂喜.

2. **以示玉人, 玉人以爲寶, 故獻之.**
　　이 시 옥 인　　옥 인 이 위 보　　고 헌 지

　그것을 옥공玉工에게 보였더니, 옥공이 보물이라고 말했습니다, 그래서 이
　것을 바치는 것입니다.

　　以示玉人 : 그 옥을 옥공에게 보이다. ‘以’ 다음에 ‘玉’이 생략된 형태. ‘以’는 ‘…을
　　가지고서’, ‘…을’의 뜻. ‘玉人’은 옥을 세공하는 옥공. / 以爲 : …라고 말하다. …

라고 생각하다. / 故 : 그래서. / 之 : 옥을 가리키는 대사.

3. **我以不貪爲寶, 爾以玉爲寶.**
   아 이 불 탐 위 보   이 이 옥 위 보

나는 탐하지 않는 것을 보물로 여기고, 너는 옥을 보물로 여긴다.

以… 爲~ : …을 ~으로 삼다. …을 ~으로 여기다. / 不貪 : 탐욕을 내지 않다. /
爾 : 너. 이인칭대사.

4. **若以與我, 皆喪寶也, 不若人有其寶.**
   약 이 여 아   개 상 보 야   불 약 인 유 기 보

만약에 그것을 나에게 주면, 모두 보물을 잃게 되는 것이니, 사람들이 그
의 보물을 가지고 있는 것만 못하다.

若 : 만약에. 가정형에 쓰이는 연사. / 以與我 : 그것을 나에게 주다. '以' 다음에
'玉'이 생략된 형태. '與'는 '주다'의 뜻. / 皆 : 모두. 여기서는 '우리 모두'의 뜻. /
喪 : 잃다. / 不若 : …함만 못하다. …보다 못하다. 여기서 '若'은 비교를 나타냄. /
人 : 사람들. 여기서는 '우리 두 사람 모두가'의 뜻. / 其 : 그.

본 문 2

吳季札, 吳王壽夢季子也. 初使北, 過徐君, 徐君好季
札劍, 口不敢言. 季札心知之, 爲使上國, 未獻. 還至
徐, 徐君已死. 乃解其寶劍, 懸徐君墓木而去. 從者曰 :
'徐君已死, 尚誰予乎?' 季子曰 : '不然. 始吾心已許之,
豈以死倍吾心哉?' - 권지하卷之下

■ **자변**字辨 ■

吳 〔오〕 나라 이름. 땅 이름. ▶오월동주吳越同舟.
札 〔찰〕 패. 편지. ▶명찰名札. 서찰書札. 표찰標札.

懸〔현〕 달다. 걸다. 드러나다. ▶현판懸板. 현안懸案. 현격懸隔.

■ 해 설 ■

1. 吳季札, 吳王壽夢季子也.
오 계 찰　오 왕 수 몽 계 자 야

오나라의 계찰은 오왕 수몽의 막내아들이다.

吳 : 춘추시대 12열국의 하나. 태백泰伯이 강소성江蘇省 일대에 세운 나라. 한때
세력을 떨쳐 판도를 절강성浙江省 안까지 넓혔으나, 부차夫差 때 개국한 지 700
여 년 만에 월越나라 구천句踐에게 멸망되었음. / 季札 : 오왕 수몽의 아들로서,
수몽이 그의 현명함을 알고 왕위를 전하려 하였으나, 끝내 사양하여 연릉延陵에
봉해졌기 때문에 연릉계자延陵季子라고도 부름. 북방의 여러 나라를 방문하고 널
리 당세의 현사賢士들과 교유하였다 함. / 壽夢 : B.C. 580년경의 오吳나라 임금.
이때에 와서 오나라도 왕이라 칭하였음. / 季子 : 막내아들. 형제의 순서를 백伯·
중仲·숙叔·계季로 나타냄. / 也 : 판단문에 쓰이는 어기사.

2. 初使北, 過徐君.
초 시 북　과 서 군

처음에 북방에 사신으로 가다가 서군에게 들렀다.

初 : 당초에. 이전에. 어떤 사실을 기준으로, 그 이전에 있었던 일을 서술할 때 흔
히 쓰는 부사. / 使北 : 북방에 사신으로 가다. '使'는 사신으로 가다. 음은 '시'.
'北'은 북방. 여기서는 노魯나라를 가리킴. / 過 : 과방過訪하다. 들르다. / 徐君 : 서
徐나라의 임금. '徐'는 지금의 안휘성安徽省에 있었던 춘추시대의 나라 이름.

3. 徐君好季札劍, 口不敢言.
서 군 호 계 찰 검　구 불 감 언

서군이 계찰의 칼을 좋아했으나, 입으로 감히 말하지 못하였다.

口不敢言 : 입으로 감히 말하지 못하다. '口'는 형식상으로는 주어이나 의미상으로
는 상어狀語처럼 쓰였음.

4. 季札心知之, 爲使上國, 未獻.
계 찰 심 지 지　위 시 상 국　미 헌

계찰은 마음속으로 그것을 알았지만, 상국에 사신으로 가기 때문에 바치
지 못했다.

心知之 : 마음으로 그 점을 알다. / 爲 : … 때문에. 원인을 나타내는 개사. / 上

國 : 춘추시대에 오吳·월越은 문화가 발달하지 못했지만, 중원의 나라들은 문화가
발달하고 국력이 강하였기 때문에, 노魯나라를 상국이라고 한 것임. / 未 : 아직 …
하지 않다.

5. 還至徐, 徐君已死.
　　환 지 서　　서 군 이 사

돌아오다가 서나라에 이르렀는데, 서군은 이미 죽었다.

已 : 이미.

6. 乃解其寶劍, 懸徐君墓木而去.
　　내 해 기 보 검　　현 서 군 묘 목 이 거

그래서 그 보검을 풀어, 서군의 무덤 옆에 있는 나무에 걸어 놓고 갔다.

乃 : 이에. 그래서. / 墓木 : 무덤 옆에 있는 나무.

7. 徐君已死, 尙誰予乎?
　　서 군 이 사　　상 수 여 호

서군은 이미 죽었는데, 이제 누구에게 주십니까?

尙 : 아직도. 그런데도. / 誰予乎 : 누구에게 주느냐? '誰'는 동사 '予'의 빈어이지만
의문사이므로 도치되었음. '予'는 '주다'의 뜻. '乎'는 의문문에 쓰이는 어기사.

8. 不然.
　　불 연

그렇지 않다.

然 : 그러하다.

9. 始吾心已許之.
　　시 오 심 이 허 지

당초 내 마음은 이미 그것을 허락했었다.

始 : 처음에. 당초.

10. 豈以死倍吾心哉?
　　기 이 사 패 오 심 재

어찌 죽었다고 해서 내 마음을 어기겠느냐?

豈 : 어찌. 반어형에 쓰임. / 以死 : 죽음 때문에. 죽었다고 해서. '以'는 원인을 표
시하는 개사. / 倍 : 배반하다. 어기다. 이 뜻일 경우 음은 '패'. '背'와 같음. / 哉 :
반어형에 쓰이는 어기사.

孫叔敖爲嬰兒, 出遊而還, 憂而不食. 其母問其故. 泣而對曰: '今日
손숙오위영아　출유이환　우이불식　기모문기고　읍이대왈　　금일

吾見兩頭蛇. 恐去死無日矣.' 母曰: '今蛇安在?' 曰: '吾聞見兩頭蛇
오견량두사　공거사무일의　모왈　금사안재　왈　오문견량두사

者死. 吾恐他人又見, 已埋之矣.' 母曰: '無憂! 汝不死. 吾聞之, 有
자사　오공타인우견　이매지의　모왈　무우　여불사　오문지　유

陰德者, 天報以福.' - 권지상卷之上
음덕자　천보이복

孫叔敖 : 춘추시대 초楚나라 사람. 손숙孫叔은 복성複姓. 재상이 되어 초장왕楚莊王
을 도와 패업覇業을 크게 이루도록 하였음. / 爲嬰兒 : 어린아이이다. / 其故 : 그 까닭.
/ 泣而對曰 : 울면서 대답하다. / 兩頭蛇 : 머리 둘 달린 뱀. / 恐 : 여기서의 '恐'은 추
량사推量詞로 '아마도 …할 것이다'의 뜻을 가짐. / 去死無日 : 죽는 날까지 며칠
남지 않다. / 蛇安在 : 뱀이 어디에 있나. '安'은 의문사로 '在'의 빈어. / 見兩頭蛇
者 : 양두사를 본 사람. / 恐 : 걱정하다. 두려워하다. / 已埋之 : 이미 그것을 묻었다.
/ 無憂 : 걱정하지 말라. '無'는 금지명령형에 쓰임. / 汝 : 너. / 陰德 : 남 몰래 베푸
는 은덕. / 天報以福 : 하늘이 복으로 보답하다.

4. 설원說苑 - 유향劉向

■ 해 제 ■

설원은 전한前漢의 학자인 유향이 옛 성현들의 말과 행동들을 골라서
편찬한 책이다. 군도君道·신술臣術·건본建本·입절立節·귀덕貴德·복은復
恩·정리政理·존현尊賢·정간正諫·경신敬愼·선설善說·봉사奉使·권모權
謀·지공至公·지무指武·설총說叢·잡언雜言·변물辨物·수문修文·반질反
質 등 20편으로 되어 있고, 매 편이 1권으로 총 20권이다. 이 책에는 현

재 전해지지 않는 고적古籍 속에서 채록한 것이 많아 그 자료 가치가 매우 크다.

유향(B.C. 77~A.D. 6)의 자는 자정子政, 본명은 갱생更生이다. 벼슬은 중첩교위中疊校尉를 역임했다. 경학經學에 잠심연찬潛心研鑽하여 명유名儒가 되었으며, 전한 성제成帝의 칙명을 받아 궁중의 장서를 정리하기도 하였다. 저서로는 홍범오행전洪範五行傳·열녀전列女傳·신서新書·설원說苑 등이 있다.

본 문 1

梟逢鳩. 鳩曰:'子將安之?' 梟曰:'我將東徙.' 鳩曰:'何故?' 梟曰:'鄉人皆惡我鳴, 以故東徙.' 鳩曰:'子能更鳴, 可矣. 不能更鳴, 東徙, 猶惡子之聲.' - 설총說叢

■ 자변字辨 ■

梟〔효〕 올빼미. 목 베어 매달다. 사납고 날래다. 영웅. ▶효수梟首. 효용梟勇. 효웅梟雄. 효치梟鴟.

鳩〔구〕 비둘기. 모이다. ▶구수鳩首. 구합鳩合.

徙〔사〕 옮기다. 넘기다. 귀양 보내다. ▶사거徙居. 사목지신徙木之信.

■ 해 설 ■

1. **梟逢鳩.**
   효 봉 구

   올빼미가 비둘기를 만났다.

2. **子將安之?**
   자 장 안 지

   그대는 어디로 가려 하는가?

   子 : 그대. 이인칭대사. / 將 : '장차 …하려 하다'의 뜻. / 安之 : 어디로 가느냐. '安'

은 여기서 '어디'라는 뜻의 의문대사. '之'는 '가다'라는 뜻의 동사. '安'이 '之'의 빈
어이나, 의문사이기 때문에 '之' 앞으로 도치되었음.

3. **我將東徙.**
   아 장 동 사

   나는 동쪽으로 이사 가려 한다.

   東徙 : 동쪽으로 옮겨 가다. 동쪽으로 이사 가다.

4. **何故?**
   하 고

   무엇 때문인가?

5. **鄕人皆惡我鳴, 以故東徙.**
   향 인 개 오 아 명　　이 고 동 사

   마을 사람들이 모두 내가 우는 것을 싫어한다. 이 때문에 동쪽으로 이사
   가는 것이다.

   鄕人 : 고장 사람들. 마을 사람들. / 皆 : 모두. / 惡我鳴 : 내가 우는 것을 미워하다.
   '惡'가 미워한다는 뜻의 동사로 쓰일 경우에는 음이 '오'.

6. **子能更鳴, 可矣.**
   자 능 경 명　 가 의

   그대가 우는 것을 바꿀 수 있다면 될 것이다.

   能 : …할 수 있다. / 更鳴 : 우는 것을 바꾸다. 즉 울음소리를 듣기 좋게 바꾼다는
   의미. '更'의 음은 '경'. / 可矣 : 될 것이다. '矣'는 상황의 변화를 나타내는 문미어
   기사로, 이제까지는 되지 않았지만 소리를 고치면 될 것이라는 의미를 가지게 해
   줌.

7. **不能更鳴, 東徙, 猶惡子之聲.**
   불 능 경 명　 동 사　 유 오 자 지 성

   우는 것을 바꿀 수 없다면, 동쪽으로 이사 가더라도 여전히 그대의 울음
   소리를 싫어할 것이다.

   猶 : 그래도. 아직도. 여전히. / 子之聲 : 그대의 울음소리.

楚莊王欲伐陳, 使人視之. 使者曰: '陳不可伐也.' 莊王
曰: '何故?' 對曰: '其城郭高, 溝壑深, 蓄積多, 其國
寧也.' 王曰: '陳可伐也. 夫陳小國也, 而蓄積多. 蓄積
多, 則賦斂重; 賦斂重, 則民怨上矣; 城郭高, 溝壑深,
則民力罷矣.' 興兵伐之, 遂取陳. - 권모權謀

■ 자변字辨 ■

楚 [초] 가시나무. 매. 매질하다. 아프다. 나라 이름. 땅 이름. ▶초극楚棘.
　　　 초달楚撻. 고초苦楚. 초한楚漢.

溝 [구] 못도랑. 도랑. 해자. 홈통. 도랑을 파다. ▶구거溝渠. 배수구排水溝. 성
　　　 구城溝.

壑 [학] 구렁. 골짜기. ▶학곡壑谷. 구학丘壑.

斂 [렴] 거두다. 염하다. 갖추다. 단속하다. ▶가렴주구苛斂誅求. 수렴收斂.

■ 해 설 ■

1. **楚莊王欲伐陳, 使人視之.**
　　초 장 왕 욕 벌 진　사 인 시 지

　　초나라의 장왕이 진陳을 치고자 하여, 사람을 시켜서 그 나라를 살펴보게
　　하였다.

　　楚 : 춘추전국시대의 초나라. 도읍은 영郢. 나중에 진秦나라에 의해서 멸망되었음.
　　/ 莊王 : 춘추시대 초나라의 왕. 목왕穆王의 아들. 이름은 여旅. 웅재雄才가 있었
　　고, 명신들이 보좌해서 패업霸業을 일으켰음. / 欲 : …하고자 하다. / 伐 : 치다. 정
　　벌하다. / 陳 : 춘추시대 제후의 나라. 지금의 하남성과 안휘성의 일부를 영토로 하
　　였음. / 使人 : 사람을 시키다. / 視之 : 그 나라를 살피다. '之'는 진陳나라를 가리키
　　는 대사.

2. 使者曰 : 陳不可伐也.
　　사 자 왈　　진 불 가 벌 야

사자가 "진나라는 칠 수가 없습니다"라고 말하였다.

　　使者 : 사자. 사명使命을 띠고 간 사람. / 可 : …할 수 있다. …해도 된다. '不可'는
'…하면 안 된다'는 뜻. / 也 : 문미어기사로, 말하는 사람이 말한 사실의 진실성에
대해 확신하고 있음을 표시할 때도 쓰임.

3. 其城郭高, 溝壑深, 蓄積多, 其國寧也.
　　기 성 곽 고　　구 학 심　　축 적 다　　기 국 녕 야

그 나라의 성곽이 높고, 구학이 깊으며, 비축한 것이 많아, 그 나라가 태평
하기 때문입니다.

　　其城郭 : 그 나라의 성곽. '其'는 진陳나라를 가리키는 대사. '城'은 내성內城이고,
'郭'은 외성外城. / 溝壑 : 도랑. 여기서는 성을 둘러싸고 판 성지城池. / 蓄積 : 비
축. 물자를 모아 둔 것. / 寧 : 안정되다. 태평하다. / 也 : 인과문因果文에 쓰임.

4. 夫陳小國也, 而蓄積多.
　　부 진 소 국 야　　이 축 적 다

저 진나라는 소국이다. 그런데도 비축이 많다.

　　夫 : 지시대사로 '저'·'그'의 뜻. / 也 : 판단문에 쓰이는 문미어기사. / 而 : 그러나.
그런데도. 여기서는 전절轉折관계를 표시하는 연사.

5. 蓄積多, 則賦斂重;賦斂重, 則民怨上矣.
　　축 적 다　　즉 부 렴 중　　부 렴 중　　즉 민 원 상 의

비축한 것이 많으니, 세를 거두어들이는 것이 무거웠을 것이고, 세를 거두
어들이는 것이 무거웠으니, 백성들이 윗사람을 원망하게 되었을 것이다.

　　則 : 어떤 사실을 조건으로 하고, 그 결과를 추량할 때 쓰이는 연사. / 賦斂 : 세금
을 부과하고 거두어들이는 것. / 重 : 무겁다. / 怨 : 원망하다. / 上 : 윗사람. 임금.

6. 城郭高, 溝壑深, 則民力罷矣.
　　성 곽 고　　구 학 심　　즉 민 력 피 의

성곽이 높고 구학이 깊으니, 백성들의 힘이 지쳤을 것이다.

　　罷 : =疲(피). 피폐해지다. 지치다. 음은 '피'. 원래는 '끝나다'·'끝내다'의 뜻으로
서 음은 '파'이나 여기서는 가차되어 '疲'의 뜻으로 쓰였음.

7. 興兵伐之, 遂取陳.
　　흥 병 벌 지　　수 취 진

군대를 일으켜 그 나라를 쳐서, 드디어 진나라를 빼앗았다.

興兵 : 군대를 일으키다. / 遂 : 드디어. 마침내. / 取 : 취하다. 빼앗다.

■ 보 충 ■

子思居於衛, 縕袍無表, 二旬而九食. 田子方聞之, 使人遺狐白之裘.
자사거어위　온포무표　이순이구식　전자방문지　사인유호백지구

恐其不受, 因謂之曰:‘吾假人, 遂忘之 ; 吾與人也, 如棄之.’子思
공기불수　인위지왈　오가인　수망지　오여인야　여기지　자사

辭而不受. 子方曰:‘我有, 子無. 何故不受?’子思曰:‘伋聞之, 妄
사이불수　자방왈　아유　자무　하고불수　자사왈　급문지　망

與不如遺棄物於溝壑. 伋雖貧也, 不忍以身爲溝壑. 是以不敢當也.’
여불여유기물어구학　급수빈야　불인이신위구학　시이불감당야

- 입절立節

子思 : 이름은 급伋. 자사는 자字. 공자의 손자로 증자曾子를 사사師事했고, 맹자
를 가르쳤음. 4아성亞聖 중의 한 사람. 중용中庸을 지었음. / 居於衛 : 위衛나라 땅
에서 살다. ‘衛’는 춘추전국시대의 제후국. ‘於’는 장소를 나타내는 개사. / 縕袍無
表 : 솜 도포에 거죽이 없다. 즉 가난하여 의복을 변변히 갖추지 못한 상태를 말
함. ‘縕袍(온포)’는 솜 도포. / 二旬而九食 : 스무 날에 아홉 번 끼니를 먹다. 몹시
가난한 생활을 의미함. ‘旬’은 10일. / 田子方 : 전국시대 위魏나라 사람. 문후文侯
가 그에게 사사하였으며, 덕망이 높았다 함. / 使人遺狐白之裘 : 사람을 시켜 호백
구狐白裘를 보내다. ‘호백구’는 여우의 겨드랑이 밑 백색 털로 만든 가죽옷으로 매
우 진귀한 것임. / 恐其不受, 因謂之 : 그가 받지 않을까 두려워서 그에게 말하다. /
吾假人, 遂忘之 : 나는 남에게 빌려주면 끝내는 그것을 잊어버린다. / 吾與人也,
如棄之 : 나는 남에게 줄 때 그것을 버리듯이 한다. / 辭而不受 : 사양하고 받지 않
다. / 我有, 子無 : 나는 있고, 그대는 없다. / 伋聞之 : 급은 들은 적이 있다. 옛날에
는 자기 이름을 말하면 겸칭이 됨. / 妄與不如遺棄物於溝壑 : 옳지 않은 방법으로
주는 것은 물건을 도랑에 버림만 못하다. ‘妄與’는 ‘옳지 않은 방법으로 주다’. ‘遺
棄’는 ‘버리다’. / 雖 : 비록 …하더라도. / 不忍以身爲溝壑 : 차마 자신을 도랑으로
여기지 못하다. / 是以 : 때문에. / 不敢當也 : 감히 받지 못하다. ‘當’은 여기서는 받
다의 뜻.

5. 한비자韓非子 - 한비韓非

■ 해 제 ■

한비자는 한비가 저술한 사상서로서 총 20권 55편으로 되어 있다. 원제는 한자韓子였으나, 송대宋代 이후 한유韓愈를 한자라고 불렀기 때문에 한비자로 개칭되었다. 이 책에서는 형명법술刑名法術의 사상을 주창, '형刑'과 '명名'이 일치하고 법술에 의해서 통치하면 천하는 다스려진다고 역설하였다. 특히 이 책의 문체는 서사에 교묘하고 비유에 뛰어나, 맹자·장자莊子와 함께 선진先秦의 3대 문학서라 칭해진다.

한비(?~B.C. 233)는 전국시대 말 한韓나라의 공자로, 이사李斯와 더불어 순자荀子에게서 학문을 배웠고, 법가法家의 이론을 집대성하였다. 한韓나라가 진秦나라 등으로부터 압박을 받자, 한왕에게 여러 차례 건의했으나 받아들여지지 않았다. 뒤에 진秦나라에 사신으로 갔다가 이사의 모함으로 독살되었다.

본 문 1

宋人有耕田者, 田中有株, 兔走觸株, 折頸而死. 因釋
其耒而守株, 冀復得兔, 兔不可復得, 而身爲宋國笑.
今欲以先王之政, 治當世之民, 皆守株之類也. - 오두五蠹

■ 자변字辨 ■

宋 [송] 나라 이름. ▶송양지인宋襄之仁. 송학宋學.

頸 〔경〕 목. ▶경련頸聯.

耒 〔뢰〕 쟁기. ▶뇌누耒耨.

冀 〔기〕 바라다. 바라건대. ▶기망冀望. 기원冀願.

▮ 해 설 ▮

1. 宋人有耕田者.
　　송 인 유 경 전 자

송나라 사람 중에 밭을 가는 사람이 있었다.

　　宋人 : 송나라 사람. 중국 고전에 송인宋人은 흔히 어리석은 사람으로 잘 등장함.
　　'宋'은 춘추시대의 나라 이름. / 有耕田者 : 밭을 가는 자가 있었다. '有…者'는 고
　　문에서 종종 보이는 고정된 형태로, 어떤 특정한 인물의 행위나 사적을 서술하기
　　시작할 때 쓰여서 서술하고자 하는 대상 인물을 돌출시키는 효과를 가져옴.

2. 田中有株, 兎走觸株, 折頸而死.
　　전 중 유 주　 토 주 촉 주　 절 경 이 사

밭 가운데에 나무 그루터기가 있었는데, 토끼가 달리다가 나무 그루터기
에 부딪혀서 목이 부러져서 죽었다.

　　株 : 나무 그루터기. 나무의 밑둥치. 나무를 베고 그 밑부분에 남아 있는 것을 가
　　리킴. / 兎走觸株 : 토끼가 달리다가 나무 그루터기에 부딪히다. / 折頸 : 목을 부러
　　뜨리다.

3. 因釋其耒而守株.
　　인 석 기 뢰 이 수 주

이리하여 그 쟁기를 놓아 버리고 그루터기를 지켰다.

　　因 : 인하여. 이리하여. 앞의 사실과 뒤의 사실 사이의 인과·유래 관계를 나타냄.
　　/ 釋其耒 : 그 밭 갈던 쟁기를 놓아 버리다. 밭 갈기를 그만두었다는 뜻.

4. 冀復得兎, 兎不可復得.
　　기 부 득 토　 토 불 가 부 득

다시 토끼를 얻게 되기를 바랐지만, 토끼는 다시 얻을 수 없었다.

　　冀 : 바라다. / 復 : 다시. 음은 '부'. / 不可 : …할 수 없다.

5. 而身爲宋國笑.
　　이 신 위 송 국 소

그리고 자신은 송나라의 웃음거리가 되었다.

身爲宋國笑 : 자신은 송나라의 웃음거리가 되다. '爲'는 '…이 되다'라는 뜻으로서 피동의 의미를 내포함. 즉 '身爲宋國笑'는 '身爲宋國所笑'와 같은 의미.

6. **今欲以先王之政, 治當世之民, 皆守株之類也.**
   금 욕 이 선 왕 지 정　　치 당 세 지 민　　개 수 주 지 류 야

오늘날 선왕들의 정치로써 당대의 백성들을 다스리려고 하면, 다 그루터기를 지키는 유형이다.

今 : 지금. 오늘날. / 以 : …로써. …을 가지고. / 先王之政 : 옛날 훌륭한 왕들의 정치 방법. 여기서는 이미 시대가 변하여 현실에 적용할 수 없는, 낡은 정치라는 뜻을 내포함. / 當世 : 당대. 지금 세상. / 皆 : 모두. / 守株之類也 : 어리석은 송나라 사람이 그루터기를 지키는 꼴이다.

본 문 2

昔者, 鄭武公欲伐胡. 故先以其女妻胡君, 以娛其意.
因問於群臣 : '吾欲用兵. 誰可伐者?' 大夫關其思對
曰 : '胡可伐.' 武公怒而戮之, 曰 : '胡兄弟之國也, 子言
伐之, 何也?' 胡君聞之, 以鄭爲親己, 遂不備鄭, 鄭
人襲胡, 取之. – 세난說難

■ **자변**字辨 ■

鄭 〔정〕 나라 이름. 정중하다. ▶정성鄭聲. 정중鄭重.
戮 〔륙〕 죽이다. 욕. 욕보이다. 죄. 죄를 주다. ▶살육殺戮. 주륙誅戮.
襲 〔습〕 엄습하다. 물려받다. 껴입다. ▶습격襲擊. 답습踏襲. 습의襲衣.

1. 昔者, 鄭武公欲伐胡.
석 자 정 무 공 욕 벌 호

예전에 정나라의 무공이 호나라를 치고자 하였다.

昔者 : 예전에. / 鄭武公 : 정나라의 제2대 임금. 이름은 굴돌掘突. 환공桓公 우友의 아들. '鄭'은 춘추전국시대의 나라 이름. 주선왕周宣王의 서제庶弟인 환공 우를 봉한 곳으로서 지금의 하남성河南省 신정현新鄭縣 일대에 자리 잡았음. 전국시대에 한韓나라한테 멸망되었음. / 胡 : 춘추시대 나라 이름. 지금의 하남성 언성현偃城縣 일대에 자리 잡았음.

2. 故先以其女妻胡君, 以娛其意.
고 선 이 기 녀 처 호 군 이 오 기 의

그러므로 먼저 그 딸을 호나라의 임금에게 시집보내서, 그의 마음을 즐겁게 해 주었다.

故 : 그러므로. / 先 : 먼저. / 以其女 : 그의 딸을. / 妻 : 시집보내다. 여기서는 동사로 쓰였음. / 胡君 : 호나라의 임금. / 以娛其意 : 그렇게 하여 그의 마음을 즐겁게 해 주다.

3. 因問於群臣.
인 문 어 군 신

이렇게 하고서 뭇 신하들에게 물었다.

因 : 이러고서. 이렇게 하고서.

4. 吾欲用兵, 誰可伐者?
오 욕 용 병 수 가 벌 자

내가 용병하고자 하는데, 정벌할 만한 게 누구냐?

用兵 : 무기를 사용하다. 군사를 부리다. 즉 전쟁하다의 뜻. / 誰可伐者 : 칠 만한 자가 누구냐. '誰'는 원래 사람에게 쓰는 의문사이나 여기서는 '어느 나라'의 뜻.

5. 大夫關其思對曰 : 胡可伐.
대 부 관 기 사 대 왈 호 가 벌

대부인 관기사가 "호나라를 칠 만합니다."라고 대답했다.

大夫 : 주周나라의 벼슬 이름. 경卿과 사士의 중간 벼슬. / 關其思 : 인명人名. 주나라 사람. / 可伐 : 칠 수 있다. 칠 만하다.

6. **武公怒而戮之, 曰：胡兄弟之國也, 子言伐之, 何也?**
무공노이륙지　왈　호형제지국야　자언벌지　하야

무공은 노하여 그를 죽이면서, "호나라는 형제의 나라인데, 네가 그를 정벌하라고 하니, 무슨 말이냐?"라고 말했다.

怒而戮之 : 화를 내고 그를 죽이다. / 兄弟之國也 : 형제의 나라이다. 호나라가 정나라와 인친姻親 간이므로 형제지국이라고 한 것임. '也'는 여기서는 판단의 어기를 나타내는 문미어기사. / 子 : 이인칭대사. 그대. / 何也 : 무슨 말이냐. 어찌 된 것이냐. '也'는 여기서는 의문문에 쓰인 문미어기사.

7. **胡君聞之, 以鄭爲親己, 遂不備鄭.**
호군문지　이정위친기　수불비정

호나라 임금은 그 이야기를 듣고, 정나라가 자기와 친하다고 생각하여, 드디어 정나라에 대해서 방비를 하지 않았다.

聞之 : 그 이야기를 듣다. / 以鄭爲親己 : 정나라를 자기와 친하다고 생각하다. '以… 爲~'는 '…을 ~라고 여기다'의 뜻. '親己'는 '자기를 친근하게 대하다'·'자기와 친하다'의 뜻.

8. **鄭人襲胡, 取之.**
정인습호　취지

정나라 사람이 호나라를 습격하여 그 나라를 탈취하였다.

鄭人 : 정나라 사람들. 즉 정나라 군대. / 襲 : 습격하다. / 取 : 취하다. 탈취하다.

▌▌보 충▐

楚人有鬻盾與矛者. 譽之曰：'吾盾之堅, 莫能陷也.' 又譽其矛曰：
초인유육순여모자　예지왈　오순지견　막능함야　우예기모왈

'吾矛之利, 於物無不陷也.' 或曰：'以子之矛陷子之盾, 何如?' 其人
오모지리　어물무불함야　혹왈　이자지모함자지순　하여　기인

弗能應也. - 난일難一
불능응야

楚 : 중국 춘추전국시대의 나라 이름. / 有鬻盾與矛者 : 방패와 창을 파는 사람이 있다. '有…者'의 고정된 형태. '鬻(육)'은 '팔다'. '盾'은 '방패'. '矛'는 '창'. / 譽之 : 그것을 자랑하다. / 吾盾之堅 : 내 방패의 견고함. / 莫能陷也 : 어느 것으로도 뚫을 수 없다. '莫'은 부정성을 갖고 있는 무정대사. 즉 부정사를 겸한 대사로 '아무도 …없다'

는 뜻을 가짐. '陷(함)'은 '꿰뚫다'의 뜻. '也'는 여기서는 말하는 사람이 말한 사실의 진실성에 대해서 확신하고 있음을 나타내는 문미어기사. / 又譽其矛 : 또 그의 창을 칭찬하다. / 吾矛之利 : 내 창의 예리함. / 於物 : 어떤 물건에 대해서도. / 無不陷 : 꿰 뚫지 못할 것이 없다. '無不'은 '⋯않는 것이 없다'는 뜻의 이중부정 형태로서 긍정을 강조하기 위해 씀. / 或 : 혹자. 어떤 사람. / 以子之矛 : 당신의 창으로써. 당신의 창 을 가지고. '以'는 수단이나 도구를 나타내는 개사. / 何如 : 어떠하냐. 어떻게 되느 냐. / 弗能應 : 응답하지 못하다. '弗'은 '不'과 같음.

6. 전국책戰國策 – 유향劉向

▌ 해 제 ▌

전국책은 저작 시기와 저자가 아직 확실하지 않고, 그 권수와 편수도 빠 진 부분이 있어 판본마다 일치하지 않는다. 이 책은 원래 국책國策・국사國 事・단장短長・사어事語・장서長書・수서修書 등의 각종 이름으로 불리면서 전한前漢 때에 전해졌는데, 전한의 학자인 유향이 궁정의 장서를 교정할 때, 이 책도 정리하여 33편으로 엮었다. 그리고 그는 책의 내용이 모두 전국시 대 유사遊士들의 책모策謀라 하여 전국책이라고 명명하였다. 이 책에는 주안 왕周安王 때부터 진시황秦始皇 때까지 240여 년 간, 서주西周・동주東周・진 秦・제齊・초楚・조趙・위魏・한韓・연燕・송宋・위衛・중산中山 등, 열두 나 라에서 유사들이 진술한 책의策議가 나라별로 모아져 있다.

楚有祠者, 賜其舍人卮酒, 舍人相謂曰:'數人飮之不
足, 一人飮之有餘. 請畫地爲蛇, 先成者飮酒.' 一人
蛇先成, 引酒且飮之, 乃左手持卮, 右手畫蛇曰:'吾
能爲之足.' 未成. 一人蛇成, 奪其卮, 曰:'蛇固無足,
子安能爲之足?' 遂飮其酒. 爲蛇足者, 終亡其酒.

- 제책齊策

■ 자변字辨 ■

楚 〔초〕 가시나무. 매. 매질하다. 아프다. 나라 이름. 땅 이름. ▶초극楚棘.
　　　　초달楚撻. 고초苦楚. 초한楚漢.

卮 〔치〕 =卮. 잔. ▶치언卮言.

■ 해 설 ■

1. 楚有祠者, 賜其舍人卮酒.
　　초 유 사 자　　사 기 사 인 치 주

　초나라에 제사를 지낸 사람이 있었는데, 그의 가복家僕들에게 한잔 술을 내
렸다.

　　楚 : 춘추전국시대의 나라 이름. 도읍은 영郢. 진秦나라에 멸망되었음. / 有祠者 :
　　제사를 지낸 자가 있다. '有…者'는 어떤 특정 인물의 행위나 사적을 서술하기 시작
　　할 때 쓰는 고정 형태. '祠'는 원래 춘제春祭를 뜻하나, 여기서는 그냥 제사라는 뜻
　　으로 간주해도 무방함. / 賜 : 하사하다. 윗사람이 아랫사람에게 주다. / 舍人 : 집안의
　　잡무를 맡은 사람. 가인家人. 가복家僕. / 卮酒 : 잔 술. '卮'는 고대의 주기酒器. 목
　　이 작고 하부下部는 둥글며, 용량은 4승升임.

2. 數人飮之不足, 一人飮之有餘.
　　수 인 음 지 부 족　　일 인 음 지 유 여

몇 사람이 그것을 마시면 부족하고, 한 사람이 그것을 마시면 넉넉하다.

飮之 : 그것을 마시다. '之'는 '치주巵酒'를 가리키는 대사. / 有餘 : 남음이 있다. 넉넉하다.

3. 請畫地爲蛇, 先成者飮酒.
청 화 지 위 사   선 성 자 음 주

땅에 그려 뱀을 만들어, 먼저 이룬 자가 술을 마시자.

請 : 청컨대 …하도록 하자. 청유형. / 畫地爲蛇 : 땅에 그려서 뱀을 만들다. 즉 땅에 뱀 그림을 그리다의 뜻. / 先成者 : 먼저 이룬 자. 먼저 뱀 그림을 완성한 자.

4. 一人蛇先成, 引酒且飮之.
일 인 사 선 성   인 주 차 음 지

한 사람이 뱀을 먼저 완성하고, 술을 끌어 가지고는 그것을 마시려고 했다.

引酒 : 술을 끌어 가지다. 술잔을 끌어서 가져가다. / 且 : 장차 …하려 하다. …하려 하다.

5. 乃左手持巵, 右手畫蛇.
내 좌 수 지 치   우 수 화 사

도리어 왼손으로 잔을 쥐고서 오른손으로 뱀을 그렸다.

乃 : 그러다가. 도리어. 그러나. 전절轉折 관계를 표시하는 연사. / 左手持巵 : 왼손이 술잔을 쥐다. 즉 왼손으로 술잔을 잡다.

6. 吾能爲之足.
오 능 위 지 족

나는 발을 그릴 수 있다.

爲之足 : 거기에 발을 만들다. 즉 거기에 발을 그리다의 뜻. '爲'는 '만들다'·'마련하다'의 뜻. 동사로 종종 두 개의 빈어를 대동하는 경우가 있음. 여기서는 간접 빈어 '之'와 직접 빈어 '足'을 대동하고 있음. '之足'을 '그것의 발'이라고 잘못 번역하기 쉬우니 유의해야 함.

7. 一人蛇成, 奪其巵.
일 인 사 성   탈 기 치

한 사람이 뱀을 완성하고 그 잔을 빼앗았다.

一人 : 또 한 사람. 또 다른 한 사람.

8. 蛇固無足, 子安能爲之足?
사 고 무 족   자 안 능 위 지 족

뱀은 원래 발이 없는데, 그대는 어떻게 거기에 발을 그릴 수 있는가?

固 : 원래. 본디. / 子 : 그대. 이인칭대사. / 安 : 어떻게. 어찌. 의문사.

9. 爲蛇足者, 終亡其酒.
   위 사 족 자   종 망 기 주

뱀의 발을 그리던 자는 마침내 그 술을 놓쳐 버렸다.

終 : 마침내. / 亡 : 잃다. 놓치다.

본 문 2

虎求百獸而食之, 得狐. 狐曰 : '子無敢食我也. 天帝使
我長百獸, 今子食我, 是逆天帝命也. 子以我爲不信,
吾爲子先行, 子隨我後, 觀百獸之見我而敢不走乎.' 虎
以爲然, 故遂與之行. 獸見之皆走, 虎不知畏己而走也,
以爲畏狐也. - 초책楚策

■ 자변字辨 ■

狐 〔호〕 여우. ▶호구狐裘. 구미호九尾狐.
畏 〔외〕 두려워하다. 꺼리다. ▶외경畏敬. 소외疏畏. 후생가외後生可畏.

■ 해 설 ■

1. 虎求百獸而食之, 得狐.
   호 구 백 수 이 식 지   득 호

호랑이가 온갖 동물을 찾아 그것을 먹는데, 여우를 잡게 되었다.

求 : 구하다. 여기서는 찾다의 뜻. / 百獸 : 온갖 짐승. 모든 짐승. '百'은 다수, 또는
전체의 뜻. / 之 : 백수百獸를 가리키는 대사. / 得狐 : 여우를 얻다. 여우를 만났다.

2. 子無敢食我也.
자 무 감 식 아 야

그대는 감히 나를 먹지 말라.

> 子 : 그대. / 無 : …하지 말라. 금지명령형에 쓰이며, '毋'와 같음. / 我 : 나. 일인칭
> 대사. / 也 : 금지명령형의 문미어기사.

3. 天帝使我長百獸.
천 제 사 아 장 백 수

천제가 나로 하여금 모든 짐승의 우두머리가 되게 했다.

> 天帝 : 하느님. 上帝. / 使 : …로 하여금 ~하게 하다. 사역형. / 長 : 우두머리 노릇
> 을 하다. 우두머리가 되다. 동사적인 뜻으로 쓰임.

4. 今子食我, 是逆天帝命也.
금 자 식 아   시 역 천 제 명 야

지금 그대가 나를 잡아먹는다면, 이는 천제의 명을 거역하는 것이다.

> 今 : 지금. 이제. / 是 : 이것. 이. / 也 : 판단문에 쓰이는 문미어기사.

5. 子以我爲不信, 吾爲子先行.
자 이 아 위 불 신   오 위 자 선 행

그대가 나를 믿지 못하겠다고 생각한다면, 내가 그대를 위해서 앞장서서
가겠다.

> 以我爲不信 : 나를 믿지 못하겠다고 생각하다. 내 말을 믿지 못하겠다고 여기다.
> '以… 爲~'의 구문句文. / 吾 : '我'와 마찬가지로 일인칭대사이나, 고문에서 '吾'는
> 일반적으로 빈어로는 사용되지 않는 것이 특징임.

6. 子隨我後, 觀百獸之見我而敢不走乎.
자 수 아 후   관 백 수 지 견 아 이 감 부 주 호

그대는 내 뒤를 따르면서, 모든 짐승이 나를 보고 감히 도망가지 않는가
를 보아라.

> 隨我後 : 내 뒤를 따르다. / 觀 : 살펴보다. 의도를 가지고 주의해서 보는 것을 '觀'이
> 라 함. 반면에 '見(견)'은 의도 없이 그냥 눈에 보이는 것을 말함. /百獸之見我而敢
> 不走乎 : 모든 짐승이 나를 보고 감히 도망가지 않는가. 이 부분 전체가 '觀'의 빈어
> 임. 여기의 '之'는 종속성분의 주어인 '百獸'와 위어인 '見我而敢不走乎' 사이에서
> 그것들을 하나의 절節로 결합시켜 주는 기능을 함. 이런 경우, '之'는 우리말로
> '…이'·'…가'로 해석하면 무방함. '乎'는 의문어기사. '敢不…乎'는 반어형. 단 '不
> 敢…'의 형태는 부정형임.

7. 虎以爲然, 故遂與之行.

　　　호 이 위 연　　　고 수 여 지 행

호랑이가 그렇다고 생각하고, 그리하여 드디어는 그와 함께 걸어갔다.

　　以爲 : …라고 생각하다. …라고 여기다. / 然 : 그러하다. / 與之 : 그와 함께. '與'는

　　개사. '之'는 호랑이를 가리키는 대사.

8. 獸見之皆走.

　　　수 견 지 개 주

짐승들이 그를 보고 모두 도망갔다.

9. 虎不知畏己而走也, 以爲畏狐也.

　　　호 부 지 외 기 이 주 야　　　이 위 외 호 야

호랑이는 자기를 두려워해서 도망간 줄을 모르고, 여우를 두려워해서라고

생각했다.

　　畏己而走 : 자기를 두려워해서 도망가다. / 以爲畏狐 : 여우를 두려워해서라고 생각

　　하다. 이 구절은 내용상 '以爲畏狐而走'의 축약형임.

▉ 보 충 ▉

鄒忌, 修八尺有餘, 形貌昳麗. 朝服衣冠窺鏡, 謂其妻曰:'我孰與城

추기　수팔척유여　형모질려　조복의관규경　위기처왈　아숙여성

北徐公美?'其妻曰:'君美甚. 徐公何能及君也?'城北徐公, 齊國之

북서공미　기처왈　군미심　서공하능급군야　성북서공　제국지

美麗者也. 忌不自信, 而復問其妾曰:'吾孰與徐公美?'妾曰:'徐公

미려자야　기부자신　이부문기첩왈　오숙여서공미　첩왈　서공

何能及君也?'旦日客從外來, 與坐談, 問之曰:'吾與徐公孰美?'客

하능급군야　단일객종외래　여좌담　문지왈　오여서공숙미　객

曰:'徐公不若君之美也.'

왈　서공불약군지미야

明日徐公來, 孰視之, 自以爲不如, 窺鏡而自視, 又弗如遠甚. 暮寢

명일서공래　숙시지　자이위불여　규경이자시　우불여원심　모침

而思之, 曰:'吾妻之美我者, 私我也 ; 妾之美我者, 畏我也 ; 客之美

이사지　왈　오처지미아자　사아야　첩지미아자　외아야　객지미

我者, 欲有求我也.'- 제책齊策

아자　욕유구아야

鄒忌(추기) : 사람 이름. 제위왕齊威王의 신하. / 修 : 키. 신장. / 八尺有餘 : 8척 여. 8척이 넘음. '尺'은 길이의 단위. / 昳麗 : 용모가 아름답다. '昳(질)'은 '곱다'의 뜻. / 窺鏡 : 거울을 들여다보다. '窺(규)'는 '엿보다'의 뜻. / 我孰與城北徐公美 : 나와 성북의 서공은 누가 더 아름다운가. '孰與'는 의문대사인 '孰'과 개사인 '與'가 연용된 형태로, 비교나 선택을 나타내는 의문형에 쓰임. '我與城北徐公孰美'와 같은 뜻. '公'은 남자의 존칭. / 徐公何能及君也 : 서공이 어찌 당신을 따를 수 있나. '及'은 '따르다'·'미치다'의 뜻. '君'은 처첩妻妾이 남편을 부를 때 쓰는 존칭. / 旦日 : 다음날. 다음날 아침. / 與坐談 : 함께 앉아서 이야기하다. / 徐公不若君之美也 : 서공은 그대의 아름다움만 못하다. 즉 서공이 그대보다 못생겼다. 여기서 '君'은 남자의 존칭. / 明日 : 다음날. / 孰視 : 자세히 보다. 여기서 '孰'은 '熟(숙)'과 같은 뜻인데, '孰'이 본자이고 '熟'은 후기자後起字. / 自以爲不如 : 스스로 못하다고 여기다. / 窺鏡而自視 : 거울을 들여다보면서 자신을 유심히 보다. / 弗如遠甚 : 못하기가 훨씬 심하다. 아주 차이가 나다의 뜻. '弗'은 '不'과 같음. / 暮寢 : 저녁에 잠자리에 눕다. / 吾妻之美我者, 私我也 : 내 처가 나를 아름답다고 한 것은 나를 편애하기 때문이다. '也'는 인과문에 쓰이는 문미어기사. / 欲有求我 : 나에게 구하고자 하는 것이 있다.

二. 장문長文 독해

장문 독해 연습은 비교적 긴 이야기들을 읽어 나가는 부분이다. 본문은 중국과 우리나라의 고전 중에 비교적 쉬우면서도 문장이 모범적이고 잘 된 글로서 널리 알려진 것들을 뽑았다. 이제부터는 단순히 한 문장 한 문장의 구조만을 따지는 데에서 한 걸음 더 나아가 문맥을 잘 파악하도록 힘써야 할 것이다.

단문短文 독해 연습과 마찬가지로 이 부분도 해제·본문·자변·해설·참고·보충으로 이루어져 있다. 이후부터는 설명이 필요 없다고 생각되는 부분에는 해설을 생략하였다. 본문이 다소 길기 때문에 처음 읽어서는 뜻이 잘 파악되지 않을 수도 있다. 그렇더라도 먼저 해설에 나와 있는 번역을 바로 보지 말고 자전의 도움만으로 나름대로 문맥을 맞추어 이해해 보려는 노력을 해 보는 것이 좋다. 그 결과가 해설과 판이하더라도 그것은 문제가 되지 않는다. 중요한 것은 그러한 과정이기 때문이다. 해제와 참고도 꼭 읽어 두어야 한다. 주변적인 지식의 축적은 한문 독해에 상당히 중요한 작용을 한다. 그리고 해설을 참고하여 문맥을 완전히 이해한 다음에 다시 본문으로 돌아와 전체를 일람一覽하는 과정을 가지면 한층 깊은 맛을 느낄 수 있을 것이다.

1. 관포지교管鮑之交 - 사기史記

■ 해 제 ■

　관포지교의 고사는 사기 관안열전管晏列傳에 나온다. 관포管鮑란 관중管仲과 포숙아鮑叔牙를 합칭한 말인데, 두 사람은 모두 춘추시대 제齊나라의 현신이다. 특히 관중은 뛰어난 지략과 경륜으로 제환공齊桓公을 도와, 그를 제후 중에서 패자霸者가 되게 한 유명한 정치가이다. 그러나 그가 그러한 업적을 남기기까지에는 친구인 포숙아의 우정에 힘입은 바가 컸다. 포숙아는 어려서부터 관중을 물심양면으로 도와주었고, 제환공에게 천거해서 그의 역량을 발휘할 수 있게 해 주었다.

　사기는 전한前漢의 사마천司馬遷이 지은 역사서로 황제黃帝로부터 한무제漢武帝 때까지의 역사를 기록하고 있다. 제왕의 사실史實을 기록한 '본기本紀', 제후의 사적을 담은 '세가世家', 그밖에 역사에 발자취를 남긴 인물들의 전기인 '열전列傳' 및 '서書'·'표表' 등 5부로 구성되어 있어서 기전체紀傳體 사서史書의 효시嚆矢이다. 그 중 관안열전은 관중과 제나라의 정치가인 안영晏嬰 두 사람의 전기이다.

본 문 1

管仲曰 : '吾始困時, 嘗與鮑叔賈, 分財利, 多自與,
鮑叔不以我爲貪, 知我貧也 ; 吾嘗爲鮑叔謀事, 而更窮困,
鮑叔不以我爲愚, 知時有利不利也 ; 吾嘗三仕三見逐於君,
鮑叔不以我爲不肖, 知我不遭時也 ; 吾嘗三戰三走, 鮑叔

不以我爲怯, 知我有老母也；公子糾敗, 召忽死之, 吾幽囚受辱, 鮑叔不以我爲無恥, 知我不羞小節, 而恥功名不顯於天下也. 生我者父母, 知我者鮑子也!』

■ 자변字辨 ■

鮑 〔포〕 절인 생선. 성姓. ▶포어지사鮑魚之肆.

賈 〔고〕 상인. 장사하다. ▶고인賈人. 상고商賈.

　　〔가〕 값＝價(가). 성姓. ▶가도賈島.

仕 〔사〕 벼슬하다. 벼슬. ▶사서仕途. 사관仕官. 출사出仕.

遭 〔조〕 만나다. 마주치다. ▶조난遭難. 조우遭遇.

怯 〔겁〕 겁내다. 무서워하다. 으르다. ▶겁약怯弱. 비겁卑怯.

糾 〔규〕 규명하다. 얽히다. 모으다. 탄핵하다. 감기다. ▶규명糾明. 규분糾紛.
　　　　규합糾合. 규탄糾彈.

羞 〔수〕 부끄러워하다. 음식. ▶수오지심羞惡之心. 수치羞恥. 진수성찬珍羞盛饌.

■ 해 설 ■

1. **吾始困時, 嘗與鮑叔賈, 分財利, 多自與.**
　　오 시 곤 시　　상 여 포 숙 고　　분 재 리　　다 자 여

내가 옛날 곤궁하던 때, 포숙과 함께 장사를 한 적이 있는데, 재리財利를 나누면서 나 스스로 많이 가졌다.

　　始 : 처음. 종전에. 옛날. / 嘗 : 일찍이. 전에 …한 적이 있다. / 與 : …와 함께. / 鮑
　　叔 : 포숙아鮑叔牙를 포숙이라고도 함. / 賈 : 한 곳에 정착해서 장사하는 것을 '賈'
　　라 하고, 돌아다니면서 장사하는 것을 '商(상)'이라고 함. / 財利 : 이익. / 多自與 :
　　자신에게 많이 배당하다. 스스로 많이 가지다. '自與'는 '자신에게 주다'의 뜻.

2. **鮑叔不以我爲貪, 知我貧也.**
　　포 숙 불 이 아 위 탐　　지 아 빈 야

포숙은 나를 탐욕스럽다고 생각하지 않았으니, 내가 가난한 것을 알았기 때

문이다.

　　以… 爲~ : …을 ~라고 여기다. / 也 : 원인을 나타내는 어기사.

3. 吾嘗爲鮑叔謀事, 而更窮困.
　　오 상 위 포 숙 모 사　　이 갱 궁 곤

내가 일찍이 포숙을 위해서 일을 도모한 적이 있는데, 도리어 더욱 어렵게 되었다.

　　謀事 : 일을 꾀하다. 일을 도모하다. / 更 : 더욱. / 窮困 : 어렵다. 곤궁에 처하다. 막히고 난처하다.

4. 鮑叔不以我爲愚, 知時有利不利也.
　　포 숙 불 이 아 위 우　　지 시 유 리 불 리 야

포숙은 나를 어리석다고 여기지 않았으니, 시세란 유리할 경우와 불리할 경우가 있음을 알았기 때문이다.

　　時有利不利 : 전체가 '知'의 빈어임.

5. 吾嘗三仕, 三見逐於君.
　　오 상 삼 사　　삼 견 축 어 군

내가 일찍이 세 번 벼슬하여, 세 번 다 군왕에게 쫓겨난 적이 있었다.

　　仕 : 벼슬하다. / 見… 於~ : ~에 의해서 …당하다. 피동형. '見'은 '…을 당하다'는 뜻의 동사이고, '於'는 '~에 의해서'라는 뜻을 가진 개사. '見'과 '於' 중, 한 자만 사용하여도 피동의 뜻을 가지게 됨. / 逐 : 쫓다. 쫓아내다.

6. 鮑叔不以我爲不肖, 知我不遭時也.
　　포 숙 불 이 아 위 불 초　　지 아 부 조 시 야

포숙은 나를 못났다고 여기지 않았으니, 내가 때를 만나지 못했음을 알았기 때문이다.

　　不肖 : 못나다. 재주가 없다. '肖'는 '닮다'의 뜻으로, '不肖'는 덕있는 부친을 닮지 못했다는 것이 원래의 뜻임. / 遭時 : 좋은 때를 만나다. '時'는 시운時運.

7. 三戰三走.
　　삼 전 삼 주

세 번 싸우다가 세 번 다 달아나다.

8. 鮑叔不以我爲怯, 知我有老母也.
　　포 숙 불 이 아 위 겁　　지 아 유 로 모 야

포숙은 나를 비겁하다고 여기지 않았으니, 나에게 노모가 계셨음을 알았기 때문이다.

9. 公子糾敗, 召忽死之, 吾幽囚受辱.
   공 자 규 패   소 홀 사 지   오 유 수 수 욕

공자 규가 패하자 소홀은 거기에서 죽었으나, 나는 갇혀서 욕을 당했다.

公子糾 : 제양공齊襄公의 아우. 공자는 제후의 아들을 칭하는 말. / 召忽 : 공자 규를 보좌했던 제齊의 대부大夫. / 死之 : 거기에서 죽다. 그 일로 죽다. / 幽囚 : 가두다. 갇히다. 두 자 모두 '갇히다'의 뜻. / 受辱 : 욕을 당하다.

10. 鮑叔不以我爲無恥, 知我不羞小節, 而恥功名不顯於天下也.
    포 숙 불 이 아 위 무 치   지 아 불 수 소 절   이 치 공 명 불 현 어 천 하 야

포숙은 나를 무치하다고 여기지 않았으니, 내가 소절에 부끄러워하지 않고, 공명이 천하에 드러나지 않는 것을 부끄러워한다는 것을 알고 있었기 때문이다.

無恥 : 부끄러움이 없다. 부끄러워할 줄 모르다. / 小節 : 작은 절조. 여기서는 섬기던 사람을 위해 목숨 바치는 것을 가리킴. / 功名 : 공훈과 명예. / 顯 : 드러나다. / 天下 : 온 세상.

11. 生我者父母, 知我者鮑子也.
    생 아 자 부 모   지 아 자 포 자 야

나를 낳은 이는 부모요, 나를 알아주는 이는 포숙이다.

鮑子 : 포숙. '子'는 여기서 상대를 존칭한 말.

본 문 2

鮑叔旣進管仲, 以身下之. 子孫世祿於齊, 有封邑者十餘世, 常爲名大夫. 天下不多管仲之賢, 而多鮑叔能知人也.

1. **鮑叔旣進管仲, 以身下之.**
   포 숙 기 진 관 중　　이 신 하 지

   포숙은 관중을 천거하고 나서 자신은 그의 아래가 되었다.

   旣 : 이미. '…하고 나서'의 뜻. / 進 : 추천하다. 천거하다. / 以身下之 : 자기 자신을
   그의 아래가 되게 하다. 자신이 관중의 아랫사람이 되었다는 의미. '之'는 관중을
   가리키는 대사.

2. **子孫世祿於齊, 有封邑者十餘世, 常爲名大夫.**
   자 손 세 록 어 제　　유 봉 읍 자 십 여 세　　상 위 명 대 부

   자손들이 대대로 제나라에서 녹을 받고, 봉읍을 가진 것이 10여 대代인데,
   항상 유명한 대부가 되곤 하였다.

   世祿 : '世'는 대대로. 부사화되어 쓰였음. '祿'은 봉록俸祿을 받다. 벼슬을 하다의
   뜻. / 封邑 : 봉지封地. 영지領地. 봉건제도에서 작위에 따라 받는 땅. / 大夫 : 제후
   를 섬기는 높은 관직 이름.

3. **天下不多管仲之賢, 而多鮑叔能知人也.**
   천 하 부 다 관 중 지 현　　이 다 포 숙 능 지 인 야

   천하의 사람들이 관중이 현명한 것을 칭찬하지 않고, 포숙이 사람을 알아
   볼 줄 아는 것을 칭찬하였다.

   天下 : 여기서는 '천하의 사람들'이란 의미. / 多 : 칭찬하다. 아름답게 여기다. 중하
   게 여기다.

■ 참 고 ■

관중管仲과 제환공齊桓公

제나라의 제후였던 양공襄公이 몹시 무도하였기 때문에, 그의 동생들은 모
두 화를 피하여 국외로 망명하였다. 공자 규糾는 노魯나라로 망명하였는데
관중과 소홀召忽이 그를 보필하였고, 공자 소백小白은 거莒로 피신하였는데
포숙이 그를 도왔다. 주장왕周莊王 11년(B.C. 686), 양공이 그의 종형제인
공손무지公孫無知에게 살해되고, 공손무지도 다음 해에 다른 사람에게 살해
되자, 먼저 정권을 장악하기 위해서 소백과 규는 다투어 귀국하였다. 그때
관중은 소백 일행이 먼저 떠났다는 소식을 듣고 단신으로 급히 그를 추격

하였다. 그리고 소백을 발견하자 활을 쏘았다. 화살은 공교롭게도 소백의 허리띠 갈고리에 맞았는데, 위기를 느낀 소백은 죽은 체 하였다. 소백이 죽은 것으로 안 관중의 연락을 받은 공자 규가 천천히 가는 동안 소백은 제나라의 도성에 들어가서 정권을 장악하였으니, 그가 바로 제환공이다.

제환공은 즉위 후에 출병出兵하여 공자 규를 돕는 노나라 군대를 크게 쳐부수었다. 그리고 전쟁에 진 노나라 제후에게 공자 규를 죽이도록 했다. 공자 규가 죽자, 그를 따르던 소홀은 자결하였는데, 관중은 죽지 않고 포로가 되어 압송되어 왔다. 환공은 그를 보자, 즉시 살해하려고 하였다. 그때 포숙이 그의 재능을 극구 칭찬하고 중용할 것을 권하였다. 포숙의 권고를 받아들인 제환공은 이후 관중의 탁월한 정치력에 힘입어 천하를 제패하고 춘추오패春秋五覇의 으뜸이 되었다.

■ 보충 ▌

管仲夷吾者, 潁上人也. 少時, 常與鮑叔牙遊, 鮑叔知其賢. 管仲貧
관중이오자   영상인야   소시   상여포숙아유   포숙지기현   관중빈

困, 常欺鮑叔, 鮑叔終善遇之, 不以爲言. 已而鮑叔事齊公子小白,
곤   상기포숙   포숙종선우지   불이위언   이이포숙사제공자소백

管仲事公子糾. 及小白立爲桓公, 公子糾死, 管仲囚焉, 鮑叔遂進管仲.
관중사공자규   급소백립위환공   공자규사   관중수언   포숙수진관중

管仲旣用, 任政于齊, 齊桓公以覇, 九合諸侯, 一匡天下, 管仲之謀
관중기용   임정우제   제환공이패   구합제후   일광천하   관중지모

也. - 사기 관안열전管晏列傳
야

管仲夷吾 : 仲은 자字. 이오夷吾는 이름. / 潁上(영상) : 영수潁水 언저리. 지금의 안휘성安徽省 영상현潁上縣. / 鮑叔牙 : 숙叔은 자. 아牙는 이름. / 遊 : 교유하다. / 終善遇之 : 끝끝내 그를 잘 대우해 주다. '終'은 '끝내'. / 不以爲言 : 그것을 가지고서 말하지 않다. 관중의 잘못을 들어 말하거나 탓하지 않았다는 뜻. '以' 다음에 빈어가 생략되었음. / 已而 : 얼마 뒤에. 그러다가. / 及 : …함에 이르러. …하자. / 任政 : 정무를 담당하다. / 于 : '於'와 같음. / 覇 : 패권을 잡다. 패업覇業을 이루다. / 九合 : 규합糾合하다. '九'는 '糾(규)'와 통함. 이런 현상을 가차假借라고 부름. 그러나 가차된 뜻으로 보지 않고 원래의 뜻으로 볼 수도 있으니, 사마천司馬遷은 '九'를 아홉 번이란 뜻으로 보았음. / 一匡 : 하나로 바로잡다. 통일하여 바로잡다.

2. 문경지교刎頸之交 −십팔사략十八史略

■ 해 제 ■

전국시대 조趙나라의 현신이며 용장勇將이었던 인상여藺相如와 염파廉頗의 참된 사귐을 이야기한 문경지교 고사는 원래 사기史記 염파인상여열전에 나온다. 그리고 그것은 십팔사략에도 좀더 간결한 필치로 수록되어 있다. 읽는 이들은 국가를 위해서 자신의 명예나 자존심을 생각하지 않은 인상여의 참된 우국충정과 자신의 잘못을 뉘우치고 깨끗이 사과를 한 염파의 솔직한 태도에 깊은 감명을 받게 될 것이며, 아울러 참된 사귐이 어떠한 것인지 다시 한 번 생각하게 될 것이다.

십팔사략은 송말宋末 원초元初의 학자 증선지曾先之가 편찬한 사서로, 사기·한서漢書로부터 송사宋史까지 18종의 정사正史를 발췌 축약하여 시대 순으로 사실史實의 개요를 수록한 책이다.

본 문 1

趙王歸, 以相如爲上卿, 位在廉頗右. 頗曰:'我爲趙將, 有攻城野戰之功；相如素賤人, 徒以口舌居我上, 吾羞爲之下. 我見相如, 必辱之.'

■ 해 설 ■

1. 趙王歸, 以相如爲上卿, 位在廉頗右.
　 조 왕 귀　　이 상 여 위 상 경　　위 재 렴 파 우
　조왕이 돌아와서 상여를 상경으로 삼으니, 지위가 염파의 위에 있게 되었다.

趙王 : 전국시대 조趙나라의 혜문왕惠文王. / 以… 爲~ : …을 ~으로 삼다. / 相如 : 인상여. 조나라의 명신. / 上卿 : 관직 이름. 고대에는 경卿·대부·사士의 세 가지 관직이 있었고, 이를 각각 상·중·하로 다시 나누어 9등급이 있었음. 따라서 상경은 가장 높은 벼슬. / 廉頗 : 조나라의 명장. / 右 : 위. 윗자리. 중국에서는 오른쪽을 윗자리로 간주했음.

2. **我爲趙將, 有攻城野戰之功.**
　　아 위 조 장　　유 공 성 야 전 지 공

나는 조나라의 장수로서 성을 공략하고 야전을 한 공이 있다.

　攻城野戰 : 성을 치고, 야외에서 싸움을 하다.

3. **相如素賤人, 徒以口舌居我上.**
　　상 여 소 천 인　　도 이 구 설 거 아 상

상여는 원래 비천한 사람인데, 단지 말로써 나의 윗자리에 처해 있다.

　素 : 원래. 본디. / 賤人 : 인상여는 원래 조나라의 환자령宦者令인 목현繆賢의 문객이었음. / 口舌 : 입과 혀. 여기서는 '말솜씨'를 의미함.

4. **吾羞爲之下.**
　　오 수 위 지 하

나는 그의 아래가 된 것을 부끄러워한다.

　爲之下 : 그에게 아래가 되다. '之'와 '下'는 모두 '爲'의 빈어賓語.

5. **我見相如, 必辱之.**
　　아 견 상 여　　필 욕 지

내가 상여를 만나면, 반드시 그에게 모욕을 주겠다.

본 문 2

相如聞之, 每朝常稱病, 不欲與爭列 ; 出望見, 輒引車避匿. 其舍人皆以爲恥, 相如曰 : '夫以秦之威, 相如廷叱之, 辱其群臣, 相如雖駑, 獨畏廉將軍哉? 顧念强秦不敢加兵於趙者, 徒以吾兩人在也. 今兩虎共鬪, 其勢

不俱生. 吾所以爲此者, 先國家之急, 而後私讐也.' 頗
聞之, 肉袒負荊, 詣門謝罪, 遂爲刎頸之交.

■ 자변字辨 ■

輒 〔첩〕 곧. 문득. 번번이. ▶일람첩기一覽輒記.

匿 〔닉〕 숨다. 숨기다. 덮어 두다. 싸다. ▶익명匿名. 은닉隱匿.

秦 〔진〕 나라 이름.

叱 〔질〕 꾸짖다. ▶질정叱正. 질책叱責. 질타叱咤.

駑 〔노〕 노둔한 말. ▶노둔駑鈍. 노마駑馬.

讐 〔수〕 짝. 원수. 대거리하다. 비교하다. ▶수구讐仇. 교수校讐.

袒 〔단〕 옷을 벗어 매다. ▶단견袒肩. 단석袒裼. 좌단左袒. 우단右袒.

荊 〔형〕 가시. 싸리. 곤장. 땅 이름. ▶형비荊扉. 형극荊棘. 형만荊蠻.

詣 〔예〕 나아가다. 이르다. 학업에 통달하다. ▶조예造詣.

刎 〔문〕 목 자르다. 베다.

頸 〔경〕 목. ▶경련頸聯.

■ 해 설 ■

1. **每朝常稱病, 不欲與爭列.**
   매 조 상 칭 병　불 욕 여 쟁 렬

   매번 조회 때마다 늘 병이라고 일컫고, 그와 함께 반열班列을 다투려 하지
   않았다.

   > 每朝常稱病 : 조회에 참석하러 조정에 나가야 할 때마다 병이 났다고 핑계 대고
   > 참석하지 않았다는 의미. / 欲 : …하고자 하다. / 與 : 개사. 다음에 '之'가 생략되어
   > 있음. / 爭列 : 반열을 다투다. 서열을 다투다.

2. **出望見, 輒引車避匿.**
   출 망 견　첩 인 거 피 닉

   외출하였다가 오는 것을 보면, 곧 수레를 끌고 피하여 숨었다.

出望見 : 외출하였다가 염파가 오는 것을 멀리서 보다. / 輒 : 곧. 번번이. 그때마다. / 引車 : 수레를 끌다. 여기서는 수레를 돌리다의 뜻. / 避匿 : 피하여 숨다.

3. 其舍人, 皆以爲恥.
기 사 인　개 이 위 치

그의 사인들이 모두 부끄럽게 여겼다.

舍人 : 개인적인 부하. 문객. 식객. 또는 가노家奴.

4. 夫以秦之威, 相如廷叱之, 辱其群臣.
부 이 진 지 위　상 여 정 질 지　욕 기 군 신

무릇 진왕秦王의 위세에도 나 상여는 조정에서 그를 꾸짖고, 그의 뭇 신하들을 욕보였다.

夫 : 문두文頭에 쓰이는 어기사로 어떤 의론을 제기하고자 할 때 쓰임. 번역하지 않아도 됨. / 以秦之威 : 여기서 '秦'은 '진왕秦王'으로 보아야 함. '진왕의 위세에도 불구하고'의 뜻. / 相如 : 옛사람들은 자신을 겸칭할 때 자신의 이름을 그대로 사용하기도 했음. 반면에 다른 사람의 자字를 사용하는 것은 일종의 존칭이 됨. / 廷叱 : 많은 신하들이 있는 궁정에서 호통을 치다.

5. 相如雖駑, 獨畏廉將軍哉?
상 여 수 노　독 외 렴 장 군 재

나 상여가 비록 노둔駑鈍하지만, 유독 염장군만 두려워하겠는가?

獨 : 한정부사이나, 의미상 일종의 반어反語적인 뜻을 지니게 함. / 哉 : 반어를 나타내는 문미어기사.

6. 顧念强秦不敢加兵於趙者, 徒以吾兩人在也.
고 념 강 진 불 감 가 병 어 조 자　도 이 오 량 인 재 야

생각컨대, 강한 진나라가 감히 조나라를 치지 않는 것은 다만 우리 두 사람이 있기 때문이다.

顧念 : 돌이켜 생각하다. / 敢 : 감히 …하다. / 加兵 : 침략하다. 진공進攻하다. /徒 : 다만. / 以 : … 때문에. 어떤 사실의 원인을 밝힐 때 사용함. / 也 : 인과문因果文에 쓰이는 문미어기사.

7. 今兩虎共鬪, 其勢不俱生.
금 량 호 공 투　기 세 불 구 생

이제 두 호랑이가 함께 싸우면, 그 형세는 모두 살지는 못한다.

其勢不俱生 : 그 형세는 모두 살지는 못하게 되는 것이다. '不俱…'는 부분부정.

8. 吾所以爲此者, 先國家之急, 而後私讐也.
   오 소 이 위 차 자　　선 국 가 지 급　　이 후 사 수 야

   내가 이렇게 하는 까닭은 국가의 위급을 먼저 하고, 개인적인 원한을 뒤로 돌리기 때문이다.

   爲此 : 이런 행동을 하다. 이런 태도를 취하다. / 先國家之急而後私讐 : 국가의 위급한 상황을 첫째로 여기고, 사사로운 원한은 뒤로 돌리다. '先'과 '後'는 모두 동사화 되어 쓰였음. / 也 : 인과문에 쓰는 어기사.

9. 肉袒負荊, 詣門謝罪.
   육 단 부 형　　예 문 사 죄

   웃옷을 벗고 가시회초리를 지고는 집으로 가서 사죄하였다.

   肉袒 : 옷을 벗고 살을 드러내다. 옛날 사죄하려는 사람의 차림새. / 負荊 : 가시나무를 등에 지다. '荊'은 나무 이름인데, 그 가지로 회초리를 만들어 죄인을 때렸음. '肉袒負荊'은 자기가 죄를 저질렀으니 때려 달라는 뜻임. / 詣門 : 인상여의 집 대문에 이르다.

10. 遂爲刎頸之交.
    수 위 문 경 지 교

    마침내 문경지교를 맺었다.

    刎頸之交 : 친구를 위해서라면 목이 베어져도 후회하지 않을 사귐.

■ 참 고 ■

인상여藺相如의 공功

　　조趙나라의 혜문왕惠文王은 초楚나라 사람 변화卞和가 형산荊山에서 얻었다고 하는 화씨벽和氏璧이라는 귀한 구슬을 가지고 있었다. 그것이 탐이 난 진秦나라 소왕昭王이 그것과 진나라의 열다섯 성을 바꾸자고 제의해 왔다. 물론 강국의 왕인 진왕이 그냥 빼앗으려는 의도였다. 이에 혜문왕은 진나라로 보낼 사신을 물색했는데, 그때 환자령宦者令 목현繆賢이 인상여를 추천했다. 인상여는 진나라에 가서 재치있는 말과 용감한 행동으로 화씨벽을 무사히 조왕에게 돌려보내고 자기도 돌아왔다. 이것이 소위 '완벽귀조完璧歸趙'라는 성어가 생긴 고사다. 혜문왕은 기뻐서 인상여를 상대부로 삼았다.
　　그 뒤 진나라는 조나라를 여러 차례 침공한 뒤, 면지澠池라는 곳에서 화의를 하자고 하였다. 조왕은 두려웠지만 참석했다. 그리고 이때도 인상여를

대동하였다. 회담이 끝나고 술자리가 베풀어졌을 때, 진왕이 조왕에게 슬瑟을 타 보라고 하여 조왕이 마지못해 타자, 그것을 진의 어사御史가 기록하였다. 물론 모욕을 주려는 의도였다. 이때 인상여가 나와 위협적인 언사로서 조왕에게 부缶를 치게 하여, 혜문왕의 체면을 세워 주었다. 이를 고맙게 생각한 혜문왕이 귀국 후에 인상여를 다시 상경으로 승진시킨 것이다.

■ 보 충 ■

趙惠文王, 嘗得楚和氏璧. 秦昭王請以十五城易之. 欲不與, 畏秦
조혜문왕　상득초화씨벽　진소왕청이십오성역지　욕불여　외진

强; 欲與, 恐見欺. 藺相如願奉璧往, 曰: '城不入, 則臣請完璧而歸.'
강　욕여　공견기　인상여원봉벽왕　왈　성불입　즉신청완벽이귀

旣至, 秦王無意償城. 相如乃紿取璧, 怒髮指冠, 卻立柱下, 曰: '臣
기지　진왕무의상성　상여내태취벽　노발지관　각립주하　왈　신

頭與璧俱碎.' 遣從者懷璧閒行先歸, 身待命於秦. 秦昭王賢而歸之.
두여벽구쇄　견종자회벽간행선귀　신대명어진　진소왕현이귀지

- 십팔사략

趙惠文王 : 전국시대 조나라의 왕. 무령왕武靈王의 아들. / 和氏璧 : 초楚나라 사람 변화卞和가 산속에서 박옥璞玉을 얻어 초여왕楚厲王과 초무왕楚武王에게 차례로 바쳤다가 돌을 속여 바쳤다고 하여 그때마다 발을 잘렸다. 그 뒤 초문왕楚文王에게 다시 바쳐, 옥장玉匠에게 갈아 보게 한 결과 천하의 진보珍寶로 판명되었다. 그래서 그것을 화씨벽이라고 하였음. / 秦昭王 : 진나라 왕. / 欲不與 : 주지 않으려고 하다. / 恐見欺 : 속을 것이 염려되다. '見欺'는 피동형. / 城不入 : 진나라의 성이 조나라에 들어오지 않다. / 完璧 : 구슬을 완전하게 하다. / 無意 : …할 뜻이 없다. / 紿取璧 : 속여서 구슬을 취하다. 인상여는 진왕에게 옥에 흠이 있음을 일러 드리겠다고 하고서는 다시 자기 손에 넣었음. / 怒髮指冠 : 노하여 곤두선 머리카락이 관을 치켜 올리다. 몹시 노한 모양. / 卻立柱下 : 뒷걸음질하여 물러나 기둥 아래에 서다. / 遣從者懷璧閒行先歸 : 종자에게 구슬을 품고 샛길로 걸어서 먼저 돌아가게 하다. '遣'은 사역의 뜻이 있음. '閒行'은 '남의 눈에 띄지 않도록 샛길로 가다'의 뜻.

3. 예양보주豫讓報主 — 자치통감資治通鑑

■ 해 제 ■

　춘추시대 진晉나라의 자객인 예양豫讓의 고사는 원래 사기 자객열전刺客列傳과 전국책戰國策 조책趙策 등에 나오는데, 자치통감에도 그 대체적인 줄거리가 수록되어 있다. 자기를 인정해 주고, 자기가 섬기던 지백智伯의 원수를 갚기 위해서 목숨을 아끼지 않은 예양의 고사는 읽는 이들에게 충신의 기개가 어떠한 것인지를 새삼 느끼게 해 준다.

　자치통감은 송대宋代의 문인·역사가이며 강직한 정치가로도 이름 있던 사마광司馬光이 편찬한 294권의 편년체編年體 역사책이다. 주周 위열왕威烈王 23년부터 오대五代 시대의 후주後周 세종世宗 6년까지 1,362년 동안의 역사를 비평적인 안목을 가지고 다룬 이 책은 사마광이 19년의 세월이 걸려 만든 노작勞作이다.

본 문 1

智伯之臣豫讓欲爲之報仇, 乃詐爲刑人, 挾匕首, 入襄子宮中塗廁. 襄子如廁, 心動, 索之, 獲豫讓. 左右欲殺之, 襄子曰:'智伯死無後, 而此人欲爲報仇, 眞義士也, 吾謹避之耳.' 乃舍之.

仇〔구〕 짝. 원수. 해치다. ▶ 구우仇偶. 구원仇怨. 구적仇敵.

挾〔협〕 끼다. 두루 미치다. ▶ 협공挾攻. 협잡挾雜.

匕〔비〕 비수匕首. 숟가락. 살촉. ▶ 비저匕箸.

襄〔양〕 오르다. 치우다. 이루다. 돕다.

塗〔도〕 진흙. 길. 흙 바르다. 칠하다. 더럽히다. ▶ 도탄塗炭. 도설塗說. 호도糊塗.

廁〔측〕 뒷간. 돼지우리. ▶ 측간廁間.

■ 해 설 ■

1. 智伯之臣豫讓欲爲之報仇.
지 백 지 신 예 양 욕 위 지 보 구

지백의 신하인 예양이 그를 위해 복수하려고 했다.

　　智伯 : 진晉나라 육경六卿 중의 하나였던 지씨智氏. '智'는 본래 지명이었으나, 그 곳을 식읍食邑으로 가졌기 때문에 얻어진 성姓임. '伯'은 '長(장)'의 뜻. 지씨의 종 가宗家이므로 지백이라 함. 이름은 요瑤. / 豫讓 : 전국책에 의하면 진필양晉畢陽 의 손자라고 함. / 報仇 : 원수를 갚다.

2. 乃詐爲刑人, 挾匕首, 入襄子宮中, 塗廁.
내 사 위 형 인　　협 비 수　　입 양 자 궁 중　　도 측

그래서 거짓으로 형인刑人이 되어, 비수를 품고서 양자의 궁중에 들어가 측간廁間을 발랐다.

　　乃 : 그래서. 이에. / 詐爲 : 거짓으로 …가 되다. 속여서 …가 되다. / 刑人 : 죄인. 조례皁隷. 당시에는 용역에 죄수를 사용했음. / 襄子 : 조양자趙襄子. 이름은 무휼 毋卹. 진晉 육경의 한 사람이었음. / 塗廁 : 측간을 도장塗裝하다.

3. 襄子如廁, 心動, 索之, 獲豫讓.
양 자 여 측　　심 동　　색 지　　획 예 양

양자가 측간에 가는데 심장이 두근거려서, 거기를 조사하여 예양을 잡았다.

　　如 : 가다. 동사로 쓰였음. / 心動 : 공연히 마음이 불안하여 심장이 두근거리는 것을 말함. / 索之 : 그곳을 뒤지다. '之'는 측간을 가리키는 대사. / 獲 : 붙잡다.

4. 左右欲殺之.
좌 우 욕 살 지

좌우의 사람들이 그를 죽이고자 했다.

5. **智伯死無後, 而此人欲爲報仇, 眞義士也.**
   지 백 사 무 후   이 차 인 욕 위 보 구   진 의 사 야

지백은 죽고 후사後嗣도 없는데, 이 사람이 그를 위해 복수를 하려고 하니 진실로 의사로다.

　　無後 : 후사가 없다. '後'는 후사·후손. / 爲報仇 : 그를 위해 원수를 갚다. '爲'는 개사인데, 개사의 빈어가 생략되었음. / 眞 : 정말로. 진실로.

6. **吾謹避之耳.**
   오 근 피 지 이

내가 조심하여 그를 피하면 될 뿐이다.

　　謹 : 조심스레. 근신謹愼하여. / 耳 : '…할 뿐이다'·'…하면 그만이다'의 뜻을 가진 문미어기사. '而'·'己'의 음이 합쳐져서 된 글자임.

7. **乃舍之.**
   내 사 지

그리고는 그를 놓아주었다.

　　舍 : 놓아주다. '捨(사)'의 가차자라고도 하나, 실상은 '捨'가 후기자後起字임. 즉 '舍'의 원래 뜻이 '놓아주다'였는데, 나중에 '집'의 뜻으로 많이 쓰이게 되어 혼동이 되자, '舍'는 집의 뜻을 나타내도록 하고, '捨'를 새로 만들어 '놓아주다'의 뜻을 나타내게 한 것임.

본 문 2

豫讓又漆身爲癩, 吞炭爲啞. 行乞於市, 其妻不識也.
行見其友, 其友識之, 爲之泣曰 : '以子之才, 臣事趙孟,
必得近幸. 子乃爲所欲爲, 顧不易邪? 何乃自苦如此?
求以報仇, 不亦難乎?' 豫讓曰 : '旣已委質爲臣, 而又
求殺之, 是二心也. 凡吾所爲者, 極難耳. 然所以爲此

者, 將以愧天下後世之爲人臣懷二心者也.' 襄子出, 豫
讓伏於橋下. 襄子至橋, 馬驚, 索之, 得豫讓, 遂殺之.

■ 자변字辨 ■

癩 〔라〕 문둥병. ▶나병癩病.
吞 〔탄〕 삼키다. ▶병탄併呑.
啞 〔아〕 벙어리. 까마귀 소리. 놀라는 소리. ▶농아聾啞. 아연啞然.
乞 〔걸〕 빌다. 청하다. 구걸하다. 거지. ▶걸구乞求. 걸식乞食. 구걸求乞. 걸개乞丐.
趙 〔조〕 찌르다. 조나라. 성.

■ 해 설 ■

1. 豫讓又漆身爲癩, 呑炭爲啞.
　　예 양 우 칠 신 위 라　　탄 탄 위 아

　　예양은 또 몸에 옻칠을 해서 문둥이처럼 하고, 숯을 삼켜 벙어리가 되었다.

　　漆身爲癩 : 몸에 옻칠을 해서 문둥이가 되다. 사실은 옻칠을 한다고 해서 문둥이가
　　되는 것은 아니므로 문둥이처럼 꾸민 것을 가리킴. 전국책에 의하면 옻칠을 하고,
　　눈썹과 수염을 깎아서 문둥이처럼 꾸몄다고 함. / 呑炭爲啞 : 뜨거운 숯을 입에 물
　　어 혀를 데게 하여 벙어리로 변하다. '爲'는 변하다. 되다.

2. 行乞於市, 其妻不識也.
　　행 걸 어 시　　기 처 불 식 야

　　저자에서 돌아다니며 거지 노릇을 하니, 그 처도 알아보지 못했다.

　　行乞 : 돌아다니며 걸식하다. / 市 : 저자.

3. 行見其友, 其友識之, 爲之泣.
　　행 견 기 우　　기 우 식 지　　위 지 읍

　　길을 가다가 그의 친구를 만났더니, 그의 친구는 그를 알아보고, 그를 위
　　해 울었다.

　　其友識之 : '其'나 '之'가 모두 인칭대사이나, 일반적으로 '其'는 정어定語로 쓰이

고, '之'는 빈어賓語로 쓰임. / 泣 : 울다.

4. 以子之才, 臣事趙孟, 必得近幸.
이 자 지 재　　신 사 조 맹　　필 득 근 행

그대의 재주를 가지고 조맹을 신하로서 섬긴다면, 반드시 가까이하고 총
애함을 받을 것이다.

　　以子之才 : 그대의 재능을 가지고서. 그대의 재주로써. '子'는 이인칭대사. / 臣事 :
　　신하로서 섬기다. 신하가 되어 섬기다. / 趙孟 : 조양자를 가리킴. 당초 조선자趙宣
　　子를 선맹宣孟이라 했고, 조문자趙文子를 조맹趙孟이라 하였는데, 뒤에 와서는 조
　　씨의 우두머리를 조맹이라고 칭하게 되었음. '孟'은 '長(장)'의 뜻. / 得近幸 : 근행
　　을 얻다. '近幸'은 '가까이하여 총애를 하다'의 뜻.

5. 子乃爲所欲爲, 顧不易邪?
자 내 위 소 욕 위　　고 불 이 야

그대가 그런 뒤에 하고자 하는 것을 하면 도리어 쉽지 않겠는가?

　　乃 : 그러고서. 그런 뒤에. / 所欲爲 : 하고자 하는 바. 하고자 하는 일. 앞의 '爲'의
　　빈어가 되고 있음. / 顧 : 도리어. 오히려. / 邪 : 반어反語의 어기를 가진 문미어기
　　사. '耶(야)'와 같음.

6. 何乃自苦如此?
하 내 자 고 여 차

어찌하여 도리어 이와 같이 스스로 고생하느냐?

　　何 : 왜. 어째서. / 乃 : 여기서는 '도리어'의 뜻. / 自苦如此 : 스스로 고생하기를 이
　　와 같이 하다.

7. 求以報仇, 不亦難乎?
구 이 보 구　　불 역 난 호

이럼으로써 원수를 갚고자 하면, 또한 어렵지 않겠는가?

　　求 : …하기를 구하다. …하고자 하다. / 以報仇 : 이럼으로써 원수를 갚다. 여기서
　　는 예양이 앞에서 말한 방식으로 원수 갚는 것을 뜻함. '以' 다음에는 빈어가 생략
　　되어 있음. / 不亦…乎 : '不亦'은 문미어기사 '乎'와 어울려 반어反語의 어기를 나
　　타냄.

8. 旣已委質爲臣, 而又求殺之, 是二心也.
기 이 위 지 위 신　　이 우 구 살 지　　시 이 심 야

이미 위지하여 신하가 되고서 또 그를 죽이고자 하면, 이는 두 마음이다.

委質 : 처음 벼슬하는 사람이 예물을 임금의 앞에 바치는 것. 예물은 죽은 꿩을 사용하는데, 죽은 것을 사용하는 것은 임금을 위하여 죽기를 맹세한다는 뜻이라고 함. '質'의 음은 '지'. '委贄(위지)' 또는 '委摯(위지)'라고도 함. 일설에는, '質'를 예물인 '贄'가 아니고, '형체', 즉 몸의 의미로 보아 委質을 임금께 몸을 맡긴다, 무릎을 꿇다 등의 뜻으로 풀이하기도 함. 이 견해를 따를 경우 '質'의 음은 '질'임. / 旣…又~ : '旣'는 '又'·'終'·'且' 등과 호응하여 '旣…又~'·'旣…終~'·'旣…且~'의 형태를 이루어, '이미 …하고, 또 ~하다'·'한편으로는 …하고, 또 한편으로는 ~하다'의 뜻을 가짐.

9. 凡吾所爲者, 極難耳.
범 오 소 위 자 　 극 난 이

무릇 내가 하는 것은 몹시 어렵다.

凡 : 무릇. 발어사發語詞임. / 所爲者 : 하는 것. 하는 일. 직역하면 하는 바의 것. '所'는 '者'와 종종 동시에 사용됨. / 極 : 몹시. / 耳 : 어기의 정돈과 종결을 나타내는 문미어기사로 어의가 견결堅決함을 나타냄.

10. 然所以爲此者, 將以愧天下後世之爲人臣懷二心者也.
연 소 이 위 차 자 　 장 이 괴 천 하 후 세 지 위 인 신 회 이 심 자 야

그러나 이런 짓을 하는 까닭은, 이렇게 함으로써 천하의 후세 사람들 중에 신하 노릇을 하면서 두 마음을 품는 자들을 부끄럽게 하려는 때문이다.

然 : 그러나. / 所以 : 때문. …하는 까닭. '所以'는 '者'와 종종 동시에 사용됨. / 將 : …하고자 한다. / 以 : 이렇게 함으로써. 그렇게 함으로써. 개사빈어가 생략되어 있음. / 愧 : 부끄럽게 하다. 이하는 다 '愧'의 빈어임. / 爲人臣懷二心者 : 인신 노릇을 하면서 두 마음을 품는 자. '人臣'은 신하. / 也 : 인과관계를 나타내는 문미어기사.

11. 襄子出, 豫讓伏於橋下.
양 자 출 　 예 양 복 어 교 하

양자가 외출하자, 예양은 다리 아래에 숨었다.

伏 : 숨다. 몸을 감추다.

12. 襄子至橋, 馬驚, 索之, 得豫讓, 遂殺之.
양 자 지 교 　 마 경 　 색 지 　 득 예 양 　 수 살 지

양자가 다리에 이르렀을 때 말이 놀라서, 그곳을 탐색하여, 예양을 잡아 드디어 그를 죽였다.

索之 : 다리를 조사하다. '之'는 다리를 가리키는 대사. / 得 : 여기서는 '잡다'·'찾아내다'의 뜻. / 遂 : 마침내. / 殺之 : 그를 죽이다. '之'는 예양을 가리키는 대사.

■ 참 고 ■

지백智伯의 죽음

진晉나라 말엽에 왕실은 점차 쇠미해지고, 육경六卿인 범씨范氏·지씨智氏·중행씨中行氏·조씨趙氏·위씨魏氏·한씨韓氏의 세력이 강대해졌다. 그러다가 진출공晉出公 때 지백이 조趙·위魏·한韓과 힘을 합쳐 범씨와 중행씨를 멸망시키고 그 땅을 나누어 가졌다. 그 뒤 진애공晉哀公 때에 지백은 다시 한·위와 함께 조를 공격하였는데, 조의 진양성晉陽城은 공격을 받은 지 3년이 되도록 함락되지 않았다.

그러던 차, 조양자가 신하인 장맹담張孟談을 시켜서 지백이 두려운 까닭에 억지로 싸움에 참가한 한韓의 강자康子와 위魏의 환자桓子를 설득시키니, 두 사람은 조를 도와 지백을 칠 것을 몰래 약속하였다. 이리하여 삼군이 연합해서 지백에게 반격을 가하여 지백을 멸망시키고 그 땅을 나누어 가졌다. 지백을 멸망시킨 조양자는 진양성에서 3년 간 죽을 고생을 한 분풀이로 그의 두개골로 술그릇을 만들어 썼다고 한다.

■ 보 충 ■

豫讓者, 晉人也. 故嘗事范·中行氏, 而無所知名. 去而事智伯, 智
예양자 진인야　고상사범　중행씨　이무소지명　거이사지백　지

伯甚尊寵之. 及智伯伐趙襄子, 趙襄子與韓·魏合謀滅智伯. 滅智伯
백심존총지　급지백벌조양자　조양자여한　위합모멸지백　멸지백

之後, 而三分其地. 趙襄子最怨智伯, 漆其頭以爲飮器.
지후　이삼분기지　조양자최원지백　칠기두이위음기

豫讓遁逃山中曰:'嗟乎! 士爲知己者死, 女爲說己者容. 今智伯知我,
예양둔도산중왈　차호　사위지기자사　여위열기자용　금지백지아

我必爲報讐而死, 以報智伯, 則吾魂魄不愧矣.' - 사기 자객열전刺客列傳
아필위보수이사　이보지백　즉오혼백불괴의

故 : 본디. / 嘗 : 일찍이. 예전에. / 范·中行氏 : 범씨와 중행씨는 모두 진晉의 육경六卿. / 而無所知名 : 그러나 이름이 알려진 바가 없다. / 去 : 범씨와 중행씨를 떠났

다는 뜻. / 尊寵 : 존중하고 총애하다. / 及 : …할 때가 되어서. …할 때에 이르러서. / 韓魏 : 한씨와 위씨도 당시 진의 육경. / 合謀 : 공모하다. / 智伯之後 : 지백의 후사. 후손. / 漆其頭以爲飮器 : 그 두개골에 옻칠을 하여서 술그릇을 만들다. '飮器'는 술을 담는 그릇. 그러나 그것으로 직접 마시지는 않고 연회석상에서 남들이 보도록 두었음. 일설에는 '호자虎子' 즉 변기였다고 함. / 遁逃(둔도) : 도망하다. / 嗟乎(차호) : 아아, 감탄사. / 士爲知己者死, 女爲說己者容 : 선비는 자기를 알아주는 이를 위하여 죽고, 여자는 자기를 좋아하는 사람을 위하여 얼굴을 다듬는다. '說'은 '좋아하다'·'기뻐하다'의 뜻. 음은 열(＝悅). '容'은 '꾸미다'의 뜻. / 必爲報讐而死, 以報智伯 : 반드시 그를 위해서 원수를 갚고 죽음으로써 지백에게 보답하다. / 則 : 그러면.

4. 예문지藝文志 서序 –한서漢書

■ 해 제 ■

한서 예문지는 한서 10지志 가운데 하나로 당시에 전해지던 고대 전적을 정리 요약한 일종의 문헌 목록이다. 문헌 목록으로는 현존하는 중국 최고最古의 것이기 때문에, 학술사적 가치가 매우 크다. 그 서문에는 한대漢代의 문헌 수집 및 정리 상황과 예문지의 성립 과정이 간단하면서도 명료하게 밝혀져 있다.

한서는 후한後漢의 학자인 반고班固가 부친 반표班彪의 유업遺業을 계승하여 편찬하고, 그의 누이인 반소班昭가 보완하여 마무리한 전한前漢의 단대사斷代史이다. 총 120권인 이 책의 체재는 제기帝紀·표表·지志·열전列傳 등으로 구성되어 있다. 송宋의 범엽范曄이 편찬한 후한서後漢書에 대해서 전한서前漢書, 또는 서한서西漢書라고도 불린다.

昔仲尼沒而微言絶, 七十子喪而大義乖. 故春秋分爲五, 詩分爲四, 易有數家之傳. 戰國從橫, 眞僞分爭, 諸子之言, 紛然殽亂. 至秦患之, 乃燔滅文章, 以愚黔首.

■ 자변字辨 ■

尼〔니〕 중. ▶비구니比丘尼. 승니僧尼.

乖〔괴〕 어그러지다. 틀어지다. 거스르다. 떨어지다. ▶괴려乖戾. 괴리乖離.
　　　　괴벽乖僻. 괴팍乖愎.

殽〔효〕 뒤섞이다. 어지럽다. 혼란하다. ▶혼효混殽.

燔〔번〕 불사르다. 제육. ▶번겁燔劫. 번작燔灼.

黔〔검〕 검다. 검어지다. ▶검우黔愚.

■ 해 설 ■

1. 昔仲尼沒而微言絶, 七十子喪而大義乖.
　　석 중 니 몰 이 미 언 절 　 칠 십 자 상 이 대 의 괴

예전에 중니가 죽자 미언이 끊어지고, 칠십 제자가 죽자 대의가 어그러졌다.

　　昔 : 예전에. / 仲尼 : 공자孔子의 자. 이름은 구丘. / 沒 : 죽다. 사망하다. / 而 : '仲尼沒'과 '微言絶' 두 분구分句를 연결하는 연사. / 微言 : 정미精微한 말. 미묘한 말. 공자의 말에는 오묘한 뜻이 들어 있음을 뜻함. / 七十子 : 공자의 제자 중에 달통達通한 사람을, 공자가어孔子家語에서는 72명이라 하였고, 사기 중니제자열전仲尼弟子列傳에서는 77명이라고 하였는데, 여기서는 그 성수成數만 들어 70이라고 한 것임. / 喪 : 죽다. / 大義 : 정도正道. 여기서는 여러 유가儒家 경전 속의 요의要義를 가리킨다고 볼 수 있음. / 乖 : 어그러지다. 서로 들어맞지 않다.

2. 故春秋分爲五, 詩分爲四, 易有數家之傳.
　　고 춘 추 분 위 오 　 시 분 위 사 　 역 유 수 가 지 전

그래서 춘추는 다섯 가지로 나뉘어지고, 시경詩經은 네 가지로 나뉘어지고, 역경易經은 여러 사람의 전이 있게 되었다.

故 : 그래서. / 春秋分爲五 : 춘추는 오경五經 중의 하나로, 공자가 저술한 노魯나라의 역사책. 춘추가 다섯으로 나뉘어졌다는 것은, 좌씨左氏·공양公羊·곡량穀梁·추씨鄒氏·협씨夾氏 등 다섯 가지의 전傳이 생겨난 것을 말함. 전傳이란 경經을 해석한 것인데, 각 가家의 해설이 서로 다른 부분이 많음. 지금은 좌씨전과 공양전·곡량전만이 전해짐. '分爲'는 '나뉘어져 …이 되다'의 뜻. / 詩分爲四 : 시는 오경 중의 하나인 시경. 시경에는 모시毛詩·제시齊詩·노시魯詩·한시韓詩 등 네 가지 전이 있었다 하나, 지금은 모시만 전해짐. / 易 : 오경 중의 하나인 역경.

3. 戰國從橫, 眞僞分爭.
전 국 종 횡　　진 위 분 쟁

전국시대에는 학설이 종횡하여, 참과 거짓이 갈라져서 다투었다.

戰國 : 전국시대. / 從橫 : 원뜻은 전국시대 소진蘇秦과 장의張儀가 각기 주장했던 합종合縱과 연횡連衡의 설을 말하나, 여기서는 여러 학파들이 이리저리 생겨나 서로 자기 학설을 주장하는 것을 의미함. '從'은 '縱(종)'과 같은 뜻. / 眞僞 : 참과 거짓. 올바른 설과 거짓된 설. / 分爭 : 갈라서서 다투다. 나뉘어 다투다.

4. 諸子之言, 紛然殽亂.
제 자 지 언　　분 연 효 란

제자들의 말이 어지럽게 뒤섞이어 혼란하였다.

諸子 : 여러 사상가. 제자백가諸子百家. / 紛然 : 어지러운 모양. '然'은 소리나 모습의 상태를 묘사하는 말 뒤에 붙어 쓰여 형용사화 시키는 역할을 함. / 殽亂 : 뒤섞이어 어지럽다.

5. 至秦患之, 乃燔滅文章, 以愚黔首.
지 진 환 지　　내 번 멸 문 장　　이 우 검 수

진대秦代에 이르러서는 그것을 걱정하여 글을 태워 없애고 그리하여 백성들을 어리석게 만들었다.

至秦 : 진나라가 천하를 통일한 시기에 이르다. '至'는 '…에 이르다'·'…가 되다'의 뜻. / 患之 : 그것을 걱정하다. '之'는 여러 학설의 난립을 가리킴. / 乃 : 이에. / 燔滅文章 : 글을 태워 없애다. 진시황秦始皇 때의 분서갱유焚書坑儒를 가리킴. 진秦은 원래 육국六國을 통일하기 전에도 상앙商鞅의 건의로 분서焚書했으나, 그것은 진나라 내에 한정되었던 일이고, 진시황은 천하를 통일하고 나서 또다시 지식

인의 비판을 근절하기 위해 이사李斯의 건의로 협서령挾書令을 시행, 전국에 걸친 대규모의 분서를 감행했음. '文章'은 글로 쓰여진 모든 서적을 가리킴. / 以 : 그리하여. 연사連詞 '而'와 같은 기능을 지님. / 黔首 : 진나라에서는 일반 백성을 검수라고 하였는데, 갓을 쓰지 않아 머리가 검게 드러나는 것을 두고 한 말임.

본문 2

漢興, 改秦之敗, 大收篇籍, 廣開獻書之路. 迄孝武世, 書缺簡脫, 禮壞樂崩, 聖上喟然而稱曰 : '朕甚閔焉!' 於是, 建藏書之策, 置寫書之官, 下及諸子傳說, 皆充秘府. 至成帝時, 以書頗散亡, 使謁者陳農求遺書於天下. 詔光祿大夫劉向校經傳諸子詩賦, 步兵校尉任宏校兵書, 太史令尹咸校數術, 侍醫李柱國校方技. 每一書已, 向輒條其篇目, 撮其指意, 錄而奏之. 會向卒, 哀帝復使向子侍中奉車都尉歆卒父業.

■ 자변字辨 ■

迄 〔흘〕 이르다. 까지. 마침내.

喟 〔위〕 한숨 쉬다. 한숨

朕 〔짐〕 나. ▶조짐兆朕.

閔 〔민〕 = 憫. 우환. 근심하다. 민망하다. ▶우민憂閔.

詔 〔조〕 조서詔書. 가르치다. ▶조령詔令. 조명詔命. 조칙詔勅. 대조待詔.

劉 〔류〕 성姓.

尉 〔위〕 편안하게 하다. 벼슬 이름. ▶위관尉官.

　〔울〕 성姓.

宏 〔굉〕 크다. 넓다. ▶ 굉달宏達. 굉활宏闊.

輒 〔첩〕 문득. 번번이. ▶ 일람첩기一覽輒記.

撮 〔촬〕 집다. 모으다. 요점을 추리다. ▶ 촬영撮影.

奏 〔주〕 아뢰다. 상소하다. 곡조. ▶ 주의奏議. 주청奏請. 상주上奏. 연주演奏.

歆 〔흠〕 흠향歆饗하다. 부러워하다.

▌ 해 설 ▐

1. 漢興, 改秦之敗, 大收篇籍, 廣開獻書之路.
한 흥 개 진 지 패 대 수 편 적 광 개 헌 서 지 로

한나라가 일어나서는 진나라의 잘못을 고쳐, 서적을 크게 거두어들였고, 책을 바치는 길을 널리 열었다.

興 : 일어나다. / 敗 : 패덕敗德한 일. 잘못. / 大收 : 크게 거두다. / 篇籍 : 서적. / 廣開 : 넓게 열다. 널리 개방하다. / 獻書之路 : 책을 바칠 수 있는 길. 책을 조정에 바칠 수 있는 방법.

2. 迄孝武世, 書缺簡脫, 禮壞樂崩.
흘 효 무 세 서 결 간 탈 례 괴 악 붕

무제武帝 때에 이르러서는 서적에 빠진 것이 생기고 죽간竹簡이 떨어져 나가, 예가 파괴되고 악樂이 무너졌다.

迄 : … 때가 되다. … 때에 이르다. / 孝武世 : 효무제孝武帝 시대. 효무제는 전한 前漢 무제. / 書缺簡脫 : 서적에 빠져 버린 것도 있고 죽간이 떨어져 나간 것도 있다. '簡脫'이란, 옛날에는 종이가 없어서 죽간이나 목판에 글을 쓰고, 그것들을 끈으로 묶어서 책으로 만들었는데, 끈이 떨어져서 간판簡版이 떨어져 나간 것을 말함. '書缺簡脫'이란 결국 서적이 완비하지 못하고 결함이 많은 것을 가리킴. / 禮壞樂崩 : 예도禮道와 음악의 도가 붕괴壞되다. '禮'와 '樂'은 모두 옛 성현들이 인간을 계도하는 데 쓴 방도들인데, 그것들의 이치를 적어 놓은 서적들에 결함이 있어서 도가 제대로 행해지지 않았다는 뜻.

3. 聖上喟然而稱曰 : '朕甚閔焉!'
성 상 위 연 이 칭 왈 짐 심 민 언

성상께서는 탄식하며 일컬어 말하시기를, "짐은 그것을 몹시 걱정한다"고 하셨다.

聖上 : 당대의 황제에 대한 존칭. 여기서 '聖上'이라고 한 것은 반고班固가 이 글을

쓰면서 무제武帝 때 사람의 기록을 참고하다가 그대로 옮겨 적었기 때문인 듯함. / 喟然 : 탄식하는 모습. '然'은 사미詞尾. / 稱 : 어떤 일을 들어 말하다. / 朕 : 황제가 쓰는 일인칭 겸칭. / 閔焉 : 그것을 걱정하다. 여기서 '焉'은 '之'와 같은 뜻을 가짐.

4. 於是, 建藏書之策, 置寫書之官, 下及諸子傳說, 皆充秘府.
어시　건장서지책　치사서지관　하급제자전설　개충비부

이에 책을 보관하는 방책方策을 세우고 책을 베끼는 벼슬아치를 두어, 아래로 제자전설에 이르기까지 모두 비부에 넣었다.

於是 : 이에. 이리하여. 원래 개사介詞와 개사빈어介詞賓語가 합쳐진 말이나 거의 한 단어처럼 쓰임. / 建 : 건립하다. 세우다. / 藏書之策 : 책을 보관하는 방책方策. / 置 : 두다. 여기서는 설관設官하다의 뜻. / 寫書之官 : 책을 베끼는 벼슬아치. / 下及諸子傳說 : 아래로는 제자전설諸子傳說에 이르기까지. '諸子'는 제자백가諸子百家. '傳說'은 전해지는 설說이란 뜻인데, 여기서는 그것들을 적은 기록을 가리킴. / 充 : 채워 넣다. / 秘府 : 당시 궁중의 장서藏書하던 곳.

5. 至成帝時, 以書頗散亡, 使謁者陳農求遺書於天下.
지성제시　이서파산망　사알자진농구유서어천하

성제 때에 이르러서는, 책이 자못 흩어지고 망실亡失되었기 때문에, 알자 진농으로 하여금 천하에 남아 있는 책들을 찾도록 하였다.

成帝 : 전한前漢의 황제. / 以 : …하였기 때문에. / 頗 : 자못. 상당히. / 散亡 : 흩어져 버리고 망실되다. / 使 : 사역형 동사. / 謁者 : 관명官名. 조근朝覲·빈향賓饗 및 봉조奉詔·출사出使 등 의전儀典을 맡아보았음. / 陳農 : 인명人名. / 遺書 : 남아 전해지던 책.

6. 詔光祿大夫劉向校經傳諸子詩賦, 步兵校尉任宏校兵書, 太史令
조광록대부류향교경전제자시부　보병교위임굉교병서　태사령
尹咸校數術, 侍醫李柱國校方技.
윤함교수술　시의리주국교방기

광록대부 유향에게 조칙詔勅을 내려 경전·제자·시부를 교서校書케 하고, 보병교위 임굉에게 병서를 교서케 하였으며, 태사령 윤함에게 수술數術을 교서케 하고, 시의 이주국에게 방기를 교서하게 했다.

詔 : 황제가 명을 내리는 것을 말함. / 光祿大夫 : 관명官名. 의론議論을 관장함. / 劉向 : 한대漢代의 명유名儒. 자는 자정子政. / 校 : 검토하고 바로잡다. 교서校書. /

詩賦 : 운문으로 된 문학 작품. / 步兵校尉 : 무관武官으로 숙위무병宿衛武兵을 관장함. / 任宏 : 인명人名. 자는 위공偉公. / 太史令 : 관명官名. 천문天文을 담당함. / 尹咸 : 인명人名. / 數術 : 점복占卜에 관한 문헌. / 侍醫 : 궁중의 의원醫員. / 李柱國 : 인명人名. / 方技 : 의술醫術에 관한 문헌.

7. **每一書已, 向輒條其篇目, 撮其指意, 錄而奏之.**
   매 일 서 이　　향 첩 조 기 편 목　　촬 기 지 의　　록 이 주 지

   매번 한 권의 책이 끝나면, 유향劉向은 그때마다 그 편목을 조열條列하고, 그 요지를 추려서 기록하여 그것을 황제에게 올렸다.

   已 : 끝나다. 완결되다. / 輒 : 그때마다. 곧. / 條 : 조열하다. 조목조목 정리하다. / 篇目 : 편장篇章의 제목. / 撮 : 추려 모으다. / 指意 : 주지主旨. 요지要旨. / 奏 : 황제에게 올리거나, 아뢰는 것.

8. **會向卒, 哀帝復使向子侍中奉車都尉歆卒父業.**
   회 향 졸　　애 제 부 사 향 자 시 중 봉 거 도 위 흠 졸 부 업

   유향이 죽자, 애제는 다시 유향의 아들인 시중 봉거도위 유흠劉歆에게 아버지의 일을 마치게 하였다.

   會 : …함을 만나다. …하게 되다. / 卒 : 죽다. / 哀帝 : 전한前漢의 황제. / 復 : 다시. / 使 : 시키다. / 向子 : 유향의 아들. 한문에서는 객관적인 사실史實을 기술할 때 성姓이나 명名만으로 사람을 가리키는 경우가 많음. / 侍中 : 관명官名. 전내殿內를 왕래하면서 정사를 주달奏達함. 한대漢代에는 가관加官, 즉 본래의 직책에 더해 주어 겸직하게 하는 관직이었음. / 奉車都尉 : 관명官名. 수레를 관장함. / 歆 : 유향의 아들인 유흠. 자는 자준子駿. / 卒 : 끝내다. 마치다.

■ 참 고 ■

한서 예문지의 성립

전한前漢 성제成帝가 진농陳農에게 대대적으로 문헌을 수집하게 하고, 유향의 책임하에 임굉·윤함·이주국 등으로 하여금 교서校書하게 하였다. 이때 유향은 문헌을 정리하고는 매 서적마다 서록敍錄을 썼다. 그리고 그 서록들을 따로 모아 별록別錄 20권을 편찬하였던 바, 이는 실로 한대漢代 황실의 장서藏書 목록이라고 할 수 있는 중요한 자료였으나, 아깝게도 현재 전해지지 않고 있다.

그 뒤 유흠劉歆이 애제哀帝의 명을 받아 문헌 정리 작업을 총괄 완성하였으

며, 매 서적의 요지를 뽑고 별록別錄에 의거하여 칠략七略 7권을 편찬하였다. 그 내용은 집략集略·육예략六藝略·제자략諸子略·시부략詩賦略·병서략兵書略·수술략數術略·방기략方技略으로 되어 있었다는데, 이 책도 현재 전해지지 않는다. 한서 예문지는 바로 이 칠략을 더욱 간추려서 만든 것으로, 육예략·제자략·시부략·병서략·수술략·방기략 등 육략으로 이루어져 있다.

■ 보 충 ■

儒家者流, 蓋出於司徒之官, 助人君順陰陽明教化者也. 游文於六經
유 가 자 류　개 출 어 사 도 지 관　조 인 군 순 음 양 명 교 화 자 야　유 문 어 륙 경

之中, 留意於仁義之際, 祖述堯舜, 憲章文武, 宗師仲尼, 以重其言,
지 중　류 의 어 인 의 지 제　조 술 요 순　헌 장 문 무　종 사 중 니　이 중 기 언

於道爲最高. - 한서 예문지
어 도 위 최 고

儒家者流 : 유가학파. 유자儒者의 학파. '儒'란 주례周禮에 의하면, 원래 향리鄕里에서 교육을 관장하던 사람을 일컫던 명칭인데, 공문孔門이 교육을 기본으로 삼았으므로 유가라고 이름 붙였음. / 蓋 : 대개. 대체로. / 司徒 : 주대周代의 관명官名으로 육경六卿의 하나. 국가의 교육을 관장하였음. / 陰陽 : 자연의 법칙. / 敎化 : 교육을 통한 감화. / 游文 : 학문을 즐기다. 글을 배우다. / 六經 : 시詩·서書·예禮·악樂·역易·춘추春秋. / 祖述堯舜 : 요순을 학파의 창시자로 하여 그의 도를 따르다. / 憲章文武 : 문왕文王과 무왕武王을 법칙으로 삼다. 문왕과 무왕을 본받다. / 宗師仲尼 : 공자를 사승師承하다.

5. 사설師說 - 한유韓愈

■ 해 제 ■

사설은 스승을 좇아 도를 배워야 하는 이유와 방법을 밝힌 한유의 글이다. 한유는 이 글을 통해서 은연중에 그가 신봉하는 고문古文과 유가적儒家的 도통관道統觀을 제창하려는 의도를 보이고 있다. 설說은 논변류論辨類의 문체로 어떤 문제에 대해 자기의 의견을 밝히는 글이다.

한유(768~824)는 당대唐代의 문호文豪로서 당송팔대가唐宋八大家의 한 사람이다. 자는 퇴지退之로 선조가 하남성河南省 창려昌黎에서 살았기 때문에 창려선생이라고도 한다. 그는 등주鄧州 남양南陽(지금의 하남성 맹현孟縣)에서 나서 3세 때, 부모를 여의고 형수인 정씨鄭氏에게서 양육되었다. 어릴 때부터 각고면려刻苦勉勵하여 육경백가六經百家에 통달하였고, 성인의 도를 밝히는 데에 뜻을 두어 마침내 대문장가가 되었다. 덕종德宗 정원貞元 8년에 진사進士가 되었고, 그 후 벼슬이 이부시랑吏部侍郎에까지 이르렀다. 그러나 강직한 성품으로 인해 헌종憲宗이 불골佛骨을 맞아들이는 것을 반대하다가 남방의 조주자사潮州刺史로 폄적貶謫되기도 하였다.

본 문 1

古之學者必有師. 師者, 所以傳道受業解惑也. 人非生

而知之者, 孰能無惑? 惑而不從師, 其爲惑也, 終不解

矣. 生乎吾前, 其聞道也, 固先乎吾, 吾從而師之. 生

乎吾後, 其聞道也, 亦先乎吾, 吾從而師之. 吾師道也,
夫庸知其年之先後生於吾乎? 是故無貴無賤無長無少,
道之所存, 師之所存也.

■ 해 설 ■

1. 古之學者必有師.
고 지 학 자 필 유 사

옛날에 배우던 자들은 반드시 스승이 있었다.

古之學者 : 고대의 학문을 구하던 사람들.

2. 師者, 所以傳道受業解惑也.
사 자　소 이 전 도 수 업 해 혹 야

스승이란 도를 전해 주고, 학업을 전수하며, 의혹을 풀어 주는 사람이다.

…者 ～也 : …라는 것은 ～이다. 고문古文에 있어서 판단문의 가장 전형적인 형태
임. / 所以 : 직역하면 '…로써 ～하게 되는 것'·'…로써 ～하게 되는 사람'의 뜻인
데, 마치 한 낱말처럼 쓰이며 어떤 행위가 그것이 실현되기 위해서 힘입는 도구·
수단 및 방식·방법 등을 표시함. / 傳道 : 도를 전하다. / 受業 : 학업을 전수하다.
'受'는 '授(수)'의 뜻으로 풀이함. '業'은 원래 나무판자를 가리키는데, 옛날에는 종
이가 없어서 죽간竹簡이나 목판에 글을 썼기 때문에 그것이 학업을 의미하게 되
었고, 그로 인해 수업授業·수업修業 등의 말이 생기게 되었음. / 解惑 : 도나 시서
詩書 육예六藝의 학업 중에 의문 나는 것을 풀어준다는 뜻.

※ 이 구절을 배우는 사람의 입장에서 보고 '受'의 뜻을 그냥 살려서 '스승이란, 그
를 통해 도를 전해 받고, 학업을 전수 받으며, 의혹을 풀게 되는 사람이다'라고 해
석하기도 함.

3. 人非生而知之者, 孰能無惑?
인 비 생 이 지 지 자　숙 능 무 혹

사람은 나서 절로 아는 자가 아니면, 누가 의혹이 없을 수 있겠는가?

生而知之 : 날 때부터 저절로 알다. 배우지 않아도 나면서부터 알다. 여기서 '之'는
도道 또는 일체의 이치를 뜻함. / 孰能無惑 : 반어형反語形으로 누구에게나 의혹이

있다는 뜻. '孰'은 '누구'.

4. 惑而不從師, 其爲惑也, 終不解矣.
혹 이 부 종 사　기 위 혹 야　종 불 해 의

의혹이 있으면서도 스승을 좇지 않으면, 그의 의혹됨은 끝내 풀리지 않을 것이다.

惑而不從師 : 모르면서도 스승을 좇아 배우지 않다. '惑'은 의문이 생기다, 의혹되다의 뜻. '而'는 전절轉折관계를 나타내는 연사連詞. '而'는 접속의 범위가 매우 넓음. / 其爲惑也 : 그의 의혹되는 것이. '也'는 단문 또는 복문의 중간에 사용되어 글의 흐름을 잠시 늦추는 데 사용되는 어기사. / 矣 : 동태動態를 표시하는 문미文尾어기사.

5. 生乎吾前, 其聞道也, 固先乎吾, 吾從而師之.
생 호 오 전　기 문 도 야　고 선 호 오　오 종 이 사 지

나의 앞에 나면, 그가 도를 들은 것이 진실로 나보다 먼저리니, 나는 그를 좇아 스승으로 삼는다.

生乎吾前 : 내 앞에 태어나다. 즉 나보다 먼저 태어나다. '乎'는 '於'와 같은 기능으로 쓰임. / 固 : 진실로. / 先乎吾 : 나보다 앞서다. '乎'는 비교 관계를 나타내기 위해서 쓰인 개사. '於'와 같음. / 從而師之 : 그를 좇아 스승으로 삼고 배우다. '師'는 여기서 동사화 되었음. '而'는 승접承接 관계를 나타내는 연사. '之'는 '從'과 '師' 두 동사에 다 걸리는 빈어賓語.

6. 生乎吾後, 其聞道也, 亦先乎吾, 吾從而師之.
생 호 오 후　기 문 도 야　역 선 호 오　오 종 이 사 지

나의 뒤에 났어도, 그가 도를 들은 것이 또한 나보다 먼저라면, 나는 그를 좇아 스승으로 삼는다.

亦 : 또한. 역시.

7. 吾師道也, 夫庸知其年之先後生於吾乎?
오 사 도 야　부 용 지 기 년 지 선 후 생 어 오 호

나는 도를 스승으로 삼으니, 어찌 그 나이의 나보다 태어남이 먼저냐 뒤냐를 따지겠는가?

師道 : 도를 스승으로 삼다. / 夫 : 대저. 발어사發語詞. 특별히 해석하지 않아도 됨. / 庸…乎 : 어찌 …하겠는가. 반어형反語形. '庸'은 '豈(기)'의 뜻. '어찌'. / 知 : 알아 따지다. 여기서는 거리끼다는 뜻을 내포하고 있음. / 其年之先後生於吾 : 그의 나이가 나보다 태어남이 먼저냐 뒤냐 하는 것. 즉 나보다 나이가 많다든가 적

다든가 하는 문제. '先後生'은 '先生後生'의 생략형.

8. 是故無貴無賤無長無少, 道之所存, 師之所存也.
   시 고 무 귀 무 천 무 장 무 소   도 지 소 존   사 지 소 존 야

이런 까닭에 귀한 것도 없고 천한 것도 없으며, 나이 많음도 없고 적음도 없이, 도가 있는 곳이 스승이 있는 곳이다.

是故 : 이런 까닭에. / 無貴無賤無長無少 : 귀천과 장소長少를 따질 필요가 없다는 의미. / 道之所存 : 도가 존재하는 곳. 도가 있는 곳. / 師之所存 : 스승이 있는 곳. / 也 : 판단문에 쓰이는 문미어기사.

본 문 2

嗟乎! 師道之不傳也久矣, 欲人之無惑也難矣! 古之聖人, 其出人也遠矣, 猶且從師而問焉. 今之衆人, 其下聖人也亦遠矣, 而恥學於師. 是故聖益聖, 愚益愚. 聖人之所以爲聖, 愚人之所以爲愚, 其皆出於此乎!

■ 해 설 ■

1. 嗟乎! 師道之不傳也久矣, 欲人之無惑也難矣!
   차 호   사 도 지 부 전 야 구 의   욕 인 지 무 혹 야 난 의

아아! 도를 스승으로 삼는 것이 전하지 못함이 오래되었으니, 사람이 의혹이 없기를 바란다는 것이 어렵게 되었도다!

嗟乎 : 아아, 감탄사. '嗟'는 원래 한숨 소리를 나타내는 말이고, '乎'는 강조를 나타내는 어기사. 두 자는 흔히 함께 쓰임. / 師道之不傳也 : 도가 있는 사람을 스승으로 삼고 받드는 일이 전해지지 않음. '也'는 글의 흐름을 잠시 늦추는 데 사용되는 어기사. / 久矣 : '矣'는 동태動態를 나타내는 어기사. / 欲人之無惑 : 사람이 의혹이 없기를 바라다. / 難矣 : '矣' 역시 동태를 나타내는 어기사.

2. 古之聖人, 其出人也遠矣, 猶且從師而問焉.
   고 지 성 인   기 출 인 야 원 의   유 차 종 사 이 문 언

옛날의 성인은 그가 남보다 뛰어남이 현격하였지만, 오히려 또한 스승을 좇아 물었다.

其出人也遠矣 : 그가 다른 사람보다 뛰어남이 멀다. 그가 다른 사람보다 훨씬 뛰어나다. '出人'은 '出於人'의 뜻. '矣'는 동태를 나타내는 어기사로 여기서는 기연旣然의 사태를 나타냄. / 猶且 : 오히려. 또한. / 從師而問焉 : 스승을 좇아서 그에게 물어 배우다. '焉'은 '於之'의 준말로 대사代詞의 뜻을 갖는다. 한편 그것이 종종 서술문의 문미文尾에 사용되기 때문에 어기사로서의 기능도 함께 가지고 있음.

3. **今之衆人, 其下聖人也亦遠矣, 而恥學於師.**
   금 지 중 인　기 하 성 인 야 역 원 의　이 치 학 어 사

오늘날의 중인들은 그가 성인보다 떨어짐이 또한 멀지만, 스승에게 배우는 것을 부끄러워한다.

衆人 : 뭇사람. 여기서는 평범한 사람을 가리킴. / 其下聖人也亦遠矣 : 그가 성인보다 훨씬 못하다. '亦'은 역시. 또한. / 而 : 전절轉折 관계를 나타내는 연사.

4. **是故聖益聖, 愚益愚.**
   시 고 성 익 성　우 익 우

이 때문에 성인은 더욱 성명聖明해지고, 어리석은 이는 더욱 어리석어진다.

聖益聖 : 성인은 더욱 성명하다. 앞의 '聖'은 명사로서 주어이고 뒤의 '聖'은 형용사로서 위어謂語. 이처럼 한자는 반드시 고정된 사성詞性을 갖지 않는다는 점에 유의해야 함.

5. **聖人之所以爲聖, 愚人之所以爲愚, 其皆出於此乎!**
   성 인 지 소 이 위 성　우 인 지 소 이 위 우　기 개 출 어 차 호

성인이 성인이 된 까닭과 우인이 우인이 된 까닭은 그 모두가 여기서 나온 것일 게다.

所以 : …하게 된 까닭, 이유. 여기서 '所以'는 어떤 결과를 초래하게 된 원인을 표시함. / 其皆出於此乎 : 그 모두가 여기서 나왔나 보구나. 아마도 그 까닭이 여기에서 생겨났겠지의 뜻. '乎'는 여기서 강한 추측을 나타내는 어기사로 사용되었음.

■ 참 고 ■

생이지지生而知之

　'생이지지'란 말은 논어에 나온다. 술이편述而篇에서 공자는 '나는 나면서부터 도를 깨달은 사람이 아니고, 옛것을 좋아하여 이를 민첩敏捷하게 구하는

자이다(我非生而知之者, 好古敏以求之者也.)'라고 하였고, 또 계씨편季氏篇에서는 '나면서부터 아는 사람은 으뜸이고, 배워서 아는 사람은 그 다음이고, 막히게 되면 배우는 자는 또 그 다음이다. 모르면서도 배우지 않으면, 이 사람은 맨 아래가 되는 것이다(生而知之者, 上也 ; 學而知之者, 次也 ; 困而學之者, 又其次也 ; 困而不學, 民斯爲下矣.)'라고 하였다. '생이지지자'란 결국 배우지 않고도 저절로 아는 천재天才를 가리키는 말이다.

■■ 보 충 ■

聖人無常師, 孔子師郯子‧萇弘‧師襄‧老聃. 郯子之徒, 其賢不及
성인무상사 공자사담자   장홍   사양 로담 담자지도   기현불급

孔子. 孔子曰 : '三人行, 必有我師.' 是故弟子不必不如師, 師不必
공자 공자왈   삼인행 필유아사   시고제자불필불여사   사불필

賢於弟子. 聞道有先後, 術業有專攻, 如是而已. — 한유韓愈 사설師說
현어제자   문도유선후   술업유전공   여시이이

常師 : 일정한 스승. / 郯子(담자) : 춘추시대 담국郯國의 군주. 노소왕魯昭公에게 소호씨少昊氏가 조명鳥名으로써 관직 이름을 삼은 이유를 설명하였다고 함. / 萇弘 (장홍) : 주경왕周敬王 때의 대부. 공자가 그에게 음악의 도리를 물었다고 함. / 師 襄(사양) : 노魯나라의 악관樂官. 공자가 그에게서 슬瑟을 배웠음. / 老聃(노담) : 노자老子. 성은 이李. 이름은 이耳. 초楚나라 사람. 공자가 그에게서 예禮를 물었다고 함. / 其賢不及孔子 : 그들의 현명함이 공자에게 미치지 못하다. / 三人行, 必 有我師 : 논어 술이편述而篇에 나옴. / 不必不如 : 반드시 …만 못하지는 않다. / 賢 於弟子 : 제자보다 현명하다. '於'는 비교 관계를 나타내는 개사. '…보다'의 뜻. / 術業 : 도술道術과 학업. / 如是而已 : 이와 같을 뿐이다. '而已'는 연사連詞인 '而' 와 동사인 '已'가 결합된 형태의 어기사로 '…일 뿐이다'의 뜻을 가짐.

6. 붕당론朋黨論 - 구양수歐陽修

▓ 해 제 ▓

붕당론은 간신배들에게 공격을 받고 있던 범중엄范仲淹·두연杜衍·한기韓琦 등을 옹호하기 위해 구양수가 북송北宋 인종仁宗에게 올린 유명한 정론政論이다. 구양수는 이 글에서 군자들의 붕당은 소인들의 붕당과는 달리, 국가와 군왕에게 유익하다는 점을 강조하고, 역사적 사실을 인증引證하면서 명쾌하게 논리를 전개하였다. 논論은 여러 가지 사상을 분석하여 그 시비是非를 가리며, 아울러 올바른 도리를 밝히는 논변류論辨類의 문체이다.

구양수(1007~1072)는 자가 영숙永叔, 호가 취옹醉翁·육일거사六一居士로, 북송 길주吉州 여릉廬陵(지금의 강서성江西省 길안현吉安縣, 일설에는 영풍현永豐縣) 사람이다. 4세 때 부친을 여의고 집안이 가난하였지만, 학문에 정진하여 인종 천성天聖 8년에 진사進士에 급제하였고, 그 후 추밀부사樞密副使·참지정사參知政事 등의 요직을 역임하였다. 그는 또한 문학에도 재질이 있어, 산문으로 당송팔대가唐宋八大家의 대열에 들었고, 시詩와 사詞에도 걸출한 작품을 남겼다.

본 문 1

大凡君子與君子, 以同道爲朋 ; 小人與小人, 以同利爲朋, 此自然之理也. 然臣謂小人無朋, 惟君子則有之, 其故何哉?

1. 大凡君子與君子, 以同道爲朋 ; 小人與小人, 以同利爲朋, 此自然
   대 범 군 자 여 군 자   이 동 도 위 봉   소 인 여 소 인   이 동 리 위 봉   차 자 연

   之理也.
   지 리 야

   대체로 군자와 군자는 도가 같기 때문에 붕당이 되고, 소인과 소인은 이
   익이 같으므로 붕당이 되는데, 이는 자연의 이치입니다.

   > 大凡 : 대체로. 일반적으로. / 君子 : 심성이 어질고 덕행이 높은 사람. / 同道 : 도를
   > 같이하다. '道'는 도의同伴·붕당의 의미. / 朋 : 여기서는 동반同伴·붕당의 의미. / 小人 : 간사하
   > 고 덕이 없는 사람. / 同利 : 이익을 같이하다. 이해관계가 같다는 뜻. / 此 : 이것.
   > 지시대사.

2. 然臣謂小人無朋, 惟君子則有之.
   연 신 위 소 인 무 봉   유 군 자 즉 유 지

   그러나 신은 소인은 붕당이 없고, 다만 군자라야만 그것이 있다고 말하겠
   습니다.

   > 然 : 그러나. / 臣 : 신하가 임금에 대해서 쓰는 겸칭어. / 謂 : 말하다. 생각하다. /
   > 惟 : 오직. / 則 : 대비에 사용되는 연사連詞. '小人' 다음에도 '則'을 넣을 수 있음.
   > / 之 : 앞의 '朋'을 가리키는 대사代詞.

3. 其故何哉?
   기 고 하 재

   그 까닭이 무엇일까요?

   > 故 : 까닭. / 何 : 무엇. / 哉 : 감탄의 어기를 포함하는 의문어기사.

본 문 2

小人所好者, 祿利也 ; 所貪者, 財貨也. 當其同利之時,
暫相黨引以爲朋者, 僞也 ; 及其見利而爭先, 或利盡而
交疏, 則反相賊害, 雖其兄弟親戚, 不能相保. 故臣謂

小人無朋, 其暫爲朋者僞也. 君子則不然, 所守者道義,
所行者忠信, 所惜者名節. 以之修身, 則同道而相益 ;
以之事國, 則同心而共濟, 終始如一, 此君子之朋也.
故爲人君者, 但當退小人之僞朋, 用君子之眞朋, 則天
下治矣.

▌ 해 설 ▌

1. 小人所好者, 祿利也 ; 所貪者, 財貨也.
   소인소호자　록리야　소탐자　재화야

   소인이 좋아하는 것은 봉록俸祿과 이익이며, 탐을 내는 것은 재물입니다.

   所好者 : 좋아하는 바의 것. 좋아하는 것. '所~者'는 '~하는 것'의 강조된 표현. /
   祿利 : 봉록과 이익. / 所貪者 : 탐하는 것. / 財貨 : 재물.

2. 當其同利之時, 暫相黨引以爲朋者, 僞也.
   당기동리지시　잠상당인이위붕자　위야

   그들이 이익을 같이할 때에, 잠시 서로 작당하고 끌어들이어 붕당을 이루
   는 것은 거짓된 것입니다.

   當 : …할 때를 당하다. / 其 : 소인을 가리키는 대사. / 暫 : 잠시. / 黨引 : 작당하고
   끌어들이다. / 以 : '…하여'의 뜻을 가진 연사. / 僞 : 거짓. 거짓된 것.

3. 及其見利而爭先, 或利盡而交疏, 則反相賊害.
   급기견리이쟁선　혹리진이교소　즉반상적해

   그들이 이익을 보고 앞을 다투게 되거나, 또는 이익이 다 없어져 교제가
   소원해지는 단계에 이르러서는 도리어 서로 해칩니다.

   及 : …함에 미치다. …할 때에 이르다. …하게 되다. / 爭先 : 앞을 다투다. / 或 :
   또는. / 交疏 : 사귐이 소원해지다. 교제하는 일이 적어지다. / 反 : 도리어. 오히려. /
   賊害 : 해치다.

4. 雖其兄弟親戚, 不能相保.
   수 기 형 제 친 척 불 능 상 보

비록 그들이 형제 친척 간이라 하더라도 서로 보전하지 못합니다.

   雖 : 비록 …라 하더라도. 연사. / 能 : …할 수 있다. / 保 : 보호하다. 보전하다.

5. 故臣謂小人無朋, 其暫爲朋者僞也.
   고 신 위 소 인 무 붕 기 잠 위 붕 자 위 야

그러므로 신은 소인에게는 붕당이 없으며, 그들이 잠시 붕당을 이룬 것은
거짓이라고 말하는 것입니다.

   故 : 그러므로. / 其暫爲朋者 : 그들이 잠시 붕당을 이룬 것.

6. 君子則不然.
   군 자 즉 불 연

군자는 그렇지 않습니다.

   然 : 그러하다.

7. 所守者道義, 所行者忠信, 所惜者名節.
   소 수 자 도 의 소 행 자 충 신 소 석 자 명 절

지키는 것은 도의이고, 행하는 것은 충신이고, 아끼는 것은 명분名分과 절
조節操입니다.

   所守者 : 지키는 바의 것. 지키는 것. / 忠信 : 충성과 신의. / 所惜者 : 아끼는 것.
   귀하게 여기는 것. / 名節 : 명분과 절조.

8. 以之修身, 則同道而相益 ; 以之事國, 則同心而共濟.
   이 지 수 신 즉 동 도 이 상 익 이 지 사 국 즉 동 심 이 공 제

그것으로써 몸을 수양하니, 도를 같이하여 서로 도움을 주고, 그것으로 나
라를 섬기니, 마음을 같이하고 함께 일을 이루는 것입니다.

   之 : 앞에 나온 도의·충신·명절을 가리키는 대사. / 修身 : 몸을 닦다. /同道 : 도를
   같이하다. 이상이 같다. / 事國 : 나라를 섬기다. 나랏일을 보다. / 共濟 : 함께 일을
   이루다.

9. 終始如一.
   종 시 여 일

끝과 처음이 한결같습니다.

   終始 : 끝과 처음.

10. 爲人君者, 但當退小人之僞朋, 用君子之眞朋, 則天下治矣.
　　위인군자　단당퇴소인지위붕　용군자지진붕　즉천하치의

군왕이 된 이는 오직 마땅히 소인의 거짓된 붕당을 물리치고, 군자들의
참된 붕당을 써야 하니, 그러면 천하는 다스려지게 됩니다.

　人君 : 임금. 군왕. / 但 : 단지. 다만. / 當 : 마땅히 …해야 한다. / 用 : 쓰다. 등용하
　다. / 天下 : 온 세상. / 矣 : 동태動態를 표시하는 문미文尾어기사.

■ 참 고 ■

구양수歐陽修와 당쟁黨爭

　구양수가 살았던 북송시대에는 혁신파革新派와 보수파保守派 간에 대립이 잦
았고, 그런 상황 하에서 벼슬살이를 했던 구양수도 당쟁에 자주 휘말려들었
다. 인종仁宗 때에 범중엄范仲淹·한기韓琦·구양수·채양蔡襄 등 소위 경력
신정慶曆新政이라는 새롭고 혁신적인 정치를 주도했던 신관료新官僚들은 하
송夏竦·여이간呂夷簡 등의 부패한 정객들과 대립하였다. 이때 하송 등이 당
인론黨人論을 제기해서 범중엄 등이 파벌을 지어 정권을 사유하려 하고 있
다고 공격하자, 구양수는 붕당론을 지어 범중엄 일파를 변호하고 반대파와
이론 투쟁을 벌였다. 그러나 결국 하송 일파의 모함을 받아 구양수는 저주
滁州로 좌천되고 말았다.

　그런데 북송시대에 있어서, 그리고 구양수에게 있어서 가장 크고 심각했던
당쟁은 구법당舊法黨과 신법당新法黨의 대립이었다. 신종神宗이 왕안석王安石
을 중용하여 신법을 시행하자, 구양수·사마광司馬光·소식蘇軾 등은 그것에
반대하였다. 이 두 파는 이후 집권자가 바뀜에 따라 정권을 번갈아 장악하
며 당쟁을 벌였는데, 그것은 북송의 정치에 심대한 악영향을 끼쳤다.

■ 보 충 ■

堯之時, 小人共工驩兜等, 四人爲一朋 ; 君子八元八愷, 十六人爲一
요지시　소인공공환두등　사인위일붕　군자팔원팔개　십륙인위일

朋. 舜佐堯, 退四兇小人之朋, 而進元愷君子之朋, 堯之天下大治.
붕　순좌요　퇴사흉소인지붕　이진원개군자지붕　요지천하대치

及舜自爲天子, 而皐夔稷契等二十二人, 竝列於朝, 更相稱美, 更相
급순자위천자　이고기직설등이십이인　병렬어조　갱상칭미　갱상

推讓, 凡二十二人爲一朋 ; 而舜皆用之, 天下亦大治.
추양　범이십이인위일붕　이순개용지　천하역대치

- 구양수 붕당론朋黨論

堯 : 고대 제왕의 이름. 성군聖君으로 유명함. / 共工 : 요임금 때의 악인惡人. 환두驩兜·삼묘三苗·곤鯀과 함께 사흉四兇이라고 칭해졌음. / 驩兜(환두) : 요임금 때의 악인惡人. / 八元 : '元'은 '善(선)'의 뜻. 8명의 착한 사람이란 뜻으로, 당시 사람들이 고신씨高辛氏의 여덟 아들을 미칭美稱한 말. / 八愷 : '愷(개)'는 '和(화)'의 뜻. 8명의 온화한 사람이란 뜻으로 당시 사람들이 고양씨高陽氏의 여덟 아들을 미칭한 말. / 舜 : 고대 제왕의 이름. 원래는 요의 신하였으나, 뒤에 그를 계승하여 제왕이 됨. / 佐 : 보좌하다. / 退 : 물리치다. 내치다. / 進 : 천거하다. 등용하다. / 元愷 : 팔원八元과 팔개八愷. / 及 : …함에 이르다. …하게 되다. / 皐(고) : 고요皐陶. 순임금의 신하로, 법을 관장했음. / 夔(기) : 후기后夔. 순임금의 신하로 음악을 관장했음. / 稷(직) : 후직后稷. 순임금의 신하로 농업을 관장했음. 주周나라의 조상. / 契(설) : 순임금 때 사도司徒를 지낸 사람. 상商나라의 조상. / 二十二人 : 순임금의 신하인 사악四岳·구관九官·십이목十二牧. 사악은 사방의 제후를 총괄하는 벼슬아치. 구관은 우禹·직稷·설契·고요皐陶·백익伯益·기夔·백이伯夷·수垂·용龍 등 아홉 사람. 십이목은 12주州의 장관. / 竝列於朝 : 조정에 함께 나열하다. 조정에서 함께 벼슬하였다는 뜻. / 更相 : 서로. / 稱美 : 찬미하다. 칭찬하다. / 推讓 : 남은 추천하고 자기는 겸양하다. / 凡 : 모두. 합쳐서.

7. 출사표出師表 — 제갈량諸葛亮

■ 해 제 ■

출사표는 제갈량이 촉한蜀漢 건흥建興 5년에 위魏를 정벌하려고 출병하면서 후주後主 유선劉禪에게 올린 표문表文이다. 이 글에서 그는 국가의 앞날을 생각하여 유선에게 군주의 안일을 경계하고, 신하의 충간을 잘 들으라고 간곡히 당부하고 있다. 선주先主 유비劉備에게서 받은 은정을 잊지 않고 지극한 충성심에서 쓴 이 글은 독자로 하여금 깊은 감동을 느끼게 할 것이다. 표表는 신하가 군주에게 올리는 글로서 주의류奏議類에 속한다.

제갈량(181~234)은 자가 공명孔明이고, 후한後漢 낭야군瑯琊郡 양도현陽都縣 (지금의 산동성山東省 기수현沂水縣 남방) 사람으로 삼국시대 촉蜀의 승상이다. 융중隆中에 은거하여 와룡臥龍선생이라 칭하였는데, 유비가 세 번이나 찾아준 것에 감동하여 그를 도왔고, 그의 사후에도 계속 후주를 보좌하여 한실漢室의 부흥을 꾀하였다. 그러나 그는 뛰어난 군략軍略에도 불구하고 뜻을 이루지 못한 채, 오장원五丈原의 진중陣中에서 죽었다.

본 문 1

臣本布衣, 躬耕於南陽, 苟全性命於亂世, 不求聞達於諸侯. 先帝不以臣卑鄙, 猥自枉屈, 三顧臣於草廬之中, 諮臣以當世之事, 由是感激, 遂許先帝以驅馳. 後値傾覆, 受任於敗軍之際, 奉命於危難之間, 爾來二十有一年矣! 先帝知臣謹愼, 故臨崩寄臣以大事也.

■ 자변字辨 ■

躬 〔궁〕 몸. 몸소. 몸소 하다. ▶궁경躬耕. 궁행躬行.

鄙 〔비〕 촌스럽다. 더럽다. 천하다. ▶비열鄙劣. 비루鄙陋. 비천鄙賤.

猥 〔외〕 뒤섞이다. 더럽다. 외람되다. ▶외설猥褻. 외람猥濫.

枉 〔왕〕 굽다. 굽히다. 억울한 죄. ▶왕가枉駕. 왕굴枉屈. 왕림枉臨.

廬 〔려〕 오두막집. 풀집. 농막. ▶여택廬宅. 모려茅廬.

諮 〔자〕 묻다. ▶자문諮問.

馳 〔치〕 달리다. ▶치빙馳騁.

覆 〔복〕 엎어지다. 넘어뜨리다. ▶복소무완란覆巢無完卵. 복수불수覆水不收.
　　〔부〕 덮다.

爾〔이〕 너. 같다. 그러하다. 그. 뿐. 가깝다. ▶이금爾今. 이후爾後.

崩〔붕〕 무너지다. 죽다. ▶붕괴崩壞. 붕어崩御. 붕조崩殂.

■ 해 설 ■

1. 臣本布衣, 躬耕於南陽.

　　신 본 포 의　궁 경 어 남 양

신은 본래 평민으로 남양 땅에서 몸소 밭을 갈았습니다.

　　布衣 : 삼베옷으로, 벼슬하지 않은 평민의 옷. 전의轉義하여 서민을 지칭하는 말이
　　되었음. / 躬耕 : 몸소 경작하다. / 於 : …에서. / 南陽 : 한漢의 남양군南陽郡. 제갈
　　량은 당시에 남양군 서쪽, 융중隆中이란 곳에 살고 있었음.

2. 苟全性命於亂世, 不求聞達於諸侯.

　　구 전 성 명 어 란 세　불 구 문 달 어 제 후

간신히 어지러운 세상에서 생명을 보존하고, 제후에게 문달되기를 구하지
않았습니다.

　　苟 : 겨우. 구차하게. / 性命 : 생명. / 於亂世 : 어지러운 세상에서. / 求聞達 : 문달을
　　구하다. 소문이 나고 알려지기를 추구하다. '聞'은 소문이 나다. '達'은 자세히 알
　　려지다. / 於諸侯 : 제후에게. '諸侯'는 중국의 봉건시대에 봉토封土를 받아 그 역
　　내를 통치하던 사람을 말하는데, 여기서는 당시 각 지역에 할거하던 군웅群雄들을
　　가리킴.

3. 先帝不以臣卑鄙, 猥自枉屈, 三顧臣於草廬之中, 諮臣以當世之事.

　　선 제 불 이 신 비 비　외 자 왕 굴　삼 고 신 어 초 려 지 중　자 신 이 당 세 지 사

선제께서는 신을 미천하게 여기지 않으시고, 외람되게도 스스로 몸을 굽
히시고 초가집으로 신을 세 번이나 찾아오셔서 신에게 당세의 일을 물으
셨습니다.

　　先帝 : 촉한蜀漢의 소열제昭烈帝 유비. / 以臣卑鄙 : 신을 미천하게 여기다. '以'는
　　개사로 주로 쓰이지만, 원래는 동사로서 '사용하다'·'인정하다'·'여기다' 등의 뜻
　　을 가지고 있음. '卑鄙'는 신분이 미천하다는 뜻. / 猥 : 외람되게도. 황송하게도. /
　　枉屈 : 몸을 굽히다. 지체 높은 사람이 신분이 낮은 사람을 몸소 찾을 때 쓰는 말
　　로서 '왕가枉駕'·'왕림枉臨'과 같은 뜻. 유비는 당시 고관이었고, 또 황실의 종친
　　인데도 친히 20여 세의 평민이었던 제갈량을 방문했기 때문에 '猥自枉屈'이라고
　　한 것임. / 三顧 : 세 번 돌아보다. 세 번 방문하다. / 草廬 : 초가집. / 諮臣以當世之

事 : 신에게 당시 세상의 일을 묻다. '以'가 개사로 쓰일 때, '以'의 빈어가 종종 의
미상 동사의 빈어에 해당될 때가 있다. 즉 대상이나 목적을 가리키는 기능을 하는
것이다. 이 경우, 우리말로 '…을'·'…를'로 해석하면 자연스럽게 됨.

4. 由是感激, 遂許先帝以驅馳.
유 시 감 격　　수 허 선 제 이 구 치

이 때문에 감격하여 마침내 선제께 힘껏 뛰어다닐 것을 허락했습니다.

由是 : 이로 말미암아. 이 때문에. / 遂 : 마침내. / 許先帝以驅馳 : 선제에게 힘껏 뛰
어다닐 것을 허락하다. '許'는 '허락하다'·'약속하다'. '驅馳'는 힘을 다해 뛰어다닌
다는 뜻으로, 여기서는 군국軍國의 일에 진력盡力하는 것을 말함.

5. 後値傾覆, 受任於敗軍之際, 奉命於危難之間, 爾來二十有一年矣!
후 치 경 복　　수 임 어 패 군 지 제　　봉 명 어 위 난 지 간　　이 래 이 십 유 일 년 의

뒤에 국운國運이 기울고 엎어지기에 봉착하여, 패군의 시기에 임무를 받고
위급 곤란한 가운데 명령을 받아 그로부터 21년이 되었습니다.

値 : …를 당하다. …에 봉착하다. / 傾覆 : 기울어지고 엎어짐. 나라가 기울어 망하
려는 경우를 말함. 여기서는 후한 헌제獻帝 건안建安 13년, 유비가 조조曹操와 싸
워 당양當陽의 장판長坂에서 패한 일을 가리킴. / 受任 : 임무를 받다. / 際 : 즈음.
때. / 奉命於危難之間 : 국가가 위태하고 곤란한 때에 중대한 명령을 받다. 여기서
는 조조의 남하南下에 대비하여 제갈량이 오吳에 가서 구원을 청한 것을 가리킨
다고 보여짐. 적벽전赤壁戰 전후의 일임. / 爾來 : 그로부터 지금까지. '來'는 '而'·
'以'·'爾' 등의 뒤에 쓰여 시간이 어느 시점으로부터 지금까지 이른 것을 나타냄. /
有 : '又'와 같음. 수를 헤아릴 때 마지막 단위 앞에 흔히 놓임.

6. 先帝知臣謹愼, 故臨崩寄臣以大事也.
선 제 지 신 근 신　　고 림 붕 기 신 이 대 사 야

선제께서는 신이 근신함을 아시고, 그래서 붕어崩御하실 때 신에게 큰일을
맡기셨습니다.

謹愼 : 신중함. 언행을 조심스럽게 함. / 故 : 그래서. / 臨 : 임하다. …할 때를 당하
다. / 崩 : 예기禮記 곡례편曲禮篇에 의하면, 천자가 죽는 것을 '붕崩', 제후가 죽는
것을 '훙薨', 사대부가 죽는 것을 '졸卒', 서인庶人이 죽는 것을 '사死'라고 하였음.

受命以來, 夙夜憂歎, 恐託付不效, 以傷先帝之明, 故五月渡瀘, 深入不毛. 今南方已定, 兵甲已足, 當獎率三軍, 北定中原. 庶竭駑鈍, 攘除姦凶, 興復漢室, 還於舊都. 此臣所以報先帝而忠陛下之職分也.

■ 자변字辨 ■

夙 〔숙〕 일찍. 빠르다. ▶숙석夙昔. 숙흥야매夙興夜寐.

託 〔탁〕 부탁付託하다. 의탁하다. ▶신탁信託.

瀘 〔로〕 강 이름.

竭 〔갈〕 다하다. ▶갈력竭力. 갈충보국竭忠報國. 감천필갈甘泉必竭.

駑 〔노〕 노둔하다. 둔한 말. ▶노마駑馬.

攘 〔양〕 물리치다. 덜다. ▶양벌攘伐. 양이攘夷.

陛 〔폐〕 섬돌. 층계.

■ 해 설 ■

1. 受命以來, 夙夜憂歎, 恐託付不效, 以傷先帝之明.
   수 명 이 래　　숙 야 우 탄　　공 탁 부 불 효　　이 상 선 제 지 명

   명을 받은 이래, 아침저녁으로 걱정하고 탄식하면서, 부탁하신 것을 이루지 못하여 선제의 성명聖明을 상하게 할까 걱정하였습니다.

   夙夜 : 이른 아침과 밤. 아침부터 밤까지라는 뜻. / 憂歎 : 걱정하고 탄식하다. / 託付 : 부탁. 위임 받은 일. / 以 : 여기서는 연사連詞로 쓰였음. '以'가 연사로 쓰일 경우, 두 개의 동사 또는 동사성動詞性 구句를 연결하는 데 사용되며, 두 가지 행위의 시간상 전후관계를 표시함. 그리고 나중의 행위는 종종 앞의 행위의 목적이 되거나, 앞의 행위가 산출한 결과가 됨. / 傷 : 해치다. 손상시키다. / 明 : 성명聖明. 총명. 사람을 알아보는 안식眼識이란 뜻도 내포되어 있음.

2. **五月渡瀘, 深入不毛.**
   오 월 도 로　심 입 불 모

   5월에 노수瀘水를 건너, 깊이 불모지에 들어갔습니다.

   五月渡瀘 : 건흥建興 3년 5월에 제갈량은 노수를 건너 남만南蠻을 토벌하였는데, 이는 중원中原을 치기 위한 준비 작업이었다고 볼 수 있음. 노수는 사천성四川省에 있음. / 不毛 : '毛'는 의미상 초목의 뜻. '不毛'는 땅이 척박하여 오곡이 자라지 못하는 곳을 말함. 여기서는 황무지 지역을 뜻함.

3. **南方已定, 兵甲已足.**
   남 방 이 정　병 갑 이 족

   남방이 이미 평정되었고, 병기와 갑옷이 충분합니다.

   南方已定 : 남만南蠻을 평정한 일을 가리킴. / 兵甲 : 병기兵器와 갑옷. 군비軍備를 가리킴.

4. **當獎率三軍, 北定中原.**
   당 장 솔 삼 군　북 정 중 원

   마땅히 삼군을 독려督勵하여 끌고서, 북으로 중원을 평정해야 합니다.

   當 : 마땅히. / 獎率 : 독려하여 인솔하다. / 三軍 : 주례周禮에 의하면, 1군軍의 군인은 12,500명인데, 천자는 6군을, 제후국 중에 대국大國은 3군, 차국次國은 2군, 소국小國은 1군을 둘 수 있다고 함. 여기서는 전군全軍을 말함. / 定 : 평정하다. / 中原 : 황하黃河 일대의 중국 중앙부. 여기서는 위魏나라를 가리킴.

5. **庶竭駑鈍, 攘除姦凶, 興復漢室, 還於舊都.**
   서 갈 노 둔　양 제 간 흉　흥 복 한 실　환 어 구 도

   노둔한 재력才力을 다하여 간흉한 무리를 제거하고, 한실을 부흥하여 옛 도읍지에 돌아가기를 바랍니다.

   庶 : 바라다. 바라옵건대. / 駑鈍 : 원뜻은 느린 말과 무딘 칼. 비유하여, 볼 만한 재능이 없음을 뜻하는데, 대개 자신의 역량을 겸손하여 과소過小하게 말할 때 쓰임. / 攘除 : 물리쳐 배제하다. 소멸시키다. / 姦凶 : 여기서는 조위曹魏를 가리킴. / 興復漢室 : 촉한의 유비 부자는 한실의 후예였기 때문에 한실의 부흥을 표방하였음. / 舊都 : 옛 도읍지. 여기서는 한漢나라의 옛 도읍지를 가리킴. 서한西漢의 도성은 장안長安에 있었는데, 동한東漢 광무제光武帝가 낙양洛陽으로 천도遷都하였음.

6. **此臣所以報先帝而忠陛下之職分也.**
   차 신 소 이 보 선 제 이 충 폐 하 지 직 분 야

이것이 신이 선제에게 보답하고 폐하에게 충성할 수 있는 바의 직분입니다.

所以 : …함으로써 ~하는 바. / 報 : 보답하다. / 而 : 연접連接 관계를 나타내는 연사. / 陛下 : 천자에게 쓰는 존칭어. 고문에서는 이 외에도 '전하殿下'·각하'閣下'·'족하足下' 등의 존칭어가 있는데, '전하'는 왕후王侯에게, '각하'는 관직이 높은 사람에게, 그리고 '족하'는 직위나 연배가 비슷한 사람에게 사용했음.

■ 참 고 ■

출사표出師表

출사표는 전·후 두 편이 있는데, 일반적으로 출사표라 하면 전출사표를 말한다. 삼국지三國志 촉지蜀志 제갈량전에 '건흥建興 5년, 제군諸軍을 이끌고 북쪽 한중에 주둔하고서, 출발할 때 소疏를 올렸다(五年, 率諸軍北駐漢中, 臨發上疏.)'라고 하였는데, 그때 올린 소가 바로 이 출사표이다. 후에 또 하나의 출사표가 유전流傳하고, 그것이 후출사표라고 불리게 되자, 원래의 출사표를 전출사표라고 하였다. 후출사표도 제갈량이 지었다고는 하나, 그것에 대한 기록이 삼국지 제갈량전에 보이지 않고, 배송지裴松之의 주註에만 언급되어 있으며, 본문 중에도 의혹되는 점이 있어 후인의 위작일 가능성이 크다.

삼고초려三顧草廬

삼고초려는 세 번이나 보잘것없는 초가집으로 찾아갔다는 뜻의 성어이다. 이 성어는, 후한 말엽에 유비가 서서徐庶라는 사람의 천거에 따라, 남양 땅에 숨어 살고 있던 제갈량을 등용할 목적으로 세 번의 방문 끝에 그를 세상 밖으로 끌어낼 수 있었다는 고사에서 유래하였다. 그래서 이 삼고초려는 신분이나 지위가 높은 사람이 자기의 신분이나 지위를 내세우지 않고, 초야에 묻혀 있는 인재를 겸손한 태도와 간곡한 성의로써 초빙할 때 쓰이는 관용어가 되었다.

■ 보 충 ■

臣亮言 : 先帝創業未半, 而中道崩殂! 今天下三分, 益州罷弊, 此誠
신량언　　선제창업미반　　이중도붕조　　금천하삼분　　익주피폐　　차성

危急存亡之秋也! 然侍衛之臣, 不懈於內; 忠志之士, 忘身於外者,
위급존망지추야　　연시위지신　　불해어내　　충지지사　　망신어외자

蓋追先帝之殊遇, 欲報之於陛下也. 誠宜開張聖聽, 以光先帝遺德,
개추선제지수우　　욕보지어폐하야　　성의개장성청　　이광선제유덕

恢宏志士之氣; 不宜妄自菲薄, 引喩失義, 以塞忠諫之路也.
회굉지사지기　　불의망자비박　　인유실의　　이색충간지로야

- 제갈량 출사표

亮 : 자신의 이름을 말하는 것은 일종의 겸칭謙稱임. / 創業 : 대업大業을 개창開創하다. 큰일을 시작하다. / 未半 : 아직 반도 하지 못하다. 아직 반도 이루지 못하다. / 崩殂(붕조) : 죽다. 붕어崩御. / 天下三分 : 당시 중국 전토를 위魏·오吳·촉蜀이 분할 정립鼎立하였던 것을 말함. / 益州 : 당시 촉한의 영토였던 사천성四川省 일대. / 罷弊(피폐) : 백성들은 지치고 국력이 피폐하다. 전쟁에 시달려 피폐하다. / 誠 : 진실로. / 危急存亡之秋 : 위급하여 나라의 존망이 걸린 때. '秋'는 중요한 시점을 말함. / 侍衛 : 임금을 모시고 호위하다. / 懈(해) : 게으르다. 나태하다. 해이하다. / 內 : 조정 안. 궁전 안. 내직內職을 뜻함. / 忠志 : 충심忠心. / 忘身 : 자신의 몸을 잊다. 목숨을 돌보지 않는다는 뜻. / 外 : 바깥의 싸움터를 뜻함. / 追 : 추념追念하다. 생각하다. / 殊遇 : 특별한 대우. 잘 대해 준 것. / 宜 : 마땅히. / 開張聖聽 : 성청을 넓게 열다. 황제가 언로言路를 열어 신하들의 충간을 받아들이다. '聖'은 천자를 존칭하여 쓰는 말. / 光 : 빛내다. / 遺德 : 남긴 은덕. 끼친 덕. / 恢宏(회굉) : 넓고 크게 하다. / 氣 : 의기意氣. / 妄自菲薄 : 망령되이 스스로 재지才智도 덕망도 부족한 사람이라고 경시하다. '妄'은 '함부로'. '菲'·'薄'은 모두 '얇다'의 뜻으로, '菲薄'은 비재박덕菲才薄德. 재덕才德을 가볍게 여기는 것을 말함. / 引喩失義 : 의리에 합당하지 않는 일이나 도리를 끌어서 비유하다. 신하의 충간을 거절하기 위해서, 정당한 도리를 결缺한 사례를 비유로 끌어서 합리화 하는 것을 뜻함. / 塞 : 막다. / 忠諫 : 임금을 위하는 충성된 마음에서 간하는 말.

8. 적벽부赤壁賦 - 소식蘇軾

■ 해 제 ■

    적벽부는 소식이 황주黃州에서 적거謫居하고 있을 때, 황강현黃岡縣의 적벽 아래에서 뱃놀이를 하면서 지은 작품으로, 그 속에는 그의 달관達觀한 인생관이 잘 표로表露되어 있다. 이 적벽부는 사부류辭賦類의 고문으로, 산부散賦의 전형적인 작품이다. 산부란 산문체를 섞어서 쓴 부賦로서 용운用韻이 비교적 자유로운 것이 특징이다. 부란 본래 대우對偶를 전면에 걸쳐 활용하고 성률聲律의 조화를 고려하여 짓는 매우 수사적인 문체이다. 대개 4자구句와 6자구句를 기반으로 하고 있다.

    소식(1036~1101)은 자가 자첨子瞻, 자호自號가 동파거사東坡居士로 북송北宋 미주眉州 미산眉山(지금의 사천성四川省 미산현眉山縣) 사람이다. 그는 부친 소순蘇洵·아우 소철蘇轍과 함께 당송팔대가唐宋八大家에 열입列入되는 산문대가散文大家일 뿐만 아니라, 시詩·사詞·서書·화畵 각 방면에 모두 조예가 깊었다. 일찍이 구양수歐陽修의 인정을 받아 관도官途에 들었으나, 그 뒤 왕안석王安石의 신법新法에 반대하여 황주로 좌천左遷되었다. 그 후 다시 복권되어 중서사인中書舍人·한림학사翰林學士 등을 역임했으나, 만년에 다시 해남도海南島까지 귀양 갔다가 풀려 나오는 길에 죽었다.

본 문 1

> 客有吹洞簫者, 倚歌而和之, 其聲嗚嗚然, 如怨如慕,
> 如泣如訴, 餘音嫋嫋, 不絶如縷, 舞幽壑之潛蛟, 泣孤

舟之嫠婦. 蘇子愀然, 正襟危坐, 而問客曰 : '何爲其

然也?'

▌ 자변字辨 ▌

簫 〔소〕 퉁소. ▶소고簫鼓. 옥소玉簫.

嫋 〔뇨〕 휘청휘청하다. 간드러지다. ▶요나嫋娜.

縷 〔루〕 실. 자세하다. ▶일루一縷.

壑 〔학〕 구렁. 골. ▶구학丘壑. 만학萬壑.

蛟 〔교〕 교룡蛟龍.

嫠 〔리〕 홀어미. ▶이절嫠節.

愀 〔초〕 근심하다. 삼가다.

襟 〔금〕 옷깃. 가슴. ▶금도襟度. 금회襟懷. 흉금胸襟.

▌ 해 설 ▌

1. 客有吹洞簫者, 倚歌而和之.
객 유 취 통 소 자   의 가 이 화 지

객 중에 퉁소를 부는 자가 있어, 노랫소리에 맞추어 반주件奏하였다.

客 : 피리를 분 객은 도사道士 양세창楊世昌이라는 설이 있음. / 洞簫 : 관악기의
일종. '洞'의 음은 '통'. / 倚歌 : 노래를 따르다. 노래에 맞추다. / 和之 : 그것에 반
주하다. 그것에 화음和音한다. '之'는 앞의 노래를 가리키는 대사代詞.

2. 其聲嗚嗚然, 如怨如慕, 如泣如訴.
기 성 오 오 연   여 원 여 모   여 읍 여 소

그 소리가 오~ 오~ 하며 울리는데, 원망하는 듯, 애모愛慕하는 듯, 흐느
끼는 듯, 호소하는 듯하다.

其聲 : 퉁소 소리를 이름. / 嗚嗚然 : 오~ 오~ 하다. 퉁소 소리를 의음擬音한 것임.
'然'은 소리나 모습의 상태를 묘사하는 말 뒤에 놓여서 형용사나 부사의 사미詞尾
로 쓰임. / 如 : …과 같다. … 듯하다. / 泣 : 울다. 소리를 죽여 흐느끼다.

3. **餘音嫋嫋, 不絶如縷.**
   여 음 뇨 뇨   부 절 여 루

   여음이 가냘프게 이어져, 끊기지 않음이 실과 같았다.

   嫋嫋 : 가냘프다. 가느다랗다. 통소의 여음이 끊기지 않고 가늘고 길게 울리는 것
   을 형용한 말. / 不絶如縷 : 끊기지 않음이 실과 같다.

4. **舞幽壑之潛蛟, 泣孤舟之嫠婦.**
   무 유 학 지 잠 교   읍 고 주 지 리 부

   깊숙한 골짜기 물속에 잠겨 있는 교룡蛟龍을 춤추게 하고, 외로운 배의 홀
   어미를 울릴 듯하였다.

   舞 : 춤추게 하다. / 幽壑 : 깊은 골짜기. 심간深澗. / 潛蛟 : 깊은 물속에 잠긴 교룡.
   '교룡'은 물속에 사는 뿔 없는 용. / 泣 : 울게 하다. 여기의 '舞'나 '泣'은 모두 사동
   使動용법으로 쓰인 동사임. 여기서 '~ 듯하다'라고 번역한 것은 문맥상 그러한 것
   임. / 孤舟之嫠婦 : 한 척의 작은 배를 집 삼아 의지할 곳 없이 떠도는 홀어미. '嫠
   婦'는 홀어미. 과부.

5. **蘇子愀然, 正襟危坐.**
   소 자 초 연   정 금 위 좌

   소자는 슬픈 표정을 하며, 옷깃을 바로잡고 단정히 앉았다.

   蘇子 : 소식 자신을 칭하는 말. / 愀然 : 감상感傷하여 안색이 변하는 모습. '然'은
   형용사 사미詞尾. / 正襟危坐 : 옷을 가다듬고, 똑바로 몸을 일으켜 앉다.

6. **何爲其然也?**
   하 위 기 연 야

   어째서 그 소리가 그러한가?

   何爲 : 무엇 때문에. 어째서. '爲何'의 도치. / 其然 : 통소 소리가 그렇게 처량하냐
   는 뜻. / 也 : 일반적으로 의문사가 있는 의문형에는 어기사로 '也'를 씀.

본 문 2

客曰 : '月明星稀, 烏鵲南飛, 此非曹孟德之詩乎? 西望
夏口, 東望武昌, 山川相繆, 鬱乎蒼蒼, 此非孟德之困

於周郞者乎? 方其破荊州, 下江陵, 順流而東也, 舳艫
千里, 旌旗蔽空, 釃酒臨江, 橫槊賦詩, 固一世之雄也,
而今安在哉? 況吾與子, 漁樵於江渚之上, 侶魚蝦而友
麋鹿. 駕一葉之扁舟, 擧匏樽以相屬, 寄蜉蝣於天地,
渺滄海之一粟. 哀吾生之須臾, 羨長江之無窮. 挾飛仙
以遨遊, 抱明月而長終, 知不可乎驟得, 託遺響於悲風.'

▌ 자변字辨 ▌

鵲 〔작〕 까치. ▶작경鵲鏡. 작보鵲報. 작소구거鵲巢鳩居. 오작교烏鵲橋. 희작喜鵲.
曹 〔조〕 무리. 마을. 방. 나라 이름. ▶아조我曹. 육조六曹.
繆 〔무〕 얽히다.
鬱 〔울〕 우거지다. 막히다. 성하다. ▶울창鬱蒼. 울분鬱憤. 울적鬱積.
荊 〔형〕 가시나무. 곤장. 땅 이름. ▶형극荊棘. 형만荊蠻.
舳 〔축〕 고물.
艫 〔로〕 이물. 뱃머리.
旌 〔정〕 기. ▶정모旌旄. 정문旌門.
釃 〔시〕 거르다.
槊 〔삭〕 창. ▶모삭矛槊.
況 〔황〕 모양. 하물며. ▶근황近況. 정황情況. 황차況且.
樵 〔초〕 땔나무. 나무하다. 나무꾼. ▶초동樵童. 초부樵夫. 초은樵隱.
渚 〔저〕 물가. ▶저애渚涯. 주저洲渚.
侶 〔려〕 짝. 벗. 벗하다. ▶반려伴侶. 승려僧侶.
蝦 〔하〕 새우. 두꺼비. ▶하마蝦蟆. 대하大蝦.
麋 〔미〕 큰 사슴. 고라니. ▶미예麋麑.
駕 〔가〕 수레. 타다. 부리다. 능가하다. ▶가어駕御. 거가車駕. 능가凌駕.

扁 〔편〕 납작하다. 현판. 거룻배. ▶편액扁額.

匏 〔포〕 박. 바가지. ▶포로匏蘆.

樽 〔준〕 술그릇. ▶준조樽俎. 준주樽酒.

蜉 〔부〕 하루살이. 왕개미.

蝣 〔유〕 하루살이.

渺 〔묘〕 아득하다. 작다. ▶묘망渺茫. 표묘縹渺.

臾 〔유〕 잠깐. ▶수유須臾.

羨 〔선〕 부러워하다. ▶선망羨望. 선모羨慕.

挾 〔협〕 끼다. 두루 미치다. ▶협공挾攻. 협잡挾雜.

遨 〔오〕 놀다.

驟 〔취〕 달리다. 갑작스럽다. 자주. ▶취우驟雨.

託 〔탁〕 부탁하다. 의탁하다. ▶신탁信託.

■ 해 설 ■

1. **月明星稀, 烏鵲南飛.**
   월 명 성 희　　오 작 남 비

   달이 밝으니 별이 성긴데, 까막까치 남으로 날아간다.

   烏鵲 : 까막까치.

   ※ 조조曹操의 시인 단가행短歌行에 나오는 시구詩句.

2. **此非曹孟德之詩乎?**
   차 비 조 맹 덕 지 시 호

   이것은 조맹덕의 시가 아닌가?

   非 …乎 : …이 아닌가. 반어형反語形. / 曹孟德 : 삼국시대 위魏의 무제武帝인 조
   조. '孟德'은 조조의 자字.

3. **西望夏口, 東望武昌, 山川相繆, 鬱乎蒼蒼.**
   서 망 하 구　　동 망 무 창　　산 천 상 무　　울 호 창 창

   서쪽으로 하구를 바라보고 동쪽으로 무창을 바라보니, 산천은 겹겹이 얽
   혀 있고 초목은 울창하다.

   夏口 : 호북성湖北省 무한시武漢市 서쪽의 지명. / 武昌 : 지금의 무한시에 속한 지
   명. / 相繆 : 서로 얽혀 둘러싸다. 서로 이어져서 둘러싸다. / 鬱乎 : 울창한 모양.

가득 자란 모양. '乎'는 '然'과 마찬가지로 소리나 모습의 상태를 묘사하는 형용사나 부사에 붙어 쓰이는 사미詞尾. 그러나 형용사나 부사 뒤에 놓여서 어기를 일단 멈추는 역할을 하는 어기사로 간주하기도 함. / 蒼蒼 : 어둑어둑한 모양. 초목이 빽빽이 들어선 것이 밤에 어둑어둑하게 보이는 것을 묘사한 말.

4. **此非孟德之困於周郎者乎?**
   차 비 맹 덕 지 곤 어 주 랑 자 호

   여기는 맹덕이 주랑에게 곤욕困辱을 당했던 데가 아닌가?

   之 : 절節의 주어와 위어 사이에 쓰여, 절의 독립성을 없애고, 절을 형식상 구화句化하는 기능이 있음. / 於 : …에 의해서. …에게. '於'는 피동형에 쓰여서 '於' 뒤에 행위의 주동자를 끌어들이는 기능을 함. / 周郎 : 주유周瑜. 자는 공근公瑾. '郎'은 젊은 남자에게 쓰는 애칭. 주유가 24세 젊은 나이로 건위중랑장建威中郎將이 되어 군대를 통솔했으므로, 오인吳人들이 그를 주랑이라고 칭했다 함.
   ※ 적벽赤壁이 옛 전장戰場이었음을 말한 것이다.

5. **方其破荊州, 下江陵, 順流而東也, 舳艫千里, 旌旗蔽空, 釃酒臨**
   방 기 파 형 주   하 강 릉   순 류 이 동 야   축 로 천 리   정 기 폐 공   시 주 림
   江, 橫槊賦詩, 固一世之雄也.
   강   횡 삭 부 시   고 일 세 지 웅 야

   그가 형주를 쳐부수고 강릉을 점령한 뒤 물의 흐름을 따라서 동쪽으로 내려올 때에, 축로는 천리에 이어지고, 정기는 허공을 덮었는데, 술을 걸러 가지고 강에 임하여 창을 비껴 들고 시를 지었으니, 진실로 일세의 영웅이었다.

   方 : 여기의 '方'은 개사로 시점을 표시하며, 우리말로는 '…할 때에'라는 뜻을 가짐. '한창'이나 '바야흐로'의 뜻을 가지는 부사로서의 '方'으로 오해하기 쉬우니 유의할 것. / 荊州 : 지금의 호북성 양양襄陽 일대. / 下 : 공하攻下하다. 공략하다. / 江陵 : 지금의 호북성 강릉江陵. / 東 : 여기서는 동사화 하여 쓰였음. / 舳艫千里 : 배의 고물과 이물이 서로 잇달아 천리에 뻗다. 대선단大船團을 형용한 말. 일설에는 '舳艫'를 장방형의 큰 배라고도 함. / 旌旗 : '旌'은 원래 깃대 위에 이우犛牛의 꼬리를 달고 이것을 새털로 장식한 기이며, '旗'는 곰과 범을 그린 기이나, 여기서는 여러 종류의 군기軍旗를 총칭한 것임. / 釃酒 : 술을 거르다. 전의轉義되어 술을 마시다는 뜻으로 쓰임. / 臨江 : 강을 내려다보다. 고문에서 '江'은 '장강長江'임. / 橫槊 : 창을 가로 들다. '槊'은 1장丈 8척尺의 모矛. 자루가 달려 있음. / 賦詩 : 시를 짓다. 조조와 그의 두 아들 조비曹丕·조식曹植은 모두 위진魏晉을 대표하는 시인임. / 固 : 정말로.

※ 건안建安 13년, 적벽대전赤壁大戰이 일어나기 전에 조조는 형주를 격파하여 당시 형주자사荊州刺史이던 유표劉表의 아들인 유종劉琮의 항복을 받았다. 그리고 그 뒤 계속하여 강릉을 공략하고 나서 장강을 따라 동하東下하여 적벽에 진주進駐했는데, 여기서는 그 일을 말하고 있다.

6. **而今安在哉?**
　　이 금 안 재 재

그런데 지금은 어디에 있는가?

　　而 : 연사로서 여기서는 전절轉折 관계를 나타냄. / 安 : 어디. 의문사. / 哉 : 감탄적인 어기를 가지면서 반어형反語形에 쓰이는 어기사.

7. **況吾與子, 漁樵於江渚之上, 侶魚蝦而友麋鹿.**
　　황 오 여 자　　어 초 어 강 저 지 상　　려 어 하 이 우 미 록

하물며 나와 그대는 강저에서 고기 잡고 나무하며, 물고기나 새우와 짝하고 고라니와 사슴과 벗함에 있어서랴!

　　況 : 하물며. / 子 : 이인칭대사. / 漁樵於江渚之上 : 강변이나 사주沙洲에서 고기 잡고 나무하다. 강변이나 사주에서 어부나 나무꾼 노릇을 하다. / 侶魚蝦而友麋鹿 : '侶'·'友' 모두 동사화 되어 쓰였음. '麋'는 사슴의 일종으로 사슴보다는 큼. 고라니.

8. **駕一葉之扁舟, 擧匏樽以相屬, 寄蜉蝣於天地, 渺滄海之一粟.**
　　가 일 엽 지 편 주　　거 포 준 이 상 촉　　기 부 유 어 천 지　　묘 창 해 지 일 속

일엽편주를 타고 가면서, 포준을 들어 서로 권하며 천지에 부유 같은 생을 기탁하니, 작기가 넓은 바다 속의 한 알 좁쌀이다.

　　匏樽 : 표주박으로 만든 술병. / 以 : 연사로 쓰였음. / 屬 : 권하다. 음은 '촉'. / 寄 : 기탁하다. 부치다. 의지하다. / 蜉蝣 : 하루살이. 여기서는 하루살이와 같은 생을 비유함. / 渺 : 묘소渺小하다. 작다. / 滄海之一粟 : 넓은 바다 가운데 있는 좁쌀 한 알같이 미미하고 하잘것없는 존재.

　　※ 여기서는 천지와 부유, 창해와 일속으로 장長과 단短, 대大와 소소의 대조를 선명하게 보여 주고 있음.

9. **哀吾生之須臾, 羡長江之無窮.**
　　애 오 생 지 수 유　　선 장 강 지 무 궁

우리 생의 덧없음을 슬퍼하고, 장강의 무궁함을 부러워한다.

　　須臾 : 아주 짧은 시간. 찰나. / 無窮 : 다함이 없다. 끝이 없다.

10. 挾飛仙以遨遊, 抱明月而長終, 知不可乎驟得, 託遺響於悲風.
    협 비 선 이 오 유　　 포 명 월 이 장 종　　 지 불 가 호 취 득　　 탁 유 향 어 비 풍

나는 신선을 끼고 노닐며, 밝은 달을 안고 길이 살고자 하나, 쉽게 이루어
질 수 없음을 알고 여음을 슬픈 바람에 부치노라.

> 挾飛仙以遨遊 : 나는 신선을 끼고서 함께 노닐다. '以'는 연사로 쓰였음. '遨'·'遊'는
> 모두 '노닐다'의 뜻. / 抱明月而長終 : 밝은 달을 안고 그것과 함께 영원히 살다. '長
> 終'은 '오래도록 살다'·'길이 살다'의 뜻. / 乎 : 대상을 나타내는 개사로 쓰이고 있지
> 만 그런 문법적 기능보다 6자구句로 맞추기 위해 첨가된 것으로 보는 것이 좋음. /
> 驟得 : 갑자기 이루다. 그냥 이루다. 갑자기 쉽게 얻어지는 것을 말함. / 遺響 : 퉁소
> 소리의 여음餘音. / 悲風 : 쓸쓸한 가을바람.

■ 참 고 ■

적벽赤壁

호북성湖北省에는 적벽이라고 칭해지는 곳이 여럿 있다. 하나는 가어현嘉魚
縣 동북방에 있는데, 바로 적벽대전이 일어났던 곳이고, 또 하나는 예전의
무창현武昌縣 지역 동남방에 있는데 적기赤磯라고도 한다. 또 하나는 황강현
黃岡縣 성 밖에 있는데, 바로 소식蘇軾이 노닐면서 적벽부를 지었던 곳이다.
그 외에 또 다른 곳에도 있다. 소식이 황강현에 있는 적벽에서 노닐면서 적
벽대전의 고사를 끌어 쓴 것은, 그가 장소를 잘못 알았기 때문이 아니라,
고사를 사용하여 문정文情을 살리기 위해서였을 것이다.

적벽부赤壁賦

적벽부는 전·후 양편이 있다. 일반적으로 적벽부라 하면 전적벽부를 말한다.
전적벽부는 송宋 신종神宗 원풍元豊 7년 7월에 지었고, 후적벽부는 같은 해 10
월에 같은 장소에서 노닐면서 지었다. 두 편 모두 유락遊樂하면서 느낀 감회
를 읊은 것으로, 소식의 광달曠達한 심경을 보여 주는 천하의 명문들이다.

적벽대전赤壁大戰

후한後漢 건안建安 13년, 조조의 군대가 장강長江을 따라 동하東下하여 오吳
를 공격하자, 오왕吳主 손권孫權의 장수 주유周瑜가 유비劉備와 합세하여 싸
운 전쟁이다. 주유는 화공火攻을 써서 불과 3만의 군대로 조조의 백만대군
을 대파했다.

단가행短歌行

조조가 적벽의 화공火攻이 있기 전날, 배에서 잔치를 베풀고, 창을 가로 잡고 불렀다는 시. 시 속에 '달 밝으니 별빛 성긴데, 까막까치 남으로 날아간다. 나무를 세 번 돌아보지만, 의지할 만한 가지가 없도다(月明星稀, 烏鵲南飛. 繞樹三匝, 無枝可依.)'라는 구절이 있다. 달이 밝기 때문에 별빛이 성기다는 것은 조조 자신의 위력에 군웅群雄들의 위세가 사그라들었다는 뜻이며, 까치가 남쪽으로 날아가서 나무를 세 번 돌아도 의지할 가지가 없다는 것은 유비 등이 몸을 붙일 데도 없이 남으로 패주敗走한 것을 비유한 것이라고 한다.

■■ 보 충 ■

蘇子曰 : '客亦知夫水與月乎? 逝者如斯, 而未嘗往也 ; 盈虛者如彼,
소 자 왈   객 역 지 부 수 여 월 호   서 자 여 사   이 미 상 왕 야   영 허 자 여 피

而卒莫消長也. 蓋將自其變者而觀之, 則天地曾不能以一瞬 ; 自其不
이 졸 막 소 장 야   개 장 자 기 변 자 이 관 지   즉 천 지 증 불 능 이 일 순   자 기 불

變者而觀之, 則物與我皆無盡也. 而又何羨乎? 且夫天地之間, 物各
변 자 이 관 지   즉 물 여 아 개 무 진 야   이 우 하 선 호   차 부 천 지 지 간   물 각

有主, 苟非吾之所有, 雖一毫而莫取. 惟江上之淸風, 與山間之明月,
유 주   구 비 오 지 소 유   수 일 호 이 막 취   유 강 상 지 청 풍   여 산 간 지 명 월

耳得之而爲聲, 目遇之而成色. 取之無禁, 用之不竭. 是造物者之無
이 득 지 이 위 성   목 우 지 이 성 색   취 지 무 금   용 지 불 갈   시 조 물 자 지 무

盡藏也, 而吾與子之所共適.' - 소식 적벽부
진 장 야   이 오 여 자 지 소 공 적

夫 : 저. 지시사. / 逝者如斯 : 흘러가는 것이 이와 같다. 논어 자한편子罕篇에 '공자께서 냇가에서 말씀하시기를, 가는 것이 이같도다! 주야로 쉬지 않는구나라고 하셨다(子在川上曰 : 逝者如斯夫! 不舍晝夜.)'라는 말이 있음. / 未嘗往 : 다 흘러가 버리지는 않고 계속해서 물이 흐른다. / 盈虛 : 달이 차고 기울다. / 卒 : 끝내. / 消長 : 소멸하거나 불어서 커지다. / 自 : …로부터. / 天地曾不能以一瞬 : 그러면 천지는 일순간도 변하지 않을 수가 없다. '曾'은 '乃'의 뜻. / 苟 : 만약에. / 雖一毫而莫取 : 터럭 하나라도 취하지 말 것이다. / 耳得之而爲聲 : 귀가 그 청풍淸風을 들으면 아름다운 소리가 되다. / 目遇之而成色 : 눈이 그 명월明月의 빛을 만나면 아름다운 경치가 되다. / 造物者 : 대자연을 말함. / 無盡藏 : 아무리 꺼내 써도 다하지 않는 보장寶藏. 불가어佛家語. / 適 : 즐기다. 누리다.

9. 검군劍君 - 삼국사기三國史記

▌▌ 해 제 ▌

　신라 진평왕眞平王 때 화랑의 낭도郎徒였던 검군의 고사는 삼국사기 열전列傳에 나온다. 범법犯法한 동료들에 대한 인간적인 동정과 화랑도로서의 자신의 처신 때문에 고민하다가 스스로 죽음을 받아들인 검군의 이야기는 화랑정신의 일면을 보여 주고 있다.

　삼국사기는 고려의 문신·학자인 김부식金富軾이 인종仁宗의 명을 받아 편찬한 우리나라 최고最古의 사서史書이다. 신라·고구려·백제 삼국의 사실史實을 정사체正史體인 기전체紀傳體로 엮었다. 본기本紀 28권, 연표年表 3권, 지志 9권, 열전 10권 등 모두 50권으로 되어 있으며, 그 중 열전에는 왕을 제외한 유명한 인물들의 사적이 서술되어 있다.

본 문 1

建福四十四年丁亥秋八月, 隕霜殺諸穀. 明年春夏, 大飢,
民賣子而食. 於時, 宮中諸舍人同謀, 盜唱翳倉穀分之, 劍
君獨不受. 諸舍人曰:'衆人皆受, 君獨却之, 何也? 若嫌
少, 請更加之.' 劍君笑曰:'僕編名於近郎之徒, 修行於
風月之庭. 苟非其義, 雖千金之利, 不動心焉.' 時大日
伊飡之子爲花郎, 號近郎, 故云爾. 劍君出至近郎之門.
舍人等密議:'不殺此人, 必有漏言.' 遂召之.

隕 〔운〕 떨어지다. 무너지다. 죽다. ▶운석隕石.

翳 〔예〕 가리다. 숨다.

嫌 〔혐〕 의심하다. 싫어하다. 미움. ▶혐의嫌疑. 혐오嫌惡.

僕 〔복〕 종. 마부. 저. 무리. ▶복비僕婢. 노복奴僕.

苟 〔구〕 구차하다. 진실로. 겨우. 만일.

伊 〔이〕 저. 이.

飡 〔손〕 밥.

　　 〔찬〕 먹다.

爾 〔이〕 너. 같이. 그러하다. 뿐. 그. 이. 가깝다. ▶이래爾來.

■ 해 설 ■

1. **建福四十四年丁亥秋八月, 隕霜殺諸穀.**
　　건 복 사 십 사 년 정 해 추 팔 월　　운 상 살 제 곡

　건복 44년 정해년 가을 8월에, 서리가 내려 모든 곡식을 해쳤다.

　　建福四十四年丁亥 : 서기 627년. '建福'은 신라 진평왕眞平王의 연호.

2. **明年春夏, 大飢, 民賣子而食.**
　　명 년 춘 하　　대 기　　민 매 자 이 식

　다음 해 봄 여름에 크게 기근이 들어, 백성들이 자식을 팔아서 먹기도 하
였다.

3. **於時, 宮中諸舍人同謀, 盜唱翳倉穀分之.**
　　어 시　　궁 중 제 사 인 동 모　　도 창 예 창 곡 분 지

　이때 궁중의 여러 사인이 함께 모의하여, 창예창의 곡식을 훔쳐다가 그것
을 나누었다.

　　於時 : 이때에. '於是'와 같은 의미. / 舍人 : 신라의 관직. 대사大舍와 사지舍知의
　　총칭. / 唱翳倉 : 창고 이름.

4. **劍君, 獨不受.**
　　검 군　　독 불 수

　검군이 홀로 받지 않았다.

劍君 : 구문仇文 대사大舍의 아들. 당시 사량궁沙梁宮의 사인이었음.

5. 衆人皆受, 君獨却之, 何也?
중 인 개 수　군 독 각 지　하 야

뭇사람들이 다 받는데, 그대는 홀로 그것을 거절하니, 웬일인가?

皆 : 모두. / 君 : 그대. 이인칭 존칭으로 쓰임. / 獨 : 홀로. / 却 : 물리치다. 거절하
다. / 何也 : 무슨 일인가. 왜인가. '也'는 의문형에 쓰이는 어기사.

6. 若嫌少, 請更加之.
약 혐 소　청 갱 가 지

만약 적은 것이 불만이라면 다시 더 주겠다.

若 : 만약에. 가정형의 연사連詞로 쓰임. / 嫌少 : 적은 것을 꺼리다. 적은 것을 불
만스러워하다. / 請 : 청컨대. …할 것을 청하다. 청유의 의미를 가짐.

7. 僕編名於近郎之徒, 修行於風月之庭.
복 편 명 어 근 랑 지 도　수 행 어 풍 월 지 정

나는 근랑의 낭도郎徒에 이름을 얹고, 풍월의 뜰에서 행실을 닦았다.

僕 : 저. 상대에 대해서 자신을 낮추어 말할 때 쓰는 일인칭 겸칭어. / 編名於近郎
之徒 : 화랑인 근랑의 낭도 중 한 사람으로 소속해 있다는 뜻. '編名'은 '이름을 두
다', '이름을 얹다'. 즉 '재적在籍하다'의 뜻. '近郎'은 화랑의 이름, 대일大日 이찬
伊湌의 아들. '徒'는 따르는 무리. 여기서는 화랑을 따라 다니는 낭도. / 修行 : 행
실을 닦다. 수양하다. / 風月之庭 : 화랑도를 풍월도風月道라고 했음. 따라서 화랑
의 문정門庭이란 뜻.

8. 苟非其義, 雖千金之利, 不動心焉.
구 비 기 의　수 천 금 지 리　부 동 심 언

만약에 그 의로운 일이 아니라면, 비록 천금의 이익이라도 마음을 움직일
수 없다.

苟 : 만약에. 진실로. 가정형의 연사로 쓰임. / 非 : …이 아니다. '非'는 가정형에
쓰여 조건의 의미를 내포하기도 함. / 其 : 강조의 뜻을 나타냄. / 千金之利 : 매우 큰
이익을 말함. / 動心 : 마음을 움직이다. 유혹하다. / 焉 : 문미어기사로서 단정의 어
기를 가짐. '焉'은 '이것'·'그것' 등 대사의 뜻도 가지기 때문에, 어기사로 쓰일 경
우에도 대사의 뜻을 동시에 가질 경우가 있음.

9. 時大日伊湌之子爲花郎, 號近郎, 故云爾.
시 대 일 이 찬 지 자 위 화 랑　호 근 랑　고 운 이

당시, 대일 이찬의 아들이 화랑이 되어 근랑이라고 불렀는데, 그래서 그렇게 말하였다.

時 : 당시. / 大日 : 이찬의 이름. / 伊湌 : 신라 17등等 관계官階 중의 둘째 위계位階. / 號 : …라고 이름 짓다. …라고 부르다. / 故云爾 : 그래서 그렇게 말한 것이다. 앞에서 검군이 근랑의 낭도라고 한 이유를 설명하는 말. '故'는 '그래서'·'그러므로'. '云'은 '말하다'. '爾'는 '그러하다'로서 '然'과 같은 뜻.

10. **舍人等密議.**
　　　사 인 등 밀 의

사인들이 몰래 의논하였다.

舍人等 : '等'은 '들'이란 뜻으로 복수임을 분명히 나타낼 때 쓰임. 그러나 고문에서는 원래 단수·복수의 구별이 없으므로, '舍人'만으로도 문맥상 '舍人들'이란 뜻을 나타낼 수 있음.

11. **不殺此人, 必有漏言.**
　　　불 살 차 인　　필 유 루 언

이 사람을 죽이지 않으면, 반드시 새는 말이 있을 것이다.

必有漏言 : 반드시 말이 새어 나갈 것이라는 뜻.

※ 사인들이 밀의密議한 내용이다.

12. **遂召之.**
　　　수 소 지

드디어 그를 불렀다.

之 : 검군을 가리키는 지시대사.

본 문 2

劍君知其謀殺, 辭近郎曰 : '今日之後, 不復相見.' 郎問之, 劍君不言. 再三問之, 乃略言其由. 郎曰 : '胡不言於有司?' 劍君曰 : '畏己死, 使衆人入罪, 情所不忍也.' '然則盍逃乎?' 曰 : '彼曲我直, 而反自逃, 非丈夫也.'

遂往, 諸舍人置酒謝之, 密以藥置食. 劍君知而强食,
乃死.

■ 해 설 ■

1. 劍君知其謀殺, 辭近郎.
　　검 군 지 기 모 살　　사 근 랑

검군은 그들이 죽이려고 모의한 것을 알고, 근랑에게 하직하였다.

　　知其謀殺 : 그들이 자기를 살해하려고 모의한 것을 알다. / 辭 : 하직하다.

2. 今日之後, 不復相見.
　　금 일 지 후　　불 부 상 견

오늘 이후로, 다시 뵙지 못하겠습니다.

　　不復相見 : 다시는 당신을 뵙지 못하다. '相'은 동작이 상호간에 일어나는 것을 뜻
　　하여 '서로'라고 해석해야 될 경우도 있지만, 그렇지 않고 의미상 동작이 한쪽에서
　　만 행해질 때도 많이 쓰임. 그리고 그런 경우 동작을 받는 빈어인 대사는 생략됨.
　　'復'는 '다시'의 뜻. 음은 '부'.

3. 再三問之, 乃略言其由.
　　재 삼 문 지　　내 략 언 기 유

재삼 그 까닭을 묻자, 비로소 그 연유를 대략 말하였다.

　　之 : 그 일. 그 까닭. / 略 : 대략. / 由 : 까닭.

4. 胡不言於有司?
　　호 불 언 어 유 사

왜 유사에게 말하지 않느냐?

　　胡 : 왜. 어찌. 의문사. / 於 : …에게. …에. / 有司 : 사법관.

5. 畏己死, 使衆人入罪, 情所不忍也.
　　외 기 사　　사 중 인 입 죄　　정 소 불 인 야

자기가 죽는 것을 두려워하여, 여러 사람으로 하여금 죄를 짓게 하는 것
은 인정상 차마 할 수 없는 것입니다.

　　畏 : 두려워하다. / 使 : …으로 하여금 ~하게 하다. 사역형을 만듦. / 入罪 : 죄에

빠지다. 죄 짓게 하다. / 情所不忍 : 인정이 참을 수 없는 바. 인정상 차마 할 수 없는 것. '所'는 '…하는 바'·'…하는 것'의 뜻.

6. **然則盍逃乎?**
연 즉 합 도 호

그러면 왜 도망가지 않는가?

然則 : 그러면. / 盍 : '何不'이 합쳐진 합음사合音詞로서 '어찌 …않는가'라는 반문의 뜻을 나타냄. 음은 '합'. / 乎 : 의문어기사.

7. **彼曲我直, 而反自逃, 非丈夫也.**
피 곡 아 직   이 반 자 도   비 장 부 야

그들이 틀리고 내가 바른데, 도리어 스스로 도망가는 것은 장부가 아닙니다.

彼 : 저들. 그들. / 曲 : 굽다. 바르지 못하다. / 而 : 전절轉折관계를 나타내는 연사連詞. / 反 : 도리어. / 自 : 스스로. / 非丈夫也 : 대장부가 할 짓이 아니라는 뜻.

8. **遂往, 諸舍人置酒謝之, 密以藥置食.**
수 왕   제 사 인 치 주 사 지   밀 이 약 치 식

드디어 가니, 여러 사인들이 술을 준비해 놓고 그에게 감사하면서 몰래 약을 음식에 넣었다.

遂 : 드디어. 마침내. / 置酒 : 술을 차려 놓다. / 謝之 : 그에게 감사하다. 음식을 차려 놓고 접대하는 것을 가리킴. / 密 : 몰래. / 以 : …으로써. …을. 대상 또는 수단을 나타내는 개사. / 藥 : 여기서는 독약을 말함. / 置食 : 음식에 넣다.

9. **劍君知而强食, 乃死.**
검 군 지 이 강 식   내 사

검군은 알면서도 억지로 먹고, 그리하여 죽었다.

强 : 억지로. 굳이.

■ 보 충 ■

取美貌男子, 粧飾之, 名花郎以奉之. 徒衆雲集, 或相磨以道義, 或
취 미 모 남 자   장 식 지   명 화 랑 이 봉 지   도 중 운 집   혹 상 마 이 도 의   혹

相悅以歌樂, 遊娛山水, 無遠不至. 因此知其人邪正, 擇其善者, 薦
상 열 이 가 악   유 오 산 수   무 원 부 지   인 차 지 기 인 사 정   택 기 선 자   천

之於朝. - 삼국사기 신라본기新羅本紀
지 어 조

取 : 취하다. / 粧飾之 : 그를 단장하여 꾸미다. ‘之’는 미모의 남자를 가리키는 대사
代詞. / 名花郎以奉之 : 화랑이라고 이름하고서 그를 받들다. ‘名’은 동사화 되어 쓰
였음. / 徒衆 : 낭도의 무리. / 雲集 : 구름처럼 모이다. 많이 모인 것을 비유한 표현.
/ 或… 或~ : …하기도 하고, ~하기도 하다. / 相磨以道義 : 도의로써 서로 닦다. 도
의를 행함으로써 서로 수양한다는 뜻. / 相悅以歌樂 : 노래와 음악으로써 서로 기뻐
하다. / 遊娛山水 : 산과 물을 찾아다니며 즐기다. / 無遠不至 : 먼 곳이라도 이르지
않는 곳이 없다. / 因此 : 이 때문에. 이렇게 함으로써. / 知其人邪正 : 그 사람됨이 사
악한지, 바른지를 알다. / 擇其善者 : 그 중 착한 자를 가리다. ‘其’는 ‘그 중의’라는
뜻. / 薦之於朝 : 그를 조정에 천거하다. ‘之’는 ‘其善者’를 가리키는 대사.

10. 연오랑세오녀延烏郎細烏女 – 삼국유사三國遺事

▌ 해 제 ▌

　연오랑·세오녀 부부의 전설적인 고사는 삼국유사 기이紀異에 수록되
어 있다. 삼국유사는 정사正史로 인정되지는 않는다. 이 고사에도 또한
전설적인 색채가 짙지만, 우리는 그것을 통해서 고대에 우리 문화가 일
본에 전파되어 큰 영향을 끼쳤다는 사실을 간접적으로 다시 한 번 확인
할 수 있을 것이다.

　삼국유사는 고려 충렬왕忠烈王 때의 명승名僧인 보각국존普覺國尊 일연一然
이 편찬한 사서史書이다. 신라·고구려·백제 삼국의 유사遺事를 모아 삼국
의 연표와 더불어 기이紀異·흥법興法·탑상塔像·의해義解·신주神呪·감통感
通·피은避隱·효선孝善 등의 항목을 5권으로 나누어 적은 것으로서, 특히
불교에 관한 기록이 많다.

第八阿達羅王卽位四年丁酉, 東海濱有延烏郞·細烏女夫婦而居. 一日延烏歸海採藻, 忽有一巖, 負歸日本. 國人見之曰：‘此非常人也.’乃立爲王. 細烏怪夫不來, 歸尋之, 見夫脫鞋, 亦上其巖, 巖亦負歸如前. 其國人驚訝, 奏獻於王, 夫婦相會, 立爲貴妃.

■ 자변字辨 ■

濱 〔빈〕 물가. 끝. 가깝다. 임박하다. ▶빈애濱涯. 빈사濱死.

藻 〔조〕 조류藻類. 무늬. 꾸미다. ▶조식藻飾. 사조辭藻.

怪 〔괴〕 이상하게 생각하다. 괴이하다.

鞋 〔혜〕 신. ▶초혜草鞋.

訝 〔아〕 의아疑訝하다.

奏 〔주〕 아뢰다. 상소. 곡조. ▶주의奏議. 주청奏請. 상주上奏. 연주演奏.

■ 해 설 ■

1. 第八阿達羅王卽位四年丁酉, 東海濱有延烏郞·細烏女夫婦而居.
   제 팔 아 달 라 왕 즉 위 사 년 정 유   동 해 빈 유 연 오 랑   세 오 녀 부 부 이 거

   제8대 아달라왕이 즉위한 지 4년인 정유년에, 동해 바닷가에 연오랑과 세오녀 부부가 살고 있었다.

   阿達羅王卽位四年：서기 157년. ‘아달라왕’은 신라 제8대 왕. / 東海濱 : 동해의 바닷가.

2. 一日延烏歸海採藻.
   일 일 연 오 귀 해 채 조

   어느 날 연오랑이 바다에 나아가 해조海藻를 따고 있었다.

一日 : 어느 날. 하루는. / 歸海採藻 : 바다에 가서 해조를 채취하다.

3. 忽有一巖, 負歸日本.
홀 유 일 암　 부 귀 일 본

갑자기 바위 하나가 나타나더니, 등에 싣고 일본으로 가 버렸다.

忽有一巖 : 갑자기 하나의 바위가 나타나다. 갑자기 바위 하나가 출현하여 있게 되었다는 뜻. 원문의 주註에 의하면, 바위가 아니고 물고기였다는 설도 있음. / 負歸 : 지고 가다. 바위가 연오랑을 싣고 가다.

4. 國人見之曰 : '此非常人也'.
국 인 견 지 왈　 차 비 상 인 야

일본국 사람들이 그를 보고, "이 사람은 범상한 사람이 아니다."라고 말하였다.

國人 : 일본국인. / 非常人 : 상인常人이 아니다.

5. 乃立爲王.
내 립 위 왕

그래서 받들어 왕으로 삼았다.

乃 : 그리하여. 그래서. / 立爲王 : '立'은 옹립하다, 받들다. '爲王'은 왕으로 삼다. 원문의 주에서는, 일본제기日本帝紀에 신라인이 왕위에 즉위했다는 기록이 없는 것으로 보아, 이는 변읍邊邑의 소왕小王인 듯하다고 했음.

6. 細烏怪夫不來, 歸尋之, 見夫脫鞋.
세 오 괴 부 불 래　 귀 심 지　 견 부 탈 혜

세오녀는 남편이 돌아오지 않는 것을 괴이하게 여기고, 바다에 가서 그를 찾다가, 남편이 벗어 놓은 신을 발견했다.

怪夫不來 : 남편이 돌아오지 않는 것을 괴이하게 여기다. / 歸尋之 : 바닷가에 가서 그를 찾다.

7. 亦上其巖, 巖亦負歸如前.
역 상 기 암　 암 역 부 귀 여 전

역시 그 바위 위에 올랐더니, 바위가 역시 전처럼 싣고 갔다.

亦上其巖 : 세오녀도 또한 그 바위 위에 오르다. / 負歸如前 : 싣고 가기를 전과 같이 하다. 전처럼 싣고 가다.

8. 其國人驚訝, 奏獻於王.
기 국 인 경 아　 주 헌 어 왕

그 나라 사람들은 놀라고 의아하게 여겨, 왕에게 상주上奏하고 바쳤다.

其國 : 그 나라. 일본을 가리킴. / 驚訝 : 놀라고 의아하게 여기다. / 奏獻於王 : 왕에게 상주하고 바치다. 왕에게 사실을 아뢰고 세오녀를 데리고 갔다는 뜻.

9. **夫婦相會, 立爲貴妃.**
   부 부 상 회 립 위 귀 비

부부가 서로 만나게 되었고, 받들어 귀비로 삼았다.

본 문 2

是時新羅日月無光. 日者奏云:'日月之精, 降在我國, 今去日本. 故致斯怪.' 王遣使求二人. 延烏曰:'我到此國, 天使然也. 今何歸乎? 雖然, 朕之妃有所織細綃, 以此祭天, 可矣.' 仍賜其綃, 使人來奏. 依其言而祭之, 然後日月如舊. 藏其綃於御庫爲國寶. 名其庫爲貴妃庫. 祭天所名迎日縣, 又都祈野.

■ 자변字辨 ■

朕 〔짐〕 나.
綃 〔초〕 생사. 생초. ▶초소綃素. 초환綃紈.
仍 〔잉〕 인하다. 오히려. 이에.

■ 해 설 ■

1. **是時, 新羅日月無光.**
   시 시 신 라 일 월 무 광

이때에 신라에서는 해와 달이 빛이 없어졌다.

是時 : 이때.

2. 日者奏云 : 日月之精, 降在我國, 今去日本, 故致斯怪.
   일 자 주 운　　일 월 지 정　　강 재 아 국　　금 거 일 본　　고 치 사 괴

   일관日官이 아뢰기를, "일월의 정기精氣가 우리나라에 내려와 있었는데, 이제 일본으로 가 버렸기 때문에, 이런 괴변이 생기는 것입니다."라고 했다.

   日者 : 천문을 보고 길흉을 점치는 사람. 일관日官. / 奏云 : 상주하여 말하다. / 降在 : 내려서 … 에 있다. / 致 : 생기다. 생겨나다. / 斯怪 : 이러한 괴변. '怪'는 여기서 명사로 사용되었음.

3. 王遣使求二人.
   왕 견 시 구 이 인

   왕이 사자를 보내어 두 사람을 찾았다.

   遣 : 파견하다. 사역의 뜻을 내포함. / 使 : 사자. 음은 '시'. / 求 : 찾다.

4. 我到此國, 天使然也.
   아 도 차 국　　천 사 연 야

   내가 이 나라에 온 것은, 하늘이 그렇게 시켰기 때문이다.

   使然 : 그렇게 하게 하다. 그렇게 시키다. / 也 : 인과因果의 어기를 내포하는 문미 文尾어기사.

5. 何歸乎?
   하 귀 호

   어떻게 돌아갈 수가 있겠느냐?

   何 : 어찌. 어떻게. / 乎 : 반어형反語形에 쓰이는 문미어기사.

6. 雖然, 朕之妃有所織細綃, 以此祭天, 可矣.
   수 연　　짐 지 비 유 소 직 세 초　　이 차 제 천　　가 의

   비록 그렇긴 하지만, 짐의 비가 짠 고운 비단이 있으니, 이것으로 하늘에 제사를 드리면 될 것이다.

   朕之妃有所織細綃 : 짐의 비는 짠 바 고운 비단을 가지고 있다. 짐의 비에게 그녀가 짠 고운 비단이 있다는 뜻. '朕'은 원래 상하 구별 없이 일인칭대사로 쓰였으나, 진시황秦始皇 이후에는 황제에 한해서만 사용되었음. 제후나 왕이 쓰는 '과인 寡人'·'불곡不穀'·'고孤'와 마찬가지로 일종의 겸칭임. / 以此 : 이것을 가지고. 이 것으로. / 祭天 : 하늘에 제사지내다. / 可矣 : 될 것이다. '矣'는 동태動態를 표시하는 어기사로, 사물의 변화와 발전을 의미함. 따라서 '可矣'는 '이전에는 불가능했으나, 이제는 될 것이다'는 뜻을 가짐.

7. 仍賜其綃, 使人來奏.

<small>잉 사 기 초　 시 인 래 주</small>

그래서 그 비단을 주니, 사자가 돌아와서 아뢰었다.

> 仍 : 이에. 그래서. 그리하여. / 賜 : 하사하다. 주다. / 使人 : 사자. 사신. / 來奏 : 신라로 돌아와서 왕에게 사실을 보고하다.

8. 依其言而祭之, 然後日月如舊.

<small>의 기 언 이 제 지　 연 후 일 월 여 구</small>

그의 말대로 하늘에 제사를 지내니, 그런 뒤에 해와 달이 예전과 같았다.

> 依其言 : 그의 말대로 좇다. / 祭之 : 하늘에 제사를 지내다. '之'는 '天'을 가리키는 대사. / 然後 : 그런 뒤. / 日月如舊 : 해와 달의 정기精氣가 전과 같았다는 뜻.

9. 藏其綃於御庫爲國寶.

<small>장 기 초 어 어 고 위 국 보</small>

그 비단을 임금의 창고에 넣어두고 국보로 삼았다.

> 御庫 : 왕실의 창고. / 爲 : …으로 삼다.

10. 名其庫爲貴妃庫.

<small>명 기 고 위 귀 비 고</small>

그 창고를 귀비고라 이름하였다.

> 名…爲~ : …을 이름하여 ~라 하다.

11. 祭天所名迎日縣, 又都祈野.

<small>제 천 소 명 영 일 현　 우 도 기 야</small>

하늘에 제사지낸 곳을 영일현, 또는 도기야라 하였다.

> 祭天所 : 하늘에 제사지내는 곳. 제천祭天 의식을 거행하는 곳. / 名 : …라 이름하다. / 迎日縣 : 지명. / 又 : 또. 또는. / 都祈野 : 지명.

▨▨ 보 충 ▨

興德大王, 寶曆二年丙午卽位. 未幾有人奉使於唐, 將鸚鵡一雙而至.
<small>흥 덕 대 왕　 보 력 이 년 병 오 즉 위　 미 기 유 인 봉 시 어 당　 장 앵 무 일 쌍 이 지</small>

不久雌死, 而孤雄哀鳴不已. 王使人掛鏡於前, 鳥見鏡中影, 擬其得
<small>불 구 자 사　 이 고 웅 애 명 불 이　 왕 사 인 괘 경 어 전　 조 견 경 중 영　 의 기 득</small>

偶. 乃啄其鏡, 而知其影, 乃哀鳴而死. - 삼국유사 기이紀異
<small>우　 내 탁 기 경　 이 지 기 영　 내 애 명 이 사</small>

興德大王 : 신라 제42대 왕. / 寶曆二年丙午 : 보력 2년인 병오년. 서기 826년. '寶曆'은 당唐 경종敬宗의 연호. / 未幾 : 얼마 후. / 奉使 : 사신이 되어 가다. / 將鸚鵡一雙而至 : 앵무새 한 쌍을 가지고 오다. '將'은 '…을 가지다'의 뜻임. / 不久 : 얼마 안 있어. / 雌(자) : 암컷. / 孤雄 : 홀로 남은 수컷. / 哀鳴不已 : 슬피 울기를 그치지 않다. 그치지 않고 슬피 울다. / 使人掛鏡於前 : 사람을 시켜 앞에 거울을 걸게하다. 사역형. / 鏡中影 : 거울 속에 비친 그림자. / 擬其得偶 : 그가 짝을 얻었다고 생각하다. '擬'는 '짐작하다'·'헤아리다'의 뜻. / 乃啄其鏡 : 그래서 그 거울을 쪼다. / 而 : 그러나. 전절轉折 관계를 나타냄. / 知其影 : 그것이 그림자라는 것을 알다. / 哀鳴而死 : 슬피 울다가 죽다.

11. 사가재기四可齋記 - 이규보李奎報

■ 해 제 ■

사가재기는 이규보의 문집인 동국이상국집東國李相國集에 수록되어 있다. 이 글 속에는 세속의 명리名利에 초탈하고, 자연 속에서 안분낙도安分樂道하려는 이규보의 선비정신이 뚜렷이 표현되어 있다. 기記는 기사記事의 문장으로, 일의 유래를 그 사실대로 기술하는 것을 본령本領으로 한다.

이규보(1168~1241)는 초명初名이 인저仁氐, 자는 춘경春卿, 자호自號는 백운거사白雲居士로 고려 황려현黃驪縣 사람이다. 명종明宗 20년에 문과에 급제하여 벼슬이 문하시랑평장사門下侍郎平章事에까지 이르렀다. 시문이 고인古人의 것을 답습踏襲하지 않아 개성이 있고 필치가 힘이 있고 활달하였다. 졸년卒年은 고종高宗 28년, 시호는 문순文順이다.

昔予先君嘗置別業於西郭之外, 溪谷窅深, 境幽地僻,
如造別一世界, 可樂也. 予得而有之, 屢相往來, 爲讀
書閑適之所. 有田可以耕而食, 有桑可以蠶而衣, 有泉
可飮, 有木可薪. 可吾意者有四, 故名其齋曰四可. 且
祿豐官重, 乘威挾勢者, 凡所欲得, 無一不可於意者;
若予則旣窮且困, 顧平生百無一可, 而今遽有四可, 何
僭如之?

■ **자변**字辨 ■

窅 〔요〕 으슥하다.

僻 〔벽〕 후미지다. 치우치다. 간사하다. 방종하다. ▶ 벽자僻字. 벽촌僻村. 기벽
奇僻. 황벽荒僻.

薪 〔신〕 땔나무. 나무하다. ▶ 신수薪水. 와신상담臥薪嘗膽.

齋 〔재〕 재계하다. 집. 방. 식사. ▶ 재결齋潔. 서재書齋.

挾 〔협〕 끼다. 두루 미치다. ▶ 협공挾攻. 협잡挾雜.

遽 〔거〕 급히. 갑자기. 당황하다. 놀라다. ▶ 급거急遽.

僭 〔참〕 참람僭濫되다. 어그러지다. ▶ 참월僭越.

■ **해 설** ■

1. **昔予先君嘗置別業於西郭之外.**
   석 여 선 군 상 치 별 업 어 서 곽 지 외
   예전에 나의 돌아가신 아버님께서 일찍이 서곽 바깥에 별장을 두셨다.

   昔 : 예전에. / 先君 : 돌아가신 부친. / 嘗 : 일찍이. 일찍이 …하였다. 오래 전의 일

을 말할 때 흔히 씀. / 置 : 두다. 여기서는 '설치하다'·'만들어 두다'의 뜻. / 別業 : 별장. / 西郭 : 서쪽의 외성外城.

2. 溪谷窅深, 境幽地僻, 如造別一世界, 可樂也.
   계곡요심   경유지벽   여조별일세계   가락야

계곡이 깊숙하고 경역이 그윽하며 땅이 후미져서, 별다른 세계를 만들어 놓은 듯하여 즐길 만하다.

窅深 : 깊다. / 境幽地僻 : 경지境地가 유벽幽僻하다. '境地'는 별장을 세운 곳의 경역과 땅. '幽僻'은 '그윽하고 후미지다'의 뜻. / 如 : …한 듯하다. / 別一世界 : 하나의 별세계. 보통 세상이 아닌, 또 다른 한 세계. / 可樂 : 즐길 만하다.

3. 予得而有之, 屢相往來, 爲讀書閑適之所.
   여득이유지   루상왕래   위독서한적지소

나는 그것을 얻어 가지고는, 자주 그곳에 왕래하면서 책을 읽고 한가로이 자적自適하는 곳으로 삼았다.

得而有之 : 그것을 얻어 소유하다. / 屢 : 누차. 자주. / 相 : 동사 앞에 놓여 의미상 지시사의 기능을 함. 여기서는 '그곳에'라고 해석하면 됨. / 爲 : 삼다. / 閑適 : 한가로이 자적하다. / 所 : 장소. 명사로 쓰였음.

4. 有田可以耕而食, 有桑可以蠶而衣, 有泉可飮, 有木可薪.
   유전가이경이식   유상가이잠이의   유천가음   유목가신

밭이 있어서 경작하여 먹을 수 있고, 뽕나무가 있어 누에를 쳐 옷을 만들어 입을 수 있고, 샘이 있어 마실 수 있고, 나무가 있어 땔나무를 구할 수 있다.

有田可以耕而食 : 직역하면 '밭이 있어 그것으로 경작하고 먹을 수 있다'의 뜻. 즉 '可以…'는 '…을 가지고서 ~할 수 있다'의 뜻이지, 그냥 '~할 수 있다'의 뜻이 아님. / 有桑可以蠶而衣 : 뽕나무가 있어 그것으로 누에를 쳐서 옷을 만들어 입을 수 있다. '衣'는 '옷을 해 입다'의 뜻, 동사화 되었음. / 有木可薪 : 나무가 있어서 땔나무를 구할 수 있다. '薪'은 동사화 되었음.

5. 可吾意者有四, 故名其齋曰四可.
   가오의자유사   고명기재왈사가

내 뜻대로 된 것이 넷 있으니, 그래서 그 집을 이름하여 사가재四可齋라고 하였다.

可吾意者 : 내 뜻대로 된 것. 내 뜻에 맞는 것.

※ 이 부분은 사가재라는 재호齋號가 생긴 연유를 밝히고 있다.

6. **且祿豊官重, 乘威挾勢者, 凡所欲得, 無一不可於意者.**
   차 록 풍 관 중　　승 위 협 세 자　　범 소 욕 득　　무 일 불 가 어 의 자

또 말하건대, 녹이 많고 벼슬이 높아 위엄을 이용하고 세도를 끼고 있는
자들은, 모든 얻고자 하는 것에 있어서 하나라도 뜻대로 되지 않은 것이
없다.

> 且 : 어떤 사실을 다시 제기하여 말머리를 바꾸는 기능을 하는 갱단사更端詞. / 祿
> 豊官重 : 봉록俸祿이 넉넉하고 벼슬이 높다. / 乘威挾勢 : 위엄을 타고 세도를 끼다.
> 위엄을 이용하고 세도를 믿고 뽐낸다. / 凡所欲得 : 모든 얻고자 하는 것. / 無一不
> 可於意者 : 하나라도 뜻에 따라 주지 않는 것이 없다. 이중부정의 형태로서 긍정의
> 뜻을 더욱 강조하는 형태.

7. **若予則旣窮且困, 顧平生百無一可.**
   약 여 즉 기 궁 차 곤　　고 평 생 백 무 일 가

나의 경우에는 가난하고 곤고困苦하여, 평생을 돌이켜보건대 백에 하나도
뜻대로 된 것이 없다.

> 若 : 여기서의 '若'은 문의文意를 전절轉折하는 갱단사로서의 기능을 가지고 있
> 음. 의미상 '至於'와 비슷함. / 則 : 두 가지 일을 대비시키는 기능이 있음. 여기서
> 는 '祿豊官重, 乘威挾勢者'와 '予'를 대비시키고 있음. / 旣… 且~ : …하고 ~하다. /
> 困 : 어렵다. 고생스럽다. / 顧 : 돌이켜보다. / 百無一可 : 백 가지 중에 한 가지도 뜻
> 대로 되어지는 것이 없다. '可'는 '가의可意'의 뜻.

8. **而今遽有四可, 何僭如之?**
   이 금 거 유 사 가　　하 참 여 지

그런데 이제 갑자기 네 가지 뜻대로 해 주는 것을 갖게 되었으니, 얼마나
참월僭越한 일인가?

> 而 : 그런데. 전절 관계를 나타내는 연사連詞. / 今 : 지금, 이제. / 四可 : '可'는 역
> 시 '가의可意'의 뜻. / 何僭如之 : 어떤 참월함이 이와 같겠는가? 매우 과분한 일이
> 란 뜻.

夫大牢之享，始於藜羹；千里之行，起於門前，蓋其漸
也．予居是齋也，若有得田園之樂，則其唾棄世網，拂
衣裹足，歸老故鄉，作大平農叟，擊壤鼓腹，歌詠聖化，
以被于管絃，亦何有不可哉？

■ 자변字辨 ■

牢 〔뢰〕 우리. 옥. 희생. 곳간. 에워싸다. ▶뇌옥牢獄.

藜 〔려〕 명아주. ▶여장藜杖.

羹 〔갱〕 국. ▶갱죽羹粥.

唾 〔타〕 침. 침 뱉다. ▶타매唾罵. 타기唾棄.

網 〔망〕 그물. 그물질하다. ▶망라網羅. 법망法網.

拂 〔불〕 털다. 떨치다. 닦다. 먼지떨이. ▶불식拂拭. 불진拂塵.

裹 〔과〕 싸다.

叟 〔수〕 늙은이. ▶노수老叟. 조수釣叟.

壤 〔양〕 땅. ▶격양가擊壤歌. 토양土壤.

■ 해 설 ■

1. **夫大牢之享，始於藜羹，千里之行，起於門前，蓋其漸也.**
   부대뢰지향　시어려갱　천리지행　기어문전　개기점야

   저 대뢰를 갖춘 향연도 명아주 국에서 시작하고, 천리의 여행도 문 앞에
   서 시작하는데, 대체로 그것이 순서이기 때문이다.

   夫 : 어떤 의론을 제기할 때 쓰이는 대사로 문두文頭어기사의 역할을 겸함. / 大牢
   之享 : 큰 잔치를 즐기는 것을 뜻함. '大牢'는 소·양·돼지 등 세 가지 음식을 갖춘
   큰 잔치. / 藜羹 : 명아주 국. 가장 소박한 음식을 상징함. / 千里之行 : 천리를 가는
   여행. / 蓋 : 대개. 대체로. / 漸 : 점차적인 것. 순서. / 也 : 인과문因果文에 쓰이는

문미어기사.

2. 予居是齋也, 若有得田園之樂, 則其唾棄世網, 拂衣裏足, 歸老故
　　여 거 시 재 야　　약 유 득 전 원 지 락　　즉 기 타 기 세 망　　불 의 과 족　　귀 로 고

鄕, 作大平農叟, 擊壤鼓腹, 歌詠聖化, 以被于管絃, 亦何有不可哉?
향　　작 태 평 농 수　　격 양 고 복　　가 영 성 화　　이 피 우 관 현　　역 하 유 불 가 재

내가 이 집에 머물면서 만약 전원의 즐거움을 얻을 수 있다면, 그 세상
그물을 버리고 옷을 털고 발을 싸고는, 고향으로 돌아가 태평한 늙은 농
부가 되어, 땅을 치고 배를 두드리며 성왕聖王의 덕화德化를 노래하고 읊
조려 그것을 관현에 연주하는 것이, 또한 어찌 뜻대로 되지 않을 게 있겠
는가?

> 也 : 복문複文 중간에 사용되어 어기를 잠시 늦추는 기능이 있음. 여기서는 ‘…할
> 때’·‘…하고 있으면서’ 등의 뜻으로 해석하면 됨. / 若… 則~ : 만약 …하다면, 그
> 러면 ~. / 其 : 그. 대사代詞. / 唾棄 : 매우 더럽거나 하찮아 침을 뱉듯이 내버리고
> 돌아보지 않는다는 뜻. / 世網 : 세속의 티끌 그물이란 뜻으로, 세상살이에 연루되
> 어 얽매이는 것을 비유한 말. / 拂衣 : 옷을 털다. 여기서는 미련 없이 떠나는 모습
> 을 표현한 것임. / 裏足 : 발을 싸다. 여기서는 대외적인 활동을 그만두고 은퇴하는
> 것을 비유한 말. / 歸老 : 벼슬을 그만두고 고향으로 돌아가 노후를 보내다. /
> 作 : …이 되다. …노릇을 하다. / 大平農叟 : 태평한 시대의 농사짓는 노인. ‘大’는
> ‘太(태)’와 같음. / 擊壤鼓腹 : 땅을 치고 배를 두드리다. 백성이 천하의 태평함을
> 즐기는 모습. / 歌詠 : 노래하고 읊조리다. / 聖化 : 임금의 덕화. ‘聖’은 임금을 뜻
> 할 때 쓰임. / 以被于管絃 : 그것을 악기로 연주하다. ‘管絃’의 ‘管’은 관악기이고,
> ‘絃’은 현악기이나, 합쳐서 악기를 지칭함. / 何有不可哉 : 어찌 뜻대로 되지 않을
> 게 있겠는가. ‘哉’는 반어형反語形에 쓰이는 어기사.

■ 참 고 ■

격양고복擊壤鼓腹, 가영성화歌詠聖化

십팔사략十八史略에 의하면, 요堯임금이 천하를 다스린 지 50년이 되었을
때, 그동안 실제로 천하가 잘 다스려지고 있는지, 그렇지 않은지를 알아보
기 위해서 거리로 나아가 보았는데 그때 한 늙은이가 무엇인가 씹으면서
배를 두드리고 땅을 치며 박자를 맞추어 노래하고 있었다. ‘해가 뜨면 일하
고 해가 지면 쉬며, 우물 파서 마시고 밭을 갈아 먹으니, 임금의 힘이 내게

무슨 상관 있으리오?(日出而作, 日入而息, 鑿井而飲, 耕田而食, 帝力于我何有哉?)'
이 노래를 격양가擊壤歌라고 하는데, 이를 통해서 요임금의 덕화가 얼마나
컸는지를 알 수 있다.

격양에 대한 이야기는 제왕세기帝王世紀·곤학기문困學紀聞 등에도 보이는데,
격양에 대해서는 이설이 있다. 신 같은 목제구木製具인 양壤을 땅에 세우고
몇 걸음 떨어진 곳에서 이와 같은 물건을 던져 맞추는 유희라는 설도 있고,
양壤이 땅이 아니고 흙으로 만든 악기라는 설도 있다.

■ 보 충 ■

鏡之明也, 姸者喜之, 醜者忌之. 然姸者少, 醜者多, 若一見, 必破
경 지 명 야   연 자 희 지   추 자 기 지   연 연 자 소   추 자 다   약 일 견   필 파

碎後已, 不若爲塵所昏. 塵之昏, 寧蝕其外, 未喪其淸. 萬一遇姸者,
쇄 후 이   불 약 위 진 소 혼   진 지 혼   녕 식 기 외   미 상 기 청   만 일 우 연 자

而後磨拭之, 亦未晩也. - 이규보李圭報 경설鏡說
이 후 마 식 지   역 미 만 야

> 鏡之明也 : 거울의 맑음이란. / 姸者 : 고운 사람. 예쁜 사람. / 醜者 : 못생긴 사람. /
> 忌 : 꺼려하다. / 然 : 그러나. / 若 : 만약에. / 破碎後已 : 깨부순 뒤에라야 그만두다.
> 깨부수고야 만다. / 不若 : …만 못하다. / 爲塵所昏 : 먼지에 덮여 뿌옇게 가리워지
> 다. '爲… 所~'는 피동형을 만듦. / 塵之昏 : 먼지가 끼어 어두운 것. / 寧 : 차라리.
> 그런 대로. / 蝕(식) : 침식하다. / 喪 : 잃다. / 遇 : 만나다. / 而後 : 그런 뒤에. / 磨拭
> (마식) : 갈고 닦다. / 未晩 : 아직 늦지 않다.

12. 허생전許生傳 - 박지원朴趾源

■ 해 제 ■

박지원의 한문 단편소설인 허생전은 열하일기熱河日記에 수록되어 있
다. 작가는 이 소설에서 허생이라는 가상적인 인물의 말과 행동을 통하

여, 형식주의에 치우친 유학儒學과 상업을 천하게 여기던 당시의 사회 풍조를 비판하고, 경세치용經世治用의 사상을 고취하려 하였다.

　박지원(1737~1805)은 자가 중미仲美, 호는 연암燕巖으로, 조선 정조正祖 때의 실학자實學者·문인이다. 정조 4년에 박명원朴明源을 따라 청淸나라에 다녀온 이후, 이용후생利用厚生을 위한 실학 사상을 고취하는 데 힘을 기울였다. 그리고 그는 청나라에 다녀와 쓴 열하일기를 통하여 신문물을 소개하는 데 큰 몫을 하였고, 그의 대표적인 단편소설인 허생전·호질虎叱·양반전兩班傳 등을 통하여 무능한 양반 계급과 부패한 관리들을 비판하여 당시 사람들에게 자각을 불러일으키려고 노력하였다.

본 문 1

許生好讀書, 妻爲人縫刺, 以糊口. 一日妻甚飢, 泣曰:
‘子平生不赴擧, 讀書何爲?’許生笑曰:‘吾讀書未熟.’妻
曰:‘不有工乎?’生曰:‘工未素學, 奈何?’妻曰:‘不有商
乎?’生曰:‘商無本錢, 奈何?’其妻恚且罵曰:‘晝夜讀書,
只學奈何? 不工不商, 何不盜賊?’許生掩卷, 起曰:
‘惜乎! 吾讀書, 本期十年, 今七年矣.’

■ 자변字辨 ■

縫〔봉〕 꿰매다. 깁다. ▶ 미봉彌縫. 천의무봉天衣無縫.
糊〔호〕 풀. 바르다. 흐리다. 죽. ▶ 호구糊口. 호도糊塗. 모호模糊.
恚〔에〕 성내다. 성. ▶ 에분恚忿.
罵〔매〕 욕하다. 욕. ▶ 매도罵倒. 매리罵詈.

掩 〔엄〕 가리다. 숨기다. 닫다. 비호하다. ▶엄폐掩蔽. 엄호掩護.

▌ 해 설 ▐

1. **許生好讀書, 妻爲人縫刺, 以糊口.**
   허 생 호 독 서　　처 위 인 봉 자　　이 호 구
   허생이 책 읽기만을 좋아하니, 처가 남을 대신하여 바느질을 해서 입에 풀칠을 했다.

   > 許生 : '許'는 성姓. '生'은 선비에게 쓰는 호칭. / 爲人 : 남을 대신하여. 남을 위하여. / 縫刺 : 원뜻은 바느질하고 자수하는 것을 가리키나, 여기서는 바느질하다의 뜻으로 풀이하는 것이 무난함. / 以 : 그리하여. / 糊口 : 입에 풀칠하다. 죽이나 먹고 근근이 연명하는 것을 말함.

2. **一日妻甚飢.**
   일 일 처 심 기
   하루는 처가 몹시 굶주렸다.

   > 一日 : 하루는. / 甚 : 몹시.

3. **子平生不赴擧, 讀書何爲?**
   자 평 생 불 부 거　　독 서 하 위
   당신은 평생 과거에 나아가지 않으시니, 책을 읽어서 무엇하시려오?

   > 子 : 당신. 그대. 이인칭대사. / 赴擧 : 과거보러 가다. 과거장에 나가다. / 何爲 : 무엇 때문이냐. 무엇하겠느냐. '爲何'의 도치.

4. **吾讀書未熟.**
   오 독 서 미 숙
   나의 독서는 아직 완숙하지 못했다.

   > 未 : 부정사. 아직 …하지 못하다. 아직 …하지 않다.

5. **不有工乎?**
   불 유 공 호
   공업이 있지 않습니까?

   > 工 : 원래 공인工人의 뜻이나 여기서는 공인이 하는 일이란 뜻으로 풀이함.
   > ※ 독서는 그만두고 공인이 되어 살아가는 법이 있지 않느냐는 말.

6. **工未素學, 奈何?**
   공 미 소 학　　내 하

공업은 본디 배우지 못하였으니, 어찌하오?

素 : 본디. 원래. / 奈何 : 어찌할까.

7. 不有商乎?
불 유 상 호

장사가 있지 않습니까?

8. 商無本錢, 奈何?
상 무 본 전   내 하

장사는 본전이 없으니, 어찌 하오?

9. 其妻恚且罵.
기 처 에 차 매

그 처는 성을 내고 또 꾸짖었다.

且 : 연사連詞로 쓰일 경우에는 동사나 형용사를 연결하여, '…하고, 또 ~하다'·
'한편으로는 …하면서, 한편으로는 ~하다'의 뜻을 가지게 함.

10. 晝夜讀書, 只學奈何?
주 야 독 서   지 학 내 하

밤낮으로 책을 보더니, 단지 '어찌 하오'라는 말만 배웠어요?

只 : 단지.

11. 不工不商, 何不盜賊?
불 공 불 상   하 부 도 적

공업도 안하고 장사도 안하면, 어째서 도적질이라도 하지 않소?

何 : 어찌. 어떻게. 왜. '何'는 뜻의 범위가 매우 넓음.

12. 許生掩卷, 起.
허 생 엄 권   기

허생이 책을 덮고 일어났다.

卷 : 원래 두루마리인데, 고대에는 책을 매지 않고 두루마리로 하였으므로 전의轉
義하여 책이란 뜻으로 쓰임.

13. 惜乎!
석 호

애석하도다!

乎 : 일반적으로 의문형이나 반어형에 쓰이는 어기사이나 때로는 감탄사에도 사
용됨.

14. 吾讀書, 本期十年, 今七年矣.
오 독 서　본 기 십 년　금 칠 년 의

나의 독서는 본래 10년을 기약했는데, 이제 7년이 되었다.

期 : 기약하다. / 矣 : 동태動態를 표시하는 어기사로 어떤 상태가 되었음을 뜻할 때 쓰임.

出門而去, 無相識者. 直之雲從街, 問市中人曰:'漢陽中, 誰最富?' 有道卞氏者, 遂訪其家. 許生長揖曰:'吾家貧, 欲有所小試, 願從君借萬金.' 卞氏曰:'諾!' 立與萬金, 客竟不謝而去.

■ 자변字辨 ■

卞〔변〕 성.
揖〔읍〕 읍하다. 사양하다. ▶읍양揖讓.

■ 해 설 ■

1. 出門而去, 無相識者.
　출 문 이 거　　무 상 식 자

문을 나서서 갔는데, 아는 자가 없었다.

相識者 : 알고 지내는 사람. 아는 사람

2. 直之雲從街, 問市中人.
　직 지 운 종 가　　문 시 중 인

곧장 운종가로 가서, 저자에 있는 사람들에게 물었다.

直 : 곧장. 바로. / 之 : 가다. 동사임. / 雲從街 : 거리 이름. 오늘날의 종로 거리.

3. 漢陽中, 誰最富?
    한 양 중　　수 최 부

한양에서 누가 가장 부자요?

4. 有道卞氏者, 遂訪其家.
    유 도 변 씨 자　　수 방 기 가

변씨라고 말한 사람이 있어서, 드디어 그의 집을 방문했다.

　　道 : 말하다. / 卞氏 : '卞'은 성姓. / 遂 : 드디어. / 訪 : 방문하다.

5. 許生長揖.
    허 생 장 읍

허생이 길게 읍하였다.

　　長揖 : 정중하게 읍하는 것을 말함. '揖'이란 공수拱手하고 절하는 것으로 인사하
는 예법의 하나.

6. 欲有所小試, 願從君借萬金.
    욕 유 소 소 시　　원 종 군 차 만 금

조그맣게 시험하고자 하는 일이 있는데, 그대로부터 만금의 돈을 빌리기
를 원합니다.

　　有所小試 : 조그맣게 시험할 것이 있다. / 願 : 원컨대. …하기를 원하다. / 從 : …로
부터. / 君 : 이인칭 존칭어.

7. 卞氏曰 : 諾!
    변 씨 왈　　낙

변씨가 "좋다."고 말하였다.

　　諾 : 좋다. 승낙하는 말.

8. 立與萬金.
    립 여 만 금

그 자리에서 만금을 주었다.

　　立 : 바로. 즉시. 즉석에서. 부사로 쓰였음. / 與 : 주다.

9. 客竟不謝而去.
    객 경 불 사 이 거

손은 마침내 인사하지도 않은 채 떠났다.

　　竟 : 마침내. / 謝 : 사례하다. 감사하다.

허생許生의 상술商術

허생전에 의하면 허생은 변씨卞氏에게서 일만 금을 빌려서 먼저 안성安城으로 갔다. 그리고는 거기서 대추·밤·감·배·감자·석류·귤·유자 등의 과실을 시세의 두 배 값을 주고 사서 저장했다. 허생이 과일을 독점하자, 온 나라가 잔치나 제사를 치르지 못하게 되었다. 그러자 얼마 전에 허생에게 과일을 판 상인들이 찾아와서 열 배의 값으로 물건을 다시 사가지고 갔다. 허생은 다시 제주도에 가서 말총을 전부 사 모았다. 그러자 얼마 되지 않아 전국의 망건網巾 값이 열 배나 뛰어올랐다. 이렇게 해서 許生은 또 많은 돈을 벌었다. 허생은 그 후 도적들을 데리고 무인도에 들어가서 농사를 지어 그 수확을 일본의 장기도長崎島에 갖다 팔아 모두 백만 냥을 모으게 되었다.

이렇게 해서 번 돈을 일부는 바다 속에 버리고, 일부는 전국의 빈민들에게 나누어 주고는 남은 돈 10만 냥을 변씨에게 갚았다 한다.

■ 보 충 ■

於是, 以銀十萬付卞氏, 曰：'吾不耐一朝之飢, 未竟讀書, 暫借君萬
어시　이은십만부변씨　왈　　오불내일조지기　미경독서　잠차군만

金.' 卞氏大驚, 起拜辭謝, 願受什一之利. 許生大怒, 曰：'君何以賈
금　변씨대경　기배사사　원수십일지리　허생대노　왈　군하이고

豎視我也?' 拂衣而去. - 박지원 허생전
수시아야　　불의이거

於是 : 이에. 이리하여. / 以銀十萬付卞氏 : 은전 10만 냥을 변씨에게 주다. / 吾不耐一朝之飢 : 내가 하루아침, 즉 잠깐 동안의 굶주림을 견디어 참지 못하다. / 未竟讀書 : 독서를 다 끝마치지 못하다. / 暫借君萬金 : 잠시 그대로부터 만금을 빌리다. / 大驚 : 크게 놀라다. / 起拜辭謝 : 일어나서는 절하고 감사를 드리다. / 願受什一之利 : 원금의 10분의 1에 해당하는 이익을 받기를 바란다. / 君何以賈豎視我 : 그대는 어찌하여 장사치로 나를 보느냐. 왜 나를 장사치로 취급하느냐. '賈豎(고수)'는 장사치, 장사꾼을 낮추어 부르는 말. / 拂衣而去 : 옷을 떨치고 가 버리다. 미련 없이 떠나는 모습.

Ⅲ.

주요 허사虛詞 해설

一. 서설序說

　　　　지금까지 공부해 오는 동안에 어느 정도 한문에 대한 기초적인 독해 능력이 생겼을 것이다. 이제 한문을 보다 분석적으로 볼 수 있는 능력을 기르기 위해 허사虛詞에 대한 설명을 하고자 한다.

　　허사라는 말은 사실 과학적 엄밀성이 부족하여 명료한 개념으로 설명하기가 어렵다. 허사라는 말은 전통적으로 쓰여 온 한문 특유의 용어이다. 현대적인 뜻으로 보자면, 허사란 개념적인 뜻보다 문법적인 기능이 두드러지는 어휘들이라고 할 수 있다. 우리말이나 영어에는 이런 어휘들이 뚜렷하게 드러나지만 한문의 경우에는 그다지 잘 드러나지 않는다. 한문 자체가 엄정한 문법적 구조에 입각하여 설명되기 어려운 말일 뿐아니라, 언어 형성 초기부터 한문에는 문법소文法素라고 부를 만한 어휘들이 아주 적었다. 나중에 문법소의 성격이 강한 어휘들이 꽤 생겨나기는 했지만 상당히 후대에 와서 거의 가차假借를 통해 도입된 것들이다. 이런 이유로 한문은 문법 체계만으로 설명이 어렵고 글 뜻 자체가 모호한 면이 많아 허사를 이용하지 않고는 설명이 쉽지 않다.

　　어떤 어휘들을 허사라고 할 것인가의 문제는 상당히 복잡하다. 앞에서 말한 대로 허사라는 개념 자체가 모호하기 때문이다. 그러나 한문 학습에 있어서 중요한 것은 허사에 대한 명료한 정의를 내리는 것이 아니라 허사의 쓰임새를 잘 이해하는 것이다. 허사의 쓰임새를 깊이 이해하지 못하면 전체적인 뜻이야 어느 정도 파악할 수 있다고 해도, 한 자 한 자를 쫓아가면서 한문을 정확하게 해석해 내기가 어렵다. 또한 한문의 미묘한 뉘앙스를 제대로 느끼기가 매우 어렵게 된다. 따라서 한문을 보다 깊이 있게 공부하려면 반드시 허사에 대해 잘 이해하고 있어야 한다. 개념적인 어휘들 외에 허사의 운용을 통해 한문에는 여러 가지 부수적인 의미가 부여되기 때문이다.

한문에서 허사라고 할 수 있는 어휘들은 이 책에서 소개하고 있는 것보다 훨씬 많다. 여기서는 지나치게 전문적인 해설이 필요한 특수한 허사들은 제외하고 한문 독해에 있어 기본적이라고 생각되는 허사들만을 다루었다. 또 한 자가 여러 가지 문법적 속성을 갖는 한문의 특성상 어떤 허사의 품사를 나눌 때 가장 대표적인 속성이라고 생각되는 품사로 분류하고 나머지 문법적인 속성에 관한 설명들을 덧붙여 놓았다. 예를 들어 '之'는 대사代詞로도 쓰이고 조사助詞로도 쓰이지만 가장 대표적인 속성이라고 할 수 있는 대사로 분류하고 나머지 속성에 대한 설명은 거기에 덧붙여 놓았다. 허사를 설명하는 예문들은 가급적 이 책에 나오는 글에서 뽑았다. 그 부분을 참고하면 예문의 전후 맥락도 파악할 수 있고 좀 더 정확히 이해할 수 있을 것이다.

품사를 나누는 기준이라든가 각 품사들의 문법적 성격에 대해서는 앞에서 말했기 때문에 여기서는 생략하기로 하겠다. 거듭 말하거니와 문법적인 체계라든가 명확한 개념과 정의에 구애받지 말고 가능한 한 많은 용례를 익힌다는 생각을 가지고 임해야 한문 독해 능력의 향상을 기할 수 있을 것이다.

二. 대사류代詞類

1. 其

其爲人也孝弟.
기 위 인 야 효 제

孝弟也者, 其爲仁之本與!
효 제 야 자　　기 위 인 지 본 여

再三問之, 乃略言其由.
재 삼 문 지　　내 략 언 기 유

劍君知其謀殺.
검 군 지 기 모 살

堯舜其猶病諸!
요 순 기 유 병 저

　그 사람됨이 효성스럽고 우애롭다.

　효도와 우애라는 것은 인을 행하는 근본이다.

　두세 번 묻자 비로소 그 이유를 대략 말했다.

　검군은 그들이 죽이려고 함을 알았다.

　요순도 오히려 그것을 걱정했다.

'其'가 대사일 경우는 일반적으로 정어定語로 쓰이며, 우리말로는 '그'·

'그의'·'그 중의' 등의 뜻을 가진다. '之'와 비교해 생각해 볼 때 '其'는 정어로 쓰이고 '之'는 빈어로 쓰이는 삼인칭 대사라고 할 수 있다.

- 唐浮屠慧褒始舍於其址. - 왕안석王安石 유포선산기游褒禪山記
  당 부 도 혜 포 시 사 어 기 지
  당의 승려 혜포가 처음으로 그 땅에 집을 지었다.

- 吾視其轍亂, 望其旗靡, 故逐之. - 좌전 장공莊公10년
  오 시 기 철 란 망 기 기 미 고 축 지
  나는 그들의 수레바퀴 자국이 어지럽고, 그들의 깃발이 넘어져 있는 것을 보고, 그래서 그들을 쫓았다.

- 工欲善其事, 必先利其器. - 논어 위령공衛靈公
  공 욕 선 기 사 필 선 리 기 기
  공인工人이 그의 일을 잘하려면, 반드시 먼저 그의 연장을 날카롭게 한다.

때로는 주어처럼 쓰여서 '그'라고 해석해야 자연스러울 경우도 있다. 단 그 경우에도 문장 전체의 주어로는 사용될 수 없고, 문장 속에 있는 종속 성분의 주어 역할만 할 수 있다.

- 百姓多聞其賢, 未知其死也. - 사기 진섭세가陳涉世家
  백 성 다 문 기 현 미 지 기 사 야
  백성들은 그가 어질다는 것은 많이 들었지만, 그가 죽은 줄은 아직 알지 못했다.

- 王若隱其無罪而就死地, 則牛羊何擇焉? - 맹자 양혜왕상梁惠王上
  왕 약 은 기 무 죄 이 취 사 지 즉 우 양 하 택 언
  왕께서 만약에 그것이 죄 없이 죽을 장소로 가는 것을 측은히 여기신다면, 소와 양을 어찌 가리십니까?

- 鳥, 吾知其能飛;魚, 吾知其能游;獸, 吾知其能走.
  조 오 지 기 능 비 어 오 지 기 능 유 수 오 지 기 능 주
  - 사기 노자한비열전老子韓非列傳
  새에 대하여 나는 그것이 날 수 있음을 알고, 고기에 대하여 나는 그것이 헤엄칠 수 있음을 알며, 들짐승에 대하여 나는 그것이 달릴 수 있음을 안다.

어떤 때 또 '其'는 매우 넓은 의미로 해석된다. 문맥상 삼인칭이 아니라 일인칭, 이인칭으로 해석될 수도 있고, 함축적으로 쓰여 '일정한'·'마땅한' 등의 뜻을 나타낼 수도 있다.

● 天子發政於天下之百姓, 言曰：聞善而不善, 皆以告其上.
천자발정어천하지백성 　언왈　 문선이불선　 개이고기상

- 묵자墨子 상동상尙同上

천자가 정령政令을 천하 백성들에게 발하며 말했다. 착한 일이나 악한 일을 들으면 여러분의 윗사람에게 말하라.

● 富與貴, 是人之所欲也；不以其道得之, 不處也. - 논어 이인里仁
부여귀　 시인지소욕야　 불이기도득지　 불처야

부와 귀는 사람이 바라는 것이지만, 마땅한 도로써 얻는 것이 아니라면 처하지 않는다.

'其'는 대사로 주로 쓰이지만, 때로는 문文의 중간이나 앞에 위치하여 어기사로도 사용된다. 어기사 '其'는 추측의 어기를 표시하는 경우가 많으며, 이 경우 우리말로는 '아마도'·'대체로'·'어쩌면' 등의 뜻을 가진다.

● 吾其被髮左衽矣! - 논어 헌문憲問
오기피발좌임의

우리들은 아마도 머리를 풀고 옷섶을 왼쪽으로 여미는 오랑캐가 되었을 것이다!

● 始作俑者, 其無後乎! - 맹자 양혜왕상梁惠王上
시작용자　 기무후호

처음 나무 인형을 만든 사람은 아마도 후손이 없었을 것이다!

● 其我之謂矣! - 좌전 선공宣公2년
기아지위의

아마도 나를 두고 한 말일 것이다!

어기사 '其'는 명령이나 권고할 때 쓰여 완곡한 어기를 나타낼 수도 있고, 반문할 때 쓰여 반문의 어기를 가중할 수도 있다.

● 與爾三矢, 爾其無忘乃父之志! - 구양수歐陽修 오대사령관전서五代史伶官傳序
여이삼시　 이기무망내부지지

너에게 화살 셋을 줄테니, 너는 너의 아버지의 뜻을 잊지 말라!

● 欲加之罪, 其無辭乎? - 좌전 희공僖公10년
욕가지죄　 기무사호

그에게 죄를 씌우고자 하면, 어찌 구실이 없겠는가?

2. 是

是鳥也, 海運則將徙於南冥.
시 조 야　해 운 즉 장 사 어 남 명

其視下也, 亦若是則已矣.
기 시 하 야　역 약 시 즉 이 의

이 새는 바다가 움직이면 장차 남쪽으로 날아간다.

그가 아래를 보면 또한 이 같을 뿐이리라.

'是'는 일반적으로 지시사로서 비교적 가까이 있는 사람·사물·장소 등을 지시하며, 이 경우 주어·빈어·정어로 쓰이고, 우리말로는 '이' 또는 '이것'의 뜻을 가진다. '此'와 바꾸어 쓸 수 있는 말이라고 볼 수 있다. '是'가 빈어로 쓰일 때, 상고문上古文에서는 간혹 동사 앞으로 도치되기도 한다.

●是可忍也, 孰不可忍也? - 논어 팔일八佾
　시 가 인 야　숙 불 가 인 야
이런 짓을 차마 할 수 있다면, 그 무슨 짓인들 차마 하지 못하랴?

●今其人在是. - 전국책 조책趙策
　금 기 인 재 시
지금 그 사람이 여기에 있다.

●爾何曾比余於是. - 맹자 공손추상公孫丑上
　이 하 증 비 여 어 시
자네는 어떻게 나를 이에 비교하려 하는가.

●是心足以王矣. - 맹자 양혜왕상梁惠王上
　시 심 족 이 왕 의
이 마음이면 충분히 왕 노릇을 할 수 있다.

- **寡人是問.** – 좌전 희공僖公9년
  과 인 시 문
  과인이 이것을 따져 물었다.

'是'는 중고中古시대 이후에 종종 계사繫詞로 쓰이며, 상고문에서도 드물게나마 그러한 용례가 보인다.

- **問今是何世.** – 도잠陶潛 도화원기桃花源記
  문 금 시 하 세
  지금이 어느 조대朝代인지를 물었다.

- **客人不知其是商君也.** – 사기 상군열전商君列傳
  객 인 부 지 기 시 상 군 야
  객사客舍의 주인은 그가 상군인지 몰랐다.

'是'는 연사連詞로 쓰이기도 한다. 그러나 대개는 '由'·'以'·'故'·'用' 등과 연용하여 '由是'·'是以'·'是故'·'是用'의 형태로 쓰인다.

- **刑罰罕用, 罪人是希.** – 사기 여태후본기呂太后本紀
  형 벌 한 용   죄 인 시 희
  형벌을 사용하는 적이 드무니, 죄인이 이 때문에 적었다.

- **君子是以知息之將亡也.** – 좌전 은공隱公11년
  군 자 시 이 지 식 지 장 망 야
  군자는 이 때문에 식息나라가 장차 멸망할 줄을 알았다.

이밖에 '是'는 아무런 뜻 없이 단순히 어순語順의 도치를 나타내기 위해 쓰이는 경우도 있다. 이런 경우의 '是'는 조사로 쓰였다고 할 수 있다.

- **君亡之不恤, 而群臣是憂, 惠之至也.** – 좌전 희공僖公15년
  군 망 지 불 휼   이 군 신 시 우   혜 지 지 야
  임금께서 자신의 존망을 돌보지 않으시고 신하들을 걱정하시니, 지극한 은혜입니다.

3. 之

古之學者, 必有師.
고 지 학 자　필 유 사

吾從而師之.
오 종 이 사 지

君將哀而生之乎.
군 장 애 이 생 지 호

　옛날의 배우는 이에겐 반드시 스승이 있었다.

　나는 그를 좇아 스승으로 삼겠다.

　당신이 이제 불쌍히 여겨 나를 살리려 합니까?

　'之'의 용법 중에 자주 쓰이는 것이 두 가지 있다. 하나는 조사로 쓰이는 것이고, 다른 하나는 대사로 쓰이는 것이다.

　조사로 쓰일 때는 '之' 앞부분의 정어定語를 뒷부분의 중심어에 소개시키는 역할을 하며, 우리말로는 대개 '…의'·'…한'으로 해석된다. 그리고 이 경우의 '之'는 생략해도 될 경우가 많다. 특히 고문에서 인칭대사人稱代詞를 정어로 쓸 경우에는 '之'를 사용하지 않았다.

● 今臣之刀十九年矣. - 장자莊子 양생주養生主
　금 신 지 도 십 구 년 의
　이제 신의 칼은 19년이 되었습니다.

● 其翼若垂天之雲. - 장자 소요유逍遙遊
　기 익 약 수 천 지 운
　그 날개는 마치 하늘가의 구름과 같다.

● 吾道一以貫之. - 논어 이인里仁
　오 도 일 이 관 지

나의 도는 하나로써 꿰었다.

대사로 쓰일 때는 사람이나 사물에 모두 쓰일 수 있다. 우리말로는 '그'·'그들'·'그것' 등으로 해석된다. 단 주의해야 할 것은 '之'는 빈어로 쓰일 뿐, 문장의 주어로는 쓰이지 않는다는 점이다.

● 愛人者, 人恒愛之 ; 敬人者, 人恒敬之. - 맹자 이루하離婁下
　애 인 자　인 항 애 지　경 인 자　인 항 경 지
　남을 아끼는 자는 남도 언제나 그를 아끼고, 남을 공경하는 자는 남도 늘 그를 공경한다.

● 雖有天下易生之物也, 一日暴之, 十日寒之, 未有能生者也.
　수 유 천 하 이 생 지 물 야　일 일 폭 지　십 일 한 지　미 유 능 생 자 야
　　　　　　　　　　　　　　　　　　　　　　　　　- 맹자 고자상告子上
　천하에서 가장 쉽게 사는 생물이라도 하루 동안 그것을 햇볕에 쬐고, 열흘 동안 그것을 차게 하면 살 수 있는 것이 없다.

'之'는 일반적으로 삼인칭을 나타내나 경우에 따라서는 일인칭이나 이인칭도 나타낼 수 있다. 이러한 성격도 사실 거의 모든 대사에 어느 정도 공통되는 현상이니만큼 앞뒤의 문맥에 의해 판단할 수밖에 없다.

● 蔣氏大慽, 汪然出涕曰 : 君將哀而生之乎.
　장 씨 대 척　왕 연 출 체 왈　군 장 애 이 생 지 호
　　　　　　　　　　　　　　　　- 유종원柳宗元 포사자설捕蛇者說
　장씨가 크게 가슴이 메여 줄줄 눈물을 흘리며 말했다. "당신이 이제 불쌍히 여겨 나를 살리려 합니까?"

'之'는 또 '是'처럼 어순의 도치를 나타내기 위해 쓰이는 수도 있다. 이 경우도 조사적으로 쓰인 것으로 도치된 빈어를 강조하는 의미를 가진다.

● 吾以子爲異之問, 曾由與求之問. - 논어 선진先進
　오 이 자 위 이 지 문　증 유 여 구 지 문
　나는 당신이 특이한 것을 물으리라 생각했는데, 도리어 유와 구에 대해 물으시는군요.
　※ '異之問'은 '問異'의 도치형이고, '由與求之問'은 '問由與求'의 도치형이다.

4. 者

宋人有耕田**者**.
송 인 유 경 전 자

人非生而知之**者**.
인 비 생 이 지 지 자

師**者**, 所以傳道・受業・解惑也.
사 자 소 이 전 도 　 수 업 　 해 혹 야

昔**者**, 鄭武公欲伐胡.
석 자 　 정 무 공 욕 벌 호

송나라 사람에 밭가는 이가 있었다.

사람은 나면서부터 아는 것이 아니다.

스승이란 도를 전하고 업을 물려주고 의혹을 풀어주는 사람이다.

옛날에 정무공이 호를 치려 했다.

'者'는 일종의 특수한 지시대사로서, 보통 형용사・동사 또는 동빈구動賓句의 뒤에 쓰여서 명사성 구句를 만들며, '…한 사람'・'…한 것'이라는 뜻을 가진다. 우리말의 경우를 보면 대사라기보다 불완전명사와 비슷한 것으로 생각될 것이다. 그러나 한문에서는 '者'가 명확히 지시되지 않으나, '者' 앞에 서술된 어떤 것을 가리키는 말로 쓰인 점을 중시하여 대사로 간주한다. 한문에는 '者'・'所' 등의 대사들이 상당히 많이 쓰인다. 이는 한문 특유의 명사적 표현을 선호하는 경향 때문이다. 그러한 경향으로 말미암아 애초에는 개념적인 뜻을 나타내던 '者'가 차츰 허자화虛字化하여 대사적인 뜻의 자로 바뀐 것이다.

● 仁者不憂, 知者不惑, 勇者不懼. - 논어 헌문憲問
　　인자불우　지자불혹　용자불구

어진 사람은 근심하지 않고, 지혜로운 사람은 의혹에 빠지지 않고, 용감한
사람은 두려워하지 않는다.

● 不爲者與不能者之形, 何以異? - 맹자 양혜왕상梁惠王上
　　불위자여불능자지형　하이이

하지 않는 것과 할 수 없는 것이 어떻게 다른가?

● 力不足者, 中道而廢. - 논어 옹야雍也
　　역부족자　중도이폐

힘이 부족한 사람은 도중에서 그만둔다.

이 경우 '者'가 가리키는 것이 사람인가 사물인가, 추상적인 개념인가
등의 문제는 완전히 문맥에 의해 판단될 수밖에 없다. '者'는 원래 매우
막연하고 광범위한 지시 기능을 갖고 있기 때문이다.

'者'는 판단문의 주어 뒤에 쓰여서 제시를 위한 어기의 정돈을 나타낼
때가 있다. 이 경우의 '者'는 다분히 어기사적인 기능이 강하다. 이러한
'者'는 또한 종종 '有'의 빈어 뒤에 쓰이기도 하는데, 이때에 이 빈어는 다
시 아래 문장의 주어가 되는 것이다. 이러한 '者'는 우리말로는 '…라는
사람'·'…라는 것'으로 해석하면 무난하다.

● 陳勝者, 陽城人也. - 사기 진섭세가陳涉世家
　　진승자　양성인야

진승이라는 사람은 양성현 사람이다.

● 有顔回者, 不遷怒, 不貳過, 不幸短命死矣. - 논어 옹야
　　유안회자　불천노　불이과　불행단명사의

안회라는 자가 있었는데, 노여움을 다른 사람에게 풀지 않고, 과오를 되풀
이하지 않았다. 그러나 불행히도 단명하여 죽었다.

또 '者'는 시간사時間詞인 '今'·'昔' 등의 뒤에 쓰여 상어狀語가 되기도 한
다. 이 경우의 '者'는 조사로 보아야 할 것이다. 시간을 나타내는 말을 부
각시켜 주는 외에 거의 개념적인 뜻이 없기 때문이다.

● 今者項莊拔劍舞. - 사기 항우본기項羽本紀
　　금자항장발검무

지금 항장이 칼을 뽑아 춤을 춘다.

- 昔者, 吾舅死於虎, 吾夫又死焉, 今吾子又死焉. - 예기 단궁하檀弓下
  석 자 오 구 사 어 호   오 부 우 사 언   금 오 자 우 사 언
  예전에 내 시아버님이 호랑이에게 죽었고, 내 남편이 또 죽었으며, 이제
  내 아들이 또 죽었다.

- 曩者辱賜書. - 사마천司馬遷 보임안서報任安書
  낭 자 욕 사 서
  전번에 외람되이 편지를 보내주셨습니다.

- 老臣今者殊不欲食. - 전국책 조책趙策
  로 신 금 자 수 불 욕 식
  저는 지금 전혀 식욕이 없습니다.

5. 所

祭天所名迎日縣.
제 천 소 명 영 일 현

朕之妃有所織細綃.
짐 지 비 유 소 직 세 초

吾所以爲此者, 先國家之急, 而後私讐也.
오 소 이 위 차 자   선 국 가 지 급   이 후 사 수 야

제천소는 영일현이라고 한다.

짐의 비가 짠 가는 비단이 있다.

내가 이렇게 하는 까닭은 국가의 급함을 앞세우고 개인의 원한을
뒤로 하기 때문이다.

'所'는 '장소'·'곳'이란 뜻의 명사로 간혹 쓰이기도 한다.
그러나 일반적으로는 지시대사로 사용된다. 이 경우 '所'는 보통 동사

앞에 위치하여 명사성 구句를 조성하여 '…한 사람'·'한 것'이란 뜻을 가진다. '所'가 가리키는 것은 '所' 다음에 위치하는 동사의 행위 대상이다. 이렇게 쓰인 '所'는 '者'와 비슷하게 동사성 어구를 명사화시켜 주는 기능을 한다. '者'가 능동적, 주체적인 뜻을 나타내는 데 비해, '所'는 수동적, 현상적인 뜻을 나타내는 데서 그 차이가 가장 크게 드러난다.

- **始臣之解牛之時, 所見無非牛者.** - 장자 양생주養生主
  시 신 지 해 우 지 시   소 견 무 비 우 자
  처음에 신이 소를 가를 때, 본 것은 소 아닌 것이 없었습니다.

- **吾入關, 秋毫不敢有所近.** - 사기 항우본기項羽本紀
  오 입 관   추 호 불 감 유 소 근
  내가 함곡관函谷關에 들어와서는, 추호도 감히 가진 것이 없었다.

'所'와 동사가 결합하여 만든 구는 명사성을 띠고 있으므로 정어定語에 의해서 수식될 수가 있다. 그리고 그 정어는 의미상 '所' 다음에 있는 동사의 주어 역할을 하기도 한다. 이 경우 조사 '之'가 삽입되는 경우가 많다.

- **王之所大欲, 可得聞與?** - 맹자 양혜왕상梁惠王上
  왕 지 소 대 욕   가 득 문 여
  왕께서 크게 하고자 하시는 것을 들어 볼 수 있겠습니까?

- **粟者, 民之所種.** - 조착晁錯 논귀속소論貴粟疏
  속 자   민 지 소 종
  곡식이란 백성이 심은 것이다.

'所'가 이끄는 구句가 명사성을 띠고 있긴 하지만, 앞뒤 문장을 떠난 그 자체만으로는 사람을 표시하는지, 사물을 표시하는지, 또는 어떤 사람인지, 어떤 사물인지 구체적이지 못할 경우가 많다. 따라서 동사 뒤에 다시 명사를 첨가하여 사람 또는 사물의 명칭을 밝히기도 한다.

- **擧所佩玉玦以示之者三.** - 사기 항우본기
  거 소 패 옥 결 이 시 지 자 삼
  차고 있던 바 옥결을 들어 그에게 암시한 것이 세 차례였다.

'所'는 또 개사介詞인 '以'·'從'·'爲'·'與' 등과 결합하여 행위를 보다 구체적으로 가리키기도 한다. 이런 경우 '所'는 개사의 뜻과 결합하여 해석되어야 한다.

- 彼兵者, 所以禁暴除害也, 非爭奪也. - 순자荀子 의병議兵
  피 병 자 소 이 금 포 제 해 야 비 쟁 탈 야
  군대란 포악함을 막고 나쁜 것을 제거하는 것이지 싸우고 빼앗으려는 것
  이 아니다.

- 是吾劍之所從墜. - 여씨춘추呂氏春秋 찰금察今
  시 오 검 지 소 종 추
  여기가 내 칼이 떨어진 곳이다.

- 所爲見將軍者, 欲以助趙也. - 전국책 조책趙策
  소 위 견 장 군 자 욕 이 조 조 야
  장군을 뵌 까닭은 조나라를 돕고자 했기 때문이다.

- 其妻問所與飮食者, 則盡富貴也. - 맹자 이루하離婁下
  기 처 문 소 여 음 식 자 즉 진 부 귀 야
  그의 아내가 함께 마시고 먹은 사람을 물으면 다 부귀한 사람들이었다.

'所以'는 그 가운데 가장 많이 쓰이는 경우로 원인·방식·관계 등을 나
타낸다. 그리고 '所以'가 쓰일 경우, '者'가 함께 쓰이는 경우가 종종 있다.

- 聖人之所以爲聖人, 愚人之所以爲愚人, 其皆出於此乎!
  성 인 지 소 이 위 성 인 우 인 지 소 이 위 우 인 기 개 출 어 차 호
  - 한유韓愈 사설師說

  성인이 성인이 된 까닭과, 우인이 우인이 된 까닭은 그 모두 여기에서 나
  온 것이로다!

- 民之所以爲盜者, 由賦繁役重, 官吏貪求, 飢寒切身, 故不暇顧廉恥耳.
  민 지 소 이 위 도 자 유 부 번 역 중 관 리 탐 구 기 한 절 신 고 불 가 고 렴 치 이
  - 자치통감資治通鑑

  백성이 도둑질 하는 까닭은 세금이 과다하고 노역勞役이 과중하며, 관리들
  이 탐구하여, 배고프고 추위가 몸에 절실하기 때문에 염치를 돌볼 겨를이
  없어서이다.

6. 諸

王庶幾改之, 王如改諸, 則必反予.
왕 서 기 개 지　왕 여 개 저　즉 필 반 여

宋人得玉, 獻諸司城子罕.
송 인 득 옥　헌 저 사 성 자 한

山川其舍諸.
산 천 기 사 저

　왕께서 마음을 고치기를 바랐으니, 왕이 만약에 고친다면 반드시
나를 돌아가게 했을 것이다.

　송나라 사람이 옥을 얻어 그것을 사성 자한에게 바쳤다.

　산천도 그를 버리리라.

'諸'는 실사實詞로 쓰일 때는 '여러'·'모두'의 뜻을 나타낸다.

- **今諸子所言, 皆天下之常, 雷同之義也.** – 춘추번로春秋繁露 죽림竹林
  금 제 자 소 언　개 천 하 지 상　뢰 동 지 의 야
  지금 여러분이 말한 바는 천하의 상리常理로서, 누구도 인정하는 뜻이다.

- **諸夫飾智故, 以至於傷國.** – 한비자韓非子 해로解老
  제 부 식 지 고　이 지 어 상 국
  모든 이들이 지혜를 내걸어서 나라를 해치는 데 이르렀다.

　'諸'는 대사인 '之'와 개사인 '於'가 합쳐진 뜻, 즉 '之於'의 뜻으로 쓰이
기도 하며, 또 대사인 '之'와 어기사인 '乎'가 합쳐진 뜻, 즉 '之乎'의 뜻으
로 쓰이기도 한다.

- **子張書諸紳.** - 논어 위령공衛靈公
  자 장 서 저 신
  자장은 그것을 허리띠에 썼다.

- **湯放桀, 武王伐紂, 有諸?** - 맹자 양혜왕하梁惠王下
  탕 방 걸 무 왕 벌 주 유 저
  탕임금이 걸을 내쫓고, 무왕이 주를 정벌했다는데, 그런 일이 있었는가?

三. 부사류副詞類

1. 惟·維·唯

惟士爲能.
유 사 위 능

進退維谷.
진 퇴 유 곡

唯我與爾有是夫.
유 아 여 이 유 시 부

선비만이 할 수 있다.

나아가고 물러나는 것이 다 막혔다.

나와 너만이 그러하리라.

원래 '惟'는 '생각하다', '維'는 '줄'·'줄로 묶다', '唯'는 '대답하다'라는 뜻으로 쓰였다. 그러나 부사적으로 쓰여 '오직'·'…뿐'의 뜻을 나타낼 때나 어기사적인 뜻으로 쓰일 때는 거의 구별 없이 쓰인다. 이는 물론 가차의 假借義로 사용된 경우이다.

- 不聞機杼聲, 惟聞女歎息. - 목란시木蘭詩
  불 문 기 저 성　　유 문 녀 탄 식
  베틀 소리는 들리지 않고, 여인의 탄식 소리만 들린다.

- 唯有坐視其弟麋虎口. - 장형蔣衡 편호구제기鞭虎救弟記
  유 유 좌 시 기 제 미 호 구

그냥 앉아서 자기 동생이 호랑이 입에 먹히려 하는 것을 바라보았다.

● 非維下流水多邪. - 순자荀子 자도子道
비 유 하 류 수 다 야
흘러 내려가는 물이 많기 때문만은 아니리라.

또 '卽'과 비슷한 뜻으로 쓰여 대상을 뚜렷이 부각시키는 뜻을 나타내기도 한다. 우리말로는 '사실'·'바로'·'정말로' 등의 의미이다.

● 唯信亦爲大王不如也. - 사기 회음후열전淮陰侯列傳
유 신 역 위 대 왕 불 여 야
사실 저 한신韓信도 대왕이 그만 못하다고 생각합니다.

● 項籍唯不能忍, 是以百戰百勝, 而輕用其兵. - 소식蘇軾 유후론留侯論
항 적 유 불 능 인   시 이 백 전 백 승   이 경 용 기 병
항우項羽는 바로 참지 못함 때문에, 싸울 때마다 이기기는 했지만, 군대를 가볍게 썼다.

● 維子之故, 使我不能餐兮. - 시경 정풍鄭風
유 자 지 고   사 아 불 능 찬 혜
정말 너 때문에, 나는 밥도 못 먹게 되었다.

● 唯是風馬牛不相及也. - 좌전 희공僖公4년
유 시 풍 마 우 불 상 급 야
바람난 마소도 결코 미치지 못할 것이다.

● 黍稷非馨, 明德惟馨. - 시경 용풍鄘風
서 직 비 형   명 덕 유 형
제물이 향기로운 것이 아니라, 밝은 덕이 향기롭다.

● 惟耳亦然, 至於聲, 天下期於師曠, 是天下之耳相似也.
유 이 역 연   지 어 성   천 하 기 어 사 광   시 천 하 지 이 상 사 야
- 맹자 고자상告子上

귀도 사실 마찬가지로서 음악을 놓고 보자면, 모든 사람들이 사광의 음악을 듣고 싶어 하니, 이는 모든 사람의 귀가 같기 때문이다.

'唯'는 또 희망의 어기를 나타내기도 한다.

● 闕秦以利晉, 唯君圖之. - 좌전 희공30년
궐 진 이 리 진   유 군 도 지
진秦나라 땅을 깎아내어 진晉을 이롭게 하는 일에 대해, 임금께서는 잘 생각해 보시기 바랍니다.

● 唯荊卿留意焉. - 전국책 연책燕策
　　유 형 경 류 의 언
형경은 유의하시기 바랍니다.

2. 乃

再三問之, 乃略言其由.
재 삼 문 지　　내 략 언 기 유

社稷有奉, 乃吾君也.
사 직 유 봉　　내 오 군 야

自古有戰, 非乃今也.
자 고 유 전　　비 내 금 야

두세 번 묻자 비로소 그 이유를 대략 말했다.

사직을 받드는 이는 바로 우리 임금이다.

예로부터 전쟁이 있었으니 오늘의 일만은 아니다.

'乃'는 부사로서 사용되며, 대체로 '이에'·'비로소'·'그런 뒤에야'·'그리하여' 등의 뜻을 가진다. 그리고 때로는 문장을 연접하는 작용을 하기 때문에 연사連詞와 유사한 점도 있다.

● 賴楚魏諸侯來救, 乃得解邯鄲之圍. - 사기 염파인상여열전廉頗藺相如列傳
　　뢰 초 위 제 후 래 구　　내 득 해 한 단 지 위
초·위의 제후들이 와서 구해 주게 된 것에 힘입어서야, 비로소 한단이
포위된 것을 풀 수 있었다.

● 侯生視公子色終不變, 乃謝客就車. - 사기 신릉군전信陵君傳
　　후 생 시 공 자 색 종 불 변　　내 사 객 취 거
후생은 공자의 낯빛이 끝까지 변하지 않는 것을 보고서야, 비로소 객과
작별하고 수레에 올랐다.

● 重耳謂其妻曰：待我二十五年不來，乃嫁. - 사기 진세가晉世家
　　중 이 위 기 처 왈　　대 아 이 십 오 년 불 래　　내 가
중이가 부인에게 말했다. "나를 25년 기다려도 오지 않거든, 그 뒤에 재가
하시오."

'乃'는 '도리어'의 뜻으로 쓰이기도 한다.

● 當改過自新，乃益驕溢. - 사기 오왕비열전吳王濞列傳
　　당 개 과 자 신　　내 익 교 일
마땅히 잘못을 고치고 새로워져야 하는데, 도리어 더욱 교만하고 사치해
졌다.

'乃'는 또 '…뿐'·'다만'의 뜻으로 쓰여 한정의 뜻을 나타내기도 한다.

● 至東城，乃有二十八騎. - 사기 항우본기項羽本紀
　　지 동 성　　내 유 이 십 팔 기
동성에 다다랐더니, 28기밖에 남지 않았다.

● 天下勝者衆矣，而霸者乃五. - 여씨춘추呂氏春秋 의상義賞
　　천 하 승 자 중 의　　이 패 자 내 오
천하에 승자는 많았으나, 패자는 다섯뿐이었다.

'乃'는 드물게 강조의 뜻을 나타내기 위해 쓰이는 수가 있다. 우리말로
는 '바로'·'정말로'·'그야말로'의 뜻이다.

● 呂公女乃呂后也. - 사기 고조본기高祖本紀
　　려 공 녀 내 려 후 야
여공의 딸이 바로 여후이다.

● 臣非知君，知君乃蘇君. - 사기 장의전張儀傳
　　신 비 지 군　　지 군 내 소 군
신은 임금님을 제대로 알아본 사람이 아니고, 제대로 알아본 사람은 바로
소군[소진蘇秦]입니다.

● 此乃天授，非人力也. - 사기 한문제본기漢文帝本紀
　　차 내 천 수　　비 인 력 야
이는 그야말로 하늘이 준 것이지, 사람의 힘이 아니다.

3. 何

若壅其口, 其與能幾何?
약 옹 기 구   기 여 능 기 하

以五十步笑百步, 則何如?
이 오 십 보 소 백 보   즉 하 여

工未素學, 奈何?
공 미 소 학   내 하

그들의 입을 막으면 그 얼마나 갈 수 있겠는가?

오십 보로써 백 보를 비웃으면 어떠한가?

기술은 본디 배우지 못했으니 어찌하나?

의문사 '何'와 관계된 문법적 설명들은 Ⅰ장에 어느 정도 잘 서술되어 있다. 여기서는 '何'가 다른 자와 결합하여 이루어진 복합의문사들에 대해 설명하고자 한다.

'幾何'는 수량을 묻는 의문사이며, 우리말로는 '얼마'의 뜻을 가진다. 비슷한 것으로 '幾多'·'幾所'·'幾許'가 있다.

- 衛靈公問孔子居魯得祿幾何. - 사기 공자세가孔子世家
  위 령 공 문 공 자 거 로 득 록 기 하
  위령공이 공자에게 노나라에서 벼슬할 때 봉록을 얼마나 받았는지를 물었다.

- 問君能有幾多愁. - 이욱李煜 우미인虞美人
  문 군 능 유 기 다 수
  그대에게 묻노니, 얼마만한 근심을 가질 수 있는가?

- 金餘尚有幾所? - 한서漢書 소광전疏廣傳
  금 여 상 유 기 소

금전이 아직 얼마나 남아 있는가?

- 試問閒愁都幾許. - 하주賀鑄 청옥안靑玉案
  시 문 한 수 도 기 허
  공연스러운 근심이 도대체 어느 정도인지 물어 본다.

 '何如'는 의문사로, 주로 정어定語나 위어謂語로 쓰이며, 우리말로는 각각
'어떤'·'어떠하다'의 뜻을 가진다.

- 陛下以絳侯周勃何如人也? - 사기 장석지풍당열전張釋之馮唐列傳
  폐 하 이 강 후 주 발 하 여 인 야
  폐하께서는 강후 주발을 어떤 사람이라고 생각하십니까?

- 人謂鬼神何如狀哉? - 논형論衡 해제解除
  인 위 귀 신 하 여 상 재
  사람들은 귀신이 어떤 모양이라고 말하는가?

- 求, 爾何如? - 논어 선진先進
  구   이 하 여
  구야, 너는 어떠하냐?

- 今之從政者何如? - 논어 자로子路
  금 지 종 정 자 하 여
  지금 정치에 종사하고 있는 사람들은 어떠한가?

 '何如'와 같은 의문사로 '何若'도 있다.

- 此爲何若人也? - 묵자墨子 공수公輸
  차 위 하 약 인 야
  이 사람은 어떤 사람인가?

- 子觀越王之志何若? - 묵자 노문魯問
  자 관 월 왕 지 지 하 약
  그대가 월왕의 의향을 살펴보니, 어떠하던가?

 '奈何'는 동사인 '奈'와 의문사인 '何'가 결합된 형태로 '어떻게'·'어떠하
다'·'어찌하다'의 뜻을 가진다. 비슷한 것에 '如何'·'若何'가 있다.
 '奈何' 등이 동사 앞에 놓여 쓰일 경우는 원인을 묻는 것으로, 우리말로
는 대개 '어떻게'라고 번역하면 된다.

- **雖急不可以驅, 奈何棄之?** - 사기 항우본기項羽本紀
  수 급 불 가 이 구   내 하 기 지
  비록 급한데도 달릴 수가 없기는 하지만, 그렇다고 어떻게 그들을 버리겠
  는가?

'奈何' 등이 문장의 뒤에 단독으로 사용될 경우에는, 앞부분에서 먼저 어떤 상황을 제시하고 그에 대한 처리 방법을 묻는 경우가 많다. 이 경우 우리말로 '어찌하다'의 뜻을 가진다.

- **取吾璧, 不予我城, 奈何?** - 사기 염파인상여열전廉頗藺相如列傳
  취 오 벽   불 여 아 성   내 하
  나의 구슬을 가져가고, 나에게 성을 주지 않으면 어찌하나?

- **事將奈何矣?** - 전국책 조책趙策
  사 장 내 하 의
  일을 장차 어찌하겠는가?

'奈何' 등의 중간에 명사나 대사 등이 삽입되어 쓰이는 경우가 많은데, 이 경우 우리말로는 '…을 어찌하다'의 뜻이다.

- **雖不逝兮可奈何? 虞兮, 虞兮, 奈若何?** - 사기 항우본기
  추 불 서 혜 가 내 하   우 혜   우 혜   내 약 하
  추가 가질 못하니, 어찌할 수 있으리오? 우여, 우여, 너를 어찌할까?

- **年饑, 用不足, 如之何?** - 논어 안연顔淵
  년 기   용 부 족   여 지 하
  흉년이 들어서 세입이 부족하니, 그것을 어떻게 해야 하나?

4. 可·得·能

今之詩, 異於古之詩, 可詠而不可歌也.
금 지 시   이 어 고 지 시   가 영 이 불 가 가 야

蓋國俗音節, 不得不然也.
개 국 속 음 절   부 득 불 연 야

歌者與聽者不能無交有益焉.
가 자 여 청 자 불 능 무 교 유 익 언

오늘날의 시는 옛날의 시와 달라 읊을 수는 있으나 노래 부를 수는 없다.

대저 우리나라 속음에 부합하는 가락이 그렇지 않을 수 없다.

부르는 자와 듣는 자가 서로 유익함이 없을 수 없다.

가능을 표시하는 부사로는 '可'·'得'·'能' 등이 있다. 물론 이는 동사의 한 종류, 즉 조동사로 볼 수도 있겠으나, 한문에 조동사라는 개념을 만드는 것은 지나치게 번거로운 일이어서 부사로 보는 게 간편하다.

'可'는 주로 가능을 표시하며, '以'·'得'과 연용되어 '可以'·'可得'의 형태로 쓰이기도 한다.

- **不違農時, 穀不可勝食也.** - 맹자 양혜왕상梁惠王上
  불 위 농 시   곡 불 가 승 식 야
  농사 지을 때를 어기지 않으면, 곡식은 다 먹어낼 수 없을 것이다.

- **五畝之宅, 樹之以桑, 五十者可以衣帛矣.** - 맹자 양혜왕상
  오 묘 지 택   수 지 이 상   오 십 자 가 이 의 백 의
  오묘의 택지에 뽕나무를 심으면, 50세 이상의 사람들이 비단옷을 입을 수 있다.

- **王之所大欲, 可得聞與?** - 맹자 양혜왕상
  왕 지 소 대 욕   가 득 문 여
  왕께서 크게 하고자 하시는 일을 들을 수 있는지요?

'可'는 때로 당위當爲의 뜻을 나타내기도 한다.

- **及平長, 可娶妻, 富人莫肯與者.** - 사기 진평세가陳平世家
  급 평 장   가 취 처   부 인 막 긍 여 자
  진평陳平이 성장하여 결혼해야 하는데, 부자 중에 누구도 딸을 주려는 사람이 없었다.

● 可以仕則仕, 可以止則止, 可以久則久, 可以速則速.
　　가 이 사 즉 사　　가 이 지 즉 지　　가 이 구 즉 구　　가 이 속 즉 속

　　　　　　　　　　　　　　　　　　　　- 맹자 공손추상公孫丑上

응당 벼슬을 해야 하면 벼슬을 하고, 그만두어야 하면 그만두고, 오래 있
어야 하면 오래 있고, 빨리 떠나야만 하면 빨리 떠난다.

'得'과 '能'도 가능을 표시한다. 단 '得'은 주로 객관적 조건의 가능성을
표시하고, '能'은 주로 주관적 조건의 가능성을 표시한다.

● 民實瘠, 君安得肥? - 국어國語 초어楚語
　　민 실 척　　군 안 득 비
　　백성이 실지로 말랐는데, 임금이 어찌 살찔 수 있겠는가?

● 射中, 則得爲諸侯 ; 射不中, 則不得爲諸侯. - 예기禮記 사의射義
　　사 중　즉 득 위 제 후　　사 부 중　즉 부 득 위 제 후
　　쏘아 맞추면 제후가 될 수 있고, 쏘아 맞추지 못하면 제후가 될 수 없다.

● 問君能有幾多愁? - 이욱李煜 우미인虞美人
　　문 군 능 유 기 다 수
　　그대에게 묻노니, 얼마나 많은 근심을 가질 수 있는가?

'能'은 간혹 '참다'·'견디다'의 뜻으로 쓰이기도 한다.

● 鳥獸毳毛, 其性能寒. - 한서漢書 조착전鼂錯傳
　　조 수 취 모　　기 성 능 한
　　조수의 가는 털은 그 성질이 추위에 잘 견딘다.

'可'는 간혹 반문의 뜻을 나타내기도 한다.

● 楚城滿目春華, 可堪游子思家. - 하주賀鑄 청평악清平樂
　　초 성 만 목 춘 화　　가 감 유 자 사 가
　　초나라 성에는 온통 봄꽃이니, 나그네 고향 생각 어찌 참으리.

● 此情可待成追憶. - 이상은李商隱 무제無題
　　차 정 가 대 성 추 억
　　이 정이 어찌 추억거리가 되길 기다리랴.

5. 日

君子博學而日參省乎己.
군자박학이일삼성호기

군자는 널리 배우고 날마다 스스로에 대해 세 가지를 반성한다.

'日'은 시간명사로서 종종 상어狀語로 사용되는데, 그 경우의 의미는 보통 때 지니는 의미와 다르다.

첫째, 행동성을 지니는 동사 앞에 놓이면, '매일'이라는 뜻을 갖게 되어 행동의 빈도 또는 지속을 표시한다. '歲'와 '月'도 이러한 기능이 있다.

- 今有人日攘其鄰之鷄者. - 맹자 등문공하滕文公下
  금 유 인 일 양 기 린 지 계 자
  이제 어떤 사람이 매일 그 이웃의 닭을 훔친다.

- 良庖歲更刀, 割也; 族庖月更刀, 折也. - 장자 양생주養生主
  량 포 세 경 도　 할 야　 족 포 월 경 도　 절 야
  솜씨 좋은 소잡이가 해마다 칼을 바꾸는 것은 살을 가르기 때문이요, 평범한 소잡이가 달마다 칼을 바꾸는 것은 무리하게 뼈를 자르기 때문이다.

둘째, 동사 또는 형용사 앞에 놓여서 '하루하루'·'날로'라는 뜻을 가지고서 상황이 점차 발전되어감을 표시한다.

- 田單兵日益多, 乘勝, 燕日敗亡. - 사기 전단열전田單列傳
  전 단 병 일 익 다　 승 승　 연 일 패 망
  전단의 병사는 날이 갈수록 더욱 많아져 승세를 탔고, 연나라는 나날이 패배했다.

- 事日急. - 사기 위기무안후열전魏其武安侯列傳
  사 일 급
  일이 날로 급해졌다.

셋째, 문장의 앞에 놓여 '지난날'이라는 뜻을 갖는 경우도 있다.

● 日君以夫公孫段爲能任其事, 而賜之州田. - 좌전 소공昭公7년
　　일 군 이 부 공 손 단 위 능 임 기 사　　이 사 지 주 전
전날에 귀국의 임금께서 공손단이 자기의 일을 잘 해낼 수 있다고 여겨,
그에게 주의 땅을 하사했다.

　이러한 뜻의 확대는 사실 '日'만의 특유한 성질이 아니다. 모든 한자는
다 문맥의 변화에 따라 사성詞性의 변화가 일어날 수 있는 가능성을 가지
고 있기 때문이다. 그리고 '日'처럼 많이 쓰이는 자의 경우는 그러한 사
성 변화의 폭이 상대적으로 더욱 넓을 수밖에 없다. 한문을 대할 때는
항상 이러한 점을 유념해야 할 것이다.

6. 無

天下從事者, 不可以無法儀.
천 하 종 사 자　　불 가 이 무 법 의

無巧工不巧工, 皆以此五者爲法.
무 교 공 불 교 공　　개 이 차 오 자 위 법

其事能成者, 無有也.
기 사 능 성 자　　무 유 야

　천하의 일하는 이들에게 법도가 없으면 안 된다.

　기술 있는 공인工人이나 기술 없는 공인이나 다 이 다섯 가지를
법으로 삼는다.

　그 일을 이룰 수 있는 사람은 없다.

'無'는 우선 부정동사로 쓰이며, '…이 없다'·'…을 가지고 있지 않다'의 뜻을 가진다.

- 邦無道, 富且貴焉, 恥也. — 논어 태백泰伯
  방 무 도 부 차 귀 언   치 야
  나라에 도가 없는데도 부유하고 고귀하면 부끄러운 노릇이다.

'無'는 '莫'과 같이 무정대사無定代詞의 성격을 포함한 부정사로 쓰일 때도 있고, '毋'와 같이 금지명령형에 쓰여 금지나 동의하지 않는다는 뜻을 나타낼 수도 있다.

- 相人多矣, 無如季相. — 사기 고조본기高祖本紀
  상 인 다 의   무 여 계 상
  사람의 관상을 본 적이 많으나, 유계劉季의 상만한 사람이 없었다.

- 無欲速, 無見小利. — 논어 자로子路
  무 욕 속 무 견 소 리
  일을 빨리 하려고 하지 말고, 작은 이익을 보지 말라.

'無'는 때로 '無論', 즉 '…을 막론하고'의 뜻으로 쓰일 때도 있다.

- 君子無衆寡, 無小大, 無敢慢. — 논어 요왈堯曰
  군 자 무 중 과   무 소 대   무 감 만
  군자는 사람이 많거나 적거나, 일이 작거나 크거나를 막론하고 감히 태만함이 없다.

- 今天下無大小國, 皆天之邑也 ; 人無幼長貴賤, 皆天之臣也.
  금 천 하 무 대 소 국   개 천 지 읍 야   인 무 유 장 귀 천   개 천 지 신 야
  　　　　　　　　　　　　　　　　　　　　　　— 묵자墨子 법의法儀
  지금 천하는 큰 나라거나 작은 나라거나를 막론하고, 모두 상천上天의 성읍이며, 사람이 어리거나 어른이거나 귀하거나 천하거나를 막론하고, 모두 상천의 신민臣民이다.

'無有'는 '無'와 의미상 별 차이가 없이 쓰인다.

- 其竭力致死, 無有二心. — 좌전 성공成公3년
  기 갈 력 치 사   무 유 이 심
  힘을 다하고 목숨을 바쳐, 두 마음을 품지 않는다.

● 雖無有質, 誰能間之? - 좌전 은공隱公3년
　수 무 유 질　　수 능 간 지
비록 인질이 없다 해도, 누가 그들을 이간질할 수 있겠는가?

● 至於好色, 臣無有也. - 송옥宋玉 등도자호색부登徒子好色賦
　지 어 호 색　　신 무 유 야
여색을 좋아하는 짓은, 신에게는 없습니다.

四. 개사류介詞類

1. 以

以勇氣聞於侯.
이 용 기 문 어 후

鄕人皆惡我鳴, 以故東徙.
향 인 개 오 아 명 이 고 동 사

君子與君子, 以同道爲朋; 小人與小人, 以同利爲朋.
군 자 여 군 자 이 동 도 위 붕 소 인 여 소 인 이 동 리 위 붕

以之修身, 則同道而相益; 以之事國, 則同心共濟.
이 지 수 신 즉 동 도 이 상 익 이 지 사 국 즉 동 심 공 제

當其同利之時, 暫相黨引以爲朋.
당 기 동 리 지 시 잠 상 당 인 이 위 붕

三顧臣於草廬之中, 諮臣以當世之事.
삼 고 신 어 초 려 지 중 자 신 이 당 세 지 사

　용기로써 제후들에게 이름이 났다.

　마을 사람들이 다 내 울음을 싫어해서, 그 때문에 동쪽으로 이사 간다.

　군자와 군자는 도를 함께하여 붕당朋黨이 되고, 소인과 소인은 이익을 같이하여 붕당이 된다.

　그것으로써 몸을 닦으니 도를 같이하여 서로 도움을 주고, 그것으로 나라를 섬기니 마음을 같이하고 함께 일을 이루는 것이다.

그들이 이익을 같이할 때, 잠시 서로 무리지어 끌어들여서 붕당을 이룬다.

초가집 가운데로 신을 세 번이나 찾으시고, 신에게 당세의 일을 물으셨다.

'以'가 개사介詞로 쓰일 경우, 주로 두 가지 용법이 있다. 하나는 어떤 행위의 원인을 밝히는 것으로, 이때는 우리말로 '…때문에'·'…으로 인하여'의 뜻을 가진다.

- **君子不以言擧人, 不以人廢言.** - 논어 위령공衛靈公
  군 자 불 이 언 거 인   불 이 인 폐 언
  군자는 말 때문에 사람을 천거하지 않고, 사람 때문에 말을 폐하지 않는다.

- **吾以捕蛇獨存.** - 유종원柳宗元 포사자설捕蛇者說
  오 이 포 사 독 존
  나는 뱀을 잡았기 때문에 혼자 살아남았다.

또 하나는 행위가 어떤 사물을 도구·수단·방법·의거로 삼고 있음을 표시하며, 이때에는 우리말로 '…을 가지고'·'…으로' 등의 뜻을 가진다.

- **君若以德綏諸侯, 誰敢不服?** - 좌전 희공僖公4년
  군 약 이 덕 수 제 후   수 감 불 복
  임금께서 만약 덕으로써 제후들을 편안하게 해 주신다면, 누가 감히 복종하지 않겠습니까?

'以'가 연사連詞일 경우에는, 두 개의 동사 또는 동사성의 구를 연결하는 데 사용되며, 두 가지 행위의 시간상 선후 관계를 표시한다. 이때 나중의 행위는 종종 앞의 행위의 목적이 되거나, 또는 앞의 행위가 산출한 결과가 된다.

- **百工居肆以成其事, 君子學以致其道.** - 논어 자장子張
  백 공 거 사 이 성 기 사   군 자 학 이 치 기 도
  모든 기술자는 공방工房에 거처하여 그들의 일을 이루고, 군자는 배워서 그의 도를 이룬다.

● 志士仁人, 無求生以害仁, 有殺身以成仁. - 논어 위령공
　지사인인　무구생이해인　유살신이성인
　지사와 인인은 살기를 구하여 인을 해치는 일은 없고, 몸을 죽여서 인을
　이루는 일은 있다.

　여기서 '以故東徙(그래서 동쪽으로 이사간다)'라는 말과 연관지어 '故'
와 '以'에 대해 살펴보면 둘 다 원인을 밝히는 말임을 알 수 있을 것이다.
이 때문에 '以故'는 '是故', '是以' 등으로 바뀌어 쓰이기도 한다.

● 是故質的張而弓矢至焉. - 순자荀子 권학勸學
　시고질적장이궁시지언
　그렇기 때문에 과녁을 펼쳐 놓으면, 화살이 날아오게 된다.

● 是故聖益聖, 愚益愚. - 한유韓愈 사설師說
　시고성익성　우익우
　그래서 성인은 더욱 성명聖明해지고, 우인愚人은 더욱 어리석어진다.

● 仲尼之徒, 無道桓文之事者. 是以後世無傳焉.
　중니지도　무도환문지사자　시이후세무전언

　　　　　　　　　　　　　　　　　- 맹자 양혜왕상梁惠王上
　중니의 제자들 중에는 제환공齊桓公과 진문공晉文公의 일을 이야기한 사람
　이 없었다. 그래서 후세에 그 일이 전해지지 않았다.

　'故'는 단독으로 '그렇기 때문에'·'그래서'라는 뜻의 연사로 쓰이기도
한다. 이 경우 '以故'·'是故'·'是以' 등과 의미상 큰 차이가 없다.

● 故以羊易之也. - 맹자 양혜왕상
　고이양역지야
　그래서 양으로써 그것을 바꾸었다.

● 求也退, 故進之 ; 由也兼人, 故退之. - 논어 선진先進
　구야퇴　고진지　유야겸인　고퇴지
　염구冉求는 뒤로 물러서는 편이니, 그래서 앞으로 나서게 하였고, 중유仲由
　는 남보다 용기가 뛰어난 편이니, 그래서 뒤로 물러나게 한 것이다.

　개사 '以'가 조성하는 개빈구介賓句는 어순에 있어서 두 가지 주의해야
할 변화가 있다. 첫째, 개빈구 전체가 동사 앞에 놓일 수도 있고, 동사
또는 동사의 빈어 뒤에 놓일 수도 있다.

- 具以沛公言報項王. - 사기 항우본기項羽本記
  구 이 패 공 언 보 항 왕
  패공의 말을 모두 항왕에게 알렸다.

- 五畝之宅, 樹之以桑, 五十者可以衣帛矣. - 맹자 양혜왕상
  오 묘 지 택   수 지 이 상   오 십 자 가 이 의 백 의
  다섯 이랑의 택지에다 뽕나무를 심으면, 50대의 사람들이 비단옷을 입을
  수 있게 될 것이다.

둘째, 개사 '以'의 빈어를 강조하기 위해서 빈어를 '以' 앞에다 놓을 수
도 있다.

- 詩三百, 一言以蔽之, 曰 : 思無邪. - 논어 위정爲政
  시 삼 백   일 언 이 폐 지   왈   사 무 사
  시 3백 편은 한마디로 말해서, 나타난 생각에 사악함이 없다는 것이다.

2. 於

躬耕於南陽.
궁 경 어 남 양

不求聞達於諸侯.
불 구 문 달 어 제 후

興復漢室, 還於舊都.
흥 복 한 실   환 어 구 도

受任於敗軍之際.
수 임 어 패 군 지 제

남양에서 몸소 농사를 지었다.

제후에게 이름이 알려지기를 구하지 않았다.

한漢 왕실을 다시 일으키고 옛 서울로 돌아간다.

싸움에서 졌을 때 임무를 맡았다.

'於'는 개사로서, 행위의 처소 또는 시간을 밝히는 데 주로 사용된다. 그리고 이 경우 '於'의 사용범위는 비교적 광범하여, 우리말로 '…에'·'… 로'·'…로부터'·'…까지'·'…에게'·'…에 대해'·'…에 의해' 등의 다양한 뜻을 가진다.

- 子路宿於石門. – 논어 헌문憲問
  자 로 숙 어 석 문
  자로가 석문에서 묵었다.

- 子於是日哭, 則不歌. – 논어 술이述而
  자 어 시 일 곡   즉 불 가
  선생께서 이날에 곡하시고서는 노래하지 않으셨다.

- 河内凶, 則移其民於河東, 移其粟於河内. – 맹자 양혜왕상
  하 내 흉   즉 이 기 민 어 하 동   이 기 속 어 하 내
  하내에 흉년이 들면, 그 백성을 하동으로 옮기고, 하동의 곡식을 하내로 옮겼다.

- 靑取之於藍. – 순자 권학勸學
  청 취 지 어 람
  푸른 물감은 남초藍草로부터 취한다.

- 自吾氏三世居是鄉, 積於今六十歲矣. – 유종원 포사자설捕蛇者說
  자 오 씨 삼 세 거 시 향   적 어 금 륙 십 세 의
  우리가 3대째 이곳에서 살아, 지금까지 60년이 되었다.

- 己所不欲, 勿施於人. – 논어 위령공衛靈公
  기 소 불 욕   물 시 어 인
  자기가 하고자 하지 않는 것을 남에게 하지 말라.

- 始吾於人也, 聽其言而信其行 ; 今吾於人也, 聽其言而觀其行.
  시 오 어 인 야   청 기 언 이 신 기 행   금 오 어 인 야   청 기 언 이 관 기 행
  　　　　　　　　　　　　　　　　　　　– 논어 공야장公冶長

  전에는 내가 사람에 대해 그가 하는 말을 듣고서 그가 하는 일을 믿었지 만, 이제는 내가 사람에 대해 그가 하는 말을 듣고서도 그 행실을 살피게 되었다.

- 敏於事而愼於言. – 논어 학이學而
  민 어 사 이 신 어 언
  일하는 데에는 민첩하며, 말하는 데에는 조심한다.

● 兵破於陳涉, 地奪於劉氏. - 한서漢書 가의전賈誼傳
　　병 파 어 진 섭　　지 탈 어 류 씨

군대는 진섭에 의해 격파되고, 땅은 유씨에 의해 빼앗겼다.

'於'는 또 비교를 나타내기도 하여, '…보다'·'…에 견주어'의 뜻으로 해석된다.

● 每自比於管仲樂毅. - 삼국지三國志 제갈량전諸葛亮傳
　　매 자 비 어 관 중 악 의

늘 스스로 관중과 악의에 견주었다.

● 王如知此, 則無望民之多於鄰國也. - 맹자 양혜왕상
　　왕 여 지 차　　즉 무 망 민 지 다 어 린 국 야

왕께서 만약 이를 아시면, 백성이 이웃 나라보다 많기를 바라지 마십시오.

● 季氏富於周公. - 논어 선진先進
　　계 씨 부 어 주 공

계씨는 주공보다 부유하다.

3. 與

孤與老賊勢不兩立.
고 여 로 적 세 불 량 립

信乃謀與家臣.
신 내 모 여 가 신

相如聞之, 每朝常稱病, 不欲與爭列.
상 여 문 지　　매 조 상 칭 병　　불 욕 여 쟁 렬

나와 늙은 도적은 세勢가 양립하지 못한다.

한신韓信이 마침내 가신들과 의논하였다.

상여가 듣고 조회마다 병을 사칭하고, 더불어 자리를 다투려 하지 않았다.

'與'가 허사虛詞로 쓰일 경우에는 대체로 두 가지 기능이 있다. 첫째는 개사로서의 기능인데, 이 경우 우리말로는 대개 '…와 함께'·'…와 더불어'·'…을 위하여'의 뜻을 가진다.

● 冬, 與越人水戰, 大敗越人. - 장자 소요유逍遙遊
　　동　　여월인수전　　대패월인
겨울에 월나라 사람들과 수전을 하여, 월나라 사람들을 크게 쳐부수었다.

● 管仲嘗與鮑叔賈. - 사기 관안열전管晏列傳
　　관중상여포숙고
관중은 일찍이 포숙과 장사를 한 적이 있었다.

● 得其心有道, 所欲與之聚之, 所惡勿施爾也. - 맹자 이루상離婁上
　　득기심유도　　소욕여지취지　　소오물시이야
그들의 마음을 얻는 데는 길이 있으니, 바라는 바를 그들을 위해 모아 주고, 싫어하는 바를 그들에게 하지 않는 것이다.

또 '與'는 '於'와 거의 비슷한 뜻으로 쓰여 '…에 있어'·'…에게'의 뜻을 나타내기도 한다.

● 故忠臣也者, 能盡善與君. - 신서新序
　　고 충신야자　　능진선여군
그러므로 충신이란 임금에게 최선을 다할 수 있는 것이다.

'與'도 다른 개사에서 볼 수 있는 것처럼 뒤에 오는 개사빈어를 생략할 수 있다.

● 旦日, 客從外來, 與坐談. - 전국책 제책齊策
　　단일　　객종외래　　여좌담
다음날 아침 밖에서 손님이 와, 함께 이야기를 나누었다.
　　※ '與'는 '與客'의 생략형.

둘째는 연사로서의 기능인데, 우리말로는 '…와'의 뜻을 가진다. '與'가 연사로 쓰일 경우에는 주로 명사나 명사성의 구를 연결하고 일반적으로 동사나 형용사는 연결할 수 없다. 동사나 형용사를 연결할 때는 주로 '而'가 쓰인다.

● 客亦知夫水與月乎? - 소식蘇軾 전적벽부前赤壁賦
　　객역지부수여월호

객도 또한 저 물과 달을 아는가?

● 獨卿與子敬與孤同耳. - 자치통감資治通鑑
　　독 경 여 자 경 여 고 동 이
경과 자경만이 나와 같을 뿐이다.

이밖에 '與'는 '歟'와 같은 자로서 어기사로도 쓰인다. 이에 대해서는 따로 설명하기로 한다.

4. 及

及其未旣濟也, 請擊之.
급 기 미 기 제 야　 청 격 지

宋公及楚人戰于泓, 宋人旣成列, 楚人未旣濟.
송 공 급 초 인 전 우 홍　 송 인 기 성 렬　 초 인 미 기 제

兄及弟矣.
형 급 제 의

傷未及死, 如何勿重?
상 미 급 사　 여 하 물 중

　그들이 다 건너지 않았을 때 공격하자.

　송공이 초나라 군대와 홍泓에서 싸우는데, 송나라 군대는 정렬했지만 초나라 군대는 아직 정렬이 안 되었다.

　형과 동생이다.

　부상당했으나 아직 죽지 않았는데 왜 다시 죽이지 말아야 하는가?

　'及'은 원래는 동사로 '…에 이르다'·'…에 미치다'의 뜻을 가지며, 허사로 쓰일 때도 이와 연관된 뜻으로 쓰인다. 허사인 '及'은 개사와 연사로

많이 쓰이는데, 개사로 쓰일 경우 주로 시간을 표시하며, 우리말로는 '…할 때가 되어서'·'…할 때에'·'…하여서는'의 뜻을 가진다. 그리고 때로는 '乘'과 같은 의미로 쓰이기도 하는데, 이 경우 우리말로 '…하는 틈을 타서'·'…하는 때를 이용하여'라고 번역하면 자연스럽다.

● 少之時, 血氣未定, 戒之在色 ; 及其壯也, 血氣方剛, 戒之在鬪 ;
　소지시　혈기미정　계지재색　급기장야　혈기방강　계지재투
　及其老也, 血氣旣衰, 戒之在得. - 논어 계씨季氏
　급기로야　혈기기쇠　계지재득

어려서는 혈기가 아직 안정되지 않았으므로 경계해야 함이 여색에 있고, 장성하여서는 혈기가 한창 군세므로 경계해야 함이 싸움에 있으며, 늙어서는 혈기가 쇠잔해지므로 경계해야 함이 탐욕에 있다.

● 老子之言道德, 吾有取焉耳 ; 及搥提仁義, 絶滅禮學, 吾無取焉耳.
　로자지언도덕　오유취언이　급추제인의　절멸례학　오무취언이
　　　　　　　　　　　　　　　　　　　　　　　- 법언法言 문도問道

노자가 도덕을 말한 것에는 내가 취할 바가 있지만, 인의를 버리고 예학을 끊으려는 데 대하여서는 취할 것이 없다.

● 賢者在位, 能者在職, 國家閒暇, 及是時, 明其政刑, 雖大國必畏之矣.
　현자재위　능자재직　국가한가　급시시　명기정형　수대국필외지의
　　　　　　　　　　　　　　　　　　　　　　- 맹자 공손추상公孫丑上

현량한 인사가 벼슬자리에 있고, 유능한 인재가 직책을 맡게 되면, 국가가 태평하게 된다. 이때를 이용하여 그 나라의 정교와 형벌을 밝힌다면, 큰 나라라 할지라도 반드시 그 나라를 두려워하게 될 것이다.

개사로 쓰인 '及'은 또한 동작의 대상을 나타내는 기능도 한다. 이 경우 우리말로 '…와 함께'·'…와'의 뜻을 가진다.

● 衛孫良夫帥師及齊師戰于新築, 衛師敗績. - 좌전 성공成公 2년
　위손량부수사급제사전우신축　위사패적

위나라 손양부가 군대를 이끌고서 제나라 군대와 신축에서 싸웠는데, 위나라 군대가 대패하였다.

'及'은 연사로도 쓰이는데, 이 경우 의미상 주요한 것이 '及' 앞에 놓인다.

● 李延年, 中山人也, 父母及身, 兄弟及女, 皆故倡也.
　리 연 년　중 산 인 야　부 모 급 신　형 제 급 녀　개 고 창 야

- 사기 영행열전佞幸列傳

이연년은 중산 사람으로, 부모 및 자신, 형제 및 딸이 모두 본래 창우倡優였다.

5. 爲

子乃爲所欲爲, 顧不易邪?
자 내 위 소 욕 위　고 불 이 야

豫讓又漆身爲癩, 吞炭爲啞.
예 양 우 칠 신 위 라　탄 탄 위 아

將以愧天下後世之爲人臣懷二心者也.
장 이 괴 천 하 후 세 지 위 인 신 회 이 심 자 야

智伯之臣豫讓欲爲之報仇.
지 백 지 신 예 양 욕 위 지 보 구

此人欲爲報仇.
차 인 욕 위 보 구

子以我爲不信.
자 이 아 위 불 신

虎以爲然.
호 이 위 연

그대가 그리고 나서 하고 싶은 바를 하면, 도리어 쉽지 않겠는가?

예양이 또 몸에 옻칠을 해 문둥이로 꾸미고, 숯을 삼켜 벙어리가 되었다.

천하의 후세에 남의 신하가 되어 두 마음을 품는 자들을 부끄럽게 하겠다.

지백의 신하 예양이 그를 위해 원수를 갚으려 했다.

이 사람은 그를 위해 원수를 갚으려 한다.

그대는 나를 못미더워 하는군요.

호랑이는 그렇다고 생각했다.

'爲'는 원래 동사이다. 그리고 '爲'가 가지는 의미는 매우 광범하여 '하다'·'되다'·'변하다'·'삼다'·'여기다' 등의 다양한 뜻을 가진다. 때로는 계사繫詞처럼 쓰여 '…이다'의 뜻으로 해석되기도 한다.

- **桀溺曰 : '子爲誰?' 曰 : '爲仲由.'** - 논어 미자微子
  걸 닉 왈   자 위 수   왈   위 중 유
  걸닉이 "그대는 누구시요?"라고 묻자, "중유입니다."라고 대답하였다.

- **吾乃今日而知先生爲天下之士也.** - 전국책 조책趙策
  오 내 금 일 이 지 선 생 위 천 하 지 사 야
  나는 오늘에야 비로소 선생이 천하의 현사賢士임을 알았다.

'爲'는 개사로도 쓰이는데, 이 경우 대체적으로 '…에게'·'…을 위하여'·'…때문에'의 뜻을 가진다. 그리고 개사 '爲' 뒤의 빈어는 종종 생략되기도 한다.

- **爲人謀而不忠乎?** - 논어 학이學而
  위 인 모 이 불 충 호
  남을 위해 일을 도모하면서 성실하지 못했던가?

- **及莊公卽位, 爲之請制.** - 좌전 은공원년隱公元年
  급 장 공 즉 위   위 지 청 제
  장공이 즉위하자, 그를 위해 제 땅을 청하였다.

- **求也爲之聚斂而附益之.** - 논어 선진先進
  구 야 위 지 취 렴 이 부 익 지
  구는 그를 위해 세를 거두어다 재산을 더 늘려주었다.

'爲' 뒤에 개사빈어介詞賓語가 생략되어 있는 경우, 그 개사빈어는 문맥에 의해 판단할 수밖에 없다.

- **君子不能爲謀也.** - 예기 단궁하檀弓下
  군 자 불 능 위 모 야
  군자는 (그를) 위해 도모할 수 없다.

'爲'는 또 피동의 뜻을 나타내기도 한다. 이 경우 '爲'는 흔히 '所'와 호응하여 쓰이는 수가 많다.

- **巨是凡人, 偏在遠郡, 行將爲人所倂.** - 자치통감 적벽지전赤壁之戰
  거 시 범 인　 편 재 원 군　 행 장 위 인 소 병
  거는 범용한 사람이고 먼 지방에 치우쳐 있어, 머지않아 다른 사람에게 병탄될 것이다.

'爲…所~'처럼 호응하여 많이 쓰이는 말로 '以…爲~'가 있다.

'以… 爲~'의 형태는 두 가지 뜻을 가진다. 하나는 '…을 ~으로 삼다'의 뜻이고, 또 하나는 '…을 ~으로 여기다'의 뜻이다.

- **天將以夫子爲木鐸.** - 논어 팔일八佾
  천 장 이 부 자 위 목 탁
  하늘이 장차 선생님을 목탁으로 삼으실 것이다.

- **君子義以爲質.** - 논어 위령공衛靈公
  군 자 의 이 위 질
  군자는 의로써 본질을 삼는다.
  ※ '以'의 빈어 '義'를 앞에 놓아 강조함.

- **先君以寡人爲賢.** - 좌전 은공隱公3년
  선 군 이 과 인 위 현
  선군께서는 과인을 어질다고 여기셨다.

- **鮑叔不以我爲貪.** - 사기 관안열전管晏列傳
  포 숙 불 이 아 위 탐
  포숙은 나를 탐욕스럽다고 생각하지 않았다.

'以… 爲~'는 두 글자가 합쳐져서 '以爲'로 사용되기도 하는데, 이때의 뜻은 '생각하다'·'여기다'이다.

● **王以爲然.** - 전국책 진책秦策

왕 이 위 연

왕은 그렇다고 생각하였다.

6. 因

因坐法華西亭, 望西山, 始指異之.

인 좌 법 화 서 정　　망 서 산　　시 지 이 지

越王選卒三千人, 禽之干隧, 因制其虛也.

월 왕 선 졸 삼 천 인　　금 지 간 수　　인 제 기 허 야

　법화사의 서정에 앉아 서산을 바라봄을 계기로, 비로소 가리키면서 이상스레 여겼다.

　월왕이 군대 3천을 뽑아 간수에서 잡음으로써 그 허를 제압하였다.

'因'이 허사일 경우는 개사와 연사로 쓰인다.

개사 '因'의 주요 용법에는 세 가지가 있다.

첫째, 행위의 원인을 표시한다. 이 경우 우리말로는 '…으로 말미암아'·'…으로 인하여'의 뜻을 가진다.

● **因此怒, 遣人追殺王姊道中.** - 사기 장이진여열전張耳陳餘列傳

인 차 노　견 인 추 살 왕 자 도 중

이로 말미암아 화가 나서, 사람을 시켜서 왕의 자씨姊氏를 도중에서 뒤쫓아가 죽이게 하였다.

● **因前使絶國功, 封騫博望侯.** - 사기 위장군표기열전衛將軍驃騎列傳

인 전 사 절 국 공　봉 건 박 망 후

전에 먼 나라로 사자로 갔던 공이 있기 때문에, 건을 박망후에 봉하였다.

둘째, 행위나 동작의 경유經由를 표시한다. 이 경우 우리말로는 '…을

거쳐서'·'…을 통하여'의 뜻을 가진다.

● 廉頗聞之, 肉袒負荊, 因賓客至藺相如門謝罪.
  렴 파 문 지 육 단 부 형 인 빈 객 지 린 상 여 문 사 죄

- 사기 염파인상여열전廉頗藺相如列傳

염파는 이 말을 듣고서, 옷을 벗어 어깨를 드러내고 가시 회초리를 짊어지고는, 빈객을 통하여 인상여의 문에 와서 사죄하였다.

셋째, 행위나 동작의 의거依據를 표시한다. 이 경우 우리말로는 '…에 의거해서'·'…을 이용해서'의 뜻을 가진다.

● 善戰者因其勢而利導之. - 사기 손자오기열전孫子吳起列傳
  선 전 자 인 기 세 이 리 도 지

싸움을 잘하는 자는 그 형세를 이용하여 그것을 유리하게 유도하는 법이다.

'因'이 연사連詞로 쓰일 경우는 윗 구의 뜻을 이어서 순승順承 관계를 표시한다.

● 王授璧, 相如因持璧却立. - 사기 염파인상여열전
  왕 수 벽 상 여 인 지 벽 각 립

진왕秦王이 구슬을 돌려주자, 인상여는 이에 구슬을 가지고 물러나 섰다.

● 旣而得其屍於井, 因化怒爲悲. - 요재지이聊齋志異 촉직促織
  기 이 득 기 시 어 정 인 화 노 위 비

조금 뒤에 우물에서 시체를 얻자, 이에 분노가 비애로 바뀌었다.

7. 由

人之所喻, 由其所習, 所習, 由其所志.
인 지 소 유 유 기 소 습 소 습 유 기 소 지

科擧取士久矣, 名儒鉅公, 皆由此出.
과 거 취 사 구 의 명 유 거 공 개 유 차 출

> **由是則生而有所不用也.**
> 유 시 즉 생 이 유 소 불 용 야
>
> 　사람의 깨달음은 그 익힌 바에서 나오고, 익힌 바는 그 뜻하는 바에서 나온다.
>
> 　과거로 선비를 뽑은 지가 오래니, 이름난 학자와 큰 인물이 다 이에서 나왔다.
>
> 　이 때문에 산다 해도 쓰지 않는 바가 있다.

　'由'는 원래 '…로부터 나오다'라는 뜻의 동사이다. 개사로 쓰일 경우, '自'・'從'과 비슷하게 쓰인다. 그러나 '由'에는 그밖의 여러 뜻도 있어서 '自'・'從'보다 쓰임새가 더 넓다.

　'由'는 우선 유래나 경로를 나타내는 뜻으로 많이 쓰인다.

- **何由知吾可也.** - 맹자 양혜왕상梁惠王上
  하 유 지 오 가 야
  어떻게 하여 내가 그럴 만하다고 생각하는가?

- **自古至今, 所由來遠矣.** - 사기 삼왕세가三王世家
  자 고 지 금　소 유 래 원 의
  예로부터 오늘에 이르도록 나온 바가 오래되었다.

　'由'는 원인을 나타내기도 한다.

- **禹思天下有溺者, 由己溺之也；稷思天下有飢者, 由己飢之也.**
  우 사 천 하 유 닉 자　유 기 닉 지 야　직 사 천 하 유 기 자　유 기 기 지 야
  　　　　　　　　　　　　　　　　　　　　　　- 맹자 이루하離婁下
  우는 천하에 물에 빠진 사람이 있으면 자기 때문에 빠졌다고 생각했고, 직은 천하에 굶주리는 사람이 있으면 자기 때문에 굶주린다고 생각했다.

- **由所殺蛇白帝子, 殺者赤帝子, 故上赤.** - 사기 고조본기高祖本紀
  유 소 살 사 백 제 자　살 자 적 제 자　고 상 적
  죽음을 당한 뱀은 백제의 아들이고, 죽인 것은 적제의 아들이기 때문에 따라서 붉은색을 숭상하였다.

이밖에 '由'는 또 '…과 비슷하다'·'…과 비견된다'의 뜻으로 쓰이기도 한다. 이 경우에는 품사가 동사이다.

● 誠如是也, 民歸之, 由水之就下, 沛然誰能禦之. - 맹자 양혜왕상
　성여시야　　민귀지　유수지취하　패연수능어지
정말 이와 같이 하면, 백성들이 모여들기가 마치 물이 아래로 흐르듯 할 것이니, 그 기세를 누가 막을 수 있겠는가.

五. 연사류連詞類

1. 而

蘇子愀然, 正襟危坐, 而問客.
소자초연 정금위좌 이문객

固一世之雄也, 而今安在哉?
고일세지웅야 이금안재재

仲尼沒而微言絶.
중니몰이미언절

聖上喟然而稱.
성상위연이칭

旣而悔.
기이회

  소자는 슬픈 낯빛으로, 옷깃을 바로하여 단정히 앉아, 객에게 물었다.

  진실로 일세의 영웅인데, 지금은 어디에 있는가?

  공자孔子께서 돌아가시자 미언이 끊어졌다.

  임금께서 탄식하며 말하셨다.

  이윽고 후회하였다.

'而'가 연사連詞로 쓰일 때는 일반적으로 형용사·동사·동사성의 구를 연결하여 두 가지 성질 또는 두 가지 행위의 연결을 표시하거나, 두 개의 절을 연결시켜 두 가지 일의 연결을 표시한다.

- 美而艶. - 좌전 환공원년桓公元年
  미 이 염
  아름답고 요염하다.

- 彼節者有間, 而刀刃者無厚. - 장자 양생주養生主
  피 절 자 유 간 이 도 인 자 무 후
  저 뼈마디에는 틈새가 있고, 칼날에는 두께가 없다.

- 子溫而厲, 威而不猛, 恭而安. - 논어 술이述而
  자 온 이 려 위 이 불 맹 공 이 안
  선생님께서는 온화하면서도 엄숙하시고, 위엄이 있으면서도 사납지 않으시고, 공손하면서도 편안하시다.

- 樹成蔭而衆鳥息焉. - 순자荀子 권학勸學
  수 성 음 이 중 조 식 언
  나무가 그늘을 이루면, 뭇 새들이 와서 거기에서 쉰다.

사실 '而'는 한문에서 가장 많이 쓰이는 연사로서 사용 범위가 넓다. 특별한 경우를 제외하고는 거의 모든 경우의 연결에 '而'는 두루 쓰이기 때문에 '而'의 기능은 거의 모든 것을 연결할 수 있다고 해도 과언이 아니다. '而'를 순접順接으로 볼 것인가 역접逆接으로 볼 것인가, 나아가 인과·선후·전절轉折·가정 등의 여러 기능 가운데 어느 것으로 볼 것인가 하는 문제는 결국 문맥이 결정할 문제이다.

- 任重而道遠. - 논어 태백泰伯
  임 중 이 도 원
  소임은 무겁고, 갈 길은 멀다.

- 辭多類非而是, 多類是而非. - 여씨춘추呂氏春秋 찰전察傳
  사 다 류 비 이 시 다 류 시 이 비
  언사言辭는 상당수가 그른 것 같지만 옳고, 상당수가 옳은 것 같지만 그르다.

- 遠人不服而不能來也, 邦分崩離析而不能守也, 而謀動干戈於邦內.
  원인불복이불능래야　방분붕리석이불능수야　이모동간과어방내
- 논어 계씨季氏
  먼 곳 사람들이 불복해도 따라오게 하지 못하고, 나라가 분열되고 무너져도
  지키지 못하면서, 나라 안에서 군대를 움직여 싸우려고 한다.

- 提刀而立, 爲之四顧, 爲之躊躇滿志. - 장자 양생주養生主
  제도이립　위지사고　위지주저만지
  칼을 들고 일어나 사방을 살펴보고, 머뭇거리면서 마음이 흐뭇해진다.

앞에서 말한 것처럼 '而'는 사용 범위가 매우 다양하여 형용사와 동사
를 연결하기도 한다. 이 경우 '而' 앞의 형용사는 의미상 '而' 뒤의 동사를
수식하는 상어狀語로서의 기능을 가진다.

- 吾恂恂而起, 視其缶, 而吾蛇尚存, 則弛然而臥.
  오순순이기　시기부　이오사상존　즉이연이와
- 유종원柳宗元　포사자설捕蛇者說
  나는 조심조심 일어나서 그 항아리를 보고, 나의 뱀이 아직도 있으면 안
  심하고 눕는다.

그리고 외형상 주어와 위어를 결합할 수도 있다.

- 君子而不仁者有矣夫. - 논어 헌문憲問
  군자이불인자유의부
  군자이면서 인仁하지 않은 이가 있었다.

'而'는 또 시간부사와 결합, '旣而'·'已而'·'俄而'·'久而'·'始而' 등의
형태를 이루어 전후 사정의 시간관계를 표시하는 기능도 있다. 이 경우
'而'는 개념적인 뜻을 거의 잃고, 단지 상어화狀語化 기능밖에 없다. 따라
서 이 경우의 '而'는 사미詞尾로 쓰이고 있다고 하겠다.

- 已而相如出. - 사기 염파인상여열전廉頗藺相如列傳
  이이상여출
  얼마 지나서 인상여가 외출했다.

- 俄而又譽其矛. - 한비자韓非子 난세難勢
  아이우예기모
  조금 있다가 또 그의 창을 자랑했다.

2. 且

若予則旣窮**且**困, 顧平生百無一可.
약 여 즉 기 궁 차 곤   고 평 생 백 무 일 가

且祿豊官重, 乘威挾勢者, 凡所欲得, 無一不可於意者.
차 록 풍 관 중   승 위 협 세 자   범 소 욕 득   무 일 불 가 어 의 자

　나의 경우 가난하고 어려워, 평생을 돌아보아도 백에 하나도 뜻대로 된 것이 없다.

　또 녹이 많고 벼슬이 높아 위엄을 이용하고 세도를 끼고 있는 자들은, 모든 얻고자 하는 것에 있어서 하나라도 뜻대로 되지 않는 것이 없다.

　'且'가 연사로 쓰일 경우, 형용사·동사·구·절 등을 연접한다. 그리고 연접되는 두 부분은 병렬관계를 이루는 수가 많으며, 이 경우 종종 '旣'와 함께 쓰여 '旣… 且~'의 형태를 이루거나, '且'가 앞뒤 양쪽에 다 쓰이기도 한다. 우리말로는 '…하고, 또 ~하다'·'한편으로는 …하고, 또 한편으로는 ~하다' 등의 뜻으로 해석하면 된다.

- 百工之事, 固不可耕且爲也. — 맹자 등문공상滕文公上
  백 공 지 사   고 불 가 경 차 위 야
  여러 공인工人의 일은 본래 농사 지으면서 할 수는 없다.

- 余旣衰且病, 無所用於世. — 소식蘇軾 이씨산방장서기李氏山房藏書記
  여 기 쇠 차 병   무 소 용 어 세
  나는 늙고 병들어서 세상에 쓰일 데가 없다.

　'且'가 연접하는 두 부분이 병렬관계가 아니고 층차層次나 선후가 있을 경우도 있다. 이 경우 우리말로는 '게다가'·'나아가서'의 뜻을 가진다.

- 晉侯・秦伯圍鄭, 以其無禮于晉, 且貳于楚也. - 좌전 희공僖公30년
  진 후　　진 백 위 정　　이 기 무 례 우 진　　차 이 우 초 야

  진문공晉文公과 진목공秦穆公은 정을 포위하였는데, 진晉에 무례하였고 게
  다가 초나라와 화친하였기 때문이었다.

'且'가 연접하는 두 부분이 선택관계일 경우도 있다.

- 足下欲助秦攻諸侯乎? 且欲率諸侯破秦也?
  족 하 욕 조 진 공 제 후 호　　차 욕 솔 제 후 파 진 야
  　　　　　　　　　　　　- 사기 역생육가열전酈生陸賈列傳

  그대는 진秦을 도와 제후들을 치고자 하십니까? 아니면 제후들을 이끌고
  서 진을 쳐부수고자 하십니까?

　어떤 경우에 있어서는 '且'가 어떤 사실을 다시 제기하여 말머리를 바
꾸는 갱단사更端詞 기능을 가진다. 이 경우 '且' 앞의 구문句文이 의미상 이
미 단락이 끝난 듯이 보일 수도 있지만, 그래도 위아래 문은 어느 정도
연접관계가 남아 있는 것이다. 이 경우 우리말로는 '다시 말하면'・'하물
며' 등으로 해석하면 좋다.

- 且夫天地之間, 物各有主. - 소식蘇軾 전적벽부前赤壁賦
  차 부 천 지 지 간　　물 각 유 주
  다시 말하면, 천지간에는 물건마다 각기 주인이 있다.

'且'는 또 시간을 나타내는 부사로 쓰여 '가까운 시간에 곧', 혹은 '잠시
동안'의 뜻으로 쓰이기도 한다. 이 경우 '將'이나 '姑'의 뜻으로 해석될 수
있다.

- 北山愚公者, 年且九十. - 열자列子 탕문湯問
  북 산 우 공 자　　년 차 구 십
  북산에 우공이란 사람이 있었는데, 나이가 거의 90살이었다.

- 且以喜樂, 且以永日. - 시경 당풍唐風
  차 이 희 락　　차 이 영 일
  잠시 즐거워하면서, 날을 보내리라.

'且'는 '…조차도, 또한'의 뜻을 나타내기 위해 쓰이기도 한다.

- 獸相食, 且人惡之. - 맹자 양혜왕상梁惠王上
  수 상 식　　차 인 오 지

짐승들이 서로 잡아먹는 것조차도 또한 사람들이 싫어한다.

● 無有爲有, 雖有神禹, 且不能知, 吾獨且奈何哉. - 장자 제물론齊物論
　　무유위유　수유신우　　차불능지　　오독차내하재

무에서 유가 나오니, 비록 신령스런 우라도 또한 알지 못할 것인데, 내가
혼자 어찌하겠는가.

3. 則

退小人之僞朋, 用君子之眞朋, 則天下治矣.
퇴소인지위붕　용군자지진붕　　즉천하치의

小人無朋, 惟君子則有之.
소인무붕　유군자즉유지

　소인의 거짓 붕당을 물리치고, 군자의 진정한 붕당을 쓰면, 천하
는 잘 다스려질 것이다.

　소인에겐 붕당이 없고, 군자에게만 있다.

'則'은 연사로서, 일반적으로 조건을 나타내는 복문複文 중의 두 절을
연접하는 데 사용된다. 이때 앞의 절은 조건을 나타내고, 뒤의 절은 그
결과를 나타낸다.

● 聖人已死, 則大盜不起, 天下平而無故矣. - 장자 거협胠篋
　　성인이사　즉대도불기　천하평이무고의

성인이 죽고 나면 큰 도둑이 일어나지 않아, 천하는 평화롭고 아무 사고
도 생기지 않을 것이다.

● 故遠人不服, 則修文德以來之. - 논어 계씨季氏
　　고원인불복　즉수문덕이래지

그러므로 먼 곳 사람들이 복속되지 않으면, 문덕을 닦아 따르게 한다.

● 王如知此, 則無望民之多於鄰國也. - 맹자 양혜왕상梁惠王上
　　왕여지차　즉무망민지다어린국야

왕께서 만약 이를 아시면, 백성이 이웃 나라보다 많기를 바라지 마십시오.

'則'은 또 의미가 서로 대응되는 병렬된 절 속에 사용될 수 있으며, 이런 경우도 대개 조건과 결과를 나타낸다.

- **故木受繩則直, 金就礪則利.** - 순자荀子 권학勸學
  고 목 수 승 즉 직 금 취 려 즉 리
  그러므로 나무는 먹줄을 받아 곧아지고, 쇠는 숫돌에 갈려 날카로워진다.

'則'이 병렬된 절 속에 사용될 때 대비관계를 표시할 수도 있다. 병렬된 절의 경우 '則'은 양쪽 절에 모두 사용할 수도 있고, 그 중 한 군데만 사용할 수도 있다.

- **用之則行, 舍之則藏.** - 논어 술이述而
  용 지 즉 행 사 지 즉 장
  등용되면 나아가고, 버려지면 들어앉는다.

- **是故無事則國富, 有事則兵强, 此之謂王資.** - 한비자韓非子 오두五蠹
  시 고 무 사 즉 국 부 유 사 즉 병 강 차 지 위 왕 자
  그러므로 일이 없으면 나라가 부강해지고, 일이 있으면 군대는 강해지니, 이것을 일컬어 왕자王者의 자본이라 한다.

- **其室則邇, 其人甚遠.** - 시경 정풍鄭風
  기 실 즉 이 기 인 심 원
  그 집은 가까우나, 그 사람은 몹시 멀다.

- **入則無法家拂士, 出則無敵國外患者, 國恒亡.** - 맹자 고자하告子下
  입 즉 무 법 가 필 사 출 즉 무 적 국 외 환 자 국 항 망
  안으로 법도 있는 가신家臣과 보필할 선비가 없고, 밖으로 적국도 외환도 없다면, 나라는 언제나 망할 것이다.

'則'은 또 새로운 상황이 갑자기 나타남을 강조하기 위해 쓰이는 수가 있다. 이는 인과관계나 대비와는 또 다른 경우로서 '생각지도 않게 벌써'·'이미'의 뜻을 담고 있다.

- **使子路反見之, 至則行矣.** - 논어 미자微子
  사 자 로 반 견 지 지 즉 행 의
  자로를 시켜 되돌아가 만나보게 하였는데, 갔더니 떠나가 버렸다.

● 其子趨而往視之, 苗則槁矣. - 맹자 공손추상公孫丑上
　　기 자 추 이 왕 시 지　　묘 즉 고 의
그의 아들이 뛰어가 보았더니, 싹은 이미 말라 있었다.

4. 雖

相如雖駑, 獨畏廉將軍哉?
상 여 수 노　　독 외 렴 장 군 재

雖然, 朕之妃有所織細綃.
수 연　　짐 지 비 유 소 직 세 초

　상여가 비록 무능하나, 유독 염장군만 무서워하겠는가?

　비록 그러하나, 짐의 비가 짠 가는 비단이 있다.

'雖'의 용법에는 '비록 …할지라도'의 뜻으로 쓰이는 가정의 경우와 '비록 …하지만'의 뜻으로 쓰이는 기정既定의 경우가 있다.

● 苟非吾之所有, 雖一毫而莫取. - 소식 전적벽부前赤壁賦
　　구 비 오 지 소 유　　수 일 호 이 막 취
만약 나의 소유가 아니라면, 비록 터럭 하나라 할지라도 가지지 않는다.

● 雖有智慧, 不如乘勢, 雖有鎡基, 不如待時. - 맹자 공손추상公孫丑上
　　수 유 지 혜　　불 여 승 세　　수 유 자 기　　불 여 대 시
비록 지혜가 있다 해도 세를 타는 것만 못하고, 쟁기가 있다 해도 때를 기다려 농사짓는 것만 못하다.

● 門雖設而常關. - 도잠陶潛 귀거래사歸去來辭
　　문 수 설 이 상 관
문은 비록 달려 있지만 늘 닫혀 있다.

'雖然'은 연사인 '雖'와 '然'이 연용連用된 형태이다. 두 자 모두 의미를 갖고 있으므로, '비록 그와 같지만'·'비록 그렇지만'의 뜻이다.

- 雖然, 必告不穀. - 좌전 성공成公3년
  수 연　필 고 불 곡
  비록 그렇기는 하지만, 반드시 나에게 알려라.

'雖'는 한문에서 양보의 뜻을 나타내는 가장 대표적인 연사인데 이와 가장 비슷한 것으로는 '縱'이 있다. '縱'은 '雖'와 거의 비슷하게 쓰인다.

- 吾縱生無益於人, 吾可以死害於人乎哉. - 예기 단궁상檀弓上
  오 종 생 무 익 어 인　오 가 이 사 해 어 인 호 재
  내 비록 살아서 남에게 도움이 못되었지만, 죽어서 남에게 해가 되기야 하겠는가.

'如', '若' 등의 가정을 나타내는 연사들도 문맥상 양보의 뜻으로 해석될 수 있다.

- 如有周公之才之美, 使驕且吝, 其餘不足觀也已. - 논어 태백泰伯
  여 유 주 공 지 재 지 미　사 교 차 린　기 여 부 족 관 야 이
  비록 주공과 같은 훌륭한 자질이 있다고 해도 교만하고 인색하다면, 그 나머지는 볼 것이 없다.

- 觀止矣, 若有他樂, 吾不敢請已. - 좌전 양공襄公29년
  관 지 의　약 유 타 악　오 불 감 청 이
  최고의 경지를 다 보았다. 비록 다른 음악이 있다고 해도, 감히 청하지 못하겠다.

5. 然

君子則不然.
군 자 즉 불 연

然臣謂小人無朋, 惟君子則有之.
연 신 위 소 인 무 붕　유 군 자 즉 유 지

　군자는 그렇지 않다.

그러나 신은 소인은 붕당이 없고, 오직 군자에게만 그것이 있다고 말하겠습니다.

'然'은 원래 '그와 같다'·'그러하다'의 뜻을 가진다.

- **文人相輕, 自古而然.** - 조비曹조 전론논문典論論文
  문인상경   자고이연
  문인들이 서로 경시하는 것은 예로부터 그러했다.

'然'은 종종 '而'·'則'·'雖' 등의 연사와 연용되어 '연이然而'·'연즉然則'·'수연雖然'의 형태로 쓰인다. 그 중 '然而'는 일반적으로 전절轉折 관계를 나타내며, '그러나'의 뜻으로 해석될 때가 많다. 그러나 정확한 의미는 두 글자 본래의 뜻을 모두 살린, '그와 같지만, 그러나…'·'그러한데, 그러나…'의 뜻이며, 이때 진정한 전절작용은 '而'가 맡고 있다. 이는 '然則'이 '그와 같다면…'·'그러하다면…', '雖然'이 '비록 그러하지만…'의 뜻을 가지는 것에서도 알 수 있는 것이다. 따라서 '然'이 단독으로 사용되면서 전절관계를 나타내는 연사의 기능을 가질 때, 그것은 '然而'의 축약형임을 알 수 있다.

- **七十者衣帛食肉, 黎民不飢不寒; 然而不王者, 未之有也.**
  칠십자의백식육   려민불기불한   연이불왕자   미지유야
  - 맹자 양혜왕상
  70대 사람들이 비단옷을 입고 고기를 먹으며, 백성이 굶주리지 않고 추위에 떨지 않는데도 왕도정치를 하지 못한 사람은 지금까지 없었다.

- **夫環而攻之, 必有得天時者矣; 然而不勝者, 是天時不如地利也.**
  부환이공지   필유득천시자의   연이불승자   시천시불여지리야
  - 맹자 공손추하公孫丑下
  포위하여 공격함은 반드시 천시를 얻은 것이지만, 그러고도 이기지 못함은 천시가 지리만 못하기 때문이다.

● 將軍戰河北, 臣戰河南, 然不自意能先入關破秦, 得復見將軍於此.
　　장 군 전 하 북　　신 전 하 남　　연 부 자 의 능 선 입 관 파 진　　득 부 견 장 군 어 차
- 사기 항우본기項羽本紀

장군께서는 황하黃河 이북에서 싸우시고 신은 황하 이남에서 싸웠습니다. 그러나 내가 먼저 함곡관函谷關을 들어와 진을 격파하고 여기서 다시 장군을 뵙게 될 줄은 생각하지 못했습니다.

● 曹操比于袁紹, 則名微而衆寡. 然操遂能克紹, 以弱爲强者, 非惟
　　조 조 비 우 원 소　　즉 명 미 이 중 과　　연 조 수 능 극 소　　이 약 위 강 자　　비 유

天時, 抑亦人謀也. - 삼국지 제갈량전諸葛亮傳
　천 시　　억 역 인 모 야

조조가 원소와 비교해 보면 명성도 낮고 군대도 적었다. 그러나 마침내 조조가 원소를 이기고 약자가 강자가 될 수 있었던 것은, 단지 천시 때문만이 아니고 사람의 지략 때문이기도 했다.

● 對曰 : 臣實不才, 又誰敢怨. 王曰 : 然則德我乎. - 좌전 성공成公3년
　　대 왈　　신 실 부 재　　우 수 감 원　　왕 왈　　연 즉 덕 아 호

"신은 실로 인재가 못되니 또 누구를 원망하겠습니까?"하고 대답하자, 왕이 "그렇다고 하면 나의 은덕을 알겠는가?"라고 말했다.

六. 어기사류語氣詞類

1. 也

生我者父母, 知我者鮑子也.
생아자부모　지아자포자야

鮑叔不以我爲貪, 知我貧也.
포숙불이아위탐　지아빈야

天下不多管仲之賢, 而多鮑叔能知人也.
천하부다관중지현　이다포숙능지인야

方其破荊州, 下江陵, 順流而東也, 舳艫千里, 旌旗蔽空.
방기파형주　하강릉　순류이동야　축로천리　정기폐공

　나를 낳은 이는 부모이고, 알아준 사람은 포숙鮑叔이다.

　포숙은 나를 탐욕스럽다 하지 않았으니, 내가 가난함을 알았기 때문이다.

　천하가 관중의 현명함을 칭찬하지 않고, 포숙의 사람 알아줌을 칭찬하였다.

　형주를 깨뜨리고 강릉을 공략하고 물길 따라 동으로 향할 때, 배는 천리에 늘어섰고 깃발은 하늘을 가렸다.

어기사는 어기를 나타내는 조사이다. 허사虛詞 가운데 가장 설명하기 어려운 부류가 바로 이 어기사이다. 우리말에는 이러한 부류의 말들이 없을 뿐 아니라, 하나의 어기사가 여러 가지 어기를 나타내기 때문이다. 이하의 설명은 어기사의 갖가지 쓰임새 가운데 가장 대표적이라고 할 수 있는 것만을 정리한 것이다.

'也'가 문미文尾어기사로 쓰일 경우는 일반적으로 판단문의 문미에 쓰여 판단적인 어기를 나타낸다. 그래서 이 경우, 일반적으로 '…은 ~이다'로 해석된다.

- 董狐, 古之良史也. - 좌전 선공宣公2년
  동 호   고 지 량 사 야
  동호는 옛날의 훌륭한 사관史官이다.

- 惻隱之心, 仁之端也. - 맹자 공손추하
  측 은 지 심   인 지 단 야
  측은지심은 인의 단서端緖이다.

그리고 인과문因果文의 문미에 사용되는 경우도 많다. 이 경우, 내용상 결과로부터 원인이나 목적에 소급하는 경우도 있고, 원인으로부터 결과를 말하는 경우도 있다. 전자의 경우 '也'는 '…이기 때문이다'로 해석하면 자연스럽다.

- 置杯焉則膠, 水淺而舟大也. - 장자 소요유逍遙遊
  치 배 언 즉 교   수 천 이 주 대 야
  잔을 놓으면 바닥에 닿아 움직이지 않는데, 물은 얕고 배는 크기 때문이다.

- 南方多沒人, 日與水居也. - 소식蘇軾 일유日喻
  남 방 다 몰 인   일 여 수 거 야
  남방에는 잠수부가 많은데, 날마다 물과 함께 살기 때문이다.

- 古之人與民偕樂, 故能樂也. - 맹자 양혜왕하
  고 지 인 여 민 해 락   고 능 락 야
  옛사람은 백성과 더불어 함께 즐겼기 때문에 즐길 수 있었다.

- 飮少輒醉, 而年又最高, 故自號曰醉翁也.
  음 소 첩 취   이 년 우 최 고   고 자 호 왈 취 옹 야
                   - 구양수歐陽修 취옹정기醉翁亭記
  술을 조금만 마셔도 곧 취하고, 나이 또한 가장 많아서 취옹이라고 자호하였다.

'也'는 진술하는 말의 내용에 대한 강한 긍정이나 단정, 확신의 어기를 나타낼 경우도 있다.

- 三軍可奪帥也, 匹夫不可奪志也. - 논어 자한子罕
  삼 군 가 탈 수 야　필 부 불 가 탈 지 야
  삼군에게서 그 장수를 빼앗을 수는 있으나, 한 사나이한테서 그 지조志操를 빼앗을 수는 없다.

- 今者項莊拔劍舞, 其意常在沛公也. - 사기 항우본기項羽本紀
  금 자 항 장 발 검 무　기 의 상 재 패 공 야
  지금 항장이 칼을 뽑아 춤을 추는데, 그 의도는 언제나 패공에게 있다.

어기사 '也'는 문중文中에 사용되어 어기를 잠시 늦추고, 상문上文을 제시하여 하문下文에 주의를 환기시키는 기능이 있다. 이런 경우 '也'는 대부분 주어 뒤에 쓰이나, 복문의 경우 앞 절의 끝부분에 쓰이기도 한다.

- 鳥之將死, 其鳴也哀. - 논어 태백泰伯
  조 지 장 사　기 명 야 애
  새가 죽으려고 할 때는, 그 우는 소리가 애처롭다.

- 且而與其從辟人之士也, 豈若從辟世之士哉? - 논어 미자微子
  차 이 여 기 종 피 인 지 사 야　기 약 종 피 세 지 사 재
  또 그대가 사람을 피하는 선비를 따르는 것이, 어찌 세상을 피해 사는 선비를 따르는 것만 하겠는가?

'也'는 '者'와 결합하여 지시의 뜻을 한층 강하게 나타내기도 한다.

- 孝悌也者, 其爲仁之本與. - 논어 술이述而
  효 제 야 자　기 위 인 지 본 여
  효와 제라고 하는 것은 인을 행하는 근본이다.

'也'는 시간사時間詞 다음에 쓰이기도 한다.

- 今也, 將軍殺臣, 則吳必警守矣. - 한비자 설림하說林下
  금 야　장 군 살 신　즉 오 필 경 수 의
  이제 장군께서 신들을 죽이시면, 오나라가 반드시 경계하여 지킬 것입니다.

2. 矣

其爲惑也, 終不解矣.
기 위 혹 야　종 불 해 의

朝聞道, 夕死可矣.
조 문 도　석 사 가 의

亦太甚矣, 先生之言也.
역 태 심 의　선 생 지 언 야

그 의혹됨은 끝내 풀리지 않을 것이다.

아침에 도를 들으면 저녁에 죽어도 된다.

또한 매우 심하군요, 선생의 말씀이.

'矣'는 동태動態를 표시하는 어기사이다. 그것은 사물의 변화와 발전을 의미한다. 일반적으로 '矣'는 변화되고 발전된 현 단계를 새로운 상황으로 보고 다른 사람에게 알리는 데 사용된다. 그러나 어떤 상황이 아직 나타나진 않았지만, 장차 변화하거나 발전하여 나타날 것이 예상될 때도 쓸 수 있다. 그리고 형용사를 위어謂語로 하는 묘사문에도 볼 수 있는데, 이는 묘사문으로도 새로운 상황을 나타낼 수 있기 때문이다.

- 王無親臣矣. - 맹자 양혜왕하
  왕 무 친 신 의
  왕에게는 신임할 신하가 없어졌다.

- 吾將仕矣. - 논어 양화陽貨
  오 장 사 의
  나는 장차 벼슬을 할 것이다.

- 今老矣. - 좌전 희공僖公2년
  금 로 의
  이제는 늙었다.

'矣'는 '已'·'旣'·'嘗' 등과 함께 쓰여 이미 일어난 일을 명백히 표시하기도 한다.

- ●平原君曰：'勝已泄之矣.' - 전국책 조책趙策
  평 원 군 왈　　　승 이 설 지 의
  평원군은 "제가 이미 그것을 누설했습니다."라고 말했다.

- ●鄭旣知亡矣. - 좌전 희공僖公30년
  정 기 지 망 의
  정나라는 망하리라는 것을 이미 알고 있었다.

- ●且君嘗爲晋君賜矣. - 좌전 희공30년
  차 군 상 위 진 군 사 의
  또한 임금님께서는 일찍이 진晋나라 임금에게 은혜를 베푸셨습니다.

'矣'는 가정형에서 어떤 조건 아래 일정한 결과가 일어날 것임을 알려준다.

- ●微管仲, 吾其被髮左衽矣. - 논어 헌문憲問
  미 관 중　오 기 피 발 좌 임 의
  관중이 없었더라면, 우리는 아마 머리를 풀고 옷깃을 왼쪽으로 여미고 살았을 것이다.

'矣'는 형용사를 위어로 하는 묘사문에 쓰여 상황·상태의 변화를 나타내는데, 위어를 앞으로 도치하면 강조하는 효과를 갖는다.

- ●甚矣吾衰也, 久矣吾不復夢見周公. - 논어 술이述而
  심 의 오 쇠 야　구 의 오 불 부 몽 견 주 공
  내가 몹시 노쇠해졌구나, 내가 꿈에 다시 주공을 못 보게 된 지도 오래되었구나.

'矣'는 기사祈使의 뜻을 나타내는 문장에도 쓰이는데, 이런 경우는 어떤 상황이나 상태가 실현되기를 바라는 어기를 강화해 준다.

- ●君姑高枕爲樂矣. - 전국책 제책齊策
  군 고 고 침 위 락 의
  군께서는 베개를 높이고 주무심을 낙으로 삼으십시오.

3. 乎

漢皆已得楚乎?
한 개 이 득 초 호

滕小國也, 間于齊楚, 事齊乎, 事楚乎?
등 소 국 야   간 우 제 초   사 제 호   사 초 호

學而時習之, 不亦説乎?
학 이 시 습 지   불 역 열 호

此其可比於君子之德乎!
차 기 가 비 어 군 자 지 덕 호

한이 벌써 초를 점령했는가?

등은 작은 나라인데 제와 초 사이에 끼어 있으니, 제를 섬겨야 하나, 초를 섬겨야 하나?

배우고 때로 익히면 정말로 즐겁지 아니한가?

이는 정말로 군자의 덕에 비견될 만하다.

문미文尾어기사 '乎'는 주로 순수한 의문을 표시하는 데 쓰인다.

- 有一言而可以終身行之者乎? - 논어 위령공衛靈公
  유 일 언 이 가 이 종 신 행 지 자 호
  한마디 말로 종신토록 실행할 만한 것이 있는가?

- 馮公有親乎? - 전국책 제책齊策
  풍 공 유 친 호
  풍공은 친속이 있는가?

선택식 의문형에도 '乎'가 쓰인다.

- 孟子曰:'敬叔父乎? 敬弟乎?' - 맹자 고자상告子上
  맹 자 왈   경 숙 부 호   경 제 호

맹자가 "숙부를 공경하느냐? 아니면 동생을 공경하느냐?"라고 말하였다.

한 가지 주의해야 할 점은, 선진先秦시대의 문장에서는 그 속에 의문사가 들어 있는 의문형의 경우, '乎'를 쓰지 않았다는 것이다. 대신 '也'를 주로 썼다. 그러나 진한秦漢 이후에는 그 원칙이 지켜지지 않았다.

- **何謂也?** - 논어 이인里仁
  하 위 야
  무엇을 말하는 것인가?

- **夫子何哂由也?** - 논어 선진先進
  부 자 하 신 유 야
  선생님께서는 무엇 때문에 유의 말을 듣고 웃으셨습니까?

- **軫不之楚, 何歸乎?** - 사기 장의열전張儀列傳
  진 부 지 초   하 귀 호
  진진陳軫은 초나라에 가지도 않았는데, 어떻게 돌아오겠는가?

'乎'가 의문사·부정사 및 '豈' 등과 서로 호응하여 쓰일 때에는 왕왕 반문의 어기를 나타낸다.

- **其何傷於日月乎?** - 논어 자장子張
  기 하 상 어 일 월 호
  그것이 어찌 해와 달을 손상시킬 수 있겠는가?

- **計中國之在海内, 不似稊米之在太倉乎?** - 장자 추수秋水
  계 중 국 지 재 해 내   불 사 제 미 지 재 태 창 호
  중국이 사해四海 안에 있는 것을 따져 보면, 조그만 낱알이 큰 창고 속에 있는 것과 같지 아니한가?

- **豈先賤而後尊貴者乎?** - 전국책 제책齊策
  기 선 천 이 후 존 귀 자 호
  어찌 천한 것을 앞에 놓고, 존귀한 것을 뒤에 놓겠는가?

'乎'는 추측이나 상의하는 어기를 나타낼 때도 쓰이며, 이 경우 '其'·'無乃' 등과 호응하는 경우가 많다.

- **子其怨我乎?** - 좌전 성공成公3년
  자 기 원 아 호
  그대는 아마도 나를 원망하겠지?

- 其恕乎? - 논어 위령공衛靈公
  기 서 호
  아마도 서恕이겠지?

- 無乃不可乎? - 좌전 희공僖公32년
  무 내 불 가 호
  아마 안 되겠지요?

'乎'는 또 감탄의 어기를 표시하는 경우도 있다.

- 天乎! 吾無罪! - 사기 진시황본기秦始皇本紀
  천 호   오 무 죄
  하늘이여! 나는 죄가 없습니다.

4. 與

是魯孔丘之徒與?
시 로 공 구 지 도 여

求之與, 抑與之與?
구 지 여   억 여 지 여

子非三閭大夫與?
자 비 삼 려 대 부 여

惟心之謂與!
유 심 지 위 여

이는 노나라 사람 공구의 제자인가?

구한 것인가, 아니면 참여시킨 것인가?

당신은 삼려대부가 아닌가?

바로 마음을 말한 것이리라!

문미어기사 '與(歟)'는 주로 의문의 어기를 표시하나, '乎'와는 약간의 차이가 있다. 즉 의문사가 있거나 선택식 의문문의 경우를 제외하면 '與(歟)'는 일반적으로 순수한 의문을 표시하지 않는다. '與(歟)'를 쓸 때는 대부분의 경우, 말하는 사람이 대략 그러하리라는 추측을 하면서도 아직 확신할 수가 없어서 상대방에게 확인을 요구하는 것이다. 때로는 의외라는 느낌이나 회의적인 마음을 표시하기도 한다.

- 管仲非仁者與? - 논어 헌문憲問
  관 중 비 인 자 여
  관중은 인자한 사람이 아니겠지요?

- 是魯孔丘與? - 논어 미자微子
  시 로 공 구 여
  노나라의 공구지요?

- 管仲以其君霸, 晏子以其君顯, 管仲晏子猶不足爲與?
  관 중 이 기 군 패   안 자 이 기 군 현   관 중 안 자 유 부 족 위 여
  　　　　　　　　　　　　　　　　　　　 - 맹자 공손추상公孫丑上
  관중은 자기 임금을 패자霸者로 만들었고, 안자는 자기 임금을 유명하게 해 주었는데, 관중과 안자가 그래도 부족한가요?

- 是何言與? - 예기 제의祭義
  시 하 언 여
  이게 도대체 무슨 말인가?

의문사가 있는 문장이나 선택식 의문문에서는 '與(歟)'의 의문어기가 훨씬 강해진다.

- 是誰之過與? - 논어 계씨季氏
  시 수 지 과 여
  이것은 누구의 잘못이냐?

- 爲肥甘不足於口與? 輕煖不足於體與? 抑爲采色不足視於目與?
  위 비 감 부 족 어 구 여   경 난 부 족 어 체 여   억 위 채 색 부 족 시 어 목 여
  聲音不足聽於耳與? 便嬖不足使令於前與? - 맹자 양혜왕상梁惠王上
  성 음 부 족 청 어 이 여   편 폐 부 족 사 령 어 전 여
  살지고 맛있는 음식이 입에 부족하기 때문인가? 가볍고 따뜻한 옷이 몸에 부족하기 때문인가? 그렇지 않으면, 채색이 눈으로 보기에 부족하기 때문인가? 음악이 귀로 듣기에 부족하기 때문인가? 총애하는 측근자들이 부리

기에 부족하기 때문인가?

● 秦歟? 漢歟? 將近代歟? - 이화李華 조고전장문弔古戰場文
　　진 여　　　 한 여　　　 장 근 대 여
진대秦代인가? 한대漢代인가? 아니면 근대인가?

'與(歟)'는 반어형反語形에도 사용된다.

● 唯求則非邦也與? - 논어 선진先進
　　유 구 즉 비 방 야 여
구의 경우라 하더라도 그것이 나라가 아니겠는가?

'與(歟)'와 거의 비슷하게 반문을 나타내는 말로는 '哉'가 있다.

● 何有於我哉? - 논어 술이述而
　　하 유 어 아 재
내게 무슨 문제가 있겠는가?

● 且而與其從辟人之士也, 豈若從辟世之士哉? - 논어 미자微子
　　차 이 여 기 종 피 인 지 사 야　　 기 약 종 피 세 지 사 재
또 그대는 사람을 피하는 사람을 따르는 것보다 세상을 피하는 사람을 따
르는 게 어떻겠는가?

'與(歟)'는 또 추측이나 감탄의 어기를 표시할 때도 있다.

● 子曰：'語之而不惰者, 其回也與!' - 논어 자한子罕
　　자 왈　　 어 지 이 불 타 자　　 기 회 야 여
공자께서, "말해 준 것을 게을리하지 않는 사람은 안회뿐일 것이리라."라
고 말하셨다.

● 歸與! 歸與! - 논어 공야장公冶長
　　귀 여　　 귀 여
돌아가자! 돌아가자!

● 不降其志, 不辱其身, 伯夷叔齊與! - 논어 미자
　　불 항 기 지　　 불 욕 기 신　　 백 이 숙 제 여
뜻을 굽히지 않고, 몸을 욕되게 하지 않은 이는 백이숙제로다!

'哉'도 '與(歟)'와 거의 비슷하게 감탄의 어기를 나타낼 수 있다.

● 舍其路而弗由, 放其心而不知求, 哀哉! - 맹자 고자상告子上
　　사 기 로 이 불 유　　 방 기 심 이 부 지 구　　 애 재
그 길을 버리고 따르지 않으며, 그 마음을 버리고 찾지 않으니, 슬프구나!

5. 耳

復聚其騎, 亡其兩騎耳.
부 취 기 기　　망 기 량 기 이

白起, 小豎子耳.
백 기　　소 수 자 이

莊王圍宋, 軍有七日之糧爾.
장 왕 위 송　　군 유 칠 일 지 량 이

我知種樹而已.
아 지 종 수 이 이

　다시 그의 기병을 모아보니, 잃은 것이 단지 두 기병뿐이었다.

　백기는 애송이일 뿐이다.

　장왕이 송을 포위했는데, 군대에게는 7일분의 양식밖에 없었다.

　나는 나무 심는 것만 알 따름이다.

　어기사 '耳'는 주로 문미文尾에서 한정의 어기를 나타낸다. 이 경우 '耳'는 '而已'의 합음어合音詞이다. 같은 기능을 하는 것으로 '爾'도 있다.

- 前言戲之耳. - 논어 양화陽貨
  전 언 희 지 이
  조금 전에 말한 것은 농담으로 했을 뿐이다.

- 臣之所見, 蓋特其小小者爾. - 한서漢書 사마상여전司馬相如傳
  신 지 소 견　　개 특 기 소 소 자 이
  신이 본 것은 그저 그 작고 작은 것일 뿐입니다.

- 無他, 但手熟爾. - 구양수歐陽修 매유옹賣油翁
  무 타　　단 수 숙 이
  다른 것이 없고 그저 손에 익었을 따름이다.

● 武帝年七十, 乃生昭帝, 昭帝立時, 年五歲爾. - 사기 외척세가外戚世家
　무제년칠십　내생소제　소제립시　년오세이
한무제漢武帝가 나이 70세에 소제를 낳았고, 소제가 즉위할 때 5세였을 뿐
이다.

'耳'는 단정의 어기를 나타내기도 한다.

● 至今每吟, 猶惻惻耳. - 백거이白居易 여원구서與元九書
　지금매음　유측측이
지금도 읽을 때마다 여전히 가슴 아프다.

● 沛, 吾所生者, 極不忘耳. - 한서 고조본기高祖本紀
　패　오소생자　극불망이
패는 내가 태어난 곳이라 결코 잊을 수 없다.

'耳'는 또 어떤 경우에 어기의 일시적 중지나 결속을 표시한다.

● 諸將, 易得耳 ; 至如信者, 國士無雙. - 사기 회음후열전淮陰侯列傳
　제장　이득이　지여신자　국사무쌍
그런 장수들은 얻기가 쉽지만, 한신韓信 같은 이는 둘도 없는 국사이다.

● 昔甘茂之孫甘羅, 年少耳, 然名家之子孫. - 사기 감무열전甘茂列傳
　석감무지손감라　년소이　연명가지자손
예전의 감무의 손자 감나는 나이는 어리지만, 그러나 명가의 자손이었다.

6. 哉

沽之哉, 沽之哉!
고 지 재　고 지 재

賢哉, 回也!
현 재　회 야

何有於我哉!
하 유 어 아 재

　팔아야지, 팔아야지!

어질구나, 회여!

내게 무슨 문제가 있겠는가!

'哉'는 어기사로 쓰여 감탄의 어기를 나타낸다.

- 硜硜然小人哉! - 논어 자로子路
  갱 갱 연 소 인 재
  완고하기가 소인이로구나!

- 舍其路而弗由, 放其心而不知求, 哀哉! - 맹자 고자상告子上
  사 기 로 이 불 유   방 기 심 이 부 지 구   애 재
  그 길을 버리고 따르지 않으며, 그 마음을 버리고 구할 줄 모르니, 슬프구나!

- 君子義以爲質, 禮以行之, 孫以出之, 信以成之, 君子哉!
  군 자 의 이 위 질   례 이 행 지   손 이 출 지   신 이 성 지   군 자 재
  　　　　　　　　　　　　　　　　　　　　　 - 논어 위령공衛靈公
  군자는 의로써 바탕을 삼고 예로써 행하고 겸손하게 표현하고 믿음으로써
  이루나니, 그래야 정말 군자리라!

'哉'는 또 강조되는 형용사 등과 함께 문두文頭에 도치되어 놓이기도
한다. 이 경우는 한층 강한 감탄의 어기를 나타낸다.

- 野哉, 由也! - 논어 자로
  야 재   유 야
  거칠구나, 유는!

- 大哉, 堯之爲君也! - 논어 자한子罕
  대 재   요 지 위 군 야
  위대하도다, 요의 임금됨이여!

'哉'는 의문의 어기를 나타내기도 하는데, 순수하게 물어보는 의미로서
의 의문을 나타내는 경우는 거의 없다. '哉'가 의문을 나타낼 경우는 거
의 반문의 경우로 흔히 '豈'·'安'·'何'·'惡' 등과 함께 호응하여 쓰인다.

- 晋吾宗也, 豈害我哉? - 좌전 희공僖公5년
  진 오 종 야   기 해 아 재
  진은 우리와 성이 같은 나라인데, 어찌 우리를 해치겠는가?

- 且而與其從辟人之士也, 豈若從辟世之士哉? - 논어 미자微子
  차 이 여 기 종 피 인 지 사 야   기 약 종 피 세 지 사 재
  또 그대는 사람을 피하는 이를 따라다니는 것보다, 세상을 피해 사는 이를 따르는 것이 어떻겠는가?

- 燕雀安知鴻鵠之志哉? - 사기 진섭세가陳涉世家
  연 작 안 지 홍 혹 지 지 재
  연작이 어찌 홍혹의 뜻을 알겠는가?

- 大車無輗, 小車無軏, 其何以行之哉? - 논어 위정爲政
  대 거 무 예   소 거 무 월   기 하 이 행 지 재
  큰 수레에 예가 없고, 작은 수레에 월이 없으면 무엇으로 가겠는가?

- 彼且惡乎待哉? - 장자 소요유逍遙遊
  피 차 오 호 대 재
  그가 또 무엇을 기다리겠는가?

'哉'는 '乎'와 함께 '乎哉'의 형태로 쓰여, 강한 의문과 반문의 어기를 나타내기도 한다. 이 경우 '乎'는 의문의 어기를 나타내고, '哉'는 '乎'의 의문을 강화시켜 주거나 반문의 어기를 덧붙이고 있다고 할 수 있다.

- 若寡人者, 可以保民乎哉? - 맹자 양혜왕상梁惠王上
  약 과 인 자   가 이 보 민 호 재
  과인 같은 사람이 백성을 편안하게 해 줄 수 있겠는가?

- 不識此語誠然乎哉? - 맹자 만장상萬章上
  불 식 차 어 성 연 호 재
  이 말이 정말 그러한지 모르겠군요?

- 吾何慊乎哉? - 맹자 공손추하公孫丑下
  오 하 겸 호 재
  내가 어찌 불만스러워 하겠는가?

7. 焉

朕甚閔焉!
짐 심 민 언

擊之, 必大捷焉.
격 지　　필 대 첩 언

짐은 그것을 매우 걱정하노라!

공격하면 반드시 크게 이길 것이다.

'焉'은 대사代詞를 포함하는 어기사로서 의미상 '於之'·'於是'와 같은 뜻을 가진다. 이때 '焉'은 대개 장소와 사람이 관계되는 뜻을 나타내는 수가 많다. 또한 '於之'·'於是'에서 '於'가 나타내는 기능이 매우 다양하기 때문에 '焉' 또한 '거기에서'·'그 가운데'·'그로부터'·'그보다' 등 다양한 뜻을 나타낸다.

- **文王之囿方七十里, 芻蕘者往焉, 雉兎者往焉.** - 맹자 양혜왕하
  문 왕 지 유 방 칠 십 리　　추 요 자 왕 언　　치 토 자 왕 언
  문왕의 동산은 사방이 70리였으나, 꼴 베고 나무하는 사람들이 그곳에 가고, 꿩과 토끼를 잡는 사람들이 그곳에 갔다.

- **余收爾骨焉.** - 좌전 희공僖公32년
  여 수 이 골 언
  내가 거기서 네 뼈를 거두겠다.

- **君子道者三, 我無能焉.** - 논어 헌문憲問
  군 자 도 자 삼　　아 무 능 언
  군자의 도에는 셋이 있는데, 나는 그 가운데 하나도 못한다.

- **三人行, 必有我師焉.** - 논어 술이述而
  삼 인 행　　필 유 아 사 언
  세 사람이 함께 길을 가면, 그 중에는 반드시 내 스승이 있다.

- **吾聞庖丁之言, 得養生焉.** - 장자 양생주養生主
  오 문 포 정 지 언　　득 양 생 언
  나는 포정의 말을 듣고, 그로부터 양생의 이치를 얻었다.

- **晋國, 天下莫强焉.** - 맹자 양혜왕상
  진 국　　천 하 막 강 언
  진나라는 천하에 그보다 강한 상대가 없다.

● 過而能改, 善莫大焉. - 좌전 선공宣公2년
　　과 이 능 개　　선 막 대 언
잘못하되 고칠 줄 안다면, 그보다 더 좋은 게 없다.

또한 '焉'은 의미상 '於'를 포함하지 않고도 '之'와 같은 의미를 가질 때
가 있다.

● 非曰能之, 願學焉. - 논어 선진先進
　　비 왈 능 지　　원 학 언
잘할 수 있다고 말하는 것이 아니라, 그것을 배우고자 한다.

'焉'은 원래 대사성代詞性을 갖고 있지만 문미에 주로 놓이기 때문에 차
츰 어기사로 쓰이게 되었다. 물론 '於之'의 뜻으로 풀 수도 있겠지만 거
의 순수한 어기사로 보아야 할 경우가 많은 것이다. 이 경우 '焉'은 강조
내지 주의를 환기시키는 뜻을 가지고 있다.

● 寡人之於國也, 盡心焉耳矣. - 맹자 양혜왕상
　　과 인 지 어 국 야　　진 심 언 이 의
과인은 나라에 대해 마음을 다할 따름이다.

● 君子病無能焉, 不病人之不己知也. - 논어 위령공衛靈公
　　군 자 병 무 능 언　　불 병 인 지 불 기 지 야
군자는 자기의 재능 없음을 걱정하지, 남이 자기를 알아주지 않음을 걱정
하지 않는다.

'焉'은 또 의문의 뜻을 나타내기도 한다. 이 경우 '焉'은 대체로 의문사
와 함께 쓰인다.

● 君何患焉? - 좌전 은공隱公원년
　　군 하 환 언
임금께서는 무엇을 걱정하십니까?

● 旣富矣, 又何加焉? - 논어 자로子路
　　기 부 의　　우 하 가 언
부유해지면 또 무엇을 보태야 하나?

'焉'은 또 의문사로 쓰여 '何'·'安'·'惡' 등과 같은 뜻을 나타내기도 한다.

● 姜氏欲之, 焉辟害? - 좌전 은공원년
　　강 씨 욕 지　　언 피 해

강씨가 원하니 어찌 화를 피할 수 있겠는가?

8. 耶

非以其化之之故耶?
비 이 기 화 지 지 고 야

非以其害之之故耶?
비 이 기 해 지 지 고 야

그것이 그것을 변화시키기 때문이 아니겠는가?

그것이 그것을 해치기 때문이 아니겠는가?

문미어기사 '耶(邪)'는 '與(歟)'와 동의어이다. 아마도 방언方言의 차이 때문에 어음語音상에 미세한 구분이 생겨났을 것이다. 따라서 '耶(邪)'는 그 기능이 '與(歟)'와 꼭 같아서, 말하는 사람이 대략 그러하리라는 추측은 하면서도 아직 확신할 수가 없어서 상대방에게 확인을 요구하는 의문형이나, 의문사가 있는 의문형, 선택식 의문형, 그리고 반어형 등에 주로 사용된다.

- **威后問使者曰 :'歲亦無恙耶? 民亦無恙耶? 王亦無恙耶?'**
  위 후 문 사 자 왈   세 역 무 양 야   민 역 무 양 야   왕 역 무 양 야
  － 전국책 제책齊策
  위후가 사자에게, "작물의 수확은 잘 되었겠지요? 백성들은 잘 있겠지요? 왕께서도 안녕하시겠지요?"라고 물었다.

- **天之蒼蒼, 其正色邪? 其遠而無所至極邪?** － 장자 소요유逍遙遊
  천 지 창 창   기 정 색 야   기 원 이 무 소 지 극 야
  하늘이 푸른 것은, 그것이 본래의 빛인가? 멀리 떨어져서 끝이 없기 때문일까?

- 十人而從一人者, 寧力不勝, 智不若耶? - 전국책 조책趙策
  십 인 이 종 일 인 자　　녕 력 불 승　　지 불 약 야
  열 사람이면서도 한 사람을 따르는 것이, 어찌 힘이 부족하고 지혜가 모자라기 때문이겠는가?

- 古之所以貴此道者何? 不曰以求得, 有罪以免邪? - 노자 제62장
  고 지 소 이 귀 차 도 자 하　　불 왈 이 구 득　　유 죄 이 면 야
  옛사람들이 이 도를 귀중히 여긴 까닭은 무엇인가? 그것을 가지고 구하면 구하는 것이 얻어지고, 죄가 있어도 그것으로써 죄를 면할 수 있기 때문이 아니겠는가?

- 此非以賤爲本邪? - 노자 제39장
  차 비 이 천 위 본 야
  이것이 천한 것으로 근본을 삼는 것이 아니겠는가?

- 夫天機之所動, 何可易邪? - 장자 추수秋水
  부 천 기 지 소 동　　하 가 역 야
  그것은 천기의 움직임인데 어찌 바꿀 수 있겠는가?

'耶(邪)'는 또 '與'·'乎'와 비슷하게 감탄의 뜻을 나타내기도 한다.

- 乾坤其易之門邪! - 주역周易 계사繫辭
  건 곤 기 역 지 문 야
  건곤이란 바로 역의 문이로다!

- 高四尺者, 先生墓邪! - 한유韓愈 시선생묘명施先生墓銘
  고 사 척 자　　선 생 묘 야
  4척 높이 솟은 것이 선생의 무덤이로구나!

- 甚矣夫, 人之難說也, 道之難明邪! - 장자 천운天運
  심 의 부　　인 지 난 세 야　　도 지 난 명 야
  심하도다, 사람의 설득하기 어려움이여, 도의 밝히기 어려움이여!

'耶(邪)'는 또 제시의 뜻을 강하게 나타내기 위해 쓰이는 경우도 있다.

- 夫子期之二子邪, 吾知之矣. - 국어國語 초어楚語
  부 자 기 지 이 자 야　　오 지 지 의
  저 자기의 두 아들이라면 나는 알고 있다.

9. 夫

夫兵猶火也.
부 병 유 화 야

逝者如斯**夫**.
서 자 여 사 부

小子, 何莫學**夫**詩?
소 자　하 막 학 부 시

　대저 군대란 불과 같다.

　가는 것이 이와 같다.

　애야, 왜 시를 공부하지 않느냐?

　'夫'는 원래 대사代詞이지만 어기사로도 쓰인다. '夫'는 문장의 앞, 끝, 중간에 다 놓일 수 있으며 놓이는 자리에 따라 여러 가지 뜻을 가진다. '夫'가 문장의 맨 앞에 놓이면 강한 제시의 뜻을 나타낸다. 흔히 주의를 환기시키는 효과를 갖는 수가 많으며 발어사發語詞라 부르기도 한다.

- **夫得言不可以不察, 數傳而白爲黑, 黑爲白.** - 여씨춘추呂氏春秋 찰전察傳
  부 득 언 불 가 이 불 찰　 수 전 이 백 위 흑　 흑 위 백
  들은 말이란 잘 살피지 않으면 안 되니, 여러 차례 전해지면서 백이 흑이 되고, 흑이 백이 된다.

- **夫處窮閭陋巷, 困窘織屨, 槁項黃馘者, 商之所短也.**
  부 처 궁 려 루 항　 곤 군 직 리　 고 항 황 괵 자　 상 지 소 단 야
  　　　　　　　　　　　　　　　　　　　　　　- 장자 열어구列禦寇
  가난하고 누추한 곳에 살며, 어려운 생활로 짚신을 엮으며, 목이 앙상하고 얼굴이 누런 것은, 저 상이 잘 못하는 점입니다.

● 夫如是, 故遠人不服, 則脩文德以來之, 旣來之, 則安之.
　　부 여 시　　고 원 인 불 복　　즉 수 문 덕 이 래 지　　기 래 지　　즉 안 지

- 논어 계씨季氏

이와 같으니, 먼 곳 사람들이 복종하지 않으면 문덕을 닦아 따르게 하고, 따르게 한 뒤에는 편안하게 해 준다.

'夫'는 또 문미에 놓여 강한 감탄의 어기를 나타낸다. 아울러 이 경우 도치형을 이루기도 한다.

● 惟我與爾有是夫! - 논어 술이述而
　　유 아 여 이 유 시 부

나와 너만이 이러하리라!

● 仁夫, 公子重耳! - 예기 단궁하檀弓下
　　인 부　　공 자 중 이

어질구나, 공자 중이여!

'夫'는 어떤 경우에는 '乎'와 마찬가지로 의문을 나타내기도 한다.

● 仁人亦樂是夫? - 안자춘추晏子春秋
　　인 인 역 요 시 부

어진 이도 또한 이를 좋아하는가?

● 吾歌, 可夫? - 사기 공자세가孔子世家
　　오 가　　가 부

내가 노래를 불러도 되겠는가?

'夫'는 또 문중文中에 쓰여 뒷말을 강조하기도 한다.

● 食夫稻, 衣夫錦, 於女安乎? - 논어 양화陽貨
　　식 부 도　　의 부 금　　어 여 안 호

쌀밥을 먹고 비단옷을 입으면 네가 편안하겠느냐?

● 王獨不見夫蜻蛉乎? - 전국책 초책楚策
　　왕 독 불 견 부 청 령 호

왕께서는 유독 잠자리를 못 보셨습니까?

七. 탄사류嘆詞類

1. 吁 · 嘻

吁, 君何見之晚也!
우 군 하 견 지 만 야

嘻, 此奚斯之聲也!
희   차 해 사 지 성 야

아, 그대를 만남이 어찌 이리 늦었는가!

아, 이는 해사의 곡성哭聲이구나!

　　탄사는 문장의 다른 성분들과 직접적인 관계를 갖지 않고 따로 쓰이는 말이다. 그리고 감탄 또는 탄식하는 소리를 그대로 의성한 것이다. 이로 인하여 각각의 탄사들이 어떤 때 쓰이는가를 명확히 정리해서 설명하기는 쉽지 않다.

　　'吁'와 '嘻'는 대체로 놀라움을 나타낸다.

- ●吁! 謂之茲邪? - 한서 양웅전揚雄傳
　　우 위 지 자 야
　아! 이렇다고 하다니?

- ●嘻! 聖人! 請祝聖人. - 장자 천지天地
　　희 성 인   청 축 성 인
　아! 성인이여! 성인께 비나이다.

'吁'는 고대 문장에서 '于'로 쓰이기도 한다.

- 于嗟乎, 騶虞! – 시경 소남召南
  우 차 호　　추 우
  아아, 추우여!

'嘻' 또한 '譆'·'熙' 등 여러 자로 쓰이기도 한다.

- 譆, 善哉! – 장자 양생주養生主
  희　선 재
  아, 아름답다!

- 熙, 我念孺子! – 한서 적의전翟義傳
  희　아 넘 유 자
  아, 나는 아이를 생각한다!

2. 嗟·噫

于嗟, 麟兮!
우 차　린 혜
噫, 天喪予!
희　천 상 여

　아, 기린이여!

　아, 하늘이 나를 버리는구나!

'嗟'와 '噫'는 대개 감개 어린 심사를 나타낸다. 즉 강한 감정적인 심리 상태를 나타내는 경우가 많다.

'嗟'는 단독으로 쓰이기보다는 '乎'나 '夫' 등과 함께 쓰여 무량한 감개를 나타낸다.

- 嗟乎! 惜哉, 其不講於刺劍之術也! – 사기 자객열전刺客列傳
  차 호　석 재　기 불 강 어 자 검 지 술 야
  아아! 슬프다, 검 쓰는 법을 잘 익히지 않음이여!

- 嗟夫! 予嘗求古仁人之心. - 범중엄范仲淹 악양루기岳陽樓記
  차 부　　여 상 구 고 인 인 지 심

  아아! 나는 일찍이 옛 인인들의 마음을 구했다.

- 嗟呼! 燕雀安知鴻鵠之志哉! - 사기 진섭세가陳涉世家
  차 호　　연 작 안 지 홍 혹 지 지 재

  아아! 연작이 어찌 홍혹의 뜻을 알겠는가!

'噫'는 대개 단독으로 많이 쓰인다.

- 噫! 微斯人, 吾誰與歸! - 범중엄 악양루기
  희　 미 사 인　　오 수 여 귀

  아! 이 사람이 아니면, 내 누구에게 돌아가리!

- 噫! 言游過矣! - 논어 자장子張
  희　 언 유 과 의

  아! 자유子游는 잘못이다!

- 子路死, 子曰:'噫! 天祝予!' - 공양전公羊傳 애공哀公14년
  자 로 사　자 왈　　희　 천 축 여

  자로가 죽자 공자께서 말했다. "아! 하늘이 나를 버리셨구나!"

3. 惡

惡! 是何言也!
오 시 하 언 야

惡! 惡可? 子非其人也.
오　 오 가　　자 비 기 인 야

　아니, 이것이 무슨 말인가!

　아니, 어찌 그럴 수 있소? 당신은 그럴 사람이 못되오.

'惡'는 놀라움을 나타내며 분노 또는 부정否定의 뜻을 내포한다.

- 然則夫子既聖矣乎? 曰:惡! 是何言也! - 맹자 공손추상公孫丑上
  연 즉 부 자 기 성 의 호　　왈　 오　 시 하 언 야

"그러면 선생님께서는 벌써 성인이 되셨겠습니다."라고 말하자, "아니, 이
것이 무슨 말이오!" 하고 대답했다.

● 孔子曰 : 惡! 賜, 是何言也! 夫君子豈多而賤之, 少而貴之哉?
　　공자왈　　오　　사　　시하언야　　부군자기다이천지　　소이귀지재

　　　　　　　　　　　　　　　　　　　　　　　- 순자荀子 법행法行

공자께서 말씀하셨다. "아니, 사야, 이게 무슨 말이냐! 군자가 어찌 흔하다
고 천히 여기고, 드물다고 귀히 여기겠느냐?"

'惡'가 '啞'로 쓰인 경우도 가끔 있다.

● 啞! 是非君子之言也. - 한비자韓非子 난일難一
　　아　　시비군자지언야

아니! 이는 군자의 말이 아니다.

'呼'와 '叱嗟'도 '惡'와 비슷한 뜻으로 쓰이는 경우가 있다.

● 江芊怒曰 : 呼! 役夫! - 좌전 문공원년文公元年
　　강간노왈　　호　　역부

강간이 화가 나서 말했다. "아니, 이놈!"

● 威王勃然怒曰 : 叱嗟! 而母婢也. - 전국책 조책趙策
　　위왕발연노왈　　질차　　이모비야

위왕이 불끈 화가 나서 말했다. "이놈! 너의 어미는 노비다."

八. 사두사미류詞頭詞尾類

1. 爾

爾曹但常以責人之心, 責己.
이 조 단 상 이 책 인 지 심　책 기

過**爾**優逸, 恐不堪事.
과 이 우 일　공 불 감 사

너희들은 단지 항상 남을 책망하는 마음으로 자기를 책망하라.

지나치게 편안하면 일을 맡아내지 못할까 걱정된다.

'爾'는 원래 이인칭대사로 사용되는 말이다. 또한 '爾'는 형용사나 부사의 사미詞尾로 쓰이기도 한다. 사미란 말은 한 사詞의 구성요소가 될 뿐 그 자체로서는 어휘적인 뜻이 없고, 사의 사성詞性 등을 표시해 주는 기능만 갖고 있으며, 쓰일 때 사의 끝부분에 부가된다는 의미에서 한 말이다. 사의 앞부분에 부가되면 사두詞頭라고 한다. 우리말의 접미사와 접두사의 개념을 생각하면 이해가 빠를 것이다. '然'도 '爾'와 같이 사미로 쓰인다.

● **夫子莞爾而笑**. - 논어 양화陽貨
부 자 완 이 이 소
공자孔子가 빙그레 웃었다.

● 子路率爾而對. - 논어 선진先進
　　자 로 솔 이 이 대
　자로가 당돌하게 대답했다.

● 欣欣然有喜色. - 맹자 양혜왕상梁惠王上
　　흔 흔 연 유 희 색
　즐겁게 희색을 띠었다.

● 人之視己, 如見其肺肝然. - 대학大學
　　인 지 시 기　여 견 기 폐 간 연
　남이 나를 보기를 오장육부 들여다보듯 한다.

　이러한 경우 '爾'와 '然'은 사성詞性을 나타내 주는 기능을 할 뿐이다. 고
대의 글에 이러한 자들의 쓰임새는 상당히 넓으며, 이와 비슷한 기능을
하는 것들로 '焉'·'而'·'乎'·'如' 등이 있다.

● 少焉, 月出於東山之上. - 소식蘇軾 전적벽부前赤壁賦
　　소 언　월 출 어 동 산 지 상
　조금 지나 달이 동쪽 산 위로 솟았다.

● 我心憂傷, 惄焉如擣. - 시경 소아小雅
　　아 심 우 상　녁 언 여 도
　내 마음 시름이여, 조마조마하여 다듬이질하듯.

● 舒而脱脱兮. - 시경 소남召南
　　서 이 태 태 혜
　가만가만 조심하세요.

● 確乎其不可拔! - 주역 건문언乾文言
　　확 호 기 불 가 발
　굳어서 뽑을 수 없구나!

● 孔子於鄉黨, 恂恂如也, 似不能言者. - 논어 향당鄉黨
　　공 자 어 향 당　순 순 여 야　사 불 능 언 자
　공자께서 마을에 계실 때는, 공손하고 온순하셔서, 마치 말을 못하시는 것
　같았다.

2. 有·其·言·于

我有周旣受.
아 유 주 기 수

北風其凉, 雨雪其雱.
북 풍 기 량 우 설 기 방

言告師氏, 言告言歸.
언 고 사 씨 언 고 언 귀

之子于歸, 宜其室家.
지 자 우 귀   의 기 실 가

나는 주나라를 물려받았다.

북풍은 싸늘하고 눈은 흩날린다.

사씨에게 고하고 돌아간다.

그 아이 시집가서 집을 잘 돌보리라.

여기서는 사두詞頭에 대해 설명하기로 한다. 사두란 사미詞尾와 대칭되는 것으로 사詞 앞에 부가된다.

'有'는 흔히 고유명사 앞에 놓이는 수가 많다. 특히 고대의 국명國名이나 족명族名 앞에 놓이는 경우를 많이 볼 수 있다.

- 我不可不監于有夏, 亦不可不監于有殷. - 서경書經 소고召誥
  아 불 가 불 감 우 유 하 역 불 가 불 감 우 유 은
  나는 하를 거울 삼지 않을 수 없으며, 또 은을 거울 삼지 않을 수 없다.

- 鯀納有莘氏女, 生禹. - 사기 하본기夏本紀
  곤 납 유 신 씨 녀 생 우
  곤은 신씨의 딸을 맞아들여 우를 낳았다.

'有'는 보통명사 앞에도 쓰이는 수가 있다.

● 友于兄弟, 施于有政. - 논어 위정爲政
　우 우 형 제　　시 우 유 정
　형제에게 우애하여 정사에 시행한다.

● 孔甲優于有帝. - 좌전 소공昭公29년
　공 갑 우 우 유 제
　공갑이 상제上帝에게 순종했다.

'有'는 또 형용사 앞에 놓이는 수도 있다.

● 不我以歸, 憂心有忡. - 시경 패풍邶風
　불 아 이 귀　　우 심 유 충
　우리를 돌려보내지 않으니, 걱정만 쌓이네.

● 隰桑有阿, 其葉有難. - 시경 소아小雅
　습 상 유 아　　기 엽 유 나
　진펄의 뽕나무 아름답고, 그 잎새 무성하다.

'其'는 형용사나 자동사 앞에 주로 놓인다.

● 擊鼓其鏜, 踴躍用兵. - 시경 패풍
　격 고 기 당　　용 약 용 병
　북소리 둥둥 울리고, 무기 들고 뛰어오른다.

● 孔子病, 子貢請見. 孔子方負杖逍遙於門曰 : 賜, 汝來何其晚也?
　공 자 병　　자 공 청 견　　공 자 방 부 장 소 요 어 문 왈　　사　　여 래 하 기 만 야
　　　　　　　　　　　　　　　　　　　　　　　　- 사기 공자세가孔子世家
　공자께서 병이 나자 자공이 뵙기를 청하였다. 공자께서는 마침 지팡이를
　짚고 문간에서 산책하다가 말하셨다. "사야, 너는 오는 것이 어찌 그리 늦
　었느냐?"

'言'은 주로 고대 문장에서 동사 앞에 놓는다.

● 陟彼南山, 言采其薇. - 시경 소남召南
　척 피 남 산　　언 채 기 미
　저 남산에 올라가, 고비를 캐리라.

● 翹翹錯薪, 言刈其楚. - 시경 주남周南
　교 교 착 신　　언 예 기 초
　더부룩한 잡목 사이에서, 싸리나무 베리라.

'于'도 고대 문장에서 주로 동사 앞에 놓인다.

● **君子于役, 不知其期.** - 시경 왕풍王風
  군 자 우 역   부 지 기 기
  임께서 부역 나가셨네, 돌아올 날 알 수 없네.

● **今趙氏之德行, 無所于積.** - 여씨춘추呂氏春秋 신대愼大
  금 조 씨 지 덕 행   무 소 우 적
  이제 조씨의 덕행은 쌓아 둘 곳이 없다.

IV.

장르별 원문 독해의 실제

却先去攻那難底中庸多說無形影說下面
慶少說上達慶多著且理會文義則可矣○
讀書先須看大綱又看幾多間架如天命之
謂性率性之謂道脩道之謂教此是大綱仁
婦所知所能與聖人不知不能慶此類是閒
架譬人看屋先看他大綱次看幾多間內
又有小閒然後方得貫通
尺度方東說先始看
分明本易曉
而得後分解之精
情看箇

又曰中庸初學者未當理會○中庸之書難看
中閒說鬼說神都無理會學者須是見得簡
道理了方可看此書將來印證○讀書之序
須是且著力去看大學又著力去看論語又
著力去看孟子看得三書了這中庸半截都
了不用問人只略略恁看過不可掉了易底

一. 서설序說

　　이번 장은 중급 수준의 한문으로 그 장르별 대표적인 원전들을 독해해 보는 곳이다. 서술 체제는 Ⅲ장과 마찬가지로 해제·본문·자변·해설·참고·보충으로 구성되어 있으며 상세한 설명을 하고 있다. 하지만 여기서부터는 자전을 더욱 가까이하고 앞 장의 문법이나 허사虛詞에 대한 설명을 참조하면서 스스로 본문을 해독해 보려는 노력이 한층 절실히 요구된다. 해설이나 번역은 그런 후에 그 결과를 확인하고 비교하는 과정으로 보아야 한다. 그렇지 않다면 오히려 자세한 설명이 독해 실력 향상을 저해하는 요인으로도 작용할 수 있음을 기억하기 바란다.

　　이 장은 경서류經書類·제자류諸子類·사서류史書類·문장류文章類·시가류詩歌類의 다섯 부분으로 이루어져 있다. 이러한 분류는 한문으로 이루어진 고전을 나누는 가장 일반적인 전통적 분류에 입각한 것이다. 한문 고전을 분류하는 원칙에는 여러 가지가 있지만 경經·자子·사史·집集의 사분법四分法이 가장 일반적이다. 경서류는 경류經類에 해당하는 글들을 뽑은 것이고, 제자류는 자류子類의 글, 사서류는 사류史類의 글, 문장류와 시가류는 집류集類에 해당하는 글 가운데서 뽑은 것이다. 이 중 집류의 글들에 비중을 좀더 두고 있는 것은 다른 부류의 글들이 다분히 공식적인 성격을 띠고 있는 데 반해, 집류의 글들은 가장 다양하고 세련된 글로서 한문의 핵심을 이루고 있다고 보기 때문이다. 물론 사상적으로 본다면 경류의 글들이 으뜸이겠지만 한문 자체로서 본다면 누구나 집류의 글들을 꼽을 것이다.

　　경류經類란 유가에서 경전으로 받드는 글들과 그 경전들에 대한 글들을

말한다. 유가의 경전을 이야기할 때 그 범위에 따라 적게는 사서삼경四書
三經, 많게는 십삼경十三經을 들기도 한다. 사서삼경이란 논어·맹자·대
학·중용과 시경·서경·주역을 말하며, 십삼경은 논어·맹자·시경·서
경·주역·춘추좌전春秋左傳·춘추곡량전春秋穀梁傳·춘추공양전春秋公羊傳·
예기禮記·주례周禮·의례儀禮·이아爾雅·효경孝經을 말한다. 이밖에 사서
오경四書五經이란 말도 있는데 이는 사서삼경에 춘추좌전과 예기를 더한
것을 뜻한다. 경류는 중국문화의 핵심인 유가사상에 대한 글들로서 중요
할 뿐 아니라, 우리 조상들이 한문을 배울 때 가장 먼저 배운 글들이라
는 점에서 볼 때도 가치가 크다. 이러한 경전들은 사상면에서도 고전임
과 동시에 모든 한문의 기초가 되는 글이다.

   자류子類는 유가사상을 제외한 사상적인 분야의 글들을 말하는데 대체
로 제자백가諸子百家와 관계되는 글들이 주종을 이룬다. 제자백가는 춘추
전국시대春秋戰國時代에 출현한 여러 학파의 사상가들 내지 그 사상가들이
남긴 사상체계를 가리킨다. 제자백가에 대해서는 많은 이야기들이 있지
만 그 가운데 후한後漢의 반고班固가 지은 한서漢書의 예문지藝文志를 보면
제자백가를 10가家로 나누어 소개하고 있다. 유가儒家·도가道家·음양가
陰陽家·법가法家·명가名家·묵가墨家·종횡가縱橫家·잡가雜家·농가農家·
소설가小說家 등이 그것이다. 물론 이러한 분류는 임의적인 것이기에 실
제로는 이보다 훨씬 다양했으리라 생각된다. 자류의 글들은 유가의 권위
에 눌려 유가 경전만큼 영향력을 갖지는 못했지만 중국사상의 중요한 원
류源流를 이루고 있음에는 틀림없다.

   사류史類는 글자 그대로 역사와 관계되는 글들을 말한다. 중국에서는
역사적인 기록이 매우 일찍부터 발달하였고 또 경세經世를 위한 소중한
기록으로서 존중되었다. 흔히들 중국 고대문장의 양대 원류를 기사문紀事
文과 입언문立言文으로 나누어 이야기하는데, 실제로는 그 가운데 사류에
해당하는 기사문을 보다 오래된 것으로 보는 경우가 많다. 그만큼 역사
에 관한 기록들은 연원이 깊다. 그리고 사류의 글들은 연원이 깊을 뿐만
아니라 보수성과 복고성이 강한 중국 학술사상의 일반적 성향 때문에 대

대로 매우 존중되고 널리 읽혔다. 십삼경 가운데 서경書經과 춘추삼전春秋三傳의 네 경전이 사류성史類性을 띤 글이라는 것만 보아도 그러한 면을 쉽게 짐작할 수 있을 것이다. 따라서 한문 독해에서도 사류를 중시하지 않을 수 없다.

바로 앞에서 이야기한 고대의 기사문과 입언문 가운데 기사문은 실제로 일어난 일들에 대한 기록들로서 주로 왕실에서 일하는 사관史官들에 의해 기록되었다. 그에 비해 입언문은 마음속에 품고 있는 생각을 자유롭게 이야기하는 글로서, 고대의 경전들을 여기에 포함시킬 수도 있으나 춘추전국시대에 들어와 제자백가에 의해 본격적으로 지어지기 시작했다.

집류集類는 이 입언문에 그 연원을 두고 있는 글로서 입언문 가운데 경류와 자류를 제외한 나머지의 글들을 가리킨다. 따라서 집류의 범위는 아주 넓고 글의 성격 또한 매우 다양하다. 하지만 집류에 해당하는 글들의 역사는 상대적으로 짧다. 고대의 입언문들은 정치나 철학과 관계되는 글들이 대부분이었다. 그러다가 한대漢代 이후부터 차츰 문학적인 글들이 나오기 시작하였으며, 위진남북조魏晉南北朝시대부터는 다양한 문학적인 글들이 쏟아져 나왔다. 그래서 이후의 한문에서 이러한 문학적인 집류의 글들이 주류를 이루었다. 한문 가운데 가장 흥미롭고 세련된 글들은 아마 이 집류의 글들일 것이다.

二. 경서류經書類

1. 논어論語

▋ 해 제 ▋

논어는 유가의 대표적인 경전으로 사서四書의 하나이다. 공자孔子의 언행과 공자가 제자나 당시 인사들과 문답한 내용 및 제자들의 언행 등이 수록되어 있으며, 총 20편으로 이루어져 있다. 각각의 편명은 첫부분의 글자를 따서 부르고 있다. 저자에 대해서는 그 설이 일정하지 않지만, 대략 공문孔門의 제자들이, 또는 제자들과 재전제자再傳弟子들이 찬정撰定한 것으로 간주되고 있다.

공자(B.C. 551~479)는 춘추시대의 사상가·정치가·교육자로서 유가의 비조鼻祖이며, 문도門徒가 3천 명이나 있었다고 하는 바, 집단교육의 창시자이기도 하다. 이름은 구丘, 자字는 중니仲尼이며, 노魯나라 곡부曲阜 출신이다. 열국列國을 주유周遊하면서 치국治國의 도를 설파하였으며, 육경六經 즉 시詩·서書·역易·예禮·악樂·춘추春秋를 산술刪述하였다. 특히 인仁을 최고의 이념으로 내세우고, 효제孝悌와 충서忠恕로써 그를 구현하는 덕목으로 삼았다.

子曰：‘學而時習之, 不亦說乎? 有朋自遠方來, 不亦樂乎? 人不知而不慍, 不亦君子乎?’ - 학이學而

有子曰：‘其爲人也孝弟, 而好犯上者, 鮮矣. 不好犯上, 而好作亂者, 未之有也. 君子務本, 本立而道生. 孝弟也者, 其爲仁之本與!’ - 학이

▌ 해 설 ▌

1. 子曰.
자 왈

선생님께서 말씀하셨다.

子 : 고대에 제자가 스승에 대해 쓰는 존칭어. 논어에 나오는 ‘子’는 모두 공자를 지칭하고 있음.

2. 學而時習之, 不亦說乎?
학 이 시 습 지   불 역 열 호

배우고 때때로 그것을 익히면, 또한 기쁘지 아니한가?

時習之 : 때때로 그것을 온습溫習하다. ‘時’는 ‘수시로’ 또는 ‘적당한 때에’의 뜻. ‘習’은 복습하고 실행함을 뜻함. ‘之’는 배운 것을 가리키는 대사代词. / 不亦… 乎 : 또한 …하지 않은가. 반어형反語形. 여기서의 ‘亦’은 ‘하나 더’나 ‘다시’의 뜻보다는 어기를 가중하는 역할을 함. / 說 : 기쁘다. 음은 ‘열’.(＝悅)

3. 有朋自遠方來, 不亦樂乎?
유 붕 자 원 방 래   불 역 락 호

벗이 있어 먼 곳으로부터 오면, 또한 즐겁지 아니한가?

有朋自遠方來 : 학우學友가 있어 먼 곳으로부터 오다. 먼 곳에서 온 학우가 있다. ‘有朋’이 ‘友朋’으로 된 판본板本도 있으며, 뜻을 ’제자’로 풀이하기도 함. ‘自’는 ‘…

으로부터'. '遠方'은 '먼 곳'·'먼 지방'. / 樂 : 즐겁다. 음은 '락'.

4. 人不知而不慍, 不亦君子乎?
인 부 지 이 불 온   불 역 군 자 호

남들이 알아주지 않아도 노여워하지 않으면, 또한 군자가 아니겠는가?

> 人不知 : 사람들이 알아주지 않다. 남들이 나의 덕망이나 학문을 알아주지 않다.
> '人'은 자신을 제외한, 다른 사람들을 뜻함. / 慍 : 노여워하다. 화내다. 원망하다. /
> 君子 : 수양이 깊고 높은 사람.

5. 有子曰.
유 자 왈

유자가 말하였다.

> 有子 : 공자의 제자. 성은 유有, 이름은 약若. 노魯나라 사람. '子'는 존칭.

6. 其爲人也孝弟, 而好犯上者, 鮮矣.
기 위 인 야 효 제   이 호 범 상 자   선 의

그의 사람됨이 부모에게 효성스럽고 형장兄長에게 공손하면서, 윗사람에게
범하기를 좋아하는 사람은 드물다.

> 也 : 문중文中에서 어기를 잠시 늦추어 주는 기능을 하는 어기사. / 孝弟 : 부모를
> 잘 섬기는 것을 '孝'라 하고, 형장을 경애敬愛하고 순종하는 것을 '弟'라 함. '弟'는
> '悌(제)'와 같음. / 而 : 여기서는 전절轉折 관계를 나타내는 연사連詞로 쓰였음. /
> 好犯上 : 윗사람에게 침범하기를 좋아하다. '犯'은 업신여기고 거역하고 침범하다.
> '上'은 윗사람. 윗사람의 뜻이나 권위. / 鮮 : 적다. 드물다. / 矣 : 강한 단정의 어기
> 를 나타내는 문미文尾어기사.

7. 不好犯上, 而好作亂者, 未之有也.
불 호 범 상   이 호 작 란 자   미 지 유 야

윗사람에게 범하기를 좋아하지 않으면서, 난을 일으키기를 좋아하는 사람
은 없다.

> 作亂 : 도리나 상리常理에 어긋나는 짓을 하다. 반란이나 난동을 일으키다. / 未之
> 有 : 없다. 아직 그런 사람은 없다. '之'는 지시대사로서 동사 '有'의 빈어賓語. 여
> 기서는 부정문에서 대사가 빈어로 쓰였기 때문에, 동사 앞으로 도치되었음.

8. 君子務本, 本立而道生.
군 자 무 본   본 립 이 도 생

군자는 근본을 힘쓰나니, 근본이 서야 도가 생겨난다.

務本 : 근본적인 일을 힘쓰다. 근본적인 것을 세우고자 애쓰다. '務'는 전력專力하
다, 힘쓰다. '本'은 기본, 근본. / 道 : 사람이 좇아가야 할 올바른 길. 행동의 원칙
이 되는 정신. 여기서는 인仁을 뜻함. 인도仁道.

9. **孝弟也者, 其爲仁之本與!'**
효 제 야 자   기 위 인 지 본 여

효제는 인을 이룩하는 근본이리라!

也者 : 지시를 위하여 어기를 잠시 늦추어 주는 문중文中어기사 '也'와 '者'가 연용
連用된 형태로, '也'와 '者'를 단독으로 사용할 때보다 어기가 더욱 강함. 즉 효제
를 제시하는 어기를 더욱 강조함. / 其 : 추측의 어기를 표시하는 어기사. 혹은 부
사라 하기도 함. / 爲仁之本 : 인을 행하는 근본. 그러나 '仁之本'을 동사 '爲'의 빈
어로 간주하여, '爲仁之本'을 '인의 근본이 되다'로 해석하기도 함. '인을 행하는
근본이다'라고 볼 경우 효제는 '인'이라는 최고의 덕목을 현실에 구현하는 행위가
되고, '인의 근본이 되다'라고 볼 경우 효제는 '인'이라는 최고 덕목의 구성원리가
됨. '인'을 철학체계의 최고 정점에 놓는 성리학性理學에서는 전자前者의 해석을
따름. / 仁 : 인애仁愛. 유가儒家에서 내세우는 최고의 덕목. / 與 : 강한 추측을 나
타내는 문미어기사.(=歟)

본 문 2

子貢曰 : '如有博施於民, 而能濟衆, 何如? 可謂仁
乎?' 子曰 : '何事於仁, 必也聖乎! 堯舜其猶病諸! 夫
仁者, 己欲立而立人 ; 己欲達而達人. 能近取譬, 可謂
仁之方也已.' - 옹야雍也

▌ **자변**字辨 ▌

堯 〔요〕 요임금. ▶요걸堯桀. 요고순목堯鼓舜木. 당요唐堯.

舜 〔순〕 무궁화. 순임금. ▶순화舜華. 우순虞舜.

譬 〔비〕 비유譬喩하다. 깨우치다. ▶비류譬類. 비유譬諭.

■ 해 설 ■

1. 子貢曰.
자 공 왈

자공이 말하였다.

> 子貢 : 공자의 제자. 성은 단목端木, 이름은 사賜, 위衛나라 사람. 언변言辯에 뛰
> 어났으며, 노魯와 위衛에서 외교활동을 성공적으로 수행한 적이 있음.

2. 如有博施於民, 而能濟衆, 何如?
여 유 박 시 어 민   이 능 제 중   하 여

만약 백성에게 널리 베풀고, 많은 사람을 제도濟渡할 수 있다면, 어떠합니까?

> 如 : 만약에. 가정사假定詞. / 有 : 여기서는 '…하는 일이 있다'·'…하는 사람이 있
> 다'의 뜻으로, '博施於民而能濟衆'이 동사 '有'의 빈어임. / 博施 : 널리 은혜를 베풀
> 다. / 濟衆 : 중인衆人들을 환난에서 제도하다. 많은 사람을 이롭게 하다. / 何如 :
> 어떠하다.

3. 可謂仁乎?
가 위 인 호

인이라 할 수 있겠습니까?

> 謂 : …라고 말하다. / 乎 : 의문어기사.

4. 何事於仁, 必也聖乎!
하 사 어 인   필 야 성 호

어찌 인이라고만 하겠느냐, 반드시 성이라 할 수 있겠지!

> 何事於仁 : 어찌 인이라고만 하랴. 어찌 인의 경지에서만 그치겠는가. / 必也 : 반
> 드시. '也'는 상어狀語 다음에 쓰여서 어기를 잠시 멈추어 주는 기능이 있음. 이
> 경우 그 상어의 의미가 강조됨. / 聖 : 성덕聖德. 성인의 경지를 뜻함. / 乎 : 강한
> 추측의 어기를 나타내는 문미어기사.

5. 堯舜其猶病諸!
요 순 기 유 병 저

요와 순도 그것을 걱정했으리라!

> 堯舜 : 유가에서 이상으로 삼는 성왕聖王들로서 상고시대 당唐·우虞 2대의 제왕.
> / 其 : 추측의 어기를 나타내는 어기사. / 病 : 마음 아파하다. 걱정하다. 그렇게 하
> 지 못할까 걱정하다. / 諸 : '之乎' 또는 '之'와 같음. 이 경우 음은 '저'.

6. 夫仁者, 己欲立而立人 ; 己欲達而達人.

부 인 자　기 욕 립 이 립 인　기 욕 달 이 달 인

대저 어진 사람은, 자기가 서고자 하면 남을 서게 하고, 자기가 달성하고 자 하면 남을 달성하게 한다.

　　夫 : 대저. 발어사發語詞. / 立 : 입신立身하다. 도의 경지에 확고히 서다. / 達 : 달 성하다. 성취하다. 현달顯達하다. '立人'과 '達人'에서는 '人'이라는 빈어가 있으므 로 '立'과 '達'을 타동사로 번역해야 함.

7. 能近取譬, 可謂仁之方也已.

능 근 취 비　가 위 인 지 방 야 이

가까이서 비유를 취할 수 있다면, 인의 방도라 할 수 있겠다.

　　能近取譬 : 가까운 자신의 입장이나 생각을 가지고서 남의 입장을 유추할 줄 알다. 즉 자기 자신의 입장이나 생각으로 미루어 보아서 남을 이해할 수 있음을 말함. '近取譬'를 '가까이서 취하여 비교하여 깨우칠 줄 알다'로 해석하기도 하는데, 의 미상의 차이는 없음. / 方 : 방법. 방도. / 也已 : 문미어기사인 '也'와 '已'가 연용連 用된 형태로, 단정의 어기와 감탄의 어기를 겸함.

본 문 3

長沮桀溺耦而耕. 孔子過之, 使子路問津焉. 長沮曰 : '夫執輿者爲誰?' 子路曰 : '爲孔丘.' 曰 : '是魯孔丘 與?' 曰 : '是也.' 曰 : '是知津矣!' 問於桀溺, 桀溺 曰 : '子爲誰?' 曰 : '爲仲由.' 曰 : '是魯孔丘之徒與?' 對曰 : '然.' 曰 : '滔滔者, 天下皆是也, 而誰以易之? 且而與其從辟人之士也, 豈若從辟世之士哉?' 耰而 不輟. 子路行以告, 夫子憮然曰 : '鳥獸不可與同群! 吾非斯人之徒與而誰與? 天下有道, 丘不與易也.'

－ 미자微子

沮 〔저〕 해하다. 막다. 꺾이다. 적시다. ▶ 저해沮害. 저상沮喪. 저지沮止.

桀 〔걸〕 사납다. 왕 이름. ▶ 걸견폐요桀犬吠堯. 걸주桀紂.

溺 〔닉〕 빠지다. ▶ 익사溺死. 선유자닉善游者溺.

耦 〔우〕 나란히 밭을 갈다 = 偶. 짝. ▶ 우경耦耕. 우수耦數. 인각유우人各有耦.

津 〔진〕 나루. 진액津液. 넘치다. ▶ 진도津渡. 흥미진진興味津津.

魯 〔로〕 노둔魯鈍하다. 나라 이름. ▶ 노어지오魯魚之誤.

滔 〔도〕 물이 불어 넘치다. 넓다. ▶ 도도滔滔. 도천滔天.

辟 〔벽〕 임금. 다스리다. 물리치다 = 僻. 편벽되다. ▶ 벽곡辟穀. 벽사辟邪.

　〔피〕 = 避. 피하다. ▶ 피세辟世.

耰 〔우〕 곰방메. 씨를 덮다. 갈다.

輟 〔철〕 거두다. 그치다. 버리다. ▶ 철조輟朝.

憮 〔무〕 어루만지다. 멍하다. 놀라다. ▶ 애무愛憮. 무연憮然.

■ 해 설 ■

1. 長沮桀溺耦而耕.

장 저 걸 닉 우 이 경

장저와 걸닉이 나란히 밭을 갈았다.

長沮桀溺 : 초楚나라의 은사隱士들. / 耦而耕 : 나란히 밭을 갈다. '耦耕'은 고대의 경전耕田 방법으로, 두 사람이 각기 하나의 쟁기를 들고 좌우에서 나란히 서서 앞에 있는 소가 끄는 힘을 이용해 밭을 간다는 설이 있음.

2. 孔子過之, 使子路問津焉.

공 자 과 지　사 자 로 문 진 언

공자가 지나가다가, 자로를 시켜 나루터를 물었다.

過之 : 그곳을 지나다. 당시 공자는 초楚나라로부터 채蔡나라로 돌아가고 있었음. / 子路 : 공자의 제자. 성은 중仲, 이름은 유由, 계로季路라고도 함. 노魯나라 사람. 정사政事에 뛰어났음. / 問津焉 : 나루터를 묻다. '津'은 강을 건너는 곳인 나루터. '焉'은 의미상 '於是'에 해당, '이들에게'의 뜻.

3. 夫執輿者爲誰?

부 집 여 자 위 수

저 고삐를 잡고 있는 사람이 누구시오?

> 夫 : 저. 지시사. / 執輿 : = 執轡. 고삐를 잡다. 원래 자로가 고삐를 잡고 있었으
> 나, 자로가 나루터를 묻기 위해서 수레에서 내리자, 공자가 잠시 대신해서 잡고
> 있었던 것임.

4. 爲孔丘.
위 공 구

공구입니다.

> 孔丘 : '孔'은 공자의 성, '丘'는 이름. / 爲 : 여기서는 '…이다'의 뜻.

5. 是魯孔丘與?
시 로 공 구 여

노나라의 공구인가요?

> 是 : 긍정의 어기를 가중시키는 계사繫詞임. 이런 경우의 의미는 '바로 …이다'. 대
> 사代詞로 보기도 함. / 與 : 의문어기사 = 歟.

6. 是也.
시 야

그렇습니다.

> 是 : 그렇다. 계사繫詞.

7. 是知津矣!
시 지 진 의

나루터를 아실 것이오.

> 是知津矣 : 다른 사람이라면 몰라도 공자라면 벌써 나루터를 알고 있을 것이라는
> 뜻. 이 말은, 공자가 줄곧 천하를 주유周遊하면서 다른 사람들의 앞길을 인도했으
> 니, 응당 강을 건너는 나루터는 알고 있지 않겠느냐는 뜻으로, 장저長沮가 공자를
> 비꼰 말임. 여기서 '津'은 인생살이에서 극복해야 할 중요한 요처要處를 비유하고
> 있음. '是'는 계사. '矣'는 이연已然의 상태를 나타내는 문미어기사.

8. 問於桀溺.
문 어 걸 닉

걸닉에게 물었다.

> 於 : …에게.
> ※장저가 나루터 위치를 알려주지 않고 딴청을 피우자, 다시 걸닉에게 물은 것임.

9. 子爲誰?
   자 위 수

그대는 누구시오?

10. 爲仲由.
    위 중 유

중유입니다.

   仲由 : 자로의 성명.

11. 是魯孔丘之徒與?
    시 로 공 구 지 도 여

노나라 공구의 문도門徒이시오?

   魯 : 공자는 노나라 사람임. / 徒 : 문도門徒. 제자.

12. 然.
    연

그렇습니다.

13. 滔滔者, 天下皆是也, 而誰以易之?
    도 도 자   천 하 개 시 야   이 수 이 역 지

도도한 어지러움, 천하가 모두 이러하니, 누가 그것을 바꾸겠소?

   滔滔 : 물이 창일漲溢하게 흐르는 모양. 시국이 혼란함을 비유함. / 誰以易之 : 누
   가 그것을 바꾸나. 누구도 그것을 바꿀 수 없다는 뜻. 반어형. '以'를 與와 같은
   뜻으로 보고 '누구와 함께 그것을 바꾸리오'로 풀이하기도 함. '之'는 '滔滔者'를
   가리키는 대사.

14. 且而與其從辟人之士也, 豈若從辟世之士哉?
    차 이 여 기 종 피 인 지 사 야   기 약 종 피 세 지 사 재

그리고 당신도 사람을 피하는 선비를 따르는 것이, 어찌 세상을 피하는
선비를 따르는 것만 하겠소?

   且 : 게다가. 그리고. / 而 : 당신 = 爾. 이인칭대사. 자로를 가리킴. / 與其…豈
   若~ : …하는 것이 어찌 ~함만 하겠느냐. …하는 것이 ~함만 못하다. / 從 : 따르
   다. / 辟人之士 : 사람을 피해 다니는 선비. 공자를 가리켜 한 말. 공자가 열국列國
   을 주유周遊하였으나, 가는 곳마다 받아들여지지 않아, 다시 다른 나라로 떠나가
   곤 하였음을 빗대어 한 말. '辟'는 '避(피)'와 같음. 음은 '피'. / 也 : 어기를 잠시 늦
   추는 데 사용되는 어기사. / 辟世之士 : 세상을 피해 사는 선비. 산림이나 전야田野

에 은거隱居하여 세상일을 불문不問하고 사는 사람. 걸닉 자신을 가리켜 한 말. / 哉 : 반문의 어기를 나타내는 문미어기사.

15. 耰而不輟.
우 이 불 철

씨를 덮으면서 일을 쉬지 않았다.

耰 : 원뜻은 논밭의 흙을 고르는 데 쓰이는 농구인 곰방메. 여기서는 '곰방메로 씨 앗을 흙으로 덮는다'는 뜻의 동사로 쓰였음. / 輟 : 쉬다. 작업을 중단하다.

16. 子路行以告.
자 로 행 이 고

자로가 가서 아뢰었다.

行以告 : 돌아가서 그들 두 사람이 한 말을 알리다. '行, 以之告'의 생략형.

17. 夫子憮然曰.
부 자 무 연 왈

공자께서는 탄식하면서 말씀하셨다.

夫子 : 스승에 대한 존칭어. 공자를 가리킴. / 憮然 : 실의失意하여 한탄하는 모습. 창연悵然. 그들이 자신의 마음을 알아주지 못하는 것을 애석해 하는 공자의 심경 을 나타냄.

18. 鳥獸不可與同群!
조 수 불 가 여 동 군

새나 들짐승과는 같이 어울려 살지 못한다.

同群 : 함께 무리지어 살다.

※이 구절은 걸닉이 '豈若從辟世之士'라고 말한 데 대해, 그 부당함을 지적한 말 임. 세상을 피해 산림이나 전야田野에 살게 되면, 자연 조수鳥獸와 어울려 살게 될 터인데, 사람은 그렇게 살 수는 없다는 뜻임.

19. 吾非斯人之徒與而誰與?
오 비 사 인 지 도 여 이 수 여

내가 이 사람들과 함께하지 않고, 누구와 함께하겠느냐?

非斯人之徒與而誰與 : 이 사람들과 함께 무리지어 살지 않고, 누구와 무리지어 살 겠는가? '非與斯人之徒同群而與誰同群'의 생략형. '斯人之徒'는 '이 사람들의 무 리', 즉 온 세상의 사람들이란 뜻.

20. 天下有道, 丘不與易.
   천 하 유 도   구 불 여 역

　천하에 도가 있으면, 구는 바꾸려고 하지 않는다.

　　天下有道 : 온 세상에 올바른 도가 행해지고 있다. 즉 온 세상이 태평하다. / 丘不
　　與易 : 나 공구孔丘는 간여하여 개혁하지 않다.

■ 보충 ■

子曰 : '弟子入則孝, 出則弟, 謹而信, 汎愛衆, 而親仁. 行有餘力,
자 왈　 제 자 입 즉 효　 출 즉 제　 근 이 신　 범 애 중　 이 친 인　 행 유 여 력
則以學文.' - 학이學而
즉 이 학 문

子曰 : '吾十有五而志於學 ; 三十而立 ; 四十而不惑 ; 五十而知天命 ;
자 왈　 오 십 유 오 이 지 어 학　 삼 십 이 립　 사 십 이 불 혹　 오 십 이 지 천 명
六十而耳順 ; 七十而從心所欲, 不踰矩. - 위정爲政
륙 십 이 이 순　 칠 십 이 종 심 소 욕　 불 유 구

子曰 : '賢哉回也! 一簞食, 一瓢飮, 在陋巷, 人不堪其憂, 回也不改
자 왈　 현 재 회 야　 일 단 사　 일 표 음　 재 루 항　 인 불 감 기 우　 회 야 불 개
其樂. 賢哉回也!' - 옹야雍也
기 락　 현 재 회 야

曾子曰 : '士不可以不弘毅, 任重而道遠. 仁以爲己任, 不亦重乎! 死
증 자 왈　 사 불 가 이 불 홍 의　 임 중 이 도 원　 인 이 위 기 임　 불 역 중 호　 사
而後已, 不亦遠乎!' - 태백泰伯
이 후 이　 불 역 원 호

子曰 : '歲寒, 然後知松栢之後彫也.' - 자한子罕
자 왈　 세 한　 연 후 지 송 백 지 후 조 야

顔淵問仁. 子曰 : '克己復禮爲仁. 一日克己復禮, 天下歸仁焉. 爲仁
안 연 문 인　 자 왈　 극 기 복 례 위 인　 일 일 극 기 복 례　 천 하 귀 인 언　 위 인
由己, 而由人乎哉?' 顔淵曰 : '請問其目?' 子曰 : '非禮勿視, 非禮勿
유 기　 이 유 인 호 재　 안 연 왈　 청 문 기 목　 자 왈　 비 례 물 시　 비 례 물
聽, 非禮勿言, 非禮勿動.' 顔淵曰 : '回雖不敏, 請事斯語矣!'
청　 비 례 물 언　 비 례 물 동　 안 연 왈　 회 수 불 민　 청 사 사 어 의
　　　　　　　　　　　　　　　　　　　　　　　　　- 안연顔淵

子曰 : '君子和而不同, 小人同而不和.' - 자로子路
자왈   군자 화 이 부 동   소 인 동 이 불 화

子曰 : '古之學者爲己, 今之學者爲人.' - 헌문憲問
자왈   고 지 학 자 위 기   금 지 학 자 위 인

子貢問曰 : '有一言而可以終身行之者乎?' 子曰 : '其恕乎! 己所不
자공 문 왈   유 일 언 이 가 이 종 신 행 지 자 호   자왈   기 서 호   기 소 불

欲, 勿施於人.' - 위령공衛靈公
욕   물 시 어 인

弟子 : 자제子弟. 젊은이. 연소자. / 謹而信 : 근신謹愼하고 신실信實하다. '謹'은 행
동이 참되고 신중하고 변함이 없는 것. / 親仁 : 인자仁者를 가까이하다. / 學文 : 문
文을 배우다. '文'은 선왕先王의 유문遺文, 즉 시詩·서書·예禮·악樂·역易·춘추
春秋의 육예六藝. / 十有五 : 열다섯. 15세. '有'는 '又'와 같음. / 立 : 학문을 터득하
고 자립自立하다. / 耳順 : 원뜻은 '귀가 순종한다', 즉 남의 말이나 의견·주의·주
장을 잘 받아들인다는 뜻. '말을 듣고 그 속에 남긴 뜻을 잘 알다'의 뜻으로 풀이
하기도 함. / 從心所欲 : 마음으로 하고자 하는 것을 따르다. / 不踰矩(불유구) : 법
도를 넘어서지 않다. / 回 : 공자의 수제자首弟子인 안자顔子의 이름. 성은 안顔,
자字는 자연子淵, 노나라 사람. / 一簞食 : 한 그릇의 밥. '食'의 음은 '사'. 簞(단)
은 대로 엮은 둥근 밥그릇. / 一瓢飮 : 한 쪽박의 물. '瓢(표)'는 표주박. / 陋巷(누
항) : 누추한 마을. 즉 누추한 환경을 뜻함. / 曾子 : 공자의 제자. 이름은 삼參, 자
는 자여子輿, 노나라 무성武城 사람. 효로써 유명함. / 弘毅(홍의) : 의기가 넓고도
굳세다. 의기가 홍대弘大하고도 강의剛毅하다. / 歲寒 : 날씨가 차다. / 彫 : 시들다
=凋. / 顔淵 : 안회顔回. / 克己復禮 : 차신의 사욕을 누르고 예로 돌아가다. '復'을
'실천하다'의 뜻으로 풀이하기도 함. / 天下歸仁焉 : 온 세상 사람들이 '仁'에 돌아
가다. 단 하루의 '극기복례'만 실행하여도 그 영향의 크고 신속함이 이러하다는
뜻. '歸'는 '與'의 뜻. / 爲仁由己 : 인을 행하는 것은 자신으로부터 말미암다. / 目 :
세목細目. 조목. / 不敏 : 총민聰敏하지 않다. 스스로를 겸양하여 한 말. / 事斯語 :
이 말을 받들어 실행하다. '事'는 '봉행奉行하다'의 뜻. / 和而不同 : '和'는 '인의를
위해서 협조하다'·'화합하다', '同'은 '사리사욕을 위하여 자신을 굽히고 뇌동雷同
하다'의 뜻. / 爲己 : 자기를 위하다. 자신의 수양을 위해서 학문하는 것을 뜻함. /
爲人 : 남을 위하다. 남에게 과시하기 위해서 학문하는 것을 뜻함. / 恕 : 남을 헤아
려 줌. 남에 대해서도 나같이 생각해 주는 것. / 勿施於人 : 남에게 베풀지 말라.

2. 맹자孟子 (一)

▌ 해 제 ▌

맹자서書는 유가의 경전으로 사서四書의 하나이다. 맹자가 양梁·제齊
등 제국諸國을 역방歷訪할 때, 제후나 제자들과 문답하면서 설파한 그의
정치·윤리·교육사상·처세 철학 등을 내용으로 하고 있다. 원래는 양
혜왕梁惠王·공손추公孫丑·등문공滕文公·이루離婁·만장萬章·고자告子·진
심盡心 등 7편이었으나, 후한말後漢末 조기趙岐가 장구章句를 만들 때, 각
편을 상·하로 나누면서부터 14편이 되었다. 저자에 대해서는 맹자 자
저설自著說과 공손추·만장 등의 저작설著作說이 있으나, 공손추와 만장
등이 맹자의 뜻을 받아 저술한 것으로 보여진다.

맹자(B.C. 372?~289?)는 전국시대 철인으로서 이름은 가軻이고, 자는
자여子輿(일설에는 자거子車)이며, 추鄒 사람이다. 자사子思의 문인에게서
학문을 배웠으며, 제후들에게 덕치德治와 위민爲民정치의 구현을 역설하
였으나 수용되지 않자, 강학講學과 저술로 평생을 보냈다. 특히 성선설性
善說을 제창하였고, 왕도王道 정치사상을 폈다.

梁惠王曰:'寡人之於國也, 盡心焉耳矣! 河內凶, 則移其民於河東, 移其粟於河內；河東凶, 亦然. 察鄰國之政, 無如寡人之用心者；鄰國之民不加少, 寡人之民人之民不加多, 何也?'

孟子對曰:'王好戰, 請以戰喩：塡然鼓之, 兵刃旣接, 棄甲曳兵而走, 或百步而後止, 或五十步而後止. 以五十步笑百步, 則何如?'

曰:'不可, 直不百步耳! 是亦走也.' - 양혜왕상梁惠王上

■ 자변字辨 ■

喩〔유〕비유比喩하다. 깨우쳐 주다. 깨닫다. ▶비유譬喩. 은유隱喩.
塡〔전〕메우다. 박아 넣다. 채우다. 북소리. ▶전보塡補. 전사塡詞.
曳〔예〕끌다. 끌리다. ▶예미도중曳尾塗中.

■ 해 설 ■

1. 梁惠王曰.
   량 혜 왕 왈
   양혜왕이 말하였다.

   梁惠王 : 전국시대 위魏나라의 국군國君인 위앵魏罃. 혜惠는 시호. 혜왕 때 위나라 수도는 지금의 하남성河南省 개봉開封인 대량大梁이라는 곳이었으므로, 위魏를 양梁이라고 부르기도 하였음. 위魏는 후작국侯爵國이었으나, 전국시대 당시 나라가 커지게 되면 왕을 참칭僭稱하는 것이 유행하여 위후魏侯도 왕이라 칭한 것임.

2. 寡人之於國也, 盡心焉耳矣.
과 인 지 어 국 야　진 심 언 이 의

과인은 나라에 대해서 마음을 다할 뿐입니다.

寡人 : 제후들이 자신을 칭할 때 쓰는 겸칭어로 덕이 적은 사람이라는 뜻. '과인' 이외에 '불곡不穀'과 '고孤'도 제후들의 일인칭 겸칭어로 쓰였음. / 之 : 절節의 주위主謂 관계를 나타내 줌. / 於國 : 나라에 있어서. 국정國政에 대해서. / 也 : 문중文中에 사용되어 어기를 잠시 늦추는 기능을 하는 어기사. / 焉 : 의미상 '於之'에 해당, 여기서는 '於國'과 같음. / 耳矣 : 한정의 어기를 나타내는 문미어기사인 '耳'와 '어떤 사실이 이미 그렇게 되었다'는 어기를 나타내는 문미어기사인 '矣'가 연용된 형태.

3. 河內凶, 則移其民於河東, 移其粟於河內 ; 河東凶, 亦然.
하 내 흉　즉 이 기 민 어 하 동　이 기 속 어 하 내　하 동 흉　역 연

하내에 흉년이 들면, 그 백성을 하동에 옮기고, 그 곡식을 하내에 옮겼으며, 하동에 흉년이 들면, 역시 그렇게 하였습니다.

河內 : 위魏나라의 영유지. 지금의 하남성 황하黃河 이북 지역. / 其民 : 하내에 사는 백성. / 河東 : 역시 위나라의 영유지. 산서성山西省 성경省境을 북에서 남으로 흘러가는 황하 이동 지역. / 其粟 : 하동의 곡식. '粟'은 여기서는 좁쌀에 국한되지 않고 곡식을 총칭함. / 亦然 : 역시 그런 식으로 하다. 하동에 흉년이 들면, 그 땅의 백성들을 하내에 옮겨 살게 하고, 하내의 곡식을 하동에 보내주었다는 뜻.

4. 察鄰國之政, 無如寡人之用心者 ; 鄰國之民不加少, 寡人之民不
찰 린 국 지 정　무 여 과 인 지 용 심 자　린 국 지 민 불 가 소　과 인 지 민 불
加多, 何也?
가 다　하 야

이웃 나라의 정치를 살펴보면, 과인이 마음을 쓰는 것같이 하는 자가 없는데, 이웃 나라의 백성은 더 줄지 않고, 과인의 백성은 더 늘지 않는 것은 무엇 때문입니까?

無如寡人之用心者 : 내가 백성의 복리를 위해 마음을 쓰는 것같이 백성에게 마음을 쓰는 위정자가 다른 나라에는 없다는 뜻. / 鄰國之民不加少, 寡人之民不加多 : 옛날에는 정치를 잘해서 살기 좋은 나라를 만들면, 이웃 나라에서 그 선정善政을 사모하여 사람들이 자기가 살던 나라를 버리고 그 나라로 옮겨와 살았으므로, 인구가 느는 것을 선정의 상징이라고 여겼음. '加少'·'加多'의 '加'는 '增(증)'의 뜻으로, 각각 '少의 상태가 늘다'·'多의 상태가 늘다', 즉 '더 줄다'·'더 늘다'의 의미임.

5. 王好戰, 請以戰喩.
　　왕 호 전　청 이 전 유

왕께서 전쟁을 좋아하시니, 전쟁으로써 설명하겠습니다.

　王好戰 : 양혜왕은 전쟁을 많이 하여 백성을 괴롭혔음. / 請以戰喩 : 전쟁과 관련되는 이야기를 하여서 설명하다. '喩'는 '설명하여 알게 해 주다'의 뜻.

6. 塡然鼓之, 兵刃旣接, 棄甲曳兵而走, 或百步而後止, 或五十步而
　　전 연 고 지　병 인 기 접　기 갑 예 병 이 주　혹 백 보 이 후 지　혹 오 십 보 이

後止.
후 지

둥둥 북을 울려 병기의 날이 접하게 되자, 갑옷을 버리고 병기를 끌고서 달아나되, 어떤 자는 백 보를 달아난 후에 멈추고, 어떤 자는 오십 보를 달아난 후에 멈췄습니다.

　塡然 : 둥둥. '塡'은 북소리의 의성어. '然'은 의성어나 의태어에 쓰이는 사미詞尾. / 鼓之 : '鼓'는 '북을 치다', 동사화 되어 쓰였음. 옛날 제도에, 군사는 북소리로 전진하고, 징소리로 후퇴하였음. '之'는 형식상 '鼓'의 빈어처럼 보이나, 실은 빈어가 아니고 지시하는 대상도 없음. 이처럼 자동사 다음에 그냥 '之'가 함께 쓰이는 경우가 있음. / 兵刃旣接 : 병기의 날이 이미 닿다. 단병접전短兵接戰이 벌어졌음을 뜻하는 말. / 棄甲曳兵 : 갑옷을 버리고 병기를 끌다. 갑옷 등 장비를 버리고 몸을 가볍게 하고서 칼이나 창을 질질 끌며 달아나는 모습을 말함. / 或 : 어떤 자. 혹자或者. 혹인或人. / 百步·五十步 : 달아난 거리. '步'는 고대의 거리 단위로, 1보는 6척尺.

7. 以五十步笑百步, 則何如?
　　이 오 십 보 소 백 보　즉 하 여

오십 보를 달아난 처지에서 백 보 달아난 것을 비웃는다면, 어떠합니까?

　何如 : 어떠하다.

8. 不可, 直不百步耳! 是亦走也.
　　불 가　직 불 백 보 이　시 역 주 야

안 되지요. 단지 백 보가 안 될 뿐이지, 이것도 역시 달아난 것입니다.

　直 : 다만. 단지.

曰：'王如知此, 則無望民之多於鄰國也. 不違農時,

穀不可勝食也 ; 數罟不入洿池, 魚鼈不可勝食也 ; 斧斤以

時入山林, 材木不可勝用也. 穀與魚鼈不可勝食, 材木

不可勝用, 是使民養生喪死無憾也. 養生喪死無憾, 王

道之始也. 五畝之宅, 樹之以桑, 五十者可以衣帛矣 ;

雞豚狗彘之畜, 無失其時, 七十者可以食肉矣 ; 百畝

之田, 勿奪其時, 數口之家, 可以無飢矣. 謹庠序之

敎, 申之以孝悌之義, 頒白者不負戴於道路矣. 七十

者衣帛食肉, 黎民不飢不寒, 然而不王者, 未之有也.'

- 양혜왕상梁惠王上

■ 자변字辨 ■

罟 〔고〕 그물. 그물질하다. ▶고망罟網. 고획함정罟擭陷阱.

洿 〔오〕 웅덩이. 우묵하다.

　　〔호〕 더러움. 물들이다.

鼈 〔별〕 자라. ▶귀별龜鼈.

斧 〔부〕 도끼. 찍다. 베다. ▶부가斧柯. 부월斧鉞. 부착흔斧鑿痕.

憾 〔감〕 한하다. 섭섭하다. 한. ▶감원憾怨. 감회憾悔. 유감遺憾.

畝 〔묘〕 이랑. 밭두둑. ▶농묘隴畝. 전묘田畝.

帛 〔백〕 비단. 명주. ▶백서帛書. 생백生帛. 죽백竹帛.

雞 〔계〕 ＝鷄. 닭.

豚 〔돈〕 돼지. 지척거리다. ▶돈어지신豚魚之信. 양돈養豚.

彘 〔체〕 돼지. ▶체견彘肩.

庠 〔상〕 학교. ▶상교庠校. 상학庠學.

悌 〔제〕 공경하다. 화락하다. ▶제우悌友. 개제愷悌.

頒 〔반〕 나누다. 반쯤 머리가 세다. ▶반급頒給. 반포頒布.

戴 〔대〕 이다. 받들다. ▶대백戴白. 추대推戴. 남부여대男負女戴.

黎 〔려〕 검다. 많다. ▶여명黎明. 여서黎庶. 검려黔黎.

▌ 해 설 ▌

1. 王如知此, 則無望民之多於鄰國也.
왕 여 지 차　즉 무 망 민 지 다 어 린 국 야

왕께서 만약 이 점을 아신다면, 백성이 이웃 나라보다 많아지기를 바라지
마십시오.

　如 : 만약에. / 無 : …하지 말라. 금지명령형에 쓰이는 부정사. '毋(무)'와 같음. /
　於 : …보다. / 之 : 절節의 주위主謂 관계를 나타냄. 절인 '民之多於鄰國' 전체가
　'望'의 빈어임.

2. 不違農時, 穀不可勝食也.
불 위 농 시　곡 불 가 승 식 야

농사철을 어기지 않으면, 곡식을 이루 다 먹어낼 수 없을 것입니다.

　勝食 : 이루 다 먹어내다. '勝'은 '…을 다 해내다'·'…을 이루 다 감당해내다'의 뜻.
　※1년 중 봄·여름·가을, 농사에 힘써야 할 긴요한 시기에 장정들을 끌어다 전쟁
　이나 부역을 시키지 않고 농사를 짓게 하면, 다 먹을 수 없을 정도로 많은 수확을
　하게 된다는 말임.

3. 數罟不入洿池, 魚鼈不可勝食也.
촉 고 불 입 오 지　어 별 불 가 승 식 야

촘촘한 그물을 웅덩이와 못에 넣지 않으면, 물고기와 자라를 이루 다 먹
어낼 수 없을 것입니다.

　數罟 : 눈이 촘촘하고 잔 그물. '數'의 뜻은 '촘촘하다', 음은 '촉'. / 洿池 : 웅덩이와
　못, 즉 어류魚類가 자라는 곳.

4. 斧斤以時入山林, 材木不可勝用也.
부 근 이 시 입 산 림　재 목 불 가 승 용 야

도끼를 때에 맞춰 산림에 넣는다면, 재목을 이루 다 사용할 수 없을 것입

니다.

斧斤 : '斧'는 날이 세로로 선 도끼. '斤'은 날이 가로로 선 도끼. 둘 다 벌목하는 데 쓰는 도끼임. / 以時入山林 : 제때에 맞추어서 산의 숲속에 가지고 들어가다. 즉 적절한 때에만 도끼로 나무를 벤다는 뜻.

5. 穀與魚鼈不可勝食, 材木不可勝用, 是使民養生喪死無憾也.
　　곡 여 어 별 불 가 승 식　　재 목 불 가 승 용　　시 사 민 양 생 상 사 무 감 야

곡식과 물고기와 자라를 이루 다 먹을 수 없을 수 없고, 재목을 이루 다 쓸 수 없다면, 이는 백성으로 하여금 산 사람을 기르고 죽은 사람을 장사 지내는 데 유감이 없게 하는 일입니다.

養生 : 부모처자 등, 산 사람들을 양육하다. / 喪死 : 죽은 사람을 장사지내다. / 無 憾 : 유감이 없다. 한이 없다.

6. 養生喪死無憾, 王道之始也.
　　양 생 상 사 무 감　　왕 도 지 시 야

산 사람을 기르고 죽은 사람을 장사지내는 데 유감이 없게 하는 것이 왕 도정치의 시초입니다.

王道 : 이상적인 왕의 정치 방법으로서, 인의仁義를 기본으로 하고 민의民義에 부 합함. '패도覇道'의 상대어.

7. 五畝之宅, 樹之以桑, 五十者可以衣帛矣.
　　오 묘 지 택　　수 지 이 상　　오 십 자 가 이 의 백 의

5묘의 택지에 뽕나무를 심으면, 50대의 사람들이 비단옷을 입을 수 있을 것입니다.

五畝之宅 : 고대의 농가가 소유한 택지. 밭 사이의 택지 2묘 반과 부락에 있는 택 지 2묘 반을 합쳐서 한 말. '畝'는 면적의 단위로, 1묘는 대략 52평坪에 해당함. / 樹 : 심다. 동사화 되었음. / 五十者 : 50대의 사람. 여기서는 50대 이상의 사람이 란 뜻. / 衣帛 : 깁옷을 입다. 비단옷을 입다. '衣'는 동사화 되어 쓰였음.

8. 雞豚狗彘之畜, 無失其時, 七十者可以食肉矣.
　　계 돈 구 체 지 휵　　무 실 기 시　　칠 십 자 가 이 식 육 의

닭·새끼돼지·개·큰 돼지 등의 가축을 기르는 데 있어서 그들의 번식기 를 놓치지 않는다면, 70대의 사람들이 고기를 먹을 수 있게 될 것입니다.

雞豚狗彘 : '豚'은 새끼돼지. '彘'는 큰 돼지. / 無失其時 : 그들의 때를 놓치는 일이 없다. 번식 시기를 고려하여, 아무 때나 무절제하게 도살하지 않음.

9. 百畝之田, 勿奪其時, 數口之家, 可以無飢矣.
　　　백묘지전　물탈기시　수구지가　가이무기의

백 묘의 밭에 대하여 그 농사 지을 시기를 빼앗지 않는다면, 여러 명의 식구를 가진 가구가 굶주리는 일이 없게 될 것입니다.

　　百畝 : 고대의 정전법井田法에 따르면, 매 농가마다 백 묘의 경작지를 배당하였다고 함. / 數口之家 : 여러 명의 식구가 있는 가정.

10. 謹庠序之敎, 申之以孝悌之義, 頒白者不負戴於道路矣.
　　　근상서지교　신지이효제지의　반백자불부대어도로의

학교 교육을 근엄하게 실시하여 효성과 우애의 뜻을 되풀이하여 가르친다면, 반백이 된 사람이 길에서 지고 이고 다니지 않게 될 것입니다.

　　謹 : 엄하게 실시하다. / 庠序 : '庠'·'序'는 모두 학교 이름. 여기서는 교육기관을 범칭凡稱한 것임. / 申 : 거듭하다. 되풀이하여 가르치다. / 孝悌 : '孝'는 부모를 정성으로 받들어 모시는 것이고, '悌'는 형을 비롯한 연장자를 공경하는 것. / 義 : 뜻·정신·의의. / 頒白者 : 반백자斑白者. 흰 머리가 반이나 섞인, 나이든 사람. / 負戴 : 지고 이다. '負'는 '짐을 목덜미나 등에 지다', '戴'는 '머리에 이다'의 뜻.

11. 七十者衣帛食肉, 黎民不飢不寒, 然而不王者, 未之有也.
　　　칠십자의백식육　려민불기불한　연이불왕자　미지유야

70대 사람들이 비단옷을 입고 고기를 먹으며, 백성이 굶주리지 않고 춥지 않은데, 그렇게 하고서도 왕도정치를 하지 못한 사람은 지금껏 없습니다.

　　黎民 : 중인衆人. 일반 대중. 즉 특별한 봉양이 필요하지 않은 여러 일반 사람을 뜻함. / 然而 : 그렇게 하고서도. '然'은 '여차如此'·'여시如是'의 뜻. '而'는 전절轉折 관계를 나타내는 연사. / 王 : 왕 노릇을 하다. 왕도정치를 하다. 동사화 되어 쓰였음. / 未之有 : '未有之'의 도치.

▌보 충▐

孟子見梁惠王. 王曰:'叟, 不遠千里而來, 亦將有以利吾國乎?'
맹자견량혜왕　왕왈　수　불원천리이래　역장유이리오국호

孟子對曰:'王何必曰利? 亦有仁義而已矣. 王曰: 何以利吾國? 大
맹자대왈　왕하필왈리　역유인의이이의　왕왈　하이리오국　대

夫曰: 何以利吾家? 士庶人曰: 何以利吾身? 上下交征利, 而國危
부왈　하이리오가　사서인왈　하이리오신　상하교정리　이국위

矣. 萬乘之國, 弑其君者, 必千乘之家；千乘之國, 弑其君者, 必百
의　만승지국　시기군자　필천승지가　천승지국　시기군자　필백

乘之家. 萬取千焉. 千取百焉, 不爲不多矣, 苟爲後義而先利, 不奪
승지가　만취천언　천취백언　불위부다의　구위후의이선리　불탈

不饜. 未有仁而遺其親者也 ; 未有義而後其君者也. 王亦曰仁義而已
불염　미유인이유기친자야　　미유의이후기군자야　왕역왈인의이이

矣, 何必曰利?' - 양혜왕상
의　하필왈리

叟 : 늙은이. 영감님. 장로長老한 인물을 존칭한 말. / 不遠千里而來 : 천리 길을 멀
다고 생각하지 않고 오다. / 有以利吾國 : 내 나라를 이롭게 할 방법이나 의견이 있
다. / 亦有仁義而已矣 : 오직 인의가 있을 뿐이다. '亦'은 의미상 '惟'의 뜻과 같음.
'而已'는 연사인 '而'와 '그치다'의 뜻을 가지는 동사 '已'가 결합된 형태의 문미어
기사로 '…일 따름이다'의 어기를 나타냄. '矣'는 감탄이나 강한 긍정의 어기를 나
타내는 문미어기사. / 王曰 : 여기서 '王'은 양혜왕 한 사람만 해당하는 것이 아니
고, 모든 왕이 다 해당한다고 볼 수 있음. / 何以 : 무엇을 가지고. 무엇으로써. 어
떻게. '何'는 개사 '以'의 빈어이나 의문사이므로 개사 앞으로 도치되었음. / 大夫·
士·庶人 : 고대 천자의 나라에는 경卿·대부大夫·사士라는 위계가 있었고, 그 위
계는 또 각각 상중하의 구분이 있었음. 제후국에도 국군國君 밑에 경이 있었으나,
대개는 대부와 사가 있었음. '庶人'은 벼슬 하지 않은 일반 서민. / 國·家·身 : 천
자는 천하를, 제후는 국國을, 대부는 가家를 각각 그들이 다스리는 범위로 하였
고, 사·서인은 그들 자신과 부모처자를 포함하는 단위인 가정을 거느림. 대부의
가家는 경·대부가 가진 채읍采邑을 이르는 말로, 지금의 집, 또는 가정이라는 개
념과는 현격한 차이가 있음. / 交 : 서로. / 征利 : 이利를 취하다. 이익을 취해 가
다. '征'은 '취하다'의 뜻. / 萬乘之國 : 병거兵車, 즉 군용軍用의 수레 1만 대를 낼
수 있는 천자국天子國을 이름. 제후는 원래 천승지국千乘之國으로 통칭됨. '乘'은
수레를 세는 양사量詞. / 弑 : 아랫사람이 윗사람을 죽이는 것을 말함. / 萬取千焉,
千取百焉 : 만에서 천을 취하고, 천에서 백을 취하다. 여기서 萬·千·百 등의 숫자
는 모두 병거의 대수臺數. / 不爲不多 : 많지 않은 것이 아니다. 이중부정형. / 苟 :
만약에. / 爲後義而先利 : 정의를 뒤로 미루고 이익을 앞세우는 짓을 하다. '爲'는
'…을 하다'의 뜻. '後'·'先'은 모두 동사화 되어 쓰였음. / 不奪不饜 : 빼앗지 않으
면 만족하지 않다. '奪'은 찬탈, 즉 '윗자리를 포악한 수단으로 빼앗다'의 뜻. '饜'
은 본래 '싫도록 배불리 먹다'의 뜻이나, 여기서는 '만족해하다'의 뜻임. / 未有 :
없다. 아직 …한 적이 없다. / 仁而遺其親 : 어질면서 그의 어버이를 버리다. '遺'는
'버려두고 돌보지 않다'의 뜻. / 義而後其君 : 의로우면서도 그의 임금을 뒤로 돌리
다. '後其君'은 자기 임금 위하는 일을 소홀히 하여 뒤로 미루는 것을 의미함.

3. 맹자孟子 (二)

본 문 1

孟子曰 : '魚, 我所欲也 ; 熊掌, 亦我所欲也 ; 二者不
可得兼, 舍魚而取熊掌者也. 生, 亦我所欲也 ; 義, 亦
我所欲也 ; 二者不可得兼, 舍生而取義者也. 生亦我
所欲, 所欲有甚於生者, 故不爲苟得也. 死亦我所惡,
所惡有甚於死者, 故患有所不辟也. 如使人之所欲莫
甚於生, 則凡可以得生者, 何不用也? 使人之所惡莫
甚於死者, 則凡可以辟患者, 何不爲也? 由是則生而有
不用也 ; 由是則可以辟患而有不爲也. 是故, 所欲有甚於
生者, 所惡有甚於死者 ; 非獨賢者有是心也, 人皆有之,
賢者能勿喪耳. - 고자상告子上

자변字辨

熊〔웅〕 곰. ▶웅담熊膽. 웅비지력熊羆之力.
辟〔벽〕 임금. 다스리다. 물리치다 = 僻. 편벽되다. ▶벽곡辟穀. 벽사辟邪.
　　〔피〕 = 避. 피하다. ▶피세辟世.

1. 魚, 我所欲也; 熊掌, 亦我所欲也.
   어   아소욕야   웅장   역아소욕야

   물고기는 내가 원하는 것이고, 웅장도 역시 내가 원하는 것이다.

   所欲 : 원하는 것. 여기서는 '먹고 싶어 하는 것'이란 뜻. / 熊掌 : 곰 발바닥. 예로
   부터 진미珍味의 하나로 꼽혀 왔음.

2. 二者不可得兼, 舍魚而取熊掌者也.
   이 자 불 가 득 겸   사 어 이 취 웅 장 자 야

   두 가지를 다 얻을 수 없으면, 물고기를 포기하고 웅장을 취하는 것이다.

   舍魚而取熊掌 : 물고기를 포기하고 웅장을 가지다. '舍'는 '버리다'·'포기하다'의
   뜻. '捨(사)'와 같음. 웅장은 물고기보다 훨씬 더 맛있고 진기한 것이므로, 물고기
   와 웅장 가운데서 한 가지만 취해야 할 경우에는 웅장을 취한다고 말한 것임. / 者
   也 : '것이다'의 뜻으로 제시하는 말을 특히 강조하고 있음.

3. 生, 亦我所欲也; 義, 亦我所欲也.
   생   역아소욕야   의   역아소욕야

   사는 것도 내가 원하는 것이고, 의도 내가 원하는 것이다.

   義 : 대의大義.

4. 二者不可得兼, 舍生而取義者也.
   이 자 불 가 득 겸   사 생 이 취 의 자 야

   두 가지를 다 얻을 수 없으면, 사는 것을 버리고 의를 취하는 것이다.

   舍生而取義 : 자신의 생명보다 대의를 중시한다는 뜻.

5. 生亦我所欲, 所欲有甚於生者, 故不爲苟得也.
   생 역 아 소 욕   소 욕 유 심 어 생 자   고 불 위 구 득 야

   사는 것 역시 내가 원하는 것이지만, 원하는 것에 사는 것보다 더 심한 것
   이 있기 때문에, 구차하게 얻는 짓을 하지 않는 것이다.

   甚於生者 : 사는 것보다 더 심한 것. 사는 것보다 더 심히 원하는 것. / 不爲苟得 :
   구차스럽게 생生을 얻는 짓을 하지 않는다는 뜻. 전후관계로 보아 '苟得'은 '苟得
   生'의 뜻.

6. 死亦我所惡, 所惡有甚於死者, 故患有所不辟也.
   사 역 아 소 오   소 오 유 심 어 사 자   고 환 유 소 불 피 야

죽는 것 역시 내가 싫어하는 것이지만, 싫어하는 것이 죽는 것보다 심한 것이 있기 때문에, 환난도 피하지 않는 경우가 있는 것이다.

> 所惡 : 싫어하는 것. '싫어하다'는 뜻일 경우 '惡'의 음은 '오'. / 所惡有甚於死者 : 죽는 것보다 싫어하는 것은 '불의', 즉 '의롭지 못한 짓'을 뜻함. / 患 : 죽음을 당하는 환난. / 辟 : 피하다. 음은 '피' = 避.

7. **如使人之所欲莫甚於生, 則凡可以得生者, 何不用也?**
   여 사 인 지 소 욕 막 심 어 생   즉 범 가 이 득 생 자   하 불 용 야

만약에 사람이 원하는 것이 사는 것보다 더 심한 것이 없다면, 무릇 살 수 있는 방법을 무엇인들 쓰지 않겠는가?

> 如使 : 만약에 …한다면. 가정의 뜻을 나타내는 연사. / 莫甚於生 : 어떤 것도 사는 것보다 심한 것이 없다. 여기서 '莫'의 뜻에 유의할 것. / 則 : 그러면. / 凡可以得生者 : 무릇 살 수 있는 길. 살 수 있는 모든 방법. / 何不用也 : 무엇을 쓰지 않겠는가. 반어형. '何'는 동사 '用'의 빈어이나 의문사이므로 도치되었음. '也'는 의문사가 있는 의문형에 쓰이는 문미어기사.

8. **使人之所惡莫甚於死者, 則凡可以辟患者, 何不爲也?**
   사 인 지 소 오 막 심 어 사 자   즉 범 가 이 피 환 자   하 불 위 야

사람이 싫어하는 것에 죽는 것보다 더 심한 것이 없다면, 무릇 환난을 피할 수 있는 짓을 무엇인들 하지 않겠는가?

> 使 : 만약에 …한다면. '如使'와 같은 기능을 함. / 何不爲也 : 무슨 짓인들 하지 않겠는가?

9. **由是則生而有不用也 ; 由是則可以辟患而有不爲也.**
   유 시 즉 생 이 유 불 용 야   유 시 즉 가 이 피 환 이 유 불 위 야

이 때문에 사는 데도 쓰지 않는 경우가 있고, 이 때문에 환난을 피할 수 있는 데도 하지 않는 경우가 있다.

> 由是 : '是'는 생生을 버리고 의義를 취하는 곧은 마음. 양심良心을 가리킴.

10. **是故, 所欲有甚於生者, 所惡有甚於死者.**
    시 고   소 욕 유 심 어 생 자   소 오 유 심 어 사 자

그러니, 원하는 것에는 사는 것보다 심한 것이 있고, 싫어하는 것에는 죽는 것보다 심한 것이 있는 것이다.

> 是故 : 그러므로. 이런 까닭에.

11. **非獨賢者有是心也, 人皆有之, 賢者能勿喪耳.**
    비 독 현 자 유 시 심 야   인 개 유 지   현 자 능 물 상 이

현자만이 이런 마음을 가지고 있는 것이 아니고, 사람이면 모두 가지고 있는데, 현자는 그것을 상실하지 않을 수 있을 뿐이다.

是心 : 이런 마음. 즉 생생보다 의義를 중히 여기는 마음. / 能勿喪 : 능히 상실하지 않을 수 있다. 능히 잃지 않다. 즉 그런 마음을 잃지 않고 언제나 보존하고 있다는 뜻. / 耳 : …일 뿐이다. 한정의 어기를 나타내는 문미어기사.

본 문 2

一簞食, 一豆羹, 得之則生, 弗得則死. 嘑爾而與之, 行道之人弗受 ; 蹴爾而與之, 乞人不屑也. 萬鍾則不辨禮義而受之, 萬鍾於我何加焉? 爲宮室之美, 妻妾之奉, 所識窮乏者得我與? 鄕爲身死而不受, 今爲宮室之美爲之 ; 鄕爲身死而不受, 今爲妻妾之奉爲之 ; 鄕爲身死而不受, 今爲所識窮乏者得我而爲之 ; 是亦不可以已乎? 此之謂失其本心. ― 고자상告子上

■ **자변**字辨 ■

簞 〔단〕 밥그릇. 상자. ▶단사표음簞食瓢飮.

羹 〔갱〕 국. ▶갱죽羹粥.

嘑 〔호〕 부르짖다. 꾸짖다.

爾 〔이〕 너. 같이. 그러하다. 그. 이. 가깝다. 뿐. ▶이금爾今. 이래爾來. 솔이率爾.

蹴 〔축〕 차다. 삼가다. ▶축국蹴鞠.

乞 〔걸〕 빌다. 청하다. 구걸하다. 거지. ▶걸개乞丐. 걸구乞求. 걸식乞食. 구걸求乞.

屑 〔설〕 가루. 부수다. 잘다. 달갑게 여기다. 업신여기다. ▶쇄설瑣屑.

鍾 〔종〕 술잔. 용량 단위. 모으다. ▶종정鍾情.

乏 〔핍〕 떨어지다. 비다. 모자라다. ▶ 핍곤乏困. 핍궤乏匱. 결핍缺乏. 궁핍窮乏.

■ 해 설 ■

1. 一簞食, 一豆羹, 得之則生, 弗得則死.
　　일 단 사　　일 두 갱　　득 지 즉 생　　불 득 즉 사

한 대그릇의 밥과 한 나무그릇의 국을 얻으면 살고, 얻지 못하면 죽는다.

　一簞食 : 한 대그릇의 밥. '簞'은 대나무로 만든 원형의 밥그릇. '食'는 '밥', 음은 '사'. '먹다'라는 뜻으로 쓰일 때는 '식'. / 一豆羹 : 한 나무그릇의 국. '豆'는 국을 담는 나무그릇. / 弗 : '不'과 같음.

2. 嘑爾而與之, 行道之人弗受 ; 蹴爾而與之, 乞人不屑也.
　　호 이 이 여 지　　행 도 지 인 불 수　　축 이 이 여 지　　걸 인 불 설 야

야단치고 그것을 주면 길을 가는 사람도 받지 않고, 발로 차고 주면 거지도 받으려 들지 않는다.

　嘑爾 : '옛다 먹어라' 등의, 모욕侮辱을 느끼게 소리치는 모양. '爾'는 '然'과 같이 상태나 소리를 형용하는 데 붙여 쓰는 사미詞尾. / 行道之人 : 길을 가는 사람. 여기서는 길을 가는 배고픈 사람이란 뜻임. / 蹴爾 : 발로 차는 모양. '嘑爾'보다 더욱 모욕적인 태도. / 不屑 : 달갑게 생각하지 않다.
　※ 밥과 국을 얻으면 살고 얻지 못하면 죽게 되는 경우, 즉 기아飢餓로 사경을 헤맬 때라도, 기분을 상하게 하고 그것을 주면, 치욕을 느껴 받지 않는다는 말.

3. 萬鍾則不辨禮義而受之, 萬鍾於我何加焉?
　　만 종 즉 불 변 례 의 이 수 지　　만 종 어 아 하 가 언

만종이면 예와 의를 따지지 않고서 그것을 받는데, 만종이 나에게 무엇이 보탬이 되겠는가?

　萬鍾 : '鍾'은 용량 단위, 6곡斛4두斗. 따라서 '萬鍾'은 큰 녹祿을 뜻함. / 不辨禮義 : 예와 의를 따지지 않다. 예의에 합당한 것인지, 아닌지를 생각해 보지 않다. / 於我何加焉 : 나에게 무엇이 보탬이 되겠는가. 반어형.

4. 爲宮室之美, 妻妾之奉, 所識窮乏者得我與?
　　위 궁 실 지 미　　처 첩 지 봉　　소 식 궁 핍 자 득 아 여

집을 아름답게 하고, 처와 첩의 시봉侍奉을 받고, 아는 바 궁핍한 사람이 자기한테서 얻어가게 하기 위해서인가?

　爲 : 위하다. 때문이다. 문장 전체를 빈어로 하고 있음. / 宮室 : 사는 집. 즉 주택. / 奉 : 받들어 모시다. 봉양하다. / 所識 : 자기가 아는 사람. '己所識之人'의 뜻과

같음. / 窮乏者 : 궁핍한 사람. / 得我 : 나에게서 얻어 가다. '得'을 '託(탁)'의 뜻으로 보고 '得我'를 '나에게 의탁하다'로 풀이하기도 하고, '得'을 '德(덕)'의 뜻으로 보아 '得我'를 '내가 베푼 은혜에 대하여 감격하고 좋아하다'로 풀이하기도 함. / 與 : 의문어기사 = 歟.

5. 鄕爲身死而不受, 今爲宮室之美爲之.
향 위 신 사 이 불 수　　금 위 궁 실 지 미 위 지

앞서의 경우 몸을 위하여는 죽어도 받지 않다가, 이번에는 집을 아름답게 하기 위해서 그것을 받는다.

　　鄕 : 먼젓번의 경우. '嚮(향)' 또는 '向(향)'과 같음. / 爲身死而不受 : 몸을 위하여는 죽어도 받지 않다. 자신이 굶어 죽게 되어도 기분 상하게 주는 음식을 받지 않는 것을 뜻함. / 爲之 : 여기서 '爲'는 '受(수)'의 뜻. '之'는 '만종의 녹'을 가리킴.

6. 鄕爲身死而不受, 今爲妻妾之奉爲之.
향 위 신 사 이 불 수　　금 위 처 첩 지 봉 위 지

앞서의 경우 몸을 위하여는 죽어도 받지 않다가, 이번에는 처와 첩의 시봉侍奉을 누리기 위해서 그것을 받는다.

7. 鄕爲身死而不受, 今爲所識窮乏者得我而爲之.
향 위 신 사 이 불 수　　금 위 소 식 궁 핍 자 득 아 이 위 지

앞서의 경우 몸을 위하여는 죽어도 받지 않다가, 이번에는 자기가 아는 궁핍한 사람이 자기한테서 얻어가게 하기 위해서 그것을 받는다.

8. 是亦不可以已乎?
시 역 불 가 이 이 호

이런 짓을 역시 그만 둘 수 없는가?

　　已 : 그치다. 그만두다. / 亦 : 강조의 뜻을 나타냄.
　　※소리小利에는 죽음을 무릅쓰고까지 예의를 따지고, 대리大利에는 눈이 어두워져서 예의를 따지지 않고 불의의 행동을 하는, 인간의 무절제한 물욕을 자제해야 된다는 뜻이 담겨 있음.

9. 此之謂失其本心.
차 지 위 실 기 본 심

이렇게 하는 것을 그의 본심을 잃은 것이라고 한다.

　　本心 : 사람이 본래부터 가지고 있는 마음. 즉 인의예지의 심성을 갖춘 본연의 마음을 말함.

빈어賓語의 도치倒置

> 凡可以得生者, 何不用也?
> 범 가 이 득 생 자　　하 불 용 야
>
> 此之謂失其本心.
> 차 지 위 실 기 본 심

빈어는 원칙적으로 동사나 개사 뒤에 위치하나, 때에 따라서는 동사나 개사 앞으로 도치될 경우가 있다.

의문문에서 의문사가 동사의 빈어로 쓰일 경우에는 일반적으로 동사 앞으로 도치된다.

- 臣實不才, 又誰敢怨? - 좌전 성공成公3년
  신 실 부 재　　우 수 감 원
  신은 참으로 재주가 없는데, 또 누구를 감히 원망하겠습니까?

- 將何適而非快? - 소철蘇轍 황주쾌재정기黃州快哉亭記
  장 하 적 이 비 쾌
  장차 어디를 가든 유쾌하지 않겠는가?

의문사가 개사의 빈어로 쓰일 경우에도 일반적으로 개사 앞으로 도치된다.

- 曷爲久居此圍城之中而不去也? - 전국책 조책趙策
  갈 위 구 거 차 위 성 지 중 이 불 거 야
  어찌하여 이 포위된 성 안에 오래 머물어 떠나가시지 않습니까?

- 何由知吾可也? - 맹자 양혜왕상梁惠王上
  하 유 지 오 가 야
  무엇을 통하여 내가 할 수 있다는 것을 아십니까?

- 不然, 籍何以至此? - 사기 항우본기項羽本紀
  불 연　　적 하 이 지 차
  그렇지 않았다면, 나 항적項籍이 어떻게 이런 지경에 이르렀겠소?

'不'·'未'·'毋'·'莫' 등의 부정사를 사용한 부정문에서 대사가 동사의 빈어로 쓰일 경우에는 일반적으로 동사 앞으로 도치된다.

- 諫而不入, 則莫之繼也. - 좌전 선공宣公2년
  간 이 불 입   즉 막 지 계 야
  간언해도 받아들여지지 않으면, 그것을 계속할 사람은 아무도 없습니다.

- 不吾知也. - 논어 선진先進
  불 오 지 야
  나를 알아주지 않는다.

빈어를 강조하기 위해서 '之'나 '是'를 사용하여 빈어를 동사 앞으로 제시할 수도 있다. 이 경우 빈어와 '之'·'是'가 모두 동사 앞에 위치한다. 그리고, 이러한 구조에서 '唯'를 함께 쓰면, 강조의 어기가 더욱 강화된다.

- 脣亡則齒寒, 其斯之謂歟! - 곡량전穀梁傳 희공僖公2년
  순 망 즉 치 한   기 사 지 위 여
  입술이 없어지면 이가 시리다고 했는데, 아마도 이를 말하는 것이겠지요.

- 吾以子爲異之問, 曾由與求之問. - 논어 선진
  오 이 자 위 이 지 문   증 유 여 구 지 문
  나는 당신이 색다른 것을 질문하리라 생각했는데, 도리어 중유仲由와 염구
  冉求에 대해서 묻는군요.

- 前世不同敎, 何古之法? - 상군서商君書 갱법更法
  전 세 부 동 교   하 고 지 법
  전세에는 교화가 각기 다른데, 어느 조대朝代의 것을 본받겠는가?

- 將虢是滅, 何愛於虞? - 좌전 희공僖公5년
  장 괵 시 멸   하 애 어 우
  장차 괵나라를 쳐 없애려고 하는데, 우나라에 대해서 무엇을 애호愛護하겠
  습니까?

- 舍其舊而新是謀. - 좌전 희공28년
  사 기 구 이 신 시 모
  옛것을 버리고 새것을 도모한다.

- 余雖與晉出入, 余唯利是視. - 좌전 성공成公13년
  여 수 여 진 출 입   여 유 리 시 시
  나는 비록 진나라와 내왕하지만, 나는 단지 이익만 찾는 것입니다.

孟子曰：'人皆有不忍人之心. 先王有不忍人之心, 斯有不忍人之政
맹자왈　　인개유불인인지심　선왕유불인인지심　사유불인인지정

矣. 以不忍人之心, 行不忍人之政, 治天下可運之掌上.
의　이불인인지심　행불인인지정　치천하가운지장상

所以謂人皆有不忍人之心者：今人乍見孺子將入於井, 皆有怵惕惻
소이위인개유불인인지심자　금인사견유자장입어정　개유출척측

隱之心, 非所以內交於孺子之父母也, 非所以要譽於鄕黨朋友也, 非
은지심　비소이납교어유자지부모야　비소이요예어향당붕우야　비

惡其聲而然也.
오기성이연야

由是觀之, 無惻隱之心, 非人也；無羞惡之心, 非人也；無辭讓之
유시관지　무측은지심　비인야　무수오지심　비인야　무사양지

心, 非人也；無是非之心, 非人也. 惻隱之心, 仁之端也；羞惡之心,
심　비인야　무시비지심　비인야　측은지심　인지단야　수오지심

義之端也；辭讓之心, 禮之端也；是非之心, 智之端也. 人之有是四
의지단야　사양지심　례지단야　시비지심　지지단야　인지유시사

端也, 猶其有四體也, 有是四端而自謂不能者, 自賊者也；謂其君不
단야　유기유사체야　유시사단이자위불능자　자적자야　위기군불

能者, 賊其君者也.
능자　적기군자야

凡有四端於我者, 知皆擴而充之矣, 若火之始然, 泉之始達. 苟能充
범유사단어아자　지개확이충지의　약화지시연　천지시달　구능충

之, 足以保四海；苟不充之, 不足以事父母.' - 공손추상公孫丑上
지　족이보사해　구불충지　부족이사부모

不忍人之心 : 남을 괴롭게 하거나 또는 남이 불행 속에 빠져드는 것을 차마 아무
렇지도 않은 듯이 보지 못하는, 선하고 인자한 마음. 차마 남에게 잔인하게 하지
못하는 마음. '不忍'은 '차마 못하다'의 뜻. / 先王 : 옛날의 훌륭한 임금. / 斯 : 그래
서. '乃(내)'의 뜻과 같음. 승접承接 관계를 나타내는 연사로서의 기능을 함. / 可運
之掌上 : 손바닥 위에서 그것을 움직일 수 있다. '之'는 천하를 가리키는 대사. '掌
上' 앞에 처소를 나타내는 개사인 '於'가 생략된 형태. / 所以 : '이유'·'까닭'이란
뜻으로 사용되나, 때로는 '…하는 방법'·'…하기 위한 것' 등의 뜻으로 쓰이기도
함. '所以謂人皆有不忍人之心者'의 '所以'는 '이유'·'까닭'의 뜻이고, '非所以內交於
孺子之父母'의 '所以'는 '…하기 위한 것'의 뜻. / 乍(사) : 졸지猝地에. 갑자기. 별안

간. / 孺子(유자) : 어린아이. / 怵惕(출척) : 놀라고 두려워하다. / 惻隱(측은) : 몹시 마음을 아파하다. 가엾게 여기다. / 內交 : 친교를 맺다. '內'은 '結(결)'의 뜻, 음은 '납' = 納. / 要譽 : 명예를 구하다. 칭찬을 받으려고 하다. / 鄕黨 : 한 동네 사람들. / 惡其聲 : 그 원성怨聲을 싫어하다. 즉 아이를 구해 주지 않았다는, 나쁜 평판 듣기를 싫어하다의 뜻. 그 아이가 지르는 고함 소리를 듣기 싫어하다는 뜻으로 보기도 함. '惡'의 음은 '오'. / 非人 : 인간이 아니다. 즉 진정한 인간이라고는 할 수 없다는 뜻. / 羞惡之心 : 자신의 옳지 않은 짓을 부끄러워하고 남의 옳지 않은 짓을 미워하는 마음. '惡'의 음은 '오'. / 辭讓之心 : 사양하는 마음. 좋고 이로운 일이 있을 때, 남에게 먼저 그것을 취하도록 자기는 양보하고 물러나는 마음. / 是非之心 : 옳고 그름을 가리는 마음. 정正과 부정不正을 가리는 마음. / 四端 : 네 가지 단端. '端'에 대해서는, '端'을 단서端緖, 즉 실마리라고 해석하고 인간의 본성에 인의예지의 완전한 덕이 있어서 그 단서가 밖에 나타난 것이 단端이라고 하는 설과, '端'을 '首(수)'의 뜻, 즉 시초始初라고 풀이하여 인간의 본성 중에 인의예지가 될 수 있는 가능성으로서 측은·수오·사양·시비의 마음이 그 시초의 맹아萌芽로서 내재하고 있다는 뜻으로 보는 설이 있음. / 四體 : 사지四肢. / 不能 : '인의예지에 입각한, 착하고 올바른 일을 행하지 못하다'의 뜻. / 賊 : 해치다. / 我 : 자신. 자기. / 擴而充之 : 그것을 확대시키고 채우다. 그것을 확충하다. '之'는 사단을 가리킴. / 火之始然 : 불이 처음 타기 시작하여 성하게 번져나간다는 뜻. '然'은 '燃(연)'의 본자. / 泉之始達 : 샘물이 처음 솟아 흐르기 시작하여 나중에는 대해에 통한다는 뜻. '達'은 '솟아나다'의 뜻. / 苟 : 만약에. 연사連詞. / 保 : 편안하게 만들다. 보존하다. / 事 : 섬기다.

4. 대학大學 · 중용中庸

■ 해 제 ■

대학과 중용은 유가의 대표적 경전으로 논어 · 맹자와 함께 사서四書로 합칭된다. 이들은 원래 예기禮記의 제42편과 제31편에 각각 열록列錄되어 있던 것들인데, 송대宋代에 이르러 이정二程과 주희朱熹가 연구하고 검토한 끝에, 예기에서 독립시켜 유가의 필수서로 삼았다.

대학에는 명명덕明明德 · 친민親民 · 지어지선止於至善 등의 삼강령三綱領과

격물格物·치지致知·성의誠意·정심正心·수신修身·제가齊家·치국治國·평천하平天下의 8조목이 서술되어 있다. 이 책은 원래 증자曾子 또는 자사子思가 지었다고 하나, 최근 학자들의 연구에 의하면 그 진위眞僞가 확실치 않은 것으로 지적되고 있다.

중용에서는 천인상관天人相關의 이론을 전개하면서 중용의 덕을 인간 행위의 최고 기준으로 표방하고 있다. 이 책은 일반적으로 공자의 손자인 자사가 지었다고 알려져 왔으나, 이 역시 확실치 않다.

본문 1

大學之道 : 在明明德, 在親民, 在止於至善. 知止而后有定, 定而后能靜, 靜而后能安, 安而后能慮, 慮而后能得. 物有本末, 事有終始, 知所先後, 則近道矣.
古之欲明明德於天下者, 先治其國 ; 欲治其國者, 先齊其家 ; 欲齊家者, 先修其身 ; 欲修其身者, 先正其心 ; 欲正其心者, 先誠其意 ; 欲誠其意者, 先致其知 ; 致知在格物. 物格而后知至, 知至而后意誠, 意誠而后心正, 心正而后身修, 身修而后家齊, 家齊而后國治, 國治而后天下平.
自天子以至於庶人, 壹是皆以修身爲本. 其本亂而末治者否矣 ; 其所厚者薄, 而其所薄者厚, 未之有也.

- 대학 경經 1장

■ 해 설 ■

1. 大學之道 : 在明明德, 在親民, 在止於至善.
대학지도　　재명명덕　　재친민　　재지어지선

대학의 도는 명덕을 밝히는 데 있으며, 백성을 친애親愛하는 데 있으며, 지선에 머무르는 데에 있다.

　　大學之道 : 대학의 도. '대학'이란 '대인지학大人之學', 곧 대인의 학문·치인治人의 학문이란 뜻이며, 대인이란 '대성大成한 사람' 또는 '치인의 위치에 있는 사람'을 뜻함. 대인은 자신의 학문이 풍부할 뿐만 아니라, 이를 정치에까지 응용하여 태평한 세상을 이룩하는 데에 이바지할 수 있어야 함. 따라서 이 대학에서는 학문의 출발인 개인의 수신修身으로부터 치국治國·평천하平天下에 이르기까지의 도리를 가르치고 있음. '道'는 노로路·이리理·술술術 등 여러 가지 뜻이 있는데, 여기서는 '학문의 방법'·'수양 방법' 또는 '이념으로서의 지향할 바의 길' 등의 뜻으로 해석할 수 있음. / 明明德 : 명덕을 밝히다. '明德'은 '사람의 본성 속에 지니고 있는, 사리를 올바로 분별하고 인식할 수 있는 밝은 재덕才德'으로, 쉽게 말하면 '이성理性'·'예지叡智'를 뜻한다고 할 수 있음. 따라서 '명덕을 밝힌다'는 것은 인간 예지의 계발을 뜻함. / 親民 : 백성을 친애하다. 여기의 '親'을 '新(신)'의 뜻으로 보고 '백성을 새롭게 하다', 즉 자신을 계발한 후에, 일반 백성들도 새롭게 계발해 주는 것을 뜻한다고 풀이하기도 함. / 止於至善 : 지선에 머물다. '至善'은 가장 중정中正하고 당연한 도리로서, 중용·중화中和의 도리와도 통한다고 할 수 있음. '지선에 머무른다'는 것은 지선의 길을 찾아 거기에 이르러서는 결코 일탈하지 않음을 뜻함.

2. 知止而后有定, 定而后能靜, 靜而后能安, 安而后能慮, 慮而后能得.
지지이후유정　　정이후능정　　정이후능안　　안이후능려　　려이후능득

머무를 데를 안 뒤에야 정함이 있고, 정하여진 뒤에야 고요할 수 있고, 고요해진 뒤에야 안존安存할 수 있고, 안존해진 뒤에야 생각할 수 있고, 생각한 뒤에야 얻을 수 있다.

　　知止 : 지止를 알다. '止'는 바로 '지선의 소재'로서, '止를 안다'는 것은 다른 사람과의 관계에 있어서나, 또는 사물을 처리해 감에 있어서, 어디에 지선이 있는가, 그리고 어떻게 하는 것이 지선의 도리인가를 파악하는 것을 뜻함. / 而后 : 이후而後. …한 뒤. '后'는 '後(후)'와 같음. / 有定 : 정향定向이 있다. 지선의 도리가 어떤 것인지, 어디에 있는지 파악하고 나면, 목표로서의 인식이 투철해져서 자신의 의지에 정향이 서는 것을 말함. / 靜 : 고요하다. 동요가 없다. 정향이 확고하면, 마음이 안정되어 내외의 유혹이나 방해로 동요되지 않는 것을 뜻함. / 安 : 마음 편하게 안존하다. 마음에 동요가 없으면, 불안함이 깨끗이 씻기고, 여유를 지니고 안

존한 상태로 돌아가게 됨을 뜻함. / 慮 : 이치를 따져 올바른 판단과 인식을 하다. 편안한 마음이 된 뒤, 자신의 행위가 중정中正을 얻고 당연한 것인지, 즉 지선의 도리에 맞는 것인지를 깊이 생각해 보는 것을 뜻함. / 得 : 체득하다. 얻다. 깊은 사려思慮를 통해 지선을 체득하는 것을 뜻함.

※ 이 구절은 지선을 체득·실현하는 과정을 말하고 있음.

3. 物有本末, 事有終始, 知所先後, 則近道矣.
물 유 본 말   사 유 종 시   지 소 선 후   즉 근 도 의

물건에는 근본과 말단이 있고, 일에는 끝과 시작이 있으니, 먼저 하고 나중 할 바를 알면 도에 가까워지리라.

近道 : 대학의 도에 가깝다는 뜻.

4. 古之欲明明德於天下者, 先治其國.
고 지 욕 명 명 덕 어 천 하 자   선 치 기 국

옛날 명덕을 천하에 밝히려던 이는 먼저 그의 나라를 잘 다스렸다.

明明德於天下 : 명덕을 천하에 밝히다. 천하의 모든 사람들로 하여금 모두 인간의 밝은 본성에 따라 살게 하는 것을 뜻함. 다시 말하여 천자의 자리에 앉아 모든 사람이 올바른 이성에 바탕을 두고 질서와 윤리를 지키면서 살도록 함을 말함. 즉 정치의 이상으로 삼는 덕치德治주의·왕도정치를 실시하는 것을 의미한다고 볼 수 있음. '천하'는 '온 세상', 여기서는 중국 전체를 가리킨다고 할 수 있음. / 治其國 : 그 나라를 잘 다스리다. '國'은 제후국.

5. 欲治其國者, 先齊其家.
욕 치 기 국 자   선 제 기 가

그의 나라를 다스리려던 이는 먼저 그의 집안을 바로잡았다.

齊 : 정제整齊. 집안을 화목하게 잘 건사하여 바로잡다.

6. 欲齊其家者, 先修其身.
욕 제 기 가 자   선 수 기 신

그의 집안을 바로잡으려던 이는 먼저 그의 몸을 닦았다.

修 : 수양하다.

7. 欲修其身者, 先正其心.
욕 수 기 신 자   선 정 기 심

그의 몸을 닦으려던 이는 먼저 그의 마음을 바르게 했다.

正心 : 희喜·노怒·애哀·락樂 등의 감정이 마땅하게 되도록 하는 것을 뜻함.

8. **欲正其心者, 先誠其意.**
   욕 정 기 심 자   선 성 기 의

   그의 마음을 바르게 하려던 이는 먼저 그의 뜻을 성실하게 했다.

   誠意 : 뜻을 성실하게 하다. 사람의 내부에서 일어나는 뜻과 생각이 바르고 선하게
   되도록, 자신이 주체적으로, 그리고 적극적으로 노력하는 것을 뜻함.

9. **欲誠其意者, 先致其知.**
   욕 성 기 의 자   선 치 기 지

   그의 뜻을 성실하게 하려던 이는 먼저 그의 앎을 투철히 했다.

   致知 : 앎을 투철하게 하다. '致'는 '추극推極', 즉 '미루어 극極에까지 이르게 하
   다'의 뜻. '知'는 '識(식)', 즉 '인식 능력'. 따라서 자기의 인식 능력을 증진하여 극
   치에 이르게 하는 것이 '치지'임. 그리고 여기서 '知'는 의념意念이 생겨날 때, 그
   선善·악惡·사邪·정正을 밝혀주며, 행위의 방향을 결정 짓는 근거가 됨.

10. **致知在格物.**
    치 지 재 격 물

    앎을 투철히 함은 사물을 구명究明하는 데에 있다.

    格物 : 사물을 구명하다. '格'은 '지至'의 뜻, '物'은 '事(사)'의 뜻. 따라서 사물을
    보고 그 사물의 이치를 철저히 구명하는 것이 '격물'임.

11. **物格而后知至, 知至而后意誠, 意誠而后心正, 心正而后身修,**
    물 격 이 후 지 지   지 지 이 후 의 성   의 성 이 후 심 정   심 정 이 후 신 수

    身修而后家齊, 家齊而后國治, 國治而后天下平.
    신 수 이 후 가 제   가 제 이 후 국 치   국 치 이 후 천 하 평

    사물이 구명된 뒤에야 앎이 투철해지고, 앎이 투철해진 뒤에야 뜻이 성실
    하게 되어지고, 뜻이 성실하게 된 뒤에야 마음이 바르게 되고, 마음이 바
    르게 된 뒤에야 몸이 닦아지게 되고, 몸이 닦아진 뒤에야 집안이 바로잡히
    게 되고, 집안이 바로잡히고 난 뒤에야 나라가 다스려지게 되고, 나라가
    다스려지고 난 뒤에라야 천하가 태평하게 된다.

12. **自天子以至於庶人, 壹是皆以修身爲本.**
    자 천 자 이 지 어 서 인   일 시 개 이 수 신 위 본

    천자로부터 서인에 이르기까지, 한결같이 다 몸 닦는 것으로써 근본을 삼
    는다.

    天子 : 천하를 다스리는 제왕, 천제天帝의 아들로서 그 명을 받아 하토下土의 백성
    을 기르는 임무를 띤 사람이란 뜻. / 壹是 : 일체一切. 모두 다.

13. **其本亂而末治者否矣.**
기 본 란 이 말 치 자 부 의

그 근본이 어지럽고서 말단이 다스려지는 일은 없다.

> 否 : 없다. '無(무)'의 뜻.

14. **其所厚者薄, 而其所薄者厚, 未之有也.**
기 소 후 자 박　　이 기 소 박 자 후　　미 지 유 야

그가 두터이 해야 할 바에 대하여 엷게 하고서야, 그가 엷게 할 바에 대하여 두터이 하게 되는 일은 없다.

> 所厚·所薄 : '所厚'는 '두터이 해야 할 바'·'중요시하여 우선해야 할 바'란 뜻으로 자기의 몸을 가리킴. '所薄'은 '박하게 해야 할 바'·'이차적인 것'이란 뜻으로 국가와 천하를 가리킴.
>
> ※이 구절은 마땅히 후하게 해야 할 자신의 수양을 게을리하고서, 국가와 천하를 태평하게 하는 일은 있을 수 없다는 뜻임. 즉 자신을 바로 닦지도 못하고, 가정조차 바로잡지 못하는 사람은 치국이나 평천하하는 일에 아무런 기여도 못한다는 뜻이다.

■ 참 고 ■

승체법承遞法과 점층법漸層法

> **格物而后知至, 知至而后意誠, 意誠而后心正, ……**
> 격 물 이 후 지 지　　지 지 이 후 의 성　　의 성 이 후 심 정

한문의 수사법 중에는, 앞 구 끝부분의 말을 뒤 구 앞부분에서 이어 받아 점차적漸次的인 서술을 진행해 나가는 형태가 있다. 이런 수사법을 승체법, 또는 연쇄법連鎖法이라고도 하는데, 한문 문장에 자주 사용된다.

• **知之必好之, 好之必求之, 求之必得之.** - 근사록近思錄 논학論學
　지 지 필 호 지　　호 지 필 구 지　　구 지 필 득 지

이것을 알면 반드시 이것을 좋아하고, 이것을 좋아하면 반드시 이것을 구하고, 이것을 구하면 반드시 이것을 얻는다.

수사법 중에는, 또한 어구의 배열에 있어서, 문의文意가 약한 것으로부터 점

차 강한 것으로 점층시켜 가는 형태도 있다. 이런 수사법은 점층법이라고도
한다.

- 一家非之, 力行而不惑者寡矣. 至於一國一州非之, 力行而不惑者,
  일 가 비 지　력 행 이 불 혹 자 과 의　지 어 일 국 일 주 비 지　력 행 이 불 혹 자

  蓋天下一人而已矣. 若至於擧世非之, 力行而不惑者, 則千百年乃
  개 천 하 일 인 이 이 의　약 지 어 거 세 비 지　력 행 이 불 혹 자　즉 천 백 년 내

  一人而已耳. ― 한유韓愈 백이송伯夷頌
  일 인 이 이 이

  온 집안이 비난하는데도, 힘써 실행하여 의혹하지 않는 사람은 드물 것이
  고, 온 나라와 주州가 비난하는데도, 역행하여 의혹하지 않는 자에 이르러
  선, 아마도 천하에 한 사람 정도뿐일 것이며, 만약 온 세상이 비난하는데
  도, 역행하여 의혹되지 않는 자에 이르러선, 천백 년에 한 사람 정도뿐일
  것이다.

- 君子無不敬也, 敬身爲大. 身也者, 親之枝也, 敢不敬與? 不能敬
  군 자 무 불 경 야　경 신 위 대　신 야 자　친 지 지 야　감 불 경 여　불 능 경

  其身, 是傷其親. 傷其親, 是傷其本. 傷其本, 枝從而亡.
  기 신　시 상 기 친　상 기 친　시 상 기 본　상 기 본　지 종 이 망

  ― 소학小學 경신敬身

  군자는 공경하지 않는 것이 없으나, 몸을 공경하는 것이 중대하다. 몸은
  어버이로부터 뻗어난 가지이니, 감히 공경하지 않을 수 있으랴? 그 몸을
  공경할 줄 모른다면, 이는 그 어버이를 상해傷害하는 것이며, 그 어버이를
  상해한다면, 이는 그 뿌리를 상해하는 것이다. 그 뿌리를 상해한다면, 가
  지는 따라서 망하게 된다.

본문 2

天命之謂性, 率性之謂道, 修道之謂教. 道也者, 不可
須臾離也 ; 可離, 非道也.
是故, 君子戒愼乎其所不睹, 恐懼乎其所不聞. 莫見乎

隱, 莫顯乎微, 故君子愼其獨也.

喜怒哀樂之未發, 謂之中 ; 發而皆中節, 謂之和. 中也

者, 天下之大本也 ; 和也者, 天下之達道也. 致中和,

天地位焉, 萬物育焉. - 중용 제1장

▌ 자변字辨 ▌

臾〔유〕 잠깐. ▶수유須臾.

睹〔도〕 = 覩. 보다. ▶목도目睹.

懼〔구〕 두려워하다. 으르다. 두려움. ▶송구悚懼. 외구畏懼. 용자불구勇者不懼.

▌ 해 설 ▌

1. 天命之謂性, 率性之謂道, 修道之謂敎.
천 명 지 위 성   솔 성 지 위 도   수 도 지 위 교

하늘이 명한 것을 성이라 하고, 성에 따르는 것을 도라 하고, 도를 닦는
것을 교라고 한다.

> 天命之謂性 : 하늘이 명부命賦한 것이 성이다. '天'은 우주의 주재자인 '상제上帝',
> 또는 '천제天帝'를 의미한다고 볼 수 있음. '命'은 '명부하다'·'부여賦與하다'의 뜻.
> '性'은 '본성', 즉 인간이 태어날 때부터 구유具有하고 있는 본연의 바탕을 뜻함.
> 성리학파性理學派에서는 '性'이 곧 '理'라고 주장함. / 率性之謂道 : 성에 따르는 것
> 이 도이다. '率'은 '따르다'·'좇다'의 뜻, 음은 '솔'. 여기의 '道'는 도가道家에서 말
> 하는 자연의 도가 아니고, 이성에 맞는 가장 올바르고, 가장 선한 중정지도中正之
> 道.
> ※이 구절은 도의 본원은 하늘로부터 나온 것이어서 바뀔 수 없는 것임을 밝히고
> 있음.

2. 道也者, 不可須臾離也 ; 可離, 非道也.
도 야 자   불 가 수 유 리 야   가 리   비 도 야

도는 잠시도 떠날 수가 없는 것이니, 떠날 수 있다면 도가 아니다.

也者 : 특히 강조하여 제시할 때 쓰는 어기사로서 '…라고 하는 것' 정도의 뜻임. /
須臾 : 잠깐 사이. 잠시 동안.
※이 구절은 도의 실체는 자기에게도 갖추어져 있어서 떨어질 수가 없는 것임을
밝히고 있음.

3. 是故, 君子戒愼乎其所不睹, 恐懼乎其所不聞.
시 고　　군 자 계 신 호 기 소 부 도　　공 구 호 기 소 불 문

이러므로, 군자는 그가 보여지지 않는 곳을 삼가며, 그가 들려지지 않는
곳을 두려워한다.

是故 : 이런 까닭에. 이 때문에. / 戒愼 : 삼가다. '戒'와 '愼' 모두 '삼가다'의 뜻. /
乎 : '…에'·'…에서'. '於(어)'와 통함. / 所不睹 : 보여지지 않는 곳. 남이 보지 못하
는 것. '미처 보지 못한 것'이라 풀이하기도 함. / 恐懼 : 두려워하다. / 所不聞 : 들
려지지 않는 곳. 남이 듣지 못하는 것. '미처 듣지 못한 것'이라 풀이하기도 함.

4. 莫見乎隱, 莫顯乎微, 故君子愼其獨也.
막 현 호 은　　막 현 호 미　　고 군 자 신 기 독 야

숨겨져 있는 것보다 더 잘 드러나는 것은 없고, 세미微細한 것보다 더 잘
나타나는 것은 없으니, 그래서 군자는 그의 내오內奧를 삼간다.

莫 : 어떤 것도 …한 것이 없다. / 見 : 드러나다. 음은 '현'. / 乎 : …보다. 비교관계
를 나타내는 개사介詞. '於'와 같음. / 隱 : 은암隱暗한 것. 숨겨져 있는 것. 은밀隱
密한 것. '깊숙한 마음속'을 가리킨다고 볼 수 있음. / 顯 : 나타나다. / 微 : 가늘고
작은 것. '한 오라기 의념意念의 움직임'을 가리킨다고 볼 수 있음. / 獨 : 내오內
奧. 남은 알지 못하고, 자기 혼자만이 아는 곳. 내면의 깊은 곳. 즉 의념의 최초
발단처를 두고 한 말. '獨'을 '독거獨居', 즉 '혼자 있는 곳'이나 '혼자 있을 때'로
풀이하기도 함.

※'是故'부터 여기까지는 도를 지키고 키우며 살피고 반성하는 데 필요한 요점을
말하고 있음.

5. 喜怒哀樂之未發, 謂之中 ; 發而皆中節, 謂之和.
희 노 애 락 지 미 발　　위 지 중　　발 이 개 중 절　　위 지 화

희로애락이 발하지 않은 상태를 중이라 하고, 발해서 다 절도에 맞는 것
을 화라고 한다.

喜怒哀樂 : 인간의 여러 감정들. / 發 : 발현하다. 나타나다. / 中 : 인간의 감정, 즉
정이 나타나지 않고 '性(성)' 속에 잠재하여 있는 상태. / 中節 : 절도에 맞다. 알맞
게 나타나는 것을 뜻함. '中'은 '적중', '節'은 '절도'의 뜻. / 和 : 정이 알맞게 나타
나는 것.

6. **中也者, 天下之大本也 ; 和也者, 天下之達道也.**
　　　중 야 자　천 하 지 대 본 야　화 야 자　천 하 지 달 도 야

중은 천하의 대본이고, 화는 천하의 달도이다.

　　大本 : 큰 근본. 자연적인 본성. / 達道 : 널리 통용되는 도. '達'은 통하지 않는 때
　　와 곳이 없음을 말함.

7. **致中和, 天地位焉, 萬物育焉.**
　　　치 중 화　천 지 위 언　만 물 육 언

중화를 극진하게 하면, 천지가 자리잡히고, 만물이 화육化育된다.

　　致中和 : 중화의 덕을 극진하게 하다. '致'는 추극'推極', 즉 '밀어 극極에까지 이르
　　게 하다'의 뜻. '中和'는 일종의 '중용'의 상태로서, 중용의 도를 얻었을 때 이루어
　　질 수 있음. 그리고 중화가 극치를 이루었을 때, 세상은 이상적인 것으로 됨. /
　　位 : 제 위치에 안존安存하여 바르게 되다. / 育 : 화육하다.

▌참고▐

대학大學의 뜻

　대학이란 말은 엄밀히 따질 때, 다음과 같은 세 가지 뜻이 있다.

　첫째는 교육기관으로서, 소학小學에 대칭되는 고대 중국의 최고학부의 범칭
汎稱이다. 이때엔 '태학'이라 읽고 '太學'이라고도 썼다. 소학으로서 우순虞舜
시대에는 하상下庠, 하대夏代에는 서상西庠, 상대商代에는 좌학左學, 주대周代
에는 우상虞庠이 있었음에 대하여, 대학으로서 우순시대에는 상상上庠, 하대
夏代에는 동서東序, 상대商代에는 우학右學, 주대周代에는 동교東膠가 있었다
고 한다. 그러나 '대학'이란 이름으로 학교제도가 확립된 것은 한대漢代 이
후의 일이다.

　둘째는 서명書名인데, 바로 사서四書 중의 대학이다.

　셋째는 학문의 범주範疇를 가리키는 말로 쓰일 때의 대학이다. 주희朱熹는
대학이란 '대인지학大人之學'이라 했고, 왕양명王陽明도 이를 따랐다. 그리고
여기서 말한 '대인'이란 온전한 덕과 배움을 닦고 있는 위대한 사람, 곧 덕
있는 군자나 성인을 말한다.

▌보충▐

大學之書, 古之大學所以敎人之法也.
　대 학 지 서　고 지 대 학 소 이 교 인 지 법 야

蓋自天降生民, 則旣莫不與之以仁義禮智之性矣. 然其氣質之稟, 或
개 자천강생민   즉기막 불여지이인 의례지지성의   연기기질지품 혹

不能齊, 是以不能皆有以知其性之所有, 而全之也. 一有聰明睿智,
불능제   시이불능개유이지기성지소유   이전지야   일유총명예지

能盡其性者, 出於其閒, 則天必命之以爲億兆之君師, 使之治而敎
능진기성자   출어기간   즉천필명지이위억조지군사   사지치이교

之, 以復其性. 此伏羲·神農·黃帝·堯·舜所以繼天立極, 而司徒
지   이복기성   차복희 신농   황제   요   순소이계천립극   이사도

之職·典樂之官, 所由設也. - 주희 대학장구서大學章句序
지 직   전악지관   소유설야

生民 : 백성. / 與之 : 그들에게 주다. '之'는 앞의 '生民'을 가리키는 대사. / 仁義禮
智之性 : '性'은 본연의 천성. 즉 사람이 하늘로부터 받은 것이 성이며, 인의예지
등이 바로 그것에 해당함. / 氣質之稟 : 기질의 타고남. '기질'은 '사람이 현실 생활
을 하는 데에 나타나는 청탁淸濁·편전偏全·강유剛柔·지우智愚 같은 여러 가지
다른 성질', '稟(품)'은 '타고나다'의 뜻. / 齊 : 똑같다. / 全之 : 그것을 온전히 하다.
'之'는 인의예지와 같은 본연의 성을 가리킴. / 一有 : 일단 ~이 있기만 하면. / 聰
明睿智 : '聰'은 '사리를 잘 알아듣는 것', '明'은 '사물을 밝게 보는 것', '睿'는 '생
각이 깊은 것' = 叡, '智'는 '사리를 잘 분별하는 것'·'지혜로운 것'. / 盡其性 : 그
의 본성을 다하다. 곧 인의예지를 완전히 발휘한다는 뜻. / 其閒 : 그 사이. 사람들
사이. '閒'은 '間'의 본자. / 億兆 : 수많은 백성들. 억조창생億兆蒼生. / 君師 : 군주
겸 사장師長. 고대에는 정교政敎가 일치하였음. / 復其性 : 교화를 통하여 개인의
기질차를 극복하고 본성인 인의예지를 되찾다. / 此 : 이것. / 伏羲 : 고대 전설상의
성군聖君. 삼황三皇의 한 사람. 백성에게 어렵漁獵·목축牧畜을 가르쳤고, 결승結
繩으로 문자 대신 기호로 삼아 백성을 다스렸다고 함. / 神農 : 삼황의 한 사람. 백
성에게 농사 짓는 법을 가르쳤다고 함. / 黃帝 : 고대 전설상의 성군. 삼황의 한 사
람. 궁실을 짓고, 문자를 만들었으며, 도량형·역법曆法·악률樂律을 제정하는 등,
중국의 문물제도를 크게 확립하였음. / 繼天立極 : 하늘의 뜻을 이어 법칙을 세우
다. '繼天'은 '천명天命'을 '계승하다'의 뜻. '極'은 '법칙'. / 司徒之職 : 사도의 직
책. '司徒'는 백성들의 교화를 관장하는 관직 이름으로서, 삼공三公의 하나. 순舜
은 본래 요堯임금의 사도였으며, 순이 왕위를 계승하자, 설契을 사도에 임명하였
음. / 典樂 : 음악을 관장하는 관직 이름. 고대 중국에서는 사람의 성정을 잘 감화
시킬 수 있는 것이 음악이라 하여, 음악을 매우 중시하였음. 그래서 전악은 황실
귀족 자제들의 교육도 담당했음. 순임금 때에는 기夔가 전악관典樂官이었음.

三. 제자류諸子類

1. 노자老子

▊ 해 제 ▊

노자서는 도가道家의 대표적인 경전으로서, 상·하 양편 총 81장으로 이루어져 있으며, 일명 도덕경道德經이라고도 한다. 내용은 주로 도와 덕을 중심으로 한 노자의 근본사상에 관한 서술이다. 전설에 의하면, 노자가 어지러운 세상을 피하여 함곡관函谷關에 이르렀을 때, 관을 지키던 윤희尹喜의 간청에 의하여 5천 여 자로 된 이 책을 적어 주었다고 하나, 그 진위眞僞는 알 수가 없다.

노자는 춘추시대의 사상가로서 도가의 시조始祖이다. 사기史記에 의하면, 그는 초楚나라 고현苦縣 사람으로, 성은 이李, 이름은 이耳, 자字는 담聃이라고 하나, 그의 성명에 대해서는 학자들 간에 이견이 많다. 그리고 생애도 자세히 알려져 있지 않으나, 공자와 같은 시대에 살았고, 공자가 그에게서 예를 물었다는 사실은 문헌에 나타나 있다. 그는 무위자연無爲自然의 도를 따르면, 사회가 저절로 평화로워지고, 사람들도 행복하게 된다고 주장하였고, 아울러 유가의 예제禮制와 같은 인간에 의한 작위를 극력 배격하였다.

天下皆知美之爲美, 斯惡已. 皆知善之爲善, 斯不善已. 故有無相生, 難易相成, 長短相形, 高下相傾, 音聲相和, 前後相隨. 是以聖人處無爲之事, 行不言之敎. 萬物作焉而不辭, 生而不有, 爲而不恃, 功成而不居. 夫唯弗居, 是以不去. - 제2장

해 설

1. 天下皆知美之爲美, 斯惡已.
천 하 개 지 미 지 위 미 　 사 악 이

천하 사람들이 모두 아름다운 것이 아름다운 것인지를 알기 때문에, 그래서 추악醜惡해진다.

斯 : 그래서. '乃(내)'의 뜻. / 惡 : 추악하다. '醜(추)'의 뜻. '美(미)'의 상대개념. / 已 : 문미어기사로 '矣(의)'와 같음. '~하게 된다'·'~로 변한다'라는 어기를 나타냄. 고대에는 '已'와 '矣'가 통용되었음.

※ 천하 사람들이 모두 아름다운 것이 아름다운 것으로 되는 소이를 알기 때문에, 그로 인해서 추악한 것에 대한 인식이 생겨나서, 사람들이 다투어 아름다운 것을 추구하고 추악한 것은 멀리하려고 하여 분쟁이 생겨나고, 그 결과 도리어 인간사가 추악해지게 된다는 것이 이 구절의 뜻임. 그러나 이 구절의 뜻풀이에는 이설이 많아서, '천하 사람들이 다 아름다운 것을 아름답다고 알고 있지만, 그것은 추악한 것이 있기 때문일 뿐이다'로 풀이하기도 하고, '천하 사람들이 어떤 것이 아름다운 것인지 알기 때문에, 자연 거짓된 것이 생겨나서 아름다운 것이 추악해지게 된다'로 풀이하기도 하며, 또 '아름다운 것이 아름다운 것이 되는 소이를 알기 때문에 추악에 대한 관념이 생겨난다'로 풀이하기도 함. 그러나 어떤 풀이를 취하더라도 '미'와 '추'의 개념은 상대적으로 생겨난다는 뜻이라는 점에서는 일치함.

2. 皆知善之爲善, 斯不善已.
개 지 선 지 위 선 　 사 불 선 이

모두 선한 것이 선한 것인지 알기 때문에, 그래서 선하지 못하게 된다.

※ 천하 사람들이 모두 선한 것이 선한 것으로 되는 소이를 알기 때문에, 그로 인해서 악한 것에 대한 인식이 생겨나서, 사람들이 다투어 선한 것을 추구하고, 악한 것을 피하려고 하여 거짓이 생겨나고, 그 결과 도리어 인간사가 선하지 못하게 된다는 것이 이 구절의 뜻임. 그러나 이 구절의 뜻풀이에도 위 구절과 마찬가지로 이설이 많음.

3. 有無相生.
유 무 상 생

있는 것과 없는 것은 서로가 낳는다.

※ '유'가 있어야 '무'도 있고, '무'가 있어야 '유'도 있게 된다는 뜻. 즉 '유'와 '무'는 상대적인 개념임을 말함.

4. 難易相成.
난 이 상 성

어려운 것과 쉬운 것은 서로가 이룬다.

※ '難'이 있어야 '易'의 개념도 성립되고, '易'가 있어야 '難'의 개념도 성립된다는 뜻.

5. 長短相形.
장 단 상 형

긴 것과 짧은 것은 서로가 형태를 드러낸다.

形 : 형체를 드러내다. '顯(현)'의 뜻.

※ '장'과 '단'은 서로 대보아야 그것이 긴지, 짧은지 나타나게 된다는 뜻.

6. 高下相傾.
고 하 상 경

높은 것과 낮은 것은 서로가 대비된다.

傾 : 가지런하지 않다. 즉 대비되다. '서로 경쟁하다'·'서로 의지하다'의 뜻으로 풀이하기도 함.

※ '高'와 '下'는 서로 같이 있어야 그것들의 높이가 다른지 알 수 있게 된다는 뜻.

7. 音聲相和.
음 성 상 화

음과 성은 서로 조화를 이룬다.

音聲 : '音'은 악기의 음향音響. '聲'은 사람의 '성음聲音'. '聲'을 '響(향)'의 뜻으로 보아 '音聲'을 '音'과 '회성回聲'으로 풀이하기도 하고, '音'을 '단음單音', '聲'을 '화성和聲'으로 풀이하기도 함.

8. 前後相隨.
전 후 상 수

앞과 뒤는 서로 따른다.

※ 뒤가 없으면 앞의 것이 앞이 될 수가 없고, 앞이 없으면 뒤의 것이 뒤가 될 수가 없음. 즉 '前後'는 함께 있어야 서로 순서가 정해진다는 뜻.

9. 是以聖人處無爲之事, 行不言之敎.
시 이 성 인 처 무 위 지 사   행 불 언 지 교

이 때문에, 성인은 작위作爲함이 없는 일을 처리하고, 말하지 않는 가르침을 행한다.

聖人 : 도가道家에서 내세우는 최고의 이상적인 사람으로서, 그는 자연에 따라 무위無爲를 행함. 유가의 성인과는 판연히 다름. / 處無爲之事 : 작위함이 없는 일을 하다. 무위의 태도로서 세상일을 처리하다. '處'는 '처리하다'의 뜻. '無爲'는 '자연에 순응하고 함부로 작위를 하지 않다'의 뜻. / 不言之敎 : 말 없는 가르침. 규율이나 형식이 없는 가르침. '不言'은 정책이나 시령施令·정령政令이 없는 것을 의미한다고 볼 수 있음.

10. 萬物作焉而不辭, 生而不有, 爲而不恃, 功成而不居.
만 물 작 언 이 불 사   생 이 불 유   위 이 불 시   공 성 이 불 거

만물이 자라게 하고도 주재하지 않고, 생성하게 하고도 소유하지 않으며, 일을 하고도 자랑하지 않고, 공이 이루어져도 자처自處하지 않는다.

作 : 자라다. 작흥興作하다. / 不辭 : 주재하지 않다. '辭'는 '嗣(사)', 즉 '司(사)'와 고대에 통용되었는데, '司'에는 '주재하다'의 뜻이 있음. '不辭'의 뜻풀이에 대해서는 '사양하지 않다', 즉 '만물을 자라게 하는 일을 사양하지 않다'로 풀이하기도 하고, '말하지 않다'로 풀이하기도 하는 등 이설이 많음. / 不恃 : 자랑하지 않다. '恃(시)'는 자랑하다, 믿다 등의 뜻. / 不居 : 자처하지 않다.

11. 夫唯弗居, 是以不去.
부 유 불 거   시 이 불 거

자처하지 않기 때문에, 그래서 공이 떠나가지 않는다.

夫唯 : 바로 …때문에. 노자에 습관적으로 쓰이는 용어로 '正因(정인)'의 뜻이며, 다음 구에 통상 '是以(시이)'나 '故(고)'가 호응함. / 不去 : 공이 떠나가지 않다. 공

이 없어지지 않다. 공이 영원하다.

▮ 참 고 ▮

층루법層累法

有無相生, 難易相成, 長短相形, 高下相傾, ……
유 무 상 생　　난 이 상 성　　장 단 상 형　　고 하 상 경

　대우법對偶法이 한 쌍의 구절이 대對를 이루는 데 비하여, 세 구절 이상의 동류同類 구절이 같은 형식을 빌어 겹쳐 있는 형태의 수사법을 층루법이라고 하는데, 한문 문장에 자주 사용된다.

- 君君, 臣臣, 父父, 子子. - 논어 안연顏淵
　군 군　　신 신　　부 부　　자 자
　임금은 임금다워야 하고, 신하는 신하다워야 하고, 어버이는 어버이다워야 하고, 자식은 자식다워야 한다.

- 自見者不明, 自是者不彰, 自伐者無功, 自矜者不長.
　자 현 자 불 명　　자 시 자 불 창　　자 벌 자 무 공　　자 긍 자 부 장
　　　　　　　　　　　　　　　　　　　　　　　　　　- 노자 제24장
　스스로 나타내는 자는 밝게 나타나지 않고, 스스로 옳다고 주장하는 자는 드러나지 않고, 스스로 자랑하는 자는 공이 없고, 스스로 과시하는 자는 오래가지 못한다.

- 大直若屈, 大巧若拙, 大辯若訥. - 노자 제45장
　대 직 약 굴　　대 교 약 졸　　대 변 약 눌
　크게 곧은 것은 굽은 것 같고, 가장 뛰어난 기교技巧는 졸렬한 것 같으며, 뛰어난 웅변은 눌변訥辯과도 같다.

不尚賢, 使民不爭 ; 不貴難得之貨, 使民不爲盜 ; 不見可欲, 使民心不亂. 是以聖人之治, 虛其心, 實其腹, 弱其志, 强其骨. 常使民無知無欲. 使夫智者不敢爲也. 爲無爲, 則無不治. - 제3장

■ 해 설 ■

1. **不尚賢, 使民不爭.**
   불 상 현　　사 미 부 쟁

   현능賢能한 것을 숭상하지 않으면, 백성으로 하여금 다투지 않게 한다.

   尙賢 : 현능한 것을 숭상하다. 현명한 것을 소중히 여기다. / 不爭 : 공명功名을 다투지 않다. 경쟁하지 않다.

2. **不貴難得之貨, 使民不爲盜.**
   불 귀 난 득 지 화　　사 민 불 위 도

   얻기 어려운 재화財貨를 귀중히 여기지 않으면, 백성으로 하여금 도둑질을 하지 않게 한다.

   難得之貨 : 금은보화를 뜻함.

3. **不見可欲, 使民心不亂.**
   불 견 가 욕　　사 민 심 불 란

   탐할 만한 것을 보이지 않으면, 백성의 마음을 어지럽지 않게 한다.

   可欲 : 명리名利 등, 인간이 탐할 만한 것.

4. **是以聖人之治, 虛其心, 實其腹, 弱其志, 强其骨.**
   시 이 성 인 지 치　　허 기 심　　실 기 복　　약 기 지　　강 기 골

   이 때문에, 성인의 다스림은 그들의 마음을 비게 만들고, 그들의 배를 채워 주며, 그들의 심지心志를 약화시키고, 그들의 골격을 건장하게 해 준다.

   虛其心 : 사람들의 마음을 비게 하다. 사람들의 마음을 청정淸淨하게 하다. '其'는

백성을 가리키는 대사. / 實其腹 : 백성을 풍족하게 해 주어 탐구貪求하지 않게 한다는 뜻. / 弱其志 : '志'는 심지心志로서, 일체의 지력智力이나 교사巧詐가 거기에서 생겨나므로 그것을 약화시킨다는 뜻. / 强其骨 : 체구體軀를 건장하게 하다.

5. 常使民無知無欲.
상 사 민 무 지 무 욕

항상 백성으로 하여금 지혜도 없고, 욕망도 없게 만든다.

無知無欲 : 거짓된 심지心智도 없고, 다투고 훔치려는 욕망도 없다.

6. 使夫智者不敢爲也.
사 부 지 자 불 감 위 야

지혜가 있는 사람들로 하여금 감히 작위作爲하지 못하게 하다.

夫智者 : 그 지혜로운 사람들. 저 지혜로운 사람들. 지혜가 있는 사람들은 언제나 그 지혜를 가지고 인위적인 작위를 함. / 爲 : 인위적인 작위를 하다.

7. 爲無爲, 則無不治.
위 무 위　즉 무 불 치

무위를 하면, 다스려지지 않는 것이 없다.

爲無爲 : 무위지치無爲之治를 하다. 무위자연의 태도로써 정치를 하다. / 無不治 : 다스려지지 않는 것이 없다. 이중부정형.

본 문 3

天之道, 其猶張弓與! 高者抑之, 下者擧之 ; 有餘者損之, 不足者補之. 天之道, 損有餘而補不足 ; 人之道, 則不然, 損不足以奉有餘. 孰能有餘以奉天下? 唯有道者. 是以聖人爲而不恃, 功成而不處, 其不欲見賢. ─ 제77장

1. **天之道, 其猶張弓與!**
   천 지 도　　기 유 장 궁 여

   하늘의 도는 활에 활줄을 매는 것과 같으리라.

   其 : 문文의 앞에 쓰여서 추측의 어기를 나타내는 어기사. / 猶 : 같다. / 張弓 : 활에 활줄을 매다. / 與 : '乎'와 같이 강한 추측을 나타낼 때 쓰이는 문미어기사.(=歟)

2. **高者抑之, 下者擧之 ; 有餘者損之, 不足者補之.**
   고 자 억 지　　하 자 거 지　　유 여 자 손 지　　부 족 자 보 지

   높은 것은 누르고 낮은 것은 올리며, 남음이 있는 것을 덜어서 부족한 것을 보충한다.

   ※ 활줄을 맬 때, 활대의 위쪽은 누르고 아래쪽을 올리며, 기다란 활대를 굽혀 짧은 활줄을 돕는데, 이를 두고 한 말임.

3. **天之道, 損有餘而補不足.**
   천 지 도　　손 유 여 이 보 부 족

   하늘의 도는 남음이 있는 것을 덜어서 부족한 것을 보충한다.

   損有餘·補不足 : '有餘'와 '不足'이 각각 동사 '損'과 '補'의 빈어.

4. **人之道, 則不然, 損不足以奉有餘.**
   인 지 도　　즉 불 연　　손 부 족 이 봉 유 여

   인간사회의 법칙이란 그렇지 않아, 부족한 자의 것을 덜어서 남음이 있는 자를 받든다.

   人之道 : 인간사회의 일반 율칙律則. 인간사회의 일반적인 정황. / 損不足 : 부족한 자의 것을 더 탈취하다. '不足'은 여기서 '부족한 사람'·'못사는 사람'의 뜻. / 奉有餘 : 넉넉한 사람을 공봉供奉하다. '奉'은 '공봉하다'·'공급하다'의 뜻.

5. **孰能有餘以奉天下?**
   숙 능 유 여 이 봉 천 하

   누가 능히 남는 것으로 천하 사람들을 받들어 주겠는가?

   孰 : 누구. '誰(수)'와 같은 뜻. / 奉天下 : 천하의 부족한 사람들을 공봉供奉하다. 천하의 못사는 사람들에게 나누어 주다.

6. **唯有道者.**
   유 유 도 자

오직 도를 지닌 사람뿐이다.

唯 : 오직. / 有道者 : 도를 체득한 사람. 하늘의 도를 얻은 사람.

※오직 도를 체득한 사람만이 하늘의 도를 따라, 남는 것으로써 부족한 자를 보충
해 준다는 뜻.

7. 是以聖人爲而不恃, 功成而不處, 其不欲見賢.
　　 시 이 성 인 위 이 불 시　　공 성 이 불 처　　기 불 욕 현 현

그런 까닭에, 성인은 일을 하고도 자랑하지 않으며, 공이 이루어져도 자처
自處하지 않고, 그는 자기의 현능賢能함을 나타내고자 하지 않는다.

爲 : 작위作爲하다. 여기서는 만물을 이루어 내고 육성시키는 일을 뜻한다고 볼 수
있음. / 其不欲見賢 : 그는 현능함을 나타내 보이려고 하지 않는다. '見'은 '드러내다'
의 뜻, 음은 '현'. '其'는 성인을 가리키는 대사.

■ 보 충 ■

道可道, 非常道 ; 名可名, 非常名. 無, 名天地之始 ; 有, 名萬物之
도 가 도　 비 상 도　　 명 가 명　 비 상 명　　무　 명 천 지 지 시　 유　 명 만 물 지

母. 故常無, 欲以觀其妙 ; 常有, 欲以觀其徼. 此兩者, 同出而異名,
모　 고 상 무　 욕 이 관 기 묘　　 상 유　 욕 이 관 기 요　　차 량 자　 동 출 이 이 명

同謂之玄. 玄之又玄, 衆妙之門. - 제1장
동 위 지 현　 현 지 우 현　 중 묘 지 문

三十輻, 共一轂, 當其無, 有車之用. 埏埴以爲器, 當其無, 有器之
삼 십 복　 공 일 곡　 당 기 무　 유 거 지 용　 선 치 이 위 기　 당 기 무　 유 기 지

用. 鑿戶牖以爲室, 當其無, 有室之用. 故有之以爲利, 無之以爲用.
용　 착 호 유 이 위 실　 당 기 무　 유 실 지 용　 고 유 지 이 위 리　 무 지 이 위 용

- 제11장

大道廢, 有仁義 ; 智慧出, 有大僞 ; 六親不和, 有孝慈 ; 國家昏亂,
대 도 폐　 유 인 의　 지 혜 출　 유 대 위　 육 친 불 화　 유 효 자　 국 가 혼 란

有忠臣. - 제18장
유 충 신

人之生也柔弱, 其死也堅强. 萬物草木之生也柔脆, 其死也枯槁. 故
인 지 생 야 유 약　 기 사 야 견 강　 만 물 초 목 지 생 야 유 취　 기 사 야 고 고　 고

堅强者死之徒, 柔弱者生之徒. 是以兵强則不勝, 木强則兵. 强大處
견 강 자 사 지 도　 유 약 자 생 지 도　 시 이 병 강 즉 불 승　 목 강 즉 병　 강 대 처

下, 柔弱處上. ─ 제76장
하 유 약 처 상

道可道 : 도를 해설할 수 있다. 앞의 '道'는 명사로서 '우주의 본원'·'천지만물의
본원'을 뜻하고, 뒤의 '道'는 동사로서 '강설講說하다'의 뜻. / 常道 : 영구불변의
도. / 名可名 : 이름을 부를 수 있다. 앞의 '名'은 명사로서 '도의 이름' 또는 '도의
진상眞相'이며, 뒤의 '名'은 동사로서 '부르다'·'칭하다'의 뜻. / 無名天地之始, 有
名萬物之母 : 무란 천지의 본시本始를 말하는 것이고, 유란 만물의 어머니를 말하
는 것이다. '無'와 '有'는 모두 도를 가리키는 말인데, 그 중 '無'는 '도의 체體'이
고, '有'는 '도의 용用'임. '名'은 동사로 쓰였음. / 常無欲以觀其妙, 常有欲以觀其
徼 : 항상 무에 있음으로써 그것의 오묘막측奧妙莫測함을 보고, 항상 유에 있음으
로써 그것의 광대무제廣大無際함을 본다. '其妙'는 '도의 본체의 오묘함', '其徼'는
'도의 쓰임이 광대함'을 말함. '徼(요)'는 '邊(변)'의 뜻인데, '광대무제'를 의미함. /
此兩者 : '무'와 '유'를 가리킴. / 同出 : 모두 다 도에서 나왔다는 뜻. / 同謂之玄 :
함께 현玄이라고 이른다. '玄'은 '유미심원幽微深遠'의 뜻. / 玄之又玄, 衆妙之門 :
심원深遠하고 또 심원하여 그것이 최고도에 이르게 되면, 바로 모든 도리와 모든
변화의 근원이 되는 것이다. / 輻(복) : 바퀴살. 바퀴통에서 테를 향하여 방사선 모
양으로 뻗은 살. 고대에는 한 달이 30일인 것을 본따서 30개로 하였다고 함. / 轂
(곡) : 바퀴통. 바퀴의 중앙에 있어서 굴대가 그 가운데를 관통하고 있으며, 바퀴
살이 그 주위에 모여 박힌 부분. / 當其無, 有車之用 : 그 바퀴통 중앙이 텅 비어야
수레의 효용이 있게 된다. / 埏埴(선치) : 진흙을 이기다. / 鑿(착) : 뚫다. 파다. / 戶
牖(호유) : 지게문과 창. / 有之以爲利, 無之以爲用 : 유가 이로움이 되는 것은, 무
가 효용이 있기 때문이다. '之'는 연자衍字나 뜻 없는 문중文中어기사로 간주함. /
大道 : 무위자연의 도. / 大僞 : 큰 거짓. / 六親 : 부자·형제·부부. / 孝慈 : 효행과 자
애慈愛. / 人之生也柔弱 : 사람이 살아 있을 때는 유연하다. / 堅强 : 뻣뻣한 것을 뜻
함. / 柔脆 : 여리고 취약脆弱하다. '脆(취)'는 무르다, 연약하다. / 枯槁 : 마르다. /
兵强則不勝 : 군대가 강성하면, 그것을 믿고 교만해져서 도리어 싸움에서 이기지
못하게 된다는 뜻. / 木强則兵 : 나무가 강대하게 자라 있으면 목수가 그것을 필요
로 하여 베게 된다는 뜻. '兵'은 동사로 '베다'의 뜻을 나타냄.

2. 장자莊子

■ 해 제 ■

장자서는 노자도덕경과 함께 도가道家의 대표적인 경전이다. 현재 전해
지는 진晉 곽상주본郭象注本에 의하면, 이 책은 내편內篇 7편, 외편外篇 15
편, 잡편雜篇 11편 등 모두 33편으로 이루어져 있다. 내편에는 주로 장
자의 근본사상이 서술되어 있고, 외편과 잡편에는 내편의 뜻이 부연되었
거나, 도가 계통의 여러 사상이 담겨 있다. 위진魏晉시대에 노장老莊사상
이 중요시됨에 따라, 주역周易·노자老子와 함께 삼현三玄이라고 병칭되었
으며, 당唐 천보天寶 원년에는 현종玄宗이 조칙으로 남화진경南華眞經이라
는 서명書名을 붙여 주기도 하였다.

장자(B.C. 369~B.C. 289?)는 전국시대의 사상가로서 도가의 종사宗師이
다. 사기史記에 의하면, 그는 몽현蒙縣 출신이며, 이름은 주周, 자字는 자휴子
休이고, 대체로 양혜왕梁惠王·제선왕齊宣王 때에 활동하였다고 하나, 성명
에 대하여조차 이설이 있으며, 생애와 출신지도 불분명하다. 고재박학高才
博學하여 명성이 높았으므로, 초위왕楚威王이 그를 재상으로 맞아들이려고
하였지만 끝내 사양하였고, 노자의 무위자연無爲自然 사상을 발전시켜, 사
물의 시비是非·선악을 초월하여 자연 그대로 살아가기를 주창하였으며,
공문孔門의 사상을 반박하였다. 당 현종 때, 남화진인南華眞人이라고 추호追
號되었다.

北冥有魚, 其名爲鯤. 鯤之大, 不知其幾千里也. 化而爲鳥, 其名爲鵬. 鵬之背, 不知其幾千里也 ; 怒而飛, 其翼若垂天之雲. 是鳥也, 海運則將徙於南冥. 南冥者, 天池也.

齊諧者, 志怪者也. 諧之言曰 : '鵬之徙於南冥也, 水擊三千里, 摶扶搖而上者九萬里, 去以六月息者也.'

- 소요유逍遙遊

■■ **자변**字辨 ■

鯤 〔곤〕 곤어. 물고기 이름. ▶ 곤붕鯤鵬.

鵬 〔붕〕 붕새. 새 이름. ▶ 붕거鵬擧. 붕비鵬飛. 대붕大鵬.

垂 〔수〕 늘어지다. 드리우다. 변방. ▶ 수렴청정垂簾聽政. 수로垂老. 수명죽백垂名竹帛. 수훈垂訓.

徙 〔사〕 옮기다. 넘기다. 귀양보내다. ▶ 사거徙居. 사목지신徙木之信.

諧 〔해〕 고르다. 어울리다. 화동하다. 이루다. 농지거리. ▶ 해성諧聲. 해학諧謔. 해화諧和. 화해和諧.

摶 〔단〕 치다. 둥글다. 뭉치다. 모으다.
　　〔전〕 쥐다. 오로지.

■■ **해 설** ■

1. **北冥有魚, 其名爲鯤.**
　　북 명 유 어　기 명 위 곤
　북명에 물고기가 있는데, 그 이름을 곤이라 한다.

北冥 : 북해北海. '冥'은 '溟(명)'과 통함, 즉 '바다'. 바다가 깊어서 검게 보이기 때문에 '冥'이라고 했다고도 함. / 鯤 : 물고기 이름. '鯤'은 원래 조그마한 물고기 이름이나, 여기서는 가상적인 대어大魚 이름으로 사용되었음.

2. 鯤之大, 不知其幾千里也.
곤 지 대　부 지 기 기 천 리 야

곤의 크기는 그것이 몇 천 리나 되는지 모른다.

幾千里 : 몇 천 리. '幾'는 '몇'.

3. 化而爲鳥, 其名爲鵬.
화 이 위 조　기 명 위 붕

변화하여 새가 되니, 그 이름이 붕이다.

鵬 : 새 이름.

4. 鵬之背, 不知其幾千里也.
붕 지 배　부 지 기 기 천 리 야

붕새의 등은 그것이 몇 천 리인지 알지 못한다.

5. 怒而飛, 其翼若垂天之雲.
노 이 비　기 익 약 수 천 지 운

기운을 내어 날면, 그 날개는 하늘가에 가득 덮인 구름과 같다.

怒 : 떨쳐 일어나다. '努(노)'와 통함. 여기서는 날개 치는 것을 말함. / 若垂天之雲 : 날개가 큰 것이 하늘가에 가득 찬 구름과 같다는 말. '垂'는 '陲(수)'와 같아 '邊(변)', 즉 '변방'·'가'의 뜻임. '垂'를 '위에서 아래로 드리우다'의 뜻으로 풀이할 수도 있음. '若'은 '…와 같다'의 뜻. '如(여)'와 같음.

6. 是鳥也, 海運則將徙於南冥.
시 조 야　해 운 즉 장 사 어 남 명

이 새는, 바다가 움직이면 장차 남명으로 날아간다.

是鳥 : 이 새. / 海運 : 바다가 움직이다. '運'은 '動(동)'의 뜻. 바다가 움직이면, 반드시 큰 바람이 일게 되고, 물이 바다 밑에서 용솟음쳐 오르게 되는데, 붕은 이때 이는 바람을 타고 날게 됨. / 徙於南冥 : 남해南海로 날아가다. '徙'는 '이동하다'·'가다'의 뜻. '南冥'은 '남해'.

7. 南冥者, 天池也.
남 명 자　천 지 야

남명은 천지이다.

天池 : '대자연의 못'·'하늘의 못'이란 의미.

8. 齊諧者, 志怪者也.
　　제 해 자　지 괴 자 야

제해는 괴이怪異한 것을 기록한 책이다.

　齊諧 : 책 이름. 사람 이름이라고 하기도 함. / 志怪 : '志'는 '기록하다', 즉 '記(기)'
　의 뜻. '怪'는 '괴이'.

9. 鵬之徙於南冥也, 水擊三千里, 摶扶搖而上者九萬里, 去以六月息
　　붕 지 사 어 남 명 야　수 격 삼 천 리　단 부 요 이 상 자 구 만 리　거 이 륙 월 식
　者也.
　　자 야

붕새가 남명으로 날아갈 때면, 물이 3천 리나 격동激動하고, 회오리바람을
치면서 오르기를 9만 리나 하고, 6개월을 날고서 쉬는 것이다.

　水擊三千里 : 날개로 물을 쳐 물이 3천 리를 격동하다. 또는 '날개로 물을 쳐서 물
　보라가 3천 리나 솟아오르다'로 해석하기도 함. '擊'은 '激(격)'과 통함. / 摶扶搖而
　上 : 회오리바람을 치면서 날아오르다. 선회旋回하면서 날아오르다. '摶'은 '격擊'
　의 뜻. 어떤 판본에는 '搏(박)'으로 되어 있음. '扶搖'는 '상행풍上行風' 또는 '표
　飆', 즉 선풍旋風. '上'은 '오르다', 동사화 되어 쓰였음. / 去以六月息 : 6개월을 가
　고서 쉬다. 즉 붕이 6개월을 날아 남명에 이른 뒤 쉰다는 뜻. 그러나 '六月息'을
　'6월에 부는 바람'으로 보고, '6월에 부는 바람을 타고서 날아가다'로 해석하기도
　함. 이 경우 '息'은 '氣(기)'·'風(풍)'의 뜻. 6월에는 기운이 성하여 바람이 많다고
　함.

본 문 2

野馬也, 塵埃也, 生物之以息相吹也. 天之蒼蒼, 其正
色邪? 其遠而無所至極邪? 其視下也, 亦若是則已矣.
且夫水之積也不厚, 則負大舟也無力. 覆杯水於坳堂之上,
則芥爲之舟 ; 置杯焉則膠, 水淺而舟大也. 風之積也
不厚, 則其負大翼也無力. 故九萬里, 則風斯在下矣,

而後乃今培風, 背負靑天而莫之夭閼者, 而後乃今將

圖南. - 소요유逍遙遊

▌ 자변字辨 ▌

塵〔진〕 티끌. 때. 더럽히다. 묵다. ▶진구塵垢. 진망塵網. 진세塵世. 몽진蒙塵.
　　　　홍진紅塵. 화광동진和光同塵.

埃〔애〕 티끌. ▶애진埃塵.

覆〔복〕 엎어지다. 넘어뜨리다. ▶복소무완란覆巢無完卵. 복수불수覆水不收.

　〔부〕 덮다.

坳〔요〕 = 凹. 우묵하다.

芥〔개〕 겨자. 겨자씨. 티끌. ▶개자芥子. 개주芥舟.

膠〔교〕 갖풀. 아교. 굳다. 붙다. 어그러지다. ▶교고膠固. 교주고슬膠柱鼓瑟.
　　　　교칠膠漆.

夭〔요〕 일찍 죽다. 무성하다. 예쁘다. 재앙. 어린아이. ▶요사夭死. 요상夭傷.
　　　　요요夭夭.

閼〔알〕 막다. 한가하다.

▌ 해 설 ▌

1. 野馬也, 塵埃也, 生物之以息相吹也.
　　　야 마 야　　진 애 야　　생 물 지 이 식 상 취 야

아지랑이와 먼지는 생물들이 숨을 쉼으로써 서로 불어 된 것이다.

　野馬: 봄날 못 같은 데서 아른거리는 기운, 즉 아지랑이. 아지랑이를 멀리서 보면
치달리는 말과도 같아서 '野馬'라 한다고 함. '野馬'를 유동遊動하는 운기雲氣 모
양으로 보기도 함. / **塵埃**: 티끌. / **生物之以息相吹也**: 천지간의 생물들이 숨을 쉬
어 서로 불다.

2. 天之蒼蒼, 其正色邪? 其遠而無所至極邪?
　　　천 지 창 창　　기 정 색 야　　기 원 이 무 소 지 극 야

하늘의 푸른빛은 그것이 본래의 빛일까? 멀어서 끝이 없어 보이지 않기

때문일까?

蒼蒼 : 짙은 남색藍色. / 其正色邪 : 그것이 원래 빛인가. '正色'은 그 자체가 갖는 본래의 빛. '邪'는 의문어기사로 '耶(야)'와 같음. 선택식 의문문에 쓰일 수 있음. / 無所至極 : 끝이 없다. 여기서는 끝까지 보이지 않는다는 뜻.

※ 하늘이 푸르게 보이는 것은 하늘이 원래 푸른색이어서 그런지, 아니면 그것을 끝까지 볼 수 없기 때문에 그런 것인지 알 수 없다는 뜻.

3. 其視下也, 亦若是則已矣.
기 시 하 야 　 역 약 시 즉 이 의

그가 아래를 보면, 또한 이 같을 뿐이리라.

則已矣 : 한정의 어기를 나타냄. …일 뿐이다. '而已矣(이이의)'와 같음.

4. 且夫水之積也不厚, 則負大舟也無力.
차 부 수 지 적 야 불 후 　 즉 부 대 주 야 무 력

또 물이 쌓인 것이 두텁지 않으면, 큰 배를 지는 데 힘이 없다.

且夫 : 갱단사更端詞로서, 어떤 사실을 다시 제기하여 말머리를 바꾸는 기능을 함. 다시 또 말하면. 그리고. / 負大舟 : 큰 배를 지다. 큰 배를 띄우다.

※ 물이 두텁게 쌓이지가 않으면, 즉 물이 깊고 크지 않으면, 큰 배를 띄울 힘이 없다는 말.

5. 覆杯水於坳堂之上, 則芥爲之舟 ; 置杯焉則膠, 水淺而舟大也.
복 배 수 어 요 당 지 상 　 즉 개 위 지 주 　 치 배 언 즉 교 　 수 천 이 주 대 야

잔의 물을 요당 위에 엎어 부으면, 짚 검불은 거기에서 배가 되나, 잔을 놓으면 가라앉아 움직이지 않으리니, 물은 얕고 배가 크기 때문이다.

覆杯水 : 한 잔의 물을 엎어서 쏟아 붓다. / 坳堂 : 당상堂上의 움푹 패인 곳. '坳'는 '凹(요)'와 같음, 오목한 곳. / 芥 : 자그마한 풀이름. 짚 검불. / 置杯焉則膠 : 잔을 그 요당 물 위에 놓으면, 그 잔이 땅바닥에 딱 붙어서 움직이지 않게 된다는 뜻. 즉 그 잔은 요당의 물 위에서는 뜨지 않는다는 말. '焉'은 '於之(어지)', 즉 '거기에'의 뜻. '膠'는 '붙어서 움직이지 않다'의 뜻. 즉 '가라앉다.' / 水淺而舟大也 : 물은 얕고 배가 크기 때문이다. '也'는 인과문因果文에 쓰이는 문미어기사.

6. 風之積也不厚, 則其負大翼也無力.
풍 지 적 야 불 후 　 즉 기 부 대 익 야 무 력

바람이 쌓인 것이 두텁지 않으면, 그것이 큰 날개를 지는 데 힘이 없다.

大翼 : 대붕大鵬의 날개를 가리킴.

7. 故九萬里, 則風斯在下矣, 而後乃今培風, 背負靑天而莫之夭閼
고 구 만 리   즉 풍 사 재 하 의   이 후 내 금 배 풍   배 부 청 천 이 막 지 요 알

者, 而後乃今將圖南.
자   이 후 내 금 장 도 남

그러므로 9만 리에 올라야, 바람이 아래에 있게 되고, 이렇게 된 뒤, 비로
소 바람을 타고 날며, 등에 청천을 지고 아무런 장애가 없게 된 뒤에야,
비로소 남으로 날아가는 일을 도모하려고 한다.

> 九萬里, 則風斯在下 : 대붕이 9만 리 높은 하늘에 올라야만 비로소 그 큰 날개를
> 떠받칠 수 있는 큰 바람이 그 날개 아래에 쌓이게 된다는 말. '斯'는 '於是(어시)'.
> / 而後乃今 : 그런 뒤에야 비로소. / 培風, 背負靑天 : 밑에 있는 바람을 타고, 등에
> 푸른 하늘을 지다. '培'는 '馮(빙)'의 가차자로 '乘(승)'의 뜻, 즉 '타다'. 이 두 구의
> 구독句讀을 달리하여 '培風背, 負靑天'으로 읽기도 하나, 의미상의 큰 차이는 없
> 다. '培'를 '掊(배)'의 가차자로 보고 '擊(격)'의 뜻, 즉 '치다'로 풀이하기도 함. / 夭
> 閼 : 막다. 장애가 되다. 연면자連緜字로서 동사. '夭'는 '折(절)'의 뜻이고, '閼'은
> '止(지)'의 뜻이라고 풀이하기도 함. / 圖南 : 남명南冥을 도모하다. 남쪽으로 향해
> 서 날아가는 것을 말함. 큰일을 이루려고 꾀하는 것으로 그러한 뜻을 '圖南'이라
> 하는데, 이 말의 출전임.

■ 보충 ■

昔者莊周夢爲胡蝶, 栩栩然胡蝶也, 自喻適志與! 不知周也. 俄然
석 자 장 주 몽 위 호 접   허 허 연 호 접 야   자 유 적 지 여   부 지 주 야   아 연

覺, 則蘧蘧然周也. 不知周之夢爲胡蝶與, 胡蝶之夢爲周與? 周與胡
교   즉 거 거 연 주 야   부 지 주 지 몽 위 호 접 여   호 접 지 몽 위 주 여   주 여 호

蝶, 則必有分矣. 此之謂物化. - 제물론齊物論
접   즉 필 유 분 의   차 지 위 물 화

莊子釣於濮水, 楚王使大夫二人往先焉, 曰 : '願以竟內累矣!' 莊子
장 자 조 어 복 수   초 왕 사 대 부 이 인 왕 선 언   왈   원 이 경 내 루 의   장 자

持竿不顧, 曰 : '吾聞 : 楚有神龜, 死已三千歲矣, 王巾笥而藏之廟堂
지 간 불 고   왈   오 문   초 유 신 귀   사 이 삼 천 세 의   왕 건 사 이 장 지 묘 당

之上. 此龜者, 寧其死爲留骨而貴乎? 寧其生而曳尾於塗中乎?' 二
지 상   차 귀 자   녕 기 사 위 류 골 이 귀 호   녕 기 생 이 예 미 어 도 중 호   이

大夫曰 : '寧生而曳尾塗中.' 莊子曰 : '往矣! 吾將曳尾於塗中.'
대 부 왈   녕 생 이 예 미 도 중   장 자 왈   왕 의   오 장 예 미 어 도 중

- 추수秋水

昔者 : 예전에. '昔'은 '夕(석)'의 뜻으로도 쓰이기 때문에, '昔者'를 '夕者(석자)'로 보고 '밤에'라고 해석하기도 함. / 莊周 : '周'는 장자莊子의 이름. 栩栩然(허허연) : 훨훨. 나비가 비무飛舞하는 모양. '栩栩'가 '翩翩(편편)'으로 된 판본도 있음. '기쁜 모양', 또는 '빨리 나는 모양'이라고 풀이하기도 함. / 自喩適志 : 자득쾌의自得快意하다. '喩'는 '愉(유)'와 같음. '유쾌하다'·'즐겁다'의 뜻. '適志'는 '쾌의快意'의 뜻. / 俄然覺 : '俄然'은 갑작스러운 모양. '覺'는 깨다. 음은 '교'. / 蘧蘧然(거거연) : 뻣뻣이 누워 있는 모양. 또는 '형상이 있는 모양'·'스스로 깨닫는 모양'이라고 풀이하기도 함. / 與 : 선택식 의문형에 쓰인 의문어기사. / 分 : 구분. 분별. / 此 : 이러한 변화. 이러한 변천. / 物化 : 만물의 변화. 형상의 변환變幻. 여기서는 물아物我 간의 경계가 소멸하고, 만물이 융화하여 하나가 되는 것을 뜻함. / 釣於濮水 : '釣'는 '낚시하다'. '濮水(복수)'는 하남성河南省에서 발원하여 하북성河北省 복양현濮陽縣에 이르는 물이름. / 楚王 : 사기 노자한비열전老子韓非列傳의 장자전莊子傳에 의하면 초楚 위왕威王. / 大夫 : 주대周代의 관명官名. 경卿 아래, 사士 위에 위치함. 예기에 '삼공三公·구경九卿·27대부大夫·81원사元士'라는 말이 있음. / 先焉 : 그에게 말을 전한다. '先'은 '宣(선)'과 음이 통하고, 그 뜻으로 풀이함. 즉 '뜻을 전달하다'의 뜻. / 以竟內累 : 경내境內의 일로써 폐를 끼치다. 즉 초나라의 정치를 맡는 재상이 되어 달라는 뜻. '竟內'는 '경내境內'. / 神龜 : 거북점을 위한 거북을 말함. 고대에는 거북의 등 껍데기를 태워 나라의 길흉을 점쳤음. / 巾笥 : 베와 대나무 상자. 또는 '巾'과 '笥'를 모두 동사화 된 것으로 보고 '천으로 싸가지고 대나무 상자에 넣다'로 해석할 수도 있음. / 寧⋯, 寧~ : 차라리 ⋯하겠는가, 아니면 차라리 ~하겠는가. 선택형. / 曳尾於塗中 : 진흙 속에서 꼬리를 끌다.

3. 순자荀子

■ 해 제 ■

순자서는 전국시대 유가의 대표적인 사상가였던 순자의 저술로서, 현재 32편이 전해지고 있다. 유향劉向의 교서서록校書敍錄에 의하면, 이 책은 순자가 관도官途에서 물러나 난릉蘭陵 땅에서 교육에 종사할 때, 어지러운 세상과 궤도에서 이탈한 인심을 탄식하고, 공자의 정신을 계승 발휘하여 참된 유술儒術을 후세에 전하고자 쓴 것이라고 한다. 특히 문장이 명쾌하고 논리가 정연하기로도 유명하다.

　　순자(B. C. 298?~235?)는 전국 말기의 조趙나라 사람으로서, 이름은 황況이다. 당시 사람들이 그를 존칭해서 순경荀卿이라 했고, 한대漢代에는 선제宣帝의 휘諱를 피하여 손경孫卿이라고 칭하기도 했다. 예의를 강조한, 공자의 제자인 자하子夏 학파에 속하며, 맹자의 성선설性善說에 대하여 성악설性惡說을 제창하였다. 인간의 탐욕을 없애고, 악한 인성을 교정하기 위해서는 예의와 교육이 필요하다고 주창하였다. 또 정치적으로는 예禮·술術·법法을 써서 사회질서를 유지해야 한다고 주장하여 법가사상의 발전에 영향을 끼치기도 했다.

본 문 1

君子曰：學不可以已. 青, 取之於藍, 而青於藍；冰,
水爲之, 而寒於水. 木直中繩, 輮以爲輪, 其曲中規,
雖有槁暴, 不復挺者, 輮使之然也. 故木受繩則直,
金就礪則利, 君子博學而日參省乎己, 則知明而行無
過矣. 故不登高山, 不知天之高也；不臨深谿, 不知地
之厚也；不聞先王之遺言, 不知學問之大也. 干越夷
貊之子, 生而同聲, 長而異俗, 教使之然也. - 권학勸學

▌▌ 자변字辨 ▌

繩〔승〕 노. 먹줄. ▶승박繩縛. 승삭繩索.
輮〔유〕 덧바퀴 = 蹂. 짓밟다 = 揉. 곧게 하다.

槁 〔고〕 마르다. 말라 죽은 나무. ▶고목槁木. 고고枯槁.

挺 〔정〕 빼다. 뽑다. 빼어나다. 곧다.

礪 〔려〕 숫돌. 갈다. ▶여지礪砥. 면려勉礪.

谿 〔계〕 = 溪. 시내. ▶계간谿澗. 계곡谿谷.

貉 〔학〕 = 狢. 오소리. ▶호학狐貉.

　　〔맥〕 = 貊. 오랑캐.

■ 해 설 ■

1. 君子曰.
군 자 왈

군자가 말하였다.

　　君子曰 : 고서 중에서, 전인前人의 언론言論을 인용하거나 작자 자신의 견해를 말
　　할 때 늘상 쓰는 어구. 여기서는 자기의 견해를 말한 것임. 좌전左傳에 많이 보임.

2. 學不可以已.
학 불 가 이 이

학문은 중단해서는 안 된다.

　　已 : 정지하다.

3. 靑, 取之於藍, 而靑於藍 ; 冰, 水爲之, 而寒於水.
청 　취 지 어 람 　이 청 어 람 　　빙 　수 위 지 　이 한 어 수

푸른 물감은 쪽풀에서 그것을 취하지만, 쪽풀보다 더 파랗고, 얼음은 물이
그것으로 되지만, 물보다 더 차다.

　　靑 : 청색. 청색의 염료. / 藍 : 쪽풀. 이 풀의 잎에서 푸른 물감을 만들어 냄.

4. 木直中繩, 輮以爲輪, 其曲中規, 雖有槁暴, 不復挺者, 輮使之然也.
목 직 중 승 　유 이 위 륜 　기 곡 중 규 　수 유 고 폭 　불 부 정 자 　유 사 지 연 야

나무가 곧아서 먹줄에 들어맞는다 하더라도, 굽혀서 수레바퀴를 만들면,
그 굽은 것이 곡척曲尺에 들어맞아, 비록 또 말린다 하더라도 다시 펴지지
않는 것은 굽혀서 그것을 그렇게 만든 때문이다.

　　木直中繩 : 나무가 곧아서 먹줄에 들어맞다. 나무가 매우 똑바르다는 뜻. '中'은
　　'부합符合하다'·'들어맞다'의 뜻. '繩'은 목수들이 쓰는 먹줄. / 輮 : 불기운을 쬐어
　　나무를 휘다 = 煣. / 其曲中規 : 그 굽은 상태가 곡척에 들어맞다. 매우 둥글다는
　　뜻. '規'는 목수들이 원을 그릴 때 쓰던 곡척으로 지금의 컴퍼스와 같은 것. / 有槁

暴 : 또 말리다. '有'는 '又(우)'와 같음. '槁暴'는 '말리다'. / 挺 : 곧다. 곧아지다.

5. 故木受繩則直, 金就礪則利, 君子博學而日參省乎己, 則知明而行
　　고 목 수 승 즉 직　　금 취 려 즉 리　　군 자 박 학 이 일 참 성 호 기　　즉 지 명 이 행
無過矣.
무 과 의

그러므로 나무는 먹줄을 받으면 곧게 되고, 쇠는 숫돌에 갈면 날카로워지
며, 군자가 널리 배우고, 매일 자기에 대해서 살피어 반성하면, 슬기는 밝
아지고 행실은 허물이 없게 된다.

金就礪則利 : '金'은 '금속으로 된 제기製器'. '礪'는 '숫돌'. '利'는 '날카롭다'. / 日
參省乎己 : 매일 자신을 살피고 반성하다. '參'의 뜻은 '驗(험)'·'察(찰)', 즉 '살피
고 생각하다'이며, 음은 '참'. 논어 학이편學而篇에서 증자曾子가 한 말인 '일삼성
오신日三省吾身'의 뜻을 따라 '參'을 '三'의 뜻으로 보기도 함. 이 경우 음은 '삼'.
'參'을 '驗'의 뜻으로 보고서, '省乎' 두 자는 후인이 첨가한 것이라고 보는 학자도
있음. / 知 : '智(지)'와 통함. 지혜. 슬기. / 過 : 허물. 과실.

6. 故不登高山, 不知天之高也 ; 不臨深谿, 不知地之厚也 ; 不聞先
　　고 부 등 고 산　　부 지 천 지 고 야　　불 림 심 계　　부 지 지 지 후 야　　불 문 선
王之遺言, 不知學問之大也.
왕 지 유 언　　부 지 학 문 지 대 야

그러므로 높은 산에 올라가 보지 않으면, 하늘이 높은 것을 알지 못하고,
깊은 계곡에 가 보지 않으면, 땅이 두터운 것을 알지 못하며, 선생이 남기
신 말을 듣지 못한다면, 학문의 위대함을 알지 못한다.

谿 : 계곡. / 先王 : 고대의 현명한 군주. / 遺言 : 남겨 놓은 언론.

7. 干越夷貉之子, 生而同聲, 長而異俗, 教使之然也.
　　간 월 이 맥 지 자　　생 이 동 성　　장 이 이 속　　교 사 지 연 야
간·월·이·맥의 자식들도 낳았을 때는 같은 소리를 내는데, 자랄수록
풍속을 달리하는 것은 가르침이 그렇게 만드는 것이다.

干 : 소국小國 이름. 뒤에 오몇나라에게 멸망되었음. / 越 : 나라 이름. / 夷 : 동방의
외족外族 이름. / 貉 : 북방의 소수민족 이름.(＝貊) / 使之然 : 그것을 그렇게 만들
다. '然'은 '그러하다'는 뜻으로서 같이 났지만 자라서 다르게 되는 사실을 가리킴.

詩曰：'嗟爾君子, 無恒安息. 靖共爾位, 好是正直. 神
之聽之, 介爾景福.' 神莫大於化道, 福莫長於無禍.
吾嘗終日而思矣, 不如須臾之所學也. 吾嘗跂而望矣,
不如登高之博見也. 登高而招, 臂非加長也, 而見者
遠；順風而呼, 聲非加疾也, 而聞者彰. 假輿馬者, 非
利足也, 而致千里；假舟檝者, 非能水也, 而絶江河.
君子生非異也, 善假於物也. 권학勸學

■ **자변**字辨 ■

嗟〔차〕 탄식하다. 감탄하다. 한숨 소리. ▶차우嗟吁. 차탄嗟歎.

靖〔정〕 편안히 하다. 편안하다. 조용하다. 꾀하다. 다스리다. ▶정국靖國. 정
난靖難.

臾〔유〕 잠깐. ▶수유須臾.

跂〔기〕 육발. 발돋움하다. 힘쓰다. ▶기망跂望.

臂〔비〕 팔. 팔뚝. ▶비박臂膊.

彰〔창〕 밝다. 드러나다. 드러내다. 무늬. ▶창덕彰德. 창명彰明. 창현彰顯. 표
창表彰.

檝〔집〕 ＝ 楫. 노.

■ **해 설** ■

1. 詩曰.
　　시 　왈
　시경에서 말하였다.

詩 : 여기 인용된 시는 시경 소아小雅의 소명편小明篇에 나옴. 경서와 관계된 글 가운데서는 '詩'로써 시경을, '書'로써 서경書經을 가리키는 경우가 많음.

2. 嗟爾君子, 無恒安息.
차 이 군 자　무 항 안 식

아아, 그대들 군자여! 언제나 편히 쉬려들지는 말지어다.

嗟 : 아아. 감탄사. / 爾 : 너희들. 이인칭대사. / 無 : …하지 말라.(＝毋) 금지명령형. / 恒 : 언제나. / 息 : 쉬다.

3. 靖共爾位, 好是正直.
정 공 이 위　호 시 정 직

그대의 자리를 조용히 공손히 지키고, 이 정직한 도리를 좋아할지어다.

靖共 : 차분하고 공손하게 지키고 수행하다. '靖'은 '靜(정)'과 통함. 즉 '조용하다'의 뜻. '共'은 '恭(공)'과 통함, 즉 '공손하다'. '靖'을 '다스리다'·'일을 처리하다'의 뜻으로 풀이하기도 함. / 好 : 좋아하다. / 是正直 : 이 정직한 도리. 이 정직한 사람으로 풀이하기도 함.

4. 神之聽之, 介爾景福.
신 지 청 지　개 이 경 복

신께서 이 점을 살피시고, 그대들에게 큰 복을 내리시리라.

神之聽之 : 신명神明이 이 점을 살피다. '神'은 천신天神·신명. 앞의 '之'는 조사, 뒤의 것은 대사로서 문맥상 앞의 '靖共爾位, 好是正直'을 가리킴. / 介 : 주다. 돕다. '大(대)'의 뜻으로 보고, '크게 하다'로 풀이하기도 함. / 景 : 크다.

5. 神莫大於化道, 福莫長於無禍.
신 막 대 어 화 도　복 막 장 어 무 화

신성함은 도와 상화相化하는 것보다 더 큰 것이 없고, 복은 화가 없는 것보다 더 나은 것이 없다.

神 : 신성함. 신령스러움. '정신수양의 최고경지'를 뜻하는 것으로 풀이하기도 하고, '신이 주는 복'을 뜻하는 것으로 보기도 함. / 化道 : 변화합도變化合道, 즉 '변화하여 도에 들어맞다'의 뜻. 사람이 널리 학문을 닦고 자신을 부단히 성찰省察하면, 기질이 변화하여 성현의 도리에 부합하게 되는 것을 말함. / 長 : '大(대)'와 같은 뜻.

6. 吾嘗終日而思矣, 不如須臾之所學也.
오 상 종 일 이 사 의　불 여 수 유 지 소 학 야

나는 전에 종일토록 생각을 해 본 적이 있었으나, 잠깐 동안 배우는 것만 못하였다.

須臾 : 잠시, 짧은 동안.

7. 吾嘗跂而望矣, 不如登高之博見也.
오 상 기 이 망 의　　불 여 등 고 지 박 견 야

나는 일찍이 발돋움을 하고 바라본 적이 있었으나, 높은 곳에 올라가서 널리 바라보는 것만 못하였다.

跂 : 발돋움하다. / 登高 : 높은 곳에 오르다. / 博見 : 널리 보이다. '博'은 '廣(광)'의 뜻.

8. 登高而招, 臂非加長也, 而見者遠 ; 順風而呼, 聲非加疾也, 而
등 고 이 초　　비 비 가 장 야　　이 견 자 원　　순 풍 이 호　　성 비 가 질 야　　이
聞者彰.
문 자 창

높은 곳에 올라가서 손짓을 하면, 팔이 더 길어지지 않더라도 보이는 것이 멀게 되며, 바람을 따라 소리치면, 소리가 더 커지지 않더라도 들리는 것이 분명하다.

招 : 손짓하다. / 臂 : 팔. / 加長 : 더 늘어나다. 더 길어지다. / 見者遠 : 보이는 것이 멀다. 멀리 있는 사람까지도 볼 수 있다는 뜻. / 加疾 : 더 커지다. '疾'은 '大(대)'· '强(강)'의 뜻, '크다'. / 彰 : 분명하다.

9. 假輿馬者, 非利足也, 而致千里 ; 假舟檝者, 非能水也, 而絶江河.
가 여 마 자　　비 리 족 야　　이 치 천 리　　가 주 집 자　　비 능 수 야　　이 절 강 하

수레와 말을 이용하는 사람은 발이 빠른 것이 아니로되 천리 길을 가게 되며, 배와 노를 이용하는 사람은 물에 익숙치 않더라도 강하를 건넌다.

假 : 빌리다. 여기서는 '이용하다'의 뜻. / 輿 : 수레. / 利足 : 잘 걷는 것을 말함. '利'는 '날쌔다'의 뜻. / 致 : 도달하다. / 檝 : 노. / 能水 : 수영에 능한 것을 말함. / 絶 : 가로질러 건너다.

10. 君子生非異也, 善假於物也.
군 자 성 비 이 야　　선 가 어 물 야

군자는 천성이 특이한 것이 아니라, 사물을 잘 이용하는 것이다.

君子生非異 : 군자라고 천성이 일반 사람과 다른 것이 아니다. '生'은 '性(성)'의 뜻 이고, 음은 '성'. '生'을 '나다'의 뜻으로 보고, 이 구절을 '군자라고 날 때부터 특 이한 것이 아니다'로 풀이하기도 함. / 善假於物 : 외물外物을 잘 이용하다. '於'는 개사로서 행위 대상을 가리키는 기능을 가짐.

人之性惡, 其善者僞也. 今人之性, 生而有好利焉, 順是, 故爭奪生
인지성악　기선자위야　금인지성　생이유호리언　순시　고쟁탈생

而辭讓亡焉 ; 生而有疾惡焉, 順是, 故殘賊生而忠信亡焉 ; 生而有耳
이사양망언　생이유질오언　순시　고잔적생이충신망언　생이유이

目之欲, 有好聲色焉, 順是, 故淫亂生而禮義文理亡焉. 然則從人之
목지욕　유호성색언　순시　고음란생이례의문리망언　연즉종인지

性, 順人之情, 必出於爭奪, 合於犯分亂理而歸於暴. 故必將有師法
성　순인지정　필출어쟁탈　합어범분란리이귀어포　고필장유사법

之化, 禮義之道, 然後出於辭讓, 合於文理而歸於治. 用此觀之, 然
지화　례의지도　연후출어사양　합어문리이귀어치　용차관지　연

則人之性惡明矣, 其善者僞也.
즉인지성악명의　기선자위야

故枸木必將待檃栝烝矯然後直 ; 鈍金必將待礱厲然後利 ; 今人之性
고구목필장대은괄증교연후직　둔금필장대롱려연후리　금인지성

惡, 必將待師法然後正, 得禮義然後治. 今人無師法, 則偏險而不
악　필장대사법연후정　득례의연후치　금인무사법　즉편험이부

正 ; 無禮義, 則悖亂而不治. 古者聖王以人之性惡, 以爲偏險而不
정　무례의　즉패란이불치　고자성왕이인지성악　이위편험이부

正, 悖亂而不治 ; 是以爲之起禮義, 制法度, 以矯飾人之情性而正
정　패란이불치　시이위지기례의　제법도　이교식인지정성이정

之, 以擾化人之情性而導之也, 始皆出於治, 合於道者也. 今之人,
지　이요화인지정성이도지야　시개출어치　합어도자야　금지인

化師法, 積文學, 道禮義者, 爲君子 ; 縱性情, 安恣睢, 而違禮義者,
화사법　적문학　도례의자　위군자　종성정　안자휴　이위례의자

爲小人. 用此觀之, 然則人之性惡明矣, 其善者僞也. - 성악性惡
위소인　용차관지　연즉인지성악명의　기선자위야

其善者僞也 : 그것이 선한 것은 작위에 의한 때문이다. '僞'는 '爲(위)'와 통함. 천
성에 의한 것이 아니고, 작위에 의한 것을 '僞'라고 함. / 利 : 명리名利와 재리財
利. / 疾惡 : 질투하고 미워하는 것. '疾'은 '嫉(질)'과 같음. '惡'의 음은 '오'. / 殘
賊 : 남을 상하게 하고 해치는 것. / 有好聲色 : 또 성색을 좋아하다. '有'는 '又'와
같음. '聲色'은 아름다운 소리와 빛깔. / 文理 : 규범과 조리條理. / 合於 : '合'은 합
쳐지다. 부합하다. 즉 '~하게 되다'. / 犯分亂理 : 절문節文을 범하고 조리를 어지
럽히다. '分'은 '文'의 잘못. '分'의 뜻을 그냥 살려서, '犯分'을 '분수를 어기다'·

'사회상의 각종 분별을 어기다'로 풀이하기도 함. / 禮義之道 : 예의에 의한 교도敎導. '道'는 '導(도)'와 통하며, '교도'·'인도'·'지도'의 뜻. / 枸 : 굽다. '鉤(구)'의 가차자. / 待 : 기다리다. ~를 거치다. / 檃栝(은괄) : 댈나무. 휘어진 나무를 바로잡기 위하여 대는 틀. / 烝矯(증교) : 나무를 불로 쪄서 부드럽게 한 다음 바로잡다. / 鈍(둔) : 둔하다. 무디다. / 礱厲(농려) : 숫돌에 갈다. 원래는 '숫돌'이나, 여기서는 동사화 되어 쓰였음. '礱(롱)'은 맷돌. 갈다. '厲'는 '礪(려)'와 같음. / 偏險 : 편벽되고 음험하다. / 悖(패) : 도리를 어기다. / 擾(요) : 잘 길들이다. / 文學 : 넓은 뜻의 '학문'. 지금의 문학이란 말과는 차이가 있음. / 縱 : 멋대로 내버려두다. / 安 : 편안히 여기다. / 恣睢(자휴) : 방자하여 남을 함부로 흘겨보는 것. 방자한 모양. 멋대로 하는 모양.

4. 묵자墨子

■■ 해 제 ■

묵자서는 묵가墨家의 창시자인 묵자의 언행 및 그의 사상을 문도門徒들이 수록, 찬정撰定한 책으로, 양한兩漢 이후 유가들이 묵가를 배척함으로써 정리 연구가 제대로 되지 않아 제자서 중에서 해독하기가 가장 어려운 책으로 인식되고 있다. 한서漢書 예문지藝文志에 의하면, 원래 71편으로 이루어져 있었다고 하나 현재는 53편만이 전해지고 있다.

묵자(B. C. 480?~420?)는 전국시대 초기의 노魯나라 사상가로서 이름은 적翟이다. 그는 인류의 모든 죄악은 사람들이 서로 사랑하지 않는 데에 기인한다고 하여 겸애설兼愛說을 주장하였고, 세상 사람들에게 가장 큰 재난은 통치자들이 권리를 쟁탈하여 전쟁을 일으키기 때문이라고 여겨 의롭지 못한 전쟁을 반대하였다. 그리고 왕공귀족들이 사치스런 생활을 삼가고 검소하게 지내어 일반 대중들의 부담을 경감해 주어야 한다고 주장하기도 하였다.

子墨子曰 : 天下從事者, 不可以無法儀 ; 無法儀而其
事能成者, 無有也. 雖至士之爲將相者, 皆有法 ; 雖至
百工從事者, 亦皆有法. 百工爲方以矩, 爲圓以規, 直
以繩, 正以縣, 平以水. 無巧工不巧工, 皆以此五者爲
法. 巧者能中之, 不巧者雖不能中, 放依以從事, 猶逾
己. 故百工從事, 皆有法度. 今大者治天下, 其次治大
國, 而無所法度 ; 此不若百工辯也. - 법의法儀

■ 자변字辨 ■

矩〔구〕 법. 곱자. 네모. ▶구묵矩墨. 구칙矩則.
繩〔승〕 노. 먹줄. ▶승삭繩索.
逾〔유〕 넘다. 지나다. 더욱.

■ 해 설 ■

1. 子墨子曰.
   자 묵 자 왈
   자묵자께서 말씀하셨다.

   子墨子 : '子'는 원래 남자에 대한 경칭이나, 고대에는 스승을 칭하는 말로도 쓰였
   음. 여기에서 '墨子' 앞에 다시 '子'를 첨가함으로써 '스승이신 묵자'라는 뜻을 나
   타내고 있음.

2. 天下從事者, 不可以無法儀 ; 無法儀而其事能成者, 無有也.
   천 하 종 사 자   불 가 이 무 법 의   무 법 의 이 기 사 능 성 자   무 유 야
   천하의 일하는 사람들은 법도가 없어서는 안 되는 것이니, 법도가 없으면
   서도 그의 일을 이룩할 수 있는 사람은 없다.

法儀 : 법칙의도法則儀度, 즉 법도. / 無有 : 없다. 없음을 강조하기 위해 '無'에 '有'
를 덧붙여 썼음.

3. 雖至士之爲將相者, 皆有法 ; 雖至百工從事者, 亦皆有法.
　　수 지 사 지 위 장 상 자　　개 유 법　　수 지 백 공 종 사 자　　역 개 유 법

비록 선비로서 장수나 재상이 된 사람에 이르러서도 모두 법도가 있으며,
비록 여러 공인으로서 일하는 사람에 이르러서도 또한 모두 법도가 있다.

至 : 언급의 대상을 나타내기 위해 쓰인 말로서 '…를 놓고 말하다' 정도의 뜻. / 士
之爲將相者 : 선비로서 장수나 재상인 사람. 선비 중에 장수나 재상이 된 사람. /
百工從事者 : 일에 종사하는 온갖 공인工人. '百工'은 여러 공인.

4. 百工爲方以矩, 爲圓以規, 直以繩, 正以縣, 平以水.
　　백 공 위 방 이 구　　위 원 이 규　　직 이 승　　정 이 현　　평 이 수

여러 공인은 곱자로써 네모꼴을 만들고, 그림쇠로써 원을 만들며, 먹줄로
써 곧게 만들고, 추 달린 줄로써 바르게 만들고, 수준기로써 평평하게 만
든다.

矩 : 곱자. 90도 각도를 바로잡는 데 쓰임. / 規 : 그림쇠. 원을 그리는 컴퍼스 같은
것. / 縣 : 추가 달린 줄. '懸(현)'과 같음. / 平以水 : 수준기水準器로 평평하게 하다.
이 3자는 통행본에는 빠져 있음.

5. 無巧工不巧工, 皆以此五者爲法.
　　무 교 공 불 교 공　　개 이 차 오 자 위 법

기술 있는 공인이나 기술 없는 공인을 막론하고, 모두가 이 다섯 가지 것
으로써 법도를 삼는다.

無 : …을 막론하고. / 巧工不巧工 : 솜씨가 뛰어난 공인과 솜씨가 없는 공인. / 此五
者 : '구矩'·'규規'·'승繩'·'현縣'·'수水'를 가리킴.

6. 巧者能中之, 不巧者雖不能中, 放依以從事, 猶逾己.
　　교 자 능 중 지　　불 교 자 수 불 능 중　　방 의 이 종 사　　유 유 기

기술 있는 사람은 거기에 알맞게 맞출 수 있을 것이며, 기술 없는 사람은
비록 알맞게 할 수는 없다 하더라도 그것을 본뜨고 좇아서 일하면, 자기
멋대로 하는 것보다는 오히려 나을 것이다.

中之 : 그 기준에 합당하다. 그 기준에 들어맞다. '방方'·'원圓'·'직直'·'정正'·'평
平'의 모양새가 요구하는 기준에 딱 맞게 만들어 낸다는 뜻. '中'은 '들어맞다'·'합
당하다'의 뜻. / 放依 : 본떠 따르다. 모방하고 의지하다. '구矩'·'규規'·'승繩'·'현
縣'·'수水' 등의 다섯 가지 공구에 따라 만든다는 뜻. '放'은 '倣(방)'·'仿(방)'과 같
음. / 猶逾己 : 그래도 오히려 자기의 눈대중에 의해 하는 것보다는 낫다는 뜻. '逾'

는 넘다. 낫다.

7. 故百工從事, 皆有法度.
고 백 공 종 사 개 유 법 도

그러므로 여러 공인들이 일을 하는 데에는 모두 법도가 있는 것이다.

8. 今大者治天下, 其次治大國, 而無所法度 ; 此不若百工辯也.
금 대 자 치 천 하 기 차 치 대 국 이 무 소 법 도 차 불 약 백 공 변 야

지금 크게는 천하를 다스리고, 그 다음으로는 대국을 다스리기도 하는데,
법도로 하는 것이 없다면, 이는 여러 공인의 분별만도 못한 것이리라.

無所法度 : 법도로 하는 것이 없다. 법도가 없다. 통행본에는 '所'가 '法' 다음에 놓
여 있는데, 이는 아마 잘못 도치된 듯함. / 不若 : …만 못하다. '不如(불여)'와 같
음. / 辯 : '辨(변)'과 같음. '明(명)'의 뜻. 즉 분별력, 총명함.

본 문 2

然則奚以爲治法而可? 當皆法其父母奚若? 天下之爲
父母者衆, 而仁者寡 ; 若皆法其父母, 此法不仁也. 法
不仁, 不可以爲法. 當皆法其學奚若? 天下之爲學者
衆, 而仁者寡 ; 若皆法其學, 此法不仁也. 法不仁, 不
可以爲法. 當皆法其君奚若? 天下之爲君者衆, 而仁
者寡 ; 若皆法其君, 此法不仁也. 法不仁, 不可以爲
法. 故父母·學·君三者, 莫可以爲治法.

然則奚以爲治法而可? 故曰 : 莫若法天. 天之行廣而
無私, 其施厚而不德, 其明久而不衰 ; 故聖王法之.

- 법의法儀

■ 해 설 ■

1. 然則奚以爲治法而可?
연 즉 해 이 위 치 법 이 가

그렇다면 무엇으로써 다스리는 법도를 삼으면 될까?

　然則 : 그러한즉. 그렇다면. / 奚 : 무엇. '何(하)'와 같음. 개사 '以'의 빈어이나 의문사이므로 앞으로 도치되었음. / 治法 : 다스리는 법도. 천하와 국가를 통치하는 법도. / 可 : 가하다. 되다. 좋다.

2. 當皆法其父母奚若?
당 개 법 기 부 모 해 약

만약 모두가 그의 부모를 본받는다면 어떨까?

　當 : 만약. '儻(당)'과 통함. 가정의 뜻을 나타내는 연사. / 法 : 법으로 삼다. 모범으로 삼다. 본받다. / 奚若 : 어떠하다. '奚'는 '何(하)'와, '若'은 '如(여)'와 각각 같은 뜻이니, '何如'와 같음. 앞의 '奚以(해이)'와 마찬가지로 도치되었음.

3. 天下之爲父母者衆, 而仁者寡 ; 若皆法其父母, 此法不仁也.
천 하 지 위 부 모 자 중　이 인 자 과　약 개 법 기 부 모　차 법 불 인 야

천하에 부모 노릇을 하는 사람은 많지만, 어진 사람은 적으니, 만약 모두가 그의 부모를 본받는다면, 이것은 어질지 않은 것을 본받는 것이 된다.

　若 : 만약에. 가정의 뜻을 나타내는 연사. / 法不仁 : 어질지 않음을 본뜨다. 어질지 않은 사람을 본받다.

4. 法不仁, 不可以爲法.
법 불 인　불 가 이 위 법

어질지 않은 것을 본받게 되니, 그것을 법도로 삼을 수는 없다.

5. 當皆法其學奚若?
당 개 법 기 학 해 약

만약 모두가 그의 스승을 본받는다면 어떨까?

　學 : 여기서는 배우는 스승을 뜻함.

6. 天下之爲學者衆, 而仁者寡 ; 若皆法其學, 此法不仁也.
천 하 지 위 학 자 중　이 인 자 과　약 개 법 기 학　차 법 불 인 야

천하에 스승 노릇을 하는 사람은 많지만, 어진 사람은 적으니, 만약 모두가 그의 스승을 본받는다면, 이것은 어질지 않은 것을 본받는 것이 된다.

7. **當皆法其君奚若?**
　　당 개 법 기 군 해 약

　만약 모두가 그의 군주를 본받는다면 어떨까?

8. **天下之爲君者衆, 而仁者寡;若皆法其君, 此法不仁也.**
　　천 하 지 위 군 자 중　이 인 자 과　약 개 법 기 군　차 법 불 인 야

　천하에 군주 노릇을 하는 사람은 많지만, 어진 사람은 적으니, 만약 모두
　가 그의 군주를 본받는다면, 이것은 어질지 않은 것을 본받는 것이 된다.

9. **故父母·學·君三者, 莫可以爲治法.**
　　고 부 모　학　군 삼 자　막 가 이 위 치 법

　그러므로 부모·스승·군주 셋은 어느 것도 다스리는 법도로 삼을 수가
　없다.

　　莫 : 어느 것도 …이 아니다. 아무것도 …이 아니다.

10. **莫若法天.**
　　막 약 법 천

　하늘을 본받는 것보다 더 좋은 것이 없다.

　　莫若 : 어느 것도 …만한 것이 없다.

11. **天之行廣而無私, 其施厚而不德, 其明久而不衰;故聖王法之.**
　　천 지 행 광 이 무 사　기 시 후 이 부 덕　기 명 구 이 불 쇠　고 성 왕 법 지

　하늘의 운행은 광대하면서도 사사로움이 없고, 그 베푸는 은택은 두터우
　면서도 은덕으로 내세우지 않고, 그 광명은 오래가면서도 쇠하지 않으니,
　그래서 성왕께서는 이것을 본받은 것이다.

　　施 : 베풂. 베푸는 은택. / 不德 : 자기의 덕이라고 내세우지 않다. 베푼 은덕을 자
　처自處하지 않다. '德'은 동사화 되어 쓰였음. / 聖王 : 성명聖明한 군왕.

▌보 충▐

今有一人, 入人園圃, 竊其桃李, 衆聞則非之, 上爲政者, 得則罰之.
금 유 일 인　입 인 원 포　절 기 도 리　중 문 즉 비 지　상 위 정 자　득 즉 벌 지

此何也? 以虧人自利也. 至攘人犬豕雞豚者, 其不義, 又甚入人園圃
차 하 야　이 휴 인 자 리 야　지 양 인 견 시 계 돈 자　기 불 의　우 심 입 인 원 포

竊桃李. 是何故也? 以虧人愈多. 苟虧人愈多, 其不仁玆甚, 罪益
절 도 리　시 하 고 야　이 휴 인 유 다　구 휴 인 유 다　기 불 인 자 심　죄 익

厚. 至入人欄廐, 取人馬牛者, 其不仁義, 又甚攘人犬豕雞豚. 此何
후　지 입 인 란 구　취 인 마 우 자　기 불 인 의　우 심 양 인 견 시 계 돈　차 하

故也? 以其虧人愈多. 苟虧人愈多, 其不仁玆甚, 罪益厚. 至殺不辜
고야　이기휴인유다　구휴인유다　기불인자심　죄익후　지살불고

人也, 扡其衣裳, 取戈劍者, 其不義, 又甚入人欄廄, 取人馬牛. 此
인야　타기의상　취과검자　기불의　우심입인란구　취인마우　차

何故也? 以其虧人愈多. 苟虧人愈多, 其不仁玆甚矣, 罪益厚. 當
하고야　이기휴인유다　구휴인유다　기불인자심의　죄익후　당

此, 天下之君子, 皆知而非之, 謂之不義 ; 今, 至大爲不義攻國, 則
차　천하지군자　개지이비지　위지불의　금　지대위불의공국　즉

弗知非, 從而譽之, 謂之義 ; 此何謂知義與不義之別乎?
불지비　종이예지　위지의　차하위지의여불의지별호

殺一人, 謂之不義, 必有一死罪矣. 若以此說往, 殺十人, 十重不義,
살일인　위지불의　필유일사죄의　약이차설왕　살십인　십중불의

必有十死罪矣 ; 殺百人, 百重不義, 必有百死罪矣. 當此, 天下之君
필유십사죄의　살백인　백중불의　필유백사죄의　당차　천하지군

子, 皆知而非之, 謂之不義 ; 今至大爲不義攻國, 則弗知非, 從而譽
자　개지이비지　위지불의　금지대위불의공국　즉불지비　종이예

之, 謂之義. 情不知其不義也, 故書其言, 以遺後世 ; 若知其不義也,
지　위지의　정부지기불의야　고서기언　이유후세　약지기불의야

夫奚說書其不義, 以遺後世哉? - 비공상非攻上
부해설서기불의　이유후세재

園圃 : 과수원과 채소밭. / 非之 : 그를 비난하다. / 虧人自利 : 남을 해쳐 자기를 이롭게 하다. '虧(휴)'는 '해치다'·'손상시키다'의 뜻. / 犬豕鷄豚 : '豕(시)'는 돼지. '豚'은 작은 돼지. / 玆甚 : 더욱 심하다. '玆'는 '滋(자)'와 통함. '더욱'의 뜻. / 欄廄 (난구) : 마구간. / 不辜人 : 죄 없는 사람. / 扡(타) : 빼앗다. '拕(타)'와 같음. / 戈 : 창. / 當此 : 이와 같은 일. '當'은 '如(여)'의 뜻. / 君子 : 여기서는 위정자나 지식인을 뜻함. / 大爲不義攻國 : 크게 의롭지 못한 수단을 써서 약한 나라를 치다. 크게 의롭지 못한 짓을 하여 약한 나라를 공격하다. / 一死罪 : 하나의 죽을죄. / 何謂… 乎 : …라고 말할 수 있겠는가. '何'는 고대에 '可(가)'와 통용되었음. / 若以此說 往 : 만약에 이런 논지論旨로써 추론해 간다면. / 十重不義 : 열 배의 불의를 하다. 불의를 열 배로 겹쳐 하다. / 情 : 고대에는 '誠(성)'과 통용됨. 진실로. / 遺後世 : 후세에 전하다. / 奚說 : '何由(하유)'와 같은 뜻. 무슨 이유로. 무슨 연유로. 어떻게.

四. 사서류史書類

1. 자어론전子魚論戰 —좌전左傳

▌해 제▌

춘추시대 송宋나라의 자어子魚가 송양공宋襄公에게 전쟁의 본령本領에 대하여 논변論辨한 내용으로, 좌전 희공僖公22년조에 실려 있다. 그밖에 사기史記와 십팔사략十八史略 등, 후대의 사서史書에도 이와 관련된 고사가 수록되어 있으며, '송양지인宋襄之仁'이라는 성어로도 널리 알려져 있다. 전장에서 지나치게 인의仁義만을 내세우다 패전한 송양공에게 전쟁이란 승리하는 데에 그 목적이 있다고 설파한 자어의 언론은, 덮어놓고 명분만 내세울 뿐, 아무런 실질이 없는 행동을 하는 후인들에게 좋은 경종警鐘이 되고 있다.

좌전은 춘추시대 노魯나라의 태사太史 좌구명左丘明이 편찬한 사서로서, 노 은공隱公원년(B.C. 722)부터 노 애공哀公27년(B.C. 468)까지 도합 265년간에 걸친 춘추시대의 역사를, 노나라를 중심으로 하여 편년체編年體로 기술하고 있다. 공양전公羊傳·곡량전穀梁傳과 함께 춘추삼전春秋三傳이라 불리며, 공자의 춘추에 대한 해설서로 간주되어 온 이 책은, 근인近人들의 연구에 의해서, 본래 춘추를 해설하기 위해 쓰여진 것이 아니고, 독자적인 사서로 쓰였던 것이나, 유흠劉歆·두예杜預 등에 의해서 춘추에 맞추어 재구성된 것임이 판명되었다.

楚人伐宋以救鄭, 宋公將戰. 大司馬固諫曰:'天之棄
商久矣! 君將興之, 弗可赦也已.'弗聽.

冬十一月, 己巳朔, 宋公及楚人戰于泓, 宋人旣成列,
楚人未旣濟. 司馬曰:'彼衆我寡, 及其未旣濟也, 請
擊之.'公曰:'不可.'旣濟, 而未成列, 又以告. 公曰:
'未可.'旣陳而後擊之, 宋師敗績. 公傷股, 門官殲焉.
國人皆咎公. 公曰:'君子不重傷, 不禽二毛. 古之爲
軍也, 不以阻隘也. 寡人雖亡國之餘, 不鼓不成列.'子
魚曰:'君未知戰. 勍敵之人, 隘而不列, 天贊我也. 阻
而鼓之, 不亦可乎? 猶有懼焉! 且今之勍者, 皆吾敵
也. 雖及胡耈, 獲則取之, 何有於二毛? 明恥敎戰, 求
殺敵也. 傷未及死, 如何勿重? 若愛重傷, 則如勿傷;
愛其二毛, 則如服焉! 三軍以利用也, 金鼓以聲氣也.
利而用之, 阻隘可也;聲盛致志, 鼓儳可也.'

자변字辨

楚 〔초〕 나라 이름. 땅 이름. 가시나무. 매. 아프다. ▶초극楚棘. 초달楚撻. 고초
    苦楚.

宋 〔송〕 나라 이름. ▶송양지인宋襄之仁. 송학宋學.

鄭 〔정〕 나라 이름. 정중鄭重하다. ▶ 정성鄭聲.

諫 〔간〕 간하다. 간하는 말. ▶ 간관諫官. 간신諫臣. 간언諫言. 충간忠諫.

赦 〔사〕 놓아주다. ▶ 사면赦免. 특사特赦.

泓 〔홍〕 물속이 깊다. 물이 맑다. 물 이름.

股 〔고〕 넓적다리. ▶ 고굉지신股肱之臣.

殲 〔섬〕 멸하다. ▶ 섬멸殲滅.

咎 〔구〕 허물. 재앙. 미움. 미워하다. 나무라다. ▶ 원구怨咎.

阻 〔조〕 막다. 험하다. 떨어지다. 허덕거리다. 의심하다. 고난. ▶ 조난阻難.
　　　　조애阻礙.

隘 〔애〕 좁다. 더럽다. 험하다. ▶ 애험隘險.

勍 〔경〕 세다. ▶ 경적勍敵.

耇 〔구〕 늙다. 늙은이. ▶ 구로耇老. 기구耆耇. 황구黃耇.

儳 〔참〕 빠르다. 어지럽다. 천하다. 섞다. ▶ 참언儳言.

■ 해 설 ■

1. 楚人伐宋以救鄭, 宋公將戰.
　　　초 인 벌 송 이 구 정　　송 공 장 전

초나라 군대가 송나라를 쳐서 정나라를 구원하자, 송공이 싸우려고 했다.

　　楚人 : 초나라 군대. / 宋公 : 송양공宋襄公. 이름은 자보玆父.

　　※ 당시에 송양공은 초나라와 패권霸權을 다투고 있었는데, 정백鄭伯이 초와 가까
　　이 지내려고 하자, 군대를 일으켜 정나라를 쳤다. 그러자 초나라가 정나라를 구원
　　하려고 했던 것임.

2. 大司馬固諫曰 : 天之棄商久矣! 君將興之, 弗可赦也已.
　　　대 사 마 고 간 왈　　천 지 기 상 구 의　　군 장 흥 지　　불 가 사 야 이

대사마 고가 간하여, "하늘이 상나라를 버린 지 오래되었습니다! 주군께서
이 나라를 중흥하려고 하신다면 용서하지 않을 것입니다."라고 말하였다.

　　大司馬固諫 : 대사마 고가 간하다. '大司馬'는 군대의 일을 총괄하는 벼슬. '固'는
　　송장공宋莊公의 손孫인 공손고公孫固. 그러나 일설에는, 대사마는 송양공의 서형
　　庶兄인 자어子魚이고, '固諫'은 '완강하게 간하다'로 풀이하기도 함. / 天之棄商久
　　矣 : 송은 상나라 주왕紂王의 서형인 미자微子의 봉국封國이므로, 상나라의 후예
　　가 됨. / 弗可赦 : '赦'는 '釋(석)'과 통함. '풀다'의 뜻. 여기서는 하늘이 상나라를

버렸는데도, 하늘의 뜻을 어기고 상나라를 중흥하려고 하면, 그 죄는 사면될 수 없다는 뜻. 송양공의 패자霸者가 되려는 비현실적인 꿈을 비유해 한 말임.

3. **冬十一月, 己巳朔, 宋公及楚人戰于泓, 宋人旣成列, 楚人未旣濟.**
   동십일월　기사삭　송공급초인전우홍　송인기성렬　초인미기제
   겨울 11월 초하루 기사일에 송공은 초나라 군대와 홍수泓水 지역에서 싸우게 되었는데, 송나라 군대는 이미 대열을 갖추었으나, 초나라 군대는 아직 다 건너지 못했다.

   及 : …와 함께. 개사. / 泓 : 강 이름. 홍수. 지금의 하남성河南省 자성현柘城縣 북쪽 30리 떨어진 곳에 있으며, 와수渦水의 지류임. / 旣成列 : 이미 대열을 갖추다. 이미 진세陣勢를 갖추다. / 未旣濟 : 아직 전부 다 홍수를 건너지 못했다는 뜻. 여기서 '旣'는 부사로서 수량의 전부를 표시함. '모두 다'·'완전히'의 뜻.

4. **司馬曰 : 彼衆我寡, 及其未旣濟也, 請擊之.**
   사마왈　피중아과　급기미기제야　청격지
   사마가 "저들은 많고 우리는 적으니, 그들이 아직 완전히 다 건너지 않았을 때, 저들을 치게 해 주십시오."라고 말하였다.

   司馬 : 대사마의 간칭簡稱. 일설에는 대사마와 사마는 다른 사람이고, 여기서 사마는 자어라고 하나 확실치 않음. / 彼衆我寡 : 저들, 즉 초나라 군대는 많고, 우리, 즉 송나라 군대는 적다는 뜻.

5. **公曰 : 不可.**
   공왈　불가
   양공은 "안 된다."고 말하였다.

6. **旣濟, 而未成列, 又以告.**
   기제　이미성렬　우이고
   이미 건넜으나, 아직 대열을 갖추지 못했을 때, 재차 아뢰었다.

   旣濟 : 초나라 군대가 이미 홍수를 다 건너다. / 又以告 : 사마가 다시 양공에게 먼저 칠 것을 아뢰다. '以'는 개사로서 '以之'의 생략 형태. '以'는 대상을 강조하는 뜻으로 쓰였음.

7. **旣陳而後擊之, 宋師敗績.**
   기진이후격지　송사패적
   이미 진세陣勢를 갖춘 뒤에 그들을 치고서, 송나라 군대는 크게 패하였다.

   陳 : '陣(진)'과 같음. 진을 치다. / 宋師 : 송나라 군대. '師'는 군대. / 敗績 : 대패大敗하다.

8. **公傷股, 門官殲焉.**

공 상 고　문 관 섬 언

양공은 다리를 다쳤고, 문관들은 섬멸되었다.

股 : 대퇴大腿. / 門官 : 군왕의 근위近衛로, 나라 안에서는 문을 지키고, 군대가 움직일 때는 군왕을 좌우에서 보위함. 그러나 일설에는 군대의 장수라고 풀이하고, 또 일설에는 양공을 보위한 경대부의 자제라고도 함.

9. **國人皆咎公.**

국 인 개 구 공

나라 사람들이 모두 양공을 탓했다.

咎 : 탓하다.

10. **君子不重傷, 不禽二毛.**

군 자 부 중 상　불 금 이 모

군자는 이미 부상당한 사람을 다시 상처 입히지 않으며, 반백의 사람을 포로로 잡지 않는다.

不重傷 : 상처 입은 사람은 재차 살상殺傷하지 않다. '重'은 동사로 쓰였음. / 不禽二毛 : 나이가 많은 사람은 잡지 않다. '禽'은 '擒(금)'과 같음. '포로로 붙잡다'의 뜻. '二毛'는 머리가 흰색, 검은색이 섞여 있는 사람. 즉 반백의 나이든 사람.

11. **古之爲軍也, 不以阻隘也.**

고 지 위 군 야　불 이 조 애 야

옛날 사람들이 용병할 때는, 험애險隘한 지역에서 적을 제압하지 않았다.

爲軍 : 용병하다. 전쟁하다. / 不以阻隘 : 험한 지형을 이용해서 적을 제압하지 않는다는 뜻. '阻'는 동사로서 '拒(거)'의 뜻. '제압하다'. '隘'는 '험애한 지형'을 뜻함. 일설에는 '阻'와 '隘'를 동의어로 보기도 함.

12. **寡人雖亡國之餘, 不鼓不成列.**

과 인 수 망 국 지 여　불 고 불 성 렬

과인이 비록 망국의 후예이지만, 대열을 갖추지 않은 적은 치지 않는다.

亡國之餘 : 송나라는 상나라의 후예이므로 스스로 망국의 후예라고 한 것임. / 不鼓 : 북을 쳐서 공격하지 않다.

13. **君未知戰.**

군 미 지 전

군주께서는 아직 전쟁에 대해 알지 못하십니다.

14. **勍敵之人, 隘而不列, 天贊我也.**

경 적 지 인　애 이 불 렬　천 찬 아 야

강적强敵의 군대가 험준한 곳에서 대열을 갖추지 못한 것은, 하늘이 우리를 도운 것입니다.

勍敵 : 강적.

15. 阻而鼓之, 不亦可乎? 猶有懼焉!
조 이 고 지　불 역 가 호　유 유 구 언

제압해서 그들을 공격하는 것이 역시 가하지 않겠습니까? 그리고도 오히려 이기지 못할까 두려운 것입니다.

不亦可乎 : 당연히 옳은 일이라는 뜻. / 猶有懼焉 : 지형을 이용해서 적을 치고서도 오히려 이기지 못할까 걱정이 된다는 뜻.

16. 且今之勍者, 皆吾敵也.
차 금 지 경 자　개 오 적 야

게다가 지금 강한 자들이 모두 우리의 적입니다.

且 : 게다가. 다시 말해.

17. 雖及胡耈, 獲則取之, 何有於二毛?
수 급 호 구　획 즉 취 지　하 유 어 이 모

비록 늙은이라 할지라도 사로잡으면 그를 죽여야 하는데, 반백의 사람이야 돌아볼 필요가 있겠습니까?

胡耈 : 원로元老. 나이 많은 늙은이. / 取 : 고대에는 물건을 약탈하고, 땅을 빼앗고, 사람을 죽이는 것을 모두 '取'라 했음. 여기서는 사람을 죽이는 것을 뜻함. / 何有 : '불고불고不顧', 즉 '돌아보지 않는다'·'상관하지 않는다'의 뜻을 나타낼 때 쓰이는 관용어.

18. 明恥教戰, 求殺敵也.
명 치 교 전　구 살 적 야

치욕을 밝히고 전술을 가르치는 것은 적을 죽이기를 바라기 때문입니다.

明恥教戰 : 치욕을 알게 하고 전술을 가르치다. / 求 : …하기를 구하다. …하기를 바라다.

19. 傷未及死, 如何勿重?
상 미 급 사　여 하 물 중

부상을 당했으나 아직 죽지 않았다고, 어찌 다시 죽이지 말아야 합니까?

如何 : 어찌하여. 무엇 때문에. 왜. / 勿 : 금지를 나타내는 부정사.

20. 若愛重傷, 則如勿傷 ; 愛其二毛, 則如服焉!
약 애 중 상　즉 여 물 상　애 기 이 모　즉 여 복 언 만약 상처 입은 적을 다시 살상하는 것을 불쌍히 여기신다면, 마땅히 상처를 입히지 마셔야 하고, 반백의 사람을 가련히 여기신다면, 마땅히 적에게 항복하셔야 합니다.

> 愛 : 앞뒤의 '愛'는 모두 '인석憐惜'의 뜻, 즉 '불쌍히 여기다'·'가련하게 생각하다.'
> / 如 : 앞뒤의 '如'는 모두 '응당應當'의 뜻. 일설에는 '불여不如', 즉 '…함만 못하다'로 풀이하기도 함. / 服 : 항복하다. 투항하다.

21. 三軍以利用也, 金鼓以聲氣也.
삼 군 이 리 용 야   금 고 이 성 기 야

삼군은 유리하기 때문에 발동發動하고, 금고는 소리로써 사기를 진작하는 것입니다.

> 三軍以利用 : 군대는 유리하기 때문에 그것을 사용하다. '以利'는 '이로움 때문에'라는 뜻. '三軍'은 군대의 총칭. / 金鼓以聲氣 : 금고는 그 소리로써 기세를 북돋우다. '金'은 '鐃(요)', 즉 '징'.

22. 利而用之, 阻隘可也; 聲盛致志, 鼓儳可也.
리 이 용 지   조 애 가 야   성 성 치 지   고 참 가 야

유리해서 군대를 발동하였다면, 험애險隘한 지형에서 적을 제압해도 좋고, 소리가 왕성해서 사기가 높아지면, 정렬하지 못했을 때 쳐도 좋은 것입니다.

> 聲盛致志 : '聲盛'은 금고金鼓 소리가 크게 울리는 것, '致志'는 금고 소리가 크게 울리자, 그로 인해 사기가 고앙高昻되고 투지鬪志가 높아지는 것을 말함. / 鼓儳 : 대열을 아직 갖추지 못한 적을 북을 울리며 공격하다. '儳'은 '부정不整'의 뜻, 즉 '정렬하지 못한 적'.

▓ 참 고 ▓

금고金鼓

고대에 군사軍事에서 금金은 오늘날의 징[鐃]에 해당하고 고鼓는 북에 해당하는데 각기 후퇴와 공격의 신호로 쓰였다. 이는 고대 중국의 오랜 관습이었다. 한편 언뜻 생각하면 금이 후퇴의 신호이기 때문에 사기 진작과 거리가 먼 것 같으나 여기서 말하는 후퇴란 대오隊伍가 나가고 들어오는 것을 지시하는 군령의 뜻이지 전투에 져서 패주敗走하는 것을 말하는 것이 아니다.

齊桓公卒, 宋欲爲盟會. 十二年春, 宋襄公爲鹿上之盟, 以求諸侯於
제환공졸　송욕위맹회　십이년춘　송양공위록상지맹　이구제후어

楚, 楚人許之. 公子目夷諫曰:'小國爭盟, 禍也.'不聽. 秋, 諸侯會
초　초인허지　공자목이간왈　소국쟁맹　화야　불청　추　제후회

宋公盟于盂. 目夷曰:'禍其在此乎? 君欲已甚, 何以堪之!'於是楚
송공맹우우　목이왈　화기재차호　군욕이심　하이감지　어시초

執宋襄公以伐宋. 冬, 會于亳, 以釋宋公. 子魚曰:'禍猶未也.'十三
집송양공이벌송　동　회우박　이석송공　자어왈　화유미야　십삼

年夏, 宋伐鄭. 子魚曰:'禍在此矣.'
년하　송벌정　자어왈　화재차의

秋, 楚伐宋以救鄭. 襄公將戰. 子魚諫曰:'天之棄商久矣, 不可.'
추　초벌송이구정　양공장전　자어간왈　천지기상구의　불가

冬, 十一月, 襄公與楚成王戰于泓. 楚人未濟, 目夷曰:'彼衆我寡,
동　십일월　양공여초성왕전우홍　초인미제　목이왈　피중아과

及其未濟擊之.'公不聽. 已濟未陳, 又曰:'可擊.'公曰:'待其已陳.'
급기미제격지　공불청　이제미진　우왈　가격　공왈　대기이진

陳成, 宋人擊之. 宋師大敗, 襄公傷股. 國人皆怨公. 公曰:'君子不
진성　송인격지　송사대패　양공상고　국인개원공　공왈　군자불

困人於阨, 不鼓不成列.'子魚曰:'兵以勝爲功, 何常言與! 必如公
곤인어액　불고불성렬　자어왈　병이승위공　하상언여　필여공

言, 卽奴事之耳, 又何戰爲?'-사기 송미자세가宋微子世家
언　즉노사지이　우하전위

齊桓公 : 춘추시대 제齊나라의 제후. 양공襄公의 아우. 이름은 소백小白. 관중管仲
등의 보필을 받아 춘추오패春秋五覇의 으뜸이 됨. / 十二年: 송양공 12년. / 爲鹿
上之盟: 녹상鹿上에서의 맹약을 맺다. '鹿上'은 송나라 지명. 지금의 안휘성安徽
省 태화현太和縣 서쪽. / 求諸侯於楚: 제환공이 죽은 뒤 패주覇主가 없게 되자, 정
나라가 처음 초나라에 조공朝貢하였고, 그 뒤 초나라는 또 진陳·채蔡·정과 제나
라에서 맹약하여 사실상 패권을 장악했음. 따라서 제환공을 계승하여 패업을 이루
고자 했던 송양공은 먼저 초나라에게 양해를 얻어야만 제후들을 불러 모을 수 있
었다. / 公子目夷: 송양공의 서형庶兄. 자字는 자어子魚. / 盂(우): 송나라 지명.
지금의 하남성河南省 수현睢縣 서북쪽. / 禍其在此乎: 화가 여기에 있겠구나. '其'
는 강한 추측을 나타낼 때 쓰이는 문중文中어기사. / 執 : 잡다. 붙잡다. / 亳(박):

'薄(박)'과 같음. 송나라 지명. 지금의 하남성 상구현商邱縣 서북쪽. / 楚成王 : 초나라의 제후. / 阨(액) : '阸(액)'과 같은 자. '隘(애)'와 통함. / 常言 : 용속庸俗한 이론. / 奴事 : 노예로서 섬기다.

2. 소공간여왕지방召公諫厲王止謗 -국어國語

▋해 제▋

주周나라 여왕厲王이 학정虐政에 대하여 비방하는 백성을 폭력으로 탄압하자, 소공召公이 그를 충간한 글이다. 이 고사는 원래 국어의 주어周語에 수록되어 있었는데, 사기史記 주본기周本紀에도 그 내용이 그대로 옮겨져 있다. 바른 정치의 시행을 위하여는 각계의 신하와 백성의 말을 성실하게 들어야 할 것이며, 결코 그를 막아서는 안 된다는 소공의 간곡한 마음이 담긴 글로 후세 위정자들의 경각심을 환기시키고 있다.

국어는 주목왕周穆王 때부터 춘추 말엽까지의 사적事跡을 기술한 사서史書이다. 편자에 대해서는, 종래 좌전左傳의 저자이기도 한 좌구명左丘明이 엮은 것으로 알려져 왔고, 심지어는 두 책이 원래는 한 책이었다는 주장까지도 제기된 적이 있으나, 근인들의 연구에 의하여 좌전과 국어는 동일인에 의하여 편찬된 것이 아님이 밝혀졌다. 모두 21권으로 되어 있는 이 책은 주어周語·노어魯語·제어齊語·진어晉語·정어鄭語·초어楚語·오어吳語·월어越語 등으로 이루어져, 각 나라별로 춘추시대의 중요한 사적들을 기록하고 있는데, 책의 완성 시기는 대략 전국시대로 짐작된다.

厲王虐, 國人謗王. 召公告曰:'民不堪命矣!' 王怒,
得衛巫, 使監謗者. 以告, 則殺之. 國人莫敢言, 道路
以目.

王喜, 告召公曰:'吾能弭謗矣, 乃不敢言.' 召公曰:
'是障之也, 防民之口, 甚於防川. 川壅而潰, 傷人必多,
民亦如之. 是故爲川者決之使導;爲民者宣之使言. 故
天子聽政, 使公卿至於列士獻詩;瞽獻曲;史獻書;師
箴;瞍賦;矇誦;百工諫;庶人傳語;近臣盡規;親戚
補察;瞽史敎誨;耆艾修之;而後王斟酌焉, 是以事行
而不悖.

民之有口, 猶土之有山川也, 財用於是乎出;猶其原
隰之有衍沃也, 衣食於是乎生;口之宣言也, 善敗於
是乎興. 行善而備敗, 其所以阜財用衣食者也. 夫民慮
之於心, 而宣之於口, 成而行之, 胡可壅也. 若壅其
口, 其能與幾何?'

王弗聽, 於是國人莫敢出言. 三年, 乃流王於彘.

▇ 자변字辨 ▇

厲 〔려〕 사납다. 엄하다. 몹시 굴다. 갈다. 권장하다.

虐 〔학〕 사납다. 해롭게 하다. 몹시 굴다. 재앙. ▶학대虐待. 학정虐政. 잔학
殘虐. 탐학貪虐.

謗 〔방〕 헐뜯다. ▶비방誹謗. 훼방毁謗.

堪 〔감〕 견디다. 맡다. ▶감내堪耐. 감당堪當. 난감難堪.

巫 〔무〕 무당. ▶무격巫覡. 무산지몽巫山之夢. 무협巫峽.

弭 〔미〕 활. 그치다. 잊다.

壅 〔옹〕 막다. 막히다. ▶옹색壅塞.

潰 〔궤〕 무너지다. 무너뜨리다. 문드러지다. ▶궤결潰決. 궤란潰爛. 궤멸潰滅.
궤패潰敗.

瞽 〔고〕 소경. 악사. ▶고몽瞽矇.

箴 〔잠〕 바늘. 침. 경계하다. ▶잠간箴諫. 잠계箴誡. 잠규箴規. 잠언箴言.

瞍 〔수〕 소경. ▶수몽瞍矇. 고수瞽瞍.

矇 〔몽〕 먼 눈. 소경. ▶몽매矇昧.

諫 〔간〕 간하다. 간하는 말. ▶간관諫官. 간신諫臣. 간언諫言. 충간忠諫.

誨 〔회〕 가르치다. 가르침. ▶회유誨諭.

耆 〔기〕 늙다. 늙은이. 힘세다. ▶기구耆舊. 기로耆老.

艾 〔애〕 쑥. 약쑥. 늙은이. 기르다. ▶애년艾年. 애호艾蒿. 봉애蓬艾.

斟 〔짐〕 술 따르다. 짐작하다.

悖 〔패〕 어그러지다. ▶패덕悖德. 패란悖亂. 패륜悖倫. 패역悖逆.
〔발〕 우쩍 일어나다.

隰 〔습〕 진펄. 따비밭. 물가. ▶비습卑隰.

衍 〔연〕 넘치다. 퍼지다. 펴다. 넉넉하다. 지나다. 남다. 흐르다. 평지. ▶만
연蔓衍. 부연敷衍.

沃 〔옥〕 기름지다. 물대다. 성하다. 부드럽다. 장마. ▶옥야沃野. 옥요沃饒.
비옥肥沃.

阜 〔부〕 언덕. 크다. 살지다. 성하다. 많다. 자라다. 성하게 하다. ▶부번阜
繁. 부번阜蕃.

彘 〔체〕 돼지. ▶체견彘肩. 인체人彘.

1. **厲王虐, 國人謗王.**
   여 왕 학   국 인 방 왕

   주周 여왕이 포학무도하여 백성들이 모두 그를 비방하였다.

   > 厲王 : 주周나라 제10대 왕. 이왕夷王의 아들로 이름은 호胡. 폭군으로 유명함. 당시 주나라 왕실은 재정상태가 어려웠는데, 여왕이 영이공榮夷公을 경사卿士에 임용하고 전제정치를 실시하자, 백성의 원성이 높아졌음. / 虐 : 잔학殘虐하다. 포학무도하다. / 謗 : 비방하다.

2. **召公告曰 : 民不堪命矣.**
   소 공 고 왈   민 불 감 명 의

   소공이 "백성들이 왕명을 견디어낼 수 없습니다."라고 아뢰어 말하였다.

   > 召公 : 주문왕周文王의 서자庶子로서 성왕成王 때 삼공이었던 소공 석奭의 후예인 목공穆公 호虎. 그는 당초 여왕의 경사였는데, 여왕이 쫓겨난 후, 주공周公과 함께 선정을 폈고, 뒤에 다시 여왕의 아들인 정靜을 옹립하여 나라를 중흥시켰음. / 民不堪命 : 백성들이 학명虐命을 견디지 못하다.

3. **王怒, 得衛巫, 使監謗者.**
   왕 노   득 위 무   사 감 방 자

   왕은 화가 나서, 위나라의 무파巫婆를 발굴하여 그로 하여금 비방하는 자를 감시하게 하였다.

   > 衛巫 : 위나라의 무당. '衛'는 주무왕周武王이 아우인 강숙康叔에게 봉해 준 나라로, 도읍지는 지금의 하남성 기현淇縣 동북쪽에 있었음.

4. **以告, 則殺之.**
   이 고   즉 살 지

   비방하는 사람을 알려 주면, 곧 그를 죽였다.

   > 以告 : 비방하는 자를 왕에게 아뢰다. '以'는 대상을 가리키며 다음에 의미상 '방자謗者'가 생략된 상태.

5. **國人莫敢言, 道路以目.**
   국 인 막 감 언   도 로 이 목

   백성이 아무도 감히 말하지 못하고, 길에서 쳐다보기만 하였다.

   > 道路以目 : 길을 가는 사람들이 감히 말은 하지 못하고, 서로 쳐다보면서 눈으로만 마음속의 불만을 나타낼 뿐이었다는 뜻.

6. **吾能弭謗矣, 乃不敢言.**

오 능 미 방 의   내 불 감 언

나는 비방을 못하게 할 수 있소, 이제 감히 말하지 못할 것이오.

弭謗 : 비방을 그치게 하다. / 乃 : 이제는. 이리하여. '어시於是'·'연후然後'의 뜻.

7. **是障之也.**

시 장 지 야

이는 그들의 입을 막는 것입니다.

障之 : '백성의 입을 억지로 막다'의 뜻.

8. **防民之口, 甚於防川.**

방 민 지 구   심 어 방 천

백성의 입을 막는 것은 하천을 막는 것보다 더 심한 것입니다.

甚於防川 : 하천을 막는 것보다 더 위험하다는 뜻.

9. **川壅而潰, 傷人必多 ; 民亦如之.**

천 옹 이 궤   상 인 필 다   민 역 여 지

하천이 막히게 되면 둑이 터져서 사람을 해함이 틀림없이 많을 터인데, 백성도 역시 이와 같습니다.

川壅而潰 : 하천을 막으면, 물이 범람하여 둑이 터지다. '潰'는 제방 따위가 무너져 물이 쏟아져 나오는 것을 말함. / 民亦如之 : 백성의 입을 억지로 막는 것도 이와 같은 재앙을 초래하게 된다는 뜻.

10. **是故爲川者, 決之使導 ; 爲民者, 宣之使言.**

시 고 위 천 자   결 지 사 도   위 민 자   선 지 사 언

이 때문에, 하천을 다스리는 자는 그것을 터서 물길로 하여금 방향을 잘 잡게 하고, 백성을 다스리는 자는 그들을 인도하여 그들로 하여금 말을 하게 합니다.

爲川 : 하천을 치리治理하다. / 決之使導 : 물길을 터주어 잘 흐르게 하다. '導'는 물의 흐름을 인도하다. / 爲民 : 백성을 다스리다. / 宣之使言 : 백성을 잘 선무宣撫하여 그들로 하여금 마음껏 말할 수 있게 해 주다. '宣'은 '導(도)'의 뜻, 즉 '인도 引導하다'.

11. **天子聽政, 使公卿至於列士獻詩 ; 瞽獻曲 ; 史獻書 ; 師箴 ; 瞍賦 ;**

천 자 청 정   사 공 경 지 어 렬 사 헌 시   고 헌 곡   사 헌 서   사 잠   수 부

矇誦 ; 百工諫 ; 庶人傳語 ; 近臣盡規 ; 親戚補察 ; 瞽史教誨 ; 耆

몽 송   백 공 간   서 인 전 어   근 신 진 규   친 척 보 찰   고 사 교 회   기

艾修之.

애 수 지

천자가 청정할 때, 공경으로부터 상사上士에 이르기까지 시를 바치게 하고, 악관樂官에게 노래를 바치게 하고, 사관史官에게 사서에 나타난 사례事例를 개진開陳하게 하고, 소사少師에게 바르게 간하게 하고, 수인瞍人에게 시를 읊조리게 하고, 몽인矇人에게 글을 송독誦讀하게 하고, 백관百官에게 간언을 하게 하고, 서민들에게 말을 전하도록 하고, 근신들에게 힘써 간하게 하고, 친척들에게 과실을 보구補救하고 시비是非를 살피게 하며, 태사太師와 태사太史에게 깨우치게 하고, 원로 사부師傅에게 의견을 정리하도록 합니다.

> 天子聽政 : 천자가 정사를 듣다. '天子'는 고대에 천하를 통치하는 임금을 칭하는 말. '聽政'은 제왕이 정사에 관하여 신하가 아뢰는 말을 듣는다는 뜻으로, 곧 정무에 대한 신하들의 견해를 개진開陳케 하고 듣는 일을 말함. / 公卿 : 삼공三公 구경九卿. 주나라 때에는 태사太師·태부太傅·태보太保를 삼공이라 하고, 소사少師·소부少傅·소보少保·몽재冢宰·사도司徒·종백宗伯·사마司馬·사구司寇·사공司空을 구경이라 하였는데, 모두 조정의 고관임. / 列士 : 상사上士. 천자의 상사는 '원사元士'라고도 함. / 獻詩 : 풍風·아雅·송頌의 시를 헌상하여 권선규과勸善規過하는 것을 말함. / 瞽獻曲 : 악관이 악가樂歌를 바쳐 사정邪正을 변별케 하는 것을 말함. '瞽'는 원래 눈이 없는 장님이나, 고대에는 이들을 주로 악관으로 채용했기 때문에, 악관을 뜻하는 말로 쓰임. / 史獻書 : 사관이 사서史書에 나타난 고금의 사적을 개진하여 왕이 거울로 삼도록 하는 것을 말함. '史'는 '태사太史'로서 사서를 관장하는 벼슬. / 師箴 : '師'는 '소사少師'로, 그 지위가 공公보다는 낮고, 경卿보다는 높음. '箴'은 '규간規諫'의 뜻. / 瞍賦 : 수인瞍人이 공경·열사가 헌상한 시를 가송歌誦하여 자기의 의견을 표시하는 것을 말함. '瞍'는 눈동자가 없는 장님. '賦'는 '시를 가송하다'의 뜻. / 矇誦 : 몽인矇人은 규권規勸 풍자諷刺의 글을 송독하다. '矇'은 눈동자는 있으나 앞이 보이지 않는 장님으로, 잠간箴諫하는 말을 송독하는 것이 그 임무임. / 百工諫 : '百工'은 백관. '諫'은 자신이 보고 느낀 것을 진언進言하는 것. / 庶人傳語 : '庶人'은 일반 백성. '傳語'는 임금에게 직접 말하지 못하고, 간접적으로 임금이 전해 듣도록 하는 것을 뜻함. / 近臣盡規 : '近臣'은 임금의 좌우에서 시종하는 신하. '盡規'는 '진력盡力하여 규간規諫하다'의 뜻. / 親戚補察 : '親戚'은 왕실의 척신戚臣. '補察'은 '과실을 보구補救하고 시비를 찰변察辨하다'의 뜻. / 瞽史 : '瞽'는 태사太師. '史'는 '태사太史'. / 耆艾修之 : '耆艾'는 사부師傅. '修之'는 각 방면의 규간을 정리하여 그것을 임금에게 들려주는 것을 말함.

12. 而後王斟酌焉, 是以事行而不悖.
이 후 왕 짐 작 언   시 이 사 행 이 불 패

그런 뒤에 임금께서 그것을 참작하시니, 이 때문에 일을 행하되 도리에 어긋나지 않습니다.

斟酌 : 참작하다. 모든 일을 헤아려서 그 가부可否를 따져 보고, 버릴 것은 버리고, 취할 것은 취하는 것을 말함. / 事行而不悖 : 일을 행하매 모두 예에 부합하고 어긋나지 않는다는 뜻. '悖'는 '逆(역)'의 뜻.

13. 民之有口, 猶土之有山川也, 財用於是乎出 ; 猶其原隰之有衍沃
민 지 유 구　유 토 지 유 산 천 야　재 용 어 시 호 출　유 기 원 습 지 유 연 옥

也, 衣食於是乎生.
야　의 식 어 시 호 생

백성에게 입이 있는 것은 대지에 산천이 있는 것과 같아 재화와 용품이 여기에서 생산되고, 또 원야原野에 비옥한 땅이 있는 것과 같아 옷과 식품이 여기에서 생산됩니다.

土 : 여기서는 대지를 뜻함. / 於是乎 : 여기에서. '어시於是'와 같음. / 原隰 : '原'은 '평원', '隰'은 '습지'. / 衍沃 : 평탄하고 기름진 땅.

14. 口之宣言也, 善敗於是乎興.
구 지 선 언 야　선 패 어 시 호 흥

입이 말을 하면, 좋고 그른 것이 이에 제기됩니다.

口之宣言 : 입이 말을 내뱉다. / 善敗於是乎興 : 좋고 그른 것이 모두 말에서 제기된다는 뜻.

15. 行善而備敗, 其所以阜財用衣食者也.
행 선 이 비 패　기 소 이 부 재 용 의 식 자 야

좋은 것을 시행하고, 그른 것에 대비함은, 재화와 용품과 옷과 식품을 풍부하게 하는 방법인 것입니다.

行善而備敗 : 좋은 것을 시행하고, 그릇된 것은 비고備考하다. '備'는 '대비하다'·'참고로 삼다'. / 其所以阜財用衣食者也 : 그것이 국가의 재화·용품·의복·식품 등을 증진할 수 있는 방법이라는 뜻. '阜'는 '풍부하게 하다.' '所以'는 흔히 이유·방법 등을 나타냄.

16. 夫民慮之於心, 而宣之於口, 成而行之, 胡可壅也.
부 민 려 지 어 심　이 선 지 어 구　성 이 행 지　호 가 옹 야

백성은 마음으로 생각하면, 입으로 그것을 말하게 되는 법이니, 도리에 맞는 것은 그것을 시행하시면 되지, 어찌 막을 수 있겠습니까?

成 : 도리에 맞다. / 胡 : 어찌.

17. 若壅其口, 其能與幾何?
약 옹 기 구　기 능 여 기 하

만약에 그들의 입을 막으신다면, 그 얼마나 가겠습니까?

其能與幾何 : 그것이 얼마나 유지되겠는가. '與'는 문중어기사로 뜻이 없음.

18. 王弗聽, 於是國人莫敢出言.
왕 불 청   어 시 국 인 막 감 출 언

왕은 듣지 않았고, 이리하여 백성은 아무도 감히 말을 하지 않았다.

弗聽 : 소공의 간언을 듣지 않았다는 뜻.

19. 三年, 乃流王於彘.
삼 년   내 류 왕 어 체

3년이 지나서, 왕을 체로 쫓아냈다.

流王於彘 : 여왕을 체로 쫓아내다. '流'는 '방축放逐'의 뜻, 즉 '쫓아내다'·'몰아내다'. '彘'는 진晉나라 지명으로, 지금의 산서성山西省 곽현霍縣. 당시 백성이 여왕에게 반란을 일으키자, 여왕은 체로 달아났음.

■ 보 충 ■

彘之亂, 宣王在召公之宮, 國人圍之. 召公曰 : '昔吾驟諫王, 王不
체 지 란   선 왕 재 소 공 지 궁   국 인 위 지   소 공 왈   석 오 취 간 왕   왕 부

從, 是以及此難. 今殺王子, 王其以我爲懟而怒乎! 夫事君者, 險而
종   시 이 급 차 난   금 살 왕 자   왕 기 이 아 위 대 이 노 호   부 사 군 자   험 이

不懟, 怨而不怒. 況事王乎!' 乃以其子代宣王. 宣王長而立之.
부 대   원 이 불 노   황 사 왕 호   내 이 기 자 대 선 왕   선 왕 장 이 립 지

- 국어 주어周語

宣王 : 여왕의 아들로 이름은 정靜. 재위기간은 B. C. 827~782. 소공召公과 주공周公은 여왕이 축출된 뒤 함께 공화정共和政을 펴다가, 여왕이 죽은 후 태자 정을 왕으로 옹립하였음. 선왕은 즉위 후에 선왕先王의 유풍遺風을 계승하고 사방의 이적夷狄을 정벌하여, 여왕의 포학한 정치로 쇠미해진 주실周室을 중흥시켰음. / 驟(취) : 자주. / 及此難 : 이런 난을 당하기에 이르다. / 懟(대) : 원망하다. 원한을 갖다. / 君 : 제후. 險 : 불만. / 以其子代宣王 : 난을 일으킨 백성이 소공의 집을 에워싸고 태자 정을 요구하자 소공은 자기 아들을 대신 내주어 태자를 위기에서 벗어나게 해 주었음.

3. 해하지전垓下之戰 -사기史記

▌해 제▌

진한秦漢이 교체되는 시기에 유방劉邦과 천하를 놓고 쟁패爭覇했던 서초패왕西楚覇王 항우項羽의 사적事迹 중에서, 해하垓下에서의 곤욕困辱과 자문自刎하는 대목을 발췌한 글로, 이 사적은 사기 항우본기項羽本紀에 가장 잘 서술되어 있다. 본기에서는 본래 제왕의 사적을 기재하였으나, 당시에 천하를 호령한 정권이 사실상 항우에게 있었으므로, 명분보다 객관적 현실상황을 중시한 사마천司馬遷이 항우의 사적을 본기에 열입列入한 것이다.

해하의 싸움에서, '역발산力拔山'의 기개로 천하를 호령하던 용장이 땅이 꺼지는 비운에 직면하여 겪는 곤욕과, 어쩔 수 없이 애절한 자문自刎을 택할 수밖에 없었던 영웅의 말로에 대한 서술에 있어서 뛰어난 결구結構, 생동감 있는 표현, 웅기雄奇한 필치 등으로, 많은 사람의 갈채를 받으며 애독되는 문장이다.

본 문 1

項王軍壁垓下, 兵少食盡, 漢軍及諸侯兵圍之數重.
夜, 聞漢軍四面皆楚歌. 項王乃大驚, 曰:'漢皆已得
楚乎? 是何楚人之多也!'項王則夜起飲帳中, 有美人
名虞, 常幸從; 駿馬名騅, 常騎之. 於是項王乃悲歌慷

慨, 自爲詩曰:'力拔山兮氣蓋世! 時不利兮騅不逝! 騅不逝兮可奈何! 虞兮虞兮奈若何!' 歌數闋, 美人和之, 項王泣數行下. 左右皆泣, 莫能仰視.

於是項王乃上馬騎, 麾下壯士騎從者八百餘人, 直夜潰圍, 南出馳走. 平明, 漢軍乃覺之, 令騎將灌嬰以五千騎追之. 項王渡淮, 騎能屬者百餘人耳. 項王至陰陵, 迷失道, 問一田父. 田父紿曰:'左!' 左乃陷大澤中, 以故漢追及之. 項王乃復引兵而東, 至東城, 乃有二十八騎, 漢騎追者數千人. 項王自度不得脫, 謂其騎曰:'吾起兵, 至今八歲矣. 身七十餘戰, 所當者破, 所擊者服, 未嘗敗北, 遂霸有天下. 然今卒困於此, 此天之亡我, 非戰之罪也! 今日固決死, 願爲諸君快戰, 必三勝之, 爲諸君潰圍斬將刈旗, 令諸君知天亡我, 非戰之罪也!'

자변字辨

垓 〔해〕 땅 가장자리. 지경. 수비.
楚 〔초〕 나라 이름. 땅 이름. 가시나무. 매. 아프다. ▶초극楚棘. 초달楚撻. 고초苦楚
虞 〔우〕 순임금 성. 생각하다. 근심하다. 걱정. 잘못. 편안하다. 즐기다.

▶우당虞唐. 우순虞舜.

駿〔준〕 준마. 크다. 빠르다. 준걸. ▶준기駿驥. 준족駿足.

騅〔추〕 오추마烏騅馬.

慷〔강〕 강개하다. ▶강개지사慷慨之士.

逝〔서〕 가다. ▶서거逝去. 거천逝川.

関〔결〕 끝나다. 쉬다. 다하다. 비다. ▶가결歌関.

麾〔휘〕 대장기. 가리키다. 부르다.

潰〔궤〕 무너지다. 무너뜨리다. 문드러지다. ▶궤결潰決. 궤란潰爛. 궤멸潰滅.
　　　 궤패潰敗.

馳〔치〕 달리다. ▶치빙馳騁.

灌〔관〕 물대다. 따르다. 흘러들이다. 끼었다. 씻다. 마시다. ▶관개灌漑. 관
　　　 목灌木. 관옥灌沃.

嬰〔영〕 갓난아이. 닿다. 두르다. ▶영아嬰兒.

淮〔회〕 물 이름. ▶회남淮南. 진회秦淮.

紿〔태〕 속이다. 이르다. 의심하다.

霸〔패〕 두목. 으뜸가다. ▶패권霸權. 패업霸業. 쟁패爭霸.

斬〔참〕 베다. 끊어지다. ▶참살斬殺. 참신斬新. 참형斬刑.

刈〔예〕 베다. 낫. ▶예확刈穫.

■ 해 설 ■

1. 項王軍壁垓下, 兵少食盡, 漢軍及諸侯兵圍之數重.
항 왕 군 벽 해 하　병 소 식 진　한 군 급 제 후 병 위 지 수 중

항왕의 군대는 해하에 주둔하였는데, 병사는 적고 식량은 떨어졌으며, 한
군과 제후들의 군사가 여러 겹으로 포위하였다.

項王 : 항우項羽. / 壁 : 주둔하다. '壁'은 원래 '군루軍壘'이나, 여기서는 동사화 되
어 '군루를 만들어 그 안에 주둔하다'의 뜻. / 垓下 : 지명. 지금의 안휘성安徽省
영벽현靈璧縣 동남쪽. / 漢軍 : 유방劉邦의 한나라 군대.

2. 夜, 聞漢軍四面皆楚歌.
야　문 한 군 사 면 개 초 가

밤에, 한군이 사면에서 모두 초가를 부르고 있음을 들었다.

楚歌 : 초조가곡楚調歌曲.

※ 항왕을 포위한 한군이 모두 초가를 불렀다는 것은 많은 초군이 이미 한나라에 투항投降한 것을 뜻함. 헤아리기 어려운 곤경을 가리키는 '사면초가四面楚歌'라는 성어는 여기에서 비롯되었음.

3. **項王乃大驚, 曰：漢皆已得楚乎？ 是何楚人之多也！**
항 왕 내 대 경　　왈　　한 개 이 득 초 호　　　시 하 초 인 지 다 야

항왕은 그래서 크게 놀라, "한나라가 이미 초나라 땅을 다 얻었단 말인가? 어찌하여 초인이 이렇게 많은가?"라고 말하였다.

乃 : 이에. 그래서.

4. **項王則夜起飲帳中, 有美人名虞常幸從；駿馬名騅常騎之.**
항 왕 즉 야 기 음 장 중　　유 미 인 명 우 상 행 종　　준 마 명 추 상 기 지

항왕은 곧 밤에 일어나서 장막 안에서 술을 마셨는데, 그에게는 우라고 불리는 미인이 있어 언제나 총애를 받으면서 따라다녔고, 추라고 불리우는 준마가 있어 언제나 그것을 타고 다녔다.

虞 : 항우의 미희 우미인. '虞'가 성인지 이름인지는 확실치 않음. / 幸從 : 총애를 받아 따라다니다. / 騅 : 창백蒼白 두 가지 색이 섞인 말. 여기서는 말 이름.

5. **於是項王乃悲歌慷慨, 自爲詩曰：力拔山兮氣蓋世！ 時不利兮騅**
어 시 항 왕 내 비 가 강 개　　자 위 시 왈　　력 발 산 혜 기 개 세　　시 불 리 혜 추

不逝！ 騅不逝兮可奈何！ 虞兮虞兮奈若何！
불 서　　추 불 서 혜 가 내 하　　우 혜 우 혜 내 약 하

이에 항왕은 곧 비장悲壯하게 노래 부르고 강개해져서 스스로 시를 지었다 : "힘은 산을 뽑고 기개는 세상을 덮었건만, 시세가 불리하니 추가 달리지 않는구나! 추가 달리지 않으니, 어찌하리! 우미인아, 우미인아, 너를 어찌하나!"

慷慨 : 의분에 북받쳐 슬퍼하고 감탄하다. / 兮 : 사부辭賦의 문장 안에 쓰여 어기의 일시적 정지를 나타내는 어기사. / 不逝 : 달리지 않다. 항우가 포위되어 자유롭게 행동할 수 없음을 뜻함. / 可奈何 : 정말 어찌할까. '可'는 강조의 뜻을 나타내는 부사. '정말로'. '奈何'는 '어찌할까'. / 奈若何 : 너를 어찌할까. '奈…何'는 '…에 대해 어찌할까'·'…를 어떻게 할까'의 뜻. '若'은 '너', 이인칭대사로 '奈…何'의 빈어.

6. **歌數闋, 美人和之, 項王泣數行下.**
가 수 결　　미 인 화 지　　항 왕 읍 수 항 하

몇 차례 노래하고 우미인이 화창和唱하니, 항왕은 눈물이 수 줄기 흘러내렸다.

歌數闋 : 몇 차례 노래하다. 곡曲이 한 번 끝나는 것을 '일결一闋'이라 함. / 和之 : 항우의 노래에 화답하여 부르다. 항우의 노래를 화창하다. 초한춘추楚漢春秋에는

우미인이 '한나라 군대가 이미 땅을 공략하여, 사방에서 초가의 노랫소리 들리네. 대왕께서는 의기가 다 꺾이셨으니, 천첩賤妾이 어찌 살 수 있겠습니까!(漢兵已略地, 四方楚歌聲. 大王意氣盡, 賤妾何聊生!)'라는 노래로 화창했다고 기록되어 있음. / 泣數行下 : 눈물이 여러 줄기 흘러내리다. '泣'은 '눈물'. '行'은 '줄기', 음은 '항'.

7. 左右皆泣, 莫能仰視.
좌 우 개 읍   막 능 앙 시

좌우의 신하들은 모두 울었고, 아무도 쳐다볼 수 없었다.

左右 : 좌우의 시신侍臣들.

8. 於是項王乃上馬騎, 麾下壯士騎從者八百餘人, 直夜潰圍, 南出
어 시 항 왕 내 상 마 기   휘 하 장 사 기 종 자 팔 백 여 인   치 야 궤 위   남 출

馳走.
치 주

이에 항왕이 곧 혼자 말을 타고 가니, 부하 장사 중 말을 타고 따르는 자 8백여 명이었는데, 그날 밤에 포위를 뚫고 남으로 빠져 나와 말을 몰아 도주했다.

騎 : 기행騎行하다. 말을 타고 가다. / 麾下 : 부하. '麾'는 주장主將의 지휘기. / 直夜 : 그날 밤에. 그날 밤을 타서. '直'는 '値(치)'와 같음, 음은 '치'. 일설에는 '直夜'를 '중야中夜'·'반야半夜', 즉 '한밤중'의 뜻으로 풀이함. / 潰圍 : 포위망을 돌파하다. / 馳走 : 말을 몰아 도주하다.

9. 平明, 漢軍乃覺之, 令騎將灌嬰以五千騎追之.
평 명   한 군 내 각 지   령 기 장 관 영 이 오 천 기 추 지

날이 밝은 뒤 한군은 비로소 이 일을 깨닫고, 기병장 관영에게 명하여 5천 기를 인솔하고 그를 추격하게 했다.

平明 : 천명天明. 해가 뜰 때. 새벽. / 乃 : 여기서는 '비로소'의 뜻. / 騎將 : 기병의 장령將領. / 灌嬰 : 수양睢陽 사람. 유방을 도와 전공戰功을 많이 쌓아 후에 영음후 潁陰侯가 됨.

10. 項王渡淮, 騎能屬者百餘人耳.
항 왕 도 회   기 능 속 자 백 여 인 이

항왕이 회하淮河를 건넜는데, 기병 중 따를 수 있었던 자는 백여 명뿐이었다.

淮 : 강 이름. 하남성 동백산桐柏山에서 발원하여 안휘성安徽省·강소성江蘇省을 거쳐 황해黃海로 흘러 들어가는 강. / 屬 : 따르다. / 耳 : 뿐이다. 한정을 나타내는 어기사.

11. 項王至陰陵, 迷失道, 問一田父.
항왕지음릉 미실도 문일전부

항왕이 음릉에 이르러서는 길을 잃어 한 농부에게 물었다.

陰陵 : 지금의 안휘성 정원현定遠縣 서북 60리 되는 곳에 있음. / 迷失道 : 갈림길에서 길을 잃었음을 말함. / 田父 : 농부.

12. 田父給曰 : 左!
전부태왈 좌

농부는 "왼쪽으로 가시오!"라고 속여 말했다.

給 : 속이다. 기만하다.

13. 左乃陷大澤中, 以故漢追及之.
좌내함대택중 이고한추급지

왼쪽으로 갔다가 큰 늪에 빠졌는데, 이 때문에 한군이 그를 추격해 왔다.

陷大澤中 : 큰 늪에 빠지다. '澤'은 습하고 풀이 무성한 소택沼澤. 진펄로 가득 찬 늪. / 以故 : 때문에. / 追及 : 쫓아 이르다.

14. 項王乃復引兵而東, 至東城, 乃有二十八騎, 漢騎追者數千人.
항왕내부인병이동 지동성 내유이십팔기 한기추자수천인

항왕은 다시 병사를 이끌고 동쪽으로 가서 동성에 이르렀는데, 단지 28기만 남아 있고, 한나라의 기병으로 추격해 온 자는 수천 명이었다.

東城 : 진대秦代의 현명縣名. 지금의 안휘성 정원현 동남쪽에 있었음. / 乃 : 여기서는 '겨우'의 뜻.

15. 項王自度不得脫, 謂其騎曰 :
항왕자탁부득탈 위기기왈

항왕은 빠져 나갈 수 없다는 것을 스스로 알고서, 그의 기병들에게 말하였다.

自度 : 스스로 헤아리다. 스스로 짐작하다. '度'의 음은 '탁'.

16. 吾起兵, 至今八歲矣. 身七十餘戰, 所當者破, 所擊者服, 未嘗
오기병 지금팔세의 신칠십여전 소당자파 소격자복 미상
敗北, 遂霸有天下.
패배 수패유천하

내가 기병한 지도 지금까지 8년이 되었다. 몸소 70여 차례나 싸워서 대적하는 자를 모두 격파했고, 공격한 적은 모두 항복시켜, 여태껏 패배한 적이 없었으며, 마침내 천하를 제패하였다.

身 : 여기서는 '몸소'의 뜻. / 所當者 : 맞닥뜨린 자. 대적한 자. / 敗北 : 패배하다. '北'의 음은 '배'. / 霸有天下 : 천하를 제패하다.

17. **然今卒困於此, 此天之亡我, 非戰之罪也!**
    연 금 졸 곤 어 차 차 천 지 망 아 비 전 지 죄 야

그러나 지금 마침내 여기에서 곤욕을 당하니, 이것은 하늘이 나를 망친 것이지, 전쟁을 잘못한 죄가 아니다.

卒困於此 : 끝내는 여기에서 포위되어 곤경을 당하다. / 非戰之罪 : 전쟁을 잘못한 죄가 아니다.

18. **今日固決死, 願爲諸君快戰, 必三勝之, 爲諸君潰圍斬將刈旗,**
    금 일 고 결 사 원 위 제 군 쾌 전 필 삼 승 지 위 제 군 궤 위 참 장 예 기
    令諸君知天亡我, 非戰之罪也!
    령 제 군 지 천 망 아 비 전 지 죄 야

오늘 정말로 죽기를 결심하였으니, 바라건대 제군들을 위해서 통쾌히 싸워 반드시 세 차례 이기고, 제군들을 위해서 포위를 뚫고, 적장을 참살斬殺하고, 적기敵旗를 베어서 제군들로 하여금 하늘이 나를 망친 것이지, 전쟁을 잘못한 죄가 아니었음을 알게 해 주리라.

固 : 확실히. 정말로. / 決死 : 죽기를 결심하다. / 快戰 : 통쾌하게 한바탕 싸우다. / 刈旗 : 적장의 기를 자르다. / 令 : …로 하여금 ~하게 하다. 사역동사. / 知 : '知'의 빈어는 '天亡我, 非戰之罪' 전부임.

본 문 2

乃分其騎以爲四隊, 四嚮. 漢軍圍之數重. 項王謂其騎
曰:'吾爲公取彼一將.'令四面騎馳下, 期山東爲三處.
於是項王大呼馳下, 漢軍皆披靡, 遂斬漢一將. 是時赤
泉侯爲騎將, 追項王. 項王瞋目叱之, 赤泉侯人馬俱
驚, 辟易數里. 與其騎會爲三處, 漢軍不知項王所在,

乃分軍爲三, 復圍之. 項王乃馳, 復斬漢一都尉, 殺數十百人, 復聚其騎, 亡其兩騎耳. 乃謂其騎曰 : '何如?' 騎皆伏曰 : '如大王言.'

■ 자변字辨 ■

嚮 〔향〕 지난번. 향하다. 누리다 = 響. 메아리. ▶향도嚮道. 향자嚮者.

馳 〔치〕 달리다. ▶치빙馳騁.

披 〔피〕 헤치다. 열다. 펴다. 나누다. 입다. 찢다. 쓰러지다. ▶피력披瀝. 피리披離. 피발披髮.

靡 〔미〕 쓰러지다. 쏠리다. 쓰러뜨리다. 화려하다. 다하다. 없다. ▶기미綺靡. 부미浮靡.

斬 〔참〕 베다. 끊어지다. ▶참살斬殺. 참신斬新. 참형斬刑.

瞋 〔진〕 부릅뜨다. 성내다. ▶진노瞋怒. 진목장담瞋目張膽. 진에瞋恚.

叱 〔질〕 꾸짖다. ▶질정叱正. 질책叱責. 질타叱咤.

辟 〔벽〕 임금. 법. 밝히다. 부르다. 다스리다. 죄 주다. 물리치다. 물러나다 = 僻. 편벽되다. ▶벽곡辟穀. 벽사辟邪. 벽소辟召.

　〔피〕 피하다. 비유하다. ▶피세辟世.

尉 〔위〕 편안히 하다. 벼슬 이름. ▶교위校尉. 도위都尉. 정위廷尉.

聚 〔취〕 모이다. 모으다. 무리. 마을. ▶취락聚落. 취렴聚斂. 취산聚散.

■ 해 설 ■

1. **乃分其騎以爲四隊, 四嚮.**
　　내 분 기 기 이 위 사 대 　 사 향

　곧 그의 기병을 4대로 나누어서 사방으로 향하게 했다.

　　四嚮 : 사방으로 향하다. 4분대로 하여금 각기 한 방향씩 맡아서 방어하게 하는 것을 말함. / 以爲 : 만들다. 생각하다. 삼다.

2. 漢軍圍之數重.
   한 군 위 지 수 중

   한군이 그들을 여러 겹 포위했다.

3. 項王謂其騎曰 : 吾爲公取彼一將.
   항 왕 위 기 기 왈   오 위 공 취 피 일 장

   항왕이 그의 기병들에게, "내가 그대들을 위해서 저들의 장수 한 사람을 참참斬하겠노라."라고 말하였다.

   爲公 : 공들을 위해서. / 取 : 취하다. 여기서는 '참살斬殺하다'의 뜻.

4. 令四面騎馳下, 期山東爲三處.
   령 사 면 기 치 하   기 산 동 위 삼 처

   사면의 기병들에게 내달리게 하고서, 산 동쪽 세 곳에서 나누어 모이기로 약속했다.

   馳下 : 내달리다. 여기서는 힘껏 달려서 포위를 뚫고 달아나는 것을 뜻함. / 期 : 약정約定하다. / 山東 : 산 동쪽. 여기서의 산은 안휘성 화현和縣 북쪽 70리에 있는 사퇴산四隤山, 일명 사마산四馬山.

5. 於是項王大呼馳下, 漢軍皆披靡, 遂斬漢一將.
   어 시 항 왕 대 호 치 하   한 군 개 피 미   수 참 한 일 장

   그러고서 항왕이 크게 소리치며 달려가니, 한군은 모두 흩어져 드디어 한군의 한 장수를 참살하였다.

   披靡 : 원래는 초목이 바람에 의해 어지러이 쓰러짐을 뜻하나, 여기서는 패병敗兵들이 어지러이 흩어지는 것을 말함.

6. 是時赤泉侯爲騎將, 追項王.
   시 시 적 천 후 위 기 장   추 항 왕

   이때 적천후가 기장이었는데, 항왕을 추격해 왔다.

   赤泉侯 : 한장漢將 양희楊喜. 화음華陰 사람으로, 항우를 격파하는 데 큰 공을 세워 뒤에 적천후에 봉해짐.

7. 項王瞋目叱之, 赤泉侯人馬俱驚, 辟易數里.
   항 왕 진 목 질 지   적 천 후 인 마 구 경   벽 역 수 리

   항왕이 눈을 부릅뜨고 그를 꾸짖으니, 적천후는 사람도 말도 모두 놀라서 수리를 후퇴하였다.

   瞋目叱之 : 눈을 부릅뜨고 큰 소리로 그를 꾸짖다. / 辟易 : 두려워하여 후퇴하다.

8. 與其騎會爲三處, 漢軍不知項王所在, 乃分軍爲三, 復圍之.
   여 기 기 회 위 삼 처   한 군 부 지 항 왕 소 재   내 분 군 위 삼   부 위 지

그의 기병들과 세 곳에서 모이니, 한군은 항왕이 있는 곳을 알지 못하여,
그래서 군대를 셋으로 나누어 다시 그들을 포위했다.

　　會爲三處 : 세 곳에 나누어 모였다는 뜻.

9. 項王乃馳, 復斬漢一都尉, 殺數十百人, 復聚其騎, 亡其兩騎耳.
　　항왕내치　부참한일도위　살수십백인　부취기기　망기량기이
　　항왕은 이에 말을 달려 또 한군의 도위 한 사람을 참살하고, 근 백 명의
　　병사를 죽이고서, 다시 그의 기병들을 모아 보니, 단지 두 기병만 잃었을
　　뿐이었다.

　　都尉 : 관명官名. 진한秦漢 때 각 군군郡에서 군경軍警을 담당하던 벼슬. / 數十百
　　人 : 거의 백에 가까운 수십 명. 즉 근 백 명. 또는 '수백 사람'이라 풀이하기도 함.
　　/ 亡其兩騎耳 : 항우의 기병 중에는 단지 두 명만 죽었다는 뜻.

10. 乃謂其騎曰 : 何如?
　　　内 위 기 기 왈　　하 여
　　이에 그의 기병들에게, "어떠하냐?"고 말했다.

11. 騎皆伏曰 : 如大王言.
　　기 개 복 왈　여 대 왕 언
　　기병들이 모두 엎드려 절하면서, "대왕의 말씀대로입니다."라고 말하였다.

　　伏 : 배복拜伏, 즉 '엎드려 절하다'.

본 문 3

> 於是項王乃欲東渡烏江. 烏江亭長檥船待, 謂項王曰 :
> '江東雖小, 地方千里, 衆數十萬人, 亦足王也, 願大王
> 急渡. 今獨臣有船, 漢軍至, 無以渡.' 項王笑曰 : '天
> 之亡我, 我何渡爲? 且籍與江東子弟八千人渡江而西,
> 今無一人還. 縱江東父兄憐而王我, 我何面目見之?

縱彼不言, 籍獨不愧於心乎?' 乃謂亭長曰:'吾知公長
者. 吾騎此馬五歲, 所當無敵, 嘗一日行千里, 不忍殺
之, 以賜公.' 乃令騎皆下馬步行, 持短兵接戰. 獨籍所
殺漢軍數百人, 項王身亦被十餘創. 顧見漢騎司馬呂
馬童, 曰:'若非吾故人乎?' 馬童面之, 指王翳曰:'此
項王也.' 項王乃曰:'吾聞漢購我頭千金, 邑萬戶, 吾
爲若德.' 乃自刎而死.

▊ 자변字辨 ▊

檥 〔의〕 ＝艤. 배를 대다.

呂 〔려〕 법칙. 등뼈. 풍류. ▶여씨춘추呂氏春秋. 율려律呂.

翳 〔예〕 깃 일산. 그늘. 가리다. 흐리다. 물리치다. 숨다. ▶예매翳昧. 예상翳
桑. 예예翳翳.

購 〔구〕 사다. 걸다. ▶구매購買.

刎 〔문〕 목 자르다. 베다. ▶문경지교刎頸之交.

▊ 해 설 ▊

1. 於是項王乃欲東渡烏江.
   어 시 항 왕 내 욕 동 도 오 강
   이때에, 항왕은 바로 동으로 오강을 건너려고 했다.

   烏江 : 지금의 안휘성 화현 동북쪽 40리 떨어진 장강長江 가의 오강포烏江浦.

2. 烏江亭長檥船待, 謂項王曰 :
   오 강 정 장 의 선 대 　 위 항 왕 왈
   오강의 정장이 배를 강안江岸에 대두고 기다리다가, 항왕에게 말하였다.

亭長 : 진대秦代에는 10리마다 1정亭을 설치하고, 정장 한 사람을 두어 도적 등을 포획捕劾하도록 했음. / 艤船 : 배를 강안에 대다.

3. **江東雖小, 地方千里, 衆數十萬人, 亦足王也, 願大王急渡.**
   강동수소　지방천리　중수십만인　역족왕야　원대왕급도
   강동이 비록 작다 하나, 땅이 사방 천리요, 인구가 수십만 명이니, 또한 족히 왕 노릇을 할 수 있습니다. 바라건대, 대왕께서는 급히 건너십시오.

   江東 : 장강 하류 지역을 가리킴. / 亦是王也 : 역시 왕 노릇을 할 만하다. '王'은 동사화 되어 쓰였음. 왕 노릇하다, 즉 다스리다.

4. **今獨臣有船, 漢軍至, 無以渡.**
   금독신유선　한군지　무이도
   지금 유독 신에게만 배가 있으니, 한군은 이르러도 건널 수가 없습니다.

   無以 : ~할 수단이 없다.

5. **天之亡我, 我何渡爲?**
   천지망아　아하도위
   하늘이 나를 망치는데, 내가 무엇 하러 건너겠는가?

   何渡爲 : 건너서 무엇 하랴. 무엇 하러 건너랴. '爲'를 의문어기사로 볼 수도 있음.

6. **且籍與江東子弟八千人渡江而西, 今無一人還.**
   차적여강동자제팔천인도강이서　금무일인환
   게다가, 나 적籍이 강동의 자제 8천 명과 장강을 건너서 서쪽으로 갔다가, 이제 한 사람도 돌아오지 못했다.

   且 : 게다가. / 籍 : 항우의 이름. '羽'는 그의 자字.

7. **縱江東父兄憐而王我, 我何面目見之?**
   종강동부형련이왕아　아하면목견지
   설령 강동의 부형들이 나를 불쌍히 여겨 왕으로 삼는다 하더라도, 내가 무슨 면목으로 그들을 보겠는가?

   縱 : 설령 …한다 하더라도. 가정형에서 양보의 뜻을 가지는 연사. / 王 : 동사화 되어 왕으로 삼다·만들다는 뜻.

8. **縱彼不言, 籍獨不愧於心乎?**
   종피불언　적독불괴어심호
   설령 그들이 말하지 않는다 하더라도, 나 적만 홀로 마음에 부끄럽지 않겠는가?

   愧 : 부끄럽다.

9. 吾知公長者.
오 지 공 장 자

나는 그대가 장자임을 안다.

公 : 상대를 높여 부르는 말. / 長者 : 덕망이 있는 사람. 인격이 훌륭한 사람.

10. 吾騎此馬五歲, 所當無敵, 嘗一日行千里, 不忍殺之, 以賜公.
오 기 차 마 오 세   소 당 무 적   상 일 일 행 천 리   불 인 살 지   이 사 공

내가 이 말을 탄 지 5년이 되었는데, 마주친 자에 상대가 없었고, 일찍이 하루에 천 리를 달렸다. 차마 이 말을 죽일 수 없어 그대에게 주노라.

五歲 : 5년. / 所當無敵 : 적과 싸울 때마다 무적이었다는 뜻. / 不忍 : 차마 …하지 못하다. / 賜 : 주다. 하사하다.

11. 乃令騎皆下馬步行, 持短兵接戰.
내 령 기 개 하 마 보 행   지 단 병 접 전

그러고는 곧 기병들에게 말에서 내려 걸어가면서 단병을 들고 접전하게 했다.

令 : 사역동사. …로 하여금 ~하게 하다. / 持短兵接戰 : 단병을 가지고 붙어 싸우다. '短兵'은 짧은 병기兵器, 즉 도刀·검劍 등을 가리킴.

12. 獨籍所殺漢軍數百人, 項王身亦被十餘創.
독 적 소 살 한 군 수 백 인   항 왕 신 역 피 십 여 창

항왕 혼자서 한군 수백 명을 죽였고, 항왕 자신도 또한 10여 군데 상처를 입었다.

被十餘創 : 10여 군데 상처를 입다. '被'는 '受(수)'의 뜻. '創'은 '傷(상)', 즉 '상처'의 뜻.

13. 顧見漢騎司馬呂馬童, 曰 : 若非吾故人乎?
고 견 한 기 사 마 려 마 동   왈   약 비 오 고 인 호

한군의 기사마 여마동을 돌아보고서, "너는 나의 옛 친구가 아닌가?"라고 말했다.

顧見 : 머리를 돌려 보다. / 騎司馬 : 기장騎將의 관직명. / 呂馬童 : 인명. 원래는 항왕의 부하였으나, 뒤에 초나라를 배반하고 한나라에 투신投身했음. 그래서 항우가 '고인故人'이라고 한 것임. / 若 : 너. 이인칭대사.

14. 馬童面之, 指王翳曰 : 此項王也.
마 동 면 지   지 왕 예 왈   차 항 왕 야

여마동은 그를 외면하고 왕예에게 지적하면서, "이 자가 항왕이오."라고

말했다.

面之 : 그를 외면하다. 얼굴을 돌리다. 항왕의 말을 듣고 부끄러워 감히 그를 마주
보지 못하고 외면하였음을 뜻함. 여기서 '面'은 원뜻과 상반되는 '背(배)'의 뜻으로
풀이함. 그러나 일설에는 '面'의 뜻을 그대로 살려서, '面之'를 '그를 보다' · '그를
마주보다'로 풀이하기도 함. / 指王翳 : 왕예에게 항우를 지적해 주다. 항우를 가리
키며 왕예에게 그 사람이 항우라는 것을 알려 주었다는 뜻.

15. 吾聞漢購我頭千金, 邑萬戶, 吾爲若德.
　　오문한구아두천금　읍만호　오위약덕

나는, 한왕漢王이 내 머리를 천금에 사고, 만호후에 봉해 주겠다고 했다는
말을 들었다. 내가 너에게 덕을 베풀어 주마.

購我頭千金 : 천금으로 내 머리를 사다. 즉 내 머리에 현상금으로 천금을 걸었다는
뜻. / 邑萬戶 : 1만 호의 지역을 봉읍封邑하다. 만호후에 봉하다.

16. 乃自刎而死.
　　내 자 문 이 사

곧 자살하여 죽었다.

自刎 : 스스로를 베다. 자살하다.

■ 보 충 ▌

項籍者, 下相人也, 字羽. 初起時, 年二十四. 其季父項梁, 梁父卽
항 적 자　하 상 인 야　자 우　초 기 시　년 이 십 사　기 계 부 항 량　량 부 즉

楚將項燕, 爲秦將王翦所戮者也. 項氏世世爲楚將, 封於項, 故姓項氏.
초 장 항 연　위 진 장 왕 전 소 륙 자 야　항 씨 세 세 위 초 장　봉 어 항　고 성 항 씨

項籍少時, 學書不成, 去學劍, 又不成. 項梁怒之. 籍曰 : '書足以記
항 적 소 시　학 서 불 성　거 학 검　우 불 성　항 량 노 지　적 왈　서 족 이 기

名姓而已. 劍一人敵, 不足學, 學萬人敵.' 於是項梁乃敎籍兵法, 籍
명 성 이 이　검 일 인 적　부 족 학　학 만 인 적　어 시 항 량 내 교 적 병 법　적

大喜, 略知其意, 又不肯竟學.
대 희　략 지 기 의　우 불 긍 경 학

項梁嘗有櫟陽逮, 乃請蘄獄掾曹咎書抵櫟陽獄掾司馬欣, 以故事得
항 량 상 유 력 양 체　내 청 기 옥 연 조 구 서 저 력 양 옥 연 사 마 흔　이 고 사 득

已. 項梁殺人, 與籍避仇於吳中. 吳中賢士大夫皆出項梁下. 每吳中
이　항 량 살 인　여 적 피 구 어 오 중　오 중 현 사 대 부 개 출 항 량 하　매 오 중

有大繇役及喪, 項梁常爲主辦, 陰以兵法部勒賓客及子弟, 以是知其能.
유 대 요 역 급 상　항 량 상 위 주 판　음 이 병 법 부 륵 빈 객 급 자 제　이 시 지 기 능

秦始皇帝游會稽, 渡浙江, 梁與籍俱觀. 籍曰:'彼可取而代也.'梁
진 시 황 제 유 회 계　도 절 강　량 여 적 구 관　적 왈　피 가 취 이 대 야　량

掩其口, 曰:'毋忘言, 族矣!'梁以此奇籍, 籍長八尺餘, 力能扛鼎,
엄 기 구　왈　무 망 언　족 의　량 이 차 기 적　적 장 팔 척 여　력 능 강 정

才氣過人, 雖吳中子弟皆已憚籍矣. - 사기 항우본기項羽本紀
재 기 과 인　수 오 중 자 제 개 이 탄 적 의

下相 : 지금의 강소성江蘇省 숙천현宿遷縣 서쪽. / 初起時 : 처음 기병起兵했을 때.
즉 진이세秦二世 원년(B.C. 209). / 季父 : 막내 숙부. / 楚將項燕, 爲秦將王翦所戮
者也 : 진시황 23년(B.C. 224)에 진장秦將 왕전王翦이 초나라를 격파하고 초왕을
포로로 잡아가자, 초장楚將 항연項燕은 창평군昌平君을 왕으로 옹립하고 회남淮
南에서 계속 진秦에 대항하였는데, 다음해에 왕전 등이 다시 초군을 격파, 창평군
은 죽었고, 항연은 자살하였음. / 項 : 지금의 하남성 항성현項城縣 동북. / 竟學 :
다 배우다. 학업을 완성하다. / 嘗有櫟陽逮 : 역양현櫟陽縣에서 체포된 적이 있다.
'역양'은 현縣 이름. 지금의 섬서성陝西省 임동현臨潼縣 동북. '逮(체)'는 '추포追
捕하다', 일설에는 '及(급)'의 뜻으로 보고, '사건에 연루되다'로 풀이하기도 함. /
請蘄獄掾曹咎書抵櫟陽獄掾司馬欣 : 기현蘄縣의 옥연獄掾 조구曹咎에게 청하여 서
신을 써서 역양현 옥연 사마흔司馬欣에게 보내도록 하다. '蘄(기)'는 진대秦代의
현 이름. 지금의 안휘성安徽省 숙현宿縣 남쪽. '獄掾'은 감옥의 속관屬官. '書抵'는
'편지를 써서 보내다'의 뜻. / 以故 : 그 때문에. 그런 까닭으로 해서. / 事得已 : 일
이 끝날 수 있다. / 吳中 : 지금의 강소성江蘇省 오현吳縣 일대. 진대秦代에는 회계
군치會稽郡治였음. / 出項梁下 : 항량의 아래로 모이다. 오중吳中의 현사대부賢士
大夫들이 항량을 존경, 그의 부하가 되었다는 뜻. / 主辦 : 주관하는 사람. 주재자.
주지자主持者. / 陰以兵法部勒 : 몰래 병법에 따라 인원을 조직하다. '部勒(부륵)'은
'조직하다'. / 以是知其能 : 이 기회를 빌어 그들의 재능을 알다. / 會稽 : 회계산. 지
금의 절강성浙江省 소흥현紹興縣 동남쪽에 있음. 일설에는 군郡 이름으로 봄. 진
대秦代의 회계군은 지금의 강소성 동부와 절강성 서부를 포괄하였음. / 浙江 : 강
이름. 지금의 절강성 여항현餘杭縣 아래쪽의 전당강錢塘江. / 族 : 멸족滅族하다. /
奇 : 찬상讚賞하다. 비범하다고 여기다. / 扛(강) : 들다.

太史公曰 : 吾聞之周生曰 : '舜目蓋重瞳子.'又聞項羽亦重瞳子, 羽
태 사 공 왈　오 문 지 주 생 왈　순 목 개 중 동 자　우 문 항 우 역 중 동 자　우

豈其苗裔邪? 何興之暴也! 夫秦失其政, 陳涉首難, 豪傑蠭起, 相與
기 기 묘 예 야　하 흥 지 포 야　부 진 실 기 정　진 섭 수 난　호 걸 봉 기　상 여

並爭, 不可勝數. 然羽非有尺寸, 乘勢起隴畝之中, 三年, 遂將五諸
병쟁 불가 승수　연우비유척촌　승세기롱묘지중　삼년　수장오제

侯滅秦, 分裂天下, 而封王侯, 政由羽出, 號爲霸王, 位雖不終, 近
후멸진 분렬천하　이봉왕후　정유우출　호위패왕　위수부종　근

古以來未嘗有也. 及羽背關懷楚, 放逐義帝而自立, 怨王侯叛己, 難
고이래미상유야　급우배관회초　방축의제이자립　원왕후반기　난

矣. 自矜功伐, 奮其私智而不師古, 謂霸王之業, 欲以力征, 經營天
의　자긍공벌　분기사지이불사고　위패왕지업　욕이력정　경영천

下, 五年卒亡其國, 身死東城, 尚不覺寤, 而不自責, 過矣! 乃引 '天
하　오년졸망기국　신사동성　상불각오　이부자책　과의　내인　천

亡我, 非用兵之罪也', 豈不謬哉! - 사기 항우본기
망아　비용병지죄야　기불류재

太史公曰 : 이 이하는 사마천이 항우의 일생 사적에 대하여 총결하여 논평한 말임.
'太史公'은 '태사령太史令', 즉 사마천의 자칭自稱. / 周生 : 주선생. 이름과 생애는
알 수 없음. 한대漢代의 유자儒者. / 蓋 : 아마도. / 重瞳 : 눈에 눈동자가 둘 있는
것을 뜻함. / 苗裔 : 후손. 후예. / 暴 : 갑자기. 급작스레. 음은 '포'. / 陳涉 : 이름은
勝, 양성陽城 사람으로 진이세秦二世 원년에 오광吳廣과 기병起兵하였고, 얼마
후 스스로 왕이 되었음. / 首難 : 제일 먼저 기병하다. 군사행동은 백성에게 환난을
끼치므로, 흥병기의興兵起義하는 것을 '難'이라 함. / 蠭起 : 벌떼같이 일어나다. /
非有尺寸 : 조금의 봉지封地도 없다. '尺寸'은 '척촌지지尺寸之地', 즉 '조금의 봉
지'를 뜻함. / 乘勢起隴畝之中 : 진말秦末 농민 궐기蹶起의 시세를 타고 전야田野에
서 일어났다는 뜻. '隴畝(농묘)'는 전야, 즉 민간. / 五諸侯 : 연燕·제齊·한韓·위魏
·조趙 등 다섯 나라의 제후. / 號爲霸王 : 항우는 서초패왕西楚霸王이라고 칭했음.
/ 背關懷楚 : 항우가 지세가 유리한 진秦나라 땅을 버리고, 동으로 초楚나라 땅으
로 가서, 지금의 강소성 서주시徐州市인 팽성彭城에 도읍을 정한 것을 가리키는
말. '背關'은 '관중關中 땅을 버리다', '懷楚'는 '초국楚國을 그리워하다'의 뜻. / 義
帝 : 초회왕楚懷王 손심孫心. 원래 항량이 초왕으로 옹립했는데, 항우가 입관入關
후에 높여서 의제義帝로 했음. 후에 장사長沙로 보내고 몰래 오예吳芮·공오共敖
로 하여금 강중江中에서 그를 격살擊殺시켰음. / 王侯 : 한광韓廣·유방 등을 가리
킴. / 自矜功伐 : 스스로 공로를 뽐내다. 공을 자부自負하다. '伐'은 '功(공)'과 동의
사同義詞. / 奮其私智 : 그의 개인적인 지혜만 떨쳤다는 뜻. '私智'는 '개인의 하찮
은 지혜'. / 不師古 : 옛날의 훌륭한 제왕들을 본받지 않다. / 以力征, 經營天下 : 무
력으로 정토征討하고 천하를 탈취하여 통치하다. / 過 : 잘못.

4. 장보고張保皐 - 삼국사기三國史記

■ 해 제 ■

삼국사기는 우리나라 최고最古의 사서史書이다. 삼국사기는 고려 인종仁宗의 명을 받아 김부식金富軾을 비롯한 11명의 학자들에 의해 편찬되었다. 삼국사기는 제목에서도 알 수 있듯이 사마천의 사기에서 큰 영향을 받은 것으로 이른바 정사체正史體를 취하고 있다. 삼국사기는 본기本記·연표年表·지志·열전列傳으로 이루어져 있으며 고려의 근원을 신라에 맞추고 있어 신라에 관한 기술이 가장 두드러진다.

삼국사기 권44 열전에 수록되어 있는 장보고전은 중국의 노략질에 분개하여 청해진淸海鎭을 설치해 활동했던 호걸豪傑 장보고를 잘 묘사하였다. 김부식의 장보고전은 전래되어오던 장보고 설화와 당唐 두목杜牧의 장보고전을 결합시킨 것이라고 한다.

본 문

張保皐·鄭年, 皆新羅人, 但不知鄕邑父祖. 皆善鬪戰, 年復能沒海底, 行五十里不噎, 角其勇壯, 保皐差不及也, 年以兄呼保皐. 保皐以齒, 年以藝, 常齟齬不相下. 二人如唐, 爲武寧軍小將, 騎而用槍, 無能敵者. 後, 保皐還國, 謁大王曰:'遍中國, 以吾人爲奴

婢, 願得鎭淸海, 使賊不得掠人西去.' 淸海, 新羅海路
之要, 今謂之莞島. 大王與保皐萬人, 此後海上無鬻鄕
人者. 保皐旣貴, 年去職饑寒, 在泗之漣氷縣. 一日,
言於戍將馮元規曰: '我欲東歸, 乞食於張保皐.' 元規
曰: '若與保皐所負如何? 奈何去取死其手?' 年曰:
'饑寒死, 不如兵死快, 況死故鄕耶!' 遂去謁保皐, 飮
之極歡. 飮未卒, 聞王弑國亂無主, 保皐分兵五千人與
年, 持年手泣曰: '非子不能平禍難.' 年入國, 誅叛者
立王, 王召保皐爲相, 以年代守淸海.

자변字辨

皐 〔고〕 언덕. 높다. 물가. ▶고택皐澤.

噎 〔열〕 목이 메다. 숨 막히다.

齟 〔저〕 어긋나다. 맞지 않다. ▶저어齟齬.

齬 〔어〕 어긋나다. 맞지 않다.

莞 〔완〕 왕골. 왕골로 짠 돗자리. 빙그레 웃는 모양. ▶완포莞蒲. 완이莞爾.

鬻 〔죽〕 죽. 미음.

　〔육〕 팔다. ▶육매鬻賣.

　〔국〕 나이 어림. 기르다.

泗 〔사〕 물 이름. 콧물. ▶사수泗水. 수사洙泗. 체사涕泗.

漣 〔련〕 잔물결. 눈물 흘리다. ▶연의漣漪. 청련淸漣.

戍 〔수〕 지키다. 수자리. ▶수루戍樓. 수역戍役. 정수征戍.

馮 〔빙〕 업신여기다. 뽐내다. 기대다. 힘입다. 도보로 건너다. ▶빙허馮虛.

빙하馮河.

〔풍〕 성姓.

弑 〔시〕 죽이다. 윗사람을 죽이다. 잔인하다. ▶ 시해弑害. 시학弑虐.

誅 〔주〕 죽이다. 토벌하다. 책망하다. 형벌. ▶ 주살誅殺. 주책誅責. 주벌誅伐.
주토誅討.

▌ 해 설 ▌

1. 張保皐·鄭年, 皆新羅人, 但不知鄕邑父祖.
　　장보고　정년　개신라인　단부지향읍부조

　　장보고와 정년은 다 신라 사람인데, 고향과 조상은 알 수 없다.

　　但 : 고향과 조상을 특별히 가리키기 위해 쓰인 말. 다른 것은 알아도 고향과 조상
　　만은 알 길이 없다는 뜻. / 父祖 : 아버지와 할아버지를 말하나 여기서는 가계家系
　　내지 조상에 관한 일.

2. 皆善鬪戰, 年復能沒海底, 行五十里不噎, 角其勇壯, 保皐差不
　　개선투전　년부능몰해저　행오십리불열　각기용장　보고차불
　　及也, 年以兄呼保皐.
　　급야　년이형호보고

　　두 사람 다 싸움을 잘했는데, 정년은 또 바다 밑에 잠겨서 50리를 가도
　　숨이 막히지 않을 수 있었으며, 그 용감하고 씩씩함을 견주자면 장보고가
　　못하였으나, 정년이 장보고를 형으로 불렀다.

　　角 : 뿔을 다투다. 견주다. 비교하다. / 差不及 : 조금 미치지 못하다. 장보고가 정
　　년만큼 되지 못하다는 뜻임. / 以兄呼 : 형으로 부르다. 형이라고 말하다.

3. 保皐以齒, 年以藝, 常齟齬不相下.
　　보고이치　년이예　상저어불상하

　　장보고는 나이로, 정년은 재주로 항상 맞서 서로 낮추지 않았다.

　　齒 : 연치年齒. 나이. / 齟齬 : 주장이 엇갈림. 서로 다른 것을 내세워 말이 엇갈림.
　　원래는 윗니와 아랫니가 잘 맞지 않음을 가리키는 말. / 不相下 : 자기 주장을 낮추
　　고 상대를 올리려 하지 않음을 뜻함.

4. 二人如唐, 爲武寧軍小將, 騎而用槍, 無能敵者.
　　이인여당　위무녕군소장　기이용창　무능적자

　　두 사람이 당에 가서 무녕군 소장이 되었는데, 말 타고 창을 쓰는 데 있어
　　맞설 자가 없었다.

如 : 가다. / 武寧軍 : 당唐 후기 절도사節度使의 관할구역을 지명으로 쓴 것. 무녕
절도사 관할구역인 오늘날의 강소성江蘇省 동산현銅山縣 일대. / 小將 : 관직 이름.
하급 장교의 직책. / 敵 : 맞서다. 겨루다.

5. 後, 保臯還國, 謁大王曰.
후　　보고환국　　알대왕왈

나중에 장보고가 본국에 돌아와, 대왕을 뵙고 말하였다.

謁 : 자기보다 지위가 높은 사람을 찾아가 뵙는 것. 뵙고 말하는 것.

6. 遍中國, 以吾人爲奴婢, 願得鎭淸海, 使賊不得掠人西去.
편중국　이오인위노비　원득진청해　사적부득략인서거

온 중국이 우리나라 사람들을 노비로 삼고 있으니, 원컨대 청해에 진을
설치하여 도적들이 사람들을 약탈하여 서쪽으로 데려가지 못하게 하고자
합니다.

遍 : 두루. 어디서나. / 鎭 : 동사화 되어 '진영을 설치하다'의 뜻. / 不得 : 불능不能.

7. 淸海, 新羅海路之要, 今謂之莞島.
청해　　신라해로지요　　금위지완도

청해는 신라 바닷길의 요충지로서 지금은 완도라고 부른다.

8. 大王與保臯萬人, 此後海上無鬻鄕人者.
대왕여보고만인　　차후해상무육향인자

대왕이 장보고에게 만 명을 주니, 그 후로 바다에서 우리나라 사람을 파
는 자가 없었다.

與 : 주다. / 萬人 : 군사 만 명. / 鄕人 : 우리나라 사람. '鄕'은 중국에 대해 우리나
라를 가리켜 부르던 말임.

9. 保臯旣貴, 年去職饑寒, 在泗之漣氷縣.
보고기귀　년거직기한　재사지련빙현

장보고가 신분이 높게 되었을 때, 정년은 관직에서 물러나 어렵게 사수泗
水 가의 연빙현에서 살고 있었다.

旣貴 : '旣'는 '이미'라는 뜻으로 자주 쓰이나 여기서는 어떤 상황이 벌어진 지 오
래되었다는 뜻. '貴'는 신분이 높아진 것을 말함. / 饑寒 : 배고프고 춥다는 뜻으로
매우 생활이 궁핍함을 말함. / 泗 : 사수泗水. 회수淮水의 지류. / 漣氷縣 : 지명. 지
금의 강소성 연빙현.

10. 一日, 言於戌將馮元規曰.
일일　　언어수장풍원규왈

어느 날 수장인 풍원규에게 말했다.

一日 : 하루의 뜻이 아니라 특정하지 않은 어느 날을 가리킴. / 戍將 : 국경을 지키는 수비대의 장수.

11. 我欲東歸, 乞食於張保臯.
아 욕 동 귀　　걸 식 어 장 보 고

나는 동쪽으로 돌아가 장보고에게 밥이라도 얻어먹으려 한다.

東歸 : 중국의 동쪽, 즉 신라로 돌아가려 함을 말함.

12. 若與保臯所負如何？ 奈何去取死其手？
약 여 보 고 소 부 여 하　　내 하 거 취 사 기 수

당신과 장보고 사이가 어떠한가? 어찌하여 가서 그의 손에 잡혀 죽으려 하는가?

若 : 당신. 너. / 所負 : 믿는 바. 의지하는 바. '負'는 '믿다' · '의지하다'의 뜻. / 奈何 : 어찌하여. 왜. / 取死 : 잡혀 죽다.

13. 饑寒死, 不如兵死快, 況死故鄕耶！
기 한 사　　불 여 병 사 쾌　　황 사 고 향 야

배고프고 추워서 죽는 것은 싸우다 죽는 것만큼 시원스럽지 못한데, 하물며 고향에서 죽음에랴!

兵死 : '兵'은 원래 무기를 가리키는 말. 싸움터에서 무기를 잡고 죽는다는 뜻.

14. 遂去謁保臯, 飮之極歡.
수 거 알 보 고　　음 지 극 환

마침내 떠나가 장보고를 만나니, 술을 대접하며 매우 즐거워했다.

遂 : 드디어. 마침내.

15. 飮未卒, 聞王弑國亂無主, 保臯分兵五千人與年, 持年手泣曰：
음 미 졸　　문 왕 시 국 란 무 주　　보 고 분 병 오 천 인 여 년　　지 년 수 읍 왈

'非子不能平禍難.'
비 자 불 능 평 화 난

술자리가 다 끝나기 전에, 왕이 시해되고 국도國都에 난이 일어나 왕이 없어졌다는 소식이 들리자, 장보고는 군사 5천을 정년에게 나누어 주면서 정년의 손을 잡고 울면서 말하기를 "자네가 아니면 난리를 평정할 수가 없다"고 했다.

卒 : 끝나다. 마치다. 죽다. / 弑 : 아랫사람이 윗사람을 죽이는 것. / 國 : 여기서는 국도, 즉 왕성王城의 뜻. / 無主 : 임금이 없다. / 非子 : 자네가 아니면. '子'는 이인

칭대사.

16. 年入國, 誅叛者立王, 王召保皐爲相, 以年代守清海.
　　　년입국　　주반자립왕　　왕소보고위상　　이년대수청해

정년이 국도에 들어가 모반한 자를 죽이고 왕을 세우자, 왕은 장보고를
불러 재상을 삼고, 정년으로 청해를 대신 지키게 했다.

　　誅 : 죽이다. 벌로 죽이다. / 爲相 : 재상으로 삼다.

■ 보 충 ■

知其心不叛, 知其材可任, 然後心不疑兵可分 ; 平生積憤, 知其心難
지기심불반　　지기재가임　　연후심불의병가분　　평생적분　　지기심난

也, 忿必見短, 知其材益難也, 此保皐與汾陽之賢等耳. 年投保皐,
야　분필견단　　지기재익난야　　차보고여분양지현등이　　년투보고

必曰 : '彼貴我賤, 我降下之, 不宜以舊忿殺我.' 保皐果不殺, 人之
필왈　　피귀아천　　아항하지　　불의이구분살아　　보고과불살　　인지

常情也 ; 臨淮請死於汾陽, 亦人之常情也. 保皐任年事, 出於己, 年
상정야　　임회청사어분양　　역인지상정야　　보고임년사　　출어기　　년

且饑寒, 易爲感動 ; 汾陽·臨淮, 平生抗立, 臨淮之命, 出於天子,
차기한　　이위감동　　분양　림회　　평생항립　　림회지명　　출어천자

擢於保皐, 汾陽爲優. 此乃聖賢遲疑成敗之際也. 彼無他也, 仁義之
각어보고　　분양위우　　차내성현지의성패지제야　　피무타야　　인의지

心與雜情並植, 雜情勝則仁義滅, 仁義勝則雜情消. 彼二人, 仁義之
심여잡정병식　　잡정승즉인의멸　　인의승즉잡정소　　피이인　　인의지

心旣勝, 復資之以明, 故卒成功. ─ 삼국사기 장보고전張保皐傳
심기승　　부자지이명　　고졸성공

　　不疑兵可分 : 의심하지 않고 군사를 나누어 줄 수 있다. / 平生積憤 : '平生'은 평소,
이전의 뜻. 장보고와 정년이 오랫동안 경쟁 관계였음을 말함. / 忿必見短 : 성내면
반드시 단점을 보게 된다. / 知其材益難 : 재주를 알기는 더욱 어렵다. / 汾陽 : 당현
종唐玄宗 당시 안사安史의 난亂 때 사이가 나빴던 곽분양郭汾陽과 이임회李臨淮
가 국란에 처하자 함께 힘을 합쳤다는 이야기를 끌어오기 위해 장보고의 도량을
곽분양의 도량에 비유한 것. / 賢等 : 어질기가 같다. / 投 : 의탁하다. 밑으로 들어
가다. / 降下之 : 장보고에게 숙이고 낮추다. / 不宜 : 반드시 …하지 않을 것이다. /
以舊忿 : 옛 원한 때문에. / 臨淮請死於汾陽 : 이임회와 곽분양이 서로 사이가 나빴
는데 곽분양이 상관이 되자 이임회가 자기는 죽이더라도 처자만은 살려 달라고

청했던 일을 가리킴. / 任年事 : 정년에게 일을 맡기다. / 出於己 : 자기 마음에서 나
오다. / 易爲感動 : 쉽게 감동되다. / 抗立 : 대항하여 맞서다. / 臨淮之命, 出於天
子 : 현종이 이임회에게 곽분양의 휘하에 들어가 조위趙魏 지방으로 진군하라고
명했던 일을 가리킴. / 攉於 : …과 비교하다. '攉(각)'은 헤아리다. / 爲優 : 우월하
다. 낫다. / 遲疑 : 주저하고 의심하다. / 際 : 곳. 부분. 때. / 並植 : 함께 심어져 있
다. 함께 위치해 있다. / 資之以明 : 인의지심仁義之心을 현명함으로 돕다. / 卒 : 마
침내. 끝내.

五. 문장류文章類

1. 어부사漁父辭 －굴원屈原

■ 해 제 ■

어부사는 초楚나라 조정에서 추방된 굴원이, 강택江潭에서 만난 어부와의 문답을 통하여 그의 곧고 결백한 마음을 토로한 초사체楚辭體 글이다. 이 글은 후한後漢 왕일王逸이 찬撰한 초사장구楚辭章句에 굴원이 지은 것으로 되어 있으나, 그의 여타 작품과는 달리 산문적이고, 굴원 자신이 객관적으로 묘사되어 있다는 점에서, 근래의 학자들은 거의 위작僞作으로 간주하고 있다. 사기 굴원가생열전屈原賈生列傳에도 인용되었으나, 문장에 다소 차이가 있다. 사辭는 초사 계통의 문체인데, 이 어부사는 산문체로서 변체變體에 속한다고 할 수 있다.

굴원(B.C. 343?~277?)은 전국시대 초나라 사람으로 굴평屈平이라고도 한다. 초나라의 고관高官이요, 충신이었으나 간신들의 참언讒言에 의해 실각失脚 추방되어 실의방랑失意放浪하던 끝에 멱라汨羅에 투신했다고 한다. 그는 중국 최초의 대표적 우국憂國시인이며 초사의 시조始祖로서 대표작은 이소離騷 · 구장九章 · 구가九歌 등이다.

屈原旣放, 游於江潭, 行吟澤畔；顔色憔悴, 形容枯槁. 漁父見而問之, 曰：'子非三閭大夫與? 何故至於斯?' 屈原曰：'擧世皆濁, 我獨淸；衆人皆醉, 我獨醒, 是以見放.'

漁父曰：'聖人不凝滯於物, 而能與世推移. 世人皆濁, 何不淈其泥而揚其波? 衆人皆醉, 何不餔其糟而歠其醨? 何故深思高擧, 自令放爲?' 屈原曰：'吾聞之, 新沐者必彈冠；新浴者必振衣. 安能以身之察察, 受物之汶汶者乎? 寧赴湘流, 葬於江魚之腹中, 安能以皓皓之白, 而蒙世俗之塵埃乎?'

漁父莞爾而笑, 鼓枻而去. 乃歌曰：'滄浪之水淸兮, 可以濯吾纓；滄浪之水濁兮, 可以濯吾足.' 遂去不復與言.

■ 자변字辨 ■

游〔유〕 헤엄치다. 헤엄. 뜨다 = 遊. 놀다. 놀이. 흐르다. ▶유룡游龍. 유어출청游魚出聽. 유영游泳.

畔〔반〕 물가. 떨어지다. 배반하다. 두둑. 지경. ▶반안畔岸.

憔〔초〕 파리하다. 시달리다. ▶초려憔慮.

悴 〔췌〕 파리하다. 근심하다. ▶췌안悴顔.

閭 〔려〕 마을. 이문. ▶여문閭門. 여시閭市.

醒 〔성〕 깨다. 깨닫다. 깨우다. 깨우치다. ▶성오醒悟. 각성覺醒.

凝 〔응〕 엉기다. 얼다. 굳히다. 모으다. 정하다. 이루다. ▶응고凝固. 응시凝視. 응축凝縮.

滯 〔체〕 막히다. 쌓이다. 남다. 머무르다. ▶체류滯留. 체적滯積.

淈 〔굴〕 흐리다. 흐리게 하다. 어지럽다. 어지럽히다. 다하다. 흐르다. ▶굴굴淈淈.

餔 〔포〕 저녁밥. 먹다. 먹이다. ▶포철餔歠.

糟 〔조〕 지게미. 찌끼. 막걸리. ▶조강지처糟糠之妻. 조박糟粕.

歠 〔철〕 들이마시다.

釃 〔시〕 거르다. 나누다.
　　〔리〕 = 醨. 묽은 술.

汶 〔문〕 물 이름. 수치. 더럽다.

湘 〔상〕 삶다. 끓이다. 물 이름. 땅 이름. ▶상강湘江. 상군湘君. 소상야우瀟湘夜雨.

皓 〔호〕 희다. 깨끗하다. 밝다. 하늘. ▶호백皓白. 단순호치丹脣皓齒.

塵 〔진〕 티끌. 때. 더럽히다. 묵다. ▶진겁塵劫. 진망塵網. 홍진紅塵. 화광동진和光同塵.

埃 〔애〕 티끌.

莞 〔완〕 골풀. 왕골. 왕골자리. 웃다. ▶완점莞簟.

爾 〔이〕 너. 같이. 그러하다. 그. 이. 가깝다. 뿐. ▶이금爾今. 이래爾來. 솔이率爾.

枻 〔예〕 노. ▶난예蘭枻.

纓 〔영〕 갓끈. 감다. ▶영관纓冠. 영신纓紳.

■■ 해 설 ■

1. 屈原旣放, 游於江潭, 行吟澤畔.
　　굴 원 기 방　　유 어 강 담　　행 음 택 반

굴원이 이미 쫓겨나 강담에서 노닐다가 못가를 거닐면서 시를 읊었다.

旣放 : 이미 추방당하다. / 游 : 뚜렷한 목적 없이 떠돌아다니는 것을 말함. / 江潭 :

완상지간沅湘之間의 깊은 못. 완수沅水 가에 구담九潭이 있다고 함. 일설에는 '潭'을 '물가'의 뜻으로 풀이하기도 함. / 行吟 : 거닐면서 시·부부賦 등을 읊조리다. / 澤畔 : 못가. '澤'은 소택지沼澤地, 즉 늪지대. 호남湖南·호북湖北 지역에는 많은 소택지가 있음.

※ 굴원은 원래 초회왕楚懷王 때, 왕의 신임을 얻어 삼려대부三閭大夫까지 되었으나, 정적政敵들의 참언으로 인해 강북에 추방되었고, 그 뒤 회왕이 진秦나라에서 객사客死하고 경양왕頃襄王이 즉위하자 사면되어 조정으로 돌아왔지만, 다시 친진파親秦派의 참언으로 강남에 추방되었다. 추방된 뒤, 완상지간沅湘之間에서 배회하면서 나라를 걱정하고 왕을 그리워하였지만 돌아갈 가능성이 없자, 회사懷沙를 짓고 멱라수汨羅水에 투신해 죽었다고 함.

2. 顔色憔悴, 形容枯槁.
안 색 초 췌　　형 용 고 고

얼굴빛은 초췌하고, 모습은 파리하게 말랐다.

憔悴 : 고생이나 병으로 시달려 파리한 모양. / 形容枯槁 : 얼굴과 몸이 생기가 없이 바짝 마르고 여위다. '形'은 전체적인 모습. '容'은 얼굴.

3. 漁父見而問之曰 : 子非三閭大夫與? 何故至於斯?
어 부 견 이 문 지 왈　　자 비 삼 려 대 부 여　　하 고 지 어 사

어부가 그를 보고 묻기를, "그대는 삼려대부가 아니오? 무슨 까닭으로 이곳에 이르게 되었소?"라고 하였다.

三閭大夫 : 춘추시대 초나라의 벼슬 이름. 왕족인 소씨昭氏·굴씨屈氏·경씨景氏 삼가三家에 관계되는 일들을 관장하였음. '閭'는 동리洞里의 문으로 일족一族을 뜻함. / 與 : 반문의 어기를 나타내는 문미어기사. 歟(여)와 같음. / 斯 : 여기. '이 지경'의 뜻으로 풀이하기도 함.

4. 屈原曰 : 擧世皆濁, 我獨淸 ; 衆人皆醉, 我獨醒, 是以見放.
굴 원 왈　 거 세 개 탁　 아 독 청　 중 인 개 취　 아 독 성　 시 이 견 방

굴원은 "온 세상이 모두 흐린데 나 홀로 맑고, 뭇사람이 다 취했는데 나 홀로 깨어 있어, 이 때문에 추방당했소."라고 말하였다.

擧世 : 온 세상. / 醉 : 명예나 이익에 마음을 빼앗긴 것을 뜻함. / 醒 : 술이 깨다. 여기서는 정신이 맑고 깨끗한 것을 뜻함. / 是以 : 이 때문에. / 見放 : 쫓겨나다. 추방당하다. '見'은 피동의 뜻을 표시함.

5. 聖人不凝滯於物, 而能與世推移.
성 인 불 응 체 어 물　　이 능 여 세 추 이

성인은 외물에 응체되지 않고, 세상을 따라 추이해 갈 수 있소.

聖人 : 지덕智德이 더없이 뛰어난 사람. 도리에 통달한 최상의 인물. / 凝滯 : 엉키고 막히다. 구애되다. 여기서는 꽉 막히고 융통성이 없어 외물에 집착하는 것을 말함. / 物 : 외물. 전물專物. / 推移 : 변해가다. 일이나 형편에 따라 변하여 옮아가다. 어떤 상황에 따라 옮겨가다.

6. 世人皆濁, 何不淈其泥而揚其波?
세 인 개 탁   하 불 굴 기 니 이 양 기 파

세상 사람들이 모두 흐리면, 어찌하여 그 진흙을 휘저어 그 물결을 높게 하지 않습니까?

淈其泥而揚其波 : 그 진흙을 휘저어 그 물결을 일게 하다. 한술 더 떠서 물을 더욱 혼탁하게 하며 그 파도와 흐름을 따른다는 뜻. 즉 세상과 부침浮沈을 함께하는 것을 뜻함. '淈'은 '흐리게 하다'의 뜻.

7. 衆人皆醉, 何不餔其糟而歠其釃?
중 인 개 취   하 불 포 기 조 이 철 기 리

뭇사람들이 모두 취하였으면, 어찌하여 그 술지게미를 먹고 그 박주薄酒를 마시지 않소?

餔其糟 : 그 술지게미를 먹다. '糟'는 '술지게미'·'찌끼'. / 歠其釃 : 그 박주를 들이마시다. '歠'은 '빨아서 훅 들이마시다'의 뜻. '釃'는 순미醇味를 짜내고 난 박주, '醨(리)'와 같음. 사기 굴원열전에는 '醨'로 되어 있음. 일설에는 '술을 걸러 지게미는 버리고 맑은 것만 취한 술'로 풀이하기도 함.

8. 何故深思高擧, 自令放爲?
하 고 심 사 고 거   자 령 방 위

무엇 때문에 깊이 생각하고 고상한 체 행동하여, 스스로 쫓겨나게 하였소?

何故 : 무슨 까닭. 무엇 때문에. / 深思高擧 : 심각하게 생각하고 고상하게 행동하다. / 自令放 : 스스로 자신을 쫓겨나게 하다. '令'은 사역동사. / 爲 : 의문의 어기를 나타내는 문미어기사. '乎'와 같음.

9. 吾聞之, 新沐者必彈冠, 新浴者必振衣.
오 문 지   신 목 자 필 탄 관   신 욕 자 필 진 의

나는 '새로 머리를 감은 사람은 반드시 갓을 털고, 새로 몸을 씻은 사람은 반드시 옷을 턴다'는 말을 들었소.

沐 : 머리를 감다. / 彈冠 : 갓을 털어서 먼지를 떨어낸다는 뜻. / 浴 : 몸을 씻다. / 振衣 : 옷을 털어서 먼지를 떨어낸다는 뜻.

10. **安能以身之察察, 受物之汶汶者乎?**

　　안 능 이 신 지 찰 찰　　수 물 지 문 문 자 호

어찌 내 몸의 깨끗함으로써 외물의 더러움을 받아들일 수 있겠소?

　　安 : 어찌. / 身之察察 : 깨끗한 몸. '察察'은 깨끗한 모양. 의미상으로 '察察'이 '身'의 정어定語이나, '察察'의 의미를 부각하기 위해서 '之'를 사용하여 도치시킨 형태. 이렇게 정어를 중심어화 시키면 정어를 특히 강조하는 것이 됨. / 物之汶汶 : 더러운 외물外物. '汶汶'은 더러운 모양.

11. **寧赴湘流, 葬於江魚之腹中, 安能以皓皓之白, 而蒙世俗之塵埃乎?**

　　녕 부 상 류　　장 어 강 어 지 복 중　　안 능 이 호 호 지 백　　이 몽 세 속 지 진 애 호

차라리 상류에 달려가 물고기 배에 장사지낼지언정, 어찌 희고 깨끗한 청백淸白한 몸으로 세속의 먼지를 뒤집어쓰겠소?

　　寧 : 차라리 …할지언정. 비교 선택을 표시함. / 葬於江魚之腹中 : 물에 빠져 고기밥이 되겠다는 뜻. 실제로 굴원은 뒷날 상수湘水의 멱라汨羅에 투신 자살을 했다 함. 중국인들은 굴원이 죽은 날로 알려진 음력 5월 5일 단오절端午節이면, 지금도 종자粽子라는 떡을 만들어 먹고 용선龍船시합을 함. / 皓皓之白 : 희고 깨끗한 청백한 몸. '皓皓'는 희고 깨끗한 모양. '白'은 자기의 깨끗한 몸을 가리킴. / 蒙 : 덮어쓰다. 입다. / 塵埃 : 먼지. 티끌.

12. **漁父莞爾而笑, 鼓枻而去.**

　　어 부 완 이 이 소　　고 예 이 거

어부는 빙그레 웃고는 뱃전을 두드리면서 갔다.

　　莞爾 : 빙그레 웃는 모습. / 鼓枻 : 뱃전을 두드리다. '枻'는 '舷(현)'의 뜻. '鼓'는 치다, 두드리다. 소리가 높이 나도록 두드리는 동작을 말하는 것으로, 여기서는 노래에 장단을 맞추기 위해서 두드리는 것임.

13. **乃歌曰 : 滄浪之水清兮, 可以濯吾纓 ; 滄浪之水濁兮, 可以濯吾足.**

　　내 가 왈　　창 랑 지 수 청 혜　　가 이 탁 오 영　　창 랑 지 수 탁 혜　　가 이 탁 오 족

그리고 노래하기를, "창랑의 물이 맑으면 내 갓끈을 씻을 것이고, 창랑의 물이 흐리면 내 발을 씻으리라."고 하였다.

　　滄浪 : 한수漢水 하류 지역의 지명. 한수 유역에 창랑주滄浪洲라는 곳이 있는데, 그곳에 흘러가는 물을 창랑지수라 함. 창랑은 하수夏水라고도 불렸고, 한수의 별명으로도 쓰였음. / 兮 : 사부辭賦의 문중文中에 쓰여 어기의 일시적 정지를 나타내는 어기사. / 可以 : …할 수 있다. / 濯吾纓 : 내 갓끈을 씻다. 세상이 안정될 때는 의관을 바르게 하고 벼슬하는 것을 뜻한다고 볼 수 있음. / 濯吾足 : 세상이 어지러울 때는 세상을 피해 은둔해 사는 것을 뜻한다고 볼 수 있음.

※ 어부가 부른 노래는, 맹자 이루상편離婁上篇에 의하면, 공자 당시에도 알려졌던 노래로 소개되어 있는바, 고대 중국에서 상당히 오랫동안 널리 불려졌음을 알 수 있음.

14. **遂去不復與言.**
수 거 불 부 여 언

마침내 가버리고, 다시는 그와 말을 하지 않더라.

復 : 다시. 음은 '부'. 동사적인 뜻으로 쓰일 때는 '복'.

■ 보 충 ■

上行幸河東, 祠后土. 顧視帝京欣然. 中流與群臣飮燕, 上歡甚. 乃
상 행 행 하 동   사 후 토   고 시 제 경 흔 연   중 류 여 군 신 음 연   상 환 심   내

自作秋風辭, 曰 :
자 작 추 풍 사   왈

秋風起兮白雲飛, 草木黃落兮雁南歸.
추 풍 기 혜 백 운 비   초 목 황 락 혜 안 남 귀

蘭有秀兮菊有芳, 懷佳人兮不能忘.
란 유 수 혜 국 유 방   회 가 인 혜 불 능 망

泛樓船兮濟汾河, 橫中流兮揚素波.
범 루 선 혜 제 분 하   횡 중 류 혜 양 소 파

簫鼓鳴兮發棹歌, 歡樂極兮哀情多.
소 고 명 혜 발 도 가   환 락 극 혜 애 정 다

少壯幾時兮奈老何! — 한무제漢武帝 추풍사秋風辭
소 장 기 시 혜 내 로 하

上 : 천자를 지칭하는 말. / 行幸 : 천자가 궁궐 밖에 나가서 다니는 것을 말함. / 河東 : 지명. 황하 동쪽 지역. 하동군河東郡. 지금의 산서성山西省 일대. / 后土 : 지신地神 이름. / 飮燕 : 연회를 하다. / 秀 : 꽃. 화병花柄이 긴 꽃. / 芳 : 향기 있는 꽃. / 樓船 : 망대望臺를 높이 짜 올린 큰 배. / 汾河 : '汾'은 '분수汾水'. '河'는 '황하'. 분수는 산서성에 있음. / 中流 : '流中(유중)'과 같음. / 簫鼓 : 여기서는 악기의 총칭으로 쓰였음. / 棹歌 : 노를 저으면서 부르는 사공의 노래. / 奈老何 : 늙어 가는 것을 어찌하나.

2. 이인위미里仁爲美 ─ 왕안석王安石

■ 해 제 ■

　이인위미는 논어 이인편里仁篇에서 공자가 말한 '이인위미里仁爲美. 택불처인擇不處仁, 언득지焉得知?'의 함의含義를 천석闡釋한 왕안석의 글이다. 왕안석이 북송北宋 신종神宗 때 재상이 되자, 시부詩賦 대신 경의經義로써 과거시험을 보도록 했는데, 이 글은 아마도 그가 경의의 범문範文으로 지은 것일 것이다. 정연한 논리 전개와 명쾌한 해설로 왕안석의 필치를 그대로 보여주는 이 글은 팔고문八股文의 원류源流를 말할 때, 그 남상濫觴으로 간주되는 명문이다.

　왕안석(1021~1086)은 자가 개보介甫, 호가 반산半山으로 북송 무주撫州 임천臨川(지금의 강서성江西省 임천현) 사람이다. 신종 때 재상이 되어 소위 신법新法을 시행함으로써 북송대에 가장 특출한 정치가로 인정되었으며, 문학에도 능하여 당송팔대가唐宋八大家에 열입列入되는 산문대가일 뿐만 아니라 시로도 북송을 대표하는 문인이다.

본 문

爲善必愼其習, 故所居必擇其地. 善在我耳, 人何損焉? 而君子必擇所居之地者, 蓋愼其習也. 孔子曰: '里仁爲美.' 意以此與!

一薰一蕕, 十年有臭, 非以其化之之故耶? 一日暴,十日寒, 無復能生之物. 傳者寡, 而咻者眾, 雖日撻不可爲齊語, 非以其害之之故耶? 善不勝惡舊矣! 爲善而不求善之資, 在我未保其全, 而惡習固已亂之矣. 此擇不處仁, 所以謂之不智, 而里仁所以爲美也.

夫苟處仁, 則朝夕之所親, 無非仁也 ; 議論之所契, 無非仁也. 耳之所聞, 皆仁人之言 ; 目之所覩, 皆仁人之事. 相與磨礱, 相與漸漬, 日加益而不知矣, 不亦美乎?

夷之里, 貪夫可以廉 ; 惠之里, 鄙夫可以寬. 旣居仁之里矣, 雖欲不仁得乎? 以墨氏而己有所不及, 以孟氏之家, 爲之數遷, 可以餘人而不擇其地乎?

然至賢者不能渝, 至潔者不能汚. 彼誠仁者, 性之而非假也, 安之而弗强也. 動與仁俱行, 靜與仁俱至, 蓋無往而不存, 尚何以擇爲哉?

■ **자변**字辨 ■

薰 〔훈〕 향초. 향내. 향기롭다. 태우다. 솔솔 불다. ▶훈도薰陶. 훈염薰染. 훈육薰育.

猶 〔유〕 누린내풀.

傅 〔부〕 스승. 돌보다. 돕다. 붙다. 가까이하다. 바르다. 이르다. 베풀다. ▶사부師傅. 태부太傅.

咻 [휴] 지껄이다.
　　[후] 따뜻하게 하다.
撻 [달] 매질하다. 빠르다. ▶추달捶撻. 편달鞭撻.
覩 [도] ＝睹. 보다.
礱 [롱] 맷돌. 갈다. ▶농려礱厲.
漬 [지] 담그다. 잠기다. 젖다. 물들다. 앓다. 거품. ▶지묵漬墨.
鄙 [비] 더럽다. 촌스럽다. 고집 세다. 천하다. 마을. 식읍. 두메. ▶비열鄙
　　劣. 비루鄙陋. 비박鄙薄. 비속鄙俗. 비천鄙賤.
渝 [투] 변하다. 변경하다. 넘치다.

■ 해 설 ■

1. 爲善必愼其習, 故所居必擇其地.
위 선 필 신 기 습　　고 소 거 필 택 기 지

좋은 일을 하려면 반드시 그의 습관을 근신謹愼해야 하니, 그러므로 거처
함에 반드시 그 지역을 가려야만 한다.

爲善 : 좋은 일을 하다. 착한 일을 하다. / 其習 : 그의 습관. 그의 행습行習.

2. 善在我耳, 人何損焉?
선 재 아 이　　인 하 손 언

좋은 일은 나에게 달려 있을 뿐이니, 다른 사람이 어찌 그것을 손상시킬
수 있겠는가?

善在我耳 : 좋은 일을 하는 것은 나 자신에게 달려 있을 뿐이다. / 人何損焉 : 다른
사람이 그 일을 못하도록 해를 끼치겠는가. '耳'와 '焉'은 다 강한 어기를 나타내기
위해 쓰인 어기사이다.

3. 而君子必擇所居之地者, 蓋愼其習也.
이 군 자 필 택 소 거 지 지 자　　개 신 기 습 야

그런데도 군자가 반드시 거처할 지역을 가리는 것은, 대체로 그의 습관을
근신하고자 하는 때문이다.

而 : 그런데도. / 也 : 인과문因果文에 쓰인 문미어기사.

4. 孔子曰 : 里仁爲美.
공 자 왈　　리 인 위 미

공자께서, "마을이 인후仁厚해야 좋다."고 말씀하셨다.

里仁爲美 : 마을은 인후한 풍속이 있어야 좋다. '里'를 동사로 보고, '어진 사람이 있는 마을에 살아야 좋다'로 풀이하기도 함.

※ 논어 이인편里仁篇에서 공자가 '마을에 인후한 풍속이 있어야 좋다. 거처를 가려서 인후한 곳에 살지 않으면, 어찌 지혜롭다 할 수 있겠느냐?(里仁爲美. 擇不處仁, 焉得知?)'라고 했음.

5. 意以此與!
의 이 차 여

이를 뜻하는 것이리라.

與 : 강한 추측의 어기를 표시하는 문미어기사.

6. 一薰一蕕, 十年有臭, 非以其化之之故耶?
일 훈 일 유 　 십 년 유 취 　 비 이 기 화 지 지 고 야

'향초와 악취 나는 풀이 있으면, 10년이 지나도 악취가 난다'는 것은 그 악취 나는 풀이 그 향초를 변화시키기 때문이 아니겠는가?

一薰一蕕 : '薰'은 향초, 일명 혜蕙, 여기서는 선인善人을 비유함. '蕕'는 취초臭草, 즉 악취가 나는 풀. 악인惡人을 비유함. / 耶 : 반문의 어기를 표시하는 문미어기사.

※ 좌전 희공僖公4년에 '향초와 취초가 있으면, 10년이 지나도 여전히 악취가 난다(一薰一蕕, 十年尙猶有臭.)'라는 말이 있음.

7. 一日暴, 十日寒, 無復能生之物.
일 일 폭 　 십 일 한 　 무 부 능 생 지 물

하루 동안 햇볕을 쬐고 열흘 동안 차게 하면, 자라날 수 있는 식물이 없다.

暴 : 햇볕에 쬐어 따뜻하게 해 주는 것을 말함. 그렇게 하는 것은 싹이 터서 잘 자라나게 하는, 좋은 조건의 하나임. 음은 '폭'. '曝(폭)'과 같음. / 寒 : 차게 하다. 식물은 차게 하면 싹이 돋아나지 못함.

※ 맹자 고자상告子上에서 맹자가 '천하에서 가장 쉽게 자라나는 식물이 있다 해도, 하루 동안 햇볕을 쬐고, 열흘 동안 차게 하면 자라날 식물이 없다(雖有天下易生之物也, 一日暴之, 十日寒之, 未有能生者也.)'라고 했음.

8. 傅者寡, 而咻者衆, 雖日撻不可爲齊語, 非以其害之之故耶?
부 자 과 　 이 휴 자 중 　 수 일 달 불 가 위 제 어 　 비 이 기 해 지 지 고 야

제齊나라 말을 가르치는 사람은 적고, 초楚나라 말을 지껄이는 사람이 많으면, 비록 날마다 때려도 제나라 말을 할 수 없는 것은, 그들이 그를 해

치기 때문이 아니겠는가?

傳者寡 : 가르치는 사람은 적다. 여기서는 제나라 말을 가르치는 사람이 적다는 뜻. '傳'는 '가르치다'의 뜻. / 咻者衆 : 지껄이는 사람은 많다. 제나라 말을 배우는 사람 주위에 초나라 말을 지껄이는 사람이 많다는 뜻. / 撻 : 열심히 배우도록 매질하는 것을 뜻함. / 其害之 : 초나라 말을 지껄이는 사람이 제나라 말을 배우는 사람에게 해를 끼치다.

※ 맹자 등문공하滕文公下에서 맹자가 '한 명의 제나라 사람이 그를 가르치고, 뭇 초나라 사람이 그에게 지껄여댄다면, 매일같이 때리면서 그가 제나라 말 하기를 요구한다 하더라도 해내지 못할 것이다(一齊人傳之, 衆楚人咻之, 雖日撻而求其齊也, 不可得矣.)'라고 했음.

9. 善不勝惡舊矣!
선 불 승 악 구 의

좋은 것이 나쁜 것을 이기지 못한 지 오래되었도다!

10. 爲善而不求善之資, 在我未保其全, 而惡習固已亂之矣.
위 선 이 불 구 선 지 자　　재 아 미 보 기 전　　이 악 습 고 이 란 지 의

좋은 일을 하고자 하면서도 좋은 도움을 구하지 않아서, 자신에게 있어서 아직 그의 온전함을 지키지 못한다면, 악습은 분명히 곧 그를 어지럽힐 것이다.

善之資 : 좋은 도움. 좋은 의뢰처. 여기서는 좋은 환경을 뜻함. / 在我未保其全 : 자신이 아직 완전히 자신의 좋은 바탕을 보전하지 못하다의 뜻. / 固 : 분명. 정말로. 틀림없이. / 已 : 곧. 금방. 순식간에. / 矣 : …하게 변할 것이라는 뜻을 나타내는 어기사.

11. 此擇不處仁, 所以謂之不智, 而里仁所以爲美也.
차 택 불 처 인　　소 이 위 지 부 지　　이 리 인 소 이 위 미 야

이것이, 거처를 가려서 인후한 곳에 살지 않으면 지혜롭지 못하다고 말하는 까닭이며, 마을이 인후해야 좋다고 하는 까닭이다.

擇不處仁 : 거처를 가려서 인후한 곳에 살지 않다. / 謂之不智 : 그것을 지혜롭지 못하다고 말하다. '之'는 '擇不處仁'을 가리키는 대사.

12. 夫苟處仁, 則朝夕之所親, 無非仁也 ; 議論之所契, 無非仁也.
부 구 처 인　　즉 조 석 지 소 친　　무 비 인 야　　의 론 지 소 계　　무 비 인 야

만약 인후한 곳에 산다면, 아침저녁으로 늘 가까이하는 사람들이 어질지 않은 사람이 없으며, 의론이 서로 합치되는 것이 인의 도리가 아닌 것이

없다.

> 夫 : 발어사. / 苟 : 만약에. / 朝夕之所親 : 아침저녁으로 친근하게 지내는 사람. / 議論之所契 : 의론이 서로 합치하는 것. '契'는 '부합符合'·'상합相合'의 뜻. 음은 '계'.

13. **耳之所聞, 皆仁人之言 ; 目之所覩, 皆仁人之事.**
이 지 소 문　개 인 인 지 언　목 지 소 도　개 인 인 지 사

귀에 들리는 것은 모두 어진 사람의 말이고, 눈에 보이는 것은 모두 어진 사람의 일이다.

> 覩 : 보다. 보이다.

14. **相與磨礱, 相與漸漬, 日加益而不知矣, 不亦美乎?**
상 여 마 롱　상 여 점 지　일 가 익 이 부 지 의　불 역 미 호

서로 함께 연마研磨하고 서로 함께 감화를 주어, 알지 못하는 사이에 날로 좋아지니 또한 좋지 않은가?

> 磨礱 : 연마하다. 탁마琢磨하다. / 漸漬 : 원뜻은 '점점 물이 스미다'이나, 전의轉義하여 '점점 감화를 끼치다'의 뜻을 가짐. / 日加益而不知 : 날로 이로움이 더해지면서도 알지 못하다. 즉, 모르는 사이에 점점 좋아지다의 뜻. / 不亦美乎 : 또한 아름답지 않은가. 정말로 좋은 일이라는 뜻. 반어형. '亦'은 강조를 나타내는 부사.

15. **夷之里, 貪夫可以廉 ; 惠之里, 鄙夫可以寬.**
이 지 리　탐 부 가 이 렴　혜 지 리　비 부 가 이 관

백이伯夷가 사는 마을에서는 탐욕한 사람도 청렴하게 되고, 유하혜柳下惠가 사는 마을에서는 비열한 사람도 마음이 관후해질 수 있다.

> 夷之里 : 백이가 사는 마을. 백이는 상조商朝 고죽군孤竹君의 아들로, 아우인 숙제叔齊와 서로 고죽군의 자리를 예로써 사양하고, 포학한 주紂를 피해 동해 가에 물러나와 있다가, 주문왕周文王의 덕이 높다는 소문을 듣고 주나라에 갔음. 그 뒤 주무왕周武王이 주왕紂王을 정벌하는 군대를 동원하자, 그 앞에 나가 정벌을 중지하도록 말렸고, 듣지 않으므로, 불의한 주나라의 곡식을 먹지 않겠다고 수양산首陽山에 숨어 고사리를 캐먹다가 굶어 죽었다고 함. / 惠之里 : 유하혜가 사는 마을. 유하혜는 노나라의 대부, 성은 전展, 이름은 획獲, 자字는 금禽, 유하는 식읍食邑, 혜는 시諡. 논어 미자편微子篇에 의하면, 그는 노나라의 사사士師였는데, 세 차례나 쫓겨났으나 노나라를 떠나지 않았음. 사람들이 왜 다른 나라로 가지 않냐고 묻자, 그는, '곧은 도리로 남을 섬기자면, 어디에 간들 세 차례쯤 쫓겨나지 않겠소? 정도正道를 굽혀서 남을 섬길진대, 무엇 하러 부모의 나라를 떠나야 한단 말이요?(直道而事人, 焉往而不三黜? 枉道而事人, 何必去父母之邦?)'라고 말했다 함.

※ 맹자 만장하萬章下에서 맹자가 '백이의 작풍作風을 들으면, 완악頑惡한 사나이도 청렴해지고, 나약한 사나이도 지조를 세우게 된다. …유하혜의 작풍을 들으면, 비루한 사나이도 너그러워지고, 박한 사나이도 후해진다(聞伯夷之風者, 頑夫廉, 懦夫有立志. …聞柳下惠之風者, 鄙夫寬, 薄夫敦.)'라고 말했음.

16. 既居仁之里矣, 雖欲不仁得乎?
　　기 거 인 지 리 의　 수 욕 불 인 득 호

이미 인후한 마을에 사는데, 인후하지 않으려 해도 할 수 있겠는가?

　　得 : 能能의 뜻.

17. 以墨氏而己有所不及, 以孟氏之家, 爲之數遷, 可以餘人而不擇
　　이 묵 씨 이 기 유 소 불 급　 이 맹 씨 지 가　 위 지 삭 천　 가 이 여 인 이 불 택

其地乎?
기 지 호

묵자墨子도 스스로 가지 않은 곳이 있고, 맹자 집안에서도 그를 위해 여러 차례 이사를 했는데, 일반 사람들이 그가 살 지역을 가리지 않을 수 있겠는가?

　　以墨氏而己有所不及 : 묵자 같은 사람의 처지로도 가지 않은 데가 있다. '以'는 자격이나 신분관계를 표시하는 개사. '及'은 '이르다'의 뜻. 묵자는 이름이 적翟, 춘추시대 노魯나라의 현인賢人. 각국을 주유하다가 송宋나라에서 대부를 지냄. 그는 평소 음악을 반대하였는데, 은殷 주왕紂王의 도성인 조가朝歌를 지나다가, 읍 이름이 주왕이 지은 음탕한 음악 이름이라 하여 수레를 돌려 지나가지 않았다고 함. / 以孟氏之家, 爲之數遷 : 맹자 집안 같은 훌륭한 집안으로도 맹자를 위해서 집을 여러 차례 옮기다. '數'은 '여러 차례'의 뜻, 음은 '삭'. 맹자가 어렸을 때 묘지 옆에 살았는데, 그가 매장埋葬하는 동작을 흉내내자, 맹모孟母는 집을 시장 부근으로 옮겼다. 그러자 맹자는 다시 장사치들이 장사하는 동작을 흉내내니, 맹모는 다시 학교 옆으로 집을 옮겼다. 그 뒤로 맹자는 제사지내고 읍양진퇴揖讓進退하는 동작을 흉내 내니, 맹모가 그제서야 만족하고 거기서 살았다고 함. / 餘人 : 나머지 일반 사람들.

18. 然至賢者不能渝, 至潔者不能汚.
　　연 지 현 자 불 능 투　 지 결 자 불 능 오

그러나 매우 현명한 사람은 변할 수 없고, 매우 고결한 사람은 더럽혀질 수 없다.

　　至賢者 : 지극히 현명한 사람. / 渝 : 변하다. 바뀌다. / 至潔者 : 지극히 고결한 사

람. / 汚 : 더럽혀지다. 오염되다.

19. **彼誠仁者, 性之而非假也, 安之而弗强也.**
    피성인자　성지이비가야　안지이불강야

저 진실로 어진 사람은 이것을 천성으로 한 것이지, 빌려서 한 것이 아니
며, 이것을 습관으로 한 것이지, 억지로 해서 한 것이 아니다.

> 性之 : 본성이 이러하다는 뜻. '性'과 다음의 '安'은 동사화 되어 있음. / 安之 : 습
> 관이 이러하다는 뜻. '安'은 '習(습)'의 뜻. / 强 : 억지로 하다.

20. **動與仁俱行, 靜與仁俱至, 蓋無往而不存, 尚何以擇爲哉?**
    동여인구행　정여인구지　개무왕이부존　상하이택위재

움직일 때도 인과 함께 가고, 조용히 있을 때도 인과 함께 이르러서, 대체
로 어디에 가든 인이 존재하지 않음이 없으니, 그런데도 무엇 때문에 가리
겠는가?

> 動與仁俱行, 靜與仁俱至 : 일동일정一動一靜에 언제나 인후함을 벗어나지 않는다
> 는 뜻. / 無往而不存 : '往而不存'은 無의 빈어이며 뒤에 '仁'이 생략되어 있음. 가
> 서 인이 없는 경우가 없다. 즉, 어디를 가든 인후함이 있다는 뜻. / 尙 : 그런데도.
> 오히려. / 爲哉 : 문미어기사 '爲'와 '哉'가 연용된 형태. 여기서는 반문의 어기를
> 나타냄.

> ※ 이 구절은 지선至善한 군자는 환경의 영향을 받지 않고, 어느 곳에 거처하든지
> 이풍역속移風易俗할 수 있다는 뜻을 담고 있음.

■ 보 충 ■

民旣富於下, 君自富於上. - 파제破題
민기부어하　군자부어상

蓋君之富, 藏於民者也. 民旣富矣, 君豈有獨貧之理哉? - 승제承題
개군지부　장어민자야　민기부의　군기유독빈지리재

有若深言君民一體之意, 以告哀公. 蓋謂公之加賦, 以用之不足也.
유약심언군민일체지의　이고애공　개위공지가부　이용지부족야

欲足其用, 盍先足其民乎? - 기강起講
욕족기용　합선족기민호

誠能百畝而徹, 恒存節用愛人之心 ; 什一而征, 不爲厲民自用之計 ;
성능백묘이철　항존절용애인지심　십일이정　불위려민자용지계

則民力所出, 不困於征求 ; 民財所有, 不盡於聚斂. 閭閻之內, 乃積
즉 민 력 소 출　불 곤 어 정 구　민 재 소 유　부 진 어 취 렴　려 염 지 내　내 적

乃倉, 而所謂仰事俯育者, 無憂矣 ; 田野之間, 如茨如梁, 而所謂養
내 창　이 소 위 앙 사 부 육 자　무 우 의　전 야 지 간　여 자 여 량　이 소 위 양

生送死者, 無憾矣. - 기고起股
생 송 사 자　무 감 의

百姓旣足, 君何爲而獨貧乎? - 허고虛股
백 성 기 족　군 하 위 이 독 빈 호

藏諸閭閻者, 君皆得而有之, 不必歸之府庫, 而後爲君財也 ; 蓄諸田
장 제 려 염 자　군 개 득 이 유 지　불 필 귀 지 부 고　이 후 위 군 재 야　축 제 전

野者, 君皆得而用之, 不必積之倉廩, 而後爲君有也. 取之無窮, 何
야 자　군 개 득 이 용 지　불 필 적 지 창 름　이 후 위 군 유 야　취 지 무 궁　하

憂乎有求而不得 ; 用之不竭, 何患乎有事而無備! - 중고中股
우 호 유 구 이 부 득　용 지 불 갈　하 환 호 유 사 이 무 비

犧牲粢盛, 足以爲祭祀之供 ; 玉帛筐篚, 足以資朝聘之費. 借曰不
희 생 자 성　족 이 위 제 사 지 공　옥 백 광 비　족 이 자 조 빙 지 비　차 왈 부

足, 百姓自有以給之也 ; 其孰與不足乎? 饔飧牢醴, 足以供賓客之
족　백 성 자 유 이 급 지 야　기 숙 여 부 족 호　옹 손 뢰 례　족 이 공 빈 객 지

需 ; 車馬器械, 足以備征伐之用. 借曰不足, 百姓自有以應之也 ; 又
수　거 마 기 계　족 이 비 정 벌 지 용　차 왈 부 족　백 성 자 유 이 응 지 야　우

孰與不足乎? - 후고後股
숙 여 부 족 호

吁! 徹法之立, 本以爲民, 而國用之足, 乃由於此, 何必加賦以求富
우　철 법 지 립　본 이 위 민　이 국 용 지 족　내 유 어 차　하 필 가 부 이 구 부

哉! - 결속結束
재

- 왕오王鏊 백성족군숙여부족百姓足君孰與不足

有若 : 춘추시대 노魯나라 사람. 자字는 자유子有, 유자有子라 칭하였음. 공자의
제자로, 박식하고 고도古道를 좋아하였음. 용모가 공자와 비슷하여, 공자가 죽은
뒤 제자들이 공자를 사모하여 모습이 비슷한 그를 스승처럼 대하였다고 함. / 哀
公 : 노나라의 임금. 정공定公의 아들로, 이름은 장將. / 盍 : 하불何不. / 徹 : 주周
나라 세제稅制로 산물의 10분의 1을 취하는 제도. / 征 : 부세賦稅를 거두어들이

다. / 虐民 : 백성을 학대하다. / 聚斂(취렴) : 부세를 무겁게 거두어들이다. / 閭閻(여염) : 민간. '閭'는 마을 입구의 문. '閻'은 마을 안에 있는 문. / 乃 : 어기사. 뜻이 없음. / 如茨如梁 : '茨(자)'는 지붕. '梁'은 거량車梁. '如茨'는 곡식이 집처럼 쌓이고, '如梁'은 곡식이 무더기로 쌓인 것을 형용한 말. / 倉廩 : 곡식 창고. '倉'은 방형方形, '廩(름)'은 원형임. / 粢盛 : 나라의 대제大祭에 쓰는 곡식. 제수祭需. '粢(자)'는 '피', '盛'은 '벼'. / 筐篚 : 공물貢物을 담는 대바구니. '筐(광)'은 방형方形, '篚(비)'는 원형. / 朝聘 : 제후가 천자에게 가서 뵙는 것을 '朝', 제후가 제후를 방문하는 것을 '聘'이라 함. / 借 : 만약에. 가사假使. / 饔飧(옹손) : 잘 익힌 밥. '饔'은 아침밥, '飧'은 저녁밥. / 牢醴(뇌례) : 손님 접대를 위한 고기와 술. '醴'를 '禮(례)'의 뜻으로 보고, 고기로써 대접하는 것이라 풀이하기도 함. / 吁(우) : 아, 탄식하는 소리.

※ 이 글은 논어 안연편顔淵篇에 보이는 노애공魯哀公과 유약有若의 문답을 주제로 한 팔고문八股文임.

3. 시득서산연유기始得西山宴遊記 ─ 유종원柳宗元

■ 해 제 ■

유종원이 영주永州 지방에 있을 때 쓴 영주팔기永州八記의 제1편으로, 서산西山에서 유연遊宴을 가지면서 산수의 아름다운 경관을 구가謳歌한 작품이다. 유종원은 당초 왕숙문王叔文과 같은 당黨으로 몰려 영주사마永州司馬로 좌천左遷되었으며, 그곳에 있는 동안 여가를 이용, 제자들과 함께 산택山澤을 유력遊歷하면서 유울幽鬱한 정회를 달랬다. 그때 지은 이 작품은 그의 많은 유기문遊記文 중에서도 가작佳作으로 일컬어진다.

유종원(773~819)은 당송唐宋 고문팔대가古文八大家의 한 사람으로, 자는 자후子厚, 하동河東 해현解縣 사람이다. 어려서부터 총명하였으며, 학문이 연박淵博하였고, 그의 고문은 한유韓愈와 더불어 병칭되었으며, 시문 모두 많은 작품을 남겼다. 벼슬은 감찰어사監察御史·예부원외랑禮部員外郎 등을 역임하였으며, 유주자사柳州刺史로 있다가 죽었다. 특히 유주에 있을 때에는 풍속을 개량하고 노비를 풀어 주는 등 치적이 높았다. 저서로 유하동집柳河東集이 있다.

본 문

自余爲僇人, 居是州, 恒惴慄. 其隙也, 則施施而行, 漫漫而遊, 日與其徒上高山, 入深林, 窮廻溪, 幽泉怪石, 無遠不到. 到則披草而坐, 傾壺而醉, 醉則更相枕以臥. 臥而夢, 意有所極, 夢亦同趣. 覺而起, 起而歸. 以爲凡是州之山水有異態者, 皆我有也, 而未始知西山之怪特.

今年九月二十八日, 因坐法華西亭, 望西山, 始指異之. 遂命僕過湘江, 緣染溪, 斫榛莽, 焚茅筏, 窮山之高而止.

攀援而登, 箕踞而遨, 則凡數州之土壤, 皆在衽席之下. 其高下之勢, 岈然, 窪然, 若垤, 若穴, 尺寸千里, 攢蹙累積, 莫得遯隱. 縈青繚白, 外與天際, 四望如一, 然後知是山之特出, 不與培塿爲類, 悠悠乎與灝氣俱, 而莫得其涯 ; 洋洋乎與造物者游, 而不知其所窮. 引觴滿酌, 頹然就醉, 不知日之入. 蒼然暮色, 自遠而至, 至無所見, 而猶不欲歸. 心凝形釋, 與萬化冥合, 然後知吾嚮之未始游, 游於是乎始, 故爲文以志之. 是歲, 元和四年也.

■ 자변字辨 ■

僇 〔륙〕 욕 = 戮. 죽이다. ▶육욕僇辱.

惴 〔췌〕 두려워하다.

慄 〔률〕 두려워하다. 떨다. 슬퍼하다. ▶전율戰慄. 한율寒慄.

隙 〔극〕 틈. 겨를. ▶백구과극白駒過隙. 간극間隙.

廻 〔회〕 돌다. 돌리다. 피하다. ▶회랑廻廊. 회피廻避.

披 〔피〕 헤치다. 열다. 펴다. ▶피금披襟. 피력披瀝. 피람披覽.

壺 〔호〕 병. ▶호장壺漿. 호중천壺中天.

僕 〔복〕 종. 마부. 나. ▶노복奴僕. 복야僕射.

湘 〔상〕 물 이름. 땅 이름.

斫 〔작〕 찍다.

榛 〔진〕 개암나무. 가시나무. 덤불. ▶형진荊榛.

莽 〔망〕 풀. 숲. ▶초망草莽.

焚 〔분〕 타다. 불사르다. ▶분서갱유焚書坑儒.

茅 〔모〕 띠. 띠집. ▶모옥茅屋. 모자茅茨.

茷 〔패〕 우거지다. 깃발.

攀 〔반〕 오르다. 당기다. ▶등반登攀. 반룡린攀龍鱗.

箕 〔기〕 키. 다리 뻗고 앉다. ▶기추箕帚. 기좌箕坐.

踞 〔거〕 쭈그리고 앉다. 걸터앉다. ▶호거虎踞.

遨 〔오〕 놀다. ▶오유遨遊.

衽 〔임〕 요. 옷섶. ▶금임衾衽. 좌임左衽.

岈 〔하〕 산골짜기. 텅 비다.

窪 〔와〕 구덩이. 우묵하다.

垤 〔질〕 개밋둑. 언덕. ▶구질丘垤. 봉질封垤.

攢 〔찬〕 모이다. 모으다. 가리다.

蹙 〔축〕 찡그리다. 두렵다. 쫓다. ▶축알蹙頞.

遯 〔둔〕 달아나다. ▶둔세遯世. 은둔隱遯.

縈 〔영〕 얽히다. 두르다. 굽다.

繚 〔료〕 얽히다. 두르다.

壘 〔루〕 언덕.

灝 〔호〕 아득하다.

觴 〔상〕 술잔. ▶우상羽觴. 헌상獻觴.

頹 〔퇴〕 쓰러지다. 떨어지다. ▶퇴폐頹廢.

凝 〔응〕 엉기다. 모으다. ▶응결凝結. 응고凝固. 응시凝視.

■ 해 설 ■

1. 始得西山宴遊記.
시 득 서 산 연 유 기

서산을 처음 발견하고 주연酒宴을 베풀고 논 것을 기록함.

始得西山 : '始得'은 처음 알게 되다. 처음 발견하다. '西山'은 호남성湖南省 영릉현零陵縣 서쪽, 소수瀟水의 지류인 염계染溪 옆에 있으며, 조양암朝陽巖에서 황모령黃茅嶺에 이르기까지 길이가 수리數里나 되는 산. '記'는 기사문류記事文類의 문체.

2. 自余爲僇人, 居是州, 恒惴慄.
자 여 위 륙 인   거 시 주   항 췌 률

내가 죄인이 되어 이 고을에서 산 이후로는 항상 두려워하였다.

自 : 기점起點을 나타내는 개사. …로부터. / 余 : 일인칭대사. 나. / 僇人 : 죄인. 당唐나라 영정永貞 원년 8월, 왕숙문王叔文이 죄를 지음을 계기로, 유종원은 그와 같은 당인同黨人으로 연좌連坐되어, 같은 해 9월 예부원외랑禮部員外郎에서 영주사마永州司馬로 좌천되었는데, 이로 인해 스스로 '僇人'이라고 칭한 것임. / 是州 : 영주를 가리킴. 즉, 지금의 호남성湖南省 영릉현零陵縣을 말하며, 소수瀟水와 상수湘水가 합류되는 곳임. 경내의 산수가 청수淸秀하다 함. / 惴慄 : 우구憂懼하는 모양. 즉, 두려워함.

3. 其隙也, 則施施而行, 漫漫而遊, 日與其徒上高山, 入深林, 窮廻
기 극 야   즉 시 시 이 행   만 만 이 유   일 여 기 도 상 고 산   입 심 림   궁 회

溪, 幽泉怪石, 無遠不到.
_{계　유천괴석　무원부도}

틈이 있으면, 천천히 걷고 마음 내키는 대로 구경하면서 노니는데, 날마다
문도門徒들과 함께 높은 산에 오르기도 하고, 깊은 숲에 들어가기도 하며,
굽이치는 시내를 끝까지 찾아가곤 하면서, 유심幽深한 샘과 괴이한 돌이
있는 곳을 아무리 멀어도 가보지 않은 데가 없다.

> 其隙也 : 한가한 시간이 있을 때에는. / 施施 : 천천히 걷는 모습을 형용한 말. / 漫
> 漫 : 원래는 끝이 없고 속박이 없는 모양을 형용한 말이나, 여기서는 목적 없이 마
> 음 내키는 대로 구경하는 모양. / 而 : 앞말을 상어화狀語化시켜 주는 기능을 함. /
> 與其徒 : 그 제자들과 함께. '與'는 개사. '徒'는 제자. 문도門徒. / 無遠不到 : 멀어
> 서 가지 않은 곳이 없다. 먼 곳이라 해도 모두 가보았다. '無…不~'은 이중부정.

4. 到則披草而坐, 傾壺而醉, 醉則更相枕以臥.
_{도 즉 피 초 이 좌　경 호 이 취　취 즉 갱 상 침 이 와}

도착하면 풀을 헤치고 앉고, 술병을 기울이고는 취하며, 취하면 서로 베개
삼아 베고 눕는다.

> 披草 : 풀을 헤치다. / 傾壺 : 술병을 기울이다. 즉, 술을 따라 마시다. / 更相 : '서
> 로'·'서로 교대로'의 뜻.

5. 臥而夢, 意有所極, 夢亦同趣.
_{와 이 몽　의 유 소 극　몽 역 동 취}

누우면 꿈을 꾸는데, 마음이 한 곳으로 쏠리는 바 있으면, 꿈을 꾸는 데
있어서도 정취情趣를 같이한다.

> 意有所極 : '뜻이 극단으로 치달음이 있다'. 즉, '마음이 극단으로 쏠리는 바가 있
> 다'의 뜻.

6. 以爲凡是州之山水有異態者, 皆我有也, 而未始知西山之怪特.
_{이 위 범 시 주 지 산 수 유 이 태 자　개 아 유 야　이 미 시 지 서 산 지 괴 특}

이 고을에 있는 온갖 산수 중에 특별한 것들은 내가 모두 가보았다고 생
각했는데, 괴이하고 특수한 서산에 대하여는 당초 몰랐었다.

> 以爲 : 생각하다. 여기다. / 凡是州之山水 : 이 고을의 온갖 산수. '是州'는 영주永州
> 를 가리킴. / 異態者 : 기이하고 특수한 형태의 것. 즉, 특별한 것. / 皆我有也 : 모
> 두 내가 소유하다. 즉, 모두를 내가 이미 가보다. / 未始知 : 당초 몰랐었다. '始'는
> 부사. '曾(증)'의 뜻. / 西山之怪特 : 서산의 괴이하고 특별함. 즉, '괴이하고 특수한
> 서산'의 뜻. 수식어를 강조하기 위해 중심어와 수식어를 도치시킨 경우임.

7. 因坐法華西亭, 望西山, 始指異之.
인 좌 법 화 서 정　　 망 서 산　　 시 지 이 지

법화사의 서정에 앉아 서산을 바라보게 됨을 계기로, 비로소 그것을 가리키면서 경이驚異하게 느꼈다.

因 : …으로 인하여. …을 계기로. / 法華 : 법화사를 가리킴. 영릉현零陵縣 성내城內의 동산東山에 있음. / 西亭 : 법화사 안에 있는 정자 이름. / 始指異之 : 처음으로 서산을 가리키면서 경이를 느끼다. '始'는 부사. 비로소. 처음으로. '之'는 서산을 가리킴.

8. 遂命僕過湘江, 緣染溪, 斫榛莽, 焚茅茷, 窮山之高而止.
수 명 복 과 상 강　　 연 염 계　　 작 진 망　　 분 모 패　　 궁 산 지 고 이 지

드디어 가복家僕에게 상강을 건너 염계를 따라가며, 초목을 베고 더부룩한 야초野草를 불지르게 하고, 산의 정상에까지 이르렀다.

命 : 명하여 …하게 하다. 사역형 / 僕 : 종. 가복家僕. / 過湘江 : 상강을 건너다. '湘江'은 곧 상수湘水. 광서장족자치구廣西壯族自治區 흥안현興安縣 양해산陽海山에서 발원, 동북으로 흘러 호남성에서 여러 강과 합류하여 상음현湘陰縣을 경유, 동정호洞庭湖에 흘러 들어감. / 緣染溪 : 염계를 따르다. '染溪'는 일명 염계冉溪. 유종원이 영주에 있을 때 개명하여 우계愚溪라 하였음. 영릉현 서남에 있으며 동으로 흘러 소수瀟水로 들어감. '緣'은 따르다. 연沿하다. / 斫榛莽 : 초목을 베다. '斫'은 베다. '榛'은 나무 덤불. '莽'은 풀. / 焚茅茷 : 더부룩한 야초野草를 태우다. '焚'은 불태우다. '茅'는 띠풀. '茷'는 풀이 우거진 것. / 窮山之高而止 : 산의 정상에까지 이르다. '窮'은 끝까지 가다. '山之高'는 산의 높은 곳. 즉 산의 정상. '止'는 멎다. 즉 窮의 동작이 그곳에 이르러 멎음을 뜻함.

9. 攀援而登, 箕踞而遨, 則凡數州之土壤, 皆在衽席之下.
반 원 이 등　　 기 거 이 오　　 즉 범 수 주 지 토 양　　 개 재 임 석 지 하

당겨 잡고 올라서, 두 다리를 쭉 펴고 노느라면, 몇 고을의 토지가 모두 자리 아래에 있다.

攀援 : 물건을 당겨 끌다. / 箕踞 : 키 모양으로 다리를 펴고 앉다. '箕'는 키. '踞'는 쭈그리고 앉다. 즉 앉다. / 土壤 : 토지. / 衽席 : 자리. '衽'은 요. '席'은 자리.

10. 其高下之勢, 岈然, 窪然, 若垤, 若穴.
기 고 하 지 세　　 하 연　　 와 연　　 약 질　　 약 혈

그 높고 낮은 형세는 깊숙하고 우묵하고, 흙더미 같고 땅굴 같다.

高下之勢 : 지형의 높고 낮은 형세. / 岈然, 窪然 : 깊숙하고 우묵하다. '岈然'은 깊숙하고 넓디넓은 모양. '窪然'은 우묵한 모양. / 垤 : 개밋둑. 언덕. 흙더미.

11. 尺寸千里, 攢蹙累積, 莫得遯隱.
척 촌 천 리   찬 축 루 적   막 득 둔 은

천리의 경물이 척촌의 넓이로 축약되어, 촘촘히 모이고 쌓여 내 시야에서
벗어나질 못한다.

尺寸千里 : 척촌이 천리이다. 즉 척촌의 시야에 천리의 경물이 다 담겨 있다. / 攢
蹙 : 한 군데에 빽빽이 모이다. / 莫得遯隱 : 숨을 길이 없다. 내 시야에서 벗어날
수가 없다.

12. 縈青繚白, 外與天際, 四望如一.
영 청 료 백   외 여 천 제   사 망 여 일

얽혀 에워싸고 있는 것은 청산靑山과 백운白雲이요, 바깥쪽은 하늘과 맞닿
아 있는데, 사면을 바라보아도 모두 똑같다.

縈青繚白 : 청산과 백운에 의해서 둘러싸이다. '縈'과 '繚'는 모두 '에워싸다'의 뜻.
'青'은 청산. '白'은 백운. / 際 : 접하다. 맞닿다. / 四望 : 사면으로 바라보다. / 如
一 : 한결같다. 똑같다.

13. 然後知是山之特出, 不與培塿爲類.
연 후 지 시 산 지 특 출   불 여 부 루 위 류

그런 뒤에야, 이 산의 특출함이 다른 산들과 같지 않다는 것을 알았다.

培塿 : 작은 산. 작은 언덕. 보잘것없는 다른 산을 말함. '培'의 음은 '부'. / 與 : 개
사. '…와'의 뜻. / 爲類 : 같은 유類가 되다. 즉 같다.

14. 悠悠乎與灝氣俱, 而莫得其涯 ; 洋洋乎與造物者遊, 而不知其所窮.
유 유 호 여 호 기 구   이 막 득 기 애   양 양 호 여 조 물 자 유   이 부 지 기 소 궁

아득하고 아득함은 천지와도 함께하여 그 끝을 알 길이 없고, 생동감 넘
치고 넘쳐 조물주와 함께 노니 그 다할 날을 모르겠다.

悠悠乎 : 끝없이 아득한 모양. / 灝氣 : 대기. 즉 천지를 가리킴. / 涯 : 끝의 맨 가.
즉 한계. / 洋洋乎 : 흘러 움직임이 충만한 모양. / 造物者 : 만물을 창조한 자. 즉
천제天帝·조물주. / 所窮 : 끝나는 때.

15. 引觴滿酌, 頹然就醉, 不知日之入.
인 상 만 작   퇴 연 취 취   부 지 일 지 입

술잔을 당겨 가득히 부어 마시고 나서 벌렁 쓰러져 취하고는 해가 지는
줄도 모른다.

觴 : 술잔. / 頹然 : 쓰러지는 모양. / 就醉 : 취하게 되다.

16. **蒼然暮色, 自遠而至, 至無所見, 而猶不欲歸.**
　　　창연모색　자원이지　지무소견　이유불욕귀

창연한 어둠의 빛이 멀리서부터 다가와 아무것도 보이지 않게 되어도 아직 돌아가고자 하지 않는다.

　　蒼然 : 청흑靑黑의 빛깔. 어슴푸레한 빛. / 至無所見 : 보이는 것이 없게 되다. 즉 '아무것도 보이지 않는 시각에 이르다'의 뜻.

17. **必凝形釋, 與萬化冥合, 然後知吾嚮之未始游, 游於是乎始.**
　　　필응형석　여만화명합　연후지오향지미시유　유어시호시

마음이 엉겨 붙고, 형체가 풀려 만물과 일체가 되니, 그런 연후에, 나의 지난날은 제대로 놀이를 한 적이 없고, 놀이는 여기에서 시작되었음을 알았다.

　　心凝形釋 : 심령이 응결凝結하고, 형체가 소산消散하다. 즉 마음이 전일專一해지고 육신은 자유로워지다. '凝'은 '응취凝聚하다'·'전일하다'의 뜻, '釋'은 '속박에서 풀리다'의 뜻. / 萬化 : 우주자연의 변화. 만물. / 冥合 : 융합하여 하나가 되다. / 嚮 : 이전以前. / 未始 : 미증未曾.

18. **故爲文以志之.**
　　　고위문이지지

그래서 글을 지어 이 일을 기록해 둔다.

　　志 : 글을 지어서 기록을 남겨두어, 두고두고 기억할 수 있도록 하겠다는 뜻.

19. **是歲元和四年也.**
　　　시세원화사년야

이 해가 원화 4년이다.

　　元和四年 : 809년. '元和'는 당唐 헌종憲宗의 연호.

▌보 충▐

郭橐駝, 不知始何名. 病僂, 隆然伏行, 有類橐駝者, 故鄕人號之
　곽탁타　부지시하명　병루　륭연복행　유류탁타자　고향인호지
'駝'. 駝聞之曰 : '甚善, 名我固當.' 因捨其名, 亦自謂'橐駝'云.
　타　타문지왈　심선　명아고당　인사기명　역자위　탁타　운
其鄕曰豊樂, 鄕在長安西. 駝業種樹, 凡長安豪家富人爲觀遊及賣果
　기향왈풍락　향재장안서　타업종수　범장안호가부인위관유급매과

者, 皆爭迎取養. 視駝所種樹, 或遷徙, 無不活, 且碩茂, 蚤實以蕃.
자　개쟁영취양　시타소종수　혹천사　무불활　차석무　조실이번

他植者, 雖窺伺傚慕, 莫能如也.
타식자　수규사효모　막능여야

有問之, 對曰: '橐駝非能使木壽且孶也, 能順木之天以致其性焉爾.
유문지　대왈　탁타비능사목수차자야　능순목지천이치기성언이

凡植木之性, 其本欲舒, 其培欲平, 其土欲故, 其築欲密. 旣然已,
범식목지성　기본욕서　기배욕평　기토욕고　기축욕밀　기연이

勿動勿慮, 去不復顧. 其蒔也若子, 其置也若棄, 則其天者全, 而其
물동물려　거불부고　기시야약자　기치야약기　즉기천자전　이기

性得矣. 故吾不害其長而已, 非有能碩茂之也; 不抑耗其實而已, 非
성득의　고오불해기장이이　비유능석무지야　불억모기실이이　비

有能蚤而蕃之也.
유능조이번지야

他植者則不然, 根拳而土易, 其培之也, 若不過焉則不及. 苟有能反
타식자즉불연　근권이토역　기배지야　약불과언즉불급　구유능반

是者, 則又愛之太殷, 憂之太勤, 旦視而暮撫, 已去而復顧. 甚者爪
시자　즉우애지태은　우지태근　단시이모무　이거이부고　심자조

其膚以驗其生枯, 搖其本以觀其疏密, 而木之性日以離矣. 雖曰愛
기부이험기생고　요기본이관기소밀　이목지성일이리의　수왈애

之, 其實害之; 雖曰憂之, 其實讎之. 故不我若也, 吾又何能爲哉?'
지　기실해지　수왈우지　기실수지　고불아약야　오우하능위재

- 유종원 종수곽탁타전種樹郭橐駝傳

橐駝(탁타) : 낙타駱駝, 즉 약대. 그 등이 낭탁囊橐 같다고 해서 탁타라고 함. 여기
서는 곱사등이의 별명으로 쓰였음. / 病僂 : 구루병佝僂病, 즉 곱사병을 앓다. '僂
(루)'는 곱사등이. / 隆然 : 불룩하니 올라온 모양. 여기서는 등이 굽어 불룩한 모양
을 형용한 것. / 伏行 : 여기서는 머리를 내려 박고 얼굴을 쳐들고 다니는 모양을
말함. / 固當 : 정말로 적당하다. / 長安 : 당조唐朝의 수도. 지금의 섬서성陝西省 장
안현. / 豪家富人 : 권세 있는 집안과 돈 많은 사람. / 碩茂 : 커지고 무성해지다. /
蚤實以蕃 : 일찍 열매 맺고 많이 달리다. '蚤(조)'는 '早(조)'와 통용됨. / 窺伺(규
사) : 몰래 보고 살피다. / 傚慕 : 흉내 내고 본따다. '傚(효)'는 '效(효)'와 같음. / 使
木壽且孶 : 나무를 오래 살게 하고 또 번성하게 자라도록 하다. '孶(자)'는 '滋(자)'
의 뜻. / 天 : 천성. 자연성自然性. / 致其性 : 그것이 지니고 있는 천성을 발휘시키
다. '性'은 앞의 '天'과 의미상 같음. / 焉爾 : 한정의 어기를 나타내는 문미어기사.
…일 뿐이다. / 本 : 뿌리. / 培 : 배토培土. / 故 : 본래의 것. / 築 : 식목植木의 뿌리

묻힌 데를 다지는 것. / 蒔(시) : 심다. / 抑耗(억모) : 억누르고 손모損耗하다. / 拳 :
구부러지다. 뭉치다. / 土易 : 흙이 바뀌다. / 太 : 지나치게. / 殷 : 심하다. 주도周到
하다. / 不我若 : 나만 못하다.

4. 도산십이곡발陶山十二曲跋 －이황李滉

■ 해 제 ■

이퇴계李退溪의 시조 '도산십이곡'의 발문跋文이다. 도산십이곡은 당초
퇴계가 도산서원陶山書院을 세우고 제자들에게 성리학性理學을 가르치면서
사물을 대함에 일어나는 심회心懷와 학문과 수양의 심경을 읊은 것으로,
전·후 각 6곡曲으로 되어 있다. 발문에서는 글을 짓게 된 동기와 의의
를 서술하였는데, 이를 통해 퇴계의 시조문학에 대한 견해를 엿볼 수가
있다. 이 발문은 원시原詩와 함께 자필본으로 전한다.

이황(1501~1570)은 조선 중기의 대학자이며, 우리나라 유학의 종사宗
師로서, 자는 경호景浩, 호는 지산芝山·퇴계退溪·도수陶叟·도옹陶翁, 시호
는 문순文純이다. 벼슬이 대제학大提學·판중추부사判中樞府事에 이르렀으
며, 사후에는 영의정으로 추증되었다. 주자학朱子學을 연구, 마침내 대성
하여 동방의 주자朱子라는 칭호를 받게 되었으며, 특히 주자의 이기이원
론적理氣二元論的 사상을 계승, 크게 발전시켰다. 자성록自省錄·성학십도聖
學十圖·경서석의經書釋義·퇴계집退溪集·도산십이곡 등 많은 저술이 있다.

右陶山十二曲者, 陶山老人之所作也. 老人之作此, 何爲也哉? 吾東方歌曲, 大抵多淫哇不足言, 如翰林別曲之類, 出於文人之口, 而矜豪放蕩; 兼以褻慢戲狎, 尤非君子所宜尙. 惟近世有李鼈六歌者, 世所盛傳, 猶爲彼善於此, 亦惜乎其有玩世不恭之意, 而少溫柔敦厚之實也.

老人素不解音律, 猶知厭聞世俗之樂, 閑居養疾之餘, 凡有感於情性者, 每發於詩. 然今之詩, 異於古之詩, 可詠而不可歌也. 如欲歌之, 必綴以俚俗之語, 蓋國俗音節, 不得不然也. 故嘗略倣李歌, 而作爲陶山六曲者二焉: 其一言志, 其二言學. 欲使兒輩朝夕習而歌之, 憑几而聽之; 亦令兒輩自歌而自舞蹈之, 庶幾可以蕩滌鄙吝, 感發融通, 而歌者與聽者不能無交有益焉.

顧自以蹤跡頗乖, 若此等閑事或因以惹起鬧端, 未可知也; 又未信其可以入腔調諧音節與未也. 姑寫一件, 藏之篋笥, 時取玩以自省; 又以待他日覽者之去就云爾. 嘉靖四十四年, 歲乙丑, 暮春旣望, 山老書.

▌ 자변字辨 ▌

跋 〔발〕 발문跋文. 밟다. ▶서발序跋. 발섭跋涉. 발호跋扈.

哇 〔왜〕 음란한 소리. 게우다.

　　〔와〕 아이 소리.

翰 〔한〕 깃. 붓. 글. ▶한모翰毛. 한묵翰墨. 서한書翰.

矜 〔긍〕 불쌍히 여기다. 자랑하다. ▶긍휼矜恤. 가긍可矜. 긍지矜持.

蕩 〔탕〕 방탕하다. 쓸다. 넓다. ▶탕부蕩婦. 탕진蕩盡. 탕탕蕩蕩.

褻 〔설〕 더럽다. 무람없다. 속옷. ▶외설猥褻.

狎 〔압〕 친압하다. 업신여기다. ▶압근狎近. 압모狎侮.

鼈 〔별〕 자라. ▶별주부전鼈主簿傳.

玩 〔완〕 구경하다. 장난하다. ▶완상玩賞. 애완愛玩. 완구玩具.

厭 〔염〕 싫어하다. 물리다. ▶염세厭世. 염오厭惡.

綴 〔철〕 잇다. 짓다. 매다. 꿰매다. ▶연철連綴. 철자綴字. 보철補綴.

俚 〔리〕 속되다. 상말. ▶이언俚言. 이요俚謠.

憑 〔빙〕 기대다. 의지하다. ▶빙자憑藉.

几 〔궤〕 안석. 책상. ▶궤석几席. 궤안几案. 서궤書几.

滌 〔척〕 씻다. 닦다. ▶세척洗滌.

鄙 〔비〕 더럽다. 천하다. 촌스럽다. ▶비열鄙劣. 야비野鄙. 비견鄙見.

吝 〔린〕 아끼다. ▶인색吝嗇.

融 〔융〕 녹다. 통하다. 화합하다. ▶융해融解. 융통融通. 융화融和.

蹤 〔종〕 자취. 쫓다 ＝ 縱. 놓다. ▶실종失蹤. 인종人蹤. 추종追蹤.

乖 〔괴〕 어그러지다. 거슬리다. ▶괴리乖離. 괴팍乖愎.

惹 〔야〕 이끌다.

鬧 〔뇨〕 시끄럽다. 들레다.

腔 〔강〕 빈 속. 창자. 가락. ▶복강腹腔. 흉강胸腔.

諧 〔해〕 고르다. 어울리다. 희롱. ▶화해和諧. 해학諧謔.

篋 〔협〕 상자. ▶서협書篋.

笥 〔사〕 상자. ▶약사藥笥. 경사經笥.

爾 〔이〕 너. 그러하다. 그. 이. 뿐. 어조사. ▶이조爾曹. 완이莞爾. 이래爾來. 도이徒爾.

靖 〔정〕 다스리다. 편안하다. 조용하다. ▶ 정국靖國. 안정安靖. 청정淸靖.

■ 해 설 ■

1. 右陶山十二曲者, 陶山老人之所作也.
우 도 산 십 이 곡 자　　도 산 로 인 지 소 작 야

우右 도산십이곡은 도산노인이 지은 것이다.

> 右陶山十二曲者 : '右'는 이 글이 도산십이곡의 발문跋文이기 때문에, 우측에 쓴
> 도산십이곡을 가리켜 한 말임. 즉 '右에 쓴'의 뜻. 한문은 오른쪽에서 왼쪽으로 써
> 나감을 생각할 것. / 陶山老人之所作也 : '陶山老人'은 이황李滉 선생의 호임. '之'
> 뒤에 동사·형용사가 오거나 '所'로 이어질 때에는 '之' 앞의 말을 주격으로 해석해
> 야 좋을 때가 많음. '也'는 단정의 뜻을 내포한 문미어기사.

2. 老人之作此, 何爲也哉?
로 인 지 작 차　　하 위 야 재

노인이 이것을 지은 것은 무엇 때문인가?

> 老人 : 도산노인, 즉 이황 선생이 자신을 가리킴. / 此 : 도산십이곡을 가리킴. / 何
> 爲也哉 : 무엇을 위해서인가? 무엇 때문인가? '爲'는 개사. '何'는 '爲'의 개사빈어
> 이나 의문사이므로 도치되었음. '也哉'는 문미어기사. 의문을 나타냄.

3. 吾東方歌曲, 大抵多淫哇不足言.
오 동 방 가 곡　　대 저 다 음 왜 부 족 언

우리 동방의 가곡은 대체로 음란한 노래가 많아 족히 말할 만한 것이 못
된다.

> 吾東方 : 우리 동방. 즉 우리나라를 가리킴. / 大抵 : 대개. 일반적으로. / 淫哇 : 음
> 란한 소리. 음란한 노래. / 不足言 : 족히 이를 만한 것이 못된다. 말할 만한 가치
> 가 없다.

4. 如翰林別曲之類, 出於文人之口, 而矜豪放蕩 ; 兼以褻慢戲狎, 尤
여 한 림 별 곡 지 류　　출 어 문 인 지 구　　이 긍 호 방 탕　　겸 이 설 만 희 압　　우
非君子所宜尙.
비 군 자 소 의 상

한림별곡과 같은 유類는 문인들의 입에서 불려졌으나, 긍호하고 방탕하며,
게다가 거만하고 농지거리하는 내용이라, 더욱 군자가 마땅히 존숭해야
할 바가 아니다.

> 如翰林別曲之類 : 한림별곡 유와 같은 것. 예컨대 한림별곡의 유. '翰林別曲'은 고

려 고종高宗 때에 문인들이 지은 경기체가景幾體歌의 하나. / 矜豪放蕩 : 교만하고 호기豪氣를 부리며 방자하다. / 兼以藝慢戲狎 : 겸하여 버릇없고 거만하며, 농지거리나 하는 태도로 임하다. '兼'은 겸하다, 갖추다. '以'는 개사. …을. / 尤非君子所宜尙 : 더욱 군자들이 마땅히 존숭하면서 할 수 있는, 그런 것이 아니다.

5. 惟近世有李鼈六歌者, 世所盛傳.
　　유 근 세 유 리 별 륙 가 자 　　세 소 성 전

다만 근세에 이별육가가 있어 세상에서 크게 전해지고 있다.

　　李鼈六歌 : 이별이란 사람이 지은 육가. 이별의 자字는 낭선浪仙, 호號는 장륙당藏六堂. 육가는 전하지 않음. '盛'은 '성하게'·'크게'의 뜻.

6. 猶爲彼善於此, 亦惜乎其有玩世不恭之意, 而少溫柔敦厚之實也.
　　유 위 피 선 어 차 　　역 석 호 기 유 완 세 불 공 지 의 　　이 소 온 유 돈 후 지 실 야

오히려 그것이 이보다 좋다고는 하나, 역시 애석하게 그것도 완세불공의 뜻이 담겨져 있고, 온유하고 돈후한 내용이 적다.

　　猶 : 그런데도. 오히려. / **爲** : …라고 여기다. / **彼** : 이별육가를 가리킴. / **善於此** : 이보다는 훌륭하다. / **惜乎** : 아깝게도. 또는 '…한 점이 애석하다.' / **玩世不恭** : 세상 사람들을 멸시하는 자세로 대하고, 겸손함이 없다. / **溫柔敦厚** : 온순하고 부드럽고 돈독하다. / **實** : 실상. 실제성.

7. 老人素不解音律, 猶知厭聞世俗之樂.
　　로 인 소 불 해 음 률 　　유 지 염 문 세 속 지 악

나는 본래 음악을 모르지만, 그런데도 세속의 음악 듣기를 싫어할 줄은 안다.

　　老人 : 이황 자신을 가리킨 말. / **音律** : 음악. 음악의 가락. / **猶知** : 오히려 …할 줄 안다. 그런데도 …를 안다. / **厭聞** : 듣기를 싫어하다.

8. 閑居養疾之餘, 凡有感於情性者, 每發於詩.
　　한 거 양 질 지 여 　　범 유 감 어 정 성 자 　　매 발 어 시

한가로이 거처하면서 병을 요양하는 여가에, 무릇 성정性情에 있어서 느끼는 것이 있으면, 늘 시로 표현하곤 했다.

　　閑居養疾 : 조용히 생활하면서 병을 요양하다. / **餘** : 여가. / **情性** : 감정이나 생각. 성정. / **發於詩** : 시구詩句로 표현하다. 시로써 표현하다.

9. 然今之詩, 異於古之詩, 可詠而不可歌也.
　　연 금 지 시 　　이 어 고 지 시 　　가 영 이 불 가 가 야

그러나 오늘날의 시는 옛날 시와 달라서 읊조릴 수는 있어도 노래를 부를

수는 없다.

然 : 그러나. / 異於 : …와는 다르다. / 可詠而不可歌也 : 읊기나 했지, 곡곡에 실어 노래로 부를 수는 없다.

10. 如欲歌之, 必綴以俚俗之語.
여 욕 가 지   필 철 이 리 속 지 어

만약 그것을 노래로 부르고자 한다면, 반드시 구어口語로 엮어야 한다.

如 : 가정사假定詞. 만약. / 之 : 시를 가리키는 지시대사. / 俚俗之語 : 저속한 언어. 시속의 말. 여기서는 구어를 가리킴.

11. 蓋國俗音節, 不得不然也.
개 국 속 음 절   부 득 불 연 야

대저 우리나라 습속에 부합하는 음악 가락이 그렇지 않을 수 없기 때문일 게다.

蓋 : 대개. 대저. / 不得不然也 : 그렇게 하지 않을 수 없기 때문이다. '也'는 원인을 나타내는 문미어기사. '…때문이다'.

12. 故嘗略倣李歌, 而作爲陶山六曲者二焉.
고 상 략 방 리 가   이 작 위 도 산 류 곡 자 이 언

그래서 일찍이 이씨의 노래를 대략 모방하여 도산육곡 둘을 만들었다.

略倣李歌 : 대체적으로 이가의 형식을 모방하다. '李歌'는 이별육가李鼈六歌를 이름. / 作爲陶山六曲者二焉 : 도산육곡 둘을 만들다. 도산육곡이라는 것을 지은 것이 둘이다. 즉 도산십이곡을 말함.

13. 其一言志, 其二言學.
기 일 언 지   기 이 언 학

그 첫번째 것은 지志를 말한 것이고, 그 두 번째 것은 학學을 말한 것이다.

言志 : 지에 관하여 말하다. 즉 전육곡前六曲의 내용은 입지立志를 주제로 하다. / 言學 : 학문을 말하다. 즉 후육곡後六曲의 내용은 학문에 관하여 주창하다.

14. 欲使兒輩朝夕習而歌之, 憑几而聽之 ; 亦令兒輩自歌而自舞蹈之.
욕 사 아 배 조 석 습 이 가 지   빙 궤 이 청 지   역 령 아 배 자 가 이 자 무 도 지

아이들로 하여금 조석으로 그것을 익혀 노래 부르게 하고는 안석에 기대어 그것을 듣기도 하며, 또한 아이들로 하여금 스스로 노래를 부르고, 스스로 춤을 추게 하고자 함이다.

欲 : …하고자 하다. …하기를 원하다. / 使 : …로 하여금 ~하게 하다. 사역형. / 兒

輩 : 아이들. '輩'는 복수를 나타냄. / 憑几 : 안석에 기대다. '憑'은 의지하다, 몸을 기대다. '几'는 안석, 또는 책상. / 令 : …로 하여금 ~하게 하다. 사역형.

15. 庶幾可以蕩滌鄙吝, 感發融通, 而歌者與聽者不能無交有益焉.
서 기 가 이 탕 척 비 린　감 발 융 통　이 가 자 여 청 자 불 능 무 교 유 익 언

바라건대 비루하고 탐욕스런 마음을 깨끗이 씻고 감흥이 발하여 마음이 융합 상통할 수 있어서, 노래를 부르는 자와 듣는 자가 서로 유익함이 없을 수 없게 될 것이다.

庶幾 : 거의. 바라다. / 蕩滌 : 말끔히 씻다. / 鄙吝 : 비루卑陋하고 탐욕스러움. / 感發 : 감정이나 느낌이 발동하다. 감흥이 발하다. / 融通 : 서로의 마음이 융합하고 통하다. / 與 : …와. / 不能無 : 없을 수 없다. / 交 : 서로.

16. 顧自以蹤跡頗乖, 若此等閑事或因以惹起鬧端, 未可知也.
고 자 이 종 적 파 괴　약 차 등 한 사 혹 인 이 야 기 뇨 단　미 가 지 야

돌이켜 스스로를 생각컨대, 종적이 자못 어그러져 있으니, 이와 같은 대수롭지 않은 일이 혹 그로 인하여 시끄러운 사단事端을 야기시킬지도 모른다.

顧 : 돌이키다. 돌이켜 생각하다. / 蹤跡 : 발자취. 행적, 또는 사적. / 頗乖 : 자못 어그러지다. 방향이 전혀 시태時態와 다르다. 도학군자道學君子가 지향해야 할 방향과 너무도 어긋나고 있다. / 若此 : 이와 같은. / 等閑事 : 마음에 두지 않는 일. 대수롭게 여기지 않는 일. / 因 : 개사로서 '그로 인하여'의 뜻. / 鬧端 : 시끄러운 일의 발단. 말썽의 단서. 시끄러울 수도 있는 화제의 꼬투리. / 未可知也 : 아직 모른다.

17. 又未信其可以入腔調諧音節與未也.
우 미 신 기 가 이 입 강 조 해 음 절 여 미 야

또한 그것이 악곡에 들어가 악절樂節에 맞출 수 있을지 없을지도 확신하지 못한다.

未信 : 믿지 못하다. 아직 확신하지 못하다. '未信'의 빈어는 '其可以…與未'. / 入腔調諧音節 : 악곡에 취입吹入하여 음악의 가락에 해화諧和하다. / 與未 : '여부與否'와 같음. '…할 수 있을지, …할 수 없을지'.

18. 姑寫一件, 藏之篋笥, 時取玩以自省.
고 사 일 건　장 지 협 사　시 취 완 이 자 성

우선 한 벌을 기록하여 상자 속에 넣어 두고는, 때때로 꺼내어 보고서 스스로 반성한다.

姑 : 고차적姑且的으로. 아직. 잠시. 우선. / 一件 : 도산십이곡 한 벌을 가리키는 말. / 篋笥 : 상자. 문갑. / 時取玩 : 때때로 가져다가 구경하다. 가끔 꺼내어 감상하다.

19. 又以待他日覽者之去就云爾.
　　　우 이 대 타 일 람 자 지 거 취 운 이

또한, 그리하고는 후일 독자의 취사선택을 기다릴 따름이다.

　　他日 : 다른 날. 즉 '후일'의 뜻. / 覽者 : 그것을 보는 사람. 즉 독자. / 去就 : 원뜻
　　은 관도官途를 물러남과 나아감, 또는 일신의 진퇴의 뜻이나, 여기서는 '취사선택'
　　의 뜻. / 云爾 : 문미어기사로 '…할 뿐이다'.

20. 嘉靖四十四年, 歲乙丑, 暮春旣望, 山老書.
　　　가 정 사 십 사 년　세 을 축　모 춘 기 망　산 로 서

가정 44년인 을축년, 3월 16일 산로 씀.

　　嘉靖 : 중국 명明나라 세종世宗의 연호. 가정 44년은 1555년에 해당함. / 歲乙丑 :
　　을축년. / 暮春 : 음력 3월을 가리킴. / 旣望 : 16일. / 山老 : 이황의 자칭自稱.

■ 보 충 ■

人心之所同然者, 謂之公論 ; 公論之所在, 謂之國是. 國是者, 一國
인 심 지 소 동 연 자　위 지 공 론　공 론 지 소 재　위 지 국 시　국 시 자　일 국

之人, 不謀而同是者也. 非誘以利, 非所以威, 而三尺童子, 亦知其
지 인　불 모 이 동 시 자 야　비 유 이 리　비 소 이 위　이 삼 척 동 자　역 지 기

是者, 此乃國是也.
시 자　차 내 국 시 야

今之所謂國是, 則異於此, 只是主論者, 自以爲是, 而聞之者, 或從
금 지 소 위 국 시　즉 이 어 차　지 시 주 론 자　자 이 위 시　이 문 지 자　혹 종

或違, 至於愚夫愚婦, 皆半是半非, 終無歸一之期, 豈可家喩戶說,
혹 위　지 어 우 부 우 부　개 반 시 반 비　종 무 귀 일 지 기　기 가 가 유 호 세

而強定之乎? - 퇴계집退溪集
이 강 정 지 호

　　人心之所同然者, 謂之公論 : 사람들의 마음이 다 함께 그러하다고 여기는 바, 그것
　　을 공론公論이라고 한다. '所…者'는 '…하는 바 그것'. '同然'은 '누구나 모두 그렇
　　다고 하다'. / 國是 : 국민들이 다 옳다고 여기는 여론의 소재. 또는 그를 밑바탕으
　　로 한 국법國法. / 不謀 : 꾀하지 않다. 상의하거나 토론하지 않다. / 同是 : 누구나
　　다 옳다고 한다. / 非誘以利 : 이익으로써 유혹하는 것이 아니다. / 非所以威 : 위엄
　　을 가지고 하는 것도 아니다. / 亦知其是者 : 또한 그것이 옳은 것인 줄 알다. /
　　此乃國是 : 이것이 곧 국시이다. / 異於此 : 이것과는 다르다. / 只是主論者, 自以爲
　　是 : 다만 논論을 주장하는 사람만이 스스로 옳다고 생각하다. / 或從或違 : 혹은

따르기도 하고, 혹은 반대하기도 하다. / 至於愚夫愚婦, 皆半是半非 : 어리석은 남자나 여자에 이르러서도 모두가 반은 옳다 하고, 반은 그르다고 하다. / 終無歸一之期 : 마침내 하나로 귀합歸合할 기약이 없다. / 豈可家喩戶說, 而强定之乎 : 어찌 가가호호를 방문하면서 일깨우고 설득하여 억지로 그것을 정하게 할 수 있겠는가. '豈 …乎'는 '어찌 …하겠는가'·'결코 …하지 않다'의 뜻. 반어형. '喩'는 '일깨우다'. '說'는 '설득하다', 음은 '세'. '之'는 국시國是를 가리키는 대사.

六. 시가류詩歌類

1. 고시古詩

■ 해 제 ■

고시는 고체시古體詩 또는 고풍古風이라고도 하며, 절구絶句나 율시律詩 등의 근체시近體詩에 상대되는 시체詩體이다. 근체시가 대략 남북조에서 맹아萌芽하여 당대唐代에 완성된 것임에 비하여, 고시는 그보다 훨씬 전인 양한兩漢에서 기원하였다. 그리고 그 후 위진남북조魏晉南北朝의 시인들은 거의 모두가 이 시체로 시를 썼고, 당唐 이후의 많은 시인들도 이 시체를 빌어 시 짓기를 좋아했다.

고시의 형식은 5자1구의 오언고시와 7자1구의 칠언고시가 주종을 이루나, 3언·4언·6언 등의 것도 있으며, 그밖에 그것들을 섞어 쓰는 잡언체雜言體도 있어 다양한 형태를 보여 주고 있다. 그리고 시의 구수句數에 있어서도 자유로워, 한 작품이 4구·6구·8구 등의 것으로부터 장편의 것은 수십 구로 이루어진 것도 있다. 평측平仄에 있어서는 비록 규칙이 있기는 하지만, 근체시처럼 엄격하지 않으며, 압운押韻에 있어서도 근체시보다 훨씬 자유로워 환운換韻이나 통운通韻을 할 수 있고, 측성운仄聲韻도 많이 쓰인다.

귀원전거歸園田居 (其一)

도잠陶潛

少無適俗韻， 性本愛丘山.

誤落塵網中， 一去三十年.

羈鳥戀舊林， 池魚思故淵.

開荒南野際， 守拙歸園田.

方宅十餘畝， 草屋八九間.

榆柳蔭後簷， 桃李羅堂前.

曖曖遠人村， 依依墟里煙.

狗吠深巷中， 鷄鳴桑樹顚.

戶庭無塵雜， 虛室有餘閒.

久在樊籠裏， 復得返自然.

■ 자변字辨 ■

塵 〔진〕 티끌. 때. 더럽히다. ▶진구塵垢. 진세塵世. 진속塵俗. 진애塵埃. 진토
　　　　塵土. 홍진紅塵.

網 〔망〕 그물. 그물질하다. ▶망라網羅. 법망法網.

羈 〔기〕 굴레. 잡아매다 = 羇. 나그네. ▶기려지신羈旅之臣.

淵 〔연〕 못. 깊다. ▶ 연박淵博. 연심淵深.

畝 〔묘〕 이랑. 두둑. ▶ 전묘田畝.

楡 〔유〕 느릅나무. ▶ 상유桑楡.

蔭 〔음〕 그늘. 가리다. ▶ 녹음綠蔭.

簷 〔첨〕 처마. ▶ 첨류簷溜. 첨와簷瓦.

曖 〔애〕 희미하다. 가리다. ▶ 애매曖昧.

墟 〔허〕 터. 언덕. 구렁. ▶ 허락墟落. 폐허廢墟.

吠 〔폐〕 짖다. ▶ 폐요吠堯. 촉견폐일蜀犬吠日.

顚 〔전〕 이마. 꼭대기. 넘어지다. 뒤집다. ▶ 전광顚狂. 전도顚倒. 전말顚末. 전복顚覆.

樊 〔번〕 울타리. 농. 에워싸다. 어수선하다.

籠 〔롱〕 대그릇. 새장. 싸다. ▶ 농락籠絡. 농성籠城.

■■ 해 설 ■

1. 少無適俗韻, 性本愛丘山.
소 무 적 속 운　　성 본 애 구 산

어려서부터 세속과 영합하는 기풍이 없었고, 성품이 본시 구산을 사랑했다.

適俗韻 : 세속과 어울리는 풍도. 세속에 영합하는 기풍. '適'은 '맞다'·'어울리다'·'적응하다'의 뜻. / 丘山 : 산. 대자연.

2. 誤落塵網中, 一去三十年.
오 락 진 망 중　　일 거 삼 십 년

잘못하여 진망 속에 떨어져, 단숨에 13년이 지나갔다.

誤落 : 잘못하여 떨어지다. 잘못되어 빠지다. / 塵網 : 먼지 그물. 티끌세상의 그물. 여기서는 세사世事로 얽히고 설킨 벼슬살이를 가리킴. '塵'은 '진세塵世'·'진속塵俗'의 뜻. / 一去三十年 : 단숨에 13년이 지나다. 훌쩍 13년 세월이 지나다. '三十'은 십삼十三의 도치로 보는 것이 옳음. 즉 도잠陶潛이 처음에 강주江州에서 좨주祭酒로 출사出仕한 때가 그의 나이 29세이던 태원太元 18년(393)이고, 마지막으로 팽택령彭澤令을 그만둔 때가 그의 나이 41세인 의희義熙 원년(405)이므로, 벼슬살이에 몸담은 기간이 13년간이었다. 그러나 학자에 따라서는 처음에 그가 강주좨주를 지낼 때의 나이가 29세이므로, 이를 말하는 것이라고 풀이하기도 하며, '三'은 '已'와 모양이 비슷하여 잘못 옮겨 쓴 것이라고 주장하는 설도 있음.

3. 羈鳥戀舊林, 池魚思故淵.
　　기 조 련 구 림　　지 어 사 고 연

새장에 갇힌 새는 옛 숲을 그리워하고, 못에서 길러지는 물고기는 옛 못
을 생각한다.

　　羈鳥 : 새장에 갇힌 새. 또는 '羈'를 '羇(기)'의 뜻으로 보고 '멀리 떠도는 새', 즉
　　'나그네새'의 뜻으로 해석하기도 함. / 舊林 : 예전에 살던 숲. / 池魚 : 연못에 갇힌
　　물고기. 여기의 '池'는 인공으로 만든 연못을 뜻함. / 思 : 그리워하다. / 故淵 : 예전
　　에 살던 못. '淵'은 자연 속의 못을 뜻함.

4. 開荒南野際, 守拙歸園田.
　　개 황 남 야 제　　수 졸 귀 원 전

남쪽 들 가에 황무지를 개간하고, 졸박拙樸함을 지키려 전원으로 돌아왔다.

　　開荒 : 황무지를 개간하다. 즉 농사를 짓는다는 뜻. / 南野際 : 남쪽 들 가. '際'는
　　'먼 언저리'. / 守拙 : 졸박함을 지키다. 자연 속에서 꾸밈이 없고 간교奸巧하지 않
　　은 생활을 함으로써 졸박한 자기 본성을 지킨다는 뜻. '拙'의 원뜻은 '어리석다'·
　　'못나다', 즉 '巧'와 상반되는 뜻인데, 여기서는 기교에 능한 세속 사람들과는 달리
　　우직한 자신의 본성을 표현한 말.

5. 方宅十餘畝, 草屋八九間.
　　방 택 십 여 묘　　초 옥 팔 구 간

네모난 택지는 10여 묘이고, 초가집은 8, 9간이다.

　　方宅 : 네모진 택지. / 畝 : 넓이 단위. 6척尺 4방方을 1보步라 하고, 백 보를 1묘라
　　함. / 草屋 : 초가집. / 八九間 : 8, 9간 넓이의 집. '間'은 기둥과 기둥 사이를 헤아
　　리는 단위.

6. 楡柳蔭後簷, 桃李羅堂前.
　　유 류 음 후 첨　　도 리 라 당 전

느릅나무 버드나무는 뒤 처마를 덮어 가리고, 복숭아나무 오얏나무는 집
앞에 줄지어 서 있다.

　　楡柳 : 느릅나무와 버드나무. / 蔭後簷 : 뒤뜰의 처마를 덮어 가리다. 즉 뒤뜰의 느
　　릅이나 버들이 집을 시원하게 그늘로 덮어 주고 있다는 뜻. '蔭'은 '그늘지게 덮어
　　가리다'. '簷'은 '처마'. / 桃李 : 복숭아나무와 오얏나무. / 羅 : 줄지어 늘어서 있다.
　　'列(열)'의 뜻. / 堂前 : 집 앞. 즉 앞뜰.

7. 曖曖遠人村, 依依墟里煙.
　　애 애 원 인 촌　　의 의 허 리 연

먼 마을이 어스레하고, 한적한 마을의 연기가 하늘하늘 피어오른다.

曖曖 : 흐리다. 어둡다. 어스레하다. 날이 저물어 어둑어둑하게 보이는 모양. / 遠
人村 : 멀리 보이는 사람 사는 마을. / 依依 : 하늘하늘. 가볍고 부드러운 모양. 부
드럽고 길게 늘어진 모양. 연기가 가볍고 길게 피어오르는 모양을 표현한 말. / 墟
里煙 : 마을에서 피어오르는 연기. '墟里'는 촌락. 즉 농촌이나 사람이 얼마 살지
않는 마을을 뜻함.

8. 狗吠深巷中, 鷄鳴桑樹顚.
　　구 폐 심 항 중　　계 명 상 수 전
개는 깊은 골목 안에서 짖고, 닭은 뽕나무 가지 위에서 운다.

狗吠 : 개가 짖다. / 深巷 : 깊숙한 골목. '巷'은 '골목'. / 桑樹顚 : 뽕나무 가지 위.
'顚'은 '위'·'꼭대기'의 뜻.

9. 戶庭無塵雜, 虛室有餘閒.
　　호 정 무 진 잡　　허 실 유 여 한
뜰에는 더럽거나 잡스러운 것이 없고, 허정虛靜한 방에는 한가로움이 있다.

戶庭 : 자기가 사는 집의 뜰. / 塵雜 : 먼지같이 더럽거나 잡스러운 것. 여기서는 세
속적인 욕망을 뜻한다고 볼 수 있음. / 虛室 : 빈 방. 허정한 방. 허정하여 명정통
철明淨洞澈한 자신의 내면세계를 뜻함. / 餘閒 : 여유 있는 한가로움.

10. 久在樊籠裏, 復得返自然.
　　구 재 번 롱 리　　부 득 반 자 연
오랫동안 새장 속에 있다가, 다시 자연으로 돌아올 수 있게 되었다.

樊籠 : 새장. 여기서는 진망塵網을 비유함. / 復 : 다시. 음은 '부'. / 得 : …할 수 있
다. / 返自然 : 인위적인 세속을 떠나 본연에 따라 살 수 있는 자연 속으로 돌아오
게 되었다는 뜻.

▰ 참 고 ▰

도잠陶潛의 귀원전거歸園田居

　귀원전거 시는 도잠이 동진東晉 안제安帝 의희義熙 원년(405), 팽택령彭澤令
을 그만두고 은거隱居한 다음해에 지은 시로서, 모두 5수로 되어 있다. 이
시는 이보다 1년 전에 지었던 귀거래사歸去來辭와 함께, 그가 왜 벼슬살이를
그만두고 전원으로 돌아가 은거하게 되었는지, 그리고 그가 얼마나 전원생
활을 좋아하였는지를 분명히 밝혀 주고 있다. 평이한 시어로써 그의 진솔한

감정을 표현하고 있는 이 시는 도잠의 시풍을 대표하며, 그의 시를 좋아하는 많은 사람들에 의해서 애송되어 왔다.

도잠(365~427)은 자字가 연명淵明이다. 일설에는 이름이 연명이고 자가 원량元亮이라고도 한다. 동진의 시인으로 심양潯陽 시상柴桑(지금의 강서성江西省 구강현九江縣) 사람이다. 그는 일찍이 구국제민救國濟民의 장지壯志를 품고 벼슬길에 나서 강주좨주江州祭酒가 되었으나, 얼마 안 있어 사도仕途의 오탁汚濁함을 참지 못하고 스스로 벼슬에서 물러났다. 그 뒤 궁핍한 생활을 해결하기 위해 다시 벼슬길에 나서, 진군참군鎭軍參軍·건위참군建威參軍·팽택령 등의 관직을 역임했으나, 팽택령이 된 지 80여 일 만에 귀거래사를 쓰고 귀향, 은거 생활에 들어갔다. 그는 인격이 고결하고, 자연을 좋아하였으며, 독서를 좋아하고 세속의 영리榮利를 싫어하였다. 그리고 술과 국화를 좋아한 것으로도 유명하다. 집 앞에 버드나무 다섯 그루를 심고 오류선생五柳先生이라고 자칭自稱하였으며, 사후에 벗들이 그에게 정절靖節이라는 시호諡號를 붙여주어 정절선생이라고 불린다. 평이한 시풍과 깊은 맛을 담고 있는 그의 전원시로 말미암아 중국 최고의 전원시인, 또는 은일隱逸자연시인으로 평가되고 있다.

본 문 2

고시십구수古詩十九首 (其一)

行行重行行,　與君生別離.

相去萬餘里,　各在天一涯.

道路阻且長,　會面安可知.

胡馬依北風,　越鳥巢南枝.

相去日已遠,　衣帶日已緩.

浮雲蔽白日, 游子不顧返.

思君令人老, 歲月忽已晚.

棄捐勿復道, 努力加餐飯.

■ 자변字辨 ■

阻〔조〕 험하다. 괴롭다. 막다. ▶험조險阻.

巢〔소〕 새의 둥우리. 깃들다. ▶소굴巢窟. 귀소歸巢.

捐〔연〕 버리다. 덜다. 기부하다. ▶연금捐金. 출연出捐.

餐〔찬〕 먹다. 음식. 간식. ▶찬반餐飯. 소찬素餐.

■ 해 설 ■

1. 行行重行行, 與君生別離.
   행 행 중 행 행   여 군 생 별 리

   가고가고 또 가서, 그대와 생이별이라.

   重 : 거듭. 또. / 與 : 개사로 쓰여 '…와'의 뜻. / 生別離 : 살아 있으면서 서로 헤어
   지다. 우리나라에서는 이별離別이라고 보는 것이 일반적이나 중국에서는 별리라
   고 함.

2. 相去萬餘里, 各在天一涯.
   상 거 만 여 리   각 재 천 일 애

   서로 만여 리 떨어져, 각기 하늘 먼 구석에 있다.

   相去 : 둘 사이의 떨어진 거리. / 天一涯 : 하늘의 한 구석. '涯'는 원래 물가를 가리
   키는 말이나 여기서는 귀퉁이, 모서리를 말함.

3. 道路阻且長, 會面安可知.
   도 로 조 차 장   회 면 안 가 지

   길 험하고 머니, 만날 일 어찌 알리.

   阻且長 : 험하고 멀다. '且'는 동사·형용사·부사 등을 병렬 연결하는 기능을 하는
   연사連詞. / 會面 : 얼굴을 마주치다, 만나다. / 安 : 어찌.

4. 胡馬依北風, 越鳥巢南枝.

호 마 의 북 풍　월 조 소 남 지

오랑캐 말은 북쪽 바람을 그리워하고, 월나라 새는 남쪽 가지에 깃든다.

胡馬 : 오랑캐 말. 만리장성 밖의 북쪽 이민족을 흔히 '胡'라고 불렀음. / 依 : 의련 依戀. 그리워하다. 혹은 그냥 '의지하다'의 뜻으로 풀기도 함. / 越鳥 : 월나라의 새. '越'은 장강長江 하류 지역. 장안長安을 기준으로 보면 남쪽임. / 巢 : 동사화 되어 둥우리를 틀다·깃들다의 뜻.

※ 이 연련聯은 비슷한 시기에 나온 한대漢代 악부시樂府詩들과 비교해 볼 때 매우 세련된 대구對句로서 고시십구수가 민간가요의 수준을 넘는 문인의 세련된 창작임을 암시해 주는 방증傍證으로 흔히들 이야기된다. 거의 성어成語가 되다시피 한 이 대구에는 고향을 그리워하는 마음과 의지할 데를 찾는 여인의 마음, 남과 북의 아득한 거리로써 상징되는 영원한 이별과 슬픔 등이 복합되고 교차되어 있음.

5. 相去日已遠, 衣帶日已緩.

상 거 일 이 원　의 대 일 이 완

날로 서로 멀어져 가서, 옷고름 날로 헐거워져 간다.

已 : 더욱. / 遠 : 공간적인 거리보다는 시간적인 의미로서 '久(구)'의 뜻임. / 衣帶 : 옷을 여미는 허리띠, 고름 등. / 緩 : 느슨해지다. 헐거워지다. 몸이 여위어 감을 나타냄.

6. 浮雲蔽白日, 游子不顧返.

부 운 폐 백 일　유 자 불 고 반

뜬구름 해를 가리는데, 떠난 이 돌아오려 하지 않네.

浮雲 : 뜬구름. 허무함이나 가치 없음을 나타내기도 하지만 중국시에서는 간신·나쁜 사람을 나타내는 경우도 많이 있다. 이 시의 경우 전통적으로 간신배를 상징하는 것으로 보는 경우가 많음. / 白日 : 빛나는 해. 임금·매우 뛰어난 사람을 가리키는 경우가 많음. / 游子 : 집을 떠나 먼 곳을 돌아다니는 사람. / 不顧返 : …하려 하지 않다.

7. 思君令人老, 歲月忽已晚.

사 군 령 인 로　세 월 홀 이 만

그대 생각 사람을 늙게 하는데, 세월 어느새 저문다.

思君 : 그대를 그리워하다. / 令 : 使(사)와 같이 사역의 뜻을 나타냄. / 已晚 : 벌써 늦었다. 벌써 깊었다. 매우 빨리 세월이 흘렀음을 말함.

8. 棄捐勿復道, 努力加餐飯.

기 연 물 부 도　노 력 가 찬 반

그만두고 말하지 않으리, 식사라도 더하려 힘쓰리라.

棄捐 : 버리다. 그만두다. 포기하다. / 勿 : 금지의 뜻을 나타내는 부정부사. / 加餐
飯 : 스스로를 위로하는 말로서 '衣帶日已緩'에 대한 자신의 자조적인 답변임. 그
러나 이러한 역설적이고 절제된 표현 속에 한층 슬픔의 깊이가 느껴짐. 또한 상대
방에게 권유하는 말로 보기도 함.

■ 참 고 ■

고시십구수古詩十九首

중국의 고전시는 한말漢末을 거치면서 차츰 정형화되는 경향을 띠어 오언시
로 발전해 왔다. 초기 오언시의 대표작으로 이야기되는 작품이 바로 고시십
구수이다. 물론 고시십구수 이전에도 시가는 있었지만 민요에 가까운 형태
였다. 한말에 들어와 문인들이 오언의 형태로 본격적이고 개성적인 작품을
내놓기 시작했으며 이때부터 중국시가사中國詩歌史에는 세련된 문인시가 등
장했다고 할 수 있다.

고시십구수에는 어지러운 동한말東漢末의 사회를 배경으로 하여 남녀의 정
을 노래한 작품이 가장 많다. 주로 이별의 슬픔과 사랑하는 사람에 대한 그
리움을 노래하고 있으며, 허무주의적 색채 내지 염세주의적 색채도 강하게
띠고 있다. 부분적으로 당시의 세태를 풍자하고 위정자를 비판하는 작품도
있다. 적란賊亂과 기황饑荒이 겹치고 정치적 혼란이 극에 달했던 동한말의
사회상을 반영하고 있기 때문일 것으로 추측된다. 고시십구수에 대해 유협
劉勰은 문심조룡文心雕龍 명시편明詩篇에서 "구성과 문장을 보면 솔직하면서
도 야하지 않고 완곡하게 사물을 묘사하여 감동이 되도록 서정이 절실하니
실로 오언시의 으뜸이 된다."라고 하였고, 종영鍾嶸은 시품詩品에서 "문장이
따스하면서도 아름답고 뜻이 슬프면서도 심원深遠하며 마음을 놀라게 하고
넋을 움직이니 한 자가 천금의 값이 있다고 할만하다."라고 평하였다.

■ 보 충 ■

結廬在人境,　而無車馬喧.
결 려 재 인 경　　이 무 거 마 훤

問君何能爾,　心遠地自偏.
문 군 하 능 이　　심 원 지 자 편

采菊東籬下,　悠然見南山.
채 국 동 리 하　유 연 견 남 산

山氣日夕佳,　飛鳥相與還.
산 기 일 석 가　비 조 상 여 환

此中有眞意,　欲辨已忘言. - 도잠陶潛 음주 기오飮酒 其五
차 중 유 진 의　욕 변 이 망 언

漁翁夜傍西巖宿,　曉汲淸湘然楚竹.
어 옹 야 방 서 암 숙　효 급 청 상 연 초 죽

烟銷日出不見人,　欸乃一聲山水綠.
연 소 일 출 불 견 인　애 내 일 성 산 수 록

廻看天際下中流,　巖上無心雲相逐. - 유종원柳宗元 어옹漁翁
회 간 천 제 하 중 류　암 상 무 심 운 상 축

結廬 : 농막을 짓다. 초가집을 짓다. / 人境 : 사람 사는 세간世間. / 無車馬喧 : 수레나 말의 시끄러운 소리가 없다. 정치나 벼슬살이에서 벗어났으므로, 고관이나 관리가 수레를 타고 떠들썩하게 찾아오는 일이 없다는 뜻. '喧(훤)'은 떠들썩하다, 시끄럽다. / 爾 : 그러하다. '然(연)'과 같음. / 心遠地自偏 : 마음이 세사世事에서 멀어지니, 사는 곳이 세간에 있어도 외진 곳에 있는 것과 같다는 뜻. / 東籬 : 동쪽 울타리. / 悠然 : 자득自得한 모습을 형용하는 말. 한가로이. 한가로운 심정으로. / 日夕 : 해 저물 무렵. / 欲辨已忘言 : 장자 외물편外物篇의 '말은 뜻을 얻기 위한 수단으로 뜻을 알고 나면 잊어도 된다(言者所以在意也, 得意而忘言)'의 뜻을 취한 것. 이미 진의眞意를 깨달았지만, 그것을 분석해서 말로 표현하려고 하면, 도리어 무슨 말로 표현해야 할지를 모르겠다는 뜻. / 曉 : 새벽. / 汲 : 물을 긷다. / 湘 : 상수湘水. / 然 : 태우다. '燃(연)'의 본자. / 楚 : 여기서는 호남湖南 일대를 가리킴. / 銷(소) : 흩어지다. 녹이다. / 欸乃(애내) : 노 젓는 소리. / 廻看 : 머리를 돌려 보다.

2. 절구絕句

절구는 한 수首가 4구로 이루어진 근체시로서 중국시 중, 가장 짧은 형식에 속하며, 오언절구와 칠언절구의 두 종류가 있다. 한대漢代에 이미 그 추형雛型이 보이고 있으며, 남북조시대를 거쳐 초당初唐에 이르러서는 그 형식이 완성되어 본격적으로 쓰여지기 시작했다.

절구는 형식이 매우 짧기 때문에 순간적인 감정을 응축시켜 표현하는 데 알맞은 형식으로, 당대唐代의 많은 시인들, 특히 성당盛唐의 대시인들이 이 시체를 즐겨 써 후인들이 따르지 못할 수작秀作을 남겼다.

절구는 율시律詩와 마찬가지로 평측법平仄法이 엄격하며, 압운押韻은 일운도저격一韻到底格이고, 원칙적으로 평성운平聲韻을 사용한다. 시상의 전개는 일반적으로 기승전결起承轉結의 형태를 취하는데, 첫 구에서 시의 뜻을 제기하고, 둘째 구에서 그 뜻을 계승 발전시키며, 셋째 구에서 그 뜻의 전절轉折을 기하고, 끝 구에서 그것을 결말 짓는다. 단 간결하면서도 함축이 있고, 여운을 남길 수 있어야 좋은 절구라 할 수 있다.

등낙유원登樂遊原

이상은李商隱

向晚意不適, 驅車登古原.

夕陽無限好, 只是近黃昏.

추야우중秋夜雨中

최치원崔致遠

秋風惟苦吟, 世路少知音.

窓外三更雨, 燈前萬里心.

■ 해 설 ■

1. 向晚意不適, 驅車登古原.
향 만 의 부 적   구 거 등 고 원

저녁 무렵 마음이 유쾌하지 않아, 수레를 몰아 고원에 올랐다.

向晚 : 저녁 무렵. 저녁때. / 意不適 : 마음이 불쾌하다. 마음이 편치 않다. / 古原 :
옛 언덕. '낙유원樂遊原'을 가리킴. 낙유원은 장안長安 남쪽에 있는 언덕으로 장안
에서 제일 높은 곳임. 사방의 조망이 넓고 시원하여 한당漢唐 이래로 매년 3월 삼
짇날과 3월 초9일이면 장안의 사녀士女들이 이곳에 올라와 놀았다 함.

2. 夕陽無限好, 只是近黃昏.
석 양 무 한 호　 지 시 근 황 혼

석양이 무한히 좋은데, 다만 황혼이 가까워졌구나.

只是近黃昏 : 단지 황혼이 가까워져 아름다운 석양도 조만간 보이지 않을 것이라
는 뜻. '只是'는 '단지'·'다만'의 뜻.

3. 秋風惟苦吟, 世路少知音.
추 풍 유 고 음　 세 로 소 지 음

가을바람에 오직 애를 써서 시를 읊조리지만, 세상에는 알아주는 친구가 적다.

苦吟 : 애를 써서 시를 읊조리다. 고심하여 시가를 짓다. / 世路 : 세상 길. 세상. /
知音 : 자신을 알아주는 사람. 자신을 이해해 주는 친구. 열자列子에 의하면, 백아
伯牙는 거문고를 잘 탔으며, 그의 벗 종자기鍾子期는 그 타는 소리를 듣고 백아의
심중을 잘 알았는데, 종자기가 죽자, 백아는 자기가 타는 거문고 소리를 이해해
줄 사람이 없으니, 거문고를 타서 무슨 소용이 있겠느냐고 하면서 거문고의 줄을
끊고 다시는 손을 대지 않았다고 하는데, 이 고사에서 유래한 성어임.

4. 窓外三更雨, 燈前萬里心.
창 외 삼 경 우　 등 전 만 리 심

창밖엔 삼경의 비 내리고, 등불 앞엔 만리 고국을 그리는 마음이로다.

三更雨 : 밤 삼경에 내리는 비. '三更'은 밤 11시에서 1시 사이, 곧 깊은 밤을 뜻
함. / 萬里心 : 만리 길 고국으로 달리는 마음.

▨ 참 고 ▨

이상은李商隱의 등낙유원登樂遊原

등낙유원 시는 이상은이 낙유원에 올라 석양이 지는 것을 보고 감상한 바
를 적은 시로서, 그의 대표작 중 하나이다. 특히 끝 두 구는 경구警句로, 함
의含義가 넓기로 유명하다. 단순히 저물어 가는 석양의 광경을 안타까워하
는 것으로 풀이할 수도 있고, 자신이 늙어가고 신세가 나빠진 것을 슬퍼하
는 것으로 볼 수도 있고, 만당晩唐이 쇠미해지는 것을 걱정하는 것으로 풀
이할 수도 있으니, 이처럼 언외言外에 담긴 시의가 무궁해야 좋은 시구라
할 수 있는 것이다.

이상은(812~858)은 만당의 대표적인 시인으로, 자字는 의산義山이고 호는 옥
계생玉谿生이며, 회주懷州 하내河內(지금의 하남성河南省 심양현沁陽縣) 사람
이다. 그는 영호초令狐楚 부자父子의 애호를 받았으나, 진사進士에 급제한 후

영호씨와 파派를 달리하는 왕무원王茂元의 사위가 되었기 때문에, 당쟁의 와중에서 불우한 인생을 보내게 되었다. 그의 시는 매우 우미優美하며, 낭만주의적 색채가 농후하다. 특히 그의 영사시詠史詩와 애정시는 그의 시가 가지는 그러한 풍격과 특색을 잘 드러내고 있다. 그러나 그의 시 중에는 왕왕 지나치게 전고를 사용하고, 과도하게 수식적인 사조辭藻를 사용함으로써 시가 회삽晦澀하다는 평도 있다.

최치원崔致遠의 추야우중秋夜雨中

추야우중 시는 최치원이 당唐나라에 유학 갔을 때, 가을 밤비 소리를 들으면서 고국에 대한 향수를 노래한 시이다.

최치원(857~?)은 신라 말기의 문인·학자로 자字는 고운孤雲이다. 12세에 당나라에 유학, 17세 때 그곳에서 과거에 급제하여 벼슬했고, 황소黃巢의 난이 일어나자, 토황소격문討黃巢檄文을 써서 문명文名을 떨쳤다. 28세에 귀국, 관직 생활을 하였으나 난세를 한탄하며 방랑하다가 해인사海印寺에 들어간 뒤 종적을 감추었다. 저서로 사륙집四六集·계원필경桂苑筆耕 등이 있고, 시호는 문창후文昌侯이다.

본 문 2

조발백제성早發白帝城

이백李白

朝辭白帝彩雲間,　千里江陵一日還.

兩岸猿聲啼不住,　輕舟已過萬重山.

송원이사안서送元二使安西

왕유王維

渭城朝雨浥輕塵， 客舍青青柳色新.

勸君更盡一杯酒， 西出陽關無故人.

■ 자변字辨 ■

猿 〔원〕 원숭이.

啼 〔제〕 울다.

渭 〔위〕 강 이름. ▶위수渭水. 경위涇渭.

浥 〔읍〕 젖다. 적시다.

塵 〔진〕 티끌. 때. 더럽히다. ▶진구塵垢. 진세塵世. 진속塵俗. 진애塵埃. 진토
塵土. 홍진紅塵.

■ 해 설 ■

1. 朝辭白帝彩雲間, 千里江陵一日還.
   조 사 백 제 채 운 간 　 천 리 강 릉 일 일 환

   아침에 채운 속의 백제성白帝城에 이별을 고하고, 천리나 되는 강릉을 하
   루에 돌아왔다.

   　辭 : 작별하고 떠나다. / 白帝 : 백제성. 사천성四川省 봉절현奉節縣 동쪽의 백제산
   위에 있는 산성. / 千里江陵 : 천리 떨어진 강릉. '강릉'은 지금의 호북성湖北省 강
   릉현으로 백제성에서 1,200리 거리가 됨.

2. 兩岸猿聲啼不住, 輕舟已過萬重山.
   량 안 원 성 제 부 주 　 경 주 이 과 만 중 산

   양 기슭의 원숭이 울음소리 그치질 않는데, 가벼운 배는 이미 만겹 산을

지났다.

> 兩岸猿聲啼不住 : 백제성에서 장강長江을 따라 강릉으로 내려오려면 삼협三峽을 지나게 되는데, 그곳은 물살이 빠르며, 또 그 기슭에는 예로부터 원숭이가 많이 서식했다고 함. '啼不住'는 '그치지 않고 울다'·'끊임없이 울어대다'의 뜻.

3. 渭城朝雨浥輕塵, 客舍靑靑柳色新.
위 성 조 우 읍 경 진   객 사 청 청 류 색 신

위성의 아침 비 가벼운 티끌 적시니, 객사에는 파릇파릇 버들빛 새롭다.

> 渭城 : 장안 북서쪽에 있던 지명. 진秦의 수도였던 함양咸陽이 있던 곳. / 浥 : 적시 다. / 客舍 : 여관. / 柳色新 : 버들잎이 비에 젖어 더욱 싱싱하게 보이는 것을 뜻함. 중국에서는 예로부터 나그네에게 버들가지를 꺾어 전송하는 풍습이 있었음.

4. 勸君更盡一杯酒, 西出陽關無故人.
권 군 갱 진 일 배 주   서 출 양 관 무 고 인

그대에게 권하노니, 다시 한 잔 술을 비우시라, 서쪽으로 양관을 나서게 되면 친구도 없으리니.

> 陽關 : 관소 이름. 감숙성甘肅省 돈황현敦煌縣 서남쪽에 있으며, 옥문관玉門關과 더불어 서역 지방으로 향하는 교통의 요소였음.

▌참 고▐

이백李白의 조발백제성早發白帝城

조발백제성 시는 이백의 칠절七絶 가운데 걸작으로 꼽히는 시로서, 백제성 에서 강릉에 이르는 급류의 천리행정千里行程을 상쾌하게 노래하여, 독자들 로 하여금 직접 시인과 함께 배를 타고 삼협三峽을 지나면서 원숭이 우는 소리를 듣고 만겹 산의 경관을 보는 듯한 느낌을 갖게 해 준다.

이백(701~762)은 성당盛唐의 시인으로 자字는 태백太白이고 호는 청련거사靑 蓮居士이다. 출신지에 대해서는 사천四川·농서隴西 등 여러 설이 있으나 확 실치가 않다. 소년 시절부터 호협豪俠하여 방랑생활을 즐겼던 그는 42세 때, 현종玄宗의 인정을 받아 잠시 궁정시인宮廷詩人이 되었으나, 자유분방한 성 격 등이 화근이 되어 장안에서 쫓겨나 다시 천하를 떠돌아다녔고, 영왕永王 의 일에 연루되어 유배생활을 하기도 하였다. 술을 마시고 흥이 나면 즉시 시를 쓸 수 있는 천재적 재주를 가지고 있었고, 어떠한 체재로도 시를 잘 지었으며, 그 중에서도 특히 악부체樂府體를 운용하여 웅방雄放한 기상을 드러내는 시들이 뛰어나다. 두보杜甫와 함께 이두李杜로 병칭되며, 중국 최고의 시인으로 평가되는 그는 문자 그대로 시선詩仙이라 할 수 있다.

왕유王維의 송원이사안서送元二使安西

송원이사안서 시는 칠절악부로서 악부제명으로는 위성곡渭城曲, 또는 양관곡陽關曲이라고도 불렸다. 당인唐人의 송별가 중에서도 가장 널리 알려진 이 시는 당시에 이미 벗을 전송할 때 애창되어, 양관삼첩陽關三疊이라는 창법唱法까지 만들어졌다고 한다. 그 창법이 어떠한지에 대해서는 여러 이설이 있으나, 동파지림東坡志林에 의하면, 2·3·4구를 각각 반복해서 불렀던 것 같다.

왕유(701~761)는 자가 마힐摩詰이고 산서山西 태원太原 사람이다. 어려서부터 시명詩名을 떨쳤던 그는 21세 때 진사에 급제한 뒤, 대악승大樂丞·급사중給事中·상서우승尙書右丞 등의 관직을 역임하였으며, 만년에는 불교를 신봉하고 세사世事를 멀리하여 망천輞川의 별서別墅에서 은거隱居하였다. 그는 자연시를 잘 지었는데, 성당자연시파盛唐自然詩派를 대표한다고 할 수 있을 정도로 높은 성취를 이루었다. 그는 또 음악과 서화에도 조예가 깊었으며, 그중에서도 특히 산수화는 중국 남종화南宗畫의 효시嚆矢로 인정된다. 이처럼 그는 시화에 모두 능하였기 때문에, 그의 시에는 자연히 화의畫意가 풍부하고, 그의 그림에는 시의詩意가 넘쳐나, 소식蘇軾이 일찍이 그의 시화를 평하여 '시중유화詩中有畫, 화중유시畫中有詩'라고 말한 적도 있다.

절구絶句의 시율詩律

절구는 일반적으로 평성운을 사용하며, 오언일 경우 대개 2·4구에만 압운하나, 칠언일 경우는 첫 구에도 압운하는 경우가 많다. 평측平仄의 배열상, 첫 구의 둘째 글자가 평성인 것을 평기식平起式, 측성仄聲인 것을 측기식仄起式이라 하는데, 대체로 오언시에는 측기식이 많이 사용되고 있어 그것을 정격正格이라 하고, 칠언시에는 평기식이 많이 사용되어 반대로 그것을 정격이라 한다. 절구의 일반적인 평측과 압운 상황을 표시하면 다음과 같다.

〈오언절구〉

ㄱ. 측기식   ㄴ. 평기식

측기식	평기식
●●○○●	◐○○○●
○○●●○(韻)	◐●●○○(韻)
◐○○●●	●●○○●
◐●●○○(韻)	○○●●○(韻)

〈칠언절구〉

ㄱ. 평기식   ㄴ. 측기식

평기식	측기식
○○◐●●○○(韻)	●●○○●●○(韻)
●●○○●●○(韻)	◐○◐●●○○(韻)
◐●◐○○●●	○○●●○○●
◐○◐●●○○(韻)	●●○○●●○(韻)

(○은 평성, ●은 측성, ◐은 평측 모두 괜찮은 것)

▨ 보 충 ▨

白日依山盡,　黃河入海流.
백 일 의 산 진　황 하 입 해 류

欲窮千里目,　更上一層樓. - 왕지환王之渙 등관작루登鸛雀樓
욕 궁 천 리 목　갱 상 일 층 루

旅館殘燈夜,　孤城細雨秋.
려 관 잔 등 야　고 성 세 우 추

思君意不盡,　千里大江流. - 신흠申欽 여등旅燈
사 군 의 부 진　천 리 대 강 류

閨中少婦不知愁,　春日凝妝上翠樓.
규 중 소 부 부 지 수　춘 일 응 장 상 취 루

忽見陌頭楊柳色,　悔敎夫婿覓封侯. - 왕창령王昌齡 규원閨怨
홀 견 맥 두 양 류 색　회 교 부 서 멱 봉 후

雨歇長堤草色多,　送君南浦動悲歌.
우 헐 장 제 초 색 다　송 군 남 포 동 비 가

大同江水何時盡,　別淚年年添綠波. - 정지상鄭知常 대동강大同江
대 동 강 수 하 시 진　별 루 년 년 첨 록 파

依山盡 : 산 넘어 지다. / 黃河 : 누런 황하. '河'는 황하를 가리키는 고유명사. / 入海流 : 바다로 흘러 들어가다. / 窮千里目 : 천리 밖까지 시계를 다 넓히다. 즉, 아주 멀리까지 본다는 뜻. '窮'은 '盡(진)'의 뜻. / 更上 : 다시 오르다. / 殘燈 : 등잔의 기름이 다하여 꺼지려고 가물거리는 등불. / 孤城 : 외따로 떨어져 있는 성. / 細雨 : 가랑비. 이슬비. / 千里大江流 : 임을 생각하는 마음이 천리를 흐르는 대강처럼 끝이 없다는 뜻. / 少婦 : 젊은 아낙네. / 凝妝 : 성장盛妝하다. 화장을 짙게 하고 몸을 잘 단장한다는 뜻. / 翠樓 : 화려한 누각. / 陌頭 : 길가. '陌'의 원뜻은 '논밭 사이에 난 길'. / 敎 : …로 하여금 ~하게 하다. 사역동사. / 夫婿 : 남편. / 覓封侯 : 벼슬을 찾다. 출세 길을 찾다. / 雨歇 : 비가 개다. '歇(헐)'은 쉬다. 그치다. 다하다. / 南浦 : 남쪽의 포구浦口. / 悲歌 : 이별의 슬픈 노래. / 別淚 : 이별의 눈물. / 添綠波 : 푸른 물결에 더하다.

3. 오언율시五言律詩

■ 해 제 ■

율시는 한 수가 8구로 이루어진 근체시로서 5자 1구의 오언율시와 7자 1구의 칠언율시 두 종류가 있다. 각 구의 운율에 일정한 규칙이 있으며, 작법에도 엄격한 격률格律이 있는 형식이다. 이것은 남조南朝 때에 시의 성률聲律을 중시하는 풍기風氣에 의해서 발아發芽했고, 초당初唐의 상관의上官儀・초당사걸初唐四傑・송지문宋之問・심전기沈佺期 등에 의해서 그 율법이 정해졌으며, 특히 성당 때의 여러 시인들에 의해서 우수한 작품이 쓰여지게 되었다.

율시는 두 구가 한 연聯을 이루며, 첫째 연을 수련首聯, 둘째 연을 함련頷聯, 셋째 연을 경련頸聯, 끝의 넷째 연을 미련尾聯이라고 부른다. 그리고 매 연의 상구上句를 출구出句 또는 내구內句, 하구下句를 대구對句 또는 외구外句라고 하는데, 일반적으로 함련과 경련에서는 출구와 대구가 대장對

仗을 이루어야 한다. 절구絶句나 배율排律에서와 마찬가지로 평측을 엄격히 따지며 압운은 일운도저격一韻到底格이고, 일반적으로 평성운을 사용한다.

부득고원초송별賦得古原草送別

백거이白居易

離離原上草,　一歲一枯榮.

野火燒不盡,　春風吹又生.

遠芳侵古道,　晴翠接荒城.

又送王孫去,　萋萋滿別情.

화석정花石亭

이이李珥

林亭秋已晚,　騷客意無窮.

遠水連天碧,　霜楓向日紅.

山吐孤輪月,　江含萬里風.

寒鴻何處去,　聲斷暮雲中.

翠 〔취〕 물총새. ▶비취翡翠. 취루翠樓.
萋 〔처〕 우거지다. 아름답다. 공손하다.

■ 해 설 ■

1. 離離原上草, 一歲一枯榮.
　　리 리 원 상 초　　일 세 일 고 영

더부룩한 언덕 위의 풀은, 해마다 한 번 시들고 다시 우거진다.

離離 : 더부룩하다. 풀이 어지럽고 무성하게 자란 모양. 역력歷歷하게 보이는 모양
이라고도 함. / 一歲 : 1년마다. 매년. / 枯榮 : 시들고 또 무성해지다.

2. 野火燒不盡, 春風吹又生.
　　야 화 소 부 진　　춘 풍 취 우 생

들불에 타도 다 없어지지 않고, 봄바람이 불면 또 자라난다.

燒不盡 : 들불이 태워도 다 죽지 않는다는 뜻.

3. 遠芳侵古道, 晴翠接荒城.
　　원 방 침 고 도　　청 취 접 황 성

멀리 방초芳草가 옛길을 덮어 가리고, 맑은 날 푸르른 빛이 황성까지 이어
졌다.

遠芳 : 먼 곳까지 뻗어 자라난 방초. / 侵古道 : 오래된 길을 침점侵占하다. / 晴 :
'청천晴天'의 뜻. / 翠 : 풀의 녹색. 곧 푸르게 자란 풀을 가리킴. / 接荒城 : 황폐한
성곽까지 이어지다. 황성에 연접連接하다.

4. 又送王孫去, 萋萋滿別情.
　　우 송 왕 손 거　　처 처 만 별 정

또 다시 당신을 전송해 보내니, 무성한 춘초春草와도 같이 이별의 정이 가
득하다.

王孫 : 원래는 '귀공자'를 뜻하나, 여기서는 이별하는 사람에 대한 미칭임. / 萋
萋 : 풀이 무성한 모양. 여기서는 가슴속에, 봄철의 무성한 풀과 같이 이별의 정이
가득함을 표현함.

5. 林亭秋已晚, 騷客意無窮.
　　림 정 추 이 만　　소 객 의 무 궁

숲속 정자에 가을이 이미 깊었으니, 시인의 마음 끝이 없다.

> 林亭 : 수풀 속의 화석정花石亭. '화석정'은 정자 이름. / 秋已晚 : 가을이 이미 저물다. 늦가을이 되었다는 뜻. / 騷客 : 시인. 여기서는 작자 자신을 가리킴. / 意無窮 : 상념이 끝이 없다. 시상詩想이 무궁하다.

6. 遠水連天碧, 霜楓向日紅.
　　원 수 련 천 벽　　상 풍 향 일 홍

멀리 강물은 하늘과 연결되어 푸르고, 서리 맞은 단풍잎은 햇빛을 향하여서 더 붉게 보인다.

> 遠水 : 멀리 바라다 보이는 강물. 멀리 흘러가는 강물. / 連天碧 : 하늘에 이어져 푸르다. / 霜楓 : 서리 맞은 단풍. 서리 내린 단풍. 늦가을의 단풍을 뜻함. / 向日紅 : 햇빛을 향해서 붉다. 단풍잎이 햇빛을 받아서 더욱 붉게 물들여진 모습을 표현한 말.

7. 山吐孤輪月, 江含萬里風.
　　산 토 고 륜 월　　강 함 만 리 풍

산은 외로운 둥근 달을 토하고 있고, 강은 만리 먼 곳에서 불어오는 바람을 머금었도다.

> 山吐孤輪月 : 산 위에 외롭게 보이는 만월이 떠오르는 것을 시적으로 표현한 것임. '輪月'은 바퀴처럼 둥근 달, 즉 만월. / 江含萬里風 : 강에 바람이 부는 것을 묘사한 것. '萬里風'은 먼 곳에서 불어오는 바람.

8. 寒鴻何處去, 聲斷暮雲中.
　　한 홍 하 처 거　　성 단 모 운 중

겨울 기러기는 어느 곳으로 가느냐? 울음소리가 저무는 구름 속에 끊어지도다.

> 寒鴻 : 겨울 기러기. 기러기는 겨울에 찾아오는 철새이기 때문에 이른 말. / 聲斷 : 기러기의 울음소리가 끊어지다. 기러기가 멀리 날아감에 따라 울음소리가 들리지 않는다는 뜻.

■ 참 고 ■

백거이白居易의 부득고원초송별賦得古原草送別
부득고원초송별 시는 백거이가 16세 때 지은 것으로, 시를 지어 송별에 붙인 작품이다. 당대의 저명한 시인이던 고황顧況이 이 시를 보고 크게 탄복

했다고 한다. 무궁한 생명력을 가진 풀을 빌어 자기의 우정이 영원함을 노래한 이 시는 그 함의含意가 매우 심장深長하여 백거이의 오률五律 중 대표작으로 꼽히며, 특히 풀의 완강頑強한 생명력을 묘사하고 있는 함련頷聯은 천고에 전송되는 명구이다.

백거이(772~846)는 중당中唐의 대표적인 시인으로 자字는 낙천樂天이고 호는 향산거사香山居士이며, 하비下邳(지금의 섬서성陝西省 위남현渭南縣) 사람이다. 덕종德宗 정원貞元 16년(800)에 진사가 되었고, 그 뒤 한림학사翰林學士·좌습유左拾遺·비서감秘書監·하남윤河南尹·형부상서刑部尙書 등의 관직을 역임했다. 그는, 문학작품은 사회를 개량하는 실용적인 가치가 있어야 한다고 생각하여 시로써 시정時政을 보찰補察하고 인정을 선도宣導하고자 하였다. 그리고 이러한 공용적功用的인 목적을 달성하기 위하여 되도록이면 시를 평이하게 썼다.

이이李珥의 화석정花石亭

화석정 시는 이이가 7세 때에 지은 작품이라 전한다. 화석정에서 만추晩秋의 저무는 경치를 보고 묘사한 이 시는 특히 함련頷聯과 경련頸聯의 대우對偶가 뛰어나다. 화석정은 경기도 파주 임진강 가에 있다.

이이(1536~1584)는 조선 선조宣祖 때의 명신·학자로 자字는 숙헌叔獻, 호는 율곡栗谷, 시호는 문성文成이다. 명종明宗 3년, 13세로 진사 초시初試에 합격한 뒤, 호조戶曹·이조吏曹·병조兵曹의 판서와 우찬성右贊成 등의 관직을 역임했다. 성학집요聖學輯要를 지어 임금에게 바쳤고, 동서 당쟁을 조정하는 데에 힘썼다. 그리고 선조 10년, 해주海州 고산高山에서 한거閒居할 때는 학규學規·격몽요결擊蒙要訣을 지어 후학을 지도했고, 사창社倉을 베풀고 향약鄕約을 마련하여 민생을 위해 노력했다. 퇴계退溪 이황李滉과 함께 조선 유학계儒學界의 쌍벽을 이루었던 그는 기호학파畿湖學派를 형성했다.

오율五律의 시율詩律

율시는 절구와 마찬가지로 일반적으로 평성운을 사용하며, 오율일 경우 대개 2·4·6·8구에만 압운한다. 그리고 평측平仄의 배열상, 오율에는 측기식仄起式이 많이 사용되어 정격正格으로 간주된다.

오율의 일반적인 평측과 압운 상황을 표시하면 다음과 같다.

ㄱ. 측기식　　　　　ㄴ. 평기식

ㄱ.
●●○○●
○○●●○(운)
◐○○●●
◐●●○○(운)
●●○○●
○○●●○(운)
◐○○●●
◐●●○○(운)

ㄴ.
◐○○○●●
◐●●○○(운)
●●○○●
○○●●◐○(운)
◐○○●●
◐●●○○(운)
●●○○●
○○●●○(운)

■ 보 충 ■

青山橫北郭,　白水遶東城.
청 산 횡 북 곽　　백 수 요 동 성

此地一爲別,　孤蓬萬里征.
차 지 일 위 별　　고 봉 만 리 정

浮雲游子意,　落日故人情.
부 운 유 자 의　　락 일 고 인 정

揮手自茲去,　蕭蕭班馬鳴.　- 이백李白 송우인送友人
휘 수 자 자 거　　소 소 반 마 명

國破山河在,　城春草木深.
국 파 산 하 재　　성 춘 초 목 심

感時花濺淚,　恨別鳥驚心.
감 시 화 천 루　　한 별 조 경 심

烽火連三月,　家書抵萬金.
봉 화 련 삼 월　　가 서 저 만 금

白頭搔更短,　渾欲不勝簪.　- 두보杜甫 춘망春望
백 두 소 갱 단　　혼 욕 불 승 잠

空山新雨後,　天氣晚來秋.
공 산 신 우 후　　천 기 만 래 추

明月松間照,　淸泉石上流.
명 월 송 간 조　　청 천 석 상 류

竹喧歸浣女,　蓮動下漁舟.
죽 훤 귀 완 녀　　련 동 하 어 주

隨意春芳歇,　王孫自可留.　- 왕유王維 산거추명山居秋暝
수 의 춘 방 헐　　왕 손 자 가 류

遶(요) : 감돌다. 두르다. '繞(요)'와 같은 자. / 一爲別 : 한 번 이별하다. / 孤蓬 : 외로운 다북쑥. 정처 없는 유랑자를 상징. / 故人 : 친구. / 自玆去 : 이곳으로부터 떠나다. / 蕭蕭 : 말의 울음소리. 쓸쓸한 모양. / 班馬 : 대열에서 이탈한 말. / 草木深 : 초목이 우거지다. / 感時 : 시사時事에 감상하다. / 花濺淚 : 꽃을 보고 눈물을 흘리다. 꽃이 아름답게 핀 것을 보고 즐거워하지 않고 도리어 눈물을 흘린다는 뜻. '濺'은 '뿌리다'의 뜻. / 恨別 : 이별을 한스러워하다. / 鳥驚心 : 새소리에 가슴이 놀라다. / 烽火 : 병란兵亂을 알리는 신호임. / 抵 : 해당하다. / 搔更短 : 긁으면 긁을수록 더욱 머리가 짧아진다는 뜻. / 渾 : 전적으로. 아주. 온통. / 欲 : …할 듯하다. / 不勝簪 : 비녀를 견뎌낼 수가 없다. / 晚來 : 저녁이 되자. / 喧(훤) : 떠들썩하다. / 浣女 : 빨래하는 여자. / 隨意 : 자연의 섭리대로. / 春芳歇 : 봄풀이 시들다. '春芳'은 '춘초春草'. / 王孫 : 귀공자.

4. 칠언율시七言律詩

본 문

황학루黃鶴樓

최호崔顥

昔人已乘黃鶴去,　此地空餘黃鶴樓.

黃鶴一去不復返,　白雲千載空悠悠.

晴川歷歷漢陽樹,　芳草萋萋鸚鵡洲.

日暮鄉關何處是?　煙波江上使人愁.

등고登高

두보杜甫

風急天高猿嘯哀,　渚淸沙白鳥飛廻.

無邊落木蕭蕭下,　不盡長江滾滾來.

萬里悲秋常作客,　百年多病獨登臺.

艱難苦恨繁霜鬢,　潦倒新停濁酒杯.

■ **자변**字辨 ■

萋 〔처〕 우거지다. 아름답다. 공손하다.

鸚 〔앵〕 앵무새.

鵡 〔무〕 앵무새.

猿 〔원〕 원숭이.

嘯 〔소〕 휘파람 불다. 부르짖다. 읊조리다. ▶소영嘯咏. 장소長嘯.

渚 〔저〕 물가. 사주沙洲.

廻 〔회〕 돌다. 돌리다. ▶회천지력廻天之力. 윤회輪廻.

蕭 〔소〕 쑥. 시끄럽다. 쓸쓸하다. 불다. 떨어지다. 말이 울다. ▶소삭蕭索.
소슬蕭瑟. 소조蕭條.

滾 〔곤〕 흐르다.

艱 〔간〕 어렵다. 괴롭다. 고생. ▶간고艱苦. 간구艱苟.

鬢 〔빈〕 귀밑머리. ▶빈설鬢雪. 수빈鬚鬢.

潦 〔료〕 큰비. 장마. 길바닥 물. 헛늙다.

1. 昔人已乘黃鶴去, 此地空餘黃鶴樓.
　　석 인 이 승 황 학 거 　차 지 공 여 황 학 루

옛사람은 이미 황학을 타고 날아가 버리고, 이 땅에는 그저 황학루만 남아 있네.

　　黃鶴樓 : 호북성湖北省 무한시武漢市 서쪽 황곡기黃鵠磯에 있는 누각. 이 누각에는 여러 가지 전설이 있음. 선인仙人 자안子安이 황학을 타고 이곳을 지나갔기 때문에, 황학루라고 했다는 설이 있고, 선인 비문위費文禕가 황학을 타고 와서 이곳에서 쉬고 간 적이 있다는 설도 있음.

2. 黃鶴一去不復返, 白雲千載空悠悠.
　　황 학 일 거 불 부 반 　백 운 천 재 공 유 유

황학은 한 번 떠난 뒤로 다시 돌아오지 않고, 흰 구름만 천 년 동안 여전히 떠 있다.

　　千載 : 천 년. / 空 : 헛되이. / 悠悠 : 구원久遠한 모양. 오래도록 황학을 기다리며 여전히 거기에 떠 있다는 뜻.

3. 晴川歷歷漢陽樹, 芳草萋萋鸚鵡洲.
　　청 천 력 력 한 양 수 　방 초 처 처 앵 무 주

맑은 날이면 강수江水에는 한양의 나무들이 뚜렷이 비치고, 향기로운 풀들이 앵무주에 무성하다.

　　晴川 : 날씨가 맑게 개였을 때의 강. 여기서의 강은 장강長江. / 歷歷 : 분명한 모양. 여기서는 나무가 물에 뚜렷이 비치는 것을 형용한 말. / 漢陽 : 호북성 한양현. 지금은 무한시에 속함. / 萋萋 : 풀이 무성한 모양. / 鸚鵡洲 : 호북성 무한시 서남쪽에 있는 장강 가운데의 섬.

4. 日暮鄉關何處是? 煙波江上使人愁.
　　일 모 향 관 하 처 시 　연 파 강 상 사 인 수

해는 저무는데 고향은 어디인가? 강 위엔 안개 서리어 사람으로 하여금 시름에 잠기게 한다.

　　日暮 : 날이 지다. 해가 지다. / 鄉關 : 고향. / 煙波 : 안개 서린 물결.

5. 風急天高猿嘯哀, 渚淸沙白鳥飛廻.
　　풍 급 천 고 원 소 애 　저 청 사 백 조 비 회

바람 세고 하늘 높아 원숭이 울음 애절하며, 강가는 맑고 모래 흰데 물새
는 선회旋廻하며 난다.

> 猿嘯哀 : 원숭이 우는 소리가 애처롭다. '嘯'는 '소리를 길게 끌며 울다'의 뜻. /
> 渚 : 물가. 사주沙洲.

6. 無邊落木蕭蕭下, 不盡長江滾滾來.
무 변 락 목 소 소 하　 부 진 장 강 곤 곤 래

끝없는 숲에는 낙엽이 쓸쓸히 떨어지고, 다함이 없는 장강은 도도히 흐른
다.

> 無邊 : 끝이 없다. '어디서나 모두'의 의미. / 落木 : 낙엽. / 蕭蕭 : 쓸쓸히. 낙엽이
> 표령飄零하는 모습을 형용한 말. / 不盡長江 : 다함이 없이 흐르는 장강. / 滾滾 : 물
> 이 도도히 출렁대며 흐르는 모습.

7. 萬里悲秋常作客, 百年多病獨登臺.
만 리 비 추 상 작 객　 백 년 다 병 독 등 대

만리타향에서 가을을 서러워하며 언제나 나그네 노릇하다, 평생 병 많은
몸 홀로 대에 오른다.

> 萬里悲秋 : 만리타향에서 가을을 슬퍼하다. / 常作客 : 언제나 나그네 노릇을 하다.
> 언제나 나그네이다. / 百年多病 : 늙도록 늘 병으로 시달리고 있다는 뜻. / 獨登臺 :
> 홀로 높은 대에 오르다.

8. 艱難苦恨繁霜鬢, 潦倒新停濁酒杯.
간 난 고 한 번 상 빈　 료 도 신 정 탁 주 배

간난에 시달려 백발이 많아진 것 몹시 한스러운데, 몸이 노쇠해져 최근에
는 탁주마저 못 들게 되었네.

> 艱難 : 온갖 괴로움과 곤란. / 苦恨 : 몹시 한스러워하다. / 繁 : 수두룩하게 많다. /
> 霜鬢 : 서리같이 하얗게 된 머리. '鬢'의 원뜻은 '귀밑머리'. / 潦倒 : 노쇠한 모양.
> 두보는 당시 폐병을 앓고 있었음. / 新停 : 최근에 그만두다. / 濁酒杯 : 탁주 잔. 여
> 기서는 술 마시는 것을 뜻함.

▌ 참 고 ▌

최호崔顥의 황학루黃鶴樓

황학루 시는 천고千古의 절창絶唱으로 당시唐詩 중, 가장 인구人口에 회자膾
炙되어 온 시이다. 송대宋代의 엄우嚴羽는 이 시를 두고 '당대唐代의 칠언율

시 중에서, 마땅히 최호의 황학루 시가 제일이다(唐人之七律詩, 當以崔顥黃鶴樓第一.)'라고 극찬했고, 또 이백李白은 일찍이 황학루를 지나다가 최호의 이 시를 보고서 '눈앞에 경치가 있어도 말해 낼 수 없는 것은, 최호의 제시題詩가 위에 있음이라(眼前有景道不得, 崔顥題詩在上頭.)'라고 말하고는, 시 짓기를 포기했다는 이야기까지 전해져서 이 시의 성명盛名을 더해 주었다. 황학루에 올라 멀리 바라보며 마음속에 이는 고향에 대한 그리움을 노래하고 있는 이 시는 조구造句가 자연스럽고 기상이 호대浩大한 데 장점이 있으며, 특히 전전 4구는 일기가성一氣呵成으로 이루어져 천균千鈞의 필세를 느끼게 해 준다. 그리고 '황학'이라는 시어가 세 번이나 겹쳐 나와도 전혀 부자연스러운 감을 주지 않아 가히 신래지필神來之筆이라 할 수 있다.

최호(704?~754)는 변주汴州(지금의 하남성河南省 개봉시開封市) 사람으로, 개원開元 11년에 진사에 급제하였고, 천보天寶 연간에 상서사훈원외랑尚書司勳員外郞을 지냈다. 재주가 뛰어났으나 행동이 경박하여, 젊어서 쓴 시는 시의가 부염浮艶하였지만, 만년에는 수양이 깊어지고 시체도 변하여 풍골風骨이 늠연凜然하였다.

두보杜甫의 등고登高

등고 시는 두보가 56세이던 대력大曆 2년 가을 중양절重陽節에, 당시 그가 머물던 기주夔州에서 홀로 높은 곳에 올라가서 지은 시로서, 조락凋落하는 가을과 노쇠하여 최근에는 술잔조차 못 들게 된 자신을 자탄하는 마음이 잘 표로表露되어 있다. 소슬蕭瑟한 추의秋意가 느껴지는 가운데, 배산도해排山倒海와 같은 기세를 담고 있는 이 시는, 두보 시 중에서도 만년의 처원凄怨한 그의 정서가 가장 짙게 나타난 작품이다. 청대淸代 시보화施補華가 현용설시峴傭說詩에서 고금칠률古今七律 중 제일이라고 추숭推崇했던 이 시는 또한 4연 모두가 대우對偶로 되어 있는 점을 그 형식상의 특징으로 지적할 수 있다.

두보(712~770)는 성당盛唐의 시인으로 자字는 자미子美이다. 조적祖籍은 본래 양양襄陽이나, 후에 하남河南 공현鞏縣으로 천거遷居하였다. 그는 진조晉朝 두예杜預의 13세손인데, 두예가 경조京兆 두릉杜陵 사람이었기 때문에, 스스로 두릉야로杜陵野老라고 칭하기도 하였다. 그는 일찍이 천보天寶 초에 진사에 응시했으나 급제하지 못하였고, 장안을 떠나 제齊·노魯 지역을 8, 9년간 유랑하였으며, 이때 이백李白·고적高適 등과 교유하였다. 그후 천보 11년, 삼

대례부三大禮賦를 헌상獻上하여 현종玄宗에게 인지認知되고 하서위河西尉에 임명되었으나 부임하지 않았고, 뒤에 솔부참군率府參軍이 되었다. 안녹산安祿山의 난이 일어나고 경사京師가 함락된 후에는, 숙종肅宗을 봉상鳳翔에서 알현하고 좌습유左拾遺가 되었다. 그 후 성도成都에서 일시 엄무嚴武의 후원 아래 생활하기도 했다가 엄무가 죽자, 다시 장강 일대를 유랑하다 대력 5년, 59세로 병사하였다.

칠률七律의 시율詩律

칠률에서는 대개 1·2·4·6·8구에 압운한다. 그리고 평측의 배열상, 칠률에는 평기식이 많이 사용되어 정격正格으로 간주된다.

칠률의 일반적인 평측과 압운을 표시하면 다음과 같다.

ㄱ. 평기식	ㄴ. 측기식
○○◐●●○○(운)	●●○○●●○(운)
●●○○●●○(운)	◐○◐●●○○(운)
◐●◐○○●●	○○●●○○●
◐○○◐●○○(운)	●●○○●●○(운)
○○●●○○●	◐●◐○○●●
●●○○●○○(운)	◐○○●●○○(운)
◐●◐○●●●	○○●●○○●
●○○◐●○○(운)	●●○○●●○(운)

■ 보충 ■

鳳凰臺上鳳凰遊, 鳳去臺空江自流.
봉 황 대 상 봉 황 유   봉 거 대 공 강 자 류

吳宮花草埋幽徑, 晋代衣冠成古丘.
오 궁 화 초 매 유 경   진 대 의 관 성 고 구

三山半落青天外, 二水中分白鷺洲.
삼 산 반 락 청 천 외   이 수 중 분 백 로 주

總爲浮雲能蔽日, 長安不見使人愁. - 이백李白 등금릉봉황대登金陵鳳凰臺
총 위 부 운 능 폐 일   장 안 불 견 사 인 수

清江一曲抱村流, 長夏江村事事幽.
청강일곡포촌류　　장하강촌사사유

自去自來梁上燕, 相親相近水中鷗.
자거자래량상연　　상친상근수중구

老妻畵紙爲棋局, 稚子敲針作釣鉤.
로처화지위기국　　치자고침작조구

多病所須唯藥物, 微軀此外更何求. － 두보杜甫 강촌江村
다병소수유약물　　미구차외갱하구

千里家山萬疊峰, 歸心長在夢魂中.
천리가산만첩봉　　귀심장재몽혼중

寒松亭畔孤輪月, 鏡浦臺前一陣風.
한송정반고륜월　　경포대전일진풍

沙上白鷺恒聚散, 波頭漁艇各西東.
사상백로항취산　　파두어정각서동

何時重踏臨瀛路, 綵服班衣膝下縫. － 신사임당申師任堂 사친思親
하시중답림영로　　채복반의슬하봉

鳳凰臺 : 대臺 이름. 남조南朝 송宋 원가元嘉 연간에 봉황이 이 산에 날아와 모였다고 함. 고지故址는 지금의 남경시南京市 남쪽에 있음. / 吳宮 : 삼국시대 오吳나라의 궁전. / 晉代衣冠 : 동진東晉의 세족世族들을 뜻함. / 三山 : 남경시 서남 장강 가에 있는 산. 봉우리가 셋임. / 二水中分白鷺洲 : '白鷺洲'는 장강 가운데에 있는 사주沙洲로 백로가 많이 모였다고 함. '二水'는 장강이 백로주로 인해 갈라져서 흐르는 것을 말함. / 總 : 언제나. / 浮雲 : 뜬구름. 여기서는 간신배를 뜻함. / 日 : 군주를 비유. / 事事幽 : 모든 일들이 그윽하다. / 梁 : 대들보. / 棋局 : 바둑판. / 釣鉤 : 낚싯바늘. / 微軀 : 미천한 몸. / 萬疊 : 만 겹. / 夢魂中 : 꿈의 영혼 속, 즉 꿈속. / 寒松亭 : 강릉江陵에 있는 정자 이름. / 西東 : 여기서는 '이리저리 떠다니다'의 뜻. / 臨瀛(임영) : 강릉의 옛 이름. / 綵服 : 채색 옷. / 班衣 : 여러 가지 색깔의 색동옷. '班'은 '斑(반)'과 같음. / 膝下 : 무릎 아래, 즉 부모님 앞이란 뜻.

『부록』
附錄

보충 독해 번역

II. 기초 한문 독해 연습

1. 단문 독해

1. 명심보감明心寶鑑

하늘의 뜻을 따르는 자는 생존하고, 하늘의 뜻을 거스르는 자는 망한다.
- 천명天命

만족함을 아는 자는 가난하고 신분이 낮아도 또한 즐겁고, 만족함을 모르는 자는 부귀해도 또한 근심스럽다. - 안분安分

사람의 본성은 물과 같다. 물은 한번 엎질러지면 담을 수 없고, 본성은 한번 방종해지면 원상태로 돌이킬 수 없다. 물을 막으려는 자는 반드시 제방으로써 하고, 본성을 다스리려는 자는 반드시 예법으로써 한다. - 계성戒性

일이 비록 작아도 하지 않으면 이루지 못하고, 자식이 비록 똑똑해도 가르치지 않으면 명석해지지 않는다. - 훈자訓子

아버지는 자식의 덕을 말하지 않고, 자식은 아버지의 허물을 이야기하지 않는다. - 준례遵禮

선인善人과 함께 살면, 영지靈芝와 난초蘭草가 있는 방에 들어간 것과 같아서, 오래 있다 보면 그 향기를 맡지 못하니 곧 그것과 동화되어 버린 것이다. 선하지 못한 사람과 함께 살면, 절인 어물 가게에 들어간 것과 같아,

오래 있으면 그 썩은 냄새를 맡지 못하니 또한 그것에 동화되어 버린 것이다. - 교우交友

2. 소학小學

한백유韓伯兪가 잘못을 저질러 그의 어머니가 그를 매질하자 눈물을 흘렸다. 어머니가 말하길 "예전에는 매질을 해도 너는 운 적이 없었는데, 지금 우는 것은 무슨 까닭이냐?"라고 했다. 그가 대답하길 "예전에 제가 죄를 지으면 매를 맞을 때에 항상 아팠습니다. 지금은 어머니의 힘이 저를 아프게 할 수 없으니, 이 때문에 웁니다."라 하였다. - 계고稽古

3. 몽구蒙求

손숙오孫叔敖가 어린아이일 때, 나가 놀다가 돌아와서는 걱정에 찬 채 밥을 먹지 않았다. 어머니가 그 까닭을 물었다. 그는 울면서 대답했다. "오늘 저는 머리 둘 달린 뱀을 보았습니다. 아마 죽을 날이 며칠 남지 않았을 것입니다." 어머니가 "지금 뱀이 어디에 있느냐?"라고 하였다. 그가 대답하기를 "저는 머리 둘 달린 뱀을 본 사람은 죽는다고 들었습니다. 저는 다른 사람이 또 볼까 걱정되어, 이미 그것을 묻어 버렸습니다."라고 하였다. 어머니가 말하였다. "걱정 마라! 너는 죽지 않는다. 내가 듣기로 남 몰래 베푼 은덕이 있는 사람은 하늘이 복으로 보답한다고 했다." - 권지상卷之上

4. 설원說苑

자사子思가 위衛나라에 살 때, 솜 도포에 거죽이 없었고, 스무날에 아홉 번 끼니를 먹었다. 전자방田子方이 그것을 듣고 사람을 시켜 호백구狐白裘를 보냈다. 그가 받지 않을까 두려워서 그에게 말했다. "나는 남에게 빌려주면 끝내는 그것을 잊어버리고, 내가 남에게 줄 때는 그것을 버리듯이 합니다." 자사는 사양하고 받지 않았다. 전자방이 말했다. "나는 있고, 그대는 없습니다. 무슨 이유로 받지 않습니까?" 자사가 말했다. "급伋(자사)은 들은 적이 있습니다. 옳지 않은 방법으로 주는 것은 물건을 도랑에 버림만 못합니다. 제가 비록 가난하나 차마 자신을 도랑으로 여기지는 못하겠습니다. 이 때문에 감

히 받지를 못하겠습니다." - 입절立節

5. 한비자韓非子

초나라 사람으로 방패와 창을 파는 자가 있었다. 그것을 자랑하며 말하길 "내 방패의 견고함은, 어느 것으로도 뚫을 수 없다."고 하였다. 또 그 창을 자랑하며 말하길 "내 창의 예리함은 어떤 물건도 꿰뚫지 못할 것이 없다." 혹자가 말하였다. "당신의 창으로 당신의 방패를 뚫으면, 어떻게 되느냐?" 그 사람은 응답하지 못하였다. - 난일難一

6. 전국책戰國策

추기鄒忌는 키가 8척이 넘고, 용모가 아름다웠다. 아침에 의관衣冠을 갖추고 거울을 들여다보며, 그의 처에게 말하였다. "나와 성북城北의 서공徐公은 누가 더 아름다운가?" 그 처가 말했다. "당신이 훨씬 아름답습니다. 서공이 어찌 당신을 따를 수 있겠습니까?" 성북의 서공은 제齊나라의 미남이었다. 추기는 스스로 믿지 못하여, 다시 그의 첩에게 물었다. "나와 서공은 누가 더 아름다우냐?" 첩이 말하였다. "서공이 어찌 당신을 따를 수 있겠습니까?" 다음날 아침 밖에서 손님이 와서 함께 앉아 이야기를 하였는데, 그에게 물었다. "나와 서공은 누가 더 아름답습니까?" 손님이 말하였다. "서공은 당신의 아름다움만 못합니다."

다음날 서공이 왔기에 그를 자세히 보고는 스스로 못하다 여겼고, 거울을 보면서 자신을 유심히 보니 못하기가 훨씬 심하였다. 저녁에 잠자리에 누워 그 일을 생각하며 말했다. "내 처가 나를 아름답다고 한 것은 나를 편애하기 때문이고, 첩이 나를 아름답다고 한 것은 나를 두려워하기 때문이며, 손님이 나를 아름답다고 한 것은 나에게 구하고자 하는 것이 있기 때문이다." - 제책齊策

2. 장문 독해

1. 관포지교管鮑之交

관중管仲은 영수潁水 가의 사람이다. 어릴 때 항상 포숙鮑叔과 함께 놀았으며, 포숙은 그의 어짊을 알았다. 관중은 집이 가난하여 항상 포숙을 속였지만, 포숙은 끝끝내 그를 잘 대우해 주며 그것을 가지고 말하지 않았다. 그러다가 포숙은 제齊나라의 공자公子 소백小白을, 관중은 공자 규糾를 섬기게 되었다. 소백이 환공桓公이 되어, 공자 규는 죽고, 관중이 죄인이 되자, 포숙은 드디어 관중을 천거하였다.

관중이 기용되어 제나라에서 정무를 담당하자, 제환공은 패권을 잡아 제후들을 규합하고 천하를 하나로 바로잡았는데, 이는 관중의 지모 때문이다.

- 사기史記 **관안열전管晏列傳**

2. 문경지교刎頸之交

조趙 혜문왕惠文王은 일찍이 초楚나라의 화씨벽和氏璧을 얻었다. 진秦 소왕昭王이 열다섯 성城으로 그것과 바꿀 것을 청하였다. 구슬을 주지 않으려 하니 진나라가 강한 것이 두렵고, 주려 하니 속을 것이 염려되었다. 인상여藺相如가 구슬을 들고 가기를 원하며 말하였다. "성을 받지 못하면 곧 구슬을 무사히 가지고 돌아오겠습니다."

진나라에 이르러 보니, 진왕秦王은 성을 줄 뜻이 없었다. 상여는 이에 속여서 구슬을 취하고는 노하여 곤두선 머리카락이 관冠을 찌른 채 뒷걸음질하여 물러나 기둥 아래에 서서 말하였다. "신의 머리와 구슬을 함께 부수겠습니다." 종자從者에게 구슬을 품고 샛길로 먼저 돌아가게 하고, 자신은 진나라에서 명을 기다렸다. 진 소왕이 그를 어질게 여기고 돌려보냈다. - **십팔사략十八史略**

3. 예양보주豫讓報主

예양豫讓은 진晉나라 사람이다. 본래 일찍이 범씨范氏와 중행씨中行氏를 섬겼으나, 이름이 알려진 바가 없었다. 이들을 떠나 지백智伯을 섬겼는데, 지백은 매우 그를 존중하고 총애하였다. 지백이 조양자趙襄子를 칠 때에, 조양자는 한씨韓氏·위씨魏氏와 공모하여 지백을 멸하였다. 지백의 후손들도 멸하고 그 땅을 셋으로 나누었다. 조양자는 지백을 가장 미워하여, 그 두개골에 옻칠을 하여 술그릇으로 삼았다.

예양은 산속으로 도망가서 말했다. "아아! 선비는 자기를 알아주는 이를 위하여 죽고, 여자는 자기를 좋아하는 사람을 위하여 얼굴을 다듬는다. 지금껏 지백이 나를 알아주었으니, 나는 반드시 그를 위해 원수를 갚고 죽음으로써 지백에게 보답하겠다. 그러면 나의 혼백이 부끄럽지 않을 것이다." - 사기史記 **자객열전**刺客列傳

4. 예문지藝文志 서序

유가학파儒家學派는 대개 사도司徒의 관직에서 나와서, 임금을 돕고 자연의 법칙을 따르며 교화敎化를 밝히는 부류이다. 육경六經의 가운데서 학문을 즐기며, 인의仁義의 사이에 뜻을 두고, 요순堯舜을 학파의 창시자로 하여 그 도道를 따르며, 문왕文王과 무왕武王을 법칙으로 삼고, 공자孔子를 스승으로 받들어 그 말을 중시하니, 도에 있어서 최고이다.   - 한서漢書 예문지藝文志

5. 사설師說

성인聖人은 일정한 스승이 없으니, 공자孔子는 담자郯子·장홍萇弘·사양師襄·노담老聃을 스승으로 삼았다. 담자의 무리는 그 현명함이 공자에게 미치지 못한다. 공자는 말했다. "세 사람이 길을 가면, 반드시 나의 스승이 있다." 이런 까닭으로 제자가 반드시 스승보다 못하지는 않으며, 스승이 반드시 제자보다 현명하지도 않다. 도를 들음에 선후先後가 있고, 도술과 학업에 전공이 있어 이와 같을 따름이다.   - 한유韓愈 사설師說

6. 붕당론朋黨論

요堯임금 때, 소인 공공共工·환두驩兜 등 네 사람이 하나의 붕당이었고, 군자 팔원八元과 팔개八愷의 16인이 하나의 붕당이었다. 순舜이 요를 도와 네 명의 흉악한 소인의 붕당을 물리치고, 팔원과 팔개의 군자의 붕당을 등용하니, 요의 천하가 크게 다스려졌다.

순순舜이 천자가 되었을 때, 고요皐陶·후기后夔·후직后稷·설契 등 22인이 조정에 늘어서, 서로 칭찬하고, 서로 남을 추천하고 자기는 겸양하니, 22인이 모두 하나의 붕당이었다. 그리고 순이 그들을 다 기용하니, 천하는 또한 크게 다스려졌다. - 구양수歐陽修 붕당론朋黨論

7. 출사표出師表

신 제갈량은 말씀드립니다. 선제先帝께서는 창업을 반도 이루기 전에 중도에 붕어崩御하셨습니다! 지금 천하는 셋으로 나뉘어져 있고, 익주益州는 피폐하니, 이는 정말로 위급하여 나라의 존망이 걸린 때입니다! 그러나 폐하를 모시는 신하들이 안에서 게으르지 않고, 충성스러운 장사將士들이 밖에서 몸을 잊고 싸우는 것은 모두 선제의 특별한 대우를 추모하여 폐하께 보답하고자 해서입니다. 폐하께서는 마땅히 성청聖聽을 넓게 열어 선제의 유덕遺德을 빛내고 지사志士의 사기를 키우실 것이요, 망령되이 스스로 재덕才德을 가벼이 여기고 도리에 맞지 않은 비유로 의義를 잃어 충간忠諫의 길을 막아서는 안 될 것입니다. - 제갈량諸葛亮 출사표出師表

8. 적벽부赤壁賦

소자蘇子가 말했다. "객은 또한 저 물과 달을 아는가? 물은 흘러가기를 이처럼 하지만 일찍이 다하지 않으며, 달은 차고 기울기를 저처럼 하지만 끝내 소멸하거나 커지지 않는다. 대개 변한다는 입장에서 보면 천지天地는 일순간도 변하지 않을 수 없고, 변하지 않는다는 입장에서 보면 사물과 우리는 모두 무궁무진한 것이다. 그러니 또 무엇을 부러워할 것인가? 또한 천지의 사이에 물건은 각각 주인이 있으니, 만약에 나의 소유가 아니면 터럭 하나라도 취하지 말 것이다. 오직 강 위의 맑은 바람과 산속의 밝은 달은 귀가 그 바람을 들으면 아름다운 소리가 되고, 눈이 그 달을 만나면 아름다운 경치를 이룬다. 그것들을 취하여도 금하는 이가 없고, 써도 다하지 않는다. 이는 조물주의 무궁한 보고요, 나와 그대가 함께 즐기는 바이다." - 소식蘇軾 적벽부赤壁賦

9. 검군劍君

용모가 아름다운 남자를 뽑아 그를 단장하여 꾸며서 화랑이라 부르며 받들었다. 화랑도의 무리가 구름처럼 모였는데, 도의道義로써 서로 수양하며, 노래와 음악으로 서로 기뻐하고, 산과 물을 찾아 즐기며, 먼 곳이라도 이르지 않은 곳이 없었다. 이렇게 함으로써 그 사람됨이 사악한지 바른지를 알아서, 그 중의 착한 사람을 가려 조정에 천거하였다. - 삼국사기三國史記 신라본기新羅本紀

10. 연오랑세오녀延烏郎細烏女

흥덕대왕興德大王은 보력寶曆 2년인 병오년丙午年에 즉위하였다. 얼마 후 당唐에 사신으로 간 사람이 있었는데 앵무새 한 쌍을 가지고 왔다. 얼마 안 있어 암컷이 죽어 홀로 남은 수컷이 슬피 울기를 그치지 않았다. 왕이 사람을 시켜 앞에 거울을 걸게 하였더니, 새가 거울 속의 그림자를 보고 그가 짝을 얻었다고 여겼다. 그래서 그 거울을 쪼았으나, 그것이 그림자임을 알고 이에 슬피 울다가 죽었다. - 삼국유사三國遺事 기이紀異

11. 사가재기四可齋記

거울의 맑음이란 예쁜 사람은 그것을 좋아하고, 못생긴 사람은 그것을 꺼려한다. 그러나 예쁜 사람은 적고 못생긴 사람은 많으니, 한 번 보게 되면 반드시 깨부수고야 말기에, 먼지에 덮여 뿌옇게 가려짐만 같지 못하다. 먼지가 끼어 어두운 것은 차라리 그 밖을 침식할지언정 그 맑음을 잃게 하지는 않는다. 만일 예쁜 사람을 만나면 그런 뒤에 그것을 갈고 닦아도 또한 아직 늦지 않다. - 이규보李圭報 경설鏡說

12. 허생전許生傳

이리하여 은전 10만 냥을 변씨卞氏에게 주면서 말하였다. "내가 하루아침의 굶주림을 참지 못하여 독서를 다 끝마치지 못하고, 잠시 그대로부터 만 금을 빌렸습니다." 변씨가 크게 놀라 일어나 절하며 감사를 드리고, 원금의 10분의 1에 해당하는 이익을 받기를 바랐다. 허생이 크게 노하여 "그대는 어찌하여 나를 장사치로 보느냐?"고 말하며 옷을 떨치고 가버렸다. - 박지원朴趾源 허생전

Ⅳ. 장르별 원문 독해의 실제

二. 경서류經書類

1. 논어論語

공자께서 말씀하셨다. "제자弟子는 들어가서는 효도하고 나와서는 공손하며, 행실을 삼가고 말을 성실하게 하며, 널리 사람을 사랑하되 인자仁者를 가까이해야 한다. 이것을 행하고 여력이 있으면 글을 배우는 것이다." - 학이學而

공자께서 말씀하셨다. "나는 열다섯 살에 학문에 뜻을 두었고, 서른 살에 자립하였고, 마흔 살에 미혹하지 않았고, 쉰 살에 천명天命을 알았고, 예순 살에 남의 말을 잘 듣게 되었고, 일흔 살에는 마음에 하고자 하는 바를 좇아도 법도를 넘지 않았다." - 위정爲政

공자께서 말씀하셨다. "어질구나, 안회顔回여! 한 그릇의 밥과 한 표주박의 물로 누추한 마을에 있는 것을, 사람들은 그 근심을 견디지 못하거늘, 안회는 그 즐거움을 변치 않으니, 어질구나, 안회여!" - 옹야雍也

증자曾子께서 말씀하셨다. "선비는 의기意氣가 넓고 굳세지 않으면 안 된다. 임무가 중요하고 길이 멀기 때문이다. 인仁으로 자기의 임무를 삼으니 중요하지 않은가? 죽은 뒤에야 끝나니 또한 멀지 않은가?" - 태백泰伯

공자께서 말씀하셨다. "날씨가 추워진 이후에야 소나무와 잣나무가 늦게 시듦을 안다." - 자한子罕

안연顔淵이 인仁을 묻자, 공자께서 말씀하셨다. "자기를 이기고 예禮로 돌아가는 것이 인이다. 하루라도 자기를 이기고 예로 돌아가면 천하가 인으로 돌아갈 것이다. 인을 행함은 자신에게 달려 있지, 남에게 달려 있겠는가?" 안연이 "그 세목細目을 묻겠습니다."라고 말하자, 공자께서 말씀하셨다. "예가 아니면 보지 말고, 예가 아니면 듣지 말고, 예가 아니면 말하지 말며, 예가 아니면 움직이지 말라." 안연이 말하였다. "제가 비록 불민하지만, 이 말을 받들어 실행하겠습니다!" - 안연顔淵

공자께서 말씀하셨다. "군자는 화합하되 뇌동雷同하지 않고, 소인은 뇌동하되 화합하지 않는다." - 자로子路

공자께서 말씀하셨다. "옛날의 배우는 사람은 자신을 위했고, 요즘의 배우는 사람은 다른 사람을 위한다." - 헌문憲問

자공子貢이 물었다. "한마디의 말로써 종신토록 행할 수 있는 것이 있습니까?" 공자께서 말씀하셨다. "바로 서恕라는 것이다. 자기가 원치 않는 것을 남에게 베풀지 말라." - 위령공衛靈公

2. 맹자孟子(一)

맹자가 양혜왕梁惠王을 만나자, 왕이 말했다. "노인장께서는 천 리를 멀다고 여기지 않고 오셨으니, 장차 내 나라를 이롭게 할 방법이나 의견이 있으십니까?"

맹자가 대답했다. "왕께서는 어찌 꼭 이익만을 말씀하십니까? 오직 인의仁義가 있을 뿐입니다. 왕이 어떻게 내 나라를 이롭게 할 수 있을까 하면, 대부大夫는 어떻게 내 집안을 이롭게 할 수 있을까 하며, 선비나 백성들도 어떻게 내 몸을 이롭게 할 수 있을까 하여, 위아래에서 서로 이익을 추구하게 되면, 나라는 위태롭게 될 것입니다. 만 량의 병거兵車를 소유한 나라의 임금을 시해하는 사람은 반드시 천 량의 병거를 소유한 집안이며, 천 량의 병거를 소유한 나라에서 그 임금을 시해하는 사람은 반드시 백 량의 병거를 소유한 집안입니다. 병거 만 량을 가지고 있는 나라에서 천 량을 소유하고, 병거 천 량을 가지고 있는 나라에서 백 량을 소유하고 있다면 많지 않은 것은 아닙니다. 그런데 만약 정의를 뒤로 하고 이익을 앞세운다면, 빼앗지 않으면 만족하지 못할 것입니다. 어질면서 그 어버이를 버려둔 사람은 없었으며, 의로우면서 그 임금을 뒤로 한 사람도 없었습니다. 왕께서는 다만 인의를 말씀하실 뿐이거늘, 어찌 꼭 이익을 말씀하십니까?" - 양혜왕梁惠王 상上

3. 맹자孟子(二)

맹자께서 말씀하셨다. "사람에게는 누구나 차마 잔인하게 하지 못하는 마음이 있다. 선왕先王은 차마 잔인하게 하지 못하는 마음이 있어, 그래서 차마 잔인하게 하지 못하는 정치가 있었다. 차마 잔인하게 하지 못하는 마음으로, 차마 잔인하게 하지 못하는 정치를 행하면, 천하의 다스림을 손바닥 위에서 움직이듯 할 수 있다.

사람이 모두 차마 잔인하게 하지 못하는 마음이 있다고 말하는 까닭은 다음과 같다. 지금 어떤 사람이 갑자기 어린아이가 우물 속으로 빠지려는 것을 보았다면, 모두 놀라고 측은해하는 마음이 생길 것이다. 이는 어린아이의 부모와 교분을 맺고 있기 때문이 아니며, 마을의 친구들로부터 칭찬을 받으려 하기 때문이 아니며, 방관했다는 나쁜 평판을 듣기 싫어서 그런 것도 아니다.

이로부터 볼 때, 측은한 마음이 없으면 사람이 아니며, 부끄러워하는 마음이 없으면 사람이 아니며, 사양하는 마음이 없으면 사람이 아니며, 시비를 가리는 마음이 없어도 사람이 아니다. 측은한 마음은 인仁의 단서이고, 부끄러워하는 마음은 의義의 단서이고, 사양하는 마음은 예禮의 단서이고, 시비를 가리는 마음은 지智의 단서이다. 사람에게 이 네 가지 단서가 있음은 마치 사지四肢가 있음과 같다. 이 네 가지 단서가 있으면서도 자신이 올바른 일을 할 수 없다고 하는 사람은 스스로를 해치는 자이다. 그들의 임금이 올바른 일을 할 수 없다고 하는 사람은 그 임금을 해치는 자이다.

무릇 우리에게 네 가지 단서가 있으니, 그것을 모두 확충할 줄 안다면, 마치 불이 처음 타오르고 샘물이 처음 솟아나는 것과 같다. 만약에 그것을 확충할 수 있으면 족히 사해四海를 보전할 수 있고, 그것을 확충할 수 없으면 부모를 섬기기에도 부족하다." - 공손추公孫丑 상上

4. 대학大學·중용中庸

대학이란 책은 옛날 태학太學에서 사람을 가르치던 법이다. 하늘이 사람을 낸 이래로 이미 인의예지仁義禮智의 성性을 그들에게 부여하지 않음이 없다. 그러나 그 기질의 타고남이 혹 똑같지 않아, 그런 까닭으로 모두가 그 본성에 가진 것을 알고서 그것을 온전히 할 수는 없었다. 일단 총명하고 예지叡智

가 있어 능히 그 본성을 다하는 자가 사람들 사이에서 나타나기만 하면, 하늘은 반드시 그에게 명하여 억조창생의 군주와 스승으로 삼아, 그로 하여금 백성을 다스리고 가르쳐 본성을 회복하게 한다. 이것이 복희伏羲·신농神農·황제黃帝·요堯·순舜이 하늘의 뜻을 이어 법칙을 세운 까닭이고, 사도司徒의 직책과 전악典樂의 관직을 설치한 이유이다. - 주희朱熹 대학장구서大學章句序

三. 제자류諸子類

1. 노자老子

도道를 도道라고 할 수 있는 것은 참된 도가 아니고, 명名을 명名이라고 할 수 있는 것은 참된 명이 아니다. 무無란 천지의 본시本始를 말하는 것이고, 유有란 만물의 어머니를 말하는 것이다. 그래서 항상 무에 있음으로써 그것의 오묘함을 보고, 항상 유에 있음으로써 그것의 광대함을 본다. 이 두 가지는 같은 근본에서 나왔으나 이름을 달리하고, 함께 현玄이라고 부른다. 현묘하고 또 현묘한데 이는 모든 묘함의 근원이 된다. - 제1장

30개의 바퀴살이 한 바퀴통에 꽂혀 있는데 그 바퀴통의 중앙이 비어야만 수레의 효용이 있다. 진흙을 이겨 그릇을 만드는데 그 가운데를 비게 해야 그릇의 효용이 있다. 문과 창을 뚫어서 방을 만드는데 그 방 안이 비어 있어야 방의 효용이 있다. 그러므로 유有가 이로움이 되는 것은 무無가 효용이 있기 때문이다. - 제11장

대도大道가 없어지니 인의仁義가 있게 되고, 지혜智慧가 나오니 큰 거짓이 있게 된다. 육친六親이 불화하니 효행과 자애가 있게 되고, 국가가 혼란하니 충신이 있게 된다. - 제18장

사람이 살아 있을 때는 유연하고, 죽으면 뻣뻣하다. 만물 초목이 살아 있을 때는 여리고 무르지만, 그것이 죽으면 말라서 딱딱하다. 그래서 견강堅强한 것은 죽음의 무리이고, 유약柔弱한 것은 삶의 무리이다. 이런 까닭으로 군대가 강성하면 싸움에 이기지 못하고, 나무가 크게 잘 자라면 곧 베

어진다. 강대強大한 것은 아래에 처하고, 유약한 것은 위에 처한다. - 제76장

2. 장자莊子

전날에 장주莊周가 꿈에 나비가 되었다. 훨훨 나는 것이 나비였다. 스스로 유쾌하고 뜻에 맞아 장주인 줄 알지 못하였다. 갑자기 깨어 보니 뻣뻣하게 누워 있는 것이 장주였다. 장주가 꿈에 나비가 되었는지, 나비가 꿈에 장주가 되었는지 알지 못하였다. 장주와 나비는 반드시 구분이 있는데, 이러한 변화를 일러 물화物化라고 한다. - 제물론齊物論

장자가 복수濮水에서 낚시를 하고 있는데, 초왕楚王이 대부 두 사람을 보내어 그에게 말을 전하였다. "원컨대 경내境內의 일로써 폐를 끼치고자 합니다!" 장자가 낚싯대를 쥐고 돌아보지도 않고 말하였다. "내가 듣기로 초나라에 신령스러운 거북이 있는데, 죽은 지 이미 3천 년이 되었다. 왕이 천으로 싸고 대나무 상자에 넣어 묘당廟堂의 위에 두었다. 그 거북은 차라리 죽어서 뼈를 남겨 귀해지겠는가, 아니면 차라리 살아서 진흙 속에서 꼬리를 끌겠는가?" 두 대부가 말했다. "차라리 살아서 진흙 속에서 꼬리를 끌겠습니다." 장자가 말했다. "가거라! 나는 장차 진흙 속에서 꼬리를 끌겠다." - 추수秋水

3. 순자荀子

사람의 본성은 악하다. 그것이 착한 것은 작위作爲에 의한 것이다. 지금 인간의 본성은 태어나면서부터 이익을 좋아함이 있기에 이를 따르면 쟁탈이 생기고 사양이 없어지며, 태어나면서 질투하고 미워함이 있기에 이를 따르면 남을 해침이 생기고 충성과 믿음이 없어지며, 태어나면서 귀와 눈의 욕망이 있어 성색聲色을 좋아함이 있기에 이를 따르면 음란함이 생기고 예의와 규범이 없어진다. 그러한즉 사람의 본성을 좇고 사람의 성정을 따르면, 반드시 쟁탈하게 되고 분수를 범하며 조리를 어지럽히게 되어 포악함으로 돌아가게 된다. 그래서 반드시 스승의 가르침을 통한 교화와 예의禮義에 의한 인도가 있어야 하는데, 그러한 연후에 사양하게 되고 규범에 부합하여 다스려진 상태로 돌아가게 된다. 이로부터 볼 때, 인간의 본성은 악함이 명백하다. 그것이 착한 것은 작위에 의한 것이다.

그래서 굽은 나무는 반드시 틀을 사용하고 쪄서 펴는 과정을 거쳐야 곧아지고, 무딘 쇠붙이나 칼은 반드시 연마한 이후에 예리해진다. 지금 사람의 본성은 악하기에 반드시 스승의 가르침을 거친 이후에 올바르게 되고, 예의를 닦은 이후에 다스려지게 된다. 지금 사람에게 스승의 가르침이 없다면 편벽되고 음험하며 바르지 않게 되고, 예의가 없다면 도리를 어지럽혀 다스려지지 않게 된다. 옛날의 성왕聖王은 인간의 본성이 악하여, 편벽되고 음험하며 바르지 않고, 도리를 어지럽히며 다스려지지 않는다고 여겼다. 이런 까닭으로 그들을 위하여 예의를 일으키고 법도를 제정하여, 인간의 성정을 고쳐 아름답게 꾸며서 바르게 하고, 인간의 성정을 길들이고 순화시켜 그들을 이끌었기에, 비로소 모두가 다스려지게 되고 도道에 부합하게 된 것이다. 지금의 사람 중 스승의 가르침을 통해 교화되고 학문을 쌓으며 예의에 교도된 자는 군자가 되고, 성정에 따라 마음대로 행동하고 방자함을 편하게 여기고 예의를 어기는 자는 소인이 된다. 이로부터 볼 때, 사람의 본성이 악함은 분명하며, 그 착한 것은 작위에 의한 것이다.　– 성악性惡

4. 묵자墨子

　지금 한 사람이 있어, 남의 과수원에 들어가 그곳의 복숭아와 오얏을 훔치면, 여러 사람이 듣고서 그를 비난하고, 위에서 정치를 하는 사람이 그를 잡으면 처벌할 것이다. 그것은 어째서인가? 남을 해치면서 자신을 이롭게 하였기 때문이다. 남의 개나 닭이나 돼지를 훔친 자는 그의 불의不義가 남의 과수원에 들어가 복숭아나 오얏을 훔친 것보다 더욱 심하다. 그것은 무슨 까닭인가? 남을 해친 것이 더욱 많기 때문이다. 진실로 남을 해친 것이 더욱 많을수록, 그 어질지 못함도 더욱 심해지고, 그의 죄도 더욱 많아진다. 남의 마구간에 들어가 남의 말이나 소를 훔친 자에 이르러는, 그 인의仁義롭지 못함이 남의 개나 닭이나 돼지를 훔친 것보다 더욱 심하다. 그것은 무슨 까닭인가? 남을 해친 것이 더욱 많기 때문인 것이다. 진실로 남을 해친 것이 더욱 많을수록, 그의 어질지 못함도 더욱 심하고, 그의 죄도 더욱 많아진다. 죄 없는 사람을 죽이고 그의 옷을 빼앗고 그의 창이나 칼을 훔친 자에 이르러는, 그 불의가 남의 마구간에 들어가 남의 말이나 소를 훔친 것보다 더욱 심하다.

그것은 무슨 까닭인가? 그가 남을 해친 것이 더욱 많기 때문이다. 진실로 남을 해친 것이 더욱 많을수록, 그의 어질지 못함도 더욱 심해지고, 그의 죄도 더욱 많아진다. 이와 같은 일을 천하의 군자들은 모두 알고 그것을 비난하며 불의라고 말한다. 지금 크게 불의한 짓을 하여 남의 나라를 공격하는 것에 이르러서는, 곧 비난할 줄도 모르고 이를 좇아 칭송을 하면서 의로움이라 말한다. 이렇다면 어떻게 의義와 불의不義의 분별을 안다고 말할 수 있겠는가?

한 사람을 죽이면 그것을 불의라 말하며 반드시 하나의 죽을죄가 있게 된다. 만약 이런 논지로 추론해 나간다면, 열 사람을 죽이면 열 배의 불의가 되고 반드시 열 번의 죽을죄가 있게 된다. 백 사람을 죽이면 백 배의 불의가 되고 반드시 백 번의 죽을죄가 있게 된다. 이와 같은 일을 천하의 군자들은 모두 알고서 그것을 비난하며 불의라고 말한다. 지금 크게 불의를 행하여 남의 나라를 공격하는 데 이르러서는, 곧 비난할 줄 모르고 그를 좇아서 칭송을 하며 의로움이라 말한다. 이것은 진실로 그것이 불의인지를 알지 못하는 것이다. 그러므로 그 말을 적어서 후세에 전하기까지 한다. 만약 그것이 불의인지를 알았다면, 도대체 어떻게 그 불의를 적어 후세에 전하겠는가? - 비공非攻 상上

四. 사서류史書類

1. 자어론전子魚論戰

제환공齊桓公이 죽자, 송宋나라가 맹회盟會를 하고자 하였다. 12년 봄에 송양공宋襄公은 녹상鹿上에서 맹약을 맺고자, 초楚나라에 제후들을 불러 모으는 것에 대해 양해를 구하였는데, 초나라가 이를 허락했다. 공자公子 목이目夷(자어子魚)가 간언하였다. "소국小國이 맹회 소집을 다투는 것은 화禍가 됩니다." 양공은 듣지 않았다. 가을에 제후들이 우盂에서 송양공을 만나 맹약을 했다. 목이가 말했다. "화가 아마 여기에 있겠구나. 군왕의 욕망이 너무 심하니, 어찌 감당하랴!" 이곳에서 초나라가 송양공을 붙잡고서 송나라를 벌하였다. 겨울에 제후들이 박毫에 모여 송양공을 석방시켰다. 자어가 말했다. "화가 아직 끝나지 않았다." 13년 여름에 송나라가 정鄭나라를 벌하였다. 자어가 말했다. "화가 여기에 있구나."

가을에 초나라가 정나라를 구하고자 송나라로 쳐들어왔다. 양공이 싸우려 하였다. 자어가 간언하였다. "하늘이 상商나라를 버린 지 오래되어서 불가합니다." 겨울 12월에 양공이 초성왕楚成王과 홍수泓水에서 싸웠다. 초나라 군사가 아직 강을 건너지 못하자, 목이가 말했다. "적군은 많고 아군은 적으니, 그들이 다 강을 건너기 전에 공격합시다." 양공이 듣지 않았다. 이미 강을 다 건넜지만 아직 전열을 갖추지 못했다. 목이가 또 말하였다. "공격해도 되겠습니다." 양공이 말했다. "그들이 전열을 갖추기를 기다리자." 초군의 전열이 갖추어지자, 송나라 군사들이 공격하였다. 송군이 크게 패했고, 양공은 다리를 다쳤다. 송나라 사람들이 모두 양공을 원망하였다. 양공이 말했다. "군자는 다른 사람이 어려울 때에 곤궁하게 하지 않으며, 전열을 갖추지도 못했는데 공격하지 않는다." 자어가 말했다. "전쟁이란 이기는 것이 우선인데, 어찌 틀에 박힌 이론이 있겠습니까! 반드시 공의 말과 같다면, 곧 노예로서 그들을 섬길 따름이지, 또 왜 전쟁을 하십니까?" - 사기史記 송미자세가宋微子世家

2. 소공간여왕지방召公諫厲王止謗

체彘에서 반란이 일어났을 때, 선왕宣王은 소공召公의 궁에 있었고, 국인國人들이 그곳을 에워쌌다. 소공이 말했다. "옛날에 내가 자주 왕에게 간언을 했건만, 왕은 따르지 않았고, 이로 인해 이런 재난에 이르게 되었다. 지금 왕자를 죽이면, 왕은 아마도 내가 원망하여 노했다고 생각하겠지! 무릇 제후를 섬기는 사람은 위험한 일을 당하여도 원망하지 않으며 원망해도 노하지 않는다. 하물며 왕을 섬김에 있어서랴!" 그리고 그의 아들로서 선왕을 대신하여 죽게 하였다. 선왕이 자라자 소공은 그를 왕으로 옹립하였다. - 국어國語 주어周語

3. 해하지전垓下之戰

항적項籍은 하상下相 사람으로 자字는 우羽이다. 처음 기병起兵했을 때 나이가 24세였다. 그의 막내 숙부는 항량項梁이고, 항량의 아버지가 초나라 장군 항연項燕으로 진秦나라 장군 왕전王翦에게 패사한 자이다. 항씨項氏는 대대로 초나라 장군이 되었고, 항項 땅에 봉해졌는데, 그래서 성姓이 항씨이다.

항적이 어렸을 때, 글을 배웠으나 제대로 익히지 못하였다. 그만두고 검술을 배웠으나 또한 제대로 숙달하지 못하였다. 항량이 그에게 화를 내었다. 항적이 말하였다. "글이란 성명 정도 쓸 줄 알면 족합니다. 검술은 한 사람만을 대적하는 것이니 배우기에 부족합니다. 만인을 대적하는 것을 배우고 싶습니다." 이에 항량이 항적에게 병법을 가르쳐 주니, 항적은 크게 기뻐하였는데, 대략 그 뜻을 알고는 또한 다 배우려 하지 않았다.

항량이 일찍이 역양현櫟陽縣에서 체포된 적이 있었다. 이에 기현蘄縣의 옥연獄掾 조구曹咎에게 청하여 서신을 써서 역양현의 옥연 사마흔司馬欣에게 보내도록 하였는데, 그 때문에 일이 끝날 수 있었다. 항량이 사람을 죽여 그 복수를 피하려고 항적과 함께 오중吳中으로 달아났다. 오중의 어진 선비와 대부들이 모두 항량의 아래에 모여들었다. 오중에 큰 요역이나 장례가 있을 때마다, 항량이 항상 그 일을 주관하면서, 몰래 병법에 따라 빈객과 청년자제들을 조직하고 지휘하였는데, 이 기회를 빌어 그들의 능력을 알아보았다.

진시황이 회계會稽로 행차하는 길에 절강浙江을 건널 때, 항량과 항적은 모두 그것을 보았다. 항적이 말하였다. "저 자리는 내가 취해서 대신할 만하다." 항량이 그의 입을 막고 말하였다. "망언하지 마라, 멸족 당한다!" 항량은 이로부터 항적을 비범한 인물로 여기게 되었다. 항적은 키가 8척이 넘고, 힘은 커다란 쇠솥을 들 수 있고, 재주와 기개가 다른 사람에 비해 월등하여, 오중의 청년들도 모두 그를 꺼렸다. - 사기 항우본기項羽本紀

태사공太史公은 말한다. "나는 주생周生이 '순舜의 눈은 아마도 동자가 두 개다.'라고 하는 말을 들었다. 또 항우도 역시 동자가 두 개라고 하는데, 항우는 어쩌면 순의 후예가 아닐까? 얼마나 그의 흥기가 갑작스러운가! 대저 진秦이 실정을 하여, 진섭陳涉이 제일 먼저 기병하고, 호걸들이 벌떼처럼 일어나 서로 다투니 그 수를 이루 헤아릴 수 없었다. 그러나 항우는 조금의 봉지封地도 없이 진말秦末 농민궐기의 시세를 타고 전야에서 일어나, 3년 만에 5국의 군대를 거느리고 진을 멸한 후, 천하를 나누어 왕후를 봉하고 정치를 좌우하며 스스로 패왕霸王이라 일컬었다. 왕위는 비록 끝내 지키지 못하였으나, 근고近古 이래로 일찍이 없었던 일이다. 그러나 항우가 관중關中을 버리고 초楚 땅을 그리워하며 의제義帝를 추방하고 스스로 왕이 된 후, 제후들이 자신을 배반했다고 원망하고서는, 그의 처경이 곤란해졌다. 스스로 공로를 뽐내고 사사로운 지혜를 떨치며 옛날의 훌륭한 제왕을 본받지 않고, 패왕의 업을 이루었다고 말하며 무력으로 정벌하고 천하를 경영하려 하여, 5년 만에 나라가 망했고 자신은 동성東城에서 죽었다. 그런데도 오히려 잘못을 깨닫거나 자책하지 않으니, 이는 잘못이다. 도리어 그는 '하늘이 나를 망하게 한 것이지, 내가 용병을 잘못한 때문이 아니다.'라고 하였으니, 어찌 잘못이 아니겠는가?" - 사기 항우본기

4. 장보고張保皐

그의 마음이 반란을 도모하지 않음을 알고, 그의 재주가 맡길만함을 알고 난 후에야 의심하지 않고 군사를 나누어 줄 수 있다. 평생 동안 원한을 쌓았으면 그 마음을 알기 어렵고, 성내면 반드시 그 단점을 보니 그 재주를 알기 더욱 어려운데, 이런 점에서 장보고와 곽분양은 어질기가 동등하다. 정년이 장보고에게 투항하면서 말했다. "그는 귀하고 나는 천하며, 내가 그에게 숙이며 낮추는데, 반드시 옛날의 원한으로 나를 죽이지는 않을 것이다." 장보고가 과연 죽이지 않았음은 인지상정人之常情이다. 이임회가 곽분양에게 자신을 죽여 줄 것을 청한 것도 또한 인지상정이다. 장보고가 정년에게 일을 맡김은 자기의 마음에서 나왔고, 정년은 또한 춥고 배고팠으니 쉽게 감동받았다. 곽분양과 이임회는 평생 동안 대립했고, 이임회에게 명한 것은 천자로부터 나왔으니, 장보고와 비교하여 곽분양이 우월하다. 이것이 바로 성현聖賢이 성패를 속단하지 못하는 대목이다. 그것은 다름이 아니라 인의仁義의 마음이 잡정과 섞여 있을 때, 잡정이 이기면 인의가 망하고, 인의가 이기면 잡정이 소멸하는 것이다. 저 두 사람은 인의의 마음이 잡정을 이미 이겼고, 또한 현명함으로 인의의 마음을 도우니, 그래서 끝내 성공하였다. - 삼국사기三國史記 장보고전

五. 문장류文章類

1. 어부사漁父辭

천자가 하동河東으로 행차하여, 후토신后土神에게 제사를 지내고, 서울을 돌아보며 기뻐하였다. 강 가운데에서 여러 신하들과 연회를 하였는데, 천자께서 몹시 즐거워하셨다. 이에 몸소 추풍사秋風辭를 지어서 말하였다.

가을바람이 부니 흰 구름이 날고,
초목이 시들어 떨어지니 기러기는 남으로 돌아간다.
난은 꽃이 있고 국화는 향기가 있는데,
미인을 생각하니 잊을 수가 없구나.
누선을 띄워 분수汾水와 황하黃河를 건너려고,
물속을 가로질러 흰 파도를 날린다.
퉁소와 북을 울리며 뱃노래를 부르지만,
환락이 다하니 구슬픈 마음만 가득하네.
젊은 때는 얼마인가, 늙어감을 어이하리! – 한무제漢武帝 추풍사秋風辭

2. 이인위미里仁爲美

백성이 아래에서 부유하면, 임금은 위에서 자연히 부귀해진다. <파제破題>

대개 임금의 부는 백성에게 갈무리해 두는 것이다. 백성이 이미 부유한데, 임금이 어찌 홀로 가난하겠는가? <승제承題>

유약有若이 임금과 백성은 한몸이라는 뜻을 깊이 이야기함으로써 애공哀公에게 고하였다. 대개 공이 부세를 더 가하려는 것은 쓰임이 부족하기 때문인데, 그 쓰임을 풍족하게 하려면, 어찌 먼저 그 백성을 풍족하게 하지 않는가라고 말한 것이다. <기강起講>

진실로 백묘百畝에 철법徹法을 시행할 수 있어서, 항상 아껴 쓰고 백성을 사랑하는 마음을 보존하며, 십분의 일을 세금으로 거두어들이고, 백성을 학

대하여 마음대로 쓰는 계책을 실시하지 않으면, 곧 백성의 힘의 원천이 부세로 곤궁해지지 않고, 백성의 재물이 무거운 세금으로 다하지 않는다. 백성들의 마을에 곡식이 가득가득 쌓여 있으면, 부모를 모시고 처자를 기르는 데 아무런 걱정이 없게 된다. 들판에 곡식이 무더기로 쌓여 있으면, 산 사람을 기르고 죽은 사람을 장사지내는 데 아무런 유감이 없게 된다. <기고起股>

백성이 이미 풍족한데 임금이 어찌 홀로 가난하겠는가? <허고虛股>

일반 백성들에게 갈무리해 둔 재물은 임금이 모두 가질 수 있으니, 반드시 창고에 넣어둔 이후에야 임금의 재산이 되는 것은 아니다. 들판에 쌓아 둔 곡식은 임금이 모두 쓸 수 있으니, 반드시 곡식 창고에 저장한 이후에야 임금의 소유가 되는 것도 아니다. 그것들은 취하여도 다하지 않는데 구하여 얻지 못한다고 어찌 걱정할 것이며, 그것들은 써도 고갈되지 않는데 유사시를 위한 준비가 없다고 어찌 근심하리오! <중고中股>

희생 동물과 곡식이 있어야 족히 제사에 공급할 수 있고, 옥과 비단과 대바구니가 있어야 족히 천자나 제후를 찾아뵙는 비용으로 쓸 수 있다. 만약에 그것들이 부족하면 백성들이 스스로 제공할 것인데, 그 누구와 더불어 부족하겠는가? 잘 익힌 밥과 고기·술이 있어야 족히 손님을 대접하는 수요에 댈 수 있고, 수레와 말 및 각종 기계가 있어야 족히 정벌을 위한 소용에 대비할 수 있다. 만약에 그것들이 부족하다면 백성들이 스스로 대줄 것인데, 또한 누구와 함께 부족하겠는가? <후고後股>

아! 철법徹法을 세운 것은 본래 백성을 위한 것이지만, 나라의 쓰임이 풍족한 것은 바로 여기에서 말미암는다. 왜 꼭 부세를 무겁게 하여 부유함을 구하는가! <결속結束> - 왕오王鏊 백성족군숙여부족百姓足君孰與不足

3. 시득서산연유기始得西山宴遊記

곽탁타郭橐駝는 처음에 무슨 이름이었는지 알지 못한다. 곱사병을 앓아 등이 불룩하게 솟고 머리를 구부린 채 다녀 낙타와 유사하였다. 그래서 마을 사람들이 그를 탁타橐駝라고 불렀다. 탁타는 그 말을 듣고 "매우 좋다, 나의 이름으로 정말 적당하다."고 하며, 본래의 이름을 버리고 또한 스스로 탁타라고 말하였다.

그가 사는 고을은 풍악風樂인데, 고을은 장안의 서쪽에 있었다. 탁타는 나무 심는 것을 업으로 하였는데, 무릇 장안의 권세 있고 돈 많은 사람들로 관상용으로 심거나 과일을 팔기 위한 자들이 모두 다투어 그를 맞이하여 나무를 길러 달라고 하였다. 탁타가 심는 것과 옮겨 심는 것을 보면, 살지 않는 것이 없고 또한 크고 무성하게 자라며 일찍 열매 맺고 많이 달렸다. 다른 나무 심는 사람이 비록 몰래 엿보고 흉내를 내어 본받았으나, 그와 같을 수가 없었다.

어떤 사람이 그에게 그 이유를 묻자, 그는 대답하였다. "내가 나무를 오래 살게 하고 번성하게 자라도록 하는 것이 아니고, 나무의 천성天性을 따르며 그 본성을 발휘하게 할 따름이다. 무릇 나무의 본성은 그 뿌리는 펴지고자 하며, 그 북돋움은 평평하고자 하며, 그 흙은 본래의 것이고자 하고, 그 다지는 흙은 빽빽하고자 한다. 이미 이렇게 끝마치면, 건드리지 말고 걱정하지 말며, 떠나가서는 다시 돌아보지 말아야 한다. 나무를 심을 때는 자식같이 하고 버려둘 때는 잊은 듯이 하면, 그 천성이 온전해지고 본성이 얻어진다. 그래서 나는 나무가 자라는 것을 방해하지 않을 따름이지, 그것을 크고 무성하게 할 수 있는 것은 아니다. 그것이 열매 맺는 것을 억누르고 손상시키지 않을 따름이지, 일찍 열매 맺고 많이 달리게 할 수 있는 것은 아니다.

다른 사람이 나무 심는 것은 그렇지 않아, 뿌리를 구부러뜨리고 흙을 바꾸며, 북돋움이 지나치지 않으면 모자란다. 그리고 이와 반대로 하는 자는 또한 나무를 사랑함이 너무 심하고 걱정함이 너무 지나쳐, 아침에 보고는 저녁에 어루만지며, 이미 떠나갔다가 다시 돌아본다. 심한 사람은 손톱으로 그 껍질을 긁어 살았는지 죽었는지 시험하며, 그 뿌리를 흔들어 심겨진 것이 엉성한지 치밀한지 관찰하니, 나무의 천성이 날로 멀어진다. 비록 나무를 사랑한다고 하지만 사실 해치는 것이며, 비록 나무를 걱정한다고 하지만 사실 원수로 여기는 것이다. 그래서 나와 같지 못한 것이지, 내가 또 무엇을 할 수 있겠는가?" - 유종원柳宗元 종수곽탁타전種樹郭槖駝傳

4. 도산십이곡발陶山十二曲跋

  사람의 마음이 다 함께 그러하다고 여기는 것, 그것을 공론公論이라고 하며, 공론이 있는 바를 국시國是라고 한다. 국시라는 것은 한 나라의 사람이 상의하지 않고도 누구나 다 옳다고 하는 것이다. 이익으로 유혹한 것도 아니고, 위엄을 가지고 협박한 것도 아니면서, 삼척동자도 또한 그것이 옳음을 아는 것, 이것이 바로 국시이다.

  지금의 소위 국시라는 것은 이와 달리 다만 의론을 주장하는 사람만이 스스로 옳다고 여기고, 듣는 사람은 혹은 따르기도 하고 혹은 반대하기도 한다. 어리석은 남자와 아낙에 이르러서는 모두 반은 옳다고 하고 반은 그르다고 하며, 종내 하나로 합쳐질 기약이 없다. 어찌 가가호호家家戶戶 방문하면서 일깨우고 설득하여 억지로 그것을 정하게 할 수 있겠는가? - 퇴계집退溪集

六. 시가류詩歌類

1. 고시古詩

  세간에 초가집을 지어도,
  수레와 말의 시끄러움이 없다.
  그대에게 어떻게 그럴 수 있냐고 물으니,
  마음이 초원하니 땅도 절로 외지구려.
  동쪽 울타리 밑에서 국화를 따다가,
  유연히 남산을 본다.
  산 기운은 저물녘에 아름답고,
  날아가는 새는 함께 돌아온다.
  이 속에 참된 뜻이 있으니,
  분별하려다가 이미 말을 잊었다. - 도잠陶潛 음주飮酒 기오其五

고기 잡는 늙은이 밤에는 서쪽 바위 곁에서 자고,
아침에는 맑은 상수湘水 물을 긷고 초 땅 대나무를 태운다.
연무 흩어지고 해는 떴지만 사람은 보이지 않고,
어영차 한 소리에 산과 물이 푸르다.
하늘 끝을 돌아보며 강 가운데로 내려갈 때,
바위 위에는 무심한 구름만이 서로 좇는다. - 유종원柳宗元 어옹漁翁

2. 절구絶句

흰 해는 산에 의지해 지고,
황하는 바다로 흘러든다.
천리를 다 보려고,
다시 한 층의 누각을 오른다. - 왕지환王之煥 등관작루登鸛雀樓

여관의 등불 잦아드는 밤,
외로운 성 가랑비 내리는 가을.
그대를 생각하는 마음 다하지 않는데,
큰 강은 천리를 흐른다. - 신흠申欽 여등旅燈

규중의 어린 아낙 시름을 몰라서,
봄날에 짙게 화장하고 비취빛 누각에 올랐다.
문득 길가의 버들 빛을 보고는,
남편을 벼슬 찾아 보낸 것을 후회한다. - 왕창령王昌齡 규원閨怨

비 갠 강둑에 풀빛이 푸릇푸릇,
남포에서 그대를 보내니 슬픈 노래 일어나네.
대동강 물은 언제나 다할는지,
해마다 이별 눈물을 푸른 파도에 더하니……. - 정지상鄭知常 대동강大同江

3. 오언율시五言律詩

푸른 산은 북쪽 성곽에 비껴 있고,
흰 물은 동쪽 성을 감돈다.
여기에서 한번 이별하면,
정처 없는 다북쑥은 만 리를 가겠지.
뜬구름은 나그네의 뜻이고,
지는 해는 친구의 정이라네.
손을 흔들며 이곳에서 떠나니,
외로운 말이 쓸쓸히 운다. - 이백李白 송우인送友人

나라는 망했으나 산과 강은 그대로이고,
성안에 봄이 오니 풀과 나무가 무성하구나.
시절을 슬퍼하니 꽃이 눈물을 뿌리게 하고,
이별을 한탄하니 새가 마음을 놀라게 한다.
봉화가 3개월을 연이어 타오르니,
집에서 온 편지는 만금에 값하네.
흰 머리는 긁을수록 더욱 짧아져,
아예 비녀를 견딜 수 없을 듯하다. - 두보杜甫 춘망春望

빈 산에 막 비가 갠 뒤,
저물녘 날씨는 가을이구나.
밝은 달은 소나무 사이로 비치고,
맑은 샘물은 돌 위를 흐른다.
대숲이 소란하더니 빨래하던 아낙들 돌아오고,
연잎이 움직이니 고기잡이배가 내려간다.
자연의 섭리대로 향긋한 봄풀은 시들었지만,
왕손이여, 그런대로 머물만 하다오. - 왕유王維 산거추명山居秋暝

4. 칠언율시七言律詩

봉황대 위에 봉황이 노닐더니,
봉황은 가고 대는 비었는데 장강만 홀로 흐른다.
오吳나라 궁궐의 화초는 그윽한 길에 묻혀 있고,
진晉나라 때의 고관들은 오래된 무덤을 이루었다.
삼산三山은 푸른 하늘 밖으로 반쯤 떨어져 있고,
이수二水는 백로주白鷺洲로 중간이 갈리었다.
언제나 뜬구름이 해를 가리니,
장안이 보이지 않아 사람을 근심케 한다. - 이백李白 **등금릉봉황대**登金陵鳳凰臺

맑은 강 한 굽이가 마을을 안고 흐르고,
긴 여름 강촌에는 일마다 그윽하다.
절로 갔다가 절로 오는 것은 대들보 위의 제비요,
서로 가깝고 서로 친한 것은 물속의 갈매기로다.
늙은 아내는 종이에 그려 바둑판을 만들고,
어린 자식은 바늘을 두드려 낚시를 만든다.
많은 병에 바라는 것은 오직 약물이니,
미천한 몸이 이밖에 다시 무엇을 구하리오. - 두보杜甫 **강촌**江村

천리 길 고향은 만 겹의 산봉우리로 막혀 있고,
돌아가고픈 마음은 길이 꿈속을 헤매네.
한송정 가에는 외로운 보름달이 뜨고,
경포대 앞에는 한 차례 바람이 불겠지.
모래 위의 백로는 늘 모였다가 흩어지고,
파도 위의 어선은 이리저리 떠다니겠지.
어느 때에 다시 임영臨瀛 가는 길에 올라,
비단 색동옷을 부모님 슬하에서 기울까. - 신사임당申師任堂 **사친**思親

교육용 한자 1,800자

가 可 〔口 2〕 가하다, 옳다
　　加 〔力 3〕 더하다, 가담하다
　　佳 〔人 6〕 아름답다, 좋다
　　家 〔宀 7〕 집, 전문가
　　歌 〔欠 10〕 노래
　　假 〔人 9〕 빌리다, 거짓, 임시
　　價 〔人 13〕 값, 가치
　　街 〔行 6〕 거리
　　架 〔木 5〕 시렁
　　暇 〔日 9〕 겨를, 여가

각 各 〔口 3〕 각각
　　角 〔角 0〕 뿔, 모퉁이
　　脚 〔肉 7〕 다리, 발
　　却 〔卩 5〕 물리치다, 문득
　　刻 〔刀 6〕 새기다, 시각
　　閣 〔門 6〕 집, 누각
　　覺 〔見 13〕 깨닫다, 느끼다

간 干 〔干 0〕 방패, 천간(天干)
　　間 〔門 4〕 사이, 틈나다
　　看 〔目 4〕 보다
　　刊 〔刀 3〕 새기다, 출판하다

　　肝 〔肉 3〕 간, 귀중하다
　　姦 〔女 6〕 간사하다, 간음하다
　　幹 〔干 10〕 줄기, 주관하다
　　簡 〔竹 12〕 간략하다, 편지
　　懇 〔心 13〕 정성, 간절하다

갈 渴 〔水 9〕 목마르다

감 甘 〔甘 0〕 달다
　　敢 〔攵 8〕 구태여, 용감하다
　　減 〔水 9〕 덜다
　　感 〔心 9〕 느끼다
　　監 〔皿 9〕 보다, 살피다
　　鑑 〔金 14〕 거울, 거울삼다

갑 甲 〔田 0〕 갑옷, 천간(天干)

강 江 〔水 3〕 물, 강
　　降 〔阜 6〕 내리다
　　　　　　 (항복할 항)
　　强 〔弓 8〕 강하다, 강제하다
　　講 〔言 10〕 외우다, 강론하다
　　康 〔广 8〕 편안하다, 건강하다
　　剛 〔刀 8〕 굳세다
　　鋼 〔金 8〕 강철
　　綱 〔糸 8〕 벼리, 강령

개 改 [攴 3] 고치다
　 開 [門 4] 열다
　 個 [人 8] 낱
　 皆 [白 4] 다
　 介 [人 2] 끼다, 소개하다
　 慨 [心 11] 슬프다
　 槪 [木 11] 대개, 절개
　 蓋 [艸 10] 대개, 덮다
객 客 [宀 6] 손, 나그네
갱 更 [曰 3] 다시
　　　 (고칠 경)
거 去 [厶 3] 가다, 떠나다
　 巨 [工 2] 크다
　 居 [尸 5] 살다
　 車 [車 10] 수레
　　　 (성씨 차)
　 擧 [手 14] 들다, 온
　 拒 [手 5] 저항하다, 막다
　 距 [足 5] 떨어지다, 어기다
　 據 [手 13] 의지하다, 웅거하다
건 建 [廴 6] 세우다
　 乾 [乙 10] 마르다, 하늘
　 件 [人 4] 사건, 일
　 健 [人 9] 건강하다
걸 乞 [乙 2] 빌다
　 傑 [人 10] 준걸, 빼어나다
검 儉 [人 13] 검소하다
　 劍 [刀 13] 칼
　 檢 [木 13] 검사하다
격 格 [木 6] 격식, 틀
　 激 [水 13] 격하다

擊 [手 13] 치다, 공격하다
隔 [阜 10] 막히다, 멀리하다
견 犬 [犬 0] 개
　 見 [見 0] 보다
　　　 (나타날 현)
　 牽 [牛 7] 끌다, 잇다
　 堅 [土 8] 굳다
　 肩 [肉 4] 어깨
　 絹 [糸 7] 깁, 비단
　 遣 [辵 10] 보내다
결 決 [水 4] 결단하다, 터지다
　 結 [糸 6] 맺다
　 潔 [水 12] 맑다, 깨끗하다
　 缺 [缶 4] 이지러지다, 모자라다
겸 兼 [八 8] 겸하다
　 謙 [言 10] 겸손하다
경 京 [亠 6] 서울
　 庚 [广 5] 천간(天干), 나이
　 景 [日 8] 볕, 경치
　 敬 [攴 9] 공경하다
　 競 [立 15] 다투다
　 耕 [耒 4] 밭갈다
　 經 [糸 7] 지나다, 경서, 경영하다
　 輕 [車 7] 가볍다
　 慶 [心 11] 경사
　 驚 [馬 13] 놀라다
　 更 [曰 3] 고치다, 시각
　　　 (다시 갱)
　 竟 [立 6] 마치다, 마침내
　 境 [土 11] 지경
　 鏡 [金 11] 거울

頃 〔頁 2〕 이랑, 잠깐

傾 〔人 11〕 기울어지다

徑 〔彳 7〕 길, 지름길

硬 〔石 7〕 굳다

卿 〔卩 10〕 벼슬이름

警 〔言 13〕 경계하다

계 界 〔田 4〕 지경

季 〔子 5〕 끝, 계절

癸 〔癶 4〕 천간(天干)

計 〔言 2〕 헤아리다, 계획하다

溪 〔水 10〕 시내

鷄 〔鳥 10〕 닭

系 〔糸 1〕 끈, 매다, 계통

係 〔人 8〕 매다, 관계하다

桂 〔木 6〕 계수나무

戒 〔戈 3〕 경계하다

契 〔大 6〕 맺다, 새기다
　　　　　　（나라 이름 글）

械 〔木 7〕 틀, 기계

階 〔阜 9〕 섬돌, 계단

啓 〔口 8〕 열다

繫 〔糸 13〕 매다, 얽다

繼 〔糸 14〕 잇다, 계속하다

고 故 〔攵 5〕 연고, 예

古 〔口 2〕 예

苦 〔艸 5〕 쓰다, 괴롭다

告 〔口 4〕 고하다, 알리다

固 〔囗 5〕 굳다, 진실로

考 〔老 2〕 상고하다, 죽은 아버지

高 〔高 0〕 높다

姑 〔女 5〕 시어머니, 고모

孤 〔子 5〕 외롭다

稿 〔禾 10〕 볏짚, 원고

枯 〔木 5〕 마르다

庫 〔广 7〕 곳집, 창고

鼓 〔鼓 0〕 북, 북치다

顧 〔頁 12〕 돌아보다

곡 谷 〔谷 0〕 골짜기

曲 〔曰 2〕 굽다, 곡조

穀 〔禾 10〕 곡식

哭 〔口 7〕 울다

곤 困 〔囗 4〕 곤하다

坤 〔土 5〕 땅

골 骨 〔骨 0〕 뼈

공 工 〔工 0〕 장인, 공업

公 〔八 2〕 귀인, 공정하다

共 〔八 4〕 함께

功 〔力 3〕 공

空 〔穴 3〕 비다, 하늘

孔 〔子 1〕 구멍, 성씨

供 〔人 6〕 이바지하다

恭 〔心 6〕 공손하다

貢 〔貝 3〕 바치다

恐 〔心 6〕 두렵다

攻 〔攵 3〕 치다, 공격하다

과 果 〔木 4〕 과실, 과연, 결과

科 〔禾 4〕 과목, 과거

課 〔言 8〕 공부, 부과하다

過 〔辵 9〕 지나다, 허물

寡 〔宀 11〕 적다, 과부

誇 〔言 6〕 자랑하다, 과장하다

곽 郭 〔邑 8〕 성, 성씨

관 官 [宀 5] 벼슬, 관청
　 關 [門 11] 관계하다, 닫다
　 觀 [見 18] 보다, 경치
　 貫 [貝 4] 꿰다, 뚫다
　 冠 [冖 7] 갓
　 管 [竹 8] 대롱, 주관하다
　 寬 [宀 12] 너그럽다
　 慣 [心 11] 익히다, 관습
　 館 [食 8] 집
광 光 [儿 4] 빛, 경치
　 廣 [广 12] 넓다
　 狂 [犭 4] 미치다, 사납다
　 鑛 [金 15] 쇳돌
괘 掛 [手 8] 걸다
괴 怪 [心 5] 괴이하다
　 塊 [土 10] 흙덩이, 덩어리
　 愧 [心 10] 부끄럽다
　 壞 [土 16] 무너지다
교 交 [亠 4] 사귀다, 바꾸다
　 校 [木 6] 학교
　 敎 [攵 7] 가르치다
　 橋 [木 12] 다리
　 巧 [工 2] 공교롭다
　 郊 [邑 6] 들, 교외
　 較 [車 6] 비교하다
　 矯 [矢 12] 바로잡다
구 九 [乙 1] 아홉
　 口 [口 0] 입
　 久 [丿 2] 오래다
　 求 [水 2] 구하다
　 句 [口 2] 글귀

究 [穴 2] 궁구하다
救 [攵 7] 구원하다
舊 [臼 12] 예
丘 [一 4] 언덕
具 [八 6] 갖추다, 그릇
苟 [艸 5] 진실로, 구차하다
俱 [人 8] 함께
區 [匚 9] 구역, 모퉁이, 나누다
拘 [手 5] 거리끼다, 잡다
球 [玉 7] 구슬, 공
狗 [犬 5] 개
驅 [馬 11] 몰다, 쫓다
構 [木 10] 얽어매다, 맺다
懼 [心 18] 두렵다
龜 [龜 0] 거북, 땅이름
　　　　　 (터질 균)
국 國 [囗 8] 나라
　 局 [尸 4] 판, 형편
　 菊 [艸 8] 국화
군 君 [口 4] 임금, 그대
　 軍 [車 2] 군사
　 郡 [邑 7] 고을
　 群 [羊 7] 무리
굴 屈 [尸 5] 굽히다
궁 弓 [弓 0] 활
　 宮 [宀 7] 집, 궁궐
　 窮 [穴 10] 궁하다, 궁리하다
권 卷 [卩 6] 책
　 勸 [力 18] 권하다
　 權 [木 18] 권세, 저울추
　 券 [刀 6] 문서, 쪽지

拳 [手 6] 주먹

궐 厥 [厂 10] 그, 그것

궤 軌 [車 2] 굴대, 법

귀 貴 [貝 5] 귀하다

歸 [止 14] 돌아가다

鬼 [鬼 0] 귀신

龜 [龜 0] 거북, 땅이름

（터질 균）

규 叫 [口 2] 부르짖다

糾 [糸 2] 살피다, 얽히다

規 [見 4] 법칙

균 均 [土 4] 고르다

菌 [艸 8] 버섯, 곰팡이

龜 [龜 0] 터지다, 틈나다

（땅이름·거북 구, 귀）

극 極 [木 9] 다하다, 지극하다

克 [儿 5] 이기다

劇 [刀 13] 심하다, 희롱하다

근 近 [辵 4] 가깝다

根 [木 6] 뿌리

勤 [力 11] 부지런하다

斤 [斤 0] 근(무게), 도끼

僅 [人 11] 겨우, 적다

謹 [言 11] 삼가다

글 契 [大 6] 나라 이름(契丹)

（새길 계, 문서 계）

금 今 [人 2] 이제, 지금

金 [金 0] 쇠, 금, 돈

（성 김）

禁 [示 8] 금하다

琴 [玉 8] 거문고

禽 [内 8] 새, 사로잡다

錦 [金 8] 비단, 아름답다

급 及 [又 2] 미치다

急 [心 5] 급하다

給 [糸 6] 주다

級 [糸 4] 등급, 계급

긍 肯 [肉 4] 즐기다, 인정하다

기 己 [己 0] 몸

其 [八 6] 그, 그것

基 [土 8] 터, 바탕

期 [月 8] 기약하다, 기간

技 [手 4] 재주

記 [言 3] 기록하다

起 [走 3] 일어나다

氣 [气 6] 기운, 기체

幾 [幺 9] 몇, 거의, 기미

旣 [无 7] 이미

企 [人 4] 바라다, 꾀하다

奇 [大 5] 기이하다

寄 [宀 8] 부치다

豈 [豆 3] 어찌

忌 [心 3] 꺼리다, 기제사

紀 [糸 3] 벼리, 해, 기록

祈 [示 4] 빌다

器 [口 13] 그릇

棄 [木 8] 버리다

欺 [欠 8] 속다

騎 [馬 8] 말 타다

旗 [方 10] 기

飢 [食 2] 주리다

畿 [田 10] 왕터, 경기 지방

機 〔木 12〕 틀, 기계
긴 緊 〔糸 8〕 긴요하다, 긴장하다
길 吉 〔口 3〕 길하다
김 金 〔金 0〕 성씨
　　　　　（쇠 금）

농 農 〔辰 6〕 농사, 농사 짓다
뇌 惱 〔心 9〕 번뇌하다
　 腦 〔肉 9〕 뇌, 머릿골
능 能 〔肉 6〕 능하다
니 泥 〔水 5〕 진흙

ㄴ

나 那 〔邑 4〕 어찌, 무엇
낙 諾 〔言 9〕 허락하다, 대답하다
난 暖 〔日 9〕 따뜻하다
　 難 〔隹 11〕 어렵다
남 南 〔十 7〕 남녘
　 男 〔田 2〕 사나이
납 內 〔入 2〕 들이다
　　　　　（안 내）
　 納 〔糸 4〕 들이다, 바치다
낭 娘 〔女 7〕 여자, 어머니
내 內 〔入 2〕 안
　　　　　（들일 납）
　 乃 〔丿 1〕 이에, 너
　 奈 〔大 5〕 어찌
　 耐 〔而 3〕 견디다
녀 女 〔女 0〕 계집, 딸자식, 너
년 年 〔干 3〕 해, 나이
념 念 〔心 4〕 생각
녕 寧 〔宀 11〕 편안하다, 차라리,
　　　　　어찌
노 怒 〔心 5〕 성내다
　 奴 〔女 2〕 종
　 努 〔力 5〕 힘쓰다

ㄷ

다 多 〔夕 3〕 많다
　 茶 〔艸 6〕 차
단 丹 〔丶 3〕 붉다
　 但 〔人 5〕 다만
　 單 〔口 9〕 홑
　 短 〔矢 7〕 짧다, 모자라다
　 端 〔立 9〕 끝, 실마리
　 旦 〔日 1〕 아침
　 段 〔殳 5〕 층계
　 團 〔囗 11〕 둥글다, 모이다
　 壇 〔土 13〕 제터, 단
　 檀 〔木 13〕 박달나무
　 斷 〔斤 14〕 끊다
달 達 〔辵 9〕 통달하다, 이르다
담 談 〔言 8〕 말씀
　 淡 〔水 8〕 맑다, 담백하다
　 擔 〔手 13〕 메다, 담당하다
답 答 〔竹 6〕 대답하다
　 畓 〔田 4〕 논
　 踏 〔足 8〕 밟다
당 堂 〔土 8〕 집
　 當 〔田 8〕 마땅하다, 당하다
　 唐 〔口 7〕 당나라, 당황하다

糖 [米 10] 사탕

黨 [黑 8] 무리

대 大 [大 0] 크다

代 [人 3] 대신하다, 잇다

待 [彳 6] 기다리다, 대하다

對 [寸 11] 대답하다, 대하다

帶 [巾 8] 띠

貸 [貝 5] 꾸다, 빌리다

隊 [阜 9] 무리

臺 [至 8] 대, 누각

덕 德 [彳 12] 크다, 덕, 은혜

도 刀 [刀 0] 칼

度 [广 6] 법도, 정도

　　　　(헤아릴 **탁**)

徒 [彳 7] 무리, 한갓

到 [刀 6] 이르다

都 [邑 9] 도읍

島 [山 7] 섬

道 [辵 9] 길, 도리

圖 [囗 11] 그림, 도모하다

塗 [土 10] 바르다, 길

途 [辵 7] 길

逃 [辵 6] 도망하다, 달아나다

挑 [手 6] 돋우다

桃 [木 6] 복숭아

跳 [足 6] 뛰다

盜 [皿 7] 도둑, 도둑질하다

倒 [人 8] 넘어지다, 거꾸로

渡 [水 9] 건너다

稻 [禾 10] 벼

陶 [阜 8] 질그릇

導 [寸 13] 인도하다

독 獨 [犬 13] 홀로

讀 [言 15] 읽다

　　　　(글귀 **두**)

毒 [母 4] 독하다, 독

篤 [竹 10] 두텁다, 심하다

督 [目 8] 감독하다, 재촉하다

돈 豚 [豕 4] 돼지

敦 [攴 8] 두텁다

돌 突 [穴 4] 부딪치다, 구들

동 冬 [冫 3] 겨울

東 [木 4] 동녘

同 [口 3] 한가지, 같다

洞 [水 6] 고을

　　　　(통할 **통**)

童 [立 7] 아이

動 [力 9] 움직이다

凍 [冫 8] 얼다

銅 [金 6] 구리

두 斗 [斗 0] 말, 우뚝하다

豆 [豆 0] 콩, 제기(祭器)

頭 [頁 7] 머리

讀 [言 15] 글귀

　　　　(읽을 **독**)

둔 屯 [屮 1] 모이다, 진 치다

鈍 [金 4] 둔하다, 무디다

득 得 [彳 8] 얻다

등 等 [竹 6] 무리, 같다

登 [癶 7] 오르다

燈 [火 12] 등불

騰 [馬 10] 오르다

ㄹ

라 羅 〔网 14〕 벌이다, 비단
락 落 〔艸 9〕 떨어지다, 마을
　 樂 〔木 11〕 즐겁다
　　　　　　　 (풍류 악, 즐길 요)
　 絡 〔糸 6〕 잇다
란 卵 〔卩 5〕 알
　 亂 〔乙 12〕 어지럽다, 난리
　 蘭 〔艸 17〕 난초
　 欄 〔木 17〕 난간
람 覽 〔見 14〕 보다
　 濫 〔水 14〕 넘치다
랑 浪 〔水 7〕 물결
　 郎 〔邑 7〕 사나이, 남편
　 廊 〔广 10〕 행랑, 회랑
래 來 〔人 6〕 오다
랭 冷 〔冫 5〕 차다, 싸늘하다
략 略 〔田 6〕 간략하다, 꾀
　 掠 〔手 8〕 노략질하다
량 良 〔艮 1〕 어질다, 좋다
　 兩 〔入 6〕 둘, 돈(돈의 단위)
　 涼 〔冫 8〕 서늘하다
　 量 〔里 5〕 헤아리다
　 梁 〔木 7〕 들보, 다리, 땅이름
　 諒 〔言 8〕 믿다, 살피다
　 糧 〔米 12〕 양식
려 旅 〔方 6〕 나그네, 군대
　 麗 〔鹿 8〕 곱다
　 慮 〔心 11〕 생각하다

勵 〔力 15〕 힘쓰다, 권장하다
력 力 〔力 0〕 힘
　 歷 〔止 12〕 지내다, 두루
　 曆 〔日 12〕 책력
련 連 〔辵 7〕 연하다, 잇다
　 練 〔糸 9〕 단련하다, 익히다
　 蓮 〔艸 11〕 연꽃
　 鍊 〔金 9〕 단련하다, 쇠 불리다
　 憐 〔心 12〕 불쌍히 여기다
　 聯 〔耳 11〕 연하다, 짝
　 戀 〔心 19〕 그리워하다
렬 列 〔刀 4〕 벌이다, 늘어놓다
　 烈 〔火 6〕 맵다
　 劣 〔力 4〕 모자라다, 용렬하다
　 裂 〔衣 6〕 찢어지다
렴 廉 〔广 10〕 청렴하다
렵 獵 〔犭 15〕 사냥하다
령 令 〔人 3〕 명령하다, 아름답다
　 領 〔頁 5〕 거느리다
　 零 〔雨 5〕 떨어지다, 영
　 嶺 〔山 14〕 재, 산봉우리
　 靈 〔雨 16〕 신령
례 例 〔人 6〕 보기, 규칙
　 禮 〔示 13〕 예도
　 隷 〔隶 8〕 종, 따르다
로 老 〔老 0〕 늙다
　 路 〔足 6〕 길
　 勞 〔力 10〕 수고롭다
　 露 〔雨 12〕 이슬, 드러나다
　 爐 〔火 16〕 화로
록 綠 〔糸 8〕 푸르다

祿〔示 8〕 봉록
錄〔金 8〕 기록하다
鹿〔鹿 0〕 사슴
론 論〔言 8〕 의논하다
롱 弄〔廾 4〕 희롱하다
뢰 雷〔雨 5〕 우레
賴〔貝 9〕 의지하다, 힘입다
료 了〔亅 1〕 마치다, 깨닫다
僚〔人 12〕 동료, 관리
料〔斗 6〕 헤아리다
룡 龍〔龍 0〕 용
루 累〔糸 5〕 여러
淚〔水 8〕 눈물
樓〔木 11〕 다락집
漏〔水 11〕 새다
屢〔尸 11〕 여러, 자주
류 流〔水 7〕 흐르다, 떠돌아다니다
柳〔木 5〕 버들
留〔田 5〕 머무르다
類〔頁 10〕 무리
륙 六〔八 2〕 여섯
陸〔阜 8〕 뭍
륜 倫〔人 8〕 인륜, 무리
輪〔車 8〕 수레바퀴
률 律〔彳 6〕 법률, 조절하다
栗〔木 6〕 밤
率〔玄 6〕 비율
(거느릴 솔)
륭 隆〔阜 9〕 높다, 성하다
릉 陵〔阜 8〕 언덕, 왕릉
리 里〔里 0〕 마을

利〔刀 5〕 이롭다, 날카롭다
理〔玉 7〕 다스리다, 이치
吏〔口 3〕 아전, 관리
李〔木 3〕 오얏
梨〔木 7〕 배
裏〔衣 7〕 속
離〔隹 11〕 떠나다
履〔尸 12〕 신, 밟다
린 隣〔阜 12〕 이웃
림 林〔木 4〕 수풀
臨〔臣 11〕 임하다, 다다르다
립 立〔立 0〕 서다

ㅁ

마 馬〔馬 0〕 말
麻〔麻 0〕 삼
磨〔石 11〕 갈다, 다듬다
막 莫〔艸 7〕 없다, 말다
幕〔巾 11〕 휘장
漠〔水 11〕 아득하다
만 萬〔艸 9〕 일만
晚〔日 7〕 늦다
滿〔水 11〕 가득 차다
漫〔水 11〕 흩어지다
慢〔心 11〕 게으르다, 거만하다
말 末〔木 1〕 끝
망 亡〔亠 1〕 망하다, 도망하다
忙〔心 3〕 바쁘다
忘〔心 3〕 잊다
望〔月 7〕 바라다, 보름

	罔	[网	3]	없다, 속이다	毛 [毛	0]	털, 가늘다

罔 [网 3] 없다, 속이다   毛 [毛 0] 털, 가늘다
妄 [女 3] 망령되다   暮 [日 11] 저물다
茫 [艹 6] 망망하다   某 [木 5] 아무개
매 每 [毋 3] 매양   謀 [言 9] 꾀하다
妹 [女 5] 누이(아랫누이)   募 [力 11] 모으다
買 [貝 5] 사다   慕 [心 11] 사모하다
賣 [貝 7] 팔다   模 [木 11] 본뜨다, 법
梅 [木 7] 매화   貌 [豸 7] 모양
埋 [土 7] 묻다   **목** 木 [木 0] 나무
媒 [女 9] 중매하다   目 [目 0] 눈
맥 麥 [麥 0] 보리   牧 [牛 4] 치다, 기르다
脈 [肉 6] 핏줄, 맥, 줄기   睦 [目 8] 화목하다
맹 孟 [子 5] 맏, 성씨   **몰** 沒 [水 4] 빠지다, 다하다
盟 [皿 8] 맹세하다   **몽** 夢 [夕 11] 꿈
猛 [犬 8] 사냥하다   蒙 [艹 10] 어리다, 어리석다
盲 [目 3] 소경, 눈이 멀다   **묘** 妙 [女 4] 묘하다
면 面 [面 0] 낯, 대하다   卯 [卩 3] 토끼
眠 [目 5] 잠자다   苗 [艹 5] 싹, 자손
免 [儿 5] 면하다   墓 [土 11] 무덤
勉 [力 7] 힘쓰다, 부지런하다   廟 [广 12] 사당
綿 [糸 8] 솜, 연잇다   **무** 戊 [戈 1] 천간(天干)
멸 滅 [水 10] 멸하다, 다하다   茂 [艹 5] 무성하다
명 名 [口 3] 이름   無 [火 8] 없다
命 [口 5] 명령하다   舞 [舛 8] 춤추다
明 [日 4] 밝다   武 [止 4] 호반
鳴 [鳥 3] 울다   務 [力 9] 힘쓰다
冥 [冖 8] 어둡다, 깊숙하다   貿 [貝 5] 무역하다
銘 [金 6] 새기다   霧 [雨 11] 안개
모 侮 [人 7] 업신여기다   **묵** 墨 [土 12] 먹
冒 [冂 7] 무릅쓰다, 범하다   默 [黑 4] 잠잠하다, 입 다물다
母 [毋 1] 어머니   **문** 門 [門 0] 문

問 〔口 8〕 묻다
聞 〔耳 8〕 듣다
文 〔攴 0〕 글월, 문서
물 勿 〔勹 2〕 말다, 없다
物 〔牛 4〕 만물, 물건
미 未 〔木 1〕 아니다
米 〔米 0〕 쌀
美 〔羊 3〕 아름답다
味 〔口 5〕 맛
尾 〔尸 4〕 꼬리
迷 〔辵 6〕 미혹하다, 아득하다
眉 〔目 4〕 눈썹
微 〔彳 10〕 작다, 가늘다, 기미
민 民 〔氏 1〕 백성
敏 〔攴 7〕 민첩하다
憫 〔心 12〕 민망하다
밀 密 〔宀 8〕 빽빽하다
蜜 〔虫 8〕 꿀

ㅂ

박 朴 〔木 2〕 순박하다, 성씨
拍 〔手 5〕 손뼉 치다
迫 〔辵 5〕 핍박하다
泊 〔水 5〕 배 대다
博 〔十 10〕 넓다
薄 〔艸 13〕 얇다
반 伴 〔人 5〕 다만
半 〔十 3〕 반
反 〔又 2〕 돌이키다, 반대하다
飯 〔食 4〕 밥

返 〔辵 4〕 돌이키다
班 〔玉 6〕 나누다, 얼룩지다
叛 〔又 7〕 배반하다
般 〔舟 4〕 일반
盤 〔皿 10〕 쟁반, 받침
발 發 〔癶 7〕 피어나다, 떠나다
拔 〔手 5〕 뽑다
髮 〔髟 5〕 터럭
방 方 〔方 0〕 모, 방위, 방법
戶 〔戶 4〕 지게문, 방
防 〔阜 4〕 막다
放 〔攴 4〕 놓다, 방종하다
訪 〔言 4〕 찾다
邦 〔邑 4〕 나라
妨 〔女 4〕 방해하다, 거리끼다
傍 〔人 10〕 곁
芳 〔艸 4〕 꽃답다, 빛나다
倣 〔人 3〕 본받다
배 拜 〔手 5〕 절, 공경하다
杯 〔木 4〕 술잔
北 〔匕 3〕 달아나다
(북녘 **북**)
倍 〔人 8〕 곱
培 〔土 8〕 북돋우다
配 〔酉 3〕 짝, 나누다
輩 〔車 8〕 무리
背 〔肉 5〕 등, 등지다
排 〔手 8〕 물리치다, 밀다
백 白 〔白 0〕 희다, 아뢰다
百 〔白 1〕 일백
伯 〔人 5〕 맏

번	番 [田 7]	차례, 번
	煩 [火 9]	번거롭다
	繁 [糸 11]	번성하다
	飜 [飛 12]	뒤집다, 번역하다
벌	伐 [人 4]	치다
	罰 [网 9]	벌하다
범	凡 [几 1]	무릇, 범상하다
	犯 [犬 2]	범하다
	範 [竹 9]	법, 모범
법	法 [水 5]	법
벽	壁 [土 13]	벽
	碧 [石 9]	푸르다
변	變 [言 16]	변하다
	便 [人 7]	문득, 대소변
	辯 [辛 14]	말 잘하다
	辨 [辛 9]	분별하다
	邊 [辵 15]	가
별	別 [刀 5]	다르다, 나누다, 분별하다
병	兵 [八 5]	군사, 병기
	丙 [一 4]	남녘 (天干)
	病 [疒 5]	병들다, 곤란해하다
	屛 [尸 6]	물리치다, 병풍
	竝 [立 5]	아우르다
보	步 [止 3]	걸음, 걷다
	保 [人 7]	보호하다
	報 [土 9]	갚다
	普 [日 8]	넓다
	補 [衣 7]	깁다, 돕다
	譜 [言 12]	계보
	寶 [宀 17]	보배

복	伏 [人 4]	엎드리다, 숨다
	服 [月 4]	옷 입다
	福 [示 9]	복
	復 [彳 9]	회복하다, 갚다 (다시 부)
	卜 [卜 0]	점
	腹 [肉 9]	배
	複 [衣 9]	거듭, 겹치다
	覆 [襾 12]	엎다, 덮다
본	本 [木 1]	근본
봉	奉 [大 5]	받들다
	逢 [辵 7]	만나다
	封 [寸 6]	봉하다
	峰 [山 7]	산봉우리
	蜂 [虫 7]	벌
	鳳 [鳥 3]	봉새
부	夫 [大 1]	지아비, 사내, 무릇
	父 [父 0]	아버지
	否 [口 4]	아니다
	扶 [手 4]	돕다, 부축하다
	部 [邑 8]	떼, 부서
	富 [宀 9]	부자
	復 [彳 9]	다시 (회복할 복)
	婦 [女 3]	며느리, 지어미
	浮 [水 7]	뜨다
	付 [人 3]	주다, 부탁하다
	負 [貝 2]	지다
	府 [广 5]	마을, 곳집
	附 [阜 5]	붙다, 따르다
	符 [竹 5]	병부, 들어맞다

腐〔肉 8〕 썩다, 썩히다

赴〔走 2〕 달아나다

副〔刀 9〕 버금

賦〔貝 8〕 주다, 구실

簿〔竹 13〕 장부

북 北〔匕 3〕 북녘

(달아날 배)

분 分〔刀 2〕 나누다

粉〔米 4〕 가루

紛〔糸 4〕 어지럽다

奔〔大 5〕 달아나다

墳〔土 12〕 무덤

憤〔心 12〕 분내다

奮〔大 13〕 떨치다, 힘쓰다

불 不〔一 3〕 아니다

佛〔人 5〕 부처

拂〔手 5〕 떨치다

붕 朋〔月 4〕 벗, 무리

崩〔山 8〕 무너지다, 죽다

非〔非 0〕 아니다, 그르다, 비난하다

비 比〔比 0〕 견주다, 가지런하다

悲〔心 8〕 슬프다

備〔人 10〕 갖추다

飛〔飛 0〕 날다

鼻〔鼻 0〕 코

卑〔十 6〕 낮다

妃〔女 3〕 왕비

婢〔女 8〕 계집종

肥〔肉 4〕 살찌다, 기름지다

秘〔禾 5〕 숨기다

碑〔石 8〕 비석

費〔貝 5〕 허비하다, 비용

批〔手 4〕 비평하다

빈 貧〔貝 4〕 가난하다

賓〔貝 8〕 손

頻〔頁 7〕 자주

빙 氷〔水 1〕 얼음

聘〔耳 7〕 맞다, 부르다

ㅅ

사 士〔士 0〕 선비

仕〔人 3〕 벼슬

四〔口 2〕 넷

寺〔寸 3〕 절

師〔巾 7〕 스승, 군사

巳〔己 0〕 뱀

史〔口 2〕 사관, 사기

死〔歹 2〕 죽다

使〔人 6〕 하여금, 부리다

絲〔糸 6〕 실

事〔亅 7〕 일, 섬기다

思〔心 5〕 생각하다

食〔食 0〕 먹이다, 밥

(먹을 식)

舍〔舌 2〕 집, 버리다

私〔禾 2〕 사사

射〔寸 7〕 쏘다

(맞출 석)

謝〔言 10〕 사례하다

司〔口 2〕 맡다, 벼슬

社〔示 3〕 사직, 모이다

祀 〔示 3〕 제사, 제사지내다

蛇 〔虫 5〕 뱀

詞 〔言 5〕 말씀, 글

捨 〔手 8〕 버리다

邪 〔邑 4〕 간사하다
(어조사 야)

賜 〔貝 8〕 주다

斜 〔斗 7〕 비끼다, 기울다

詐 〔言 5〕 속이다

沙 〔水 4〕 모래

似 〔人 5〕 같다, 비슷하다

査 〔木 5〕 조사하다, 사돈

寫 〔宀 13〕 쓰다, 사진

斯 〔斤 8〕 이

辭 〔辛 12〕 말씀, 사양하다

삭 數 〔攴 11〕 자주
(셈 **수**)

削 〔刀 7〕 깎다

朔 〔月 6〕 초하루

산 山 〔山 0〕 뫼

産 〔生 6〕 낳다

散 〔攴 8〕 흩어지다

算 〔竹 8〕 계산하다

살 殺 〔殳 7〕 죽이다
(감할 **쇄**)

삼 三 〔一 2〕 셋

參 〔厶 9〕 셋
(참여할 **참**)

상 尙 〔小 5〕 오히려, 숭상하다

上 〔一 2〕 위, 오르다

相 〔目 4〕 서로, 모양

想 〔心 9〕 생각

商 〔口 8〕 장사, 헤아리다

常 〔巾 8〕 항상, 떳떳하다

喪 〔口 9〕 죽다, 잃다

霜 〔雨 9〕 서리, 세월

傷 〔人 11〕 상하다

賞 〔貝 8〕 상주다, 감상하다

床 〔广 4〕 책상

狀 〔犬 4〕 형상
(문서 **장**)

象 〔豕 6〕 코끼리, 형상

詳 〔言 6〕 자세하다

祥 〔示 6〕 상서롭다

桑 〔木 6〕 뽕나무

裳 〔衣 8〕 치마

像 〔人 12〕 형상, 본뜨다

償 〔人 15〕 갚다

嘗 〔口 11〕 맛보다, 일찍이

쌍 雙 〔隹 10〕 짝

새 塞 〔土 10〕 변방
(막을 **색**)

색 色 〔色 0〕 빛, 색

索 〔糸 4〕 찾다

塞 〔土 10〕 막다
(변방 **새**)

생 生 〔生 0〕 낳다, 살다

省 〔目 4〕 덜다
(살필 **성**)

서 西 〔襾 0〕 서녘

書 〔曰 6〕 글, 책

序 〔广 4〕 차례

暑 〔日 9〕 더위

敍 〔攴 7〕 펴다, 베풀다

徐 〔彳 7〕 천천히 하다, 성씨

恕 〔心 6〕 용서하다

庶 〔广 8〕 거의, 뭇

署 〔网 9〕 관청, 서명하다

緖 〔糸 9〕 실마리

誓 〔言 7〕 맹세하다, 약속

逝 〔辵 7〕 가다, 죽다

석 石 〔石 0〕 돌

夕 〔夕 0〕 저녁

昔 〔日 4〕 옛

惜 〔心 8〕 아깝다

席 〔巾 7〕 자리

射 〔寸 7〕 맞히다

（쏠 **사**）

析 〔木 4〕 나누다

釋 〔釆 13〕 풀다, 놓다

선 先 〔儿 4〕 먼저, 앞

仙 〔人 3〕 신선

善 〔口 9〕 착하다, 잘하다

船 〔舟 5〕 배

線 〔糸 9〕 줄

鮮 〔魚 6〕 곱다, 드물다

選 〔辵 12〕 가리다

宣 〔宀 6〕 베풀다

旋 〔方 7〕 돌다

禪 〔示 12〕 선, 선위하다

설 說 〔言 7〕 말씀

（달랠 **세**, 기쁠 **열**）

設 〔言 4〕 베풀다

雪 〔雨 3〕 눈, 씻다

舌 〔舌 0〕 혀

섭 攝 〔手 18〕 끌어 잡다, 겸하다

涉 〔水 7〕 건너다

성 成 〔戈 2〕 이루다

姓 〔女 5〕 성

盛 〔皿 7〕 성하다

城 〔土 7〕 재, 성

誠 〔言 7〕 정성, 진실로

聖 〔耳 7〕 성인, 거룩하다

聲 〔耳 11〕 소리, 명예

星 〔日 5〕 별

省 〔目 4〕 살피다

（덜 **생**）

性 〔心 5〕 성품

세 世 〔一 4〕 세상, 세대

洗 〔水 6〕 씻다

稅 〔禾 7〕 세금

勢 〔力 11〕 형세

歲 〔止 9〕 해, 나이

細 〔糸 5〕 가늘다

說 〔言 7〕 달래다

（말씀 **설**, 기쁠 **열**）

소 小 〔小 0〕 작다

少 〔小 1〕 적다, 젊다

所 〔戶 4〕 바, 곳

素 〔糸 4〕 희다, 본디

笑 〔竹 4〕 웃음

消 〔水 7〕 사라지다, 줄다

召 〔口 2〕 부르다

昭 〔日 5〕 밝다

訴 [言 5]	하소연하다	**수** 手 [手 0]	손
蘇 [艸 16]	소생하다	守 [宀 3]	지키다
疏 [疋 7]	성기다, 상소하다	水 [水 0]	물
掃 [手 8]	쓸다	收 [攴 2]	거두다
騷 [馬 10]	시끄럽다, 풍류	數 [攴 11]	셈
燒 [火 12]	불사르다		(자주 삭)
蔬 [艸 11]	나물, 채소	受 [又 6]	받다
속 俗 [人 7]	속되다, 풍속	愁 [心 9]	근심
速 [辵 7]	빠르다	首 [首 0]	머리
續 [糸 15]	잇다	誰 [言 8]	누구
束 [木 3]	묶다	授 [手 8]	주다
粟 [米 6]	조, 곡식	搜 [手 10]	찾다
屬 [尸 18]	붙이, 무리	修 [人 8]	닦다
	(부탁할 촉)	壽 [士 11]	목숨
손 孫 [子 7]	손자, 자손	秀 [禾 2]	빼어나다
損 [手 10]	덜다	雖 [隹 9]	비록
솔 帥 [巾 6]	거느리다	須 [頁 3]	모름지기
	(장수 수)	樹 [木 12]	나무, 세우다
率 [玄 6]	거느리다	囚 [囗 2]	가두다
	(비율 률)	垂 [土 5]	드리우다, 거의
송 松 [木 4]	솔	殊 [歹 6]	다르다
送 [辵 6]	보내다	需 [雨 6]	구하다, 쓰이다
訟 [言 4]	송사하다	遂 [辵 9]	드디어
誦 [言 7]	외우다	帥 [巾 6]	장수
頌 [頁 4]	칭송하다		(거느릴 솔)
쇄 殺 [殳 7]	감하다	睡 [目 8]	졸다
	(죽일 살)	輸 [車 9]	보내다, 싣다
刷 [刀 6]	닦다, 인쇄하다	隨 [阜 13]	따르다
鎖 [金 10]	자물쇠, 쇠사슬	獸 [犬 15]	짐승
쇠 衰 [衣 4]	쇠하다	**숙** 宿 [宀 8]	자다
	(상복 **최**)	叔 [又 6]	아재비

淑 [水 8] 맑다

孰 [子 8] 누구

熟 [火 11] 익다, 익숙하다

肅 [聿 8] 엄숙하다

순 順 [頁 3] 순하다

純 [糸 4] 순수하다

旬 [日 2] 열흘

殉 [歹 6] 따라 죽다

脣 [肉 7] 입술

循 [彳 9] 좇다, 돌다

巡 [辵 4] 순행하다

瞬 [目 12] 눈 깜짝할 사이

술 戌 [戈 2] 개

述 [辵 5] 서술하다

術 [行 5] 꾀, 기술

숭 崇 [山 8] 높다

습 習 [羽 5] 익히다

拾 [手 6] 줍다

(열 십)

濕 [水 14] 젖다

襲 [衣 16] 엄습하다, 인하다

승 承 [手 4] 잇다

乘 [丿 9] 타다

勝 [力 10] 이기다, 낫다

昇 [日 4] 오르다

僧 [人 12] 중

시 市 [巾 2] 저자

示 [示 0] 보이다

是 [日 5] 이, 옳다

時 [日 6] 때

詩 [言 6] 글, 시

始 [女 5] 비로소

視 [見 5] 보다

試 [言 5] 시험하다

施 [方 5] 베풀다

矢 [矢 0] 화살

侍 [人 6] 모시다

씨 氏 [氏 0] 성씨

식 式 [戈 3] 법, 예식

食 [食 0] 먹다

(밥 사)

植 [木 8] 심다

識 [言 12] 알다

(기록할 지)

息 [心 6] 쉬다, 숨쉬다, 자식

飾 [食 5] 꾸미다

신 臣 [臣 0] 신하

申 [田 0] 납, 펴다

辛 [辛 0] 맵다, 쓰다

身 [身 0] 몸

信 [人 7] 믿다, 편지

神 [示 5] 귀신

新 [斤 9] 새, 새롭다

辰 [辰 0] 별

(별 진)

伸 [人 5] 펴다

晨 [日 7] 새벽

愼 [心 10] 삼가하다

실 失 [大 2] 잃다

室 [宀 6] 집, 아내

實 [宀 11] 열매

심 心 [心 0] 마음

甚 [甘 4] 심하다

深 [水 8] 깊다

尋 [寸 9] 찾다, 길

審 [宀 12] 살피다

십 十 [十 0] 열

ㅇ

아 我 [戈 3] 나

兒 [儿 6] 아이

亞 [二 6] 버금

牙 [牙 0] 어금니

芽 [艸 4] 싹

雅 [隹 4] 맑다, 우아하다

餓 [食 7] 주리다

악 惡 [心 8] 악하다

(미워할 **오**)

樂 [木 11] 풍류

(즐거울 **락**, 즐길 **요**)

岳 [山 5] 뫼뿌리

안 安 [宀 3] 편안하다, 어찌

案 [木 6] 책상, 생각하다

眼 [目 6] 눈

顔 [頁 9] 얼굴

岸 [山 5] 언덕

雁 [隹 4] 기러기

알 謁 [言 9] 뵙다

암 暗 [日 9] 어둡다

巖 [山 20] 바위

압 壓 [土 14] 누르다

押 [手 5] 수결 두다, 누르다

앙 仰 [人 4] 우러르다

央 [大 2] 가운데

殃 [歹 5] 재앙

애 哀 [口 6] 슬프다

愛 [心 9] 사랑하다

涯 [水 8] 물가

액 厄 [厂 2] 재앙

額 [頁 8] 이마, 수량

야 也 [乙 2] 어조사

夜 [夕 5] 밤

野 [里 4] 들, 민간

耶 [耳 3] 어조사

邪 [邑 4] 어조사

(간사할 **사**)

약 若 [艸 5] 같다, 만약, 너

約 [糸 3] 언약, 검소하다

弱 [弓 7] 약하다

藥 [艸 15] 약

躍 [足 14] 뛰다

양 羊 [羊 0] 양

洋 [水 6] 바다

陽 [阜 9] 볕

養 [食 6] 기르다, 봉양하다

揚 [手 9] 떨치다

讓 [言 17] 사양하다

楊 [木 9] 버들

樣 [木 11] 모양

壤 [土 17] 흙덩이, 땅

어 魚 [魚 0] 물고기

漁 [水 11] 고기 잡다

語 [言 7] 말씀

於 [方 4] 어조사　　　　　　沿 [水 5] 물 따라 흐르다
御 [彳 8] 어거하다, 임금　　燃 [火 12] 불사르다

억 億 [人 13] 억　　　　　燕 [火 12] 제비, 잔치
憶 [心 13] 생각하다, 기억하다　延 [廴 4] 뻗다, 연장하다
抑 [手 4] 누르다　　　　　緣 [糸 9] 인연

언 言 [言 0] 말씀　　　　軟 [車 4] 연하다
焉 [火 7] 어조사, 어찌　　**열** 悅 [心 7] 기쁘다

엄 嚴 [口 17] 엄하다　　　說 [言 7] 기쁘다

업 業 [木 9] 일　　　　　　　　(달랠 세, 말씀 설)

여 如 [女 3] 같다, 만약, 가다　熱 [火 11] 덥다
余 [人 5] 나　　　　　閱 [門 7] 보다, 살피다
汝 [水 3] 너　　　　**염** 炎 [火 4] 불꽃
與 [臼 7] 더불어, 주다　　染 [木 5] 물들이다
餘 [食 7] 남다, 나머지　　鹽 [鹵 13] 소금
予 [亅 3] 나　　　　**엽** 葉 [艸 9] 잎
輿 [車 10] 가마, 수레　　**영** 永 [水 1] 길다

역 亦 [亠 4] 또　　　　　英 [艸 5] 꽃부리
易 [日 4] 바꾸다　　　　榮 [木 10] 영화
　　(쉬울 이)　　　　迎 [辵 4] 맞다
逆 [辵 6] 거스리다, 맞이하다　映 [日 5] 비치다
役 [彳 4] 부리다　　　　營 [火 13] 경영하다
域 [土 8] 지경　　　　泳 [水 5] 헤엄치다
譯 [言 13] 통변하다, 번역하다　詠 [言 5] 읊다
驛 [馬 13] 역말　　　　影 [彡 12] 그림자
疫 [疒 4] 병　　　　**예** 藝 [艸 15] 재주

연 硏 [石 6] 궁구하다　　豫 [豕 9] 미리
然 [火 8] 그러하다, 불사르다　銳 [金 7] 날카롭다
煙 [火 9] 연기　　　　譽 [言 14] 기리다
鉛 [金 5] 납　　　　**오** 五 [二 2] 다섯
宴 [宀 7] 잔치, 편안하다　　吾 [口 4] 나
演 [水 11] 넓히다, 희롱하다　午 [十 2] 낮

	悟	[心 7]	깨닫다	욕	欲	[欠 7]	하고자 하다
	烏	[火 6]	까마귀		浴	[水 7]	목욕하다
	誤	[言 7]	그르다		慾	[心 11]	욕심
	惡	[心 8]	미워하다		辱	[辰 3]	욕되다
			(악할 악)	용	用	[用 0]	쓰다
	娛	[女 7]	즐거워하다		容	[宀 7]	얼굴
	嗚	[口 10]	슬프다, 탄식하다		勇	[力 7]	날래다, 용감하다
	汚	[水 3]	더럽다		庸	[广 8]	떳떳하다
	傲	[人 11]	거만하다	우	又	[又 0]	또
옥	玉	[玉 0]	구슬, 옥		右	[口 2]	오른쪽
	屋	[尸 6]	집		于	[二 1]	어조사
	獄	[犬 10]	옥		牛	[牛 0]	소
온	溫	[水 10]	덥다, 따뜻하다		友	[又 2]	벗
옹	擁	[手 13]	안다, 가리다		宇	[宀 3]	집
	翁	[羽 4]	늙은이		尤	[尢 1]	더욱
와	瓦	[瓦 0]	기와		雨	[雨 0]	비, 비 내리다
	臥	[臣 2]	눕다		遇	[辵 9]	만나다
완	完	[宀 4]	완전하다		憂	[心 11]	근심하다
	緩	[糸 9]	느리다		羽	[羽 0]	깃
왈	曰	[曰 0]	가로되, 말하다		偶	[人 9]	짝, 우연
왕	王	[玉 0]	임금		愚	[心 9]	어리석다
	往	[彳 5]	가다		優	[人 15]	넉넉하다, 우수하다
외	外	[夕 2]	바깥		郵	[邑 8]	역말, 우편
	畏	[田 4]	두렵다	운	云	[二 2]	이르다
요	要	[襾 3]	중요하다		雲	[雨 4]	구름
	樂	[木 12]	즐기다		運	[辵 9]	운수, 운행하다
			(즐거울 락, 풍류 악)		韻	[音 10]	음운
	謠	[言 10]	노래	웅	雄	[隹 4]	수컷, 영웅
	搖	[手 10]	흔들다	원	元	[儿 2]	으뜸
	腰	[肉 9]	허리		怨	[心 5]	원망하다
	遙	[辵 10]	멀다, 거닐다		願	[頁 10]	원하다

原〔厂 8〕언덕, 근원
遠〔辶 10〕멀다
圓〔囗 10〕둥글다
園〔囗 10〕동산
員〔口 7〕관원
院〔阜 7〕집
源〔水 10〕근원
援〔手 9〕돕다
월 月〔月 0〕달
越〔走 5〕넘다
위 爲〔爪 8〕하다, 위하다
位〔人 5〕벼슬, 자리
危〔卩 4〕위태하다
威〔女 6〕위엄
偉〔人 9〕크다, 위대하다
委〔女 5〕맡기다
胃〔肉 5〕밥통
圍〔囗 9〕두르다, 둘레
衛〔行 10〕호위하다
違〔辶 9〕어기다
謂〔言 9〕이르다
慰〔心 11〕위로하다
緯〔糸 9〕씨줄
僞〔人 12〕거짓
유 有〔月 2〕있다
幼〔幺 2〕어리다
由〔田 0〕말미암다
油〔水 5〕기름
唯〔口 8〕오직
遊〔辶 9〕놀다
酉〔酉 0〕닭

猶〔犬 9〕같다, 오히려
柔〔木 5〕부드럽다
遺〔辶 12〕끼치다, 버리다
儒〔人 14〕선비
乳〔乙 7〕젖
愈〔心 9〕낫다, 더욱
幽〔幺 6〕그윽하다, 깊숙하다
裕〔衣 7〕넉넉하다
惟〔心 8〕오직, 생각하다
誘〔言 7〕꾀다
維〔糸 8〕벼리, 오직
悠〔心 7〕멀다
육 肉〔肉 0〕고기
育〔肉 4〕기르다
윤 潤〔水 12〕윤택하다, 젖다
閏〔門 4〕윤달
은 恩〔心 6〕은혜
銀〔金 6〕은
隱〔阜 14〕숨다
을 乙〔乙 0〕새
음 音〔音 0〕소리
吟〔口 4〕읊다
陰〔阜 8〕그늘, 흐르다
飮〔食 4〕마시다
淫〔水 8〕음란하다
읍 邑〔邑 0〕고을
泣〔水 5〕울다
응 凝〔冫 14〕엉기다, 모으다
應〔心 13〕응하다, 대답하다
의 衣〔衣 0〕옷, 웃옷
依〔人 6〕의지하다, 좇다

意 [心 9] 뜻, 마음
義 [羊 7] 옳다, 뜻
議 [言 13] 의논하다
醫 [酉 11] 의원
矣 [矢 2] 어조사
宜 [宀 5] 마땅하다
疑 [疋 9] 의심하다
儀 [人 13] 거동
이 二 [二 0] 둘
以 [人 3] 써
耳 [耳 0] 귀, 따름이다
異 [田 6] 다르다
已 [己 0] 이미, 뿐이다
易 [日 4] 쉽다
　　　　(바꿀 **역**)
移 [禾 6] 옮기다
而 [而 0] 말 잇다
夷 [大 3] 오랑캐
익 益 [皿 5] 더하다, 이익
翼 [羽 12] 날개
인 人 [人 0] 사람
仁 [人 2] 어질다
引 [弓 1] 끌다
因 [口 3] 인하다
忍 [心 3] 참다
認 [言 7] 알다, 인정하다
印 [卩 4] 도장
寅 [宀 8] 동방, 범
姻 [女 6] 혼인하다
일 一 [一 0] 하나
日 [日 0] 날, 해

逸 [辵 8] 편안하다, 숨다
임 壬 [士 1] 북방, 천간
任 [人 4] 맡기다
賃 [貝 6] 빌다, 품팔이
입 入 [入 0] 들다

ㅈ

자 子 [子 0] 아들, 그대
自 [自 0] 스스로, 자기
字 [子 3] 글자
者 [老 5] 놈, 사람
姉 [女 5] 윗누이
慈 [心 10] 사랑
資 [貝 6] 바탕, 재물
恣 [心 6] 방자하다
姿 [女 6] 모양
紫 [糸 6] 붉다, 자줏빛
刺 [刀 6] 찌르다
玆 [玄 5] 이
작 作 [人 5] 짓다
昨 [日 5] 어제
酌 [酉 3] 짐작하다
爵 [爪 14] 벼슬, 술잔
잔 殘 [歹 8] 쇠잔하다, 남다, 모질다
잠 潛 [水 12] 잠기다
暫 [日 11] 잠깐
잡 雜 [隹 10] 섞이다
장 長 [長 0] 길다, 어른
壯 [士 4] 장하다, 씩씩하다
將 [寸 8] 장수, 장차

章 [立 6] 글
場 [土 9] 마당
狀 [犬 4] 문서
　　　(모양 상)
丈 [一 2] 어른, 길
張 [弓 8] 베풀다
腸 [肉 9] 창자
障 [阜 11] 막다
裝 [衣 7] 꾸미다
墻 [土 13] 담
奬 [大 11] 권장하다
帳 [巾 8] 휘장
莊 [艸 7] 씩씩하다, 별장
葬 [艸 9] 장사지내다
藏 [艸 14] 감추다
臟 [肉 20] 내장
掌 [手 8] 손바닥
粧 [米 6] 단장하다

재 在 [土 3] 있다
才 [手 0] 재주
再 [冂 4] 둘
宰 [宀 7] 재상, 다스리다
財 [貝 3] 재물
材 [木 3] 재목
哉 [口 6] 어조사
栽 [木 6] 심다, 재배하다
災 [火 3] 재앙
載 [車 6] 싣다, 해
裁 [衣 6] 마르다, 결정하다
齊 [齊 0] 재계
　　　(가지런할 제)

쟁 爭 [爪 4] 다투다
저 貯 [貝 5] 쌓다
低 [人 5] 낮다
著 [艸 9] 나타나다, 짓다
底 [广 5] 밑
抵 [手 5] 막다
諸 [言 9] 어조사
　　　(모두 제)

적 的 [自 3] 과녁, 목표
赤 [赤 0] 붉다
適 [辵 11] 가다, 마침
敵 [支 11] 대적하다
寂 [宀 8] 고요하다
賊 [貝 6] 도둑, 해치다
籍 [竹 14] 호적, 문서
摘 [手 11] 따다
滴 [水 11] 물방울
積 [禾 11] 쌓다
績 [糸 11] 길쌈
跡 [足 6] 자취

전 全 [入 4] 온전하다
田 [田 0] 밭
前 [刀 7] 앞
典 [八 6] 법, 책, 의식
電 [雨 5] 번개
戰 [戈 12] 싸우다
展 [尸 7] 펴다
殿 [殳 9] 대궐, 전각
錢 [金 8] 돈
傳 [人 11] 전하다, 전기
轉 [車 11] 구르다

專〔寸 8〕 오로지, 전담하다

절 節〔竹 9〕 마디, 절약하다

絶〔糸 6〕 끊다

切〔刀 2〕 간절하다, 끊다

折〔手 4〕 꺾다

竊〔穴 17〕 도둑, 도둑질하다

점 店〔广 5〕 전방

占〔卜 3〕 점치다

點〔黑 5〕 점

漸〔水 11〕 점점

접 接〔手 8〕 접하다, 닿다

蝶〔虫 9〕 나비

정 正〔止 1〕 바르다

丁〔一 1〕 고무래, 장정

井〔二 2〕 우물

貞〔貝 2〕 곧다, 정숙하다

頂〔頁 2〕 이마, 정수리

定〔宀 5〕 정하다

政〔攴 4〕 정사

庭〔广 7〕 뜰

情〔心 8〕 뜻, 실정

精〔米 8〕 깨끗하다, 정신

靜〔靑 8〕 고요하다

停〔人 9〕 머무르다

淨〔水 8〕 깨끗하다

亭〔亠 7〕 정자

征〔彳 5〕 치다, 가다

訂〔言 2〕 바로잡다

整〔攴 12〕 가지런하다

廷〔廴 4〕 조정

程〔禾 7〕 길, 과정

제 弟〔弓 4〕 아우, 제자

第〔竹 5〕 차례

題〔頁 9〕 아마, 제목

帝〔巾 6〕 임금

製〔衣 8〕 짓다, 제조하다

諸〔言 9〕 모두

(어조사 저)

祭〔示 6〕 제사

除〔阜 7〕 제하다

制〔刀 6〕 억제하다, 제정하다

提〔手 9〕 끼다, 제기하다

齊〔齊 0〕 가지런하다

(재계할 재)

堤〔土 9〕 방축, 언덕

際〔阜 11〕 즈음

濟〔水 14〕 건너다, 구제하다

조 早〔日 2〕 이르다

鳥〔鳥 0〕 새

朝〔月 8〕 아침, 조정

助〔力 5〕 돕다

造〔辵 7〕 짓다, 나아가다

祖〔示 5〕 할아버지

調〔言 8〕 고르다, 조사하다

兆〔儿 4〕 억조, 조짐

弔〔弓 1〕 조상하다

操〔手 13〕 잡다

燥〔火 13〕 마르다

照〔火 9〕 비추다

租〔禾 5〕 조세

組〔糸 5〕 짜다, 조직하다

條〔木 7〕 가닥, 조목, 조리

潮〔水 12〕 조수
족足〔足 0〕 발, 족하다
　　族〔方 7〕 겨레
존存〔子 3〕 있다
　　尊〔寸 9〕 높다, 존경하다
졸卒〔十 6〕 마치다, 군사
　　拙〔手 5〕 졸하다
종宗〔宀 5〕 마루
　　終〔糸 5〕 마치다
　　從〔彳 8〕 좇다
　　種〔禾 9〕 씨, 심다
　　鐘〔金 11〕 쇠북
　　縱〔糸 11〕 세로, 방종하다
좌左〔工 2〕 왼쪽
　　坐〔土 4〕 앉다
　　佐〔人 5〕 돕다
　　座〔广 7〕 자리
죄罪〔网 8〕 허물
주主〔丶 4〕 주인, 임금
　　住〔人 5〕 살다
　　注〔水 5〕 물대다, 흐르다
　　走〔走 0〕 달리다
　　朱〔木 2〕 붉다
　　酒〔酉 3〕 술
　　宙〔宀 5〕 집, 하늘
　　晝〔日 7〕 낮
　　舟〔舟 0〕 배
　　柱〔木 5〕 기둥
　　周〔口 5〕 두루, 둘레
　　奏〔大 6〕 아뢰다, 연주하다
　　株〔木 6〕 그루

州〔巛 3〕 고을
洲〔水 6〕 섬
珠〔玉 6〕 구슬, 공
鑄〔金 14〕 부어 만들다
죽竹〔竹 0〕 대
준俊〔人 7〕 준걸, 빼어나다
　　準〔水 10〕 법도, 고르다
　　遵〔辵 12〕 좇다, 따르다
중中〔丨 3〕 가운데
　　重〔里 2〕 무겁다, 중요하다
　　衆〔血 6〕 무리
　　仲〔人 4〕 버금, 가운데
즉卽〔卩 7〕 곧, 나아가다
　　則〔刀 7〕 곧
　　　　　　(법칙 칙)
증曾〔曰 8〕 일찍이
　　增〔土 12〕 더하다
　　證〔言 12〕 증거
　　憎〔心 12〕 밉다
　　症〔广 5〕 증세
　　贈〔貝 12〕 주다
　　蒸〔艸 10〕 찌다, 무리
지之〔丿 3〕 가다, 그, 의
　　支〔支 0〕 지탱하다
　　只〔口 2〕 다만
　　止〔止 0〕 그치다
　　知〔矢 3〕 알다
　　地〔土 3〕 땅, 곳
　　至〔至 0〕 이르다, 지극하다
　　志〔心 3〕 뜻
　　枝〔木 4〕 가지

持 〔手 6〕 가지다
指 〔手 6〕 손가락, 가리키다
紙 〔糸 4〕 종이
識 〔言 12〕 기록하다
　　　　　 (알 식)
池 〔水 3〕 못
智 〔日 8〕 지혜
誌 〔言 7〕 기록하다
遲 〔辵 12〕 더디다
직 直 〔目 3〕 곧다
職 〔耳 12〕 벼슬, 직분
織 〔糸 12〕 짜다, 조직하다
진 眞 〔目 5〕 참
辰 〔辰 0〕 별
　　　　　 (별 신)
進 〔辵 8〕 나아가다
盡 〔皿 9〕 다하다
陣 〔阜 7〕 진치다
珍 〔玉 5〕 보배
振 〔手 7〕 떨치다
鎭 〔阜 10〕 진압하다
陳 〔阜 8〕 베풀다, 오래되다
震 〔雨 7〕 진동하다, 천둥
질 質 〔貝 8〕 바탕
疾 〔疒 5〕 병, 빠르다
姪 〔女 6〕 조카
秩 〔禾 5〕 차례, 녹
집 集 〔隹 4〕 모이다
執 〔土 8〕 잡다
징 徵 〔彳 12〕 부르다, 거두다
懲 〔心 15〕 막다

ㅊ

차 車 〔車 0〕 성씨
　　　　　 (수레 거)
此 〔止 2〕 이
次 〔欠 2〕 버금
且 〔一 4〕 또, 장차
借 〔人 8〕 빌리다
差 〔工 7〕 어긋나다
착 着 〔目 7〕 붙이다, 입다
錯 〔金 8〕 어긋나다, 그르다
捉 〔手 7〕 잡다
찬 贊 〔貝 12〕 돕다, 찬성하다
讚 〔言 19〕 기리다
찰 察 〔宀 11〕 살피다
참 參 〔厶 9〕 참여하다
　　　　　 (셋 삼)
慘 〔心 11〕 참혹하다, 슬프다
慚 〔心 11〕 부끄럽다
창 昌 〔日 4〕 창성하다
唱 〔口 8〕 부르다
窓 〔穴 6〕 창문
倉 〔人 8〕 곳집, 창고
蒼 〔艸 10〕 푸르다
創 〔刀 10〕 비롯하다
暢 〔日 10〕 화창하다
채 菜 〔艸 8〕 나물, 채소
採 〔手 8〕 캐다, 채집하다
彩 〔彡 8〕 채색, 빛나다
債 〔人 11〕 빚
책 責 〔貝 4〕 꾸짖다, 책임

冊 [冂 3] 책	切 [刀 2] 모두
策 [竹 6] 꾀	(끊을 **절**)
처 妻 [女 5] 아내	滯 [水 11] 막히다, 머무르다
處 [虍 5] 곳	逮 [辵 8] 잡다
척 尺 [尸 1] 자	遞 [辵 10] 갈마들다, 전하다
斥 [斤 1] 내치다, 배척하다	**초** 草 [艸 6] 풀
戚 [戈 7] 겨레, 슬프다	初 [刀 5] 처음
拓 [手 5] 열다	招 [手 5] 부르다
천 千 [十 1] 일천	肖 [肉 3] 착하다, 같다
天 [大 1] 하늘	超 [走 5] 뛰다
川 [巛 0] 내	抄 [手 4] 베끼다, 뽑다
泉 [水 5] 샘	礎 [石 13] 주춧돌
淺 [水 8] 얕다	秒 [禾 4] 까끄라기, 초
賤 [貝 8] 천하다	**촉** 促 [人 7] 재촉하다
踐 [足 8] 밟다, 행하다	燭 [火 13] 촛불
薦 [艸 13] 올리다, 천거하다	觸 [角 13] 찌르다, 부딪치다
遷 [辵 12] 옮기다	屬 [尸 18] 부탁하다
철 鐵 [金 13] 쇠	(붙이 **속**)
哲 [口 7] 밝다	**촌** 寸 [寸 0] 마디
徹 [彳 12] 통하다, 뚫다	村 [木 3] 마을
첨 尖 [小 3] 뾰족하다	**총** 銃 [金 6] 총
添 [水 8] 더하다	總 [糸 11] 거느리다, 모두
첩 妾 [女 5] 첩	聰 [耳 11] 귀밝다
청 靑 [靑 0] 푸르다	**최** 最 [曰 8] 가장
晴 [日 8] 개다, 맑다	催 [人 11] 재촉하다
請 [言 8] 청하다	衰 [衣 4] 상복
淸 [水 8] 맑다	(쇠할 **쇠**)
聽 [耳 16] 듣다	**추** 秋 [禾 4] 가을
廳 [广 22] 마루, 관청	推 [手 8] 미루다
체 體 [骨 13] 몸	(밀 **퇴**)
替 [曰 8] 바꾸다, 대신하다	追 [辵 6] 쫓다

抽〔手 5〕 뽑다
醜〔酉 10〕 추하다, 더럽다
축 丑〔一 3〕 소
祝〔示 5〕 빌다, 축하하다
畜〔田 5〕 가축
(기를 휵)

蓄〔艸 10〕 쌓다
築〔竹 10〕 쌓다
逐〔辵 7〕 쫓다
縮〔糸 11〕 줄이다
춘 春〔日 5〕 봄
출 出〔凵 3〕 나가다, 나오다
충 忠〔心 4〕 충성
充〔儿 4〕 채우다
蟲〔虫 12〕 벌레
衝〔行 9〕 부딪치다
취 取〔又 6〕 취하다
吹〔口 4〕 불다
就〔尢 9〕 나아가다
醉〔酉 8〕 취하다
臭〔自 4〕 냄새
趣〔走 8〕 뜻, 취미
측 側〔人 9〕 곁
測〔水 9〕 헤아리다
층 層〔尸 12〕 층계
치 致〔至 4〕 이루다
治〔水 5〕 다스리다
齒〔齒 0〕 이, 나이
恥〔心 6〕 부끄럽다
置〔网 8〕 두다
値〔人 8〕 값, 만나다

칙 則〔刀 7〕 법칙
(곧 즉)
친 親〔見 9〕 어버이, 친하다
칠 七〔一 1〕 일곱
漆〔水 11〕 옻칠, 검다
침 針〔金 2〕 바늘
枕〔木 4〕 베개, 베다
沈〔水 4〕 잠기다
浸〔水 7〕 적시다
侵〔人 7〕 침노하다
寢〔宀 11〕 자다
칭 稱〔禾 9〕 일컫다, 칭찬하다

ㅋ

쾌 快〔心 4〕 쾌하다

ㅌ

타 他〔人 3〕 다르다, 남
打〔手 2〕 치다
妥〔女 4〕 합당하다
墮〔土 12〕 떨어지다
卓〔十 6〕 높다, 뛰어나다
탁 度〔广 6〕 헤아리다
(법도 도)
托〔手 3〕 부탁하다, 의지하다
濁〔水 13〕 흐리다
濯〔水 14〕 빨래하다
탄 炭〔火 5〕 숯
歎〔欠 11〕 탄식하다

彈 〔弓 12〕 탄알

誕 〔言 7〕 태어나다, 방탕하다

탈 脫 〔肉 7〕 벗다

奪 〔大 11〕 빼앗다

탐 探 〔手 8〕 더듬다

貪 〔貝 4〕 탐하다

탑 塔 〔土 10〕 탑

탕 湯 〔水 9〕 끓다

태 太 〔大 1〕 크다

泰 〔水 5〕 크다, 편안하다

態 〔心 10〕 모양

怠 〔心 5〕 게으르다

殆 〔歹 5〕 위태롭다, 거의

택 宅 〔宀 3〕 집

擇 〔手 13〕 가리다

澤 〔水 13〕 못, 윤택하다

토 土 〔土 0〕 흙

吐 〔口 3〕 토하다

討 〔言 3〕 치다, 궁구하다

통 通 〔辵 7〕 통하다

統 〔糸 6〕 거느리다

洞 〔水 6〕 통하다
(고을 동)

痛 〔疒 7〕 아프다, 원통하다

퇴 退 〔辵 6〕 물러가다

推 〔手 8〕 밀다
(미룰 추)

투 投 〔手 4〕 던지다

透 〔辵 7〕 사무치다

鬪 〔鬥 10〕 싸움

특 特 〔牛 6〕 특별하다

ㅍ

파 把 〔手 4〕 잡다, 쥐다

波 〔水 5〕 물결

破 〔石 5〕 깨뜨리다

派 〔水 6〕 가닥, 보내다

播 〔手 12〕 뿌리다

罷 〔网 10〕 파하다

頗 〔頁 5〕 자못, 치우치다

판 判 〔刀 5〕 판단하다, 분간하다

板 〔木 4〕 널, 판목

版 〔片 4〕 널, 책, 판목

販 〔貝 4〕 팔다

팔 八 〔八 0〕 여덟

패 貝 〔貝 0〕 조개, 재물

敗 〔攴 7〕 패하다

背 〔肉 5〕 배반하다
(등 배)

편 片 〔片 0〕 조각

便 〔人 7〕 편하다
(대소변 변)

偏 〔人 9〕 치우치다, 편벽되다

篇 〔竹 9〕 책, 편

編 〔糸 9〕 엮다

遍 〔辵 9〕 두루

평 平 〔干 2〕 평하다, 평평하다

評 〔言 5〕 평론하다

폐 閉 〔門 3〕 닫다

肺 〔肉 4〕 허파

廢 〔广 12〕 폐하다

弊 〔廾 12〕 해지다, 폐단

蔽 [艹 12] 가리다

幣 [巾 12] 폐백, 돈

포 布 [巾 2] 베, 펴다

抱 [手 5] 안다

暴 [日 11] 사납다

(드러날 폭)

包 [勹 3] 싸다

胞 [肉 5] 태

飽 [食 5] 배부르다

浦 [水 7] 물가

捕 [手 7] 잡다

폭 暴 [日 11] 드러나다

(사나울 포)

爆 [火 15] 폭발하다

幅 [巾 9] 폭, 넓이

표 表 [衣 3] 겉

票 [示 6] 표, 쪽지

標 [木 11] 표하다, 표말

漂 [水 11] 뜨다, 빨래하다

품 品 [口 6] 품수, 물건

풍 風 [風 0] 바람

豊 [豆 11] 풍년, 풍성하다

피 皮 [皮 0] 가죽

彼 [彳 5] 저

疲 [疒 5] 파리하다

被 [衣 5] 입다

避 [辶 13] 피하다

필 匹 [匸 2] 짝

必 [心 1] 반드시

筆 [竹 6] 붓

畢 [田 6] 마치다

하 下 [一 2] 아래, 내리다

何 [人 5] 어찌

夏 [夊 7] 여름

河 [水 5] 물, 강이름

賀 [貝 5] 하례하다

荷 [艹 7] 메다, 연꽃

학 學 [子 13] 배우다

鶴 [鳥 10] 학, 두루미

한 恨 [心 6] 한하다

寒 [宀 9] 차다

漢 [水 11] 한수, 한나라

韓 [韋 8] 한나라

閑 [門 4] 한가하다

限 [阜 6] 지경, 한정하다

汗 [水 3] 땀

旱 [日 3] 가물다

할 割 [刀 10] 베다

함 咸 [口 6] 다, 모두

含 [口 4] 머금다

陷 [阜 8] 빠지다

합 合 [口 3] 합하다

항 恒 [心 6] 항상

降 [阜 6] 항복하다

(내릴 강)

行 [行 0] 항오

(다닐 행)

巷 [己 6] 거리

港 [水 9] 항구

抗 [手 4] 대항하다

航〔舟 4〕 뱃길, 항해하다
項〔頁 3〕 목, 조목
해 海〔水 7〕 바다
害〔宀 7〕 해하다
亥〔亠 4〕 돼지
解〔角 6〕 풀다
奚〔大 7〕 어찌
該〔言 6〕 핵실하다, 그
핵 核〔木 6〕 씨
행 行〔行 0〕 다니다
(항오 **항**)

幸〔干 5〕 다행
향 香〔香 0〕 향기
向〔口 3〕 향하다
鄕〔邑 8〕 시골, 고향
享〔亠 6〕 누리다
響〔音 13〕 울리다
허 許〔言 4〕 허락하다
虛〔虍 12〕 비다
헌 軒〔車 3〕 집, 동헌
憲〔心 12〕 법
獻〔犬 16〕 드리다
험 險〔阜 13〕 험하다
驗〔馬 13〕 시험하다, 경험
혁 革〔革 0〕 가죽, 고치다
현 賢〔貝 8〕 어질다
現〔玉 7〕 나타나다
見〔見 0〕 나타나다
(볼 **견**)
玄〔玄 0〕 검다
絃〔糸 5〕 줄

顯〔頁 14〕 나타나다
縣〔糸 10〕 고을
懸〔心 16〕 매달다
혈 血〔血 0〕 피
穴〔穴 0〕 구멍
혐 嫌〔女 10〕 혐의하다, 싫어하다
협 協〔十 6〕 화하다, 돕다
脅〔肉 6〕 협박하다
형 兄〔儿 3〕 맏, 형
形〔彡 4〕 모양, 얼굴
刑〔刀 4〕 형벌
亨〔亠 5〕 형통하다
螢〔虫 10〕 반딧불
衡〔行 10〕 저울, 평평하다
혜 惠〔心 8〕 은혜
兮〔八 2〕 어조사
慧〔心 11〕 지혜
호 戶〔戶 0〕 지게문, 집
好〔女 3〕 좋다, 아름답다
虎〔虍 2〕 범
乎〔丿 4〕 어조사
呼〔口 5〕 부르다
湖〔水 9〕 호수
號〔虍 7〕 이름, 부르다, 호령
互〔二 2〕 서로
胡〔肉 5〕 오랑캐, 어찌
浩〔水 7〕 넓다
毫〔毛 7〕 털
豪〔豕 7〕 호걸
護〔言 14〕 보호하다
혹 或〔戈 4〕 혹

惑〔心 8〕 의혹하다
혼 婚〔女 8〕 혼인
混〔水 8〕 섞다
昏〔日 4〕 어둡다
魂〔鬼 4〕 혼
홀 忽〔心 4〕 문득
홍 紅〔糸 3〕 붉다
洪〔水 6〕 넓다
弘〔弓 2〕 크다
鴻〔鳥 6〕 기러기, 크다
화 火〔火 0〕 불
化〔匕 2〕 되다, 화하다
貨〔貝 4〕 재화, 화폐
花〔艸 4〕 꽃
華〔艸 8〕 빛나다, 꽃
和〔口 5〕 화합하다
話〔言 6〕 말씀
畫〔田 7〕 그림, 그리다
(그을 획)
禾〔禾 0〕 벼
禍〔示 9〕 재화
확 確〔石 10〕 확실하다
擴〔手 15〕 넓히다
穫〔禾 14〕 거두다
환 患〔心 7〕 근심, 병
歡〔欠 18〕 기쁘다
丸〔丶 2〕 둥글다, 탄알
換〔手 9〕 바꾸다
還〔辵 13〕 돌아오다
環〔玉 13〕 고리, 둥글다
활 活〔水 6〕 살다

황 黃〔黃 0〕 누르다
皇〔白 4〕 임금
況〔水 5〕 하물며, 상황
荒〔艸 6〕 거칠다
회 回〔口 3〕 돌아오다
會〔曰 9〕 모이다
悔〔心 7〕 뉘우치다
懷〔心 16〕 품다, 생각하다
획 畫〔田 7〕 긋다, 꾀하다
(그림 화)
劃〔刀 12〕 긋다
獲〔犬 14〕 얻다
횡 橫〔木 12〕 가로, 횡행하다
효 孝〔子 4〕 효도
效〔攴 6〕 본받다, 효험
曉〔日 12〕 새벽, 깨닫다
후 後〔彳 6〕 뒤
厚〔厂 7〕 두텁다
侯〔人 7〕 제후, 벼슬 이름
候〔人 8〕 기후, 살피다
훈 訓〔言 3〕 가르치다
훼 毁〔殳 9〕 헐다
휘 揮〔手 9〕 휘두르다
輝〔車 8〕 빛나다
휴 休〔人 4〕 쉬다
携〔手 10〕 끌다, 가지다
휵 畜〔田 5〕 기르다
(가축 축)
흉 凶〔凵 2〕 흉하다
胸〔肉 6〕 가슴
흑 黑〔黑 0〕 검다

흡 吸 〔口 4〕 빨다, 들이쉬다   희 希 〔巾 4〕 바라다

흥 興 〔臼 9〕 일어나다   희 稀 〔禾 7〕 드물다

희 喜 〔口 9〕 기쁘다   희 戲 〔戈 13〕 희롱하다

〈추가자·제외자 대비표〉

추 가 자 (44자)	제 외 자 (44자)
乞隔牽繫狂軌糾塗屯騰獵隷僚侮冒伴覆誓逝攝垂搜押躍閱擁凝宰殿竊奏珠鑄震滯逮遞秒卓誕把偏嫌衡	憩戈瓜鷗閨濃潭桐洛爛藍朗蠻矛沐栢汎膚弗酸森盾升阿硯梧貳刃壹雌蠶笛蹟滄悽稚琢兎楓弦灰噫熙

고사성어故事成語

ㄱ

苛斂誅求(가렴주구)	백성의 세금이나 물건을 가혹하게 거두어들임.
刻骨難忘(각골난망)	입은 은혜에 대한 고마운 마음이 뼈에 새겨져 잊혀지지 않음.
脚色(각색)	각본의 색채로 고쳐 씀. 소설·설화·서사시 따위 문학 작품을 무대 상영이나 영화 촬영을 위하여 희곡이나 시나리오로 고쳐 씀.
刻舟求劍(각주구검)	가는 배에서 칼을 물에 떨어뜨리고 그 뱃전에 표시를 해 두었다가 뒷날 그 표시에 따라 칼을 찾고자 한다는 뜻으로 미련하고 융통성이 없음을 비유로 이르는 말.
角逐(각축)	서로 이기려고 경쟁함.
艱難辛苦(간난신고)	갖은 고초를 겪으며 심하게 고생함.
肝膽相照(간담상조)	간과 담이 서로 비춤. ① 서로 생각하는 바가 통함. ② 서로 진심을 터놓고 사귐.
間於齊楚(간어제초)	제나라와 초나라의 사이에 끼임. 곧 약자가 '강자의 틈에 끼어 괴로움을 받음의 비유.
敢不生心(감불생심)	감히 생각도 내지 못함. ＝ 敢不生意(감불생의).
甘言利說(감언이설)	남의 비위에 맞도록 꾸민 달콤한 말과 이로운 조건을 내세워 꾀는 말.
甘吞苦吐(감탄고토)	달면 삼키고 쓰면 뱉는다는 뜻으로, 사리의 옳고 그름에 관계없이 자신에게 유리하면 하고 불리하면 안하는 이기주의적 태도.
甲男乙女(갑남을녀)	갑이라는 남자와 을이라는 여자. 곧 이름이 알려지지 않은 평범한 사람들. ＝ 張三李四(장삼이사).

康衢煙月(강구연월) 태평한 시대의 큰 거리에 보이는 평화로운 풍경. 또는 태평
한 세월.

僵尸(강시) 얼어 죽은 송장.

改過遷善(개과천선) 지나간 잘못을 고치고 옳은 길에 들어섬.

去頭截尾(거두절미) 머리와 꼬리를 잘라 버림. 곧 사실의 줄거리만 말하고 부수
적인 것은 빼어 버림.

擧世皆濁(거세개탁) 온 세상이 다 흐림. 곧 지위의 고하를 막론하고 모든 사람이
다 바르지 않음.

居安思危(거안사위) 편안한 때에 있어서는 앞으로 닥칠 위태로움을 생각함.

去者日疎(거자일소) 죽은 사람에 대해서는 날이 가면 갈수록 점점 잊어버리게
된다는 뜻. 곧 서로 떨어져 있으면 점점 소원해짐.

車載斗量(거재두량) 차에 싣고 말로 헤아림. 곧 아주 많음. 또는 썩 많아서 귀하
지 않음을 이르는 말.

乾坤一擲(건곤일척) 운명과 흥망을 걸고 단판걸이로 승부나 성패를 겨룸.

隔靴搔痒(격화소양) 신 신고 발바닥 긁기. 곧 애는 쓰되 정곡을 찌르지 못하여
안타까움의 비유.

牽强附會(견강부회) 가당치 않은 말을 억지로 끌어다 붙여 조건이나 이치에 맞
도록 함.

見蚊拔劍(견문발검) 모기 보고 칼 빼기. 곧 보잘것없는 작은 일에 어울리지 않게
엄청난 큰 대책을 씀의 비유.

見物生心(견물생심) 실물을 보면 욕심이 생기게 됨.

堅如金石(견여금석) 서로 맺은 맹세가 금석과 같이 굳음.

見危授命(견위수명) 위태함을 보고는 목숨을 버림. 곧 나라의 위태로움을 보고
는 목숨을 아끼지 않고 나라를 위하여 싸움.

乞人憐天(걸인연천) 거지가 하늘을 불쌍히 여김. 곧 부당한 걱정을 한다는 뜻.
불행한 처지에 있는 사람이 행복한 사람을 동정한다는 뜻.

堅忍不拔(견인불발) 굳게 참고 견디어 마음을 빼앗기지 않음.

結者解之(결자해지) 맺은 사람이 풀어야 한다는 뜻으로 자기가 저지른 일에 대
하여서는 자기가 해결해야 한다는 말.

結草報恩(결초보은) 진晉나라의 대부 위무자魏武子의 아들 과顆가 아버지의 유언
을 어기고 서모를 개가시켜 순사殉死를 면하게 하였더니, 후

에 위과魏顆가 전쟁에 나가 진秦의 두회杜回와 싸워 위태할 때, 서모의 아버지의 죽은 넋이 적군의 앞길에 풀을 맞잡아 매어 두회로 하여금 걸려 넘어지게 하여 사로잡게 했다는 고사. 곧 죽어 혼령이 되어도 은혜를 잊지 않는다는 뜻.

兼人之勇(겸인지용) 혼자서 몇 사람을 당해 낼만한 용맹.

輕擧妄動(경거망동) 경솔하고 망령되게 행동함.

傾國之色(경국지색) 임금이 혹하여 나라가 뒤집혀도 모를 만한 미인. 곧 나라 안에 으뜸가는 미인. = 傾城之美(경성지미).

耕當問奴(경당문노) 농사일은 마땅히 머슴에게 물어야 함. 곧 일은 그 방면의 전문가에게 묻는 것이 옳음.

輕妙脫灑(경묘탈쇄) (주로 예술품 따위가) 경쾌하고 묘하며 속된 데가 없이 깨끗하고 말쑥함.

敬而遠之(경이원지) 겉으로는 존경하는 체하면서 실제는 꺼리어 멀리함. = 敬遠(경원).

輕佻浮薄(경조부박) 언행이 경솔하여 신중하지 못함.

經天緯地(경천위지) 온 천하를 경륜經綸하여 다스림.

鷄卵有骨(계란유골) 달걀에 뼈가 있음. 공교롭게 일이 방해됨.

鷄肋(계륵) 닭갈비. ① 그다지 이익 될 것도 없고 그렇다고 버리기도 아까움의 비유. ② 몸이 몹시 약함의 비유.

鷄鳴狗盜(계명구도) 중국 전국시대의 맹상군孟嘗君이 개의 흉내를 잘 내는 사람을 시켜 물건을 훔치게 하고, 닭 우는 흉내를 잘 내는 사람을 시켜 함곡관函谷關을 빠져 달아나 돌아온 고사. 잔꾀를 잘 부리거나 비열한 행동을 하는 사람을 이르는 말.

股肱之臣(고굉지신) 임금이 가장 믿고 중히 여기는 신하.

孤軍奮鬪(고군분투) ① 수가 적고 후원이 없는 외로운 군대가 힘에 겨운 적과 용감하게 싸움. ② 홀로 여럿을 상대해 싸움.

鼓腹擊壤(고복격양) 배를 두드리고 땅을 침. 곧 의식衣食이 풍부하여 안락하며, 태평세월을 즐기는 일.

叩盆之痛(고분지통) 아내가 죽은 슬픔.

姑息之計(고식지계) 임시변통이나 또는 한때의 미봉으로 일시적인 안정을 얻기 위한 꾀. = 姑息策(고식책).

孤掌難鳴(고장난명) 외손뼉이 울랴? 혼자서는 일이 이루어지지 않음. 또는 혼자
서는 싸움이 되지 않는다는 비유.

苦盡甘來(고진감래) 쓴 것이 다하면 단 것이 옴. 고생 끝에 영화. ↔興盡悲來(흥
진비래).

孤枕單衾(고침단금) 외로운 베개와 하나의 이불. 곧 홀로 자는 여자의 이부자리.

古稀(고희) 일흔 살이나 일흔 살이 된 때.

曲學阿世(곡학아세) 왜곡歪曲된 학문으로 세상에 아첨함.

骨肉相爭(골육상쟁) 뼈와 살이 서로 싸움. 곧 동족끼리 서로 싸움의 비유.

空中樓閣(공중누각) 공중에 세운 누각. 곧 사물의 기초가 견고하지 못함의 비유.
= 沙上樓閣(사상누각).

誇大妄想(과대망상) 사실보다 과장하여 지나치게 상상하는, 이치에 닿지 않는
망령된 생각.

過猶不及(과유불급) 지나침은 미치지 못함과 같음.

瓜田不納履 오이밭에 신을 들여놓지 않음. 곧 남에게 의심을 살 만한 일
　　(과전불납리) 은 아예 하지 않음의 비유. 李下不正冠(이하부정관) 오얏나
무 밑에서는 갓을 바로 매지 않음. 대구로서 같은 뜻임.

冠省(관생) 서두(곧 문안 인사)를 생각한다는 뜻으로, 쪽지 따위의 첫머
리에 쓰는 말. = 冠略(관략)·除禮(제례)·除煩(제번)·前略
(전략).

管鮑之交(관포지교) 중국 제齊나라의 관중管仲과 포숙鮑叔의 고사. 친구 사이가
다정한 교제를 일컬음.

刮目相對(괄목상대) 남의 학식이나 재주가 부쩍 는 것을 경탄하여 '눈을 비비며
다시 본다'는 뜻으로, 인식을 새롭게 함을 이름.

巧言令色(교언영색) 교묘하게 꾸며대는 말과 아첨하는 얼굴빛. 곧 아첨하는 언
행을 이름.

膠柱鼓瑟(교주고슬) 변통성이 전혀 없음의 비유.

狡兎死而走狗烹 교활한 토끼가 죽으니 달리던 개를 삶는다는 뜻으로, 필요
　　(교토사이주구팽) 할 때는 소중하게 쓰다가 그 소용이 없어지면 몰인정하게
내버리는 세상 인심을 비유로 이른 말. = 敵國滅而謀臣亡
(적국멸이모신망).

九曲肝腸(구곡간장) 굽이굽이 사무친 마음속.

口蜜腹劍(구밀복검) 입으로 꿀같이 달콤한 말을 하면서 속에는 칼 같은 마음을 품어 해칠 생각을 가짐.

九死一生(구사일생) 여러 번 죽을 고비를 넘기고 간신히 살아남.

口尙乳臭(구상유취) 입에서 아직 젖내가 남. 곧 말이나 하는 짓이 유치함.

九牛一毛(구우일모) 아홉 마리 소에 한 가닥의 털. 곧 썩 많은 가운데의 극히 적은 것.

求田問舍(구전문사) 부칠 논밭을 구하고 살 집을 물음. 곧 나라의 대사에는 뜻이 없고 일신상 이익에만 마음을 씀.

九折羊腸(구절양장) 수많이 구비 꺾인 양의 창자. 곧 꼬불꼬불한 험한 산길.

群鷄一鶴(군계일학) 뭇 닭 가운데의 한 마리 학. 곧 많은 사람 중의 뛰어난 인물.

群雄割據(군웅할거) 한 시기에 여기저기에서 제각기 일어난 영웅들이 제각기 한 지방을 차지하고 제 마음대로 위세를 부리는 일.

君子三樂(군자삼락) 군자의 세 가지 낙. 첫째 부모가 구존俱存하고, 형제가 무고한 것, 둘째 하늘과 사람에게 부끄러울 것이 없는 것, 셋째 천하의 영재英才를 얻어서 교육하는 것.

權謀術數(권모술수) 그때그때의 형편에 따라 변통성 있게 둘러 맞추는 모략이나 수단. = 權謀術策(권모술책).

權不十年(권불십년) 권세는 10년을 넘지 못함. 곧 부당하게 잡은 권세는 오래 가지 않음. = 花無十日紅(화무십일홍).

勸善懲惡(권선징악) 착한 행실을 권장하고 악한 행실을 징계함.

捲土重來(권토중래) 한 번 실패하였다가 세력을 회복하여 다시 쳐들어옴.

克己復禮(극기복례) 과도한 사욕을 누르고 예의범절을 좇도록 함.

近墨者黑(근묵자흑) 먹을 가까이하면 검은 물이 묻기 쉬움. 곧 나쁜 사람과 가까이 있으면 그 버릇에 젖기 쉬움. 近朱者赤(근주자적)과 대구를 이루는 말.

金科玉條(금과옥조) 금이나 옥과 같이 소중하게 여겨 지켜야 할 법칙이나 규범.

金蘭之契(금란지계) 견고한 벗 사이의 우정을 이름. 금金은 지극히 견고하지만, 두 사람의 마음을 합치면 그 견고함이 금을 능히 단절할 수 있으며, 두 사람의 진정의 말을 향기로운 난초에 비유하여 금란이라 함.

錦上添花(금상첨화) 비단 위에 꽃을 더함. 곧 좋고 아름다운 것에 더 좋고 아름다운 것을 더함. ↔ 雪上加霜(설상가상).

琴瑟(금슬)　　　　　① 거문고와 비파. ② (금실) 부부간의 애정.

錦衣夜行(금의야행)　비단옷 입고 밤길 걷기. 곧 아무 보람 없는 행동.

錦衣還鄉(금의환향)　객지에서 출세하여 고향으로 돌아옴.

金枝玉葉(금지옥엽)　① 임금의 집안과 자손. ② 귀여운 자손.

氣高萬丈(기고만장)　일이 뜻대로 잘 될 때에 기꺼워하거나 또는 성을 낼 때에 그
　　　　　　　　　　기운이 펄펄 나는 일.

起死回生(기사회생)　거의 죽을 뻔하다가 겨우 살아나 회복됨.

欺世盜名(기세도명)　세상 사람을 속이고 허명虛名을 드러냄.

杞憂(기우)　　　　　쓸데없는 군걱정.

騎虎之勢(기호지세)　범을 타고 가는데 도중에서 내리면 도리어 범에게 물릴 것
　　　　　　　　　　이라, 내리지 못하는 처지. 곧 이미 시작한 일이라, 중도에서
　　　　　　　　　　그만둘 수 없는 형세. = 騎虎難下(기호난하).

ㄴ

懦弱(나약)　　　　　의지가 약함.

難兄難弟(난형난제)　누구를 형이라 아우라 하기 어렵다는 뜻으로 두 사물의 우
　　　　　　　　　　열을 분간하기 어려움을 비유. =伯仲之勢(백중지세).

捏造(날조)　　　　　근거 없는 일을 사실처럼 꾸며 만듦.

南柯一夢(남가일몽)　중국의 순우분淳于棼이란 사람이 취중에 홰나무 밑에서 잠을
　　　　　　　　　　자다 남가군의 태수가 되어 20년 동안의 영화를 누린 꿈을
　　　　　　　　　　꾸고 깨어 보니, 그곳이 개미의 집이더라는 고사. ① 깨고
　　　　　　　　　　나서 섭섭한 허황한 꿈. ② 덧없이 지나간 한때의 헛된 부귀
　　　　　　　　　　나 행복.

南橘北枳(남귤북지)　강남江南의 귤을 강북江北에 옮겨 심으면 탱자나무로 변함.
　　　　　　　　　　곧 사람은 사는 곳의 환경에 따라 착하게도 되고 악하게도
　　　　　　　　　　됨. 강江은 중국의 양자강을 가리킴.

南大門入納　　　　　주소도 모르는 채 집을 찾거나 또는 그러한 편지.
　　(남대문입납)

男負女戴(남부여대)　남자는 지고 여자는 이고 감. 곧 가난한 사람들이 떠돌아다

니며 사는 일.

濫觴(남상)　　　　사물의 처음.

囊中之錐(낭중지추)　주머니 속의 송곳. 곧 재능이 있는 사람은 아무리 그것을 감
　　　　　　　　　추려 해도 저절로 드러나게 마련이란 말.

內憂外患(내우외환)　나라 안팎의 근심 걱정.

老當益壯(노당익장)　늙어도 더욱 기운이 씩씩함.

路柳墻花(노류장화)　길가의 버들과 담 밑의 꽃. 곧 화류계 여자나 기생.

綠陰芳草(녹음방초)　푸른 나무 그늘과 향기로운 풀. 곧 여름의 자연 경치.

綠衣紅裳(녹의홍상)　젊은 여자가 곱게 차린, 연두색 저고리와 다홍치마.

弄假成眞(농가성진)　장난삼아 한 것이 참으로 한 것같이 됨. = 弄過成嗔(농과성
　　　　　　　　　진).

累卵之勢(누란지세)　알을 쌓아 놓은 듯한 형세. 곧 매우 위태로운 형세. ≒ 風前
　　　　　　　　　燈火(풍전등화).

　　　　ㄷ

多岐亡羊(다기망양)　여러 갈래의 길에서 양을 잃음. ① 학문의 길이 너무 다방면
　　　　　　　　　으로 갈리어 진리를 얻기 어려움. ② 방침이 많아서 도리어
　　　　　　　　　갈 바를 모름.

多多益善(다다익선)　많으면 많을수록 더욱 좋음.

斷機之戒(단기지계)　맹자가 수학 도중에 돌아왔을 때 그의 어머니가 베틀의 실
　　　　　　　　　을 끊어 훈계했다는 데서 나온 고사. 학문을 중도에서 그만
　　　　　　　　　두는 것에 대한 훈계.

單刀直入(단도직입)　너절한 허두를 빼고 요점이나 본 문제를 곧바로 말함.

簞食瓢飮(단사표음)　한 도시락 밥과 한 표주박 물이란 뜻으로 간소한 음식물, 곧
　　　　　　　　　소박한 생활을 비유한 말.

丹脣皓齒(단순호치)　붉은 입술과 흰 이. 곧 여자의 아름다운 얼굴.

堂狗風月(당구풍월)　서당개 3년에 풍월을 읊는다. 아무리 무식한 사람이라도 그
　　　　　　　　　부문에 함께 끼여 오래 있으면 어느덧 영향을 입어 다소나
　　　　　　　　　마 알게 된다는 뜻. = 堂狗三年吟風月(당구삼년음풍월).

螳螂拒轍(당랑거철)　사마귀가 수레바퀴에 항거함. 곧 제 힘에 가당치 않은 일을

하려 덤비는 무모한 짓.

大器晚成(대기만성) 크게 될 사람은 느지막이 이루어짐.

大義名分(대의명분) 마땅히 지켜야 할 큰 의리와 직분.

徒勞無功(도로무공) 헛되게 수고만 하고 보람이 없음.

道聽塗說(도청도설) 길거리에 떠돌아다니는 뜬소문.

塗炭(도탄) 생활 형편이 몹시 곤란하고 고통스러운 지경.

讀書百遍意自見 책을 여러 번 되풀이하여 읽으면 뜻은 저절로 알게 됨.
　(독서백편의자현)

突不煙不生煙 아니 땐 굴뚝에 연기 날까? 곧 어떤 소문이든지 반드시 그
　(돌불연불생연) 런 소문이 날 만한 원인이 있다는 뜻.

東家食西家宿 먹을 것과 갈 곳이 없어 떠돌아다니는 일을 이름.
　(동가식서가숙)

同價紅裳(동가홍상) 같은 값이면 다홍치마.

棟樑之材(동량지재) 한 집이나 한 나라를 맡아 다스릴 만한 큰 인재.

東問西答(동문서답) 동쪽 물음에 서쪽 답을 함. 곧 묻는 말에 엉뚱한 대답을 함.

同病相憐(동병상련) 같은 병을 앓는 사람끼리 서로 가엾게 여김. 곧 곤란한 처지
　　　　　　　　　에 있는 사람이라야 남의 사정을 알아준다는 말.

東奔西走(동분서주) 동서로 분주함. 곧 이리저리 바쁘게 돌아다님.

同床異夢(동상이몽) 같은 잠자리에서 다른 꿈을 꿈. 겉으로는 같이 행동하면서
　　　　　　　　　속으로는 딴 생각을 가짐.

杜門不出(두문불출) 문을 닫아 막고 나서지 않음. 곧 집안에만 들어앉아 있고 나
　　　　　　　　　다니지 아니함.

杜撰(두찬) 틀린 곳이 많고 전거典據가 정확하지 못한 저술이나 작품.

登高自卑(등고자비) 높은 곳에 오르려면 낮은 곳에서부터 시작해야 함. 곧 모든
　　　　　　　　　일은 순서를 밟아야 함.

登龍門(등용문) 중국 황하의 상류에 있는 용문龍門을 잉어가 오르면 용이 된
　　　　　　　　다는 전설. 곧 사람이 입신출세하는 관문.

燈下不明(등하불명) 등잔 밑이 어둡다. 곧 가까운 데 것을 도리어 잘 모름.

燈火可親(등화가친) 가을이 되어 서늘하면 밤에 등불을 가까이하여 글 읽기에
　　　　　　　　　좋음.

馬耳東風(마이동풍) 말 귀에 봄바람. 곧 남의 말을 귀담아 듣지 않음.

馬行處牛亦去   말 가는 데 소도 간다. 곧 일정한 차이는 있을 수 있으나
  (마행처우역거) 한 사람이 하는 일이라면 다른 사람도 노력만 하면 할 수 있
          다는 뜻.

莫逆之友(막역지우) 뜻이 서로 맞는 썩 가까운 친구.

萬頃蒼波(만경창파) 한없이 넓고 넓은 바다.

滿身瘡痍(만신창이) ① 온몸이 상처투성이가 됨. ② 사물이 성한 데가 없을 만큼
          엉망진창이 됨.

亡羊補牢(망양보뢰) 소 잃고 외양간 고친다. 곧 일이 이미 다 틀린 뒤에 때 늦게
          손을 쓴들 무슨 소용이 있겠느냐는 뜻.

望洋之歎(망양지탄) 바다를 바라보고 하는 탄식. 곧 힘이 미치지 못하여 하는 탄
          식.

妄自尊大(망자존대) 종잡을 수 없이 함부로 스스로 잘난 체함.

孟母三遷之敎   맹자의 어머니가 맹자를 가르치기 위하여 처음에는 묘지 근
  (맹모삼천지교) 처에, 다음에는 시장 근처에, 마지막에는 학교 근처로 세
          번이나 이사를 했다는 고사.

面從腹背(면종복배) 면전에서는 따르나 뱃속으로는 배반함. 곧 겉으로는 복종하
          는 체하면서 속으로는 반대하고 뒤에서 훼방함.

明鏡止水(명경지수) ① 맑은 거울처럼 잔잔하게 정지되어 있는 물. ② 잡념과 과
          욕이 없는 매우 맑고 깨끗한 마음의 비유.

明眸皓齒(명모호치) 밝은 눈동자와 흰 이. 미인의 아름다움을 형용하는 말.

名實相符(명실상부) 이름과 실상이 서로 들어맞음. ↔ 名實相反(명실상반). =
          名過其實(명과기실).

明若觀火(명약관화) 불을 보는 것처럼 밝음. 곧 더 말할 나위 없이 명백함.

命在頃刻(명재경각) 목숨이 경각에 있음. 곧 금방 숨이 끊어질 지경에 이름.

明哲保身(명철보신) 총명하고 사리에 밝아 일을 잘 처리하여서 몸을 보전함.

矛盾(모순)   말이나 행동이 앞뒤가 서로 일치되지 아니함.

牧民(목민)   백성을 기름. 곧 임금이나 원이 백성을 다스림.

目不識丁(목불식정) 눈으로 보고도 'ㄒ'자 같은 쉬운 글자를 모름. 곧 낫 놓고

'ㄱ'자도 모름. = 一字無識(일자무식).

武陵桃源(무릉도원)　이 세상과 따로 떨어진 별천지. 이상향理想鄕.

無所不知(무소부지)　무엇이든지 알지 못하는 것이 없음. 모두 앎.

無虎洞中狸作虎　호랑이 없는 곳에 너구리가 호랑이 노릇을 한다는 뜻으로 뛰
(무호동중이작호)　어난 사람이 없는 곳에서 되지도 못한 자가 제일이라고 으
　　스대는 꼴.

刎頸之交(문경지교)　죽고 살기를 같이하여 목이 떨어져도 두려워하지 않을 만큼
　　친한 사귐.

門外漢(문외한)　① 어떤 일에 직접 관계가 없는 데 밖의 사람. ② 그 일에
　　전문가가 아닌 사람.

聞則病不聞則藥　들으면 병이요, 안 들으면 약이라, 곧 들어서 자기에게 걱정
(문즉병불문즉약)　거리가 될 말은 애당초 듣지 않느니만 못하다는 뜻.

物我一體(물아일체)　주관과 객관이 한덩어리가 됨. 나와 남의 구별이 없음.

尾大不掉(미대부도)　동물의 꼬리가 너무 커지면 흔들지 못함. 곧 신하의 세력이
　　커서 임금이 자유로이 하지 못함을 말함. = 尾大難掉(미대
　　난도).

尾生之信(미생지신)　노나라의 미생尾生이란 사람이 한 여자와 다리 밑에서 만나
　　기로 약속하였는데, 때가 지나도 오지 않는 여자를 기다리
　　다 별안간 물이 불어나는데도 떠나지 않고 있다가 마침내
　　물에 빠져 죽었다는 고사. 곧 굳게 신의를 지킨다는 뜻. 또
　　는 어리석고 지나치게 정직함을 이르는 말.

ㅂ

博而不精(박이부정)　여러 방법으로 널리 알되 정통하지 못함.

反目嫉視(반목질시)　눈을 흘기면서 밉게 봄. = 白眼視(백안시).

拔本塞源(발본색원)　폐단의 근본을 뽑고 근원을 막아 버림.

拔山蓋世(발산개세)　힘은 산을 뽑고 기세는 세상을 덮음. 곧 기력의 웅대함을 이
　　르는 말. 力拔山氣蓋世(역발산기개세).

傍若無人(방약무인)　좌우에 사람이 없는 것같이 언어나 행동이 기탄없음.

背水之陣(배수지진)　① 적과 싸울 때 강이나 바다를 등지고 친 진. ② 위태함을

무릅쓴, 필사적인 단판 걸이로 승패를 다투는 경우의 비유.

背恩忘德(배은망덕) 남한테 입은 은덕을 잊어서 저버림.

百年河淸(백년하청) 중국의 황하가 항상 흐려 맑을 때가 없다는 말로 아무리 기다려도 사물이 이루어지기 어려움을 이름.

百年偕老(백년해로) 부부가 되어 화락하게 일생을 함께 늙음.

白面書生(백면서생) 글만 읽고 세상일에 경험이 없는 사람.

白眉(백미) 중국 촉나라의 마씨馬氏 오형제 중 흰 눈썹을 가진 장형 마량馬良이 가장 뛰어났다는 고사. 곧 여럿 가운데서 가장 뛰어난 사람.

伯牙絶絃(백아절현) 자기를 알아주는 참다운 벗의 죽음을 슬퍼함을 이름. 백아伯牙는 거문고를 잘 타고 종자기鍾子期는 이 거문고 소리를 잘 들었는데 종자기가 죽은 뒤 백아는 절망한 나머지 자기의 거문고 소리를 들을 만한 사람이 없다고 거문고 줄을 모두 끊어 버리고 다시는 거문고를 타지 않았다는 고사에서 나온 말.

白衣從軍(백의종군) 벼슬을 하지 않은 사람이 군대를 따라 전쟁터로 나감.

百折不掘(백절불굴) 여러 번 꺾여도 굽히지 않음.

百尺竿頭(백척간두) 백 척 높이의 장대의 끝. 곧 위험이나 곤란이 극도에 달한 상태.

百八煩惱(백팔번뇌) 108가지의 번뇌. 눈, 귀, 입, 코, 몸, 뜻의 육관六官에 각각 고苦, 락樂, 불고불락不苦不樂이 있어 18가지가 되고 거기에 탐貪·무탐無貪이 있어 36가지가 되며 이것을 과거, 현재, 미래에 각각 풀면 모두 108가지가 됨.

法久弊生(법구폐생) 좋은 법도 오래되면 폐해가 생김.

父傳子傳(부전자전) 대대로 아버지가 아들에게 전함.

夫唱婦隨(부창부수) 남편의 주장에 아내가 따르는 것이 부부 화합의 도라는 뜻.

附和雷同(부화뇌동) 일정한 주관 없이 남의 의견에 덮어놓고 뒤쫓아 행동함.

粉骨碎身(분골쇄신) 뼈는 가루가 되고 몸은 산산조각이 됨. 곧 목숨을 걸고 힘을 다함.

焚書坑儒(분서갱유) 진시황이 모든 서적을 불태우고 많은 학자를 구덩이에 묻어 죽인 일.

不可思議(불가사의) 사람의 생각으로는 미루어 헤아릴 수 없어 이상하고 야릇한 현상.

不顧廉恥(불고염치)　염치를 돌아보지 않음.

不俱戴天(불구대천)　하늘을 함께 할 수 없다는 뜻으로, 이 세상에서 함께 살 수 없는 원수를 이름. = 不俱(共)戴天之讐(불구(공)대천지수).

不問可知(불문가지)　묻지 않아도 능히 알 수 있음.

不問曲直(불문곡직)　잘잘못을 묻지 아니하고 함부로 행동함.

不撓不屈(불요불굴)　결심이 흔들리거나 굽힘이 없이 억셈.

不撤晝夜(불철주야)　밤낮을 가리지 아니함. 조금도 쉴 새 없이 일에 힘쓰는 모양.

不偏不黨(불편부당)　어느 한쪽으로도 치우치지 않는 공평한 태도.

不惑之年(불혹지년)　불혹의 나이. 곧 마흔 살.

鵬程萬里(붕정만리)　붕새의 날아가는 하늘 길이 만리로 트임. 곧 전도前途가 매우 양양한 것을 말함.

髀肉之嘆(비육지탄)　오랫동안 말을 타지 않았기 때문에 넓적다리에 살이 찐 탄식. 곧 재능을 발휘할 기회를 얻지 못하여 헛되이 세월만 보내는 것의 탄식.

憑公營私(빙공영사)　공사를 빙자하여 사리私利를 꾀함.

氷炭不相容　얼음과 숯불은 서로 용납되지 아니함. 물과 불처럼 상극임.
　(빙탄불상용)　　= 氷炭(빙탄).

ㅅ

四顧無親(사고무친)　사방을 돌아보아도 친한 사람이 없음. 곧 의지할 만한 사람이 전혀 없음.

士氣衝天(사기충천)　사기가 하늘을 찌를 듯이 높음.

士農工商(사농공상)　선비·농부·공장工匠·상인 등 네 가지 신분. 봉건시대의 계급관념을 순서대로 일컫는 말.

四面楚歌(사면초가)　'전후좌우에 초나라 군인들의 노래'란 뜻으로 ① 적에게 포위되어 고립된 상태. ② 주위 사람들이 모두 자기 의견에 반대하여 고립된 상태를 이름.

沙上樓閣(사상누각)　모래 위에 지은 누각. 곧 어떤 일이나 사물의 기초가 견고하지 못함을 이르는 말.

捨生取義(사생취의)	목숨을 버리더라도 의를 좇음.
私淑(사숙)	직접 가르침을 받지는 않았으나, 마음속으로 그 사람을 본받아서 배우거나 따름.
獅子吼(사자후)	사자가 욺. ① 열변을 토하는 연설. ② 질투 많은 여자가 남편에게 암팡지게 떠드는 일.
蛇足(사족)	뱀을 그리는데 발까지 그렸다는 고사. 곧 쓸데없는 군더더기. = 畫蛇添足(화사첨족).
事必歸正(사필귀정)	모든 일은 결과적으로 반드시 바른 길로 돌아서게 마련임.
死後藥方文 (사후약방문)	죽은 뒤에 약 처방을 해도 아무 소용이 없다는 뜻으로, 때가 이미 늦었음을 이르는 말.
山紫水明(산자수명)	산수의 경치가 아름다움.
山戰水戰(산전수전)	산에서의 전투와 물에서의 전투를 다 겪음. 곧 험한 세상일에 경험이 많음.
山海珍味(산해진미)	산과 바다의 진귀한 맛. 곧 온갖 귀한 재료로 만든 맛좋은 음식들. = 水陸珍味(수륙진미).
殺身成仁(살신성인)	몸을 죽여 인을 이룸. 곧 자기를 희생하여 착한 일을 함.
三綱五倫(삼강오륜)	삼강三綱은 군신·부자·부부 사이에 지켜야 할 세 가지 도리. 오륜五倫은 부자 사이의 친애·군신 사이의 의리·부부 사이의 분별·장유 사이의 차례·친구 사이의 신의를 이르는 다섯 가지 도리.
三顧草廬(삼고초려)	숨어 사는 인재를 구하기 위해 임금이 세 번이나 그 집으로 찾아갔다는, 제갈량을 세 번 찾아간 유비의 고사. 곧 인재를 맞이하기 위하여 자기 몸을 굽히고 참을성 있게 마음을 씀.
森羅萬像(삼라만상)	우주 사이에 벌여 있는 수많은 현상.
三昧(삼매)	잡념 없이 오직 한 가지 일에만 정신을 쏟는 일심불란의 경지. 三昧境(삼매경).
三旬九食(삼순구식)	서른 날에 아홉 끼니밖에 먹지 못했다는 뜻으로 가세가 몹시 가난함을 이르는 말.
三十六計(삼십육계)	어려운 때에 여러 가지 계책 중에서 도망하여 몸을 보존하는 것이 상책임.
三人成虎(삼인성호)	마을에 범이 있을 리 없지마는 세 사람이 다 똑똑히 자기 눈

으로 보았다고 우기면 마침내 곧이듣게 된다는 뜻으로, 근거없는 말이라도 여러 사람이 말하면 믿게 됨을 이름. 三人爲市虎(삼인위시호). 三言市虎(삼언시호).

喪家之狗(상가지구)　초상집 개. 초상집은 슬픔에만 잠겨 개 따위는 관심이 없으므로 개는 매우 여위고 힘이 없다는 데서, 수척하거나 힘이 없이 나른한 사람을 놀려서 하는 말.

上梓(상재)　글을 판목에 새긴다는 뜻으로 책을 출판하는 일.

桑田碧海(상전벽해)　뽕나무밭이 푸른 바다가 됨. 곧 세상이 엄청나게 변했음을 이르는 말. ＝ 碧海桑田(벽해상전).

上濁下不淨　윗물이 맑아야 아랫물이 맑음. 곧 윗사람이 정직하지 못하(상탁하부정)　면 아랫사람도 그렇게 되기 마련이란 말.

上下撑石(상하탱석)　윗돌 빼서 아랫돌 괴고, 아랫돌 빼서 윗돌을 굄. 곧 일이 몹시 꼬이는데 임시변통으로 이리저리 견디어 나가는 일.

塞翁之馬(새옹지마)　변방에 사는 노인[새옹]이 기르던 말이 달아났다가 준마와 함께 돌아왔는데, 노인의 외아들이 그 준마를 타다가 떨어져 절름발이가 되었다. 때마침 난리가 일어나 건장한 젊은이들은 모두 전쟁에 끌려 나가 죽었으나 노인의 아들은 절름발이였기 때문에 목숨을 보전하였다는 고사. 사람의 길흉화복은 예측하기 어려움을 이름.

生者必滅(생자필멸)　무릇 이 세상에 생명이 있는 것은 다 마침내 죽기 마련이란 뜻. 會者定離(회자정리)와 대를 이루는 말.

先從隗始(선종외시)　중국 연나라의 곽외郭隗에게 소왕昭王이 훌륭한 인물을 초빙하는 방법을 물었을 때, 먼저 이 외隗부터 우대하면 자기보다 더 뛰어난 사람들이 천리 길을 멀다 하지 않고 모여들 것이라고 말했다는 고사. 곧 어진 사람을 쓰려면 먼저 어리석은 사람부터 우대하라는 뜻.

仙風道骨(선풍도골)　신선의 풍채와 도사의 골격. 곧 보통 사람보다 뛰어나게 깨끗하고 점잖게 생긴 사람을 이르는 말.

雪上加霜(설상가상)　눈 위에 서리를 더함. 엎친 데 덮치기. ↔ 錦上添花(금상첨화).

城狐社鼠(성호사서)　성 안에 사는 여우와 사단社壇에 사는 쥐. 곧 몸을 안전한 곳에 두고 나쁜 짓을 하는 사람. 임금 곁에 있는 간신姦臣.

歲寒松柏(세한송백)　소나무와 측백나무는 엄동嚴冬에도 변색되지 않는다는 말로 군자는 역경에 처하여도 절의節義를 변치 않음을 비유.

騷人(소인)　시인과 문사. = 騷客(소객).

束手無策(속수무책)　손을 묶었으니 계책이 없음. 곧 어찌할 도리가 없음.

送舊迎新(송구영신)　묵은 것을 보내고 새것을 맞음.

宋襄之仁(송양지인)　송나라 양공襄公이 초나라와 싸울 때 그 아들 목이目夷가, 적이 아직 진지를 구축하기 전에 공격하자는 진언에 대하여, 군자는 남이 어려울 때 괴롭게 해서는 안 된다 하여 정당하게 싸워 도리어 패했다는 고사. 너무 착하기만 하고 수단을 쓸 줄 모르는 사람을 이름.

首邱初心(수구초심)　여우가 죽을 때는 태어난 곳 쪽으로 머리를 둔다는 뜻에서 고향을 그리는 마음을 이름.

手不釋卷(수불석권)　손에서 책을 놓지 않음. 곧 열심히 공부함.

首鼠兩端(수서양단)　쥐는 의심이 많아 쥐구멍에서 머리를 조금 내밀고 이리저리 살피는 일. ① 어찌할 바를 몰라 결단하지 못하는 상태. ② 두 가지 마음을 품는 일.

袖手傍觀(수수방관)　팔짱을 끼고 곁에서 보기만 함. 곧 응당 해야 할 일에 아무런 손도 쓰지 않고 그저 보고만 있음.

誰怨誰咎(수원수구)　누구를 원망하며 누구를 탓하랴. 곧 누구를 원망하거나 탓할 수 없다는 말.

守株待兔(수주대토)　토끼가 나무그루에 걸려 죽기를 기다렸다는 고사. 곧 주변이 없어서 변통할 줄을 모르고 굳게 지키기만 함. 守株(수주).

誰知烏之雌雄　누가 까마귀의 암수를 알랴? 곧 두 사람의 흑백(옳고 그름)
　(수지오지자웅)　을 판단하기 어렵다는 뜻.

脣亡齒寒(순망치한)　입술이 없으면 이가 시리다는 뜻으로, 이해관계가 서로 매우 밀접하여 한쪽이 망하면 다른 한쪽이 위태로움을 이름.

升斗之利(승두지리)　한 되, 한 말의 이익. 곧 대수롭지 않은 이익.

食少事煩(식소사번)　소득은 적은데 일만 번잡함.

食言(식언)　약속한 말을 지키지 아니함. = 違約(위약).

識字憂患(식자우환)　글자 좀 알았던 것이 도리어 화의 근원이 되었다는 뜻.

信賞必罰(신상필벌)　상과 벌을 주는 데 공정하고 엄중하여야 함.

身言書判(신언서판)　인물을 선택하는 표준으로 삼던 네 가지 조건. 곧 신수와 말
씨와 글씨와 판단력.

神出鬼沒(신출귀몰)　귀신이 출몰하듯 자유자재로워서 그 변화를 헤아리지 못함.

深思熟考(심사숙고)　깊이 생각하고 익히 생각함. 곧 신중을 기하여 곰곰이 생각함.

十年知己(십년지기)　오래 전부터 사귀어 온 친구.

十匙一飯(십시일반)　열 사람이 밥 한 술씩만 보태면 한 사람 먹을 분량이 됨. 곧
여러 사람이 조금씩 동정하면 한 사람을 구원할 수 있다는
말.

十顚九倒(십전구도)　열 번 엎어지고 아홉 번 거꾸러진다는 뜻으로 온갖 고생을
겪음.

ㅇ

阿鼻叫喚(아비규환)　아비지옥과 규환지옥. 곧 여러 사람이 심한 고통으로 울부
짖는 참상.

我田引水(아전인수)　내 논에 물대기. 곧 자기에게만 유리하도록 함.

眼高手卑(안고수비)　눈은 높으나 손은 낮음. 곧 이상은 높으나 행동이나 재주가
따르지 못함.

眼下無人(안하무인)　눈 아래 사람이 없음. 곧 교만하여 사람들을 업신여김.

愛人如己(애인여기)　남을 사랑하기를 자기를 사랑하듯 함.

藥房甘草(약방감초)　① 무슨 일이나 빠짐없이 낌. ② 무슨 일이나 반드시 끼어야
할 필요한 사물.

弱肉强食(약육강식)　약한 자는 강한 자에게 먹힘.

羊頭狗肉(양두구육)　양의 머리를 내세우고는 개고기를 파는 일. 곧 겉으로는 그
럴 듯하게 내세우나 속은 음흉한 딴 생각이 있음.

梁上君子(양상군자)　들보 위의 군자. ① 도둑. ② 쥐.

兩手執餠(양수집병)　두 손에 떡을 가진 격으로 가지기도 어렵고 버리기도 어려
운 경우를 말함.

兩者擇一(양자택일)　두 사람 또는 두 물건 중에서 하나를 선택함.

養虎遺患(양호유환)　범을 길러 우환거리를 남김. 곧 화근이 될 것을 길러 나중에

화를 당함의 비유.

魚頭肉尾(어두육미) 물고기는 머리, 짐승의 고기는 꼬리가 맛이 좋음을 이르는
말. ＝ 魚頭鳳尾(어두봉미).

魚魯不辨(어로불변) '魚'자와 '魯'자를 분별하지 못함. 곧 매우 무식함.

漁父之利(어부지리) 조개와 황새가 서로 버티는 통에 어부가 두 놈을 다 잡아 이
利를 보았다는 이야기. 곧 양편이 서로 다투는 통에 제삼자
가 이득을 봄.

語不成說(어불성설) 말이 사리에 맞지 않아 말이 말 같지 않음.

億兆蒼生(억조창생) 수많은 백성·수많은 세상 사람.

言語道斷(언어도단) 말문이 막힌다는 뜻으로, 너무 어이가 없어 할 말이 없음.

言中有骨(언중유골) 말 속에 뼈가 있음. 곧 말은 순한 듯하나 속뜻은 비꼬거나
헐뜯는 요소가 들어 있음을 이름.

言則是也(언즉시야) 말인즉 옳음. 하기야 그 말이 옳다는 뜻.

如履薄氷(여리박빙) 살얼음을 밟는 것과 같음. 곧 처세에 극히 조심함을 이름.

與民同樂(여민동락) 백성과 더불어 함께 즐김.

與世推移(여세추이) 세상이 변하는 대로 따라서 변함.

如出一口(여출일구) 한 입에서 나온 것처럼 여러 사람의 말이 한결같음.

易地思之(역지사지) 처지를 바꾸어서 생각함.

緣木求魚(연목구어) 나무에 올라 물고기를 구함. 곧 엉뚱한 곳에서 목적한 바를
이루려 함의 불가능함을 이름.

念念不忘(염념불망) 자꾸 생각하여 잊지 못함.

榮枯盛衰(영고성쇠) 번영하여 성함과 말라 쇠잔함. ＝ 興亡盛衰(흥망성쇠).

囹圄(영어) 감옥, 교도소.

五里霧中(오리무중) 5리에 걸쳐 낀 안개 속. 곧 무슨 일에 대하여 알 길이 없음
의 비유.

傲慢無道(오만무도) 태도나 행동이 건방지고 버릇이 없음.

寤寐不忘(오매불망) 자나 깨나 잊지 못함.

吾鼻三尺(오비삼척) 내 코도 석 자. 곧 곤경에 처하여 자기 일도 감당할 수 없는
데 어찌 남을 도울 수가 있겠는가의 뜻.

烏飛梨落(오비이락) 까마귀 날자 배 떨어지기. 곧 어떤 행동을 하자마자, 마치
그 결과인 듯한 혐의를 받기에 알맞게 다른 일이 뒤이어 일

어남.

五十步百步
(오십보백보)

전쟁에서 50보를 후퇴한 군사가 백 보 후퇴한 군사를 비겁하다고 비웃음. 곧 좀 낮고 못한 정도의 차이는 있으나 크게 보아서는 본질상의 차이가 없음을 이르는 말. = 五十步笑百步(오십보소백보).

吳越同舟(오월동주)

서로 원수 사이인 오나라 사람과 월나라 사람이 같은 배를 탐. 곧 ① 원수끼리라도 위급한 경우에는 서로 도움. ② 공동의 이익을 위해서는 원수끼리라도 같은 일을 함. ③ 서로 적의를 품은 사람이 같은 처지에 있거나 한자리에 있음.

烏合之卒(오합지졸)

까마귀들이 모인 것 같은 군사. 곧 임시로 모집하여 훈련이 없는 군사. = 烏合之衆(오합지중).

玉石俱焚(옥석구분)

옥과 돌이 함께 탐. 곧 선인이나 악인의 구별이 없이 함께 재앙을 받음. ≒ 玉石混淆(옥선혼효) 옥과 돌이 함께 뒤섞임.

溫故知新(온고지신)

옛것을 익히어 그것으로 미루어 새것을 앎.

臥薪嘗膽(와신상담)

중국 월越나라 임금 구천句踐이 오吳나라 임금 부차夫差에게 진 설욕전의 뜻을 굳히기 위하여, 섶에 누워 자며 쓴 쓸개를 씹었다는 고사. 곧 원수를 갚으려고 괴롭고 어려운 일을 참고 겪음.

樂山樂水(요산요수)

산을 좋아하고 물을 좋아함.

燎原之火(요원지화)

요원의 불길. 곧 미처 막을 사이 없이 퍼지는 세력.

窈窕淑女(요조숙녀)

언행이 단정한 여자.

欲速不達(욕속부달)

일을 속히 하려고 하면 도리어 이루지 못함.

龍頭蛇尾(용두사미)

용의 머리에 뱀의 꼬리. 곧 처음은 야단스럽게 시작하여 결말은 흐지부지하게 되어 버림을 비유.

龍蛇飛騰(용사비등)

용이 하늘로 날아오름. 생동하듯 느껴지는 잘 쓴 필력.

牛溲馬渤(우수마발)

소의 오줌과 말의 똥. 곧 소용없는 물건의 비유.

優柔不斷(우유부단)

망설이기만 하고 결단하지 못함.

牛耳讀經(우이독경)

쇠귀에 경 읽기. = 牛耳誦經(우이송경).

雨後竹筍(우후죽순)

비 온 뒤에 돋는 죽순. 곧 어떤 일이 일시에 많이 일어남의 비유.

遠交近攻(원교근공)

먼 나라와 사귀고 가까운 나라를 침.

遠禍召福(원화소복)	화를 멀리하고 복을 불러들임.
越鳥巢南枝 (월조소남지)	남쪽에 있는 월나라 새는 남쪽으로 뻗은 가지에 깃들임. 곧 고향을 그리워함의 비유. 胡馬依北風(호마의북풍)과 짝을 이루는 대구.
危機一髮(위기일발)	위급함이 매우 절박한 순간.
韋編三絶(위편삼절)	책을 맨 가죽 끈이 세 번 끊어짐. 곧 되풀이하여 열심히 책을 읽었다는 뜻. 공자가 시경詩經을 애독한 고사.
類萬不同(유만부동)	여러 가지가 많다 하여도 서로 달라 같지 않음.
有備無患(유비무환)	어떤 일에 미리 대비함이 있어야 근심이 없음.
唯我獨尊(유아독존)	이 세상에서 내가 제일 높다는 말.
類類相從(유유상종)	같은 것끼리 서로 왕래하여 사귐.
輪廻轉生(윤회전생)	수레바퀴가 돌아 끊임이 없듯이 중생이 사집邪執·교견膠見·번뇌煩惱·업業 등으로 인하여 삼계육도三界六道에 죽어서는 다시 나고, 또 다시 죽으며 생사를 끝없이 반복해 감을 이름.
隱忍自重(은인자중)	마음속에 감추어 참고 견디면서 신중하게 행동함.
陰德陽報(음덕양보)	남모르게 쌓은 덕은 후일 버젓하게 복을 받게 마련임.
吟風弄月(음풍농월)	밝은 바람 밝은 달을 대하여 시를 읊으며 즐거이 놂.
衣錦夜行(의금야행)	비단옷 입고 밤길 가기란 뜻으로, 출세하고도 고향에 알리지 않음의 비유.
二寺狗(이사구)	두 절의 개. 두 절에 속한 개가 양쪽 절로 분주히 돌아다니다가 한쪽 절에서도 밥을 얻어먹지 못한다는 말. 곧 한 사람이 양쪽에 이름을 걸어 놓고 다니면 한 가지 일도 제대로 이루지 못한다는 뜻.
耳順(이순)	논어論語의 '육십이이순六十而耳順'에서 나온 말로 나이 예순 살 된 때를 이름.
以心傳心(이심전심)	말이나 글로서는 전하지 못할 것을 마음으로 마음에 전함.
二律背反(이율배반)	서로 모순되는 두 개의 명제가 동등한 권리로 주장되는 일.
李下不正冠 (이하부정관)	오얏나무 밑에서 갓을 바루지 않음. 瓜田不納履(과전불납리)와 대구.
仁者無敵(인자무적)	어진 사람은 모든 사람이 그를 따르므로 천하에 적이 없음.

一刻千金(일각천금) 극히 짧은 시각도 천금처럼 아깝고 귀중함.

一擧手一投足 손 한 번 듦과 발 한 번 옮겨 놓음. 곧 사소한 데 이르기까
  (일거수일투족) 지의 하나하나의 동작.

一擧兩得(일거양득) 한 가지 일을 하여 두 가지의 이익을 봄. = 一石二鳥(일석
  이조).

一騎當千(일기당천) 한 사람이 천 사람을 당해 냄. 곧 아주 힘이 셈을 비유한 말.

一網打盡(일망타진) 한 그물에 다 두드려 잡음. 곧 한꺼번에 모조리 체포함.

一脈相通(일맥상통) 생각, 처지, 상태 등이 한 줄기로 서로 통함.

一鳴驚人(일명경인) 한 번 일을 하기 시작하면 세상 사람을 깜짝 놀라게 할 만큼
  성과를 올림.

一目瞭然(일목요연) 첫눈에도 똑똑하게 알 수 있음.

一絲不亂(일사불란) 질서나 체계가 정연하여 조금도 어지러운 데가 없음.

一瀉千里(일사천리) 강물이 거침없이 흘러 천 리에 내달음. 곧 거침없이 기세 좋
  게 진행됨.

一魚濁水(일어탁수) 한 마리의 고기가 물을 흐리게 함. 곧 한 사람의 잘못으로
  여러 사람이 그 해를 입게 됨을 이르는 말.

一言以蔽之 한마디 말로 전체의 뜻을 말함.
  (일언이폐지)

一言之下(일언지하) 말 한마디로 끊음. 한마디로 딱 잘라 말함. 두 말할 나위가
  없음.

一日三秋(일일삼추) 하루가 마치 3년처럼 느껴짐. 곧 몹시 지루하거나 기다림을
  형용. = 一刻如三秋(일각여삼추).

一觸卽發(일촉즉발) 한 번 스치기만 하면 곧 폭발함. 곧 사소한 것이 동기가 되
  어 크게 터질 수 있는 아슬아슬한 형세.

日就月將(일취월장) 날로 달로 진보함. 곧 계속 발전해 감.

一敗塗地(일패도지) 한 번 여지없이 패하여 다시 일어설 수 없게 됨.

一攫千金(일확천금) 힘 안 들이고 한꺼번에 많은 재물을 얻음.

臨渴掘井(임갈굴정) 목이 말라서야 우물을 팜. 곧 미리 준비하여 두지 않고 있다
  가 일이 급해서야 허둥지둥하는 태도.

臨機應變(임기응변) 그때그때의 형편에 따라 융통성 있게 그자리에서 처리함.

臨戰無退(임전무퇴) 싸움터에 임하여 물러섬이 없음.

入山忌虎(입산기호)　산에 들어가고서 범 잡을 것을 피함. 곧 정작 목적한 바에 부딪치면 꽁무니를 뺀다는 말.

ㅈ

自家撞着(자가당착)　자기가 한 말이나 행동의 전후가 어긋나 모순됨.
自強不息(자강불식)　自彊不息(자강불식). 스스로 힘써 행하여 쉬지 않음.
自繩自縛(자승자박)　제 새끼줄로 제 목 매기. 곧 자신의 언행으로 말미암아 스스로 얽혀 들어가 곤란하게 됨.
自中之亂(자중지란)　자기네 무리 속에서 일어나는 싸움질.
自初至終(자초지종)　처음부터 끝까지 이르는 동안. 또는 그 사실.
自畫自讚(자화자찬)　자기가 그린 그림을 자기 스스로 칭찬함. 자기가 한 일을 스스로 자랑함.
作舍道傍(작사도방)　길가에 집을 지을 때 왕래하는 사람들의 의견이 많아서 얼른 결정이 내려지지 못한다는 뜻. '作舍道傍三年不成(작사도방삼년불성)'의 준말. 곧 주견 없이 남의 얘기에만 따르면 실패함의 비유.
作心三日(작심삼일)　지어 먹은 마음이 사흘을 못 간다. 곧 결심이 굳지 못함.
張三李四(장삼이사)　장 서방네 셋째 아들과 이 서방네 넷째 아들이란 뜻으로 특별히 신분을 일컬을 정도가 못 되는 사람. 평범한 사람. 어중이떠중이.
才勝德薄(재승덕박)　재주는 있으나 덕이 적음.
賊反荷杖(적반하장)　도둑이 도리어 매를 든다는 뜻으로, 잘못한 사람이 도리어 잘한 사람을 나무라는 경우에 쓰는 말.
電光石火(전광석화)　번갯불과 부싯돌의 불. ① 극히 짧은 시간. ② 썩 빠른 동작.
戰戰兢兢(전전긍긍)　몹시 두려워 벌벌 떨면서 조심함.
前程萬里(전정만리)　앞길이 만 리나 됨. 곧 나이가 젊어서 장래가 매우 유망함.
轉禍爲福(전화위복)　화가 바뀌어 복이 됨. 곧 언짢은 일이 계기가 되어 도리어 다른 좋은 일을 봄.
絶長補短(절장보단)　긴 것을 끊어 짧은 것을 기움. 곧 장점으로 결점을 보충함.
切磋琢磨(절차탁마)　옥·돌 따위를 갈고 깎는 것과 같이 학문·덕행을 닦음.

漸入佳境(점입가경)	점점 재미있는 경지로 들어감.
正鵠(정곡)	과녁의 한가운데 점. 목표나 핵심을 비유함.
頂門一針(정문일침)	정수리에 놓는 침. 곧 따끔한 충고의 비유.
糟糠之妻(조강지처)	지게미와 겨를 먹은 아내. 곧 구차하고 천할 때부터 고생을 함께 하여 온 아내. 본처.
朝令暮改(조령모개)	아침에 내린 영을 저녁에 고침. 곧 법령이나 명령을 자주 뒤바꿈.
朝飯夕粥(조반석죽)	아침에는 밥을, 저녁에는 죽을 먹는 정도의 구차한 생활.
朝不慮夕(조불려석)	아침에 저녁 일을 헤아리지 못함. 곧 당장을 걱정할 뿐이고 바로 그 다음을 돌아볼 겨를이 없음. = 朝不謀夕(조불모석).
朝三暮四(조삼모사)	원숭이와 도토리의 고사. 곧 간사한 꾀로 남을 농락함을 이르는 말.
鳥足之血(조족지혈)	새 발의 피. 곧 필요한 양에 견주어 너무나도 적은 보잘것없는 양.
坐井觀天(좌정관천)	우물에 앉아 하늘을 봄. 곧 견문見聞이 매우 좁음을 이르는 말. = 井中觀天(정중관천). 우물 안 개구리.
左衝右突(좌충우돌)	이리저리 마구 찌르고 치고받음. = 左右衝突(좌우충돌).
主客顚倒(주객전도)	주인과 손님의 위치가 뒤바뀜. 사물의 경중·선후·완급이 서로 바뀜.
晝耕夜讀(주경야독)	낮에는 밭을 갈고 밤에는 글을 읽음. 곧 어려움을 극복하며 열심히 공부함.
走馬加鞭(주마가편)	달리는 말에 채찍질하기. 곧 더 잘 되어 가도록 부추기거나 몰아침.
走馬看山(주마간산)	말을 타고 달리면서 산수를 봄. 곧 바쁘게 대충 보며 지나감.
酒池肉林(주지육림)	술의 못과 고기의 숲. 곧 질탕히 차린 호화로운 술잔치.
竹馬故友(죽마고우)	죽마를 타던 옛 친구. 곧 어릴 때부터의 친구. = 竹馬之友(죽마지우).
衆寡不敵(중과부적)	적은 수로서는 많은 수를 대적할 수 없음. = 寡不敵衆(과부적중).
衆口難防(중구난방)	여러 사람의 입은 막기 어려움. 곧 여러 사람이 떠드는 원성 따위는 이루 막아 내지 못한다는 말.

指鹿爲馬(지록위마)　사슴을 가리켜 말이라고 우긴 조고趙高의 고사. 곧 윗사람을
　　　　　　　　　농락하여 권세를 마음대로 함을 이름.
支離滅裂(지리멸렬)　갈가리 흩어지고 찢어져 갈피를 잡을 수 없는 상태.
知命(지명)　　　　① 천명을 알다. ② 나이 쉰 살의 별칭.(＝知天命)
至誠感天(지성감천)　정성이 지극하면 하늘도 감동함. 곧 지극한 정성으로 하면
　　　　　　　　　어려운 일도 이루어지고 풀림.
盡人事待天命　　　사람으로서 할 수 있는 일을 다 하고 나서 천명을 기다림.
　(진인사대천명)
進退維谷(진퇴유곡)　나아가지도 물러나지도 못하여 어쩔 도리가 없음. ＝ 進退
　　　　　　　　　兩難(진퇴양난).

ㅊ

滄海一粟(창해일속)　넓은 바다에 좁쌀알 하나. 곧 거대한 가운데 보잘것없는
　　　　　　　　　존재.
冊床退物(책상퇴물)　책상물림. 곧 글공부만 하여 산 지식이 없고 세상물정에 어
　　　　　　　　　두운 사람을 이름.
剔抉(척결)　　　　살을 긁고 뼈를 발라냄. 곧 결점이나 부정을 파헤쳐 냄.
千金買骨(천금매골)　연나라 소왕昭王이 현자를 구할 때, 곽외郭隗가 옛날 어느 임
　　　　　　　　　금이 천리마를 구하려고, 먼저 죽은 말의 뼈를 샀다는 예를
　　　　　　　　　들어 자기부터 등용하게 하였다는 고사. 곧 열심히 인재를
　　　　　　　　　구함.
千慮一得(천려일득)　바보 같은 사람이라도 많은 생각 속에는 한 가지 쓸 만한 것
　　　　　　　　　이 있음. ↔ 千慮一失(천려일실).
千慮一失(천려일실)　지혜로운 사람도 많은 생각 가운데는 간혹 미처 생각지 못
　　　　　　　　　하는 점이 있을 수 있다는 말.
天方地軸(천방지축)　① 너무나 바빠서 허둥지둥 내닫는 모양. ② 분별없이 함부
　　　　　　　　　로 덤비는 모양.
千辛萬苦(천신만고)　온갖 신고. 또는 그것을 겪음.
天壤之判(천양지판)　하늘과 땅의 차이. 곧 아주 엄청난 차이. ＝ 天壤之差(천양
　　　　　　　　　지차).

天佑神助(천우신조) 하늘이 돕고 신이 도움.

天衣無縫(천의무봉) 천사의 옷은 솔기가 없음. 곧 사물의 완미完美함을 이름.

天載一遇(천재일우) 천 년에 한 번 만남. 곧 좀처럼 만나기 어려운 좋은 기회.

天災地變(천재지변) 천재와 지변. 하늘과 땅에서 일어나는 재난.

天眞爛漫(천진난만) 꾸밈이나 거짓이 없는 천성 그대로의 순진함.

徹頭徹尾(철두철미) 처음부터 끝까지 철저하게.

草綠同色(초록동색) 풀의 푸름은 서로 같은 빛임. 곧 같은 처지나 같은 부류의
　　　　　　　　 사람들은 서로 같은 처지나 같은 부류의 사람들끼리 함께
　　　　　　　　 하게 됨을 이름.

逐鹿者不見山 사슴을 잡기 위하여 그 뒤를 쫓는 사람은 산이 깊고 험한가
　(축록자불견산) 를 보지 않음. 곧 ① 이익을 취하려는 사람은 물불을 가리지
　　　　　　　　 않음. ② 한 가지 일에 열중하면 다른 일을 돌보지 못함.

春秋筆法(춘추필법) 대의명분을 밝혀 세우는 논조論調. ≒ 直筆(직필).

忠言逆耳(충언역이) 충고하는 말은 귀에 거슬리나 행실에는 이로움.

取捨選擇(취사선택) 취할 것은 취하고, 버릴 것은 버려서 골라잡음.

層層侍下(층층시하) 부모·조부모가 다 살아 있는 시하.

七顚八起(칠전팔기) 일곱 번 넘어져 여덟 번 일어남. 곧 수없는 실패에도 굽히지
　　　　　　　　 않고 분투노력함.

七縱七擒(칠종칠금) 적을 일곱 번 놓아주었다가 일곱 번 다시 사로잡음. 곧 상대
　　　　　　　　 를 마음대로 함. 제갈량이 맹획孟獲을 잡은 고사.

ㅌ

他山之石(타산지석) 다른 산에서 나는 하찮은 돌도 자기의 옥을 가는 데 쓰임.
　　　　　　　　 곧 다른 사람의 하찮은 언행도 자기의 지덕을 연마하는 데
　　　　　　　　 도움이 됨을 비유.

托生(탁생) ① 세상에 태어나 삶을 유지함. ② 남에게 의탁하여 생활함.

泰斗(태두) ① 泰山北斗(태산북두)의 준말. 우러러 받듦을 받는 사람.
　　　　　 ② 어떤 전문 분야에서 가장 권위가 있는 사람.

吐哺捉髮(토포착발) 주공周公이 손님이 오면, 밥 먹을 때는 밥을 뱉고 목욕할 때
　　　　　　　　 는 머리를 움켜쥐고 나가서 손님을 맞아들였다는 고사. 곧

현자를 우대한다는 뜻.

推敲(퇴고) 글을 지을 때 자꾸 다듬고 고치는 일.

ㅍ

破鏡(파경) ① 깨어진 거울. ② 이지러진 달. 부부 사이의 영원한 이별.
破竹之勢(파죽지세) 대를 쪼개는 기세. 감히 막을 수 없게 맹렬히 적을 치는 기세.
風飛雹散(풍비박산) 부서져 사방으로 확 흩어짐.
風樹之嘆(풍수지탄) '樹欲靜而風不止(수욕정이풍부지), 子欲養而親不待(자욕양이친
부대)'에서 온 말. 곧 효도를 다하지 못하고 어버이를 여윈
자식의 슬픔.
風前燈火(풍전등화) 바람 앞의 등불. 곧 몹시 위급한 상태.
匹夫之勇(필부지용) 소인의 혈기에서 나오는 용기.
匹夫匹婦(필부필부) 평범한 남녀.

ㅎ

鶴首苦待(학수고대) 학의 목처럼 길게 늘여 고대함. 곧 몹시 고대함.
漢江投石(한강투석) 한강에 돌 던지기. 곧 아무리 애써도 보람 없음의 비유.
邯鄲之夢(한단지몽) 당나라 때 노생盧生이 한단邯鄲에서 여옹呂翁이라는 도사를
만나 자신의 곤궁한 생활을 하소연하였더니, 도사는 베기만
하면 무엇이든 뜻대로 된다는 베개를 주므로, 이를 베고 잤
더니, 부귀영화를 누리는 꿈을 꾸었는데, 깨고 보니 주인이
짓는 기장밥이 아직 다 되지 않은 짧은 동안이었다는 고사.
곧 세상의 부귀영화가 허황됨을 이르는 말. = 邯鄲枕(한단
침). 黃粱夢(황량몽). 一炊之夢(일취지몽). 黃粱一炊之夢(황
량일취지몽).
邯鄲之步(한단지보) 중국 연나라의 소년이 조나라의 서울 한단에 가서, 한단 사
람들의 걸음걸이를 배우다가 완전히 익히기 전에 고향에 돌
아오니, 한단의 걸음걸이도 되지 않고, 원래 자신의 걸음걸
이도 잊었다는 고사. 곧 본분을 잊고 억지로 남의 흉내를 내

면 실패한다는 뜻.

含憤蓄怨(함분축원) 분함과 원한을 품음.

虛心坦懷(허심탄회) 마음속에 아무런 사념 없이, 품은 생각을 터놓고 말함.

螢雪之功(형설지공) 반딧불과 눈빛에 비춰 공부한 보람. 진晉나라 차윤車胤과 손
강孫康의 고사. 곧 고생을 하며 공부한 사람.

狐假虎威(호가호위) 여우가 범의 위세를 빌림. 곧 남의 권세에 의지하여 으스댐
의 비유.

虎視耽耽(호시탐탐) 탐욕스러운 야심으로 기회를 노리며 형세를 살핌.

浩然之氣(호연지기) 넓고 큰 기운. 천하에 부끄러울 것이 없어 활짝 펴진 기우氣宇.

蝴蝶夢(호접몽) 중국의 장자莊子가 꿈에 나비가 되어 피아彼我의 분별을 잊
고 즐겁게 놀았다는 고사에서 나온 말.

惑世誣民(혹세무민) 세상 사람을 미혹하게 하여 속임.

昏定晨省(혼정신성) 저녁에는 잠자리를 정하고 아침에는 살핌. 곧 아침저녁으로
어버이의 안부를 물어서 살핌.

紅爐點雪(홍로점설) 벌겋게 단 화로에 내리는 점점의 눈. 곧 크나큰 일에 작은
힘이 아무 보탬이 되지 않음.

畫龍點睛(화룡점정) 용을 그려 마지막으로 눈알을 그려 넣음. 곧 무슨 일을 하는
데 가장 긴요한 부분을 마치어 완성함을 이름.

花無十日紅
　　(화무십일홍) 열흘 붉은 꽃이 없다. 곧 어떤 성하거나 좋은 현상이 영구히
계속되지 못하고 조락되거나 변한다는 뜻.

畫中之餠(화중지병) 그림의 떡. 곧 아무리 탐이 나도 차지하거나 이용할 수 없음
을 비유.

鰥寡孤獨(환과고독) 홀아비·홀어미·어리고 어버이 없는 아이·늙고 자식 없
는 사람. 곧 외롭고 의지할 곳 없는 처지의 사람.

換骨奪胎(환골탈태) 딴 사람이 된 듯 용모가 환히 트이고 아름다워짐.

荒唐無稽(황당무계) 말이 근거가 없고 허황함.

橫說竪說(횡설수설) 되는 대로 이러쿵저러쿵 지껄임.

後生可畏(후생가외) 후배는 나이가 젊어 기력이 왕성하므로 학문을 쌓으면 후에
어떤 큰 역량을 발휘할는지 모르기 때문에 선배는 외경畏敬
을 품고 후배를 대하여야 한다는 뜻.

『색 인』

ㄱ

가可·득得·능能 235

가변성可變性 16

가정형假定形 71

감탄형感嘆形 86

강촌江村 480

개사介詞구조 33

개사류介詞類 242

검군劍君 185

격양고복擊壤鼓腹, 가영성화歌詠聖化 202

결구結構조사 16

경류經類 301

경서류經書類 304

경經·자子·사史·집集 301

고시古詩 450

고시십구수古詩十九首 455, 458

고체시古體詩 450

고풍古風 450

공자孔子 304

관중管仲과 제환공齊桓公 134

관포지교管鮑之交 130

구양수歐陽修 163

구양수歐陽修와 당쟁黨爭 167

국어國語 385

굴원屈原 416

귀원전거歸園田居 451

규원閨怨 467

근체시近體詩 450

금고金鼓 383

급及 249

기其 215

기승전결起承轉結 460

ㄴ

내乃 231

노자老子 345

논어論語 304

누가형累加形 85

ㄷ

다다익선多多益善 70

단가행短歌行 184

단문單文 41

단문短文 93

대동강大同江 467

대사류代詞類 215

대우법對偶法 96

대학大學의 뜻　343

대학大學·중용中庸　334

도덕경道德經　345

대학장구서大學章句序　339

도산십이곡발陶山十二曲跋　441

도잠陶潛　451, 459

도잠陶潛의 귀원전거歸園田居　454

동빈動賓구조　29

두보杜甫　473, 475, 480

두보杜甫의 등고登高　478

등고登高　475

등관작루登鸛雀樓　467

등금릉봉황대登金陵鳳凰臺　479

등낙유원登樂遊原　461

ㅁ

맹자孟子　316, 325

명심보감明心寶鑑　94

몽구蒙求　106

묘사문描寫文　47

무無　239

무릉도원武陵桃源　27

묵자墨子　370

문경지교刎頸之交　136

문장류文章類　416

ㅂ

박지원朴趾源　203

반어형反語形　57

백거이白居易　469

백거이白居易의 부득고원초송별賦得古原
　草送別　471

백미白眉　27

범입본范立本　94

보어補語　17

복문複文　43

부夫　287

부득고원초송별賦得古原草送別　469

부사류副詞類　229

부정형否定形　52

붕당론朋黨論　163

비교형比較形　77

빈어賓語　17

빈어賓語의 도치倒置　331

ㅅ

사가재기四可齋記　197

사기史記　130, 393

사두사미류詞頭詞尾類　293

사류史類　301

사마차매지오백금死馬且買之五百金　76

사서류史書類　377

사설師說　157

사역형使役形　64

사친思親　480

산거추명山居秋暝 473

삼고초려三顧草廬 174

삼국사기三國史記 185, 409

삼국유사三國遺事 191

상어狀語 17

생이지지生而知之 161

서술문敍述文 49

선택형選擇形 80

설원說苑 111

소所 224

소공간여왕지방검公諫厲王止謗 385

소식蘇軾 176

소학小學 100

송미자세가宋微子世家 384

송양지인宋襄之仁 377

송우인送友人 473

송원이사안서送元二使安西 464

수雖 265

순자荀子 362

승체법承遞法과 점층법漸層法 339

시是 218

시가류詩歌類 450

시득서산연유기始得西山宴遊記 432

신사임당申師任堂 480

신흠申欽 467

십팔사략十八史略 136

야也 269

야야耶 285

어於 245

어기사語氣詞 16

어기사류語氣詞類 269

어기語氣조사 16

어부사漁父辭 416

어옹漁翁 459

억양형抑揚形 74

언焉 282

여與 247, 276

여등旅燈 467

연然 266

연사連詞 20

연사류連詞類 258

연쇄법連鎖法 339

연오랑세오녀延烏郎·細烏女 191

연합聯合구조 19

예문지藝文志 서序 149

예양보주豫讓報主 142

오悪 291

오언율시五言律詩 468

오율五律의 시율詩律 472

왕안석王安石 423

왕유王維 473

왕유王維의 송원이사안서送元二使安西 466

왕지환王之渙 467

왕창령王昌齡 467

우吁·희嘻 289

○

위爲 251

위어謂語 17, 46

유由 255

유有·기其·언言·우于 295

유惟·유維·유唯 229

유종원柳宗元 432, 440, 459

유청지劉淸之 100

유향劉向 111, 122

율시律詩 450

음주 기오飮酒 其五 459

의矣 272

의문형疑問形 57

이以 242

이而 258

이耳 279

이爾 293

이규보李奎報 197

이백李白 463, 473, 479

이백李白의 조발백제성早發白帝城 465

이상은李商隱 461

이상은李商隱의 등낙유원登樂遊原 462

이심전심以心傳心 36

이이李珥 469

이이李珥의 화석정花石亭 472

이인위미里仁爲美 423

이한李瀚 106

이황李滉 441

인因 254

인상여藺相如의 공功 140

일日 238

일운도저격一韻到底格 460, 469

ㅈ

자者 222

자류子類 301

자어론전子魚論戰 377

자치통감資治通鑑 142

장문長文 129

장보고張保皐 409

장자莊子 355

재哉 280

저諸 227

적벽赤壁 183

적벽대전赤壁大戰 183

적벽부赤壁賦 176, 183

전국책戰國策 122

절구絶句 460

절구絶句의 시율詩律 466

정어定語 17

정지상鄭知常 467

제갈량諸葛亮 168

제자류諸子類 345

조발백제성早發白帝城 463

종수곽탁타전種樹郭橐駝傳 440

좌전左傳 377

주어主語 17

주어周語 392

주위主謂구조 37

즉則 263

지之 220

지백智伯의 죽음 148

집류集類 301

ㅊ

차且 261

차嗟·희噫 290

초사체楚辭體 416

최치원崔致遠 461

최치원崔致遠의 추야우중秋夜雨中 463

최호崔顥 474

최호崔顥의 황학루黃鶴樓 477

추야우중秋夜雨中 461

추풍사秋風辭 422

춘망春望 473

춘추삼전春秋三傳 377

출사표出師表 168, 174

측기식 479

층루법層累法 349

칠률七律의 시율詩律 479

칠언율시七言律詩 474

ㅌ

탄사류嘆詞類 289

퇴계집退溪集 448

ㅍ

파천황破天荒 32

판단문判斷文 46

팔고문八股文 423

편정偏正구조 23

평기식 479

평측법平仄法 460

피동형被動形 67

ㅎ

하何 233

한무제漢武帝 422

한비韓非 117

한비자韓非子 117

한서漢書 149

한서 예문지漢書 藝文志의 성립 155

한유韓愈 157

한정형限定形 82

항우본기項羽本紀 407

해하지전垓下之戰 393

허사虛詞 213

허생許生의 상술商術 209

허생전許生傳 203

호乎 274

화석정花石亭 469

황학루黃鶴樓 474

한문독해법漢文讀解法

개정 증보 초판 1쇄 발행 – 2019년 4월 25일
개정 증보 초판 2쇄 발행 – 2021년 10월 20일
개정 증보 초판 3쇄 발행 – 2024년 3월 20일

공저자 – 최완식 · 김영구 · 이영주
발행인 – 金 東 求
발행처 – 명 문 당(창립 1923년 10월 1일)
　　　　서울시 종로구 윤보선길 61(안국동)
　　　　우체국 010579-01-000682
　　　　전 화 (02) 733-3039, 734-4798
　　　　FAX (02) 734-9209
　　　　Homepage　www.myungmundang.net
　　　　E-mail　mmdbook1@hanmail.net
　　　　등록 1977.11.19. 제1-148호

■

ISBN　979-11-88020-98-0　03720